DER EINE

Das Leben Jesu
nach der Heiligen Schrift erzählt
von Ellen G. White

SAATKORN-VERLAG · HAMBURG

Gekürzte Taschenbuchausgabe des Buches „Das Leben Jesu“
Titel der Originalausgabe: The Desire of Ages
Saatkorn-Verlag GmbH, Hamburg 13 · Verlagsarchiv Nr. 457 177
Gesamtherstellung: Grindeldruck GmbH, Hamburg 13
Printed in Germany – ISBN 3-87689-279-1

Vorwort

In einer Zeit, in der verantwortungsbewußte Männer und Frauen immer eindringlicher darauf hinweisen, daß der entwurzelte Mensch der Gegenwart in erster Linie eines festen Haltes bedarf, um nicht in dem materialistischen Taumel unserer Zeit unterzugehen, und daß dieser Halt allein in der Begegnung mit Jesus Christus gefunden werden kann, erscheint dieses Taschenbuch über das Leben Jesu. Seine Aufgabe ist es nicht, die Evangelienberichte zu harmonisieren oder etwa Begebenheiten aus dem Leben des Nazareners in genau chronologischer Reihenfolge aufzuzeichnen, sondern dieses Buch soll vielmehr die in seinem Sohn Gestalt gewordene, unergründliche Liebe Gottes offenbaren und daher ein Zeugnis sein. Denn wir sind immer erneut aufgerufen zu erkennen, daß in diesem Christus „wohnt die ganze Fülle der Gottheit leibhaftig" (Kolosser 2, 9) und daß der Weg zum Vater allein über den führt, der da bekannte: „Ich bin der Weg und die Wahrheit und das Leben; niemand kommt zum Vater denn durch mich." (Johannes 14, 6.)

In diesem Buch ist Jesus Christus nicht nur der barmherzige Heiland der Sünder, sondern auch die Sonne der Gerechtigkeit, der gnädige Hohepriester, der große Arzt für Leib und Seele, der liebevolle, mitfühlende Freund, der beständige, hilfsbereite Gefährte, der Friedefürst, der kommende König, die Hoffnung und Erfüllung des Sehnens aller Zeitalter. Die Grundzüge seines Lebens, Inhalt und Bedeutung seiner Worte und Werke finden in diesem Buch beredten Ausdruck. In einer anschaulichen, untheologischen Sprache, die jedem sofort verständlich ist, vermittelt die Verfasserin auf warmherzige Weise ein einprägsames Bild jenes Einen, der allein fähig ist, uns in die Gegenwart des göttlichen Vaters zu führen.

Der Würdename Jesu Christi, Heiland, bedeutet der Heilbringende, Heilwirkende und Heilende. Während seines Erdenwandels verdankten unzählige Menschen seinem heilwirkenden Wort die körperliche und seelische Genesung. Der Mensch ist ja eine Einheit aus Leib, Seele und Geist. Gesundung in einem dieser Bereiche wirkt sich daher verständlicherweise auf den ganzen Menschen aus. Auch heute noch ist Jesu Wort „Lebensbrot" und „Lebenswasser", denen wir, wenn wir uns ihrer bedienen, die Neuordnung unseres Seelenlebens wie die Gesundung unseres Leibes verdanken können.

Wer dieses Buch aufmerksam liest, dessen Denken und Handeln wird davon nicht unbeeinflußt bleiben. So ist diese Darstellung des Lebens Jesu zugleich ein Aufruf an jeden einzelnen, das Wagnis des Glaubens auf sich zu nehmen, das Wagnis eines Glaubens, der sein Ziel findet im Leben, Sterben und Auferstehen Jesu Christi. Unter allen Großen der Geistesgeschichte, unter allen Religionsstiftern und Trostpropheten ist er DER EINE, einzige, der das göttliche Siegel trägt, nämlich Gottes Sohn zu heißen und von ihm gesandt zu sein, „auf daß alle, die an ihn glauben, nicht verloren werden, sondern das ewige Leben haben“ (Johannes 3, 16).

Aus der Begegnung mit ihm empfangen wir die Kraft, die wir zur Bewältigung unseres Lebens brauchen, und seine barmherzige Liebe ist uns die Bürgschaft seiner Gegenwart – heute, morgen und in Ewigkeit.

Der Verleger

Inhaltsverzeichnis

Jesu Geburt und Jugendzeit

„Als aber die Zeit erfüllet ward . . .“ | 1

Wie die Gestirne unbeirrbar ihre ewige Bahn ziehen, so erfüllen sich auch die Absichten Gottes. Einst hatte der Herr unter den Sinnbildern einer großen Finsternis und eines rauchenden Ofens Abraham die Knechtschaft Israels in Ägypten kundgetan und dabei seinem Diener erklärt, daß ihr Aufenthalt dort vierhundert Jahre währen würde; danach aber sollten sie „ausziehen mit großem Gut“.[1] Das stolze Reich der Pharaonen bekämpfte leidenschaftlich diese Verheißung Gottes. Doch vergebens; denn als die Zeit der Erfüllung gekommen war, „an eben diesem Tage zog das ganze Heer des Herrn aus Ägyptenland“.[2] Mit der gleichen Sicherheit war im Rate Gottes auch die Zeit des ersten Advents Christi bestimmt worden. Als die Weltenuhr diese Stunde anzeigte, wurde Jesus in Bethlehem geboren.

„Als . . . die Zeit erfüllet ward, sandte Gott seinen Sohn.“[3] Er hatte in seiner Vorsehung die Bewegungen der Völker, die Wogen menschlicher Bestrebungen und Einflüsse gelenkt, bis die Welt für das Kommen des Erlösers reif war. Damals waren die Völker unter *einer* Herrschaft vereinigt; sie redeten allgemein *eine* Sprache, die auch überall als Schriftsprache galt. Von weither kamen die zerstreut wohnenden Juden nach Jerusalem, um gemeinsam die jährlichen Feste zu feiern. So konnten sie auch nach der Rückkehr in ihre Heimatorte überall die Kunde von der Ankunft des Messias verbreiten.

Zu der gleichen Zeit ließ der Einfluß des Heidentums auf das Volk nach. Man war des großartigen heidnischen Gepränges und der Fabeln überdrüssig geworden und sehnte sich nach einer Religion, die das Herz befriedigen konnte. Wohl schien das Licht der Wahrheit von den Menschen gewichen, doch gab es immer noch Seelen, die nach diesem Licht verlangten, und die mit Sorge und Unruhe erfüllt waren. Diese Seelen hungerte und dürstete nach der Erkenntnis des lebendigen Gottes, und sie sehnten sich nach der Gewißheit eines Lebens jenseits des Grabes.

Die Juden hatten sich von Gott abgewandt; der Glaube war verblaßt und die Hoffnung auf das ewige Heil fast erloschen. Man verstand die Worte der Propheten nicht mehr. Dem größten Teil des Volkes war der Tod ein schreckliches Geheimnis; die Vorstellungen über das Jenseits waren dunkel und ungewiß. Man hörte nicht nur das Klagen der Mütter von Bethlehem, sondern es erfüllte sich, „was gesagt ist von dem Propheten Jeremia, der da spricht: ‚Zu Rama hat man ein Geschrei gehört, viel Weinen und Heulen; Rahel beweinte ihre Kinder und wollte sich nicht trösten lassen, denn es war aus mit ihnen'".[4] Ohne Trost saßen die Juden „am Ort und Schatten des Todes".[5] Sehnsuchtsvoll schauten sie nach dem Erlöser aus, dessen Erscheinen die Dunkelheit vertreiben und das Geheimnis der Zukunft offenbaren sollte.

Außerhalb des jüdischen Volkes gab es Angehörige fremder Stämme, die das Erscheinen eines göttlichen Lehrers vorhersagten. Diese suchten ernstlich die Wahrheit, und darum schenkte Gott ihnen den Geist der Weissagung. Gleich Sternen am dunklen Nachthimmel waren solche Lehrer, einer nach dem andern, aufgetaucht. Mit ihren Seherworten hatten sie in den Herzen vieler Heiden frohe Hoffnungen entfacht.

Seit Jahrhunderten waren die heiligen Schriften ins Griechische übersetzt worden, die damals über weite Gebiete des Römischen Reiches verbreitete Sprache. Dazu kam noch, daß die Juden überallhin verstreut waren und ihre Messiaserwartung in gewissem Grade von den Heiden geteilt wurde. Unter jenen, von den Juden Heiden genannt, befanden sich Männer, die ein besseres Verständnis der göttlichen Weissagungen über den Messias besaßen als die Schriftgelehrten Israels. Sie erwarteten in dem Messias einen Erretter von der Sünde. Philosophen bemühten sich, das Geheimnis der hebräischen Heilsgeschichte zu erforschen. Aber die Verblendung der Juden verhinderte die Ausbreitung des Lichtes. Sie wollten die Kluft, die zwischen ihnen und anderen Völkern bestand, um keinen Preis überbrücken und waren nicht gewillt, ihre Erkenntnis über den Opferdienst anderen mitzuteilen. Zuerst mußte ihr Messias, der wahre Lehrer, kommen und die Bedeutung aller biblischen Schattenbilder erklären.

Dennoch gab es unter den Juden standhafte Seelen, Nachkommen jenes geheiligten Geschlechtes, das die Erkenntnis Gottes in sich bewahrt hatte, die noch auf die Erfüllung der den Vätern gegebenen Verheißung warteten. Diese gläubigen Juden stärkten und belebten ihren Glauben immer wieder durch die Worte Moses: „Einen Propheten wird euch der Herr, euer Gott, erwecken aus euren Brüdern gleichwie mich; den sollt ihr hören in allem, was er euch sagen wird."[6] Oder sie lasen, daß Gott den Einen salben und auf die Erde senden werde, „den Elenden gute Botschaft zu bringen, die zerbrochenen Herzen zu verbinden, zu verkündigen den Gefangenen die Freiheit . . . zu verkündigen ein gnädiges Jahr des Herrn".[7] Oder sie hörten davon, daß er nicht verlöschen wird, „bis er auf Erden das Recht aufrichte", daß „die Inseln warten auf seine Weisung" und die Heiden zu seinem Licht und die Könige zum Glanz, der über ihm aufgeht, ziehen würden.[8]

Besonders aber belebten sie die Worte des sterbenden Jakob: „Es wird das Zepter von Juda nicht weichen noch der Stab des Herrschers von seinen Füßen, bis daß der Held komme, und ihm werden die Völker anhangen."[9] Die Tatsache der dahinschwindenden Macht Israels zeugte für das nahe bevorstehende Kommen des Messias. Die Weissagung Daniels schilderte die Herrlichkeit seiner Herrschaft über ein Reich, das allen irdischen Reichen folgen sollte und das „ewig bleiben" würde.[10] Während nur wenige die Sendung Christi wirklich verstanden, war die Erwartung weit verbreitet, daß er als mächtiger Fürst kommen werde, um in Israel sein Reich aufzurichten und den Völkern die ersehnte Freiheit zu bringen.

Die Zeit war erfüllt. Die Menschheit, durch Jahrhunderte der Übertretung immer tiefer gesunken, verlangte nach dem Erlöser. Satan hatte durch das Heidentum zu allen Zeiten die Menschen Gott abspenstig gemacht; aber seinen größten Sieg erlangte er, indem er den Glauben in Israel verfälschte. Wie den Heiden, die durch ihren Götzendienst die Gotteserkenntnis verloren und immer verderbter wurden, so erging es auch Israel. Die Auffassung, daß der Mensch sich durch seine eigenen Werke selbst erlösen könne, war die Grundlage jeder heidnischen Religion; auch in Israel hatte dieser Grundsatz, von Satan eingepflanzt, Boden gewonnen. Wo immer man ihn befolgt, berauben die Menschen sich selbst jeder Schutzwehr gegen die Sünde.

Die Weigerung der Juden, sich Gott zu weihen und der Welt zum Heil zu werden, machte sie zu Werkzeugen Satans, die Verderben über die Welt brachten. Satan hatte erklärt, daß die Grundsätze der Herrschaft Gottes eine Vergebung unmöglich machten. Würde Gott die Welt vernichtet haben, so hätte der Teufel behauptet, daß seine Anklagen gegen Gott wahr seien. Er lauerte darauf, Gott anzuklagen und auch andere Welten in die Empörung hineinzuziehen.

Aber statt die Welt zu vernichten, sandte Gott seinen Sohn, sie zu retten. Obwohl überall Verderbtheit und Trotz herrschten, wurde ein

Weg der Erlösung der Menschheit vorbereitet. Im entscheidenden Augenblick, gerade da Satan zu triumphieren schien, brachte der Sohn Gottes die frohe Botschaft von der göttlichen Gnade. In allen Zeiten, in jeder Stunde ist die Liebe Gottes dem gefallenen Menschengeschlecht nachgegangen. Ungeachtet seiner Bosheit, empfing es beständig sichtbare Zeichen seiner Gnade. Und als die Zeit erfüllt war, offenbarte die Gottheit ihre Herrlichkeit, indem sie die Fülle heilsamer Gnade über die Welt ausschüttete. Diese Gnade sollte nie aufgehalten oder der Welt entzogen werden, bis die Durchführung des Heilsplanes vollendet wäre.

„Euch ist heute der Heiland geboren“ | 2

Der König der Herrlichkeit ließ sich herab, Knechtsgestalt anzunehmen und unter harten und widrigen Verhältnissen auf Erden zu leben. Seine Herrlichkeit wurde verborgen, damit nicht die Majestät seiner äußeren Erscheinung die Aufmerksamkeit der Welt auf ihn lenken sollte. Er vermied allen äußeren Glanz und Aufwand; denn er wußte, daß weder Reichtum noch weltliche Ehren noch Ansehen bei den Menschen eine Seele vom Tode erretten können.

Jesus wollte keine Anhänger, die ihm um des Irdischen willen nachfolgten. Nur die Größe der göttlichen Wahrheit sollte die Menschenherzen zu ihm führen. Von dem Wesen des Heilandes war von den Propheten lange zuvor geweissagt worden; und auf das Zeugnis des Wortes Gottes hin sollten die Menschen Jesus als Messias annehmen.

Die Großzügigkeit des Erlösungsplanes hatte die Engel in Verwunderung versetzt. Sie beobachteten das Volk Gottes, um zu sehen, wie es den Sohn des Himmels in Menschengestalt aufnehmen würde. Ihrer etliche begaben sich in das Land des auserwählten Volkes. Andere Völker glaubten Fabeln und beteten Götzen an. Die Engel aber kamen in das Land, in dem die Herrlichkeit Gottes offenbart worden war und in dem das Licht der Weissagung geschienen hatte. Unbemerkt gelangten sie nach Jerusalem und kamen zu den berufenen Auslegern der heiligen Schriften und zu den Dienern des Hauses Gottes. Dem Priester Zacharias war bereits, als er vor dem Altar diente, verkündigt worden, daß die Menschwerdung Christi bevorstehe; auch war schon der Vorläufer des Herrn geboren und dessen Sendung durch Wunder und Weissagung bestätigt worden. Die Kunde von seiner Geburt und der wunderbaren Bedeutung seiner Aufgabe hatte sich überall verbreitet. Dennoch rüstete sich Jerusalem nicht, seinen Erlöser zu begrüßen.

Mit Erstaunen nahmen jetzt die Boten des Himmels die Gleichgültigkeit des Volkes wahr, das Gott berufen hatte, der Welt das Licht der heiligen Wahrheit mitzuteilen. Das jüdische Volk war bewahrt worden, um zu bezeugen, daß Christus dem Samen Abrahams und dem Hause Davids entstammte; dennoch wußte es nicht, daß die Ankunft des Heilandes jetzt unmittelbar bevorstand. Selbst im Tempel, wo die Morgen- und Abendopfer täglich auf das Lamm Gottes hinwiesen, traf man keine Vorbereitungen, ihn zu empfangen; denn auch die Priester und Lehrer des Volkes wußten nichts davon, daß nunmehr das größte und wichtigste Ereignis aller Zeiten eintreten sollte. Gedankenlos leierten sie ihre Gebete herunter und genügten den förmlichen Vorschriften des Gottesdienstes, um den Menschen zu gefallen; in ihrem Streben nach Reichtum und weltlicher Ehre waren sie jedoch nicht auf die Offenbarung des Messias vorbereitet. Diese Gleichgültigkeit durchdrang das ganze jüdische Land. Eigennutz und Weltsucht machten die Herzen unempfänglich für die Freude, die den Himmel bewegte. Wenige nur sehnten sich danach, den Unsichtbaren zu schauen, und nur diesen wenigen offenbarte sich der Himmel.

Engel begleiteten Joseph und Maria auf ihrer Reise von ihrem Heim in Nazareth nach der Stadt Davids. Das Gebot des kaiserlichen Rom, daß sich alle Völker in seinem ausgedehnten Gebiet schätzen ließen, erstreckte sich auch auf die Bewohner der Berge Galiläas. Wie einst Cyrus zur Weltherrschaft berufen wurde, damit er die Gefangenen des Herrn freiließe, so diente jetzt Kaiser Augustus als Werkzeug, um die Absicht Gottes auszuführen, indem er den Anlaß gab, der die Mutter Jesu nach Bethlehem führte. Sie stammte aus dem Geschlecht Davids, und der Sohn Davids mußte in Davids Stadt geboren werden. Aus Bethlehem, so hatte der Prophet gesagt, „soll mir der kommen, der in Israel Herr sei, dessen Ausgang von Anfang und von Ewigkeit her gewesen ist“.[1] Doch in der Stadt ihrer königlichen Vorfahren kannte und beachtete man Joseph und Maria nicht. Müde und ohne ein Obdach zu haben, zogen sie die lange, enge Straße entlang von einem Ende bis zum andern und suchten vergebens eine Unterkunft für die Nacht. Es gab für sie keinen Platz mehr in den überfüllten Herbergen der Stadt. Endlich gewährte ihnen ein dürftiger Stall Obdach für die Nacht, und hier wurde der Erlöser der Welt geboren.

Obschon die Menschen nichts davon wußten, vernahm es der Himmel mit Jauchzen. Mit tiefer, immer inniger werdender Anteilnahme fühlten sich die himmlischen Wesen zur Erde hingezogen. Die ganze Welt schien durch die Gegenwart des Erlösers erhellt. Über den Höhen von Bethlehem sammelte sich eine unzählbare Engelschar. Sie erwartete das Zeichen, um der Welt die Freudenbotschaft mitzuteilen. Wären die Obersten Israels ihrer Berufung treu geblieben, dann hätten sie an der großen Freude teilhaben dürfen, die Geburt des Heilandes zu verkündigen. So wurden sie jedoch übergangen.

Der Herr spricht: „Ich will Wasser gießen auf das Durstige und Ströme auf das Dürre.“ [2] – „Den Frommen geht das Licht auf in der Finsternis von dem Gnädigen, Barmherzigen und Gerechten.“ [3] So werden denen, die das Licht suchen und es freudig annehmen, helle Lichtstrahlen vom Throne Gottes leuchten.

Auf den Feldern, auf denen einst der junge David seine Schafe geweidet hatte, hüteten auch jetzt Hirten des Nachts ihre Herden. In den stillen Nachtstunden sprachen sie miteinander von dem verheißenen Heiland und beteten um das Kommen des Königs auf Davids Thron. „Siehe, des Herrn Engel trat zu ihnen, und die Klarheit des Herrn leuchtete um sie; und sie fürchteten sich sehr. Und der Engel sprach zu ihnen: ‚Fürchtet euch nicht! Siehe, ich verkündige euch große Freude, die allem Volk widerfahren wird; denn euch ist heute der Heiland geboren, welcher ist Christus, der Herr, in der Stadt Davids.‘“ [4]

Bei diesen Worten zogen Bilder von großer Herrlichkeit an dem inneren Auge der lauschenden Hirten vorüber. Der Erlöser Israels war gekommen! Macht, Erhöhung und Sieg würden die Folge seines Eintritts in die Welt sein. Aber der Engel mußte sie darauf vorbereiten, ihren Heiland auch in Armut und Niedrigkeit zu erkennen. „Das habt zum Zeichen: ihr werdet finden das Kind in Windeln gewickelt und in einer Krippe liegen.“ [5]

Der Bote des Himmels besänftigte die Furcht der Hirten. Er sagte ihnen, wie sie Jesus fänden. Mit zarter Rücksicht auf ihre menschliche Schwäche gab er ihnen Zeit, sich an die göttliche Herrlichkeit zu gewöhnen. Dann aber ließen sich Freude und Lobpreis nicht länger halten. Die himmlischen Heerscharen erhellten die ganze Ebene mit ihrem Glanz. In das tiefe nächtliche Schweigen der Erde tönte der Jubelgesang: „Ehre sei Gott in der Höhe und Friede auf Erden und den Menschen ein Wohlgefallen.“ [6]

Wenn doch die Menschen heute noch diesen Jubelchor vernehmen könnten! Jene Ankündigung, der damals erklungene Schall, würde sich fortpflanzen bis ans Ende der Zeit und Widerhall finden bis an die Enden der Erde. Und wenn einst die Sonne der Gerechtigkeit aufgehen wird mit Heil unter ihren Flügeln – dann wird dieser Gesang vielfältig widertönen von der Stimme einer großen Schar, gleich dem Rauschen großer Wasser: „Halleluja! denn der Herr, unser Gott, der Allmächtige, hat das Reich eingenommen!“ [7]

Als sich die Engel entfernten, schwand auch das Licht, und die Schatten der Nacht breiteten sich aufs neue über die Höhen von Bethlehem. Aber das prächtigste Bild, das Menschenaugen je wahrgenommen haben, blieb im Gedächtnis der Hirten. „Da die Engel von ihnen gen Himmel fuhren, sprachen die Hirten untereinander: Laßt uns nun gehen nach Bethlehem und die Geschichte sehen, die da geschehen ist, die uns der Herr kundgetan hat. Und sie kamen eilend und fanden beide, Maria und Joseph, dazu das Kind in der Krippe liegen." [8]

Mit großer Freude im Herzen gingen sie wieder fort und verkündeten, was sie gesehen und gehört hatten. „Und alle, vor die es kam, wunderten sich der Rede, die ihnen die Hirten gesagt hatten. Maria aber behielt alle diese Worte und bewegte sie in ihrem Herzen. Und die Hirten kehrten wieder um, priesen und lobten Gott." [9]

Himmel und Erde sind heute nicht weiter voneinander entfernt als damals, da die Hirten dem Gesang der Engel lauschten. Und der Himmel läßt heute den Menschen seine Fürsorge nicht weniger angedeihen als damals, da einfache Leute bei ihrer gewöhnlichen Beschäftigung zur Mittagszeit Engeln begegneten und in den Weingärten und auf den Feldern mit den Boten Gottes redeten. So kann auch uns auf allen Wegen der Himmel nahe sein. Gott wird seine Engel senden, damit sie die Schritte derer bewahren, die nach seinen Geboten wandeln.

Die Geschichte von Bethlehem ist ein unerschöpfliches Thema. In ihr verborgen liegt die „Tiefe des Reichtums, beides, der Weisheit und der Erkenntnis Gottes". [10] Wir staunen über das Opfer des Heilandes, der den Himmelsthron mit der Krippe und die Gesellschaft der anbetenden Engel mit jener der Tiere im Stall vertauschte. Tief beschämt stehen vor ihm der Stolz und der Eigendünkel der Menschen. Die armselige Geburt des Heilandes war erst der Anfang seiner außerordentlichen Erniedrigung. Hätte der Sohn Gottes Menschengestalt angenommen, als Adam noch unschuldig im Paradiese lebte, dann schon wäre solche Tat eine geradezu unbegreifliche Herablassung gewesen; nun aber kam Jesus auf die Erde, nachdem das Menschengeschlecht bereits durch vier Jahrtausende im Dienst der Sünde geschwächt worden war. Und dennoch nahm er wie jeder andere die Folgen auf sich, die das unerbittliche Gesetz der Vererbung zeitigte. Das Erleben seiner irdischen Vorfahren lehrt uns, worin diese Folgen bestanden. Mit einem solchen Erbteil belastet, teilte er unsere Nöte und Versuchungen und gab uns das Beispiel eines sündlosen Lebens.

Satan hatte Christus im Himmel wegen seiner Stellung vor Gott gehaßt. Dieser Haß steigerte sich, als er entthront wurde. Er haßte den, der es auf sich nahm, ein Geschlecht von Sündern zu erlösen. Dennoch sandte Gott seinen Sohn in diese Welt, über die Satan zu herrschen begehrte, er sandte ihn als ein hilfloses, aller menschlichen Schwachheit unterworfenes Kindlein.

Ein menschlicher Vater ist herzlich besorgt um seinen Sohn. Wenn er seinem Kind ins Auge schaut, so erzittert er bei dem Gedanken an die Gefahren, die das Leben mit sich bringt. Er möchte seinen Liebling vor der Gewalt Satans bewahren und Anfechtung und Kampf von ihm fernhalten. Gott aber sandte seinen eingeborenen Sohn in einen viel heißeren Kampf und in bedeutend größere Gefahren, damit unseren Kleinen der Pfad zum Leben gesichert würde. „Darin steht die Liebe: nicht, daß wir Gott geliebt haben, sondern daß er uns geliebt hat und gesandt seinen Sohn zur Versöhnung für unsre Sünden.“ [11] Darüber wundere dich, o Himmel, und staune, o Erde!

Jesu Darstellung | 3

Etwa vierzig Tage nach der Geburt Christi brachten Joseph und Maria das Kind nach Jerusalem, um es dem Herrn zu weihen und ein Opfer zu bringen. Dies entsprach dem jüdischen Gesetz, und als Stellvertreter der Menschen mußte Christus in jeder Hinsicht dem Gesetz nachkommen. So wurde durch seine Beschneidung das Gesetz erfüllt.

Als Opfergabe der Mutter verlangte das Gesetz ein einjähriges Lamm zum Brandopfer und eine junge Taube oder Turteltaube zum Sündopfer. Für den Fall aber, daß die Eltern zu arm waren, ein Lamm zu bringen, erlaubte das Gesetz, ein Paar Turteltauben oder zwei junge Tauben, die eine als Brandopfer, die andere als Sündopfer, anzunehmen.

Die dem Herrn dargebrachten Opfer mußten ohne Fehl sein. Sie versinnbildeten Christus. Daran erkennen wir, daß Jesus frei war von körperlichen Gebrechen. So entsprach er auch der Ankündigung eines „unschuldigen und unbefleckten Lammes“.[1] Sein makelloser Körper war stark und gesund. Sein ganzes Leben hindurch lebte er in völliger Übereinstimmung mit den Naturgesetzen. Geistig und körperlich gab er ein Beispiel dafür, was alle Menschen nach dem Willen Gottes sein könnten, wenn sie seinen Geboten gehorchen.

Die Sitte, den Erstgeborenen im Tempel darzustellen, stammte aus uralter Zeit. Gott hatte verheißen, den Erstgeborenen des Himmels für die Rettung der Sünder dahinzugeben. Diese Gabe sollte von jeder Familie durch das Darbringen des Erstgeborenen anerkannt werden. Dieser sollte gleichsam als Vertreter Christi unter den Menschen dem Priestertum geweiht werden.

Bei der Befreiung Israels aus Ägypten wurde die Darstellung des Erstgeborenen aufs neue geboten. Während die Kinder Israel sich in der Knechtschaft der Ägypter befanden, empfing Mose vom Herrn den Befehl, zum Pharao Ägyptens zu gehen und zu ihm zu sagen: „Israel ist mein erstgeborener Sohn; und ich gebiete dir, daß du meinen Sohn ziehen läßt, daß er mir diene. Wirst du dich weigern, so will ich deinen erstgeborenen Sohn töten.“ [2]

Mose entledigte sich seiner Botschaft, erhielt jedoch von dem stolzen König die Antwort: „Wer ist der Herr, daß ich ihm gehorchen müsse und Israel ziehen lasse? Ich weiß nichts von dem Herrn, will auch Israel nicht ziehen lassen."[3] Daraufhin trat der Herr mit Zeichen und Wundern für sein Volk ein, indem er schreckliche Gerichte über Pharao verhängte. Schließlich wurde dem Würgeengel befohlen, alle Erstgeburt der Ägypter – Menschen und Tiere – umzubringen. Damit die Israeliten dabei verschont blieben, sollten sie ihre Türpfosten mit dem Blut eines geschlachteten Lammes bestreichen. Wo immer die Häuser der Israeliten derart gezeichnet wären, würde der Engel bei der Ausführung seines Auftrages daran vorübergehen.

Nachdem der Herr dieses Gericht über Ägypten gebracht hatte, sagte er zu Mose: „Heilige mir alle Erstgeburt . . . alles, was zuerst den Mutterschoß durchbricht bei Mensch und Vieh, das ist mein."[4] Und weiter: „An dem Tage, da ich alle Erstgeburt schlug in Ägyptenland, da heiligte ich mir alle Erstgeburt in Israel, vom Menschen an bis auf das Vieh, daß sie mir gehören sollen."[5] Als aber der Dienst in der Stiftshütte eingesetzt wurde, erwählte sich Gott den Stamm Levi, damit dieser an Stelle der Erstgeborenen Israels den Dienst im Heiligtum versähe. Dennoch sollte der Erstgeborene weiterhin als des Herrn Eigentum gelten und deshalb durch ein Lösegeld zurückgekauft werden.

So hatte das Gesetz der Darstellung des Erstgeborenen eine besondere Bedeutung gewonnen. Während diese einerseits einen Gedächtnisbrauch an die wunderbare Befreiung der Kinder Israel durch den Herrn bedeutete, wies sie anderseits auf die noch wichtigere Erlösung durch den eingeborenen Sohn Gottes hin. Wie das an die Türpfosten gesprengte Blut der Opfertiere die Erstgeborenen Israels vor dem leiblichen Tode bewahrte, so hat das Blut Christi Macht, die Welt vom ewigen Verderben zu erretten.

Welche Bedeutung kam demnach der Darstellung Christi zu! Doch der Blick des Priesters vermochte den Schleier nicht zu durchdringen; ihm blieb das dahinterliegende Geheimnis verborgen. Die Darstellung der Säuglinge im Tempel war für ihn ein ganz gewöhnlicher Vorgang. Tag für Tag nahm er, wenn man die Kinder dem Herrn weihte, das Lösegeld entgegen und waltete gewohnheitsmäßig seines Amtes, ohne dabei besonders auf Eltern oder Kinder zu achten, es sei denn, äußere Anzeichen ließen auf Wohlstand oder eine hohe Stellung der Eltern schließen. Maria und Joseph aber waren arm; und als sie mit ihrem Kind kamen, sah der Priester nur ein in einfachste Gewänder gekleidetes Elternpaar aus Galiläa. Nichts an ihrer äußeren Erscheinung erweckte besondere Aufmerksamkeit, zudem brachten sie auch nur die Opfergabe der Armen zum Tempel.

So versah der Priester lediglich die Förmlichkeiten, die ihm sein Amt vorschrieb. Er nahm das Kind auf seine Arme und hielt es vor dem Altar empor; dann gab er es seiner Mutter zurück und trug den Namen „Jesus" in die Liste der Erstgeborenen ein. Er ahnte nicht, daß das Kindlein, das er eben noch auf seinen Armen gehalten hatte, der Herr des Himmels, der König der Herrlichkeit war. Noch weniger kam ihm der Gedanke, daß dieses Kind es war, von dem Mose geschrieben hatte: „Einen Propheten wird euch der Herr, euer Gott, erwecken aus euren Brüdern gleichwie mich; den sollt ihr hören in allem, was er euch sagen wird." [6] Er ahnte auch nicht, daß dieses Knäblein es war, dessen Herrlichkeit schon Mose zu sehen begehrt hatte. Ein Größerer als Mose lag in seinen Armen, und als er den Namen des Kindes in die Liste eintrug, da schrieb er den Namen des Einen nieder, auf dem die ganze jüdische Heilsgeschichte ruhte. Mit seinem Erscheinen verlor der Opfer- und Gabendienst seine Geltung, fand das Vorbild seine Erfüllung – wich der Schatten dem Wesen.

War auch die Wolke der Herrlichkeit vom Heiligtum gewichen, so verhüllte sich doch jetzt in dem Kind von Bethlehem die Herrlichkeit, vor der sich die Engel beugten. Dieses sich seiner noch gar nicht bewußte Kind war nichts anderes als der verheißene Same, auf den schon der erste Altar an der Pforte des Paradieses hinwies. Es war der Held – der Friedefürst. Es war der, welcher sich gegenüber Mose als „Ich bin" bezeichnet und der hernach in der Wolken- und Feuersäule das Volk Israel geführt hatte. Längst war er von den Sehern angekündigt worden – als der Ersehnte aller Völker, als Wurzel und Reis Davids, als der helle Morgenstern. Der Name des hilflosen Kindes, eingetragen in die Stammesliste Israels, zum Zeichen, daß Er unser Bruder ist, war die Hoffnung der gefallenen Menschheit. Wie jetzt für ihn das Lösegeld gezahlt werden mußte, so wollte er dereinst die Sühne für die Sünden der ganzen Welt auf sich nehmen. Er war der wahre Hohepriester über das Haus Gottes,[7] das Haupt eines unvergänglichen Priestertums,[8] der Fürsprecher „zu der Rechten der Majestät in der Höhe".[9]

Geistliches kann nur geistlich beurteilt werden. Während der Sohn Gottes im Tempel zu der Aufgabe geweiht wurde, die zu erfüllen er gekommen war, erblickte der Priester in ihm nicht mehr als in irgendeinem anderen Kind. Obgleich er selbst weder etwas Besonderes sah noch fühlte, wurde die Tatsache, daß Gott seinen Sohn in die Welt gab, dennoch wohlbekannt. Diese Gelegenheit durfte nicht vorübergehen, ohne daß Christus erkannt würde. „Siehe, ein Mensch war zu Jerusalem, mit Namen Simeon; und derselbe Mensch war fromm und gottesfürchtig und wartete auf den Trost Israels, und der heilige Geist war mit ihm. Und ihm war eine Antwort geworden von dem heiligen Geist, er solle den Tod nicht sehen, er habe denn zuvor den Christ des Herrn gesehen." [10]

Als Simeon den Tempel betrat, sah er ein Elternpaar ihren erstgeborenen Sohn dem Priester darreichen. Ihr Aussehen zeugte von Armut; Simeon aber verstand die Ankündigungen des Geistes, und er war tief ergriffen, als er erkannte, daß dieses Kindlein, das jetzt dem Herrn geweiht wurde, der Trost Israels war, den zu sehen er sich gesehnt hatte. Dem erstaunten Priester hingegen erschien Simeon wie von Sinnen. Als Maria das Kind zurückerhalten hatte, nahm Simeon es auf seine Arme und stellte es Gott dar. Dabei überkam ihn eine Freude, wie er sie noch nie zuvor empfunden hatte. Er hielt das Christuskindlein hoch und sprach: „‚Herr, nun lässest du deinen Diener im Frieden fahren, wie du gesagt hast; denn meine Augen haben deinen Heiland gesehen', welchen du bereitet hast vor allen Völkern." [11]

Der Geist der Weissagung erfüllte diesen Gottesmann, und während Maria und Joseph sich über seine Worte wunderten, segnete er das Paar und sprach zu Maria: „Siehe, dieser wird gesetzt zum Fall und Aufstehen vieler in Israel und zu einem Zeichen, dem widersprochen wird – und auch durch deine Seele wird ein Schwert dringen –, auf daß vieler Herzen Gedanken offenbar werden." [12]

Auch die Prophetin Hanna kam hinzu und bestätigte Simeons Zeugnis über Jesus. Während Simeon noch redete, erstrahlte ihr Angesicht von dem Glanz der Herrlichkeit Gottes, und sie dankte aus vollem Herzen dafür, daß sie noch Christus, den Herrn, hatte schauen dürfen.

Diese demütigen Anbeter hatten nicht vergeblich in den heiligen Schriften geforscht. Die aber Oberste und Priester in Israel waren, wandelten nicht in den Wegen des Herrn, obgleich auch sie die köstlichen Aussprüche der Propheten kannten. Darum vermochten ihre Augen nicht das Licht des Lebens zu schauen.

So ist es noch heute. Es finden Ereignisse statt, auf die der ganze Himmel seine Aufmerksamkeit richtet; aber bei den geistlichen Führern und den Anbetenden im Hause Gottes finden sie kein Verständnis – nicht einmal ihr Auftreten wird beachtet. Man läßt wohl einen historischen Christus gelten, wendet sich aber von dem lebendigen ab. Der Christus, der sowohl durch sein Wort als auch durch die Armen und Leidenden, die um Hilfe flehen, und durch die gerechte Sache, die Armut, Mühsal und Schmach einschließt, zur Selbstverleugnung auffordert, wird heute ebensowenig aufgenommen wie vor zweitausend Jahren.

Maria bewegte die vielsagende und tiefgründige Weissagung Simeons in ihrem Herzen. Sooft sie beim Anblick des Kindes in ihren Armen der Worte der Hirten von Bethlehem gedachte, erfüllte sie dankbare Freude und frohe Hoffnung. Nun riefen Simeons Worte ihr die Prophezeiung Jesajas ins Gedächtnis: „Es wird ein Reis hervorgehen aus dem Stamm Isais und ein Zweig aus seiner Wurzel Frucht bringen. Auf ihm wird ruhen der Geist des Herrn, der Geist der Weisheit und des Verstandes, der Geist des Rates und der Stärke, der Geist der Erkenntnis und der Furcht des Herrn . . . Gerechtigkeit wird der Gurt seiner Lenden sein und die Treue der Gurt seiner Hüften." [13]

„Das Volk, das im Finstern wandelt, sieht ein großes Licht, und über denen, die da wohnen im finstern Lande, scheint es hell . . . Denn uns ist ein Kind geboren . . . und die Herrschaft ruht auf seiner Schulter; und er heißt Wunder-Rat, Gott-Held, Ewig-Vater, Friede-Fürst." [14]

Und doch begriff Maria die Sendung Christi nicht. Simeon hatte von ihm geweissagt, daß er ein Licht sei, das die Heiden erleuchten und gleichzeitig Israel zum Preis gereichen sollte. In diesem Sinne hatten die Engel die Geburt des Heilandes als eine Freudenbotschaft für alle Völker verkündigt. Gott wollte die Juden von der engstirnigen Vorstellung, die sie von der Aufgabe des Messias hatten, abbringen und sie dazu befähigen, ihn nicht nur als den Befreier Israels, sondern auch als den Erlöser der Welt zu betrachten. Doch viele Jahre mußten erst noch vergehen, ehe selbst die Mutter Jesu seine Aufgabe erkannte.

Wohl erwartete Maria die Herrschaft des Messias auf dem Thron Davids, doch erkannte sie nicht, daß er erst über eine Leidenstaufe dazu gelangen sollte. Durch Simeon wurde offenbar, daß der Messias einen beschwerlichen Lebensweg vor sich hatte. In den Worten an Maria: „Durch deine Seele wird ein Schwert dringen" [12] deutete Gott deshalb rücksichtsvoll und barmherzig der Mutter Jesu an, welche Pein sie seinetwegen zu erleiden haben würde.

Simeon hatte gesagt: „Siehe, dieser wird gesetzt zum Fall und Aufstehen vieler in Israel und zu einem Zeichen, dem widersprochen wird.“ [12] Ein Aufstehen ist erst nach einem Fall möglich. Wir alle müssen auf den Fels der Heils fallen und zerbrechen, ehe wir durch Christus erhöht werden können. Unser Ich muß entthront und unser Stolz gedemütigt werden, wenn wir die Herrlichkeit des geistlichen Reiches erfahren wollen. Die Juden wiesen diese Ehre von sich, die man erlangt, indem man sich demütig hält; deshalb wollten sie ihren Erlöser nicht aufnehmen. Er erwies sich als das Zeichen, dem widersprochen wurde.

„Daß vieler Herzen Gedanken offenbar werden.“ [12] Im Lichte des Lebens Christi werden die Herzen aller, selbst vom Schöpfer bis zum Fürsten der Finsternis, offenbar. Satan hat Gott als eigennützig und gewalttätig hingestellt, als einen Herrn, der alles für sich verlange und nichts gebe, der den Dienst seiner Geschöpfe zu seiner eigenen Verherrlichung beanspruche, selber aber um ihretwillen keine Opfer bringe. Doch die Gabe Christi offenbart, was im Herzen des Vaters ist; sie bezeugt, daß Gott nur „Gedanken des Friedens und nicht des Leides“ [15] für uns hat. Sie bekundet, daß Gottes Abscheu gegen die Sünde zwar stark ist wie der Tod, seine Liebe zum Sünder aber noch stärker. Er wird, nachdem er die Aufgabe, uns zu erlösen, in Angriff genommen hat, alles daransetzen, koste es, was es wolle, um diese Aufgabe zu vollenden. Er wird uns die ganze zu unserem Heil notwendige Wahrheit kundtun, alle Barmherzigkeit erweisen und alle Hilfe von oben gewähren, die wir brauchen. Er häuft Wohltat auf Wohltat, Gabe auf Gabe. Die Schatzkammer des Himmels steht denen offen, die bereit sind, sich von ihm retten zu lassen. Alle Schätze des Weltalls und alles Vermögen seiner unbegrenzten Macht stellt er Christus zur Verfügung mit der Erklärung, daß alles für den Menschen sei, und er solle diese Gaben benutzen, ihn zu überzeugen, daß es weder im Himmel noch auf Erden größere Liebe gebe als die seine. Der Mensch solle erkennen, daß es kein größeres Glück für ihn gebe, als Gott immer zu lieben.

Am Kreuz von Golgatha standen Liebe und Selbstsucht einander gegenüber. Hier offenbarten sich beide am deutlichsten. Christus hatte nur gelebt, um zu trösten und zu segnen; Satan dagegen bekundete die ganze Bosheit seines Hasses gegen Gott, indem er den Herrn tötete. Er ließ deutlich werden, daß die von ihm entfachte Empörung nur dem einen Zweck dienen sollte, Gott zu stürzen und den zu vernichten, durch den die Liebe Gottes offenbar wurde.

Durch Christi Leben und Sterben werden auch die Gedanken der Menschen enthüllt. Von der Krippe bis zum Kreuz war das Leben Jesu eine beständige Aufforderung, uns selbst zu verleugnen und an seinen Leiden teilzuhaben. An ihm wurden die Absichten der Menschen offenbar. Jesus kam mit der Wahrheit des Himmels und zog alle zu sich, die der Stimme des Heiligen Geistes Gehör schenkten, wohingegen sich die Anbeter des eigenen Ichs zum Reiche Satans bekannten. Ihre Haltung gegenüber Christus erwies bei allen, auf wessen Seite sie standen. So spricht sich jeder selbst sein Urteil.

Am Tage des Weltgerichts wird sich jede verlorene Seele über die Schwere ihrer Verwerfung der Wahrheit klar sein. Jeder, der bis dahin durch die Übertretungen abgestumpft war, wird angesichts des Kreuzes dessen wahre Bedeutung erkennen. Vor seinem inneren Auge wird Golgatha mit seinem geheimnisvollen Opfer erstehen, und die Sünder werden sich verdammt sehen. Jede lügenhafte Ausflucht bricht dort zusammen, und der Abfall des Menschen kommt in seiner ganzen Abscheulichkeit ans Licht. Jeder sieht dann, welche Wahl er getroffen hat. Jede Frage nach Wahrheit und Irrtum während des langandauernden Kampfes wird beantwortet sein. Gott wird gerechtfertigt dastehen und frei sein von dem Vorwurf, für das Vorhandensein oder die Fortdauer der Sünde die Verantwortung zu tragen. Es wird sich zeigen, daß die göttlichen Verordnungen nicht zur Sünde geführt haben. Es wird sich weiterhin erweisen, daß der Herrschaft Gottes kein Makel anhaftete und daß sie keinen Anlaß zur Unzufriedenheit gegeben hat. Wenn dann die Gedanken und Herzen aller offenbar geworden sind, werden die Getreuen und die Empörer gemeinsam ausrufen: „Gerecht und wahrhaftig sind deine Wege, du König der Völker. Wer sollte dich nicht fürchten, Herr, und deinen Namen preisen? . . . denn deine gerechten Gerichte sind offenbar geworden.“ [16]

„Wir haben seinen Stern gesehen" | 4

„Da Jesus geboren war zu Bethlehem im jüdischen Lande zur Zeit des Königs Herodes, siehe, da kamen Weise vom Morgenland nach Jerusalem und sprachen: Wo ist der neugeborene König der Juden? Wir haben seinen Stern gesehen im Morgenland und sind gekommen, ihn anzubeten." [1]

Die Weisen aus dem Osten waren Philosophen. Sie gehörten einer großen und einflußreichen Schicht an, die viele Edle, Wohlhabende und Gebildete zu den Ihren zählte. Unter diesen nutzten viele die Leichtgläubigkeit des Volkes aus; andere hingegen waren aufrichtige Männer, die auf die Zeichen der Vorsehung in der Natur achteten und die wegen ihrer Rechtschaffenheit und Weisheit großes Ansehen genossen. Dazu gehörten auch die Weisen, die zu Jesus kamen.

Zu allen Zeiten ließ Gott sein Licht in die Finsternis der Heidenwelt hineinleuchten. So durften diese Magier, als sie den gestirnten Himmel beobachteten und das leuchtende Geheimnis des Schöpfers zu ergründen suchten, die Herrlichkeit des Herrn schauen. Auf der Suche nach größerer Erkenntnis wandten sie sich den hebräischen Schriften zu. Ihr eigenes Land barg Schätze der Weissagung, die von dem einstigen Kommen eines göttlichen Lehrers Kunde gaben. Hatte doch ein Bileam, obwohl eine Zeitlang Prophet des lebendigen Gottes, ebenfalls zu den Magiern gehört. Er hatte durch den Heiligen Geist das Gedeihen Israels und das Erscheinen des Messias vorhergesagt, und seine Weissagungen waren durch Überlieferung von Jahrhundert zu Jahrhundert weitergetragen worden. Im Alten Testament aber war das Kommen des Heilandes noch deutlicher angekündigt. Mit Freuden ersahen daher die Magier, daß seine Ankunft nahe bevorstehe und die ganze Welt von der Erkenntnis der Herrlichkeit Gottes erfüllt werde.

In jener Nacht, da die Herrlichkeit Gottes die Höhen von Bethlehem überflutete, sahen die Weisen ein geheimnisvolles Licht am Himmel. Als es verblaßte, erschien ein leuchtender Stern und blieb am Himmelsgewölbe stehen. Es war weder ein Fixstern noch ein Planet; deshalb erweckte diese Erscheinung die größte Aufmerksamkeit. Davon, daß jener Stern eine weit entfernte Gruppe strahlender Engel war, konnten die Weisen natürlich nichts wissen. Doch sie gewannen den Eindruck, daß dieser Stern von besonderer Wichtigkeit für sie sei. Sie befragten daraufhin Priester und Philosophen und durchforschten auch selbst die alten Schriften. Dabei fanden sie die Weissagung Bileams: „Es wird ein Stern aus Jakob aufgehen und ein Zepter aus Israel aufkommen."[2] Konnte nicht dieser fremdartige Stern als Vorbote des Verheißenen gesandt sein? Sie, die das Licht der Wahrheit vom Himmel schon freudig begrüßt hatten, erhielten es nun in noch größerem Maße und wurden durch Träume angewiesen, den neugeborenen Fürsten zu suchen.

Wie Abraham einst auf den Ruf Gottes hin gläubig auszog, ohne zu wissen, „wo er hinkäme",[3] und wie Israel gläubig der Wolkensäule nach dem verheißenen Lande folgte, so zogen auch diese Heiden aus, den verheißenen Heiland zu suchen. Die Länder des Ostens waren reich an Kostbarkeiten, und so traten auch die Magier ihre Reise nicht mit leeren Händen an. Der Sitte entsprechend, Fürsten oder anderen hochgestellten Persönlichkeiten zum Zeichen der Huldigung Geschenke zu überreichen, nahmen sie die erlesensten Erzeugnisse des Landes mit als Weihegabe an den, in dem alle Geschlechter der Erde gesegnet werden sollten. Um den Stern im Auge behalten zu können, mußten die Weisen des Nachts reisen. Die Zeit verkürzten sie sich mit einem Gedankenaustausch über die mündlichen und schriftlichen Aussprüche der alten Propheten bezüglich des Einen, den sie suchten. Während jeder Ruhepause durchforschten sie die Prophezeiungen, und darüber verstärkte sich in ihnen immer mehr die Überzeugung, daß sie von oben geleitet wurden. So gesellte sich zu dem Stern als äußerem Zeichen von innen das Zeugnis des Heiligen Geistes, der ihre Herzen beeinflußte und ihre Hoffnung belebte. Dadurch wurde die lange Reise für sie zu einem frohen Erlebnis, das sie den mühsamen, langwierigen Weg vergessen ließ.

Als sie endlich das Land Israel erreichten und, Jerusalem vor ihren Blicken, den Ölberg hinabstiegen, da verweilte der Stern, der auf dem beschwerlichen Weg vor ihnen hergezogen war, über dem Tempel, um nach einiger Zeit ihren Blicken zu entschwinden. Eilenden Schrittes gingen sie nun vorwärts in der zuversichtlichen Erwartung, daß die Kunde von der Geburt des Messias überall Begeisterung ausgelöst hatte. Aber alle ihre Nachforschungen blieben ohne Erfolg. Unmittelbar nachdem sie die Stadt betreten hatten, begaben sie sich zum Tempel. Doch zu ihrem Erstaunen fanden sie niemanden, der etwas von dem neugeborenen König zu wissen schien. Ihre Fragen riefen keine Freudenausbrüche hervor, eher das Gefühl einer unangenehmen Überraschung und Furcht, bisweilen sogar ein Gefühl der Geringschätzung.

Die Priester vergruben sich in die Überlieferung. Ihre religiöse Auffassung und ihre Art der Frömmigkeit ging ihnen über alles, während sie die Griechen und Römer als überaus sündige Heiden bezeichneten. Auch die Weisen galten, obschon sie keine Götzendiener waren und in Gottes Augen weit höher standen als diese seine angeblichen Anbeter, bei den Juden als Heiden. Selbst bei den berufenen Hütern der heiligen Schriften fand ihr eifriges Fragen keine Gegenliebe.

Die Ankunft der Weisen wurde in Jerusalem schnell bekannt. Ihre ungewöhnliche Botschaft brachte viel Aufregung unter das Volk, die bis in den Palast des Königs Herodes drang. Der listige Edomiter erschrak schon bei der bloßen Erwähnung eines möglichen Nebenbuhlers. Ungezählte Mordtaten hatten seinen Weg zum Thron besudelt. Dazu war er fremdstämmig und beim Volk, das er regierte, verhaßt. Seine einzige Sicherheit war die Gunst Roms. Dieser neue Fürst aber hatte sich auf mehr zu berufen; er war geboren, das Reich einzunehmen.

Herodes hatte die Priester in Verdacht, daß sie mit den Fremdlingen gemeinsame Sache machten, um einen Volksaufstand heraufzubeschwören und ihn zu entthronen. Zwar verbarg er sein Mißtrauen, doch er beschloß, sie bei der Ausführung ihrer Pläne zu überlisten. Er ließ die Hohenpriester und Schriftgelehrten zu sich rufen und erkundigte sich bei ihnen, was ihre heiligen Bücher über den Ort lehrten, wo der Messias geboren werden sollte.

Diese Erkundigungen des Thronräubers, noch dazu durch die Fremden angeregt, verletzten den Stolz der jüdischen Lehrer. Die offenkundige Gleichgültigkeit wieder, mit der sie sich an die Durchsicht der prophetischen Schriften begaben, erregte die Eifersucht des Herrschers, glaubte er doch, sie suchten nur zu verbergen, was sie von dieser Sache wußten. Mit einer Bestimmtheit, über die sie sich nicht hinwegzusetzen wagten, befahl er ihnen deshalb, genaue Nachforschungen anzustellen und ihm den Geburtsort des von ihnen erwarteten Königs zu nennen. „Sie sagten ihm: Zu Bethlehem im jüdischen Lande; denn also steht geschrieben durch den Propheten: ‚Und du Bethlehem im jüdischen Lande bist mitnichten die kleinste unter den Städten in Juda; denn aus dir soll mir kommen der Herzog, der über mein Volk Israel ein Herr sei.' "[4]

Hierauf lud Herodes die Weisen zu einer vertraulichen Unterredung ein. Obgleich Zorn und Furcht sein Inneres durchtobten, bewahrte er nach außen seine Ruhe und empfing die Fremden freundlich. Er erkundigte sich, zu welcher Zeit der Stern ihnen erschienen sei, und gab sich den Anschein, als begrüße er freudig die Nachricht von der Geburt Christi. Schließlich gebot er den Weisen: „Ziehet hin und forschet fleißig nach dem Kindlein; und wenn ihr's findet, so sagt mir's wieder, daß ich auch komme und es anbete."[5] Mit diesen Worten entließ er sie, damit sie nach Bethlehem zögen.

Die Priester und Ältesten von Jerusalem waren nicht so unwissend hinsichtlich der Geburt Christi, wie sie vorgaben. Die Nachricht von dem Besuch der Engel bei den Hirten war auch nach Jerusalem gedrungen, nur hatten sie die Rabbiner nicht beachtet. So mußten, obwohl sie selber hätten Jesus finden und die Magier nach seinem Geburtsort bringen können, erst die Weisen kommen und sie auf die Geburt des Messias aufmerksam machen. Sie sprachen: „Wo ist der neugeborene König der Juden? Wir haben seinen Stern gesehen im Morgenland und sind gekommen, ihn anzubeten."[6]

Doch aus Stolz und Neid verschlossen die Priester und Rabbiner dem Licht die Tür. Hätten sie dem Bericht der Hirten und Weisen geglaubt, so wären sie dadurch in eine wenig angenehme Lage gebracht worden: sie hätten ihre eigene Behauptung, Vertreter der Wahrheit Gottes zu sein, widerlegt. Auch brachten es diese gebildeten Lehrer nicht fertig, von denen Belehrungen anzunehmen, die sie Heiden nannten. Es war nach ihrer Meinung nicht möglich, daß Gott sie übergangen hätte, um sich dafür unwissenden Hirten und unbeschnittenen Heiden zu offenbaren. So beschlossen sie, diese Nachrichten, die den König Herodes und ganz Jerusalem in Aufregung versetzt hatten, mit Verachtung zu strafen. Sie wollten sich nicht einmal nach Bethlehem begeben, um festzustellen, wie sich die Dinge verhielten. Gleichzeitig verleiteten sie das Volk, die Anteilnahme an dem Jesuskind für schwärmerische Überspanntheit zu halten. Hierdurch bereits begannen die Priester und Rabbiner, Christus zu verwerfen. Ihr Stolz und ihre Hartnäckigkeit steigerten sich schließlich zu bitterem Haß gegen den Heiland. So geschah es, daß Gott den Heiden die Tür öffnete, die die Führer der Juden sich selbst verschlossen.

Einsam verließen die Weisen Jerusalem. Als sie aber im Dunkel des Abends die Tore Jerusalems hinter sich ließen, da sahen sie zu ihrer großen Freude wieder den Stern, der sie nach Bethlehem führte. Sie hatten nicht wie die Hirten einen Hinweis erhalten, unter welch ärmlichen Verhältnissen sie Jesus finden würden. Nach der langen Reise waren sie von der Gleichgültigkeit der jüdischen Obersten sehr enttäuscht worden und hatten Jerusalem weniger zuversichtlich verlassen, als sie es betreten hatten. In Bethlehem fanden sie keine Wache, um den neugeborenen König zu schützen, und niemand von den weltlichen Fürsten bildete seinen Hofstaat. Jesus lag in eine Krippe gebettet. Seine Eltern, ungebildete Landleute, waren seine einzigen Hüter. Konnte dieser es sein, von dem geschrieben stand, daß er bestimmt sei, „die Stämme Jakobs aufzurichten und die Zerstreuten Israels wiederzubringen", ein „Licht der Heiden" zum „Heil bis an die Enden der Erde"? [7]

Sie aber „gingen in das Haus und fanden das Kindlein mit Maria, seiner Mutter, und fielen nieder und beteten es an". [8] Auch unter der unscheinbaren Hülle erkannten sie die Gottheit Jesu. So gaben sie ihm, als ihrem Heiland, ihre Herzen und „taten ihre Schätze auf und schenkten ihm Gold, Weihrauch und Myrrhe". [8] Welch einen Glauben bewiesen sie damit! Auch von diesen Männern des Ostens hätte Jesus sagen können, was er später von dem römischen Hauptmann feststellte: „Solchen Glauben habe ich in Israel bei keinem gefunden!" [9]

Die Weisen erkannten nicht die Absicht des Herodes. Deshalb schickten sie sich an, als sie den Zweck ihrer Reise erreicht hatten, wieder nach Jerusalem zurückzukehren und den König von ihrem Erfolg zu unterrichten. Doch in einem Traum empfingen sie die göttliche Anweisung, keine weitere Verbindung mit Herodes aufzunehmen. So mieden sie Jerusalem und gingen auf einem anderen Weg in ihre Heimat zurück.

In der gleichen Weise wurde Joseph aufgefordert, mit Maria und dem Kinde nach Ägypten zu fliehen. „Bleib allda, bis ich dir's sage; denn Herodes geht damit um, daß er das Kindlein suche, es umzubringen." [10] Joseph gehorchte ohne Zögern, trat aber der größeren Sicherheit wegen die Reise erst in der Nacht an.

Durch die Weisen hatte Gott die Aufmerksamkeit des jüdischen Volkes auf die Geburt seines Sohnes gelenkt. Ihre Nachforschungen in Jerusalem, die dadurch allgemein erweckte Anteilnahme und selbst die Eifersucht des Herodes, die die Aufmerksamkeit der Priester und Rabbiner erzwang, veranlaßte viele, den Weissagungen über den Messias und zugleich dem großen Ereignis, das eben erst geschehen war, Beachtung zu schenken.

Satan aber war entschlossen, das göttliche Licht aus der Welt auszuschließen und unter Anwendung äußerster List den Heiland zu vernichten. Aber Er, der niemals schläft noch schlummert, wachte über seinen geliebten Sohn. Wie er einst Israel mit Manna vom Himmel versorgt und Elia zur Zeit der Hungersnot gespeist hatte, so bereitete er nun Maria und dem Jesuskind in einem heidnischen Land einen Zufluchtsort. Durch die Gaben der heidnischen Magier hatte der Herr ihnen die Mittel für die Reise nach Ägypten und für den Aufenthalt in einem fremden Land verschafft.

Die Weisen hatten zu den ersten gehört, die den Erlöser begrüßten; ihre Gabe war die erste gewesen, die ihm zu Füßen gelegt wurde. Welch unvergleichlichen Dienst durften sie damit versehen! Die Gabe eines liebenden Herzens pflegt Gott wohlgefällig zu ehren, indem er sie die höchste Wirksamkeit in seinem Dienst finden läßt. Wenn wir Jesus unser Herz gegeben haben, werden wir ihm auch unsere Gaben darbringen. Bereitwillig werden wir ihm, der uns liebt und sich selbst für uns dahingegeben hat, unser Gold und Silber, unsere köstlichsten irdischen Güter, unsere besten geistigen und geistlichen Fähigkeiten weihen.

Herodes wartete inzwischen in Jerusalem ungeduldig auf die Rückkehr der Weisen. Als die Zeit verstrich, ohne daß sie erschienen, wurde sein Argwohn aufs neue wach. Die Abneigung der Rabbiner, ihm den Geburtsort des Messias zu nennen, ließ ihn jetzt vermuten, daß sie seine Pläne durchschaut und daß die Magier ihn absichtlich gemieden hatten. Bei diesem Gedanken geriet er außer sich vor Wut. Nachdem er mit seiner Verschlagenheit nichts ausgerichtet hatte, blieb ihm als letztes Mittel nur noch die Gewalt. So sollte das Geschick dieses jungen Königs denn zum abschreckenden Beispiel werden. Die hochmütigen Juden sollten sehen, was ihrer wartete, wenn sie versuchten, gegen ihn einen Aufruhr anzuzetteln und an seiner Statt einen anderen Herrscher einzusetzen.

Sofort sandte Herodes Kriegsknechte nach Bethlehem mit dem Befehl, alle Kinder im Alter von zwei Jahren und darunter zu töten. Die stillen Behausungen der Stadt Davids wurden zum Schauplatz jener

Schreckensszenen, die sechshundert Jahre zuvor dem Propheten kundgetan worden waren: „Zu Rama hat man ein Geschrei gehört, viel Weinen und Heulen; Rahel beweinte ihre Kinder und wollte sich nicht trösten lassen.“ [11]

Dieses Unheil hatten die Juden selbst über sich gebracht. Wären sie gläubig und demütig vor Gott gewandelt, dann hätte er in sehr deutlicher Weise dem Zorn des Königs wehren können. Doch sie hatten sich durch ihre Sünden von Gott getrennt und den Heiligen Geist, ihren einzigen Schutz, verworfen. Sie hatten die Schrift nicht studiert in dem Verlangen, dem Willen Gottes nachzukommen. Sie hatten lediglich nach Weissagungen gesucht, die sich für sie günstig auslegen ließen und dafür zu sprechen schienen, daß Gott alle übrigen Völker verachtete. Stolz hatten sie damit geprahlt, daß der Messias als König kommen, seine Feinde besiegen und in seinem Zorn die Heiden zerstampfen werde. Dadurch war der Haß ihrer Herrscher hervorgerufen worden. Vor allem aber hatte Satan die Juden zu einer solchen falschen Darstellung der Sendung Christi verleitet in der Absicht, den Untergang des Heilandes herbeizuführen. Nun aber fiel alles auf ihr eigenes Haupt zurück.

Dieses grausame Vorgehen sollte eine der letzten Handlungen sein, mit denen Herodes seine Herrschaft besudelte. Nicht lange nach dem abscheulichen Kindermord in Bethlehem wurde er selbst ein Opfer des Schicksals, dem niemand entkommt: er mußte sterben. Und er starb einen schrecklichen Tod!

Joseph, der immer noch in Ägypten weilte, erhielt jetzt von einem Engel Gottes die Aufforderung, nach Israel zurückzukehren. In der Annahme, daß Jesus der Erbe des Thrones Davids sei, wollte er erst Bethlehem zu seinem Wohnort machen; als er aber erfuhr, daß Archelaus an seines Vaters Statt über Judäa regierte, fürchtete er, daß nun der Sohn die Absichten des Vaters gegen Christus ausführen könnte. Von allen Söhnen des Herodes glich Archelaus diesem in seinem Wesen am meisten. Seine Thronbesteigung bereits war von einem Aufruhr in Jerusalem und der Niedermetzelung Tausender von Juden durch die römischen Wachen begleitet gewesen.

Abermals erhielt Joseph einen Zufluchtsort angewiesen. Er kehrte nach Nazareth zurück, seinem früheren Wohnsitz, wo Jesus dreißig Jahre seines Lebens zubringen sollte, „auf daß erfüllt würde, was da gesagt ist durch die Propheten: Er soll Nazarener heißen“. [12]

Galiläa stand ebenfalls unter der Herrschaft eines Sohnes des Herodes, doch wies seine Bevölkerung einen viel größeren Einschlag fremden Volkstums auf als Judäa, so daß rein jüdische Fragen in Galiläa weniger Beachtung fanden als in Judäa. Das berechtigte zu der Annahme, daß auch die Sonderstellung Jesu nicht so leicht den Neid der maßgebenden Kreise erregen würde.

Derart war die Aufnahme, die der Heiland fand, als er zur Erde kam. Kaum schien es einen Ruheort, eine Zufluchtsstätte für den noch unmündigen Erlöser zu geben. Gott konnte seinen geliebten Sohn nicht den Menschen anvertrauen, selbst nicht zu der Zeit, da er sich um ihr Heil bemühte. Deshalb beauftragte er Engel damit, Jesus zu geleiten und zu schützen, bis er seine Aufgabe auf Erden vollbracht hätte und durch die Hände derer, die zu retten er gekommen war, sterben würde.

Jesu Kindheit | 5

Jesus verbrachte seine Kindheit und Jugend in einem kleinen Gebirgsort. Doch es gab keinen Platz auf Erden, dem seine Gegenwart nicht zur Ehre gereicht hätte. Selbst Königspalästen wäre es ein Vorrecht gewesen, ihn als Gast zu beherbergen. Er aber ging an den Häusern der Reichen, den Höfen der Könige, den berühmten Stätten der Gelehrsamkeit vorüber und ließ sich in dem unbedeutenden, verachteten Nazareth nieder.

Wunderbar in seiner Bedeutung ist der kurze Bericht über die ersten Lebensjahre Jesu: „Das Kind wuchs und ward stark, voller Weisheit, und Gottes Gnade war bei ihm.“ [1] In dem Sonnenglanz, der vom Angesicht seines Vaters ausging, nahm Jesus zu „an Weisheit, Alter und Gnade bei Gott und den Menschen“.[2] Sein Verstand war rege und scharf und an Überlegung und Weisheit seinen Jahren voraus; dennoch war sein Wesen wundervoll ausgeglichen, und die Entwicklung der Geistes- und Körperkräfte erfolgte entsprechend seines Alters.

Als Kind schon erwies sich Jesus als überaus liebenswürdig veranlagt. Stets war er bereit, anderen mit willigen Händen zu dienen. Dazu bewies er eine Geduld, die unerschütterlich war, aber auch eine Wahrheitsliebe, die sich unbestechlich für das Rechte einsetzte. So paarten sich in seinem Leben felsenfeste Grundsatztreue mit der Tugend selbstloser Gefälligkeit.

Mit großer Sorgfalt beobachtete die Mutter Jesu, wie sich die Gaben des Kindes entfalteten und seine Anlagen sich vervollkommneten. Voller Freude suchte sie seinen munteren, empfänglichen Sinn zu begeistern. Der Heilige Geist gab ihr Weisheit, gemeinsam mit dem Himmel die Entwicklung des Kindes zu fördern, dessen Vater Gott war.

Von jeher hatten die treuen Israeliten große Sorgfalt auf die Erziehung ihrer Jugend verwandt. Der Herr hatte sie unterwiesen, die Kinder schon von klein auf über seine Güte und über seine Größe zu belehren, wie sie sich besonders in seinem Gesetz offenbart und in der Geschichte Israels kundgetan haben. Sie sollten dabei Gesang, Gebet und die Betrachtung der Schrift dem kindlichen Verständnis anpassen. Väter und Mütter mußten ihre Kinder darüber unterrichten, daß das

Gesetz Gottes ein Ausdruck seiner Gesinnung sei und daß sich mit der Annahme seiner Grundsätze das Bild Gottes auf den Geist und auf die Seele übertrage. Ein Großteil dieser Belehrung erfolgte mündlich; daneben aber lernte die Jugend auch die hebräischen Schriften lesen, so daß sie sich mit dem Inhalt der auf Pergament geschriebenen alttestamentlichen Zeugnisse vertraut machen konnte.

Zur Zeit Christi wurde der Ort oder die Stadt, die nichts für die religiöse Erziehung der Jugend tat, angesehen als stände sie unter dem Fluch Gottes. Dennoch war der Unterricht immer mehr verflacht, und die Überlieferungen hatten in weitem Ausmaß die heiligen Schriften verdrängt. Rechte Erziehung muß die Jugend veranlassen, daß sie den Herrn „suchen ... ob sie wohl ihn fühlen und finden möchten".[3]

Die Lehrer der Juden wandten ihre Aufmerksamkeit äußeren Dingen zu. Sie suchten den Verstand mit einem Stoff zu belasten, der für die Schüler wertlos war und erst recht vor der höheren Schule des Himmels nichts galt. So hatte die Erfahrung, die man durch die Annahme des Wortes Gottes erlangt, keinen Raum in ihrem Erziehungswesen. Vor lauter Äußerlichkeiten fanden die Schüler keine Gelegenheit, in stillen Stunden mit Gott zu verkehren. Sie vernahmen nicht, daß seine Stimme zu ihren Herzen redete. Auf ihrer Suche nach Erkenntnis kehrten sie dem Quell der Weisheit den Rücken. Das Wichtigste im Gottesdienst vernachlässigten sie, die Forderungen des Gesetzes wurden entstellt. Man machte dadurch die höhere Bildung zum größten Hindernis für eine rechte Entwicklung. Die Erziehungsweise der Rabbiner hemmte die Kraft der Jugend. Sie wurde schwerfällig und einseitig im Denken.

Der junge Jesus wurde nicht in den Schulen der Synagoge unterrichtet. Seine Mutter war seine erste Lehrerin. So erfuhr er aus ihrem Munde und aus den Schriften der Propheten die himmlischen Dinge. Die Worte, die er selber durch Mose zu Israel gesprochen hatte, mußte er nun zu den Füßen seiner Mutter hören und lernen. Auch als er vom Knaben zum Jüngling heranwuchs, kümmerte sich Jesus nicht um die Rabbinerschulen. Er hatte Bildung aus solcher Quelle nicht nötig; denn Gott war sein Lehrer.

Die während der Ausübung seines Lehramtes aufgeworfene Frage: „Wie kennt dieser die Schrift, obwohl er sie doch nicht gelernt hat?"[4] deutet daher auch nicht an, daß Jesus etwa nicht lesen konnte, sondern nur, daß er keine Ausbildung durch berufene Rabbiner erhalten hatte.

Da er sein Wissen in der gleichen Weise erwerben mußte wie wir, beweist seine innige Vertrautheit mit der Schrift, wie fleißig er sich in seinen Jugendjahren mit dem Wort Gottes befaßt hat. Dazu lag das große Buch der Natur ausgebreitet vor ihm. Er, der Schöpfer aller Dinge, vertiefte sich nun selbst in die Lehren, die er mit eigener Hand in Erde, Meer und Himmel gezeichnet hatte. Er hielt sich fern von allen unheiligen Dingen der Welt und sammelte eine Fülle von wissenschaftlichen Erkenntnissen aus der Natur. Zu diesem Zweck beobachtete er das Leben der Pflanzen, der Tiere und der Menschen. Von frühester Kindheit an aber behielt er das eine Ziel im Auge: andern zum Segen zu leben! Hierzu wurde er durch die ganze Schöpfung ermuntert; sie war ihm eine gute und vielseitige Lehrmeisterin. Ständig trachtete er, dem Sichtbaren Bilder zur Veranschaulichung des lebendigen Wortes Gottes abzugewinnen. Die Gleichnisse, in die er während seines Wirkens seine Belehrungen gern einkleidete, zeigen deutlich, in welch hohem Maße sein Gemüt für die Einflüsse der Natur empfänglich war und er Unterweisungen hinsichtlich des geistlichen Lebens der Alltagswelt entnommen hatte.

Während Jesus so die Bedeutung der Dinge zu erfassen suchte, entfaltete sich ihm das Wesen des Wortes und der Werke Gottes. Von Engeln des Himmels begleitet, hegte er heilige Gedanken und pflegte heilige Zwiesprache. Vom ersten Aufdämmern seines Verständnisses an nahm er ständig zu an geistlichen Tugenden und in der Erkenntnis der Wahrheit.

Gleich Jesus kann jedes Kind Erkenntnis erlangen. Wenn wir versuchen, durch Gottes Wort mit unserem himmlischen Vater bekannt zu werden, dann werden uns Engel nahe sein, und unser Geist wird gestärkt, unser Wesen geläutert und verfeinert werden. Damit werden wir unserem Heiland ähnlicher. Angesichts all des Schönen und Großartigen in der Natur wendet sich unser Herz Gott zu. In der Berührung mit dem Ewigen durch seine Werke wird der Geist erbaut und die Seele belebt. Der Verkehr mit Gott im Gebet bringt die geistigen und sittlichen Fähigkeiten zur Entfaltung, und die tiefe Betrachtung geistlicher Dinge fördert das geistliche Leben.

Das Leben Jesu stand in völligem Einklang mit dem Willen Gottes. Zwar dachte und redete er, solange er Kind war, wie ein Kind; aber kein Makel entstellte das Ebenbild Gottes. Dabei war er nicht frei von Versuchungen. Die Gottlosigkeit der Einwohner von Nazareth war fast sprichwörtlich geworden. Nathanaels Frage: „Was kann von Nazareth Gutes kommen?“[5] zeigt deutlich, wie wenig Achtung sie im allgemeinen genossen. Jesus aber erhielt seinen Platz unter ihnen, damit durch sie sein Verhalten auf die Probe gestellt würde. Er mußte, wollte er seine Reinheit bewahren, unablässig auf der Hut sein. Kein Kampf, den auch wir zu bestehen haben, blieb ihm erspart, damit er uns ein Beispiel sein könne: in Kindheit, Jugend und Mannesalter.

Satan war unermüdlich in seinen Anstrengungen, das Kind von Nazareth zu überwinden. Wenn Jesus auch von frühester Jugend an von den Engeln des Himmels behütet wurde, so war sein Leben dennoch ein Kampf gegen die Mächte der Finsternis. Daß jemand auf Erden frei von sündiger Befleckung leben sollte, das war dem Fürsten der Finsternis ein Ärgernis und eine Ursache zur Beunruhigung. Nichts ließ er darum unversucht, Jesus in seine Schlingen zu verstricken. Kein Menschenkind wird je berufen, ein heiliges Leben inmitten solch grimmiger Kämpfe gegen Versuchungen zu führen wie unser Heiland.

Die Eltern Jesu waren arm und auf den Ertrag ihrer Hände Arbeit angewiesen. So wurde auch er mit Armut, Selbstverleugnung und Entbehrung vertraut. Diese Erfahrung war ein sicherer Schutz für ihn. In seinem arbeitsamen Leben gab es keine müßigen Stunden, die die Versuchung herausgefordert hätten. Er fand keine Zeit für schlechte Gesellschaft. Soweit es ihm möglich war, verschloß er dem Versucher die Tür. Keine Rücksicht auf Gewinn oder Vergnügen, Beifall oder Tadel konnte ihn dazu verleiten, Unrecht gutzuheißen. Er war klug, das Böse zu erkennen, und stark genug, ihm zu widerstehen.

Jesus war der einzige Sündlose, der je auf Erden gelebt hat, obwohl er doch fast dreißig Jahre lang unter den gottlosen Einwohnern von Nazareth wohnte. Diese Tatsache muß alle diejenigen beschämen, die meinen, daß die Gunst des Ortes, des Besitzes oder des Erfolges darüber entscheide, ob jemand ein untadeliges Leben führen könne oder nicht. Vielmehr erziehen uns gerade Anfechtung, Not und Unheil zu Reinheit und Standhaftigkeit.

Jesus lebte mit seinen Eltern in einem bescheidenen Häuschen und trug treulich und freudig seinen Anteil an den Lasten des Haushaltes. Der einst Gebieter des Himmels gewesen und dessen Wort die Engel mit Freuden befolgten, war jetzt ein williger Diener, ein liebevoller und gehorsamer Sohn. Er erlernte ein Handwerk und arbeitete mit

Joseph zusammen in dessen Zimmermannswerkstatt. In der einfachen Tracht eines gewöhnlichen Arbeitsmannes ging er durch die Straßen der kleinen Stadt zu seiner bescheidenen Arbeit und wieder zurück. Er benutzte seine göttliche Kraft nicht, um seine Lasten zu verringern oder sich die Arbeit zu erleichtern.

Die Arbeit, die Jesus als Jüngling und als Mann ausübte, war der Entwicklung von Körper und Geist sehr dienlich. Er arbeitete nicht einfach drauflos, sondern setzte seine Kräfte ein, daß sie gesund blieben, damit er in jeder Weise das Beste leisten konnte. Er war ohne Tadel in seinem Wesen, selbst in seiner Arbeit verschmähte er fehlerhafte Leistungen. Er war als Handwerker ebenso vollkommen, wie sein Charakter vollkommen war. Durch sein Beispiel lehrte er, daß wir die Pflicht haben, fleißig zu sein und unsere Arbeit genau und sorgfältig auszuführen, und daß solche Arbeit ehrbar ist. Nützliche Handarbeit gewöhnt nicht nur die Jugend daran, ihren Anteil an den Lasten des Lebens zu tragen, sondern dient auch der Kräftigung ihres Körpers und der Ausbildung ihrer Fähigkeiten. Jeder sollte sich mit etwas beschäftigen, was ihm selbst und auch andern nützt. Gott hat die Arbeit uns zum Segen gegeben; und nur der Fleißige kann die wahre Schönheit und Freude des Lebens verspüren. Nur die Kinder und jungen Menschen erlangen Gottes Wohlgefallen, die frohgemut die häuslichen Pflichten erfüllen und den Eltern ihre Last tragen helfen. Solche Kinder werden, wenn sie das Heim verlassen, auch nützliche Glieder der menschlichen Gesellschaft sein.

Während seines ganzen Erdenlebens war Jesus eifrig und beständig am Wirken. Weil er viel erwartete, unternahm er auch viel. Nachdem er sein Lehramt angetreten hatte, erklärte er: „Ich muß wirken die Werke des, der mich gesandt hat, solange es Tag ist; es kommt die Nacht, da niemand wirken kann.“[6] Jesus scheute entgegen vielen seiner angeblichen Nachfolger weder Sorge noch Verantwortung. Gerade deshalb aber, weil sie sich dieser Zucht entziehen wollen, sind viele schwach und unfähig. Mögen sie auch vortreffliche und liebenswerte Eigenschaften aufweisen, so sind sie dabei doch kraftlos und nahezu unbrauchbar, wenn es gilt, Schwierigkeiten entgegenzutreten oder Hindernisse zu überwinden. Wir brauchen die Zuverlässigkeit und Tatkraft, die Gediegenheit und Lauterkeit, die Christus bewies, und wir müssen sie in der gleichen Schule lernen, die er durchzustehen hatte. Dann wird auch die Gnade, die er empfing, unser sein!

Solange unser Heiland unter den Menschen weilte, teilte er das Los der Armen. Da er ihre Sorgen und Nöte aus eigener Erfahrung kannte, vermochte er sie zu trösten und zu ermutigen. Wer wirklich begriffen hat, was Jesu Leben uns lehrt, wird nie daran denken, irgendwelche Klassenunterschiede zu machen, er wird einen Reichen nicht höher achten als einen würdigen Armen.

Geschickt und mit frohem Mut ging Jesus seiner Arbeit nach. Es verlangt viel Geduld und Geisteskraft, die Lehren der Heiligen Schrift zu Hause und am Arbeitsplatz zur Geltung zu bringen und bei aller Anspannung durch irdische Geschäfte die Ehre Gottes im Auge zu behalten. Darin wird uns Christus zum Helfer. Er ließ sich von weltlichen Sorgen nie so weit in Anspruch nehmen, daß er keine Zeit mehr gehabt hätte, über ewige Dinge nachzudenken. Oft brachte er die Freude seines Herzens zum Ausdruck, indem er Psalmen und geistliche Lieder sang. Dann wieder hörten die Einwohner Nazareths seine Stimme sich in Lobpreis und Danksagung zu Gott erheben. Durch seinen Gesang hielt er Verbindung mit dem Himmel, und wenn seine Gefährten von ihrer Arbeit müde wurden und klagten, ermunterte er sie durch die lieblichen Weisen aus seinem Munde. Sein Lobpreis schien die bösen Geister zu bannen und seine Umgebung wie durch Weihrauch mit Wohlgeruch zu erfüllen. Die Gedanken seiner Zuhörer wurden aus ihrer irdischen Gebundenheit in die himmlische Heimat versetzt.

Jesus war der Quell heilsamer Gnade für die Welt, und auch während der Zeit seiner Zurückgezogenheit in Nazareth gingen von seinem Leben Ströme des Mitgefühls und der Zärtlichkeit aus. Die Betagten und Bekümmerten, die Schuldbeladenen, die fröhlich-harmlosen Kinder, die schwache Kreatur in den Hainen und die geduldigen Lasttiere, sie alle wurden glücklicher durch seine Gegenwart. Er, dessen Machtwort die Welten trug, beugte sich herab, einem verwundeten Vöglein zu helfen. Es gab nichts, was nicht seiner Beachtung wert oder seines Dienstes würdig gewesen wäre.

Während Jesus so an Weisheit und körperlicher Größe zunahm, nahm er auch zu an Gnade bei Gott und den Menschen. Weil er mit allen zu fühlen vermochte, erwarb er sich auch die Liebe aller. Die Atmosphäre von Hoffnung und Mut, die ihn umgab, ließ ihn in jedem Heim zum Segen werden. Oft forderte man ihn am Sabbat in der Synagoge auf, den vorgeschriebenen Abschnitt aus den Schriften der

Propheten zu lesen. Während er las, wurden die Herzen der Zuhörer ergriffen, da ihnen ein neues Licht aus den altvertrauten Worten des heiligen Textes entgegenstrahlte.

Doch Jesus vermied es, Aufsehen zu erregen. Während der vielen Jahre seines Aufenthaltes in Nazareth ließ er seine Wunder wirkende Macht nicht offenbar werden. Er trachtete weder nach einer angesehenen Stellung, noch legte er sich hochklingende Namen bei. Still und bescheiden lebte er dahin. Selbst die Schrift schweigt über seine Jugendjahre. Damit erteilt sie uns eine wichtige Lehre. Je mehr sich das Leben eines Kindes in der Stille und Zurückgezogenheit – frei von aller vorsätzlichen Beunruhigung und möglichst im Einklang mit der Natur – abspielt, desto günstiger sind die Aussichten für seine körperliche Erstarkung und geistige Entwicklung.

Jesus ist unser Vorbild. Doch während sich viele Menschen gern mit der Zeit seines öffentlichen Wirkens befassen, lassen sie die Lehren seiner Jugendjahre meist unbeachtet. Aber gerade mit seinem Verhalten im häuslichen Kreise ist er den Kindern und der Jugend ein Vorbild. Der Heiland wurde arm, um uns zu lehren, wie wir auch unter bescheidenen Verhältnissen ein Leben inniger Gemeinschaft mit Gott führen können. Er lebte, seinen Vater im Getriebe des Alltags zu erfreuen, ihn zu ehren und zu verherrlichen. Er begann seine Aufgabe damit, daß er dem Stande des kleinen Handwerkers, der sich schwer für sein tägliches Brot abmühen muß, besondere Weihe verlieh. Er diente Gott geradeso gut, wenn er an der Hobelbank schaffte, als wenn er unter der Volksmenge Wunder wirkte. Welches junge Menschenkind nach dem Beispiel Jesu treu und gehorsam den Pflichten seiner einfachen Häuslichkeit nachkommt, darf daher auch jenes Zeugnis für sich in Anspruch nehmen, das der Vater durch den Heiligen Geist Jesus ausstellte: „Siehe, das ist mein Knecht – ich halte ihn – und mein Auserwählter, an dem meine Seele Wohlgefallen hat.“ [7]

Auf dem Passahfest | 6

Die Juden betrachteten das zwölfte Lebensjahr als Grenze zwischen Kindheit und Jugend. Der hebräische Knabe wurde nach Vollendung dieses Lebensjahres ein Sohn des Gesetzes und auch ein Sohn Gottes genannt. Er konnte sich während dieser Zeit besonders viel mit den jüdischen Lehren beschäftigen, wie man auch eine rege Beteiligung an den heiligen Festen und Gebräuchen von ihm erwartete. Es stand also völlig mit den üblichen Gewohnheiten in Einklang, daß Jesus im Knabenalter das Passahfest in Jerusalem besuchte. Wie alle andächtigen Israeliten gingen Joseph und Maria jedes Jahr nach der Hauptstadt, um der Passahfeier beizuwohnen. Und als Jesus das geforderte Alter erreicht hatte, nahmen sie ihn mit.

Es waren jährlich drei Feste, zu denen alle männlichen Israeliten in Jerusalem vor dem Herrn erscheinen mußten: zum Passahfest, zum Pfingstfest und zum Laubhüttenfest. Von diesen großen Festen wurde das Passahfest am meisten besucht. Aus allen Ländern, in denen Juden verstreut lebten, kamen sie. Auch aus den einzelnen Gegenden Palästinas strömten die Anbetenden zum Fest. Die Reise von Galiläa nach Jerusalem nahm mehrere Tage in Anspruch; die jüdischen Pilger schlossen sich unterwegs zu Gruppen zusammen, damit sie nicht allein zu wandern brauchten und sich so besser schützen konnten. Frauen und Greise legten den oft steilen und felsigen Weg auf Ochsen oder Eseln zurück. Die kräftigeren Männer und die Jugend reisten zu Fuß. Nach unserer Jahresrechnung fiel das Passahfest in die Frühlingszeit, Ende März oder Anfang April; das ganze Land blühte und duftete, und der Gesang der Vögel verlieh allem einen heiteren Glanz. Den ganzen Reiseweg entlang trafen sie auf immer neue denkwürdige Orte aus der Geschichte Israels. Die Eltern erzählten dann ihren Kindern deren Geschichte und berichteten von den Wundertaten Gottes an seinem Volk in der Vergangenheit. Auch verkürzten sie sich die Reise durch Gesang und Musik. Und als sie schließlich in der Ferne die Türme Jerusalems auftauchen sahen, erscholl froh begeistert ihr Triumphgesang:

„Nun stehen unsere Füße in deinen Toren, Jerusalem . . . Es möge Friede sein in deinen Mauern und Glück in deinen Palästen!“ [1]

Von der Zeit an, da die Hebräer ein selbständiges Volk wurden, begingen sie alljährlich das Passahfest. Gott hatte ihnen in der letzten Nacht ihrer Gefangenschaft in Ägypten, da nichts auf die Stunde ihrer Befreiung hinzudeuten schien, geboten, den sofortigen Auszug vorzubereiten. Er hatte Pharao vor dem Strafgericht, das über die Ägypter kommen sollte, gewarnt und die Hebräer angewiesen, sich in ihren Häusern zu versammeln, ihre Türpfosten mit dem Blut eines geschlachteten Lammes zu besprengen und das gebratene Lamm mit ungesäuertem Brot und bitteren Kräutern zu essen. „So sollt ihr's aber essen: Um eure Lenden sollt ihr gegürtet sein und eure Schuhe an euren Füßen haben und den Stab in der Hand und sollt es essen als die, die hinwegeilen; es ist des Herrn Passa."[2] Und als die Mitternacht über Ägypten heraufzog, wurde alle Erstgeburt der Ägypter erschlagen, und der Pharao sandte die Botschaft an Israel: „Macht euch auf und ziehet weg aus meinem Volk . . . Geht hin und dienet dem Herrn, wie ihr gesagt habt."[3]

Die Hebräer verließen als selbständiges und unabhängiges Volk das Land ihrer Knechtschaft. Zum Gedenken aber an ihre wunderbare Befreiung gebot ihnen Gott, alljährlich das Passahfest zu feiern. „Und wenn eure Kinder zu euch sagen werden: Was habt ihr da für einen Brauch?, sollt ihr sagen: Es ist das Passaopfer des Herrn, der an den Kindern Israel vorüberging in Ägypten, als er die Ägypter schlug."[4] Allen nachfolgenden Geschlechtern sollte diese wunderbare Befreiungstat Gottes weitergegeben werden.

Auf das Passahopfer folgte das sieben Tage dauernde Fest der ungesäuerten Brote. Am zweiten Tag dieses Festes wurde dem Herrn die Erstlingsfrucht der Jahresernte, und zwar eine Garbe Gerste, dargebracht. Alle Gebräuche dieses Festes versinnbildeten das Werk Christi. Die Befreiung Israels aus Ägypten veranschaulichte die Erlösungstat, die durch das Passahfest im Gedächtnis behalten werden sollte. Das geschlachtete Lamm, das ungesäuerte Brot und auch die Erstlingsgabe wiesen auf den Erlöser. Zur Zeit Christi war die Feier des Passahfestes bei den meisten Juden zu einem bloßen Formendienst herabgesunken. Wie groß aber war die Bedeutung dieses Festes für den Sohn Gottes!

Zum erstenmal schaute Jesus den Tempel. Er sah die weißgekleideten Priester ihren feierlichen Dienst versehen, gewahrte das blutende Opfer auf dem Altar und beugte sich mit den Gläubigen im Gebet, während die Wolke des Weihrauchs zu Gott emporstieg. Jesus erlebte bewußt die eindrucksvollen Gebräuche des Passahgottesdienstes, deren Bedeutung ihm von Tag zu Tag klarer wurde. Jede Handlung schien mit seinem eigenen Leben in innigstem Zusammenhang zu stehen. Das alles weckte neue Gedanken in ihm. Still und in sich gekehrt schien er einem besonderen Problem nachzudenken. Das Geheimnis seiner Sendung wurde ihm bewußt.

Überwältigt von den Erlebnissen, die ihm hier begegneten, hatte er sich von der Seite seiner Eltern entfernt. Er wollte allein sein. Die gottesdienstlichen Handlungen waren längst beendet, da hielt er sich noch immer in den Vorhöfen des Tempels auf, und als die jüdischen Festbesucher Jerusalem wieder verließen, blieb er in der Stadt zurück.

Bei diesem Besuch in Jerusalem wollten Jesu Eltern ihn mit den großen Lehrern Israels zusammenbringen. Während er in jeder Einzelheit dem Worte Gottes gehorsam war, richtete er sich jedoch nicht nach den Bräuchen und Gewohnheiten der Schriftgelehrten. Joseph und Maria hofften, er würde den gelehrten Rabbinern mit achtungsvoller Ehrerbietung gegenübertreten und ihre Forderungen mit größerer Sorgfalt beachten. Doch Jesus war im Tempel durch Gott selbst unterrichtet worden, und das, was er auf diese Weise empfangen hatte, begann er sogleich mitzuteilen.

Eine mit dem Tempel verbundene Halle diente zu jener Zeit als „Heilige Schule". Sie wurde nach der Art der alten Prophetenschulen benutzt; die Rabbiner versammelten hier ihre Schüler um sich. Auch Jesus kam in diese Halle und lauschte, zu den Füßen der ehrwürdigen und gelehrten Männer sitzend, deren Belehrungen. Als einer, der nach Weisheit suchte, wollte er von den Rabbinern Aufschluß haben über die alten Weissagungen und über die gegenwärtigen Ereignisse, die auf das Kommen des Messias hinwiesen.

Sein Verlangen nach Erkenntnis war groß, und seine Fragen rührten an tiefe Wahrheiten, die seit langem verborgen waren und doch für das Heil der Menschen so große Bedeutung hatten. Er zeigte, wie begrenzt und oberflächlich im Grunde doch die ganze Weisheit der Schriftgelehrten war. Jede Frage enthielt eine göttliche Lehre und ließ die Wahrheit in einem neuen Licht erscheinen. Die Rabbiner sprachen von der wunderbaren Erhöhung, die das Erscheinen des Messias dem jüdischen Volk bringen würde; Jesus aber verwies auf die Weissagungen Jesajas und fragte nach der Bedeutung jener Schriftstellen, die vom Leiden und Sterben des Gotteslammes kündeten.

Die Schriftgelehrten erwiderten mit Gegenfragen und konnten ihr Erstaunen über seine Antworten nicht verbergen. Mit der Demut eines Kindes wiederholte Jesus die Worte der Schrift und gab ihnen eine so tiefe Bedeutung, daß sie sich davon keine Vorstellung machen konnten. Hätten sich die Schriftgelehrten zu diesen göttlichen Wahrheiten bekannt, würde das eine Erneuerung des geistlichen Lebens und eine Wiedergeburt des Glaubens zur Folge gehabt haben. Bei Jesu Lehrantritt wären dann viele vorbereitet gewesen, ihn anzunehmen.

Die Rabbiner wußten, daß Jesus nicht in ihren Schulen unterrichtet worden war; und doch übertraf er sie in seinem Verständnis der heiligen Schriften bei weitem. Dieses Bewußtsein ließ sie wünschen, daß dieser begabte, nachdenkliche Knabe, der zu den schönsten Hoffnungen berechtigte, ihr Schüler und ein Lehrer in Israel würde. Sie wollten seine weitere Erziehung übernehmen, da sie nur sich die Fähigkeit zutrauten, einen so schöpferischen Geist richtig auszubilden.

Jesu Worte waren in die Herzen der Rabbiner gedrungen. Noch nie zuvor hatten Worte aus menschlichem Mund solche Wirkung auf sie auszuüben vermocht. Gott versuchte diesen geistigen Führern seines Volkes Licht zu geben; er benutzte dazu das einzige Mittel, durch das sie erreicht werden konnten. Stolz wie sie waren, hätten sie sich nie dazu verstehen können, Belehrungen durch irgendwelche andere anzuerkennen. Und hätten Jesu Worte den Anschein gehabt, daß er sie belehren wollte, würden sie ihm gar nicht zugehört haben. So aber schmeichelten sie sich, ihn zu lehren oder wenigstens seine Kenntnisse in den Schriften zu prüfen. Jesu Bescheidenheit und Anmut entwaffnete ihre Vorurteile. Unbewußt wurde so ihr Verständnis für Gottes Wort geöffnet, und der Heilige Geist sprach zu ihren Herzen.

Die Schriftgelehrten mußten einsehen, daß ihre Erwartungen hinsichtlich des Messias durch das Wort der Weissagung nicht gestützt wurden. Sie wollten jedoch die Lehrpunkte, die ihrem Ehrgeiz falsche Hoffnungen erweckt hatten, nicht widerrufen. Sie wollten nicht zugeben, daß ihre Auslegung der heiligen Schriften auf Irrtum aufgebaut war. Sie fragten sich gegenseitig: Woher hat dieser Jüngling sein Wissen, da er doch keine Schule besuchte? Ja, das Licht schien in der Finsternis, die Finsternis aber „hat's nicht ergriffen".[5]

Unterdessen befanden sich Maria und Joseph in großer Sorge und Unruhe. Beim Verlassen Jerusalems hatten sie Jesus aus den Augen verloren; sie wußten nicht, daß er in der Stadt zurückgeblieben war. Das Land war damals dicht bevölkert, und die Karawanen aus Galiläa waren sehr groß. Es gab viel Durcheinander, als sie die Stadt verließen. Auf dem Wege nahm die Freude, mit Freunden und Bekannten zu reisen, ihre ganze Aufmerksamkeit in Anspruch, und erst bei Anbruch des Abends bemerkten sie seine Abwesenheit; denn als sie zur Rast anhielten, vermißten sie die helfende Hand ihres Jungen. Doch sie waren immer noch unbesorgt, da sie ihn unter ihrer Reisegesellschaft vermuteten. Jung wie er war, hatten sie ihm blind vertraut, und sie hatten erwartet, daß er, wenn nötig, bereit wäre, ihnen zu helfen, indem er ihre Wünsche vorausahnte, so wie er es stets getan hatte. Doch nun erwachten ihre Ängste. Sie suchten ihn überall, aber vergebens. Schaudernd fiel ihnen ein, wie Herodes versucht hatte, das Jesuskindlein zu töten. Trübe Ahnungen erfüllten ihre Herzen, und sie machten sich wegen ihrer Sorglosigkeit große Vorwürfe.

Sie kehrten nach Jerusalem zurück und setzten hier ihre Suche fort. Als sie am nächsten Tag auch in den Tempel kamen und sich unter die Gläubigen mischten, fesselte eine vertraute Stimme ihre Aufmerksamkeit. Sie konnten sich nicht irren; keine Stimme war der seinen gleich, so feierlich, ernst und dennoch angenehm klang sie. Sie fanden Jesus in der Schule der Rabbiner. Trotz ihrer großen Freude konnten sie doch ihre Angst und Sorge nicht gleich verwinden. Als sie miteinander allein waren, sagte Maria zu dem Knaben, und ein leiser Vorwurf schwang in ihren Worten: „Mein Sohn, warum hast du uns das getan? Siehe, dein Vater und ich haben dich mit Schmerzen gesucht.“[6]

„Was ist's, daß ihr mich gesucht habt?“ erwiderte Jesus. „Wisset ihr nicht, daß ich sein muß in dem, das meines Vaters ist?“[7] Dabei zeigte er nach oben, weil er sah, daß Maria und Joseph seine Worte nicht verstanden. Sein Angesicht glänzte, so daß die Eltern sich wunderten. Die Gottheit Jesu durchleuchtete den Menschensohn. Als sie ihn im Tempel fanden, hatten auch sie dem gelauscht, was sich zwischen ihm und den Schriftgelehrten abspielte, und sie hatten sich über seine Fragen und Antworten gewundert. Seine Worte weckten in ihnen eine Reihe von Gedanken, die sie niemals wieder vergessen konnten.

Es war verständlich, daß Maria und Joseph Jesus als ihr eigenes Kind betrachteten. Er war täglich bei ihnen, sein Leben glich in vieler Hinsicht dem der anderen Kinder, so daß es ihnen schwer fiel, in ihm den Sohn Gottes zu sehen. Sie liefen Gefahr, die ihnen gewährte Segnung der Gegenwart des Heilandes der Welt zu unterschätzen. Der

Schmerz, den sie bei der Trennung von ihm empfanden, und der gelinde Vorwurf, den seine Worte enthielten, sollte ihnen die Heiligkeit des ihnen Anvertrauten eindringlich nahebringen.

Hätten sich Maria und Joseph durch ein eifriges und innigeres Gebetsleben mit Gott verbunden, so würden sie die Heiligkeit des ihnen anvertrauten Jünglings besser erkannt haben, und sie hätten Jesus nimmermehr aus den Augen verloren. Durch die Nachlässigkeit eines Tages verloren sie den Heiland, und sie mußten drei Tage mit Kummer und Sorgen suchen, ehe sie ihn wiederfanden. So ergeht es auch uns. Durch unnützes, törichtes Geschwätz oder durch Vernachlässigen des Gebets können wir in kurzer Zeit die Gegenwart des Heilandes verlieren, und es mögen dann viele Tage schmerzlichen Suchens vergehen, ehe wir ihn wiederfinden und auch den verlorenen Frieden wieder gewinnen.

Wir müssen auch in unserem Verkehr miteinander darauf bedacht sein, Jesus nicht aus den Augen zu verlieren oder ganz zu vergessen. Lassen wir uns von den irdischen Dingen so sehr in Anspruch nehmen, daß wir keine Gedanken mehr für ihn haben, in dem doch unsere ganze Hoffnung auf ein ewiges Leben gipfelt, trennen wir uns von dem Herrn und seinen himmlischen Heerscharen. Diese heiligen Wesen können nicht sein, wo der Heiland unerwünscht ist und wo seine Abwesenheit nicht bemerkt wird. Darum ist auch bei den Namenschristen häufig eine so große geistliche Entmutigung zu finden.

Viele wohnen einer gottesdienstlichen Handlung bei und werden durch das Wort Gottes erfrischt und belebt. Weil sie aber zuwenig nachdenken, zuwenig „wachen und beten", verlieren sie bald wieder den Segen und fühlen sich verlassener als je zuvor. Oft glauben sie dann, Gott behandle sie zu hart; sie sehen nicht, daß die Schuld allein bei ihnen liegt. Indem sie sich von dem Heiland trennten, haben sie auch das Licht seiner Gegenwart ausgeschlossen.

Es würde für uns gut sein, täglich eine stille Stunde über das Leben Jesu nachzudenken. Wir sollten das ganze Erleben Jesu auf Erden in allen Einzelheiten, besonders aber die letzten Tage, an unserem inneren Auge vorüberziehen lassen. Wenn wir in dieser Weise bei dem Opfer verweilen, das er für uns gebracht hat, wird unser Vertrauen zu ihm wachsen, unsere Liebe zu ihm lebendiger werden, und am Ende werden wir tiefer mit seinem guten Geist erfüllt sein. Wenn wir gerettet werden wollen, müssen wir am Fuße des Kreuzes wahre Demut lernen.

Jesu Wirken in den Tagen der Verheißung

Die Stimme in der Wüste | 7

Aus der Schar der gläubigen Israeliten, die sehnsüchtig auf das Kommen des Messias warteten, erschien der Vorläufer Christi. Zacharias, ein betagter Priester, und sein Weib Elisabeth waren „beide fromm vor Gott"; [1] ihr ruhiger und heiliger Wandel offenbarte das Licht des Glaubens. Wie ein Stern leuchtete ihr Leben in der geistlichen Finsternis jener Tage. Dieses gottesfürchtige Paar empfing die Verheißung eines Sohnes, der vor dem Herrn hergehen und ihm den Weg bereiten sollte.

Seit vielen Jahren hatte Zacharias um das Kommen des Erlösers gebetet; nun endlich sandte Gott einen Boten mit der Nachricht, daß seine Gebete Erhörung finden sollten. Aber diese Gnade erschien Zacharias zu groß, um an sie glauben zu können; Furcht und Selbstanklagen erfüllten ihn.

Ihm wurde die frohe Versicherung zugerufen: „Fürchte dich nicht, Zacharias, denn dein Gebet ist erhört, und dein Weib Elisabeth wird dir einen Sohn gebären, des Namen sollst du Johannes heißen. Und du wirst Freude und Wonne haben, und viele werden sich seiner Geburt freuen." [2]

Daß dem Zacharias, wie einst dem Abraham und auch der Maria, ein Sohn geboren wurde, darin liegt eine große geistliche Wahrheit: eine Lehre, die wir nur langsam lernen und so schnell wieder vergessen. Wir sind unfähig, aus uns selbst etwas Gutes hervorzubringen; doch was wir nicht tun können, wird durch die Macht Gottes in jeder demütigen und gläubigen Seele bewirkt. Durch den Glauben wurde das Kind der Verheißung gegeben; durch den Glauben wird auch geistliches Leben geboren, und wir werden befähigt, Werke der Gerechtigkeit zu tun.

Der Heilige Geist ruhte auf Zacharias, und in folgenden herrlichen Worten weissagte er von der Bestimmung seines Sohnes:

„Du, Kindlein, wirst ein Prophet des Höchsten heißen.
Du wirst vor dem Herrn hergehen, daß du seinen Weg bereitest
und Erkenntnis des Heils gebest seinem Volk
in Vergebung ihrer Sünden,

durch die herzliche Barmherzigkeit unsres Gottes,
durch welche uns besucht hat der Aufgang aus der Höhe,
auf daß er erscheine denen, die da sitzen in Finsternis und
Schatten des Todes,
und richte unsre Füße auf den Weg des Friedens." [3]

„Und das Kindlein wuchs und ward stark im Geist. Und er war in der Wüste, bis daß er sollte hervortreten vor das Volk Israel." [4] Vor der Geburt des Johannes hatte der Engel gesagt: „Er wird groß sein vor dem Herrn; Wein und starkes Getränk wird er nicht trinken und wird . . . erfüllt werden mit dem heiligen Geist." [5] Gott hatte den Sohn des Zacharias zu einer großen Aufgabe berufen, zu der größten, die je einem Menschen anvertraut wurde. Um diese Aufgabe ausführen zu können, mußte der Herr mit ihm zusammenwirken. Und der Geist Gottes wollte bei ihm sein, wenn er den Anweisungen des Engels nachkäme.

Johannes sollte als ein Bote Gottes hinausgehen und das göttliche Licht zu den Menschen bringen. Es galt, die Gedanken der Menschen richtungändernd zu beeinflussen. Er mußte ihnen die Heiligkeit der Forderungen Gottes einprägen sowie die Notwendigkeit, seiner vollkommenen Gerechtigkeit zu bedürfen. Wer solch Botenamt ausführen wollte, mußte selbst heilig sein. Er mußte der Tempel des Geistes Gottes sein. Um seine Mission erfüllen zu können, brauchte er einen starken und gesunden Körper sowie große seelische und geistige Stärke. Deshalb mußte es für ihn notwendig sein, seine Neigungen und Leidenschaften zu beherrschen. Er mußte in der Lage sein, sich so in der Gewalt zu haben, daß er ungerührt von den ihn umgebenden Verhältnissen wie die Felsen und Berge in der Wildnis unter den Menschen bestehen konnte.

Johannes war von Geburt an ein Nasiräer, ein Gottgeweihter. Er hatte sich selbst später für sein ganzes Leben dem Herrn geweiht. Seine Kleidung glich derjenigen der alten Propheten: ein Gewand aus Kamelhaaren, gehalten von einem ledernen Gürtel. Er aß Heuschrecken und wilden Honig,[6] wie die Wüste es ihm darbot. Dazu trank er das klare Wasser, das von den Hügeln floß.

Obgleich er in der Wüste lebte, blieb er nicht frei von Versuchungen. Nach bestem Vermögen verschloß er Satan jeden Zugang, ohne jedoch dessen Angriffe verhindern zu können. Sein geistliches Empfinden aber war rein; er hatte Charakterstärke und Entschiedenheit gelernt und war imstande, die Schleichwege Satans mit Hilfe des Heiligen Geistes aufzuspüren und der teuflischen Macht zu widerstehen.

In der Wüste fand Johannes seine Schule und seinen Tempel. Wie einst Mose von den Hügeln Midians, so war er eingeschlossen von der Gegenwart Gottes und umgeben von den Zeugnissen seiner Macht.

In den stillen Stunden der Nacht las er die Verheißungen Gottes an Abraham, dessen Nachkommen zahllos sein sollten wie die Sterne. Und wenn das Licht des anbrechenden Morgens das Gebirge Moab vergoldete, wirkte es auf ihn wie der, von dem gesagt ist, daß er sei „wie das Licht des Morgens, wenn die Sonne aufgeht, am Morgen ohne Wolken".[7] Der helle Mittag verkündigte ihm den Glanz der Offenbarung Gottes; „denn die Herrlichkeit des Herrn soll offenbart werden, und alles Fleisch miteinander wird es sehen".[8]

Ehrfürchtig und doch mit jubelnder Freude forschte er in den prophetischen Schriften nach den Offenbarungen über das Kommen des Messias – des verheißenen Samens, der der Schlange den Kopf zertreten sollte, des Helden, des Friedensbringers, der erscheinen sollte, ehe ein König aufhören würde, auf dem Thron Davids zu regieren. Jetzt war diese Zeit gekommen. Ein römischer Herrscher regierte im Palast auf dem Berge Zion. Gemäß dem untrüglichen Wort des Herrn war der Christus bereits geboren.

Die glanzvolle Schilderung des Jesaja von der Herrlichkeit des Messias war seine Lieblingsbetrachtung; immer wieder las er über den Zweig von der Wurzel Isais, von dem König, der in Gerechtigkeit regieren würde und ein „rechtes Urteil sprechen den Elenden im Lande",[9] der „ein Schutz vor dem Platzregen . . . der Schatten eines großen Felsens im trockenen Lande"[10] wäre. Israel sollte nicht länger die „Verlassene" heißen noch sein Land „Einsame", sondern es sollte vom Herrn genannt werden „meine Lust" und sein Land „liebes Weib".[11] Das Herz des einsamen Johannes war erfüllt von diesem großartigen Bild.

Er blickte auf den König in seiner Zierde und vergaß sich selbst. Er sah die Majestät der messianischen Heiligkeit und fühlte sich selbst kraftlos und unwürdig. Er war bereit, als Bote des Himmels hinauszugehen, ohne Scheu vor irdischen Dingen; denn er hatte das Göttliche geschaut. Er konnte ohne Furcht vor weltlichen Königen stehen; denn er hatte sich vor dem König aller Könige gebeugt.

Inmitten von Zwietracht und Streit erscholl eine Stimme aus der Wüste, Aufsehen erregend und ernst, aber voller Hoffnung: „Tut Buße, denn das Himmelreich ist nahe herbeigekommen!“ [12] Alle, die diesen Ruf hörten, wurden von einer nie gekannten, zwingenden Macht bewegt. Die Propheten hatten die Ankunft des Messias als ein Ereignis vorhergesagt, das noch in weiter Ferne läge; hier aber erscholl die Botschaft, daß das große Ereignis nahe bevorstehe. Die eigenartige Erscheinung des Täufers erinnerte seine Zuhörer an die alten Seher. Er ähnelte in seinem Auftreten und in seiner Kleidung dem Propheten Elia, in dessen Geist und Kraft auch er das allgemeine Verderben ankündigte und die vorherrschenden Sünden verdammte. Seine Worte waren klar, bestimmt und überzeugend. Viele nahmen an, er sei einer der alten Propheten, auferstanden von den Toten. Das Volk war aufgerüttelt; scharenweise zog es hinaus in die Wüste.

Hier verkündigte Johannes das Kommen des Messias und rief die Menschen zur Buße. Er taufte die Gläubigen im Jordan als Sinnbild der Reinigung von der Sünde. So erklärte er anschaulich, daß diejenigen, die sich Gottes auserwähltes Volk nannten, mit Sünde befleckt waren und daß sie ohne Reinigung des Herzens keinen Anteil am Reich des Messias haben können.

Alle, die im Reiche Christi leben wollten, müßten Glauben und Reue beweisen. In ihrem Wandel müßten Güte, Rechtschaffenheit und Treue offenbar werden. Solche Gläubigen würden den Bedürftigen helfen und Gott ihre Gaben darbringen. Sie würden die Wehrlosen beschützen und ihrer Umgebung ein Beispiel praktischer Nächstenliebe sein. So werden auch die wahren Nachfolger Christi von der umgestaltenden Macht des Heiligen Geistes Zeugnis geben. In ihrem täglichen Leben werden sie Gerechtigkeit, Barmherzigkeit und göttliche Liebe zeigen; andernfalls glichen sie der Spreu, die dem Feuer übergeben werden wird.

Zur Zeit Johannes des Täufers stand Jesus im Begriff, als der zu erscheinen, der das Wesen Gottes offenbart. Schon durch seine Gegenwart würden die Menschen ihrer Sünden bewußt werden. Aber nur, wer willens war, sich von seiner Sündhaftigkeit reinigen zu lassen, konnte in seine Gemeinschaft aufgenommen werden. Nur wer reines Herzens war, vermochte in seiner Gegenwart zu bestehen.

So erklärte der Täufer die Botschaft Gottes an Israel. Viele achteten auf seine Lehre. Sie opferten alles, um der Botschaft gehorsam zu sein. In Scharen folgten sie Johannes von Ort zu Ort; es waren sogar etliche unter ihnen, die hofften, daß er der Messias sei. Als Johannes bemerkte, daß sich die Herzen seiner Zuhörer ihm zuwandten, benutzte er jede Gelegenheit, ihren Glauben auf den zu lenken, dessen Kommen er vorbereitete.

Die Taufe | 8

Die Kunde von dem Wüstenprediger und seiner wunderbaren Botschaft verbreitete sich über ganz Galiläa. Sie erreichte die Bauern in den entlegensten Gebirgsorten, drang zu den Fischern am See und fand in diesen einfachen, ernsten Herzen ehrlichen Widerhall. Auch in Nazareth, auch in der Werkstatt Josephs wurde von ihr gesprochen, und einer erkannte den Ruf. Seine Zeit war gekommen. Er verließ seine tägliche Arbeit, nahm Abschied von seiner Mutter und folgte seinen Landsleuten, die zum Jordan hinströmten.

Jesus und Johannes der Täufer waren verwandt und durch die Umstände ihrer Geburt eng miteinander verbunden; dennoch kannten sie sich nicht persönlich. Jesus hatte sich bisher in Nazareth aufgehalten, Johannes dagegen in der Wüste von Judäa. Beide hatten, obgleich in völlig verschiedener Umgebung, in größter Abgeschlossenheit gelebt und keine Verbindung miteinander gehabt. Die Vorsehung hatte es so bestimmt. Es sollte nicht der Verdacht aufkommen, beide hätten sich zusammengetan, um einander ihren Anspruch zu stützen und sich gegenseitig zu bestätigen.

Johannes kannte die Ereignisse, die Christi Geburt begleitet hatten. Er wußte auch von Jesu Besuch als Knabe in Jerusalem, von dem Vorgang in der Schule der Rabbiner und von seinem sündlosen Leben. Er glaubte, daß Jesus der Messias sei, wenn ihm auch keine ausdrückliche Gewißheit darüber gegeben war. Die Tatsache, daß Jesus so viele Jahre zurückgezogen gelebt hatte, ohne einen Hinweis auf seine Bestimmung zu geben, hätte Zweifel hervorrufen können, ob er der Verheißene sei. Der Täufer aber wartete voller Glaubenszuversicht, daß Gott zu seiner Zeit alles klärte. Es war ihm offenbart worden, daß der Messias begehren würde, von ihm getauft zu werden, und daß hierbei ein Zeichen seines göttlichen Wesens gegeben werden sollte, wodurch es ihm möglich würde, ihn dem Volke vorzustellen.

Als Jesus zur Taufe kam, erkannte Johannes in ihm eine Reinheit des Charakters, wie er sie bisher noch bei keinem Menschen wahrgenommen hatte. Etwas Heiliges umgab ihn und flößte Ehrfurcht ein. Viele, die zu Johannes an den Jordan gekommen waren, hatten schwere Schuld auf sich geladen und erschienen niedergebeugt von der Last ihrer zahllosen Sünden. Es war aber noch keiner bei ihm gewesen, von dem solch göttlicher Einfluß ausging wie von Jesus. Dies stimmte damit überein, was ihm über den Messias geweissagt worden war. Und dennoch zögerte er, die Bitte Jesu zu erfüllen. Wie konnte er als sündiger Mensch den Sündlosen taufen! Und warum sollte dieser, der keiner Buße bedurfte, sich einer Handlung unterziehen, die als Sinnbild dafür galt, daß eine Schuld abzuwaschen war?

Als Jesus um die Taufe bat, wehrte ihm Johannes, indem er ausrief: „Ich bedarf wohl, daß ich von dir getauft werde, und du kommst zu mir?" Jesus antwortete: „Laß es jetzt also geschehen, denn so gebührt es uns, alle Gerechtigkeit zu erfüllen." Da gab Johannes nach, führte Jesus hinein in den Jordan und tauchte ihn unter. Als Jesus heraufstieg „aus dem Wasser ... siehe, da tat sich der Himmel auf, und er sah den Geist Gottes wie eine Taube herabfahren und über sich kommen".[1]

Jesus empfing die Taufe nicht im Sinne eines Schuldbekenntnisses. Er stellte sich aber den Sündern gleich und tat alles, was auch wir tun müssen. Sein Leben des Leidens und des geduldigen Ausharrens nach seiner Taufe ist ein Beispiel für uns.

Nach seiner Taufe beugte sich der Heiland am Ufer im Gebet vor Gott, dem Vater. Ein neuer und wichtiger Lebensabschnitt öffnete sich vor ihm. Er ging jetzt, auf einer höheren Ebene, seinem Lebenskampf entgegen. Wohl war er der Fürst des Friedens, doch sein Kommen war eher eine Kampfansage. Das Reich nämlich, das er aufrichten wollte, war das Gegenteil von dem, was sich die Juden wünschten. Er, der die Grundlage aller gottesdienstlichen Handlungen Israels war, würde als deren Feind und Zerstörer angesehen werden. Er, der auf Sinai das Gesetz verkündigt hatte, würde als Gesetzesübertreter verdammt werden. Er, der gekommen war, die Macht Satans zu brechen, würde als Beelzebub angeklagt werden. Niemand auf Erden hatte ihn verstanden; noch während seines Dienstes mußte er allein wandeln. Seine Mutter und seine Brüder hatten seiner Aufgabe nie Verständnis entgegenbringen können. Selbst seine Jünger begriffen ihn nicht. Er hatte im ewigen Licht gewohnt, eins mit Gott; in seinem irdischen Leben jedoch mußte er einsam und allein gehen.

Schicksalsverbunden mußte er die Last unserer Schuld und unseres Elends mit uns tragen. Der Sündlose mußte die ganze Schmach der Sünde fühlen. Der Friedfertige mußte inmitten von Zank und Streit leben; die Wahrheit mußte bei der Falschheit, die Reinheit bei dem

Laster wohnen. Jede Sünde, jeder Mißklang, jedes verderbliche Verlangen, das die Übertretung mit sich brachte, quälte ihn.

Der Heiland mußte seinen Weg allein wandeln; allein mußte er die schwere Last tragen. Auf ihm ruhte die Erlösung der Welt, obwohl er seiner göttlichen Herrlichkeit entkleidet war und die schwache menschliche Natur angenommen hatte. Er sah und empfand alles und blieb doch seiner Aufgabe treu. Von ihm hing das Heil des gefallenen Menschengeschlechts ab, und er streckte die Hand aus, um die allmächtige Liebe Gottes zu ergreifen.

Jesu Blick schien den Himmel zu durchdringen, während er betete. Er wußte, wie sehr die Sünde die Herzen der Menschen verhärtet hat und wie schwer es für sie sein würde, seine Mission zu erkennen und die Heilsgabe anzunehmen. Er bat den Vater um Kraft, ihren Unglauben zu überwinden, die Fesseln zu sprengen, die Satan um sie gelegt hat, und um ihretwillen den Verderber zu besiegen. Er bat um einen Beweis, daß Gott die Menschen durch den Menschensohn wieder in Gnaden annehmen wolle.

Nie zuvor hatten die Engel ein solches Gebet gehört. Sie verlangten danach, ihrem Herrn eine Botschaft tröstlicher Gewißheit zu bringen. Aber der Vater selbst wollte die Bitte seines Sohnes beantworten. Vom Throne Gottes her leuchtete strahlend seine Herrlichkeit. Der Himmel öffnete sich, und eine Lichtgestalt „wie eine Taube" ließ sich auf des Heilandes Haupt herab als ein Sinnbild für ihn, den Sanftmütigen und Demütigen.

Außer Johannes sahen nur wenige aus der gewaltigen Menschenmenge am Jordan die himmlische Erscheinung. Dennoch ruhte der feierliche Ernst der Gegenwart Gottes auf der großen Versammlung. Alle schauten schweigend auf Christus. Seine Gestalt war in Licht gehüllt, wie es stets den Thron Gottes umgibt. Sein nach oben gewandtes Angesicht war verklärt, wie sie vor ihm noch keines Menschen Antlitz gesehen hatten. Vom geöffneten Himmel herab sprach eine Stimme: „Dies ist mein lieber Sohn, an welchem ich Wohlgefallen habe." [2]

Diese bestätigenden Worte wurden denen, die diesem Ereignis beiwohnten, gegeben, um ihren Glauben anzufachen und den Heiland für seine Aufgabe zu stärken. Ungeachtet der Sünden einer schuldigen Welt, die auf Christus gelegt waren, ungeachtet auch der Erniedrigung, die sündige, menschliche Natur angenommen zu haben, nannte die Stimme vom Himmel ihn den Sohn des Ewigen.

Johannes war tief bewegt, als er sah, wie Jesus sich als Bittender beugte und unter Tränen seinen Vater um ein Zeichen der Übereinstimmung mit seinem Willen anflehte. Als die Herrlichkeit Gottes ihn umgab und die Stimme vom Himmel zu hören war, da erkannte Johannes das von Gott verheißene Zeichen. Jetzt war es ihm zur Gewißheit geworden, daß er den Erlöser der Welt getauft hatte. Der Heilige Geist ruhte auf ihm, und mit ausgestreckter Hand auf Jesus zeigend, rief er: „Siehe, das ist Gottes Lamm, welches der Welt Sünde trägt!“ [3]

Keiner der Zuhörer – auch nicht Johannes – begriff die wahre Bedeutung der Worte „das Lamm Gottes“. Auf dem Berge Morija hatte Abraham die Frage seines Sohnes gehört: „Mein Vater . . . wo ist aber das Schaf zum Brandopfer?“ Der Vater hatte geantwortet: „Mein Sohn, Gott wird sich ersehen ein Schaf zum Brandopfer.“ [4] Und in dem Widder, den Gott an Stelle Isaaks sandte, sah Abraham ein Sinnbild dessen, der für die Sünden der Menschen sterben sollte. In diesem Bilde sprach auch Jesaja durch den Heiligen Geist von Christus: „Als er gemartert ward, litt er doch willig und tat seinen Mund nicht auf wie ein Lamm, das zur Schlachtbank geführt wird; und wie ein Schaf, das verstummt vor seinem Scherer . . . der Herr warf unser aller Sünde auf ihn.“ [5]

Aber das Volk Israel hatte die Lehre nicht verstanden. Viele betrachteten die Sühnopfer nicht anders als die Heiden ihre Opfer; nämlich als Gaben, durch die sie selbst die Gottheit versöhnen könnten. Doch der Herr wollte die Israeliten lehren, daß nur seine eigene Liebe es ist, die sie mit ihm versöhnen kann.

Die Worte, die zu Jesus am Jordan gesprochen wurden: „Dies ist mein lieber Sohn, an welchem ich Wohlgefallen habe“, schließen das ganze Menschengeschlecht ein. Gott sprach zu Jesus, den er als unseren Stellvertreter sah. Wir werden trotz unserer Sünden und Schwächen nicht von Gott als Unwürdige verworfen; denn er hat uns „begnadet . . . in dem Geliebten“.[6] Die Herrlichkeit, die auf Christus ruhte, ist ein Pfand der Liebe Gottes für uns. Sie gibt uns auch einen Hinweis auf die Macht des Gebets und lehrt uns, wie unsere Stimme das Ohr Gottes erreichen kann und wie unsere Bitten in den himmlischen Höfen Erhörung finden können. Durch die Sünde wurde die Verbindung des Himmels mit der Erde unterbrochen, und die Menschen wurden dem Himmel entfremdet; nun hatte Jesus sie wieder mit dem Reich der Herrlichkeit verbunden. Seine Liebe umschloß alle Menschen und reichte bis an den höchsten Himmel. Das Licht, das aus dem geöffneten Himmel auf das Haupt des Heilandes fiel, wird auch uns scheinen, wenn wir ernstlich um Hilfe bitten, der Versuchung zu widerstehen. Die gleiche göttliche Stimme spricht zu jeder gläubigen Seele: Du bist mein Kind, an dem ich Wohlgefallen habe!

„Wir sind nun Gottes Kinder; und es ist noch nicht erschienen, was wir sein werden. Wir wissen aber, wenn es erscheinen wird, daß wir ihm gleich sein werden; denn wir werden ihn sehen, wie er ist.“ [7] Der Heiland hat den Weg bereitet, damit auch der Sündhafteste, der Bedürftigste, der Unterdrückteste und der Allerverachtetste Zutritt zum Vater finden kann. Alle können ihren Platz haben in den herrlichen Wohnungen, die Jesus hinging zu bereiten. „Das sagt der Heilige, der Wahrhaftige, der da hat den Schlüssel Davids, der auftut, und niemand schließt zu, der zuschließt, und niemand tut auf: . . . Siehe, ich habe vor dir gegeben eine offene Tür, und niemand kann sie zuschließen.“ [8]

Die Versuchung | 9

„Jesus aber, voll heiligen Geistes, kam wieder von dem Jordan und ward vom Geist in die Wüste geführt.“ [1] Die Worte im Markusevangelium sind noch bedeutsamer; es heißt dort: „Alsbald trieb ihn der Geist in die Wüste; und er war in der Wüste vierzig Tage und ward versucht von dem Satan und war bei den Tieren.“ „Und er aß nichts in diesen Tagen.“ [2]

Der Geist Gottes leitete den Heiland, als er in die Wüste geführt wurde, um versucht zu werden. Jesus hatte die Versuchung nicht gesucht; er ging in die Wüste, um allein zu sein, um über seine Aufgabe, seine Mission, nachzudenken und um sich für den Dornenweg, der vor ihm lag, durch Beten und Fasten Kraft und Stärke zu holen. Satan aber wußte, daß Jesus in die Wüste gegangen war und hielt die Zeit für günstig, sich ihm zu nähern.

In diesem Kampf zwischen dem Fürsten des Lebens und dem Fürsten dieser Welt stand Gewaltiges auf dem Spiele. Nachdem Satan die Menschen zur Sünde verleitet hatte, beanspruchte er die Erde als sein Eigentum und nannte sich ihren Herrn. Da er das erste Elternpaar nach seinem eigenen Wesen beeinflußt und umgewandelt hatte, gedachte er hier sein Reich zu gründen. Er behauptete, die Menschen hätten ihn zu ihrem Oberhaupt gewählt. Durch seine Macht über sie behielt er die Herrschaft über die Welt. Christus aber war gekommen, diesen Anspruch Satans zu widerlegen. Als Menschensohn würde er Gott treu bleiben und dadurch beweisen, daß der Teufel nicht die vollständige Herrschaft über das Menschengeschlecht gewonnen hätte und daß seine Ansprüche auf die Welt unbegründet wären. Alle sollten frei werden, die von Satans Einfluß loskommen wollten. Die Herrschaft, die Adam verloren hatte, sollte wiederhergestellt werden.

Seit der Ankündigung an die Schlange: „Ich will Feindschaft setzen zwischen dir und dem Weibe und zwischen deinem Nachkommen und ihrem Nachkommen“ [3] wußte Satan, daß er keine unumschränkte Gewalt über die Welt hatte. Im Menschen war das Wirken einer Kraft spürbar, die seiner Herrschaft widerstand. Gespannt beobachtete er die von Adam und seinen Söhnen dargebrachten Opfer. Er erkannte in diesen Handlungen eine sinnbildliche Verbindung zwischen Himmel und Erde und nahm sich vor, diese Gemeinschaft zu stören. Er stellte Gott in ein falsches Licht und mißdeutete die gottesdienstlichen Handlungen, die auf Christus hinwiesen. Die Menschen wurden dahin gebracht, Gott als ein Wesen zu fürchten, das an ihrem Verderben Gefallen habe. Die Opfer, die Gottes Liebe hätten offenbaren sollen, wurden dargebracht, um seinen Zorn zu besänftigen. Satan erregte die bösen Leidenschaften der Menschen, um seine Herrschaft über sie zu festigen. Als das geschriebene Wort Gottes gegeben wurde, erforschte Satan die Prophezeiungen vom Kommen des Heilandes. Von Geschlecht zu Geschlecht bemühte er sich, die Menschen gegen diese Weissagungen blind zu machen, damit sie den Messias bei seinem Kommen verwürfen.

Mit der Geburt Jesu wußte Satan, daß der Eine gekommen war mit dem göttlichen Auftrag, ihm seinen Herrschaftsanspruch streitig zu machen. Er zitterte bei der Botschaft des Engels, der die Autorität des neugeborenen Königs bezeugte. Ihm war wohl bekannt, welche bevorzugte Stellung Jesus als der Geliebte des Vaters im Himmel innegehabt hatte. Daß dieser Sohn Gottes als Mensch auf die Erde kommen sollte, erfüllte ihn mit Bestürzung und Furcht. Er konnte das Geheimnis dieses großen Opfers nicht fassen. Seine selbstsüchtige Seele konnte eine solche Liebe zu dem irregeleiteten Geschlecht nicht verstehen. Die Menschen selbst begriffen die Herrlichkeit und den Frieden des Himmels und die Freude der Gemeinschaft mit Gott nur unklar; Luzifer, dem schirmenden Cherub, waren diese Segnungen gut bekannt. Seitdem er den Himmel verloren hatte, war er zur Rache entschlossen. Er veranlaßte andere, seinen Sturz mit ihm zu teilen. Und dies gelang ihm am besten dadurch, daß er die Menschen beeinflußte, die himmlischen Dinge zu unterschätzen und ihre Herzen an irdische Dinge zu hängen.

Nur sehr schwer konnte der Herr des Himmels Menschenseelen für sein Reich gewinnen. Von der Zeit seiner Geburt in Bethlehem an stellte Satan ihm unaufhörlich nach. Das Bild Gottes war in Jesus geoffenbart, und Satan hatte beschlossen, den Heiland zu überwinden. Noch kein menschliches Wesen war auf Erden der Macht des Betrügers entronnen. Alle Mächte des Bösen vereinigten sich, Jesu Weg zu verfolgen, um wider ihn zu streiten und ihn nach Möglichkeit zu besiegen.

Bei der Taufe des Heilandes war auch der Teufel unter den Augenzeugen. Er sah, wie die Herrlichkeit Gottes den Sohn umhüllte. Er hörte, wie die Stimme des Herrn die Gottheit Jesu bezeugte. Seit dem Fall Adams hatte der persönliche Verkehr der Menschen mit Gott aufgehört; die Verbindung zwischen Himmel und Erde war nun durch Christus wiederhergestellt worden. Aber nun, da Jesus „in der Gestalt des sündlichen Fleisches" [4] gekommen war, sprach der Vater jetzt wieder selbst. Einst hatte er *durch* Christus mit den Menschen geredet, jetzt verkehrte er mit ihnen *in* Christus. Satan hatte damit gerechnet, daß die Abneigung Gottes gegen das Böse eine ewige Trennung zwischen Himmel und Erde herbeiführen würde. Diese Hoffnung erfüllte sich nicht; denn es wurde offenbar, daß durch den Mittler Jesus Christus nun wieder eine Verbindung zwischen Gott und den Menschen hergestellt war.

Satan erkannte, daß es für ihn darum ging, zu siegen oder aber besiegt zu werden. Von dem Ausgang des Kampfes hing zuviel ab, um ihn seinen Verbündeten, den Geistern in der Luft, zu überlassen; er mußte selbst die Führung in diesem Streit übernehmen. Alle Mächte des Abfalls wurden gegen den Sohn Gottes aufgeboten. Christus wurde zur Zielscheibe aller teuflischen Waffen.

Viele betrachten diesen Kampf zwischen Christus und Satan so, als hätte er keine besondere Tragweite für ihr eigenes Leben. Sie nehmen darum auch wenig inneren Anteil an ihm. Und doch wiederholt sich dieser Kampf in jedem Menschenherzen. Keiner verläßt die Reihen Satans, um in den Dienst Gottes zu treten, der nicht den schärfsten Angriffen des Bösen ausgesetzt wäre. Die Verlockungen, denen Christus widerstand, waren derselben Art, wie sie auch an uns herantreten und von uns so schwer überwunden werden. Sie wurden ihm in so viel stärkerem Maße aufgezwungen, wie sein Charakter erhabener war als der unsrige. Mit der furchtbaren Sündenlast der Welt, die auf ihm lag, widerstand der Heiland den fleischlichen Lüsten, der Welt- und der Eigenliebe, die nur zu Vermessenheit führt. In diesen Versuchungen unterlagen Adam und Eva, und auch wir werden leicht von ihnen überwunden.

Satan verwies auf die Sünde Adams, um zu beweisen, daß Gottes Gesetz ungerecht sei und nicht gehalten werden könne. Angetan mit unserer menschlichen Natur, sollte Christus Adams Übertretungen wiedergutmachen. Doch hatte die Sünde noch keine Wirkung auf Adam gehabt, als er von dem Versucher angegriffen wurde; er stand in der Kraft vollkommener Männlichkeit, im Besitz völliger körperlicher und geistiger Gesundheit. Dazu war er noch von der Herrlichkeit des Gartens Eden umgeben und genoß den täglichen Umgang mit himmlischen Wesen. Unter ganz anderen Verhältnissen betrat Jesus die Wüste, um sich mit Satan zu messen. Schon viertausend Jahre lang hatte das Menschengeschlecht an Körperkraft, Seelenstärke und sittlicher Tugend abgenommen; dennoch nahm der Heiland alle Schwachheiten der entarteten Menschheit auf sich. Nur so vermochte er die Menschen aus der tiefsten Erniedrigung zu erretten.

Viele behaupten, daß es für den Heiland unmöglich war, in der Versuchung zu fallen. Sie haben unrecht; denn wie hätte Jesus sonst an Stelle des sündigen Menschen stehen können! Er hätte dann auch nicht den Sieg, zu dem Adam sich nicht durchrang, erkämpfen können. Würden wir in irgendeiner Weise einen schwierigeren Kampf zu bestehen haben als Christus, dann könnte er nicht imstande sein, uns zu helfen. Der Heiland nahm die menschliche Natur an mit all ihren schuldhaften Verstrickungen, selbst mit der Möglichkeit, in den Versuchungen zu unterliegen. Wir haben nicht zu tragen, was nicht auch er erduldet hätte.

Sowohl bei dem Herrn als auch bei dem ersten Menschenpaar war die Eßlust der Grund zur ersten großen Versuchung. Gerade hierbei, womit das Verderben seinen Anfang genommen hatte, mußte auch das Erlösungswerk beginnen. Wie Adam durch die Befriedigung der Eßlust in Sünde fiel, so mußte Christus durch die Verleugnung der Eßlust überwinden. „Da er vierzig Tage und vierzig Nächte gefastet hatte, hungerte ihn. Und der Versucher trat zu ihm und sprach: Bist du Gottes Sohn, so sprich, daß diese Steine Brot werden. Und er antwortete und sprach: Es steht geschrieben: ‚Der Mensch lebt nicht vom Brot allein, sondern von einem jeglichen Wort, das durch den Mund Gottes geht.' "[5]

Von Adams Zeit an bis in die Tage Jesu hatte die Genußsucht die Macht der Eßlust und der Leidenschaften so gestärkt, bis sie fast unumschränkt herrschte. Dadurch waren die Menschen verderbt und krank geworden. Es war ihnen daher auch unmöglich, sich selbst zu überwinden. Ihretwegen bestand der Heiland die härteste Prüfung. Um unsertwillen übte er eine Selbstbeherrschung, die noch stärker war als Hunger und Tod. Dieser erste Sieg umschloß noch manches, was in unseren Kämpfen gegen die Mächte der Finsternis von Bedeutung ist.

Als Jesus die Wüste betrat, umhüllte ihn die Herrlichkeit seines Vaters. Er pflegte so innige Zwiesprache mit Gott, daß er der menschlichen Schwäche gar nicht achtete. Doch die Herrlichkeit des Vaters wich von ihm, und der Heiland war der stärksten Versuchung ausgesetzt. Jeden Augenblick konnte sie sich seiner bemächtigen. Seine menschliche Natur schreckte vor dem Kampf zurück, der ihn erwartete. Vierzig Tage lang fastete und betete er. Schwach und abgezehrt vor Hunger, erschöpft und verhärmt durch größten Seelenschmerz, war „seine Gestalt häßlicher . . . als die anderer Leute und sein Aussehen als das der Menschenkinder".[6] Jetzt bot sich Satan die ersehnte Gelegenheit. Jetzt glaubte er Christus überwinden zu können.

Er erschien dem Heiland in der Gestalt eines Himmelsboten und gab vor, auf seine Gebete hin von Gott gesandt zu sein, um ihm das Ende seines Fastens mitzuteilen. Wie einst Abrahams Hand durch einen Engel von der Opferung seines Sohnes Isaak zurückgehalten worden war, so sei er jetzt zu seiner Befreiung gesandt; denn der Vater habe sich schon mit seiner Bereitschaft, den blutgetränkten Leidensweg zu beschreiten, zufriedengegeben. Diese Botschaft brachte er Jesus. Christus war durch das lange Fasten körperlich geschwächt und lechzte nach einer Stärkung, als Satan ihn plötzlich überfiel. Der Versucher zeigte auf die wüst umherliegenden, Brotlaiben ähnelnden Steine und sagte: „Bist du Gottes Sohn, so sprich, daß diese Steine Brot werden."[7]

Obgleich der Versucher als Engel des Lichts erschien, mit den Worten „Bist du Gottes Sohn" verriet er seinen wahren Charakter. Hierin lag der Versuch, Mißtrauen in das Herz Jesu zu säen. Hätte Jesus dem Versucher nachgegeben, wäre sein Herz von Zweifeln erfüllt worden. Und damit hätte der Teufel erreicht, was er wollte: den Heiland durch das gleiche Mittel zu überwinden, wodurch er schon von Anfang an Erfolge bei den Menschen erzielt hatte. Wie schlau hatte Satan sich einst der Eva im Paradies genähert! „Ja, sollte Gott gesagt haben: ihr sollt nicht essen von allen Bäumen im Garten?"[8] Wohl sprach der Versucher von Gott; aber der Tonfall seiner Stimme verriet seine heimliche Verachtung des Wortes Gottes. Es lag eine schlecht verhehlte Verneinung, ein Zweifeln an der göttlichen Wahrheit darin. Satan war bestrebt, auch in Eva Mißtrauen gegen die Lauterkeit der göttlichen Worte zu erwecken, und versuchte ihr verständlich zu machen, daß es unmöglich der Liebe und Güte Gottes entsprechen könne, die schönen Früchte des Baumes der Erkenntnis den Menschen vorzuenthalten. Auch jetzt versuchte Satan dem Heiland seine eigenen argen Gedanken einzuflüstern. Aus der Bitterkeit seines Herzens kamen die Worte: „Bist du Gottes Sohn . . ." Der Klang seiner Stimme enthüllte seine völlige Ungläubigkeit. Würde Gott seinen eingeborenen Sohn so behandeln? Würde er ihn in der Wüste unter wilden Tieren, ohne Nahrung, ohne Gesellschaft und ohne Trost lassen? Satan gab zu verstehen, daß Gott niemals seinen Sohn in einer derartigen Lage ließe, und wollte Jesus veranlassen, so er Gottes Sohn wäre, sich durch seine göttliche Macht selbst zu helfen. Jesus sollte gebieten, daß die Steine Brot würden.

Die Worte vom Himmel „Dies ist mein lieber Sohn, an welchem ich Wohlgefallen habe"[9] hatte auch Satan gut im Gedächtnis behalten. Doch er wollte den Heiland dahin bringen, diesen Worten zu mißtrauen. Gottes Wort war für Christus das Zeugnis seiner geheiligten Mission. Er war gekommen, als Mensch unter den Menschen zu wohnen, es war Gottes Wort, das seine Verbindung mit dem Himmel bezeugte. Satan wollte ihn mit Zweifel gegen das Wort seines Vaters erfüllen. Er wußte, daß der Sieg in dem großen Streit ihm gehören würde, gelänge es ihm, Jesu Vertrauen zu Gott zu erschüttern. Er konnte Jesus überwinden. So hoffte er, daß Jesus unter dem Einfluß von Verzagtheit und quälendem Hunger den Glauben an seinen Vater verlöre und ein Wunder zu seinen Gunsten wirkte. Hätte Jesus den Willen des Versuchers erfüllt, wäre der Erlösungsplan vereitelt worden.

Als sich Satan und der Sohn Gottes zum erstenmal als Gegner gegenüberstanden, war Christus noch der Herr der himmlischen Heerscharen; Satan dagegen wurde wegen seiner Empörung aus dem Himmel ausgestoßen. Jetzt schien die Lage umgekehrt zu sein, und Satan wollte seinen scheinbaren Vorteil gut ausnutzen. Einer der mächtigsten Engel, sagte er, sei aus dem Himmel verbannt worden, und seine [Jesu] Lage deute an, daß er dieser gefallene Engel sei – von Gott vergessen und von den Menschen verlassen. Ein göttliches Wesen aber wäre imstande, sein Anrecht durch ein Wunder zu beweisen. „Bist du Gottes Sohn, so sprich, daß diese Steine Brot werden."[7] Eine solche schöpferische Tat, drängte der Versucher, wäre ein unumstößlicher Beweis der Göttlichkeit und würde den Streit beenden.

Nicht ohne inneren Kampf vermochte Jesus dem Erzverführer zuzuhören. Er wollte aber trotzdem Satan keinen Beweis seiner Gottheit geben oder den Grund seiner Erniedrigung erklären. Er wußte, daß es weder zur Ehre Gottes noch zum Besten der Menschen gewesen wäre, hätte er den Wunsch des Verführers erfüllt. Wäre er auf die Einflüsterungen Satans eingegangen, so hätte dieser wieder sagen können: Gib mir ein Zeichen, damit ich glauben kann, daß du der Sohn Gottes bist. Jeder Beweis aber wäre zu kraftlos gewesen, die aufrührerische Macht in Satans Herzen zu brechen. Und Christus durfte ja seine göttliche Kraft nicht zu seinem eigenen Vorteil einsetzen. Er war gekommen, um Prüfungen standzuhalten, wie auch wir Prüfungen bestehen müssen; er wollte uns durch sein Leben ein Beispiel des Glaubens und der Ergebenheit hinterlassen. Weder jetzt noch später wirkte der Heiland in seinem irdischen Leben Wunder um seiner selbst willen. Seine gewaltigen Werke und Wundertaten geschahen ausschließlich zum Wohle anderer. Obgleich Jesus von Anfang an Satan erkannte, ließ er sich doch nicht herausfordern, um sich mit ihm in Streitfragen einzulassen. Gestärkt durch die Erinnerung an die Stimme vom Himmel, fand er inneren Frieden in der Liebe seines Vaters. Mit dem Versucher wollte er keinerlei Verhandlungen aufnehmen.

Jesus begegnete Satan mit den Worten der Heiligen Schrift: „Es steht geschrieben.“ [10] In jeder Versuchung war die Waffe seiner Ritterschaft das Wort Gottes. Satan verlangte von Christus ein Wunder als Zeichen seiner Göttlichkeit. Größer aber als jedes Wunder ist das feste Vertrauen auf ein „So spricht der Herr“. Das ist ein Zeichen, das nicht angefochten werden kann. Solange Christus diese Haltung einnahm, konnte der Versucher ihm nichts anhaben.

In der Zeit größter menschlicher Schwäche überfielen die heftigsten Versuchungen den Heiland. So hoffte Satan, den Herrn zu überwinden; waren es doch die gleichen Ränke, durch die er die Menschen unter seinen Einfluß gebracht hatte. Wenn die Kräfte versagten, der Wille geschwächt war und der Glaube aufhörte, in Gott zu ruhen, dann wurden selbst diejenigen besiegt, die lange und mutig um das Recht gekämpft hatten. Mose war ermüdet von der vierzigjährigen Wanderschaft mit Israel durch die Wüste, als sein Glaube für einen Augenblick an der unendlichen Macht des Herrn zweifelte. Er unterlag unmittelbar an der Grenze des verheißenen Landes. So erging es auch Elia, der unerschrocken vor dem König Ahab gestanden hatte und dem ganzen Volk Israel mit seinen vierhundertfünfzig Baalspropheten an der Spitze entgegengetreten war. Nach dem schrecklichen Tag auf dem Karmel, da die falschen Propheten getötet worden waren und das Volk seinen Bund mit Gott erneuert hatte, floh Elia, um sein Leben zu retten, vor den Drohungen der abgöttischen Königin Isebel. So hat Satan stets aus der menschlichen Schwäche Vorteil gezogen, und er wirkt auch weiterhin in der gleichen Weise. Befindet sich jemand durch besondere Umstände in Not, Krankheit oder sonstigen schwierigen Verhältnissen, so ist Satan sofort da, ihn zu versuchen und zu reizen. Er kennt unsere schwachen Seiten und benutzt sie gegen uns. Er sucht unser Vertrauen zu Gott mit dem Hinweis zu erschüttern, warum ein guter Gott derartige Dinge überhaupt zulasse. Er veranlaßt uns, Gott zu mißtrauen und seine Liebe zu uns anzuzweifeln. Oft tritt der Versucher an uns heran, wie er auch an Jesus herangetreten war, und zeigt uns unsere Schwächen und Unzulänglichkeiten. Er hofft dadurch die Seele zu entmutigen und unsern Halt an Gott zu brechen. Dann ist er seines Opfers sicher. Träten wir ihm aber entgegen wie Christus, wir würden mancher Niederlage entfliehen. Indem wir uns aber mit dem Feind in Unterhaltungen einlassen, verschaffen wir ihm einen Vorteil.

Als Christus dem Versucher sagte: „Der Mensch lebt nicht vom Brot allein, sondern von einem jeglichen Wort, das durch den Mund Gottes geht",[10] wiederholte er die Worte, die er mehr als vierzehnhundert Jahre vorher zu Israel gesprochen hatte. „Gedenke des ganzen Weges, den dich der Herr, dein Gott, geleitet hat diese vierzig Jahre in der Wüste . . . Er demütigte dich und ließ dich hungern und speiste dich mit Manna, das du und deine Väter nie gekannt hatten, auf daß er dir kundtäte, daß der Mensch nicht lebt vom Brot allein, sondern von allem, was aus dem Mund des Herrn geht."[11]

Als die Israeliten in der Wüste waren, sandte ihnen Gott Manna vom Himmel. Er speiste sein Volk gerade zu der Zeit reichlich, als alle Nahrungsmittel fehlten. Aus dieser Erfahrung sollte Israel erkennen, daß der Herr sich in jeder Lebenslage zu dem bekennt, der ihm vertraut und in seinen Wegen wandelt. Der Heiland bewies jetzt durch die Tat die Erfüllung der göttlichen Verheißungen. Durch das Wort Gottes war den Israeliten Hilfe zuteil geworden, und durch dasselbe Wort erwartete der Heiland gläubig Hilfe in der Not. Er wartete auf den Augenblick, der ihm des Vaters Hilfe bringen würde. Aus Gehorsam gegen den Willen seines Vaters befand er sich in der Wüste, und er wollte keine Nahrung annehmen, die er den Einflüsterungen

Satans zu verdanken gehabt hätte. Vor dem ganzen Weltall bezeugte er, daß es ein weniger großes Unglück sei, irgendein Leiden zu ertragen, als auch nur im geringsten von den Wegen und dem Willen Gottes abzuweichen.

„Der Mensch lebt nicht vom Brot allein, sondern von einem jeglichen Wort Gottes." Oft kommt der Christ in Verhältnisse, in denen er nicht gleichzeitig Gott dienen und seine irdischen Belange wahrnehmen kann. Dann scheint es vielleicht, als nähme der Gehorsam gegen manche klaren Forderungen Gottes ihm jeglichen Lebensunterhalt. Satan versucht ihm einzureden, daß es nötig sei, seiner Überzeugung ein Opfer zu bringen. Die Erfahrung aber wird uns lehren, daß wir uns in dieser Welt allein auf das Wort Gottes verlassen können. „Trachtet am ersten nach dem Reich Gottes und nach seiner Gerechtigkeit, so wird euch solches alles zufallen."[12] Schon für das irdische Leben ist es das Beste, niemals von dem Willen unseres himmlischen Vaters abzuweichen. Wenn wir die Kraft seines Wortes kennen, werden wir nicht den Einflüsterungen Satans erliegen, um Speise zu erhalten oder unser Leben zu retten. Unsere einzige Frage wird sein: Was ist Gottes Wille? Was verheißt er uns? Mit diesem Wissen werden wir seinem Willen folgen und uns auf seine Verheißung verlassen.

Die wichtigste der Lehren, die uns die Heilige Schrift aus der Versuchungsgeschichte Jesu vermittelt, ist sein Sieg über die menschlichen Triebe und Begierden. Zu allen Zeiten haben gerade die Versuchungen in mancherlei Leidenschaften das Menschengeschlecht am meisten verdorben und herabgewürdigt. Durch den Reiz zur Unmäßigkeit ist Satan bemüht, die geistlichen und sittlichen Kräfte zu vernichten, die Gott den Menschen als unschätzbare Gaben verliehen hat. Denn dadurch wird es dem Menschen unmöglich, die geistlichen Dinge zu würdigen. Durch Befriedigung fleischlicher Lüste versucht Satan, das Ebenbild Gottes in der Seele des Menschen auszulöschen.

Unbeherrschte Genußsucht und die dadurch entstehenden Krankheiten sowie die Entartung, wie sie bei Christi erstem Kommen vorhanden waren, werden in gesteigerter Form auch bei seiner Wiederkunft festzustellen sein. Der Heiland wies darauf hin, daß der Zustand der Welt dann sein wird wie in den Tagen der Sintflut und wie zur Zeit Sodoms und Gomorras. Das Dichten und Trachten des menschlichen Herzens wird böse sein immerdar. Wir leben heute in dieser gefahrvollen Zeit und sollten die große Lehre des Heilandes, die er uns durch sein Fasten gab, beherzigen. Nur nach der unaussprechlichen Qual, die der Heiland erlitt, können wir das Sündhafte unbeherrschter Genußsucht ermessen. Sein Beispiel lehrt uns, daß wir nur dann Hoffnung auf ein ewiges Leben haben können, wenn wir unsere Begierden und unsere Leidenschaften dem Willen Gottes unterwerfen.

Aus eigener Kraft können wir den Begierden des Fleisches nicht widerstehen. Satan wird gerade diese Schwächen benutzen, um uns in Versuchung zu führen. Christus wußte, daß der Feind sich jedem Menschen nahen würde, um aus dessen ererbten Schwächen Vorteile zu ziehen und alle, die kein Gottvertrauen besitzen, durch seine Einflüsterungen zu umgarnen. Unser Herr hat dadurch, daß er uns auf unserem Pilgerpfad vorangeschritten ist, den Weg der Überwindung gebahnt.

Wer gegen die Macht der Eßlust anzukämpfen hat, schaue auf den Heiland in der Wüste der Versuchung. Er blicke auf ihn, wie er am Kreuz Todesqualen litt, wie er ausrief: „Mich dürstet!" Jesus hat alles ertragen, was Menschen je auferlegt werden könnte. Sein Sieg ist auch unser Sieg.

Christus verließ sich auf die Weisheit und Kraft seines himmlischen Vaters. Er sagte: „Gott der Herr hilft mir, darum werde ich nicht zuschanden. Darum hab ich mein Angesicht hart gemacht wie einen Kieselstein; denn ich weiß, daß ich nicht zuschanden werde. Er ist nahe, der mich gerecht spricht; wer will mit mir rechten? . . . Siehe, Gott der Herr hilft mir." [13] Auf sein vorgelebtes Beispiel hinweisend, fragt er uns: „Wer ist unter euch, der den Herrn fürchtet . . . der im Finstern wandelt und dem kein Licht scheint? Der hoffe auf den Namen des Herrn und verlasse sich auf seinen Gott!" [14]

Jesus sagte: „Es kommt der Fürst der Welt. Er hat keine Macht über mich." [15] Satan vermochte mit seinen Spitzfindigkeiten bei ihm nichts auszurichten. Jesus gab der Sünde nicht nach. Nicht mit einem Gedanken überließ er sich der Versuchung. So soll es auch mit uns der Fall sein.

Das Menschliche in Christus war mit dem Göttlichen vereint; der ihm innewohnende göttliche Geist hatte ihn für den Kampf ausgerüstet. Und Jesus kam, um uns zu Teilhabern der göttlichen Natur zu machen. Solange wir durch den Glauben mit ihm verbunden sind, hat die Sünde keine Gewalt über uns. Gott faßt unsere Hand des Glaubens und will uns leiten, damit wir einen festen Halt an der Gottheit Christi haben und einen vollkommenen Charakter entfalten können.

Christus hat uns gezeigt, wie wir dies erreichen können. Wodurch blieb er im Streit gegen Satan siegreich? Durch das Wort Gottes! Nur dadurch konnte er der Versuchung widerstehen. „Es steht geschrieben", sagte er. Und uns sind „die teuren und allergrößten Verheißungen geschenkt . . . daß ihr dadurch teilhaftig werdet der göttlichen Natur, die ihr entronnen seid der verderblichen Lust in der Welt".[16] Jede Verheißung in Gottes Wort gehört uns. „Von einem jeglichen Wort, das durch den Mund Gottes geht",[10] sollen wir leben. Wenn Versuchungen an uns herantreten, sollen wir nicht auf die äußeren Umstände oder auf unsere Schwächen blicken, sondern auf die Macht des Wortes, dessen ganze Kraft uns gehört. Der Psalmist sagt: „Ich behalte dein Wort in meinem Herzen, damit ich nicht wider dich sündige. Gelobet seist du, Herr! Lehre mich deine Gebote! Ich will mit meinen Lippen erzählen alle Weisungen deines Mundes. Ich freue mich über den Weg, den deine Mahnungen zeigen, wie über großen Reichtum. Ich rede von dem, was du befohlen hast, und schaue auf deine Wege. Ich habe Freude an deinen Satzungen und vergesse deine Worte nicht."[17] „Im Treiben der Menschen bewahre ich mich vor gewaltsamen Wegen durch das Wort deiner Lippen."[18]

Der Sieg | 10

„Da führte ihn der Teufel mit sich in die heilige Stadt und stellte ihn auf die Zinne des Tempels und sprach zu ihm: Bist du Gottes Sohn, so wirf dich hinab; denn es steht geschrieben: ‚Er wird seinen Engeln über dir Befehl tun, und sie werden dich auf den Händen tragen, auf daß du deinen Fuß nicht an einen Stein stoßest.' "[1]

Satan glaubt den Herrn in seinem eigenen Bereich getroffen zu haben. Er bedient sich heuchlerisch göttlicher Worte. Immer noch erscheint er als Engel des Lichts und beweist, daß er mit der Schrift vertraut ist und das Geschriebene versteht. Wie Jesus das Wort der Schrift anwandte, um seinen Glauben zu begründen, so gebraucht Satan es jetzt, um seinen Betrug zu unterstützen. Er betont, daß er nur die Treue des Herrn habe erproben wollen, und lobt dessen Beharrlichkeit. Da der Heiland Gottvertrauen bekundet hat, veranlaßt Satan ihn zu einem erneuten Beweis seines Glaubens.

Doch gleich die nächste Versuchung leitet er ein, indem er Mißtrauen sät. „Wenn du Gottes Sohn bist . . ." Christus wurde versucht, auf dieses „Wenn" einzugehen; aber er enthielt sich des geringsten Zweifels. Er wollte sein Leben nicht gefährden, nur um Satan einen Beweis seiner Göttlichkeit zu geben.

Der Versucher gedachte aus dem Menschsein Christi Vorteil zu ziehen und nötigte ihn zur Anmaßung. Wenn Satan auch zur Sünde reizen kann, so kann er doch niemand zwingen, zu sündigen. Er sagte zu Jesus: „Wirf dich hinab", weil er genau wußte, daß er ihn nicht hinabstürzen konnte; denn Gott hätte es nicht zugelassen. Auch konnte der Teufel Jesus nicht zwingen, sich selbst hinabzustürzen. Nur wenn der Heiland der Versuchung erlegen wäre, hätte Satans Bemühen Erfolg gehabt. Doch alle Mächte der Erde und der Hölle vermochten ihn nicht dazu zu bestimmen, auch nur im geringsten vom Willen seines himmlischen Vaters abzuweichen.

Der Versucher kann auch uns niemals zwingen, etwas Böses zu tun. Er kann die Gemüter nicht beherrschen, wenn sie sich nicht selbst seiner Herrschaft unterwerfen. Der Wille muß seine Zustimmung geben, und der Glaube muß seinen Halt an Christus lassen, ehe Satan seine Macht über uns ausüben kann. Doch mit jedem sündhaften Verlangen kommen wir ihm entgegen. Sooft wir uns dem göttlichen Gebot widersetzen, öffnen wir dem Versucher eine Tür, durch die er eintreten kann, uns zu versuchen und zu verderben. Und jede Niederlage und jedes Versagen unserseits gibt ihm willkommene Gelegenheit, Christus zu schmähen.

Als Satan die Verheißung anführte: „Er wird seinen Engeln über dir Befehl tun, und sie werden dich auf den Händen tragen",[2] ließ er die Worte aus, „daß sie dich behüten auf allen deinen Wegen" – auf allen Wegen nämlich, die Gott erwählt hat. Jesus weigerte sich, den Pfad des Gehorsams zu verlassen. Er bekundete völliges Vertrauen zu seinem himmlischen Vater und wollte sich nicht ungeheißen in eine Lage bringen, die Gottes helfendes Eingreifen erfordert hätte, um ihn vor dem Tode zu bewahren. Er wollte die Vorsehung nicht zwingen, zu seiner Rettung einzuschreiten, und dadurch versäumen, den Menschen ein Beispiel des Vertrauens und des Glaubensgehorsams zu geben.

Der Heiland erklärte Satan: „Wiederum steht auch geschrieben: ‚Du sollst Gott, deinen Herrn, nicht versuchen.' "[3] Diese Worte sprach einst Mose zu den Israeliten, als sie in der Wüste Durst litten und verlangten, daß Mose ihnen zu trinken gäbe, indem sie riefen: „Ist der Herr unter uns oder nicht?"[4] Gott hatte wunderbar für sie gewirkt; dennoch zweifelten sie an ihm, als Schwierigkeiten kamen. Sie verlangten einen Beweis, daß Gott unter ihnen weilte. In ihrem Unglauben wollten sie ihn auf die Probe stellen. Satan wollte den Heiland auch veranlassen, die gleiche Sünde zu begehen. Gott hatte bereits bezeugt, daß Jesus sein Sohn sei. Nun nochmals einen Beweis für die Sohnschaft Christi zu fordern, war ein ungerechter Zweifel an Gottes Wort und eine sündhafte Versuchung des Herrn. Dasselbe können wir sagen, wenn wir um etwas beten, was Gottes Verheißung widerspricht. Es würde Mißtrauen bekunden; wir würden dadurch Gott auf die Probe stellen oder ihn versuchen. Wir sollten Gott nie um etwas bitten, nur um zu sehen, ob er sein Wort wahrmachen wird; vielmehr sollen wir bitten, weil er es erfüllen wird. Wir sollten nicht beten, um zu erfahren, *ob* er uns liebt, sondern darum, *weil* er uns liebt. „Ohne Glauben ist's unmöglich, Gott zu gefallen; denn wer zu Gott kommen will, der muß glauben, daß er sei und denen, die ihn suchen, ein Vergelter sein werde."[5]

Der Glaube ist in keiner Weise mit Vermessenheit zu vergleichen. Der wahre Glaube ist frei davon. Die Vermessenheit ist eine satanische Verfälschung des Glaubens. Der Glaube ergreift Gottes Verheißungen und bringt Frucht im Gehorsam. Die Vermessenheit erhebt auch Anspruch auf die Verheißungen, gebraucht sie aber, um Übertretungen zu entschuldigen, wie Satan es tat. Der wahre Glaube hätte das erste Elternpaar im Garten Eden veranlaßt, der Liebe Gottes zu vertrauen und seinen Geboten zu gehorchen; die Vermessenheit aber verleitete sie, sein Gesetz zu übertreten in der Annahme, seine große Liebe würde sie vor den Folgen der Sünde bewahren. Das ist kein Glaube, der die Gunst des Himmels beansprucht, ohne die Bedingungen zu erfüllen, unter denen die Gnade gewährt wird. Glaube gründet sich auf die Verheißungen und Verordnungen der Heiligen Schrift.

Oft erreicht Satan, wenn es ihm nicht gelang, unser Mißtrauen zu erregen, sein Ziel dadurch, daß er uns zur Vermessenheit verleitet. Wenn er uns veranlassen kann, uns selbst ohne Notwendigkeit einer Versuchung auszusetzen, dann weiß er, daß der Sieg ihm gehören wird. Gott wird alle bewahren, die auf dem Weg des Gehorsams wandeln; wer aber davon abweicht, begibt sich auf Satans Gebiet. Dort aber wird er gewiß untergehen. Der Heiland hat uns geboten: „Wachet und betet, daß ihr nicht in Versuchung fallet!“[6] Ernstes Nachdenken und Beten bewahren uns davor, uns unaufgefordert auf den Weg der Gefahr zu begeben; auf diese Weise entgehen wir mancher Niederlage.

Dennoch dürfen wir nicht den Mut verlieren, wenn uns Versuchungen überfallen. Oft bezweifeln wir Gottes Leitung und Führung, wenn wir in eine schwierige Lage kommen. Aber es war die Leitung des Geistes, die den Heiland in die Wüste führte, um von Satan versucht zu werden. Wenn Gott Prüfungen über uns kommen läßt, dann ist es seine Absicht, daß sie zu unserem Besten dienen. Jesus mißbrauchte die Verheißungen Gottes nicht, indem er sich unnötig in Versuchung begab; als aber die Versuchung dennoch über ihn kam, gab er sich keiner Verzagtheit hin. Lernen wir daraus! „Gott ist getreu, der euch nicht läßt versuchen über euer Vermögen, sondern macht, daß die Versuchung so ein Ende gewinne, daß ihr's könnet ertragen.“[7] Darum: „Opfere Gott Dank und erfülle dem Höchsten deine Gelübde und rufe mich an in der Not, so will ich dich erretten.“[8]

Jesus war auch aus der zweiten Versuchung als Sieger hervorgegangen, und nun zeigte sich Satan in seinem wahren Charakter: nicht als furchterregendes Ungeheuer mit Pferdehufen und Fledermausflügeln, sondern als mächtiger Engel, der er trotz seines Abfalls noch immer war. Er bekannte sich nun offen als Empörer und als Gott dieser Welt.

Er zeigte Jesus, den er auf einen hohen Berg geführt hatte, alle Reiche der Welt in ihrer ganzen Herrlichkeit. Sonnenlicht lag über der weiten Flur und schien auf die mit Tempeln und Marmorpalästen geschmückten Städte, auf fruchttragende Felder und auf riesige Weinberge. Die Spuren der Sünde waren verborgen. Jesu Augen, die soeben nur Verwüstung und öde Flächen gesehen hatten, wurden jetzt beim Anblick von so viel unvergleichlicher Schönheit gefesselt. Dazu erklang des Versuchers Stimme: „Alle diese Macht will ich dir geben und ihre Herrlichkeit; denn sie ist mir übergeben, und ich gebe sie, welchem ich will. Wenn du nun mich willst anbeten, so soll es alles dein sein.“[9]

Die Mission Christi konnte nur durch Leiden erfüllt werden. Vor ihm lag ein Leben voller Kummer und Entbehrung; auf ihn warteten schwere Kämpfe und ein schimpflicher Tod. Er mußte die Sünden der ganzen Welt tragen und die Trennung von der Liebe seines Vaters erdulden. Jetzt erbot sich Satan sogar, auf die ganze Macht, die er sich angemaßt hatte, zu verzichten. Es gab für Christus die Möglichkeit, der furchtbaren Zukunft zu entgehen, wenn er die Oberhoheit Satans anerkannte. Das wäre jedoch gleichbedeutend gewesen mit einer Niederlage in diesem Kampf. Satan hatte im Himmel gesündigt, indem er versuchte, sich über den Sohn Gottes zu erheben. Würde er jetzt siegen, dann hätte die Empörung den Triumph davongetragen.

Als Satan erklärte, daß das Reich und die Herrlichkeit der Welt ihm übertragen seien und er sie geben könne, wem er wolle, sagte er nur teilweise die Wahrheit, um seinem Ziel näherzukommen. Einst hatte er Adam sein Reich entrissen; dieser aber war der Statthalter des Schöpfers auf Erden. Er war kein unabhängiger Regent. Die Erde ist des Herrn, und er hat alle Dinge seinem Sohn übergeben; unter dessen Gewalt sollte Adam herrschen. Als dieser seine Herrschaft in Satans Hände geraten ließ, blieb Christus dennoch der rechtmäßige König. So hatte der Herr auch dem König Nebukadnezar gesagt, daß „der Höchste Gewalt hat über die Königreiche der Menschen und sie geben kann, wem er will“.[10] Satan kann seine angemaßte Gewalt nur soweit ausüben, wie Gott es zuläßt.

Als Satan das Reich und die Herrlichkeit der Welt Christus anbot, beabsichtigte er, daß Christus sein Herrscherrecht als König der Welt aufgeben und die Herrschaft nur unter Satan ausüben sollte. Auf eine solche Herrschaft war auch die Hoffnung der Juden gerichtet. Sie verlangten nach dem Reich dieser Welt. Hätte Christus eingewilligt, ihnen ein solches Reich zu geben, dann wäre er von ihnen mit Freuden aufgenommen worden. So aber ruhte der Fluch der Sünde mit all seinem Elend darauf. Christus gebot dem Versucher: „Hebe dich weg von mir, Satan! denn es steht geschrieben: ‚Du sollst anbeten Gott, deinen Herrn, und ihm allein dienen.' "[11]

Satan, der sich im Himmel empört hatte, bot dem Herrn die Reiche dieser Welt an, um dadurch dessen Huldigung für die Grundsätze des Bösen zu erkaufen. Der Herr Jesus aber ließ sich nicht betören. Er war gekommen, ein Reich zu gründen, in dem Gerechtigkeit herrscht. Diesen Vorsatz war er nicht gewillt aufzugeben. An die Menschen tritt Satan mit den gleichen Versuchungen heran, nur hat er bei ihnen mehr Erfolg als bei Christus. Den Menschen bietet er das Reich dieser Welt an unter der Bedingung, daß sie seine Oberhoheit anerkennen. Er verlangt von ihnen, ihre Rechtschaffenheit zu opfern, das Gewissen zu mißachten und der Selbstsucht nachzugeben. Christus gebietet ihnen, zuerst nach dem Reich Gottes und nach seiner Gerechtigkeit zu trachten; doch der Teufel nähert sich den Menschen und flüstert ihnen zu: „Ihr müßt mir dienen! Ganz gleich, was hinsichtlich des ewigen Lebens wahr ist. Ihr müßt mir dienen, wenn ihr in dieser Welt Erfolg haben wollt. Ich halte eure Wohlfahrt in meiner Hand. Ich kann euch Reichtum, Vergnügen, Ehre und Glück geben. Hört auf meinen Rat! Laßt euch nicht von den eigenartigen Ansichten über Ehrlichkeit und Selbstverleugnung beherrschen! Ich will euch euren Weg bahnen." – Mit solchen Einflüsterungen werden die Menschen verführt. Sie sind bereit, nur dem eigenen Ich zu dienen, und Satan ist zufrieden. Während er sie mit der Hoffnung auf weltliche Gewalt lockt, gewinnt er die Herrschaft über ihre Seelen. Er bietet ihnen etwas an, was ihm gar nicht gehört und was ihm bald genommen werden wird. Er betrügt die Menschen um ihren Anspruch auf die Erbschaft der Kinder Gottes.

Satan hatte bezweifelt, daß Jesus der Sohn Gottes sei. In den kurzen Zurückweisungen des Herrn erhielt er jedoch Beweise, die er nicht wegleugnen konnte. Die Gottheit brach aus dem leidenden Menschensohn hervor. Satan vermochte dem Befehl nicht zu widerstehen. Obwohl er sich gedemütigt fühlte und sich im Zorn dagegen aufbäumte, war er gezwungen, sich aus der Gegenwart des Weltheilandes zurückzuziehen. Christi Sieg war ebenso vollständig, wie einst die Niederlage Adams vollständig war.

So können auch wir der Versuchung widerstehen und Satan zwingen, von uns zu weichen. Jesus behielt den Sieg durch seinen Gehorsam und Glauben Gott gegenüber. Durch den Mund der Apostel wird uns gesagt: „So seid nun Gott untertänig. Widerstehet dem Teufel, so flieht er von euch. Nahet euch zu Gott, so nahet er sich zu euch.“ [12] Wir können uns nicht selbst vor der Macht des Versuchers retten; er hat die Menschheit besiegt, und wenn wir versuchen, aus eigener Kraft zu bestehen, werden wir eine Beute seiner Anschläge; aber „der Name des Herrn ist eine feste Burg; der Gerechte läuft dorthin und wird beschirmt“.[13] Satan zittert und flieht vor der schwächsten Seele, die ihre Zuflucht in jenem mächtigen Namen findet. Der Apostel Johannes hörte bei seiner Schau des Jüngsten Gerichts eine große Stimme im Himmel: „Nun ist das Heil und die Kraft und das Reich unsres Gottes geworden und die Macht seines Christus, weil der Verkläger unsrer Brüder verworfen ist, der sie verklagte Tag und Nacht vor unsrem Gott. Und sie haben ihn überwunden durch des Lammes Blut und durch das Wort ihres Zeugnisses und haben ihr Leben nicht geliebt bis an den Tod.“ [14]

Nachdem sich Satan entfernt hatte, fiel Jesus erschöpft zu Boden, Todesblässe auf seinem Angesicht. Die Engel des Himmels hatten den Kampf beobachtet, sie hatten gesehen, wie ihr geliebter Herr durch dieses namenlose Leid gehen mußte, um für uns Menschen einen Weg zu bahnen, der uns Rettung bringen kann. Er hatte eine größere Probe bestanden, als sie je an uns herantreten wird. Jetzt, da Christus wie tot dalag, kamen die Engel und dienten ihm. Sie stärkten ihn durch Nahrung und durch die Botschaft von der Liebe seines Vaters und trösteten ihn durch die Versicherung, daß der Himmel über seinen Sieg frohlockte. Nachdem sich der Heiland gekräftigt hatte, fühlte sein Herz Mitleid mit den Menschen, und er ging, seine begonnene Aufgabe zu vollenden und nicht zu ruhen, bis der Feind überwunden und unser gefallenes Geschlecht erlöst wäre.

„Wir haben den Messias gefunden" | 11

Johannes der Täufer predigte und taufte bei Bethabara jenseits des Jordans. Nicht weit von dieser Stelle hatte Gott einst den Lauf des Flusses aufgehalten, bis das Volk Israel hindurchgegangen war. In der Nähe dieses Ortes war auch die Feste Jericho durch himmlische Heere gestürmt worden. Alle diese Erinnerungen wurden wieder wachgerufen und verliehen der Botschaft des Täufers aufsehenerregende Bedeutung. Würde der Gott, der in vergangenen Zeiten so wunderbar gewirkt hatte, wiederum seine Macht für die Befreiung Israels offenbaren? Diese Gedanken bewegten die Herzen des Volkes, das sich täglich in großer Zahl an den Ufern des Jordans versammelte.

Die Predigten des Täufers hatten einen so tiefen Eindruck auf das Volk gemacht, daß die geistlichen Oberen nicht mehr darauf verzichten konnten, sich mit ihnen zu beschäftigen. Jede öffentliche Versammlung wurde von den Römern, unter deren Herrschaft die Juden standen, mit Argwohn betrachtet, weil sie darin die Gefahr einer Empörung erblickten, und jedes mögliche Anzeichen eines Volksaufstandes erregte die Befürchtungen der jüdischen Obrigkeit. Johannes hatte die Autorität des Hohen Rates nicht anerkannt und diesen nicht um Erlaubnis für sein Wirken gefragt. Auch hatte er ohne Ansehen der Person sowohl das Volk als auch seine Obersten, Pharisäer und Sadduzäer, getadelt. Das Volk folgte ihm dennoch mit Eifer und, wie es schien, mit wachsender Anteilnahme. Obgleich Johannes beim Hohen Rat nie darum nachgesucht hatte, rechnete ihn dieser als öffentlichen Lehrer unter seine Gerichtsbarkeit.

Dieser Körperschaft gehörten gewählte Mitglieder aus dem Priesterstand, aus den Obersten und Lehrern des Volkes an. Der Hohepriester war gewöhnlich der Vorsitzende. Alle Mitglieder dieses Rates mußten Männer im besten Alter sein; gelehrte Männer, die nicht allein in der jüdischen Religion und Geschichte, sondern auch in den allgemeinen Wissenschaften bewandert waren. Sie durften keine körperlichen Gebrechen haben, mußten verheiratet sein und Kinder besitzen, um sich mehr als andere menschlich und rücksichtsvoll benehmen zu können. Ihr Versammlungsort war ein mit dem Tempel verbundener Raum. Zur Zeit der jüdischen Unabhängigkeit vertrat der Hohe Rat oder Sanhedrin, der sowohl weltliche als auch geistliche Gewalt besaß, die höchste Gerichtsbarkeit des Volkes. Obgleich er jetzt den römischen Statthaltern untergeordnet war, übte er dennoch einen großen Einfluß in bürgerlichen und religiösen Fragen aus.

Der Hohe Rat konnte nicht gut umhin, eine Untersuchung über das Wirken des Täufers einzuleiten. Einige besannen sich auf die Offenbarung des alten Zacharias im Tempel und erinnerten sich der Weissagung, die den jungen Johannes als Vorläufer des Messias gekennzeichnet hatte. In den Unruhen und Wechselfällen der letzten dreißig Jahre hatte man diese Hinweise nahezu vergessen; nun aber gedachte man ihrer in der Erregung, die durch die Predigt des Täufers entstanden war.

Es war schon geraume Zeit her, seit in Israel ein Prophet gewirkt und das Volk eine Umwandlung erlebt hatte, wie sie sich jetzt wieder vorbereitete. Das Gebot, die Sünden zu bekennen, schien neu und überraschend. Die meisten Mitglieder des Hohen Rates scheuten sich hinzugehen und die Warnrufe und Anklagen des Täufers selbst anzuhören. Sie fürchteten, von Johannes ihres sündhaften Lebens überführt zu werden. Unverkennbar war die Predigt des Täufers eine unmittelbare Ankündigung des Messias. Es war wohl bekannt, daß die siebzig Wochen aus der Weissagung Daniels, welche die Ankunft des Messias einschlossen, fast verflossen waren, und jeder wollte an dem Zeitalter der nationalen Herrlichkeit, das dann erwartet wurde, Anteil haben. Die Begeisterung des Volkes war derart, daß sich der Hohe Rat veranlaßt sah, dem Wirken des Johannes entweder zuzustimmen oder es zu verwerfen. Die Macht des Rates über das Volk war schon bedenklich ins Wanken geraten, und es ergab sich die ernste Frage, wie seine Autorität gewahrt werden konnte. In der Hoffnung, zu irgendeinem Entschluß zu kommen, sandte man eine Abordnung von Priestern und Leviten an den Jordan, um sich mit dem neuen Lehrer zu befassen.

Eine große Volksmenge lauschte den Worten des Johannes, als die Abgeordneten des Hohen Rates sich dem Jordan näherten. Die hochmütigen Rabbiner trugen ein betont vornehmes Wesen zur Schau, um das Volk zu beeindrucken und die Ehrerbietung des Propheten herauszufordern. Respektvoll, ja geradezu furchtsam teilte sich die Menge beim Herannahen der Priester, um sie vorbeizulassen. Die großen Männer in ihren prächtigen Gewändern, in ihrem selbstbewußten

Stolz und in ihrer Würde standen jetzt vor dem „Prediger in der Wüste".

„Wer bist du?" wollten sie wissen.

Johannes, der ihre Gedanken erriet, erwiderte: „Ich bin nicht der Christus."

Sie fragten ihn: „Was denn? Bist du Elia?"

Er sprach: „Ich bin's nicht."

„Bist du der Prophet?"

„Nein."

Da sprachen sie zu ihm: „Was bist du denn? daß wir Antwort geben denen, die uns gesandt haben. Was sagst du von dir selbst?"

„Ich bin eine Stimme eines Predigers in der Wüste: Richtet den Weg des Herrn! wie der Prophet Jesaja gesagt hat." [1]

Die Schriftstelle, auf die Johannes hier verwies, war jene herrliche Weissagung: „Tröstet, tröstet mein Volk! spricht euer Gott. Redet mit Jerusalem freundlich und prediget ihr, daß ihre Knechtschaft ein Ende hat, daß ihre Schuld vergeben ist . . . Es ruft eine Stimme: In der Wüste bereitet dem Herrn den Weg, macht in der Steppe eine ebene Bahn unserm Gott! Alle Täler sollen erhöht werden, und alle Berge und Hügel sollen erniedrigt werden, und was uneben ist, soll gerade, und was hügelig ist, soll eben werden; denn die Herrlichkeit des Herrn soll offenbart werden, und alles Fleisch miteinander wird es sehen; denn des Herrn Mund hat's geredet." [2]

Wenn im Altertum ein König durch weniger bevölkerte Teile seines Gebietes reiste, wurde dem fürstlichen Wagen eine Abteilung Männer vorausgeschickt, um etwaige unebene Wegstellen auszubessern, damit der König ungefährdet und unbehindert reisen konnte. Dieses Bild gebrauchte der Prophet, um das Wirken des Evangeliums zu veranschaulichen. „Alle Täler sollen erhöht werden, und alle Berge und Hügel sollen erniedrigt werden." Wenn der Geist Gottes mit seiner wunderbaren Kraft die Seele berührt und erweckt, wird der menschliche Stolz gedemütigt; weltliche Vergnügungen, Macht und menschliche Ehre werden als wertlos angesehen. Die „Anschläge und alles Hohe, das sich erhebt wider die Erkenntnis Gottes", werden zunichte, und jeder Gedanke wird gefangengenommen „unter den Gehorsam Christi". [3]

Demut und selbstlose Liebe, die sonst unter den Menschen wenig geschätzt werden, stehen dann hoch im Wert. Dahin geht das

Bemühen des Evangeliums, von dem die Botschaft des Täufers ein Teil war.

Die Abgeordneten des Hohen Rates hatten Johannes weiter gefragt: „Warum taufst du denn?", und sie warteten auf seine Antwort. Plötzlich, als sein Blick die Menge überflog, strahlten seine Augen, sein Antlitz leuchtete und sein ganzes Wesen war von tiefer Bewegung erfüllt. Mit ausgestreckten Händen rief er: „Ich taufe mit Wasser; aber er ist mitten unter euch getreten, den ihr nicht kennet. Der ist's, der nach mir kommen wird, des ich nicht wert bin, daß ich seine Schuhriemen auflöse." [4]

Das war eine klare, unzweideutige Botschaft, die dem Hohen Rat gebracht werden sollte. Die Worte des Täufers konnten sich auf niemand anders als auf den schon lange Verheißenen beziehen. Der Messias befand sich unter ihnen! Bestürzt blickten die Priester und Obersten um sich, um den zu finden, von dem Johannes gesprochen hatte; aber es war unter der großen Menschenmenge nichts von ihm zu sehen.

Am nächsten Tag sah der Täufer Jesus herankommen. Erfüllt von der Herrlichkeit Gottes, streckte der Prophet seine Hände aus und rief: „,Siehe, das ist Gottes Lamm, welches der Welt Sünde trägt!' Dieser ist's, von dem ich gesagt habe: Nach mir kommt ein Mann, welcher vor mir gewesen ist, denn er war eher als ich. Und ich kannte ihn nicht; sondern auf daß er offenbar würde in Israel, darum bin ich gekommen, zu taufen mit Wasser ... Ich sah, daß der Geist herabfuhr wie eine Taube vom Himmel und blieb auf ihm, und ich kannte ihn nicht. Aber der mich sandte, zu taufen mit Wasser, der sprach zu mir: Über welchen du sehen wirst den Geist herabfahren und auf ihm bleiben, der ist's, der mit dem heiligen Geist tauft. Und ich sah es und bezeugte, daß dieser ist Gottes Sohn." [5]

War dieser Christus? Mit heiliger Scheu und Verwunderung sahen die Menschen auf den, der soeben als der Sohn Gottes bezeichnet worden war. Die Worte des Täufers hatten tiefen Eindruck auf sie gemacht; denn sie waren im Namen Gottes zu ihnen gesprochen. Sie hatten ihm Tag für Tag zugehört, wenn er ihre Sünden rügte, und sie waren täglich in der Überzeugung bestärkt worden, daß er vom Himmel gesandt sei.

Wer aber war dieser, der größer als der Täufer sein sollte? In seiner Kleidung und Haltung war nichts, was seinen besonderen Rang gekennzeichnet hätte. Er schien ein gewöhnlicher Mensch zu sein, gekleidet mit dem einfachen Gewand der Armen.

Unter der Menge waren etliche, die bei der Taufe Christi die göttliche Herrlichkeit gesehen und die Stimme Gottes gehört hatten. Aber seit jener Zeit hatte sich das Aussehen des Heilandes doch stark verändert. Bei der Taufe war sein Angesicht durch das Licht vom Himmel verklärt, jetzt war es bleich, matt und abgezehrt; nur Johannes der Täufer hatte ihn erkannt.

Als aber das Volk ihn anschaute, sah es ein Angesicht, in dem sich göttliches Erbarmen mit bewußter Stärke verband. Jeder Blick, jeder Zug sprach von Demut und unermeßlicher Liebe. Ein starker geistlicher Einfluß ging von ihm aus. Während sein Benehmen sanft und anspruchslos war, gewannen die Menschen doch den Eindruck, als sei in ihm eine Macht verborgen, die dennoch nicht ganz unsichtbar bleiben konnte. War dies der Verheißene, auf den Israel so lange gewartet hatte?

Am nächsten Tag sah Johannes, in dessen Nähe zwei Jünger standen, Jesus erneut unter dem Volk. Wiederum hellte sich der Blick des Täufers auf von der Herrlichkeit des Unsichtbaren, und er rief aus: „Siehe, das ist Gottes Lamm!“ Diese Worte ergriffen die Herzen der Jünger, obgleich sie deren Sinn nicht ganz verstanden. Was bedeutete der Name, den Johannes ihm gab – „Gottes Lamm“? Der Täufer hatte ihn nicht erklärt.

Die Jünger verließen den Täufer und gingen, den Heiland zu suchen. Einer dieser beiden war Andreas, der Bruder des Simon Petrus; der andere war Johannes, der Evangelist. Sie wurden die ersten Jünger Jesu. Getrieben von einem unwiderstehlichen Gefühl, folgten sie ihm und begehrten mit ihm zu reden und schwiegen dennoch vor Ehrfurcht, überwältigt von dem Gedanken: Ist dieser der Messias?

Jesus wußte, daß ihm die Jünger folgten. Sie waren die Erstlingsfrucht seines Wirkens, und das Herz des göttlichen Lehrers freute sich, als diese Seelen sich von seiner Gnade bewegen ließen. Dennoch wandte er sich um und fragte: „Was suchet ihr?“[6] Er wollte ihnen die Freiheit lassen, umzukehren oder ihren Wunsch auszusprechen.

Die Jünger waren sich aber nur eines bewußt: seine Gegenwart erfüllte ihre Gedanken. Sie sprachen: „Rabbi, wo bist du zur Herberge?“ In einer kurzen Unterhaltung am Wege konnten sie nicht das empfangen, wonach sie sich sehnten. Sie wollten mit Jesus allein sein, zu seinen Füßen sitzen und seine Worte hören. Da sprach der Herr zu ihnen: „Kommt und sehet! Sie kamen und sahen's und blieben den Tag bei ihm.“ [6]

Wären Johannes und Andreas so ungläubigen Geistes gewesen wie die Priester und Obersten, dann hätten sie nicht als willige Schüler zu den Füßen des Herrn gesessen. Sie hätten sich vielmehr Jesus als Kritiker genaht und über seine Worte gerechtet. So verschließen sich viele den guten Gelegenheiten im geistlichen Leben. Diese Jünger Christi jedoch handelten anders. Sie hatten dem Ruf des Heiligen Geistes in der Predigt des Täufers Gehör geschenkt und erkannten nun auch die Stimme des himmlischen Lehrers. Ihnen waren die Worte Jesu voller Frische, Wahrheit und Schönheit. Göttliche Erleuchtung erhellte die Lehren der alttestamentlichen Schriften und ließ die mannigfaltigen Leitbilder der Wahrheit in einem ganz neuen Licht erscheinen.

Es sind Reue, Glaube und Liebe, die die Seele befähigen, die Wahrheit Gottes zu erkennen. Der Glaube, der durch die Liebe wirkt, ist der Schlüssel der Erkenntnis. Jeder, der liebt, kennt auch den Schöpfer.

Der Jünger Johannes war ein Mann von ernstem, tiefem Gemüt, heftig und dennoch nachdenklich. Er hatte begonnen, die Herrlichkeit Christi zu erkennen – nicht den weltlichen Prunk und die Macht, auf die zu hoffen er gelehrt worden war, sondern „seine Herrlichkeit, eine Herrlichkeit, wie sie der einzige [Sohn] von seinem Vater hat, voll Gnade und Wahrheit“.[7] Er war von dem Gedanken an diese wunderbare Erkenntnis ganz in Anspruch genommen.

Andreas verlangte danach, die Freude, die sein Herz erfüllte, mitzuteilen; er suchte seinen Bruder Simon und rief: „Wir haben den Messias gefunden.“ [8] Simon bedurfte keiner weiteren Aufforderung. Auch er hatte der Predigt des Täufers gelauscht und eilte zum Heiland. Christus sah ihn an, erkannte seinen Charakter und den Lauf seines Lebens. Seine leidenschaftliche Natur, sein liebendes, teilnahmsvolles Herz, sein Ehrgeiz und sein Selbstvertrauen, die Geschichte seines Falls, seine Reue, sein Wirken und sein Märtyrertod – all das lag offen vor Jesu durchdringendem Blick, und er sagte: „Du bist Simon, des Johannes Sohn; du sollst Kephas heißen, das wird verdolmetscht: Fels.“ [9]

„Des andern Tages wollte Jesus wieder nach Galiläa ziehen und findet Philippus und spricht zu ihm: Folge mir nach!“ [10] Philippus gehorchte dieser Aufforderung und bekannte sich sofort als ein Mitstreiter Christi.

Philippus rief Nathanael. Dieser war unter der Menge gewesen, als der Täufer Jesus als Lamm Gottes bezeichnet hatte. Als Nathanael Jesus erblickte, war er enttäuscht. Konnte dieser Mann, der die Spuren von Arbeit und Armut an sich trug, der Messias sein? Doch Nathanael konnte sich nicht dazu entschließen, Jesus zu verwerfen; die Botschaft des Johannes hatte ihn überzeugt.

Als Philippus ihn suchte, hatte er sich gerade in einen stillen Hain zurückgezogen und dachte über die Ankündigung des Johannes und über die Prophezeiung hinsichtlich des Messias nach. Er betete zu Gott um die Gewißheit, ob der von dem Täufer Verkündigte der Befreier Israels sei. Die Gegenwart des Heiligen Geistes versicherte dem stillen Beter, daß Gott sein Volk besucht und ein „Horn des Heils" aufgerichtet habe. Philippus wußte, daß sein Freund die Weissagungen durchforschte, und während Nathanael gerade unter einem Feigenbaum betete, fand er ihn. Oft hatten sie an diesem entlegenen Ort, von Laubwerk verborgen, zusammen gebetet.

Die Botschaft: „Wir haben den gefunden, von welchem Mose im Gesetz und die Propheten geschrieben haben" schien Nathanael eine unmittelbare Antwort auf sein Gebet zu sein. Der Glaube des Philippus war noch schwach, und er fügte seiner Botschaft mit leisem Zweifel hinzu: „Jesus, Josephs Sohn von Nazareth." Da wurde Nathanaels Vorurteil aufs neue wach, und er rief aus: „Was kann von Nazareth Gutes kommen?"

Philippus ließ sich auf keinerlei Fragen ein. Er wies Nathanaels Fragen ab mit den Worten: „Komm und sieh es!" [11]

„Jesus sah Nathanael kommen und spricht von ihm: Siehe, ein rechter Israelit, in welchem kein Falsch ist." Höchst überrascht sprach Nathanael: „Woher kennst du mich? Jesus antwortete und sprach zu ihm: Ehe denn dich Philippus rief, da du unter dem Feigenbaum warst, sah ich dich."

Das genügte. Der göttliche Geist, der sich zu Nathanaels einsamem Gebet unter dem Feigenbaum bezeugt hatte, sprach jetzt zu ihm in den Worten Jesu. Obwohl noch nicht frei von Vorurteil und Zweifel, war Nathanael mit dem aufrichtigen Verlangen nach Wahrheit zu Jesus gekommen, und nun wurde sein Verlangen gestillt. Sein Glaube übertraf noch den Glauben dessen, der ihn zu Jesus gebracht hatte.

Er antwortete dem Herrn: „Rabbi, du bist Gottes Sohn, du bist der König von Israel!“ [12]

Hätte sich Nathanael der Führung der Rabbiner anvertraut, würde er Jesus nie gefunden haben. Aus eigener Erfahrung und Überzeugung wurde er ein Jünger Jesu. Noch heute lassen sich viele Menschen aus Vorurteil vom Guten fernhalten. Wie ganz anders gestaltete sich ihr Leben, wenn sie wie einst Nathanael kommen und sehen würden!

Niemand wird zur errettenden Erkenntnis der Wahrheit gelangen, der sich der Führung menschlicher Autoritäten anvertraut. Wir müssen wie Nathanael das Wort Gottes selbst prüfen und um die Erleuchtung durch den Heiligen Geist bitten. Er, der Nathanael unter dem Feigenbaum sah, wird auch uns sehen, wo wir auch beten mögen. Himmlische Wesen sind denen nahe, die demütig nach göttlicher Führung verlangen.

Mit der Berufung von Johannes, Andreas, Simon, Philippus und Nathanael begann die Gründung der christlichen Gemeinde. Johannes der Täufer wies zwei seiner Jünger zu Jesus. Der eine von diesen, Andreas, fand seinen Bruder und führte ihn zum Heiland. Dann wurde Philippus berufen, und dieser suchte und fand Nathanael.

Diese Beispiele mögen uns die Wichtigkeit der persönlichen Bemühungen an unseren Verwandten, Freunden und Nachbarn zeigen. Es gibt viele, die angeblich in bester Verbindung mit Gott leben; dennoch haben sie sich noch niemals persönlich darum bemüht, auch nur eine Seele zum Heiland zu führen. Sie überlassen diese Arbeit dem Geistlichen. Dieser kann für seine Aufgabe wohl befähigt sein; er kann aber nicht das tun, was Gott den Gliedern seiner Gemeinde aufgetragen hat.

Dann gibt es viele, die des Dienstes liebender Herzen bedürfen. Schon mancher ist ins Verderben gekommen, der gerettet worden wäre, wenn seine Freunde, Nachbarn und Bekannten sich um ihn gekümmert hätten. Viele warten sogar darauf, daß man sich persönlich an sie wendet. Besonders in der Familie, in der Nachbarschaft und in der weiteren Umgebung gibt es für uns als Missionare Christi viel zu tun. Wenn wir Christen sind, wird uns eine solche Arbeit Freude machen. Sobald jemand aufrichtig bekehrt ist, verlangt ihn danach, anderen mitzuteilen, welchen köstlichen Freund er in Jesus gefunden hat. Die errettende und heiligende Wahrheit läßt sich nicht im Herzen verschließen.

Alle dem Herrn Geweihten werden seine Werkzeuge sein, um anderen Licht zu bringen und ihnen vom dem Reichtum seiner Gnade zu erzählen. „Ich will sie und alles, was um meinen Hügel her ist, segnen und auf sie regnen lassen zu rechter Zeit. Das sollen gnädige Regen sein.“ [13]

Nathanaels erste Versicherung seines Glaubens – so hingebungsvoll, ernst und aufrichtig – war daher Musik in den Ohren Jesu. Und er „antwortete und sprach zu ihm: Du glaubst, weil ich dir gesagt habe, daß ich dich gesehen habe unter dem Feigenbaum; du wirst noch Größeres als das sehen“.[14] Der Heiland schaute mit Freuden auf die vor ihm liegende Aufgabe, den Armen das Evangelium zu predigen, die zerstoßenen Herzen zu heilen und den Gefangenen Satans die Freiheit zu verkündigen. Eingedenk der köstlichen Segnungen, die er den Menschen gebracht hatte, fügte er hinzu: „Wahrlich, wahrlich, ich sage euch: Ihr werdet den Himmel offen sehen und die Engel Gottes hinauf und herab fahren auf des Menschen Sohn.“ [15]

Dem Sinne nach sagte Christus: Am Ufer des Jordans öffnete sich der Himmel, und der Heilige Geist kam auf mich herab gleich einer Taube. Dies geschah zum Zeugnis, daß ich Gottes Sohn bin. Und wer dies glaubt, dessen Glaube wird lebendig sein, und er wird sehen, daß der Himmel offen ist, um sich nie wieder für ihn zu schließen; denn ich habe ihn für die Gläubigen geöffnet. Die Engel Gottes steigen hinauf und tragen die Gebete der Notleidenden und Bedrückten zum Vater empor und fahren herab, um den Menschenkindern Segen und Hoffnung, Mut, Hilfe und Leben zu bringen.

Unaufhörlich bewegen sich die Engel Gottes von der Erde zum Himmel und vom Himmel zur Erde. Sie waren es auch, durch welche die Wunder des Heilandes an den Kranken und Leidenden gewirkt wurden. So gelangen auch die Segnungen Gottes zu uns, durch den Dienst der himmlischen Boten. Indem der Heiland menschliche Natur annahm, verband er seine Belange mit denen des gefallenen Menschengeschlechts, während er durch seine Göttlichkeit den Thron Gottes in Anspruch nimmt. Dadurch ist Christus der Mittler geworden zwischen Gott und den Menschen – zwischen uns und dem himmlischen Vater.

Auf der Hochzeit zu Kana | 12

Jesus begann seinen Dienst nicht mit großen Worten vor dem Hohen Rat, sondern bei einer häuslichen Familienfestlichkeit in einem kleinen galiläischen Dorf, und zwar anläßlich der Hochzeit zu Kana. Hier offenbarte er seine Macht und bewies dadurch seine Anteilnahme am menschlichen Erleben. Er wollte dazu beitragen, das Leben der Menschen froher und glücklicher zu machen. In der Wüste hatte er selbst den Leidenskelch getrunken; nun kam er, um den Menschen den Kelch der Segnungen zu vermitteln und durch seinen Segen auch die verwandtschaftlichen Beziehungen der Menschen zu heiligen.

Vom Jordan kehrte Jesus nach Galiläa zurück. In Kana, nicht weit von Nazareth, sollte bei Verwandten seiner Eltern eine Hochzeit stattfinden. Jesus war mit seinen Jüngern zur Teilnahme am Fest eingeladen.

Hier traf er nach längerer Trennung seine Mutter wieder. Maria hatte von den Ereignissen am Jordan anläßlich seiner Taufe gehört. Berichte waren bis nach Nazareth gedrungen, und diese Nachrichten hatten aufs neue alle in ihrem Herzen verborgenen Erinnerungen wachgerufen. Wie das ganze Israel war auch sie tief bewegt von der Sendung des Täufers. Sie erinnerte sich gut der Verheißungen, die bei seiner Geburt gegeben worden waren. Jetzt wurden ihre Hoffnungen abermals belebt durch des Täufers innige Verbindung mit Jesus. Aber auch von Jesu seltsamem Verschwinden in die Wüste hatte sie Kunde erhalten, und ihr Herz war daher von beunruhigenden Ahnungen erfüllt.

Von dem Tage an, da Maria die Ankündigung des Engels in ihrem Heim zu Nazareth vernommen hatte, war jedes Zeugnis, das Jesus als Messias auswies, gewissenhaft von ihr bewahrt worden. Sein reines, selbstloses Leben gab ihr Gewißheit, daß er der von Gott Gesandte war. Dennoch wurde sie oft von Zweifeln und Enttäuschungen heimgesucht, und sie sehnte sich nach der Zeit, da seine Herrlichkeit offenbar werden würde. Joseph, der mit ihr das Geheimnis der Geburt Jesu geteilt hatte, war schon gestorben, und Maria hatte niemand, mit dem sie über ihre Hoffnungen und Befürchtungen sprechen konnte. Die beiden letzten Monate waren für sie recht traurig gewesen. Von

Jesus, dessen Mitgefühl ihr stets den besten Trost gegeben hatte, war sie getrennt gewesen. Sie hatte viel über die Worte Simeons: „Auch durch deine Seele wird ein Schwert dringen“ [1] nachdenken müssen; ihr waren auch die drei Tage schwerer Seelenangst ins Gedächtnis gekommen, an denen sie geglaubt hatte, Jesus für immer verloren zu haben. So hatte sie nun mit sorgendem Herzen seine Rückkehr erwartet.

Auf der Hochzeit zu Kana trifft sie Jesus wieder – denselben liebevollen, pflichtgetreuen Sohn. Und doch ist Jesus nicht derselbe geblieben. Sein Aussehen hat sich verändert. Die Spuren seines seelischen Ringens in der Wüste haben sich ihm eingegraben, und ein bisher nicht erkennbar gewesener Ausdruck von Würde und Hoheit zeugt von seiner göttlichen Sendung. Um ihn ist eine Schar junger Männer, deren Augen ehrfürchtig auf ihn sehen und die ihn Meister nennen. Diese Begleiter berichten Maria, was sie bei Jesu Taufe und auch bei anderen Gelegenheiten gehört und gesehen haben, und schließen mit dem Zeugnis: „Wir haben den gefunden, von welchem Mose im Gesetz und die Propheten geschrieben haben.“ [2]

Während die Gäste sich versammeln, scheinen viele von ihnen durch eine Angelegenheit von besonderer Bedeutung in Anspruch genommen zu sein. Eine schlecht unterdrückte Erregung herrscht unter den Anwesenden. Kleine Gruppen stehen zusammen und unterhalten sich mit lebhafter aber leiser Stimme und richten ihre verwunderten Blicke auf den Sohn der Maria. Als Maria der Jünger Zeugnis über Jesus gehört hatte, war ihr Herz von der freudigen Gewißheit erfüllt, daß ihre langgehegten Hoffnungen sich nun bald erfüllen würden. In menschlich begreiflicher Weise mischte sich in die heilige Freude auch der natürliche Stolz einer liebenden Mutter. Als sie die vielen auf Jesus gerichteten Blicke bemerkte, sehnte sie sich danach, ihr Sohn möge der Hochzeitsgesellschaft einen Beweis geben, daß er wirklich der Geehrte Gottes wäre. Sie hoffte, Jesus fände eine Gelegenheit, für sie ein Wunder zu wirken.

Eine Hochzeitsfeier in jener Zeit dauerte gewöhnlich mehrere Tage. Bei diesem Fest stellte sich heraus, daß der Vorrat an Wein nicht ausreichte, und diese Wahrnehmung verursachte Sorge und Bedauern. Es war Sitte, bei festlichen Gelegenheiten reichlich Wein zu spenden; ein Verstoß gegen diese Regel wäre ein Mangel an Gastfreundschaft gewesen. Maria hatte bei den Vorbereitungen zum Fest mitgeholfen und sagte jetzt zu Jesus: „Sie haben nicht Wein." Diese Worte sollten ein Wink für ihn sein, dem Mangel abzuhelfen. Aber Jesus antwortete: „Weib, was geht's dich an, was ich tue? Meine Stunde ist noch nicht gekommen." [3]

Diese uns schroff erscheinende Antwort drückte jedoch keine Kälte oder Unhöflichkeit aus. Sie entsprach durchaus der damaligen orientalischen Gepflogenheit. Man bediente sich dieser Anrede bei Personen, denen man Achtung erweisen wollte. Jede Handlung Christi auf Erden entsprach dem von ihm selbst gegebenen Gebot: „Du sollst deinen Vater und deine Mutter ehren!" Als er am Kreuz seiner Mutter die letzte Fürsorge erwies, indem er sie der Obhut seines Lieblingsjüngers Johannes anbefahl, redete er sie in der gleichen Weise an. Sowohl auf der Hochzeit zu Kana als auch am Kreuz erklärte die in seinem Tonfall, seinem Blick und seinem Verhalten zum Ausdruck kommende Liebe die Bedeutung seiner Worte.

Bei seinem Besuch als Knabe im Tempel, als das Geheimnis seiner Lebensaufgabe sich ihm enthüllte, hatte er zu Maria gesagt: „Wisset ihr nicht, daß ich sein muß in dem, das meines Vaters ist?" [4] Diese Worte enthüllen den Grundton seines ganzen Lebens und Wirkens auf dieser Erde. Alles mußte sich seiner hohen Aufgabe, die zu erfüllen er gekommen war, unterordnen. Jetzt wiederholte er diese Lehre. Die Gefahr lag nahe, daß Maria durch ihre Verwandtschaft mit Jesus ein besonderes Anrecht auf ihn geltend machen wollte und zugleich den Anspruch, ihn in seiner Aufgabe bis zu einem gewissen Grade zu leiten. Dreißig Jahre lang war er ihr ein liebender und gehorsamer Sohn gewesen, und an seiner Liebe zu ihr hatte sich nichts geändert; doch nun mußte er das Werk seines himmlischen Vaters beginnen. Als Sohn des Allerhöchsten und als Heiland der Welt durften ihn keine irdischen Bande bei der Erfüllung seiner Aufgabe beeinflussen. Er mußte bei der Ausübung des göttlichen Willens frei und unbehindert sein. Hierin liegt eine Lehre für uns. Gottes Ansprüche stehen höher als die Bande menschlicher Verwandtschaft. Nichts Irdisches darf so anziehend für uns sein, daß unsere Füße sich von dem Pfad abwenden, den Gott uns gehen heißt.

Die einzige Hoffnung auf Erlösung des gefallenen Menschengeschlechts liegt in Christus; selbst Maria konnte nur durch das Lamm Gottes Erlösung finden. Sie besaß keinerlei Verdienste bei sich selbst. Ihre Verbindung mit Jesus brachte sie in kein anderes geistliches Verhältnis zu ihm als irgendeine andere menschliche Seele. Dies war auch in Jesu Worten angedeutet. Er wollte einen Unterschied gewahrt wissen in seinem Verhältnis zu ihr als Menschensohn und als Gottessohn. Das Band der irdischen Verwandtschaft rückte sie keineswegs auf die gleiche Stufe mit ihm.

Die Worte „Meine Stunde ist noch nicht gekommen" wiesen auf die Tatsache hin, daß jede Handlung Christi auf Erden in Erfüllung des Planes geschah, der schon von Ewigkeit her bestanden hatte. Bevor Jesus auf diese Erde kam, lag der ganze Plan in allen Einzelheiten vor ihm. Als er aber unter den Menschen wandelte, wurde er Schritt für Schritt von dem Willen des Vaters geleitet. Er zögerte nicht, zur bestimmten Zeit zu handeln; in dem gleichen Gehorsam wartete er jedoch auch, bis seine Zeit gekommen war.

An der Tür standen sechs große steinerne Wasserkrüge, und Jesus gebot den Dienern, diese mit Wasser zu füllen. Es geschah. Da der Wein sofort gebraucht wurde, sagte Jesus: „Schöpfet nun und bringet's dem Speisemeister!"[5] Statt des Wassers, womit die Krüge gefüllt worden waren, floß Wein heraus. Weder der Gastgeber noch die Gäste hatten überhaupt einen Mangel bemerkt. Als aber der Speisemeister den Wein, den die Diener ihm brachten, kostete, fand er ihn bedeutend besser als jeden Wein, den er jemals getrunken hatte, und im Geschmack auch ganz anders als den bisher ausgeschenkten. Er wandte sich an den Bräutigam und sagte: „Jedermann gibt zuerst den guten Wein und, wenn sie trunken geworden sind, alsdann den geringern; du hast den guten Wein bisher behalten."[6]

Christi Gabe zum Hochzeitsfest war ein Sinnbild. Das Wasser stellte die Taufe in seinen Tod dar, der Wein das Vergießen seines Blutes für die Sünden der Welt. Das Wasser zum Füllen der Krüge wurde von menschlichen Händen gebracht; aber nur das Wort Christi konnte ihm die lebenspendende Kraft verleihen. So ist es auch mit den Bräuchen, die auf den Tod des Heilandes hinweisen. Nur durch die Kraft Christi, die durch den Glauben wirkt, sind sie imstande, die Seele zu erhalten.

Das Wort des Heilandes trug reichlich Sorge für das Hochzeitsfest. Ebenso reichlich ist die Gabe seiner Gnade, um alle Sünden auszutilgen und die Seele zu erneuern und zu stärken.

Auf dem ersten Fest, das Christus mit seinen Jüngern besuchte, reichte er ihnen den Kelch, der sein Werk für ihre Seligkeit symbolisierte. Bei dem letzten Abendessen gab er ihn wieder, bei der Einsetzung jenes heiligen Mahles, durch das sein Tod verkündigt werden soll, „bis daß er kommt“. Der Schmerz der Jünger beim Scheiden von ihrem Herrn wurde durch die Verheißung einer Wiedervereinigung gemildert. Jesus sagte ihnen: „Ich werde von nun an nicht mehr von diesem Gewächs des Weinstocks trinken bis an den Tag, da ich's neu trinken werde mit euch in meines Vaters Reich.“ [7]

Der Wein, mit dem der Herr die Gäste versorgte, und jener, den er den Jüngern als Sinnbild seines Blutes gab, war reiner Traubensaft. Das läßt auch der Prophet Jesaja anklingen, wenn er von dem Most „in der Traube“ spricht und sagt: „Verdirb es nicht, denn es ist ein Segen darin!“ [8]

Jesus tadelte die Genußsucht in allen ihren Formen; dennoch hatte er ein umgängliches, geselliges Wesen. Er nahm die Gastfreundschaft aller Volksschichten an und war in den Häusern der Armen ebenso zu Gast wie in den Palästen der Reichen. Er verkehrte mit Gelehrten und Ungebildeten und versuchte ihre Gedanken von alltäglichen Dingen auf Fragen des geistlichen und des ewigen Lebens zu lenken. Ausschweifendes Leben verurteilte er, und kein Schatten von weltlichem Leichtsinn verdunkelte sein Verhalten. Er fand Gefallen an harmlosem Vergnügen; er billigte durch seine Gegenwart auch geselliges Beisammensein. Eine jüdische Hochzeit bot dazu eine eindrucksvolle Gelegenheit, und die Fröhlichkeit des Festes machte auch dem Herrn Freude. Durch seine Teilnahme an der Hochzeit ehrte Jesus die Ehe als eine göttliche Einrichtung.

Sowohl im Alten als auch im Neuen Testament wird das Ehebündnis benutzt, um die liebevolle und heilige Verbindung zwischen Christus und seiner Gemeinde darzustellen. Jesu Gedanken wurden durch die frohe Hochzeitsfeier vorwärts gerichtet auf die Freude jenes Tages, an dem er seine Braut heimführen wird in seines Vaters Haus und an dem die Erlösten sich mit ihrem Erlöser zum Hochzeitsmahl des Lammes vereinigen werden.

Das Beispiel Christi, die Angelegenheiten der Menschen zu seinen eigenen zu machen, sollte von allen, die sein Wort predigen, und von allen, die das Evangelium seiner Gnade angenommen haben, befolgt werden. Wir dürfen uns einem geselligen Verkehr nicht entziehen und uns nicht von anderen abschließen. Um alle Menschenklassen zu erreichen, müssen wir ihnen dort begegnen, wo sie sich befinden. Sie werden uns selten aus eigenem Antrieb aufsuchen. Nicht allein von der Kanzel aus werden Menschenherzen von der göttlichen Wahrheit berührt; es gibt noch ein anderes Arbeitsfeld, das wohl geringer, aber ebenso vielversprechend ist. Man findet es im Heim der Niedrigen wie im Palast der Reichen, an der gastfreien Tafel und auch beim harmlosen geselligen Zusammensein.

Nicht aus Liebe zum Vergnügen dürfen wir als Christi Jünger den Verkehr mit der Welt pflegen; wir sollen uns nicht mit weltlichen Torheiten befreunden; denn solche Gesellschaft wird uns schaden. Auch soll der Christ niemals Unrecht durch Worte oder Taten, durch Stillschweigen oder durch seine Gegenwart gutheißen. Wohin wir auch gehen, müssen wir Jesus mit uns nehmen und den anderen verkündigen, wie wert uns unser Heiland geworden ist. Wer aber danach trachtet, seinen Glauben zu verheimlichen, läßt viele wertvolle Gelegenheiten, Gutes zu tun, ungenützt vorübergehen. Durch Geselligkeit und Gastfreundschaft kommt die ganze Welt mit der Evangeliumsbotschaft in Berührung, und jeder, der von dem göttlichen Licht berührt wurde, muß den Pfad jener zu erhellen suchen, die nichts von dem Licht des Lebens wissen.

In seinem Tempel | 13

„Danach zog er hinab nach Kapernaum, er, seine Mutter, seine Brüder und seine Jünger, und blieben nicht lange daselbst. Und der Juden Ostern war nahe, und Jesus zog hinauf nach Jerusalem.“ [1]

Auf dieser Reise schloß sich Jesus einer der großen Gruppen an, die sich auf dem Wege nach der Hauptstadt befanden. Er hatte von seiner Aufgabe noch nicht öffentlich gesprochen, so daß er sich unbeachtet unter die Menge mischen konnte. Dabei war das Kommen des Messias, auf das die Predigt des Täufers in besonderer Weise die Aufmerksamkeit gelenkt hatte, oft Thema der Unterhaltung. Mit großer Begeisterung sprach man von der Hoffnung auf die kommende nationale Größe. Jesus wußte, daß diese Hoffnung trügerisch war, denn sie beruhte auf einer falschen Auslegung der Schrift. Mit tiefem Ernst erklärte er die Weissagungen und versuchte die Menschen zu einem gründlicheren Erforschen des Wortes Gottes anzuregen.

Die Lehrer der Juden hatten das Volk unterwiesen, daß es in Jerusalem lernen würde, wie man Gott anbetet. Dort versammelten sich während der Passahwoche große Scharen aus allen Teilen des Landes und sogar aus entfernten Gegenden, so daß eine bunte Volksmenge die Tempelhöfe füllte. Viele konnten das Opfer, das als Sinnbild des einen großen Opfers dargebracht werden sollte, nicht mitbringen. Um deren Bequemlichkeit entgegenzukommen, wurden auch Opfertiere in dem äußeren Vorhof des Tempels gekauft und verkauft. Hier kamen alle Klassen von Menschen zusammen, um ihre Opfergaben zu kaufen und alles fremde Geld in die Münze des Heiligtums umzuwechseln.

Jeder Jude mußte jährlich einen halben Silberling für „die Versöhnung seiner Seele“ zahlen, und der auf diese Weise gesammelte Betrag diente zum Unterhalt des Tempels. Außerdem wurden große Summen als freiwillige Spende aufgebracht, die in die Schatzkammer des Tempels flossen. Es wurde erwartet, daß alles fremde Geld eingewechselt würde in die Münze, die man Sekel des Heiligtums nannte und für den Dienst im Tempel annahm. Dieser Geldwechsel bot Gelegenheit zu Betrug und Wucher und war zu einem entehrenden Gewerbe geworden, das aber eine gute und ertragreiche Einnahmequelle für die Priester bildete.

Die Händler verlangten ungewöhnlich hohe Preise für die Opfertiere und teilten ihren Gewinn mit den Priestern und Obersten, die sich dadurch auf Kosten des Volkes bereicherten. Die Anbetenden waren gelehrt worden zu glauben, daß der Segen Gottes nicht auf ihren Kindern und auf ihrem Acker ruhte, wenn sie keine Opfer brächten. Auf diese Weise konnte ein hoher Preis für die Opfertiere gefordert werden; denn wer einen weiten Weg zurückgelegt hatte, wollte nicht in die Heimat zurückkehren, ohne den Opferdienst erfüllt zu haben, zu dem er herbeigeeilt war.

Zur Zeit des Passahfestes wurden viele Opfer dargebracht, und der Verkauf im Vorhof war äußerst rege. Die dadurch entstehende Unruhe ließ eher auf einen lärmenden Viehmarkt als auf den heiligen Tempel Gottes schließen. Man hörte erregtes Feilschen, das Brüllen des Rindviehs, das Blöken der Schafe und das Girren der Tauben, vermischt mit dem Geräusch klingender Münzen und dem Lärm zorniger Wortgefechte. Die Unruhe war so groß, daß es die Andächtigen störte, und ihre Gebete wurden übertönt von dem Tumult, der bis in den Tempel drang. Die Juden waren außerordentlich stolz auf ihre Frömmigkeit. Sie bewunderten ihren Tempel und empfanden jedes Wort, das gegen ihn gesprochen wurde, als Lästerung. Sie hielten auch sehr streng auf die Beachtung der mit ihm verbundenen gottesdienstlichen Handlungen; aber ihre Liebe zum Geld hatte alle Bedenken überwunden. Sie waren sich kaum bewußt, wie weit sie von der ursprünglichen Bedeutung des Dienstes abgewichen waren, den Gott selbst eingesetzt hatte.

Als der Herr sich einst auf den Berg Sinai herabließ, wurde dieser Ort durch seine Gegenwart geheiligt. Mose erhielt den Auftrag, den Berg einzuzäunen und ihn zu heiligen. Gott erhob warnend seine Stimme und sagte: „Hütet euch, auf den Berg zu steigen oder seinen Fuß anzurühren; denn wer den Berg anrührt, der soll des Todes sterben. Keine Hand soll ihn anrühren, sondern er soll gesteinigt oder erschossen werden; es sei Tier oder Mensch, sie sollen nicht leben bleiben.“ [2] So wurde gelehrt, daß jeder Ort, an dem Gott seine Gegenwart offenbart, ein heiliger Ort ist. Die Vorhöfe des Tempels hätten allen heilig sein müssen; aber Geldgier machte alle Bedenken zunichte.

Die Priester und Obersten waren berufen, für das Volk Stellvertreter Gottes zu sein; sie hätten den Mißbrauch des Tempelhofes nicht erlauben dürfen. Sie hätten vielmehr dem Volk ein Beispiel der Rechtschaffenheit und der Barmherzigkeit geben sollen. Statt ihren eigenen

Vorteil im Auge zu haben, waren sie aufgerufen, die Lage und die Bedürfnisse der Gläubigen zu bedenken und denen beizustehen, die nicht imstande waren, die erforderlichen Opfertiere zu kaufen. Nichts davon geschah; die Habsucht hatte ihre Herzen verhärtet.

Zum Fest kamen Leidende, Bedürftige und Bedrückte, Blinde, Lahme und Taube. Manche wurden sogar auf Betten hingebracht. Es kamen viele, die zu arm waren, um auch nur die geringste Opfergabe für den Herrn zu kaufen; zu arm selbst, sich Nahrung zu besorgen, um den eigenen Hunger zu stillen. Diese wurden durch die Forderungen der Priester sehr bekümmert, die dabei auf ihre Frömmigkeit noch sehr stolz waren und behaupteten, die Belange des Volkes wahrzunehmen. In Wirklichkeit aber kannten sie weder Mitgefühl noch Erbarmen. Die Armen, die Kranken und die Betrübten baten vergeblich um irgendeine Vergünstigung. Ihre Not erweckte kein Mitleid in den Herzen der Priester.

Als Jesus den Tempel betrat, überschaute er alles mit einem Blick. Er sah die unredlichen Geschäfte, sah das Elend der Armen, die da glaubten, ohne Blutvergießen keine Vergebung der Sünden zu erlangen; er sah den äußeren Vorhof seines Tempels in einen Ort ruchlosen Schacherns verwandelt. Die heilige Stätte glich einem großen Markt.

Christus erkannte, daß hier etwas geschehen mußte. Zahlreiche gottesdienstliche Formen waren dem Volk auferlegt, ohne daß es deren genaue Bedeutung kannte. Die Gläubigen brachten ihre Opfer, ohne zu wissen, daß diese ein Sinnbild des einzigen vollkommenen Opfers waren. Nun stand er, auf den der ganze Gottesdienst hinwies, unerkannt und unbeachtet unter ihnen. Er hatte die Anordnungen bezüglich der Opfer gegeben; er kannte ihren symbolhaften Charakter und sah nun, daß sie verfälscht und mißverstanden wurden. Die Anbetung im Geiste war nahezu geschwunden. Es bestand keinerlei Verbindung zwischen den Priestern und Obersten mit ihrem Gott. Es war Christi Aufgabe, eine gänzlich neue Form des Gottesdienstes einzuführen.

Mit durchdringendem Blick erfaßt er von den Stufen des Tempelhofes aus das Bild, das sich ihm bietet. Mit prophetischem Auge schaut er in die Zukunft und überblickt nicht nur Jahre, sondern ganze Jahrhunderte und Zeitalter. Er sieht, daß die Priester und Obersten des Volkes das Recht der Bedürftigen beugen und daß sie verbieten, das Evangelium den Armen zu predigen; er sieht, wie die Liebe Gottes den Sündern verborgen bleibt und wie die Menschen seine Gnade zum Handelsgut stempeln. Jesu Blick drückt Empörung, Macht und Autorität aus, als er auf dieses Treiben schaut. Die Aufmerksamkeit des Volkes richtet sich auf ihn. Die Augen derer, die sich mit dem unehrlichen Handel befassen, blicken starr auf den Herrn; sie können ihren Blick nicht abwenden. Es wird ihnen bewußt, daß dieser Mann ihre geheimsten Gedanken liest und ihre verborgensten Absichten durchschaut. Einige versuchen, ihre Gesichter zu verbergen, als ob ihre bösen Taten darauf geschrieben stünden.

Da verebbt der Lärm. Die Stimmen der Händler und Käufer verstummen. Eine peinliche Stille tritt ein, die ein Gefühl des Schreckens auslöst. Es ist, als ob alle vor dem Richterstuhl Gottes stehen, um von ihren Taten Rechenschaft abzulegen. Sie schauen auf Christus und sehen die Gottheit durch seine menschliche Gestalt hindurchleuchten. Die Majestät des Himmels steht als Richter des Jüngsten Tages vor ihnen, zwar nicht umgeben von der Herrlichkeit, die ihn dann begleiten wird, aber mit der Macht, die das Innerste durchschaut. Jesu Auge blickt über die Menge, jeden einzelnen erfassend. Seine Gestalt scheint sich in gebietender Würde über alle Anwesenden zu erheben – und göttliches Licht verklärt sein Angesicht. Er spricht, und seine klare, klangvolle Stimme – dieselbe Stimme, die einst auf dem Sinai das Gesetz verkündigte, das die Priester und Obersten jetzt so freventlich übertreten – ertönt und hallt im Tempel wider: „Traget das von dannen und machet nicht meines Vaters Haus zum Kaufhause!“ [3]

Dann steigt er langsam die Stufen hinab, erhebt die Geißel aus Stricken, die er bei seinem Eintritt in den Hof aufgenommen hat, und gebietet den Händlern, den Tempelbereich zu verlassen. Mit einem Eifer und einer Strenge, wie er sie niemals vordem geübt hat, stößt er die Tische der Geldwechsler um. Die Münzen fallen hell aufklingend auf den marmornen Boden. Niemand wagt, Jesu Autorität in Frage zu stellen; niemand hat den Mut, seinen Wuchergewinn vom Boden aufzulesen. Obwohl Jesus mit der Geißel nicht zuschlägt, erscheint sie doch in seiner hoch erhobenen Hand wie ein flammendes Schwert. Tempeldiener, schachernde Priester, Geldwechsler und Viehhändler mit ihren Schafen und Ochsen eilen davon, getrieben von dem einen Gedanken, dem verzehrenden Feuer der Gegenwart Jesu zu entfliehen.

Furcht ergreift die Menge, die von der Göttlichkeit Jesu berührt wird. Hunderte bleicher Lippen stoßen Schreckensrufe aus, selbst die

Jünger zittern. Jesu Worte und sein Auftreten entsetzen sie um so mehr, da es nicht nur ungewöhnlich, sondern auch ungewohnt ist. Sie erinnern sich, daß von ihm geschrieben steht: „Der Eifer um dein Haus hat mich gefressen.“[4]

Bald ist die lärmende Menge mit ihren Waren aus der Nähe des Tempels verschwunden. Die Höfe sind frei von unheiligem Handel, und eine tiefe, feierliche Stille legt sich über die Stätte der Verwirrung. Die Gegenwart des Herrn, die vor alters den Berg heiligte, hat jetzt den zu seiner Ehre erbauten Tempel geheiligt.

In der Reinigung des Tempels kündigte der Herr seine Aufgabe als Messias an und begann damit sein Werk auf Erden. Jener Tempel, errichtet als Wohnstätte Gottes, sollte für Israel und für die Welt die Wahrheiten Gottes veranschaulichen. Von Ewigkeit her war es die Absicht des Schöpfers, daß jedes geschaffene Wesen – vom glänzenden Seraph bis zum Menschen – ein Tempel Gottes sein sollte. Infolge der Sünde verlor der Mensch dazu die Bereitschaft. Durch das Böse verderbt und verfinstert, vermochte das Herz nicht mehr die Herrlichkeit des Schöpfers zu offenbaren. Durch die Menschwerdung des Sohnes Gottes jedoch ist die Absicht des Himmels erfüllt. Gott wohnt im Menschen, und durch seine errettende Gnade wird das Herz des Menschen wieder zu einem Tempel des Herrn. Es war Gottes Wille, daß der Tempel in Jerusalem ein beständiger Zeuge sein sollte von der hohen Bestimmung, zu der jede Seele berufen war. Aber die Juden hatten die Bedeutung des Hauses Gottes, das sie mit großem Stolz betrachteten, nicht erfassen können. Sie bereiteten sich selbst nicht zu einem heiligen Tempel für den Geist Gottes. Die Höfe des Tempels zu Jerusalem, erfüllt von dem Lärm unheiligen Schacherns, versinnbildeten nur zu getreu den Tempel ihres Herzens, der durch Begierden und verderbte Gedanken verunreinigt war. Durch die Säuberung des Tempels von weltlichen Käufern und Verkäufern offenbarte er seine Aufgabe, das menschliche Herz von der Verunreinigung durch die Sünde – von den irdischen Wünschen, den eigennützigen Lüsten, den schlechten Gewohnheiten, die die Seele verderben – zu reinigen. „Bald wird kommen zu seinem Tempel der Herr, den ihr sucht; und der Engel des Bundes, den ihr begehrt, siehe, er kommt! spricht der Herr Zebaoth. Wer wird aber den Weg seines Kommens ertragen können, und wer wird bestehen, wenn er erscheint? Denn er ist wie das Feuer eines Schmelzers und wie die Lauge der Wäscher. Er wird sitzen und schmelzen und das

Silber reinigen, er wird die Söhne Levi reinigen und läutern wie Gold und Silber." [5]

„Wisset ihr nicht, daß ihr Gottes Tempel seid und der Geist Gottes in euch wohnt? Wenn jemand den Tempel Gottes verdirbt, den wird Gott verderben, denn der Tempel Gottes ist heilig; der seid ihr." [6] Kein Mensch kann aus eigener Kraft das Böse ausstoßen, das sich in seinem Herzen eingenistet hat; nur Christus vermag den Tempel der Seele zu reinigen. Aber er erzwingt sich nicht den Eingang. Er dringt nicht in das Herz ein wie einst in den Tempel, sondern er sagt: „Ich stehe vor der Tür und klopfe an. So jemand meine Stimme hören wird und die Tür auftun, zu dem werde ich eingehen." [7] Er will nicht nur für einen Tag kommen; denn er sagt: „Ich will unter euch wohnen und wandeln . . ., und sie sollen mein Volk sein." [8] Er wird „unsere Schuld unter die Füße treten und alle unsere Sünden in die Tiefen des Meeres werfen".[9] Seine Gegenwart wird die Seele reinigen und heiligen, damit sie ein heiliger Tempel und eine „Behausung Gottes im Geist" [10] sein möge. Die Priester und Obersten waren schreckerfüllt vor dem durchdringenden Blick Jesu, der in ihren Herzen las, aus dem Tempelhof geflohen. Auf ihrer Flucht begegneten sie anderen, denen sie zur Umkehr rieten und denen sie berichteten, was sie gehört und gesehen hatten. Christus schaute den Davoneilenden nach. Sie jammerten ihn in ihrer Furcht und in ihrer Unkenntnis des wahren Gottesdienstes. Er sah in diesem Geschehen die Zerstreuung des ganzen jüdischen Volkes durch dessen eigene Bosheit und Unbußfertigkeit versinnbildet.

Christus sprach mit der Autorität eines Königs, und in seinem Auftreten und in dem Klang seiner Stimme lag etwas, dem sie nicht widerstehen konnten. Jesu gebietende Worte offenbarten ihnen ihren wirklichen Zustand als Heuchler und Diebe. Als göttliches Wesen durch die Menschheit Christi hindurchleuchtete, sahen sie nicht nur Entrüstung auf seinem Angesicht, sie begriffen auch die Bedeutung seiner Worte. Sie hatten das Empfinden, vor dem Thron des ewigen Richters zu stehen und ihr Urteil für Zeit und Ewigkeit zu hören. Eine Zeitlang waren sie überzeugt, daß Christus ein Prophet sei. Viele hielten ihn sogar für den Messias. Der Heilige Geist erinnerte sie an die Aussprüche der Propheten über Christus. Würden sie sich zu dieser Überzeugung bekennen?

Sie wollten nicht Buße tun. Sie kannten Christi Mitleid mit den Armen; sie wußten, daß sie sich durch ihr Verhalten dem Volk gegenüber der Erpressung schuldig gemacht hatten, und weil Christus ihre Gedanken erkannte, haßten sie ihn. Sein öffentlicher Tadel demütigte ihren Stolz, und seinem wachsenden Einfluß auf das Volk begegneten sie mit eifersüchtigen Empfindungen. Sie beschlossen deshalb, ihn zur Rede zu stellen hinsichtlich der Macht, in deren Namen er sie hinausgetrieben hatte, und ihn zu fragen, wer ihm diese Macht gegeben habe.

Langsam und nachdenklich, aber mit Haß im Herzen, kehrten sie zum Tempel zurück. Aber welch eine Veränderung war in der Zwischenzeit vor sich gegangen! Als sie die Flucht ergriffen hatten, waren die Armen zurückgeblieben. Sie blickten jetzt Jesus an, dessen Angesicht Liebe und Mitgefühl ausdrückte. Mit Tränen in den Augen sagte er zu den Zitternden, die ihn umstanden: Fürchtet euch nicht! Ich will euch erlösen, und ihr sollt mich preisen; denn dazu bin ich in die Welt gekommen.

Sie drängten sich immer näher an den Heiland und baten: Meister, segne uns! Und Jesus vernahm jede Bitte. Mit dem Erbarmen einer liebevollen Mutter beugte er sich über die leidenden Kleinen. Allen schenkte er Aufmerksamkeit. Welche Krankheit ein Armer auch haben mochte, jeder wurde geheilt. Die Stummen öffneten ihren Mund zum Lobe, die Blinden sahen das Angesicht ihres Erlösers, und die Herzen der Leidenden wurden froh.

Welch eine Offenbarung wurde den Priestern und Beamten des Tempels durch die Stimmen zuteil, die an ihr Ohr drangen und ihnen Wunderbares verkündigten! Die Versammelten erzählten von den Schmerzen, die sie erlitten hatten, von enttäuschten Hoffnungen, von kummervollen Tagen und schlaflosen Nächten. Ehe aber der letzte Hoffnungsfunke der Leidenden zu verlöschen drohte, hatte der Heiland sie geheilt. Die Last war so schwer, sagte einer, und doch habe ich einen Helfer gefunden. Er ist der Christus Gottes, und ich will mein Leben seinem Dienste weihen. Eltern sagten zu ihren Kindern: Er hat euer Leben gerettet; erhebt eure Stimmen und preist ihn. Die Stimmen der Kinder und Jugendlichen, der Väter und Mütter, der Freunde und Zuschauer vereinigten sich in Lob- und Dankesliedern; Hoffnung und Freude erfüllte die Herzen, und Friede zog in ihre Gemüter ein. Geheilt an Leib und Seele, kehrten sie heim und verkündigten die unvergleichliche Liebe Christi.

Nikodemus | 14

Nikodemus bekleidete ein hohes Amt im jüdischen Lande. Er galt als hoch gebildet, besaß große Gaben und war ein angesehenes Mitglied des Hohen Rates. Auch er war durch Jesu Lehren angerührt worden und fühlte sich trotz seiner bevorzugten Stellung zu dem einfachen Nazarener hingezogen. Die Unterweisungen Jesu hatten ihn außerordentlich beeindruckt, und er wollte mehr von diesen wunderbaren Wahrheiten hören.

Darum suchte er eifrig nach einer Gelegenheit, mit Jesus zu sprechen. Er scheute sich aber, ihn öffentlich und am Tage aufzusuchen; denn es wäre für einen Obersten der Juden zu demütigend gewesen, wenn seine Sympathie für einen noch so wenig bekannten Lehrer offenbar geworden wäre. Und wäre solch Besuch dem Hohen Rat zur Kenntnis gekommen, dann hätte er zweifellos dessen Verachtung und Verurteilung auf sich geladen. So entschloß er sich zu einem unauffälligen Besuch bei Nacht und entschuldigte dies damit, daß, ginge er am Tage, auch andere seinem Beispiel folgen könnten. Er hatte in Erfahrung gebracht, daß der Heiland sich gern am Ölberg aufhielt, und nun besuchte er ihn an dieser einsamen Stätte, als alles schon schlief.

In der Gegenwart Jesu befiel den großen jüdischen Lehrer eine eigenartige Schüchternheit, die er durch einen Anschein von Gelassenheit und Würde zu verbergen suchte. „Meister", sprach er Jesus an, „wir wissen, daß du bist ein Lehrer von Gott gekommen; denn niemand kann die Zeichen tun, die du tust, es sei denn Gott mit ihm." [1]

Statt diesen Gruß zu erwidern, richtete Jesus seine Augen auf den Sprecher, als wollte er in dessen Seele lesen. In seiner unendlichen Weisheit erkannte er in ihm einen nach Wahrheit suchenden Menschen. Er wußte den Grund seines Besuches, und er wollte die Überzeugung, die der Besucher schon besaß, noch vertiefen und kam deshalb gleich zum Kern der Sache, indem er diesem ernst, aber freundlich sagte: „Wahrlich, wahrlich, ich sage dir: Es sei denn, daß jemand von neuem geboren werde, so kann er das Reich Gottes nicht sehen." [2]

Das Bild von der Wiedergeburt, das Christus hier gebrauchte, war Nikodemus nicht ganz unbekannt. Die vom Heidentum zum Glauben Israels Bekehrten wurden oft mit neugeborenen Kindern verglichen.

Darum mußte Nikodemus auch begriffen haben, daß Jesu Worte nicht buchstäblich gemeint sein konnten. Durch seine israelitische Herkunft aber glaubte er seines Platzes im Reiche Gottes sicher zu sein und vermochte nicht einzusehen, warum er dazu noch einer Bekehrung bedürfe. Deshalb überraschten ihn die Worte des Heilandes. Außerdem verstimmte ihn die unmittelbare Anwendung dieses Bildes auf ihn. Der Stolz des Pharisäers kämpfte in ihm mit dem aufrichtigen Verlangen einer nach Wahrheit suchenden Seele. Er wunderte sich, daß Christus so ohne jede Rücksicht auf ihn als Obersten in Israel sprechen konnte.

Verwundert über seine Selbstbeherrschung, antwortete er dem Herrn ironisch: „Wie kann ein Mensch geboren werden, wenn er alt ist?“ [3] Damit offenbarte er gleich vielen anderen, denen die gehörte Wahrheit ins Gewissen dringt, die Tatsache, daß der natürliche Mensch nichts vom Geiste Gottes vernimmt. In ihm ist nichts, was auf geistliche Dinge anspricht; denn geistliche Dinge müssen geistlich gerichtet sein.

Der Heiland aber ging auf keine langatmige Beweisführung ein. Mit ernster, ruhiger Würde erhob er seine Hand und wiederholte mit Nachdruck: „Wahrlich, wahrlich, ich sage dir: Es sei denn, daß jemand geboren werde aus Wasser und Geist, so kann er nicht in das Reich Gottes kommen.“ [4] Nikodemus verstand, daß Christus sich hier auf die Wassertaufe bezog und auf die Erneuerung des Herzens durch den Geist Gottes. Ihm wurde bewußt, daß er sich in der Gegenwart dessen befand, den Johannes der Täufer vorausgesagt hatte.

Jesus fuhr fort: „Was vom Fleisch geboren wird, das ist Fleisch; und was vom Geist geboren wird, das ist Geist.“ Von Natur aus ist das Herz böse. „Kann wohl ein Reiner kommen von Unreinen? Auch nicht einer!“ [5] Keine menschliche Erfindung kann eine mit Sünden beladene Seele heilen. „Denn fleischlich gesinnt sein ist Feindschaft wider Gott, weil das Fleisch dem Gesetz Gottes nicht untertan ist; denn es vermag's auch nicht.“ [6] „Aus dem Herzen kommen arge Gedanken, Mord, Ehebruch, Unzucht, Dieberei, falsch Zeugnis, Lästerung.“ [7] Die Quelle des Herzens muß gereinigt werden, ehe der Strom klar werden kann. Wer versucht, den Himmel durch seine eigenen Werke, durch das Halten der Gebote zu erreichen, versucht Unmögliches. Es gibt keine Sicherheit für den, der nur eine gesetzliche Religion, eine äußere Frömmigkeit besitzt. Das Christenleben verbessert oder verändert nicht das alte Wesen, sondern gestaltet es völlig um. Das Ich und die Sünde müssen sterben; ein neues Leben muß beginnen! Dieser Wechsel kann nur durch das kräftige Wirken des Heiligen Geistes geschehen.

Nikodemus konnte es immer noch nicht begreifen, was der Herr ihm bedeuten wollte. Darum benutzte nun Jesus das Bild vom Wehen des Windes, um verständlicher zu werden: „Der Wind bläst, wo er will, und du hörst sein Sausen wohl; aber du weißt nicht, woher er kommt und wohin er fährt. So ist ein jeglicher, der aus dem Geist geboren ist.“ [8]

Man hört den Wind in den Zweigen der Bäume, in dem Rascheln der Blätter und Blüten. Und doch ist er unsichtbar. Niemand weiß, woher er kommt und wohin er geht. So geschieht auch das Wirken des Heiligen Geistes am Herzen des Menschen. Dieser Vorgang kann ebensowenig erklärt werden wie das Brausen des Windes. Es mag jemand außerstande sein, genaue Zeit, Ort und einzelne Umstände seiner Bekehrung anzugeben, und dennoch ist er bekehrt. So unsichtbar wie der Wind weht, wirkt Christus beständig auf das Herz ein. Nach und nach, dem einzelnen vielleicht ganz unbewußt, werden Eindrücke hervorgerufen, die die Seele zu Christus ziehen. Diese Eindrücke mögen dadurch empfangen werden, daß man über ihn nachdenkt, in der Heiligen Schrift liest oder das Wort Gottes von seinen Dienern hört. Dann plötzlich, wenn der göttliche Einfluß immer stärker und unmittelbarer geworden ist, ergibt sich die Seele freudig dem Herrn. Viele nennen dies eine plötzliche Bekehrung, und doch war es nur die Folge des langen, geduldigen Werbens des Geistes Gottes.

Während der Wind selbst unsichtbar ist, erzeugt er Wirkungen, die man sehen und spüren kann. So offenbart sich das Wirken des Heiligen Geistes in jeder Handlung der bekehrten Seele. Sobald der Geist Gottes in das Herz einzieht, gestaltet er das Leben um. Sündhafte Gedanken werden verbannt, böse Taten vermieden; Liebe, Demut und Frieden nehmen die Stelle von Ärger, Neid und Zank ein. Traurigkeit verwandelt sich in Freude, und auf dem Angesicht spiegelt sich das Licht des Himmels.

Während Jesus redete, drang etwas von dem göttlichen Licht der Wahrheit in des Obersten Seele. Der aufrührende, sanfte Einfluß des Heiligen Geistes beeindruckte sein Herz. Und dennoch verstand er die Worte des Heilandes nicht völlig. Die Notwendigkeit der Wiedergeburt war ihm nicht so wichtig wie die Art und Weise ihres Zustandekommens, und er fragte mit äußerster Verwunderung: „Wie kann solches zugehen?"

„Jesus antwortete und sprach zu ihm: Bist du ein Meister in Israel und weißt das nicht?"[9] Wem die geistliche Erziehung seines Volkes anvertraut war, sollte gewiß nicht in Unkenntnis über diese wichtigen Wahrheiten sein. Jesus fügte hinzu: „Glaubt ihr nicht, wenn ich euch von irdischen Dingen sage, wie werdet ihr glauben, wenn ich euch von himmlischen Dingen sage?"[10] Konnte Nikodemus die Lehre Christi, die das Wirken der Gnade am Herzen veranschaulichte, nicht verstehen, wie sollte er dann die Natur seines herrlichen himmlischen Reiches erfassen! Vermochte er Christi Wirken auf Erden nicht zu begreifen, dann konnte er auch sein Werk im Himmel nicht verstehen.

Nikodemus fühlte sich zu Christus hingezogen. Als der Heiland mit ihm über die Wiedergeburt sprach, verlangte es ihn danach, diese Umwandlung an sich selbst zu erfahren. Wie konnte dies geschehen? Jesus beantwortete die unausgesprochene Frage mit den Worten: „Wie Mose in der Wüste die Schlange erhöht hat, so muß des Menschen Sohn erhöht werden, auf daß alle, die an ihn glauben, das ewige Leben haben."[11]

Jetzt konnte Nikodemus den Herrn verstehen; denn dieses Bild der erhöhten Schlange war ihm vertraut. Es machte ihm die Aufgabe des Heilandes auf Erden deutlich. Als seinerzeit die Israeliten durch den Biß der feurigen Schlangen starben, befahl Gott, eine eherne Schlange zu gießen und sie inmitten des Volkes aufzurichten. Dann wurde im ganzen Lager verkündet, daß alle, die auf diese Schlange schauen würden, leben sollten. Wohl wußte das Volk, daß in der Schlange selbst keine Macht war, die helfen konnte; sie war nur ein Sinnbild auf Christus. Wie dieses Bildnis, nach dem Ebenbild der todbringenden Schlangen gemacht, zu ihrem Heil aufgerichtet wurde, so sollte ein Wesen „in der Gestalt des sündlichen Fleisches"[12] ihr Erlöser sein.

Viele Israeliten betrachteten den Opferdienst so, als wäre er in der Lage, sie von ihren Sünden zu befreien. Gott wollte sie lehren, daß der Opferdienst nicht mehr Nutzen zu stiften vermochte als die eherne Schlange; doch ihre Gedanken sollten dadurch auf Christus gerichtet werden. Sie konnten zur Heilung ihrer Wunden oder zur Vergebung ihrer Sünden nichts anderes aus sich selbst tun, als ihren Glauben an die Gabe Gottes zu bekunden: sie sollten aufblicken und – leben!

Wer nun von den Schlangen gebissen worden war, hätte zögern können aufzublicken, hätte bezweifeln können, daß in dem ehernen Bilde eine Kraft wirksam sei, hätte eine wissenschaftliche Begründung fordern können – aber keinerlei Erklärung wurde gegeben. Sie mußten dem Worte Gottes, das durch Mose zu ihnen kam, gehorchen und vertrauen. Jede Weigerung, das Bild zu schauen, hätte ihren Untergang besiegelt.

Weder durch Streitfragen noch durch lange Erörterungen gelangt eine Seele zur Erkenntnis der Wahrheit. Wir müssen aufblicken zum Heiland – und werden leben! Nikodemus nahm diese Lehre gläubig an. Er forschte in der Schrift, anders als bisher; denn er suchte nicht mehr theoretisches Wissen, sondern göttliches Leben für die Seele. Er begann das Königreich des Himmels zu erkennen, als er sich willig der Leitung des Heiligen Geistes unterwarf.

In der Unterredung mit Nikodemus gab Jesus Aufschluß über den Erlösungsplan und über seine Mission. In keiner seiner späteren Reden hat er so völlig, Schritt für Schritt, das Werk erklärt, das in den Herzen aller geschehen muß, die das Himmelreich ererben wollen. Gleich zu Beginn seines irdischen Dienstes öffnete der Herr einem Mitglied des Hohen Rates das Verständnis der Wahrheit. Dieser Mann hatte ein sehr empfängliches Gemüt und war ein verordneter Lehrer Israels. Im allgemeinen aber nahmen die geistigen Führer des Volkes die göttliche Wahrheit nicht an. Nikodemus verbarg die Evangeliumsbotschaft drei Jahre in seinem Herzen, und sie trug anscheinend wenig Frucht.

Aber der Heiland kannte den Boden, auf dem er den Samen ausgestreut hatte. Seine Worte, die er zur Nachtzeit auf dem einsamen Berge zu nur einem Zuhörer gesprochen hatte, gingen nicht verloren. Eine Zeitlang bekannte sich Nikodemus nicht öffentlich zu Jesus, aber er beobachtete sein Leben und dachte über seine Lehren nach. In den Sitzungen des Hohen Rates vereitelte er wiederholt manchen Anschlag der Priester, der Jesus verderben sollte. Als schließlich der Heiland am Kreuz erhöht wurde, erinnerte sich Nikodemus der Worte auf dem Ölberg: „Wie Mose in der Wüste die Schlange erhöht hat, so muß des Menschen Sohn erhöht werden, auf daß alle, die an ihn glauben, das ewige Leben haben.“ [11] Das Licht jener verschwiegenen Unterredung umleuchtete das Kreuz von Golgatha, und Nikodemus sah in Jesus den Erlöser der Welt.

Als nach der Himmelfahrt des Herrn die Jünger durch die Verfolgungen zerstreut wurden, trat Nikodemus unerschrocken in den Vordergrund. Er verwandte sein ganzes Vermögen zur Unterstützung der jungen Gemeinde, die die Juden mit dem Tode Christi als ausgetilgt betrachteten. In den gefahrvollen Zeiten stand er, der sich vorher so überaus vorsichtig und abwartend verhalten hatte, fest und unerschüttert wie ein Fels im Meer; er ermutigte den Glauben der Jünger und gab seine Mittel zur Ausbreitung des Evangeliums. Er wurde von denen, die ihn in früheren Jahren geehrt und geachtet hatten, verhöhnt und verfolgt. Er verlor seine irdische Habe; doch sein Glaube, der in jener nächtlichen Unterredung mit Jesus begonnen hatte, schwankte nicht.

Nikodemus erzählte Johannes die Geschichte jenes Gespräches, und dieser schrieb sie zur Lehre aller Menschen nieder. Noch heute sind diese Wahrheiten ebenso wichtig wie in jener ernsten Nacht auf dem von Finsternis eingehüllten Berg, in der der jüdische Oberste kam, um von dem einfachen Lehrer aus Galiläa den Weg des Lebens kennenzulernen.

Am Jakobsbrunnen 15

Auf dem Wege nach Galiläa gelangte Jesus auch nach Samaria. Es war mittags, als er das schöne Tal Sichem erreichte, an dessen Eingang der Jakobsbrunnen lag. Müde von der Reise, ließ sich Jesus zur Rast nieder, während die Jünger hingingen, um Speise zu kaufen.

Die Juden und die Samariter waren bittere Feinde und vermieden es, so gut es möglich war, miteinander in Berührung zu kommen. Die Rabbiner erlaubten nur für den Notfall, in Handelsverbindung mit den Samaritern zu treten; jeder gesellige Umgang mit ihnen aber war verpönt. Jede Freundlichkeit oder gefällige Handlung, selbst einen Trunk Wasser oder ein Stück Brot, lehnte der Jude ab. Durchaus in Übereinstimmung mit dieser Sitte ihres Volkes kauften die Jünger lediglich die notwendige Speise. Weiter gingen sie nicht. Von einem Samariter irgendeine Gunst zu erbitten oder nach einer Wohltat zu trachten, lag selbst den Jüngern Christi fern.

Jesus saß durch Hunger und Durst ermattet am Brunnen. Er hatte mit seinen Jüngern seit dem Morgen eine lange Wanderung hinter sich, dazu schien jetzt die heiße Mittagssonne voll hernieder. Sein Durstgefühl verstärkte sich bei dem Gedanken, daß kühles, erfrischendes Wasser ihm so nahe und doch unerreichbar war, da er weder Strick noch Krug hatte und der Brunnen eine erhebliche Tiefe besaß. Er teilte das Los aller menschlichen Kreatur, und er wartete, bis jemand käme, um Wasser zu schöpfen.

Da kam eine Frau aus Samaria zum Brunnen und füllte ihren Krug mit Wasser; aber sie schien Jesu Gegenwart nicht zu bemerken. Als sie sich wieder zum Gehen wandte, bat der Heiland sie um einen Trunk. Der Heiland suchte das Herz dieser Frau zu gewinnen, indem er mit allem Feingefühl, aus göttlicher Liebe heraus, um eine Gunst bat, statt eine zu gewähren. Ein Anerbieten hätte abgeschlagen werden können, Zutrauen aber erweckt Zutrauen. Der König des Himmels kam zu dieser ausgestoßenen Seele und bat um einen Dienst von ihrer Hand. Er, der den Ozean werden ließ, der dem Wasser der großen Tiefe gebot; er, der die Quellen der Erde öffnete, ruhte müde am Jakobsbrunnen und war selbst um einen Trunk Wasser auf die Freundlichkeit einer Fremden angewiesen.

Die Frau sah, daß Jesus ein Jude war. In ihrer Überraschung vergaß sie, den Wunsch des Heilandes zu erfüllen, versuchte jedoch, dessen Ursache zu erfahren. „Wie bittest du von mir zu trinken, der du ein Jude bist, und ich ein samaritisch Weib?"

Jesus antwortete: „Wenn du erkenntest die Gabe Gottes und wer der ist, der zu dir sagt: Gib mir zu trinken! du bätest ihn, und er gäbe dir lebendiges Wasser." [1] Du wunderst dich, daß ich dich um eine so geringe Gunst wie um einen Trunk Wasser aus dem Brunnen zu unsern Füßen bitte; hättest du mich gebeten, würde ich dir von dem Wasser des ewigen Lebens gegeben haben.

Das Weib verstand Jesu Worte nicht; aber sie fühlte deren ernste Bedeutung. Ihr leichtes, herausforderndes Wesen änderte sich. Sie sagte, in der Annahme, Jesus spräche von dem Wasser dieses Brunnens: „Herr, hast du doch nichts, womit du schöpfest, und der Brunnen ist tief; woher hast du denn lebendiges Wasser? Bist du mehr als unser Vater Jakob, der uns diesen Brunnen gegeben hat? Und er hat daraus getrunken . . ." [2] Sie sah nur einen müden Wanderer vor sich, verstaubt und durstig, und verglich ihn in Gedanken mit dem verehrten Patriarchen Jakob. Sie glaubte, und das ist ja ein ganz natürliches Gefühl, daß kein anderer Brunnen dem gleichen könnte, den die Vorväter gebaut hatten. Sie sah zurück in die Zeit der Väter und schaute vorwärts auf das Kommen des Messias. Und dabei stand die Hoffnung der Väter – der Messias – bei ihr, und sie kannte ihn nicht. Wie viele durstige Seelen befinden sich heute in unmittelbarer Nähe der lebendigen Quelle, dennoch suchen sie die Lebensquelle in der Ferne!

Jesus beantwortete die ihn betreffende Frage nicht sofort, sondern sagte mit feierlichem Ernst: „Wer von diesem Wasser trinkt, den wird wieder dürsten; wer aber von dem Wasser trinken wird, das ich ihm gebe, den wird ewiglich nicht dürsten, sondern das Wasser, das ich ihm geben werde, das wird in ihm ein Brunnen des Wassers werden, das in das ewige Leben quillt." [3]

Wer seinen Durst an den Quellen dieser Welt stillen will, wird immer wieder durstig werden; die Menschen bleiben unbefriedigt. Es verlangt sie nach etwas, das ihre Seele beruhigt. Dieses Verlangen kann nur einer stillen. Christus ist das Bedürfnis der Welt und die Sehnsucht der Völker.

Jesus sagte nicht, daß ein einziger Trunk von dem Wasser des Lebens genügte. Wer von der Liebe Jesu schmeckt, verlangt beständig nach mehr; er sucht nichts anderes. Die Reichtümer, Ehren und Vergnügungen der Welt haben keinerlei Anziehungskraft mehr für ihn, sondern der beständige Ruf seines Herzens lautet: Mehr von dir! Und er, der der Seele ihre Bedürftigkeit offenbart, wartet darauf, den geistlichen Hunger und Durst zu stillen; denn menschliche Mittel und Wege vermögen es nicht. Die Wasserbehälter können leer werden, die Teiche austrocknen, aber unser Erlöser ist eine unversiegbare Quelle. Wir können trinken und immer wieder schöpfen und finden beständig frischen Vorrat. Wer in Christus wohnt, hat die Quelle des Segens in sich, hat „Brunnen des Wassers . . . das in das ewige Leben quillt". Aus dieser Quelle kann er genügend Kraft und Gnade schöpfen, um alle Bedürfnisse zu befriedigen.

Als Jesus von dem lebendigen Wasser sprach, sah ihn das Weib verwundert an. Er erregte ihre Teilnahme und erweckte in ihr ein Verlangen nach jener Gabe, von der er sprach. Sie erkannte, daß er nicht das Wasser des Jakobsbrunnens meinte; denn davon trank sie täglich und wurde doch immer wieder durstig. „Herr", sagte sie zu ihm, „gib mir solches Wasser, auf daß mich nicht dürste!"

Plötzlich gab der Herr der Unterhaltung eine andere Wendung. Ehe diese Frau die Gabe empfangen konnte, die er ihr gern schenken wollte, mußte sie nicht nur ihre Sünde bekennen, sondern auch ihren Heiland erkennen. Er sprach zu ihr: „Gehe hin, rufe deinen Mann und komm her!" Sie sprach: „Ich habe keinen Mann." Mit dieser Antwort hoffte sie alle weiteren Fragen zu umgehen. Doch der Heiland fuhr fort: „Du hast recht gesagt: Ich habe keinen Mann. Fünf Männer hast du gehabt, und den du nun hast, der ist nicht dein Mann; da hast du recht gesagt." [4]

Die Samariterin zitterte. Eine geheimnisvolle Hand wendete die Blätter ihrer Lebensgeschichte um und brachte das zum Vorschein, was sie für immer zu verbergen gehofft hatte. Wer war dieser Mann, der die Geheimnisse ihres Lebens so genau kannte? Sie mußte zwangsläufig an die Ewigkeit denken, an das zukünftige Gericht, da alles, was jetzt verborgen ist, offenbar werden wird. In diesem Bewußtsein erwachte das Gewissen.

Leugnen konnte sie nicht, aber sie versuchte, diesem unangenehmen Gesprächsstoff auszuweichen. Mit großer Ehrerbietung sagte sie: „Herr, ich sehe, daß du ein Prophet bist." [5] Dann brachte sie die Rede auf religiöse Streitfragen, um ihr Gewissen zu beruhigen. Wenn dieser

Mann ein Prophet war, dann konnte er ihr auch sicherlich alles erklären, was ihr bisher so strittig schien.

Geduldig ließ der Heiland der Samariterin bei der Führung des Gesprächs völlig freie Hand. Inzwischen wartete er auf eine Gelegenheit, ihrem Herzen aufs neue die Wahrheit nahezubringen. „Unsere Väter haben auf diesem Berge angebetet", sprach die samaritische Frau, „und ihr sagt, zu Jerusalem sei die Stätte, da man anbeten solle." Vor ihren Blicken lag der Berg Garizim, dessen Tempel verwüstet war. Nur der Altar stand noch. Um den Ort der Anbetung hatte es zwischen Juden und Samaritern Streit gegeben. Einige der samaritischen Vorfahren waren einst zu Israel gezählt worden; aber ihrer Sünden wegen hatte es der Herr zugelassen, daß sie von einem heidnischen Volk überwunden wurden. Schon viele Generationen hindurch lebten sie mit Götzenanbetern zusammen, deren Religion ihre eigene allmählich entstellt hatte. Sie behaupteten allerdings, daß ihre Götzen sie nur an den lebendigen Gott, den Herrscher des ganzen Weltalls, erinnern sollten, nichtsdestoweniger waren sie soweit gekommen, sich vor Götzenbildern zu beugen.

Als der Tempel in Jerusalem zur Zeit Esras wieder gebaut wurde, wollten sich die Samariter den Juden bei seinem Aufbau anschließen. Dieses Vorrecht wurde ihnen aber verweigert, und es entstand bittere Feindschaft zwischen beiden Völkern. Die Samariter bauten sich deshalb ihren Tempel auf dem Berge Garizim. Hier beteten sie Gott an in Übereinstimmung mit den mosaischen Gebräuchen, obgleich sie den Götzendienst nicht völlig aufgegeben hatten. Aber das Unglück verfolgte sie. Ihr Tempel wurde von Feinden zerstört; sie schienen unter einem Fluch zu stehen. Dennoch hielten sie an ihren Überlieferungen und an ihrer Form des Gottesdienstes fest. Sie wollten den Tempel zu Jerusalem nicht als Haus Gottes anerkennen und auch nicht zugeben, daß die jüdische Religion der ihren überlegen war.

Auf die Frage der Samariterin antwortete Jesus: „Glaube mir, es kommt die Zeit, daß ihr weder auf diesem Berge noch zu Jerusalem werdet den Vater anbeten. Ihr wisset nicht, was ihr anbetet; wir wissen aber, was wir anbeten; denn das Heil kommt von den Juden." [6] Jesus hatte damit bewiesen, daß er frei war von dem jüdischen Vorurteil gegen die Samariter. Er versuchte sogar das Vorurteil der Samariterin gegen die Juden zu beseitigen. Während er darauf verwies, daß der Glaube der Samariter durch den Götzendienst verdorben war, erklärte er, daß die großen Wahrheiten über die Erlösung den Juden anvertraut seien und daß aus ihrem Volk auch der Messias kommen sollte. In den heiligen Schriften hatten sie eine klare Darstellung vom Wesen Gottes und von den Grundsätzen seiner Regierung. Jesus rechnete sich selbst zu den Juden, denen Gott die Erkenntnis über seine Person gegeben hatte.

Er wünschte die Gedanken seiner Zuhörerin über alles Äußere und über alle Streitfragen hinauszuheben. „Es kommt die Zeit und ist schon jetzt, daß die wahrhaftigen Anbeter werden den Vater anbeten im Geist und in der Wahrheit; denn der Vater will haben, die ihn also anbeten. Gott ist Geist, und die ihn anbeten, die müssen ihn im Geist und in der Wahrheit anbeten." [7]

Jesu Worte machten schon während ihrer Unterhaltung großen Eindruck auf die Samariterin. Weder von den Priestern ihres Volkes noch von den Juden hatte sie jemals solche Gedanken gehört. Als der Heiland ihr vergangenes Leben vor ihr enthüllt hatte, war sie sich ihres großen Mangels bewußt geworden. Sie erkannte den Durst ihrer Seele, den die Wasser des Brunnens von Sichar nimmer zu stillen vermochten. Sie war bisher nie mit etwas in Berührung gekommen, das ihr Verlangen nach Höherem geweckt hatte. Jesus hatte sie überzeugt, daß er ihr Leben genau kannte. Dennoch fühlte sie, daß er ihr Freund war, der Mitleid mit ihr hatte und der sie liebte. Obgleich sie sich durch seine reine Gegenwart in ihrer Sünde verdammt fühlte, hatte er kein Wort des Tadels gesprochen, sondern ihr von seiner Gnade erzählt, die ihre Seele erneuern könnte. Sie wurde von seinem Charakter überzeugt, und sie fragte sich, ob dieser Mann nicht der langersehnte Messias sei. Sie sagte zu ihm: „Ich weiß, daß der Messias kommt, der da Christus heißt. Wenn derselbe kommen wird, so wird er's uns alles verkündigen. Jesus spricht zu ihr: Ich bin's, der mit dir redet." [8]

Als sie diese Worte hörte, glaubte sie in ihrem Herzen; sie nahm die wunderbare Verkündigung aus dem Munde des göttlichen Lehrers an.

Das Gemüt dieser Frau war empfänglich; sie war bereit, diese herrliche Offenbarung zu erfassen. Die heiligen Schriften waren ihr lieb und wert, und der Heilige Geist hatte ihre Seele auf eine größere Erkenntnis vorbereitet. Sie kannte die Verheißung des Alten Testamentes: „Einen Propheten wie mich wird dir der Herr, dein Gott, erwecken aus dir und aus deinen Brüdern; dem sollt ihr gehorchen." [9] Sie hatte sich immer schon danach gesehnt, diese Verheißung zu verstehen. Nun fiel ein Lichtstrahl in ihre Seele. Das Wasser des Lebens – das geistliche Leben –, das Christus jeder dürstenden Seele gibt, war ihrem Herzen geschenkt worden. Gottes Geist wirkte an ihr.

Die schlichte Darstellung, die Jesus dieser Frau gab, hätte er den selbstgerechten Juden nicht geben können. Christus war zurückhaltender, wenn er mit ihnen sprach. Was den Juden vorenthalten wurde, was auch die Jünger mit Zurückhaltung behandeln sollten, offenbarte er dieser Samariterin. Jesus sah, daß sie diese Erkenntnis benutzen würde, andere an seiner Gnade teilhaben zu lassen.

Die von ihrem Auftrag zurückkommenden Jünger waren überrascht, ihren Meister im Gespräch mit der Samariterin zu finden. Er hatte den erfrischenden und so sehr begehrten Trunk nicht genommen und fand auch nicht die Zeit, die von den Jüngern gebrachte Speise zu sich zu nehmen. Nach dem Fortgang der Frau baten die Jünger ihn, zu essen. Der Heiland aber saß still und nachdenklich; sein Angesicht strahlte von einem inneren Licht, und sie fürchteten, seine Gemeinschaft mit Gott zu stören. Sie wußten, daß er hungrig und matt war, und sie fühlten sich verpflichtet, ihn an seine leiblichen Bedürfnisse zu erinnern. Jesus anerkannte ihre liebevolle Fürsorge und sagte: „Ich habe eine Speise zu essen, von der ihr nicht wisset."

Verwundert fragten sich die Jünger, wer ihm Speise gebracht haben konnte. Doch der Herr erklärte ihnen: „Meine Speise ist die, daß ich tue den Willen des, der mich gesandt hat, und vollende sein Werk."[10] Jesus freute sich, daß seine Worte das Gewissen der Samariterin geweckt hatten. Er sah, daß diese Seele von dem Wasser des Lebens gläubig trank, und sein eigener Hunger und Durst waren gestillt. Die Erfüllung seiner Aufgabe, um derentwillen er den Himmel verlassen hatte, stärkte ihn für seine Arbeit und erhob ihn über die menschlichen Bedürfnisse. Es war ihm wichtiger, einer hungernden und dürstenden Seele mit der Wahrheit zu dienen, als selbst leibliche Nahrung zu genießen. Wohlzutun war sein Leben!

Unser Heiland dürstet danach, angenommen zu werden; er hungert nach dem Mitgefühl und der Liebe derer, die er mit seinem eigenen Blut erkauft hat. Mit innigem Verlangen sehnt er sich danach, daß sie zu ihm kommen und das Wasser des Lebens empfangen. Wie eine Mutter auf das erste erkennende Lächeln ihres Kindes achtet, das dadurch sein erwachendes Verständnis anzeigt, so wartet Christus auf den

Ausdruck dankbarer Liebe, der ihm zeigt, daß das geistliche Leben in den Herzen der Menschen erwacht ist.

Die Worte Jesu hatten die Samariterin mit Freude erfüllt. Die wunderbare Offenbarung überwältigte sie fast. Sie ließ ihren Krug stehen und eilte in die Stadt, um den andern diese Botschaft zu bringen. Jesus wußte, warum sie gegangen war; der zurückgelassene Wasserkrug sprach unmißverständlich von der Wirkung seiner Worte. Das samaritische Weib verlangte nach dem lebendigen Wasser. Sie vergaß den Zweck ihres Kommens, vergaß auch des Heilandes Durst, den sie doch stillen wollte. Sie eilte mit freudig erregtem Herzen in die Stadt zurück, um den andern mitzuteilen, was sie empfangen hatte.

„Kommt, sehet einen Menschen, der mir gesagt hat alles, was ich getan habe, ob er nicht der Christus sei!" So rief sie den Leuten in der Stadt zu. Und ihre Worte machten tiefen Eindruck; die Gesichter hellten sich auf und bekamen einen anderen Ausdruck, ihre ganze Erscheinung veränderte sich. Sie verlangten danach, Jesus zu sehen, und sie gingen „aus der Stadt und kamen zu ihm".[11]

Jesus saß noch auf dem Brunnenrand; sein Blick wanderte über die sich vor ihm ausbreitenden reifenden Kornfelder, auf denen die leuchtende Sonne lag. Er machte seine Jünger auf dieses Bild aufmerksam und knüpfte eine Belehrung daran: „Saget ihr nicht: Es sind noch vier Monate, dann kommt die Ernte? Siehe, ich sage euch: Hebet eure Augen auf und sehet in das Feld, denn es ist weiß zur Ernte."[12] Während er so sprach, blickte er auf die Schar, die raschen Schrittes dem Brunnen zueilte. Es waren noch vier Monate bis zur Erntezeit des Getreides; aber hier war schon eine Ernte reif für den Schnitter.

„Schon empfängt Lohn", sagte er, „der da schneidet, und sammelt Frucht zum ewigen Leben, auf daß sich miteinander freuen, der da sät und der da schneidet. Denn hier ist der Spruch wahr: Dieser sät, der andere schneidet."[13] Hiermit kennzeichnete Jesus die hohe Aufgabe, die die Verkündiger des Evangeliums Gott gegenüber zu erfüllen haben. Sie sollen seine lebendigen Werkzeuge sein; denn Gott verlangt ihren persönlichen Dienst. Ob wir nun säen oder ernten, wir arbeiten für den Herrn. Einer streut den Samen aus, der andere birgt die Ernte; beide aber empfangen ihren Lohn. Sie erfreuen sich gemeinsam des Erfolges ihrer Arbeit.

Jesu Worte, die er zur Samariterin am Brunnen gesprochen hatte, waren auf fruchtbaren Boden gefallen. Wie schnell reifte die Ernte heran! Die Samariter kamen, hörten Jesus und glaubten an ihn. Sie scharten sich um ihn, überhäuften ihn mit Fragen und nahmen seine Erklärungen über alles, was ihnen bisher unverständlich gewesen war, aufmerksam entgegen. Während sie ihm lauschten, begann ihre Unruhe zu weichen. Sie waren gleich einem Volke, das in großer Dunkelheit einem plötzlich aufleuchtenden Lichte nachging, bis es den hellen Tag fand. Sie wurden nicht müde, dem Herrn zuzuhören, und wollten sich nicht mit einem kurzen Gespräch begnügen. Sie wollten mehr hören und wünschten auch, daß ihre Freunde in der Stadt diesen wunderbaren Lehrer hören möchten. So luden sie den Herrn ein, mit ihnen zu kommen und in ihrer Stadt zu bleiben. Zwei Tage weilte Jesus in Samarien, und viele Samariter wurden gläubig.

Die Pharisäer verachteten die Einfachheit Jesu. Sie leugneten seine Wunder, forderten aber ein Zeichen, daß er der Sohn Gottes sei. Die Samariter forderten kein Zeichen. Jesus wirkte auch keine Wunder unter ihnen — nur der Samariterin hatte er am Brunnen das Geheimnis ihres Lebens offenbart —, und doch erkannten viele in ihm ihren Heiland. In großer Freude sagten sie zum Weibe: „Wir glauben hinfort nicht um deiner Rede willen; wir haben selber gehört und erkannt, daß dieser ist wahrlich der Welt Heiland.“ [14]

Jesus hatte begonnen, die Scheidewand zwischen Juden und Heiden niederzureißen und der ganzen Welt die Heilsbotschaft zu verkünden. Obgleich er ein Jude war, verkehrte er unbefangen mit den Samaritern und beachtete nicht im geringsten den pharisäischen Brauch seines Volkes. Trotz aller Vorurteile nahm er die Gastfreundschaft dieser verachteten Menschen an. Er schlief unter ihrem Dach, aß mit ihnen an ihrem Tisch die Speise, die ihre Hände bereitet und aufgetragen hatten, lehrte auf ihren Straßen und behandelte sie äußerst freundlich und höflich.

Der Heiland tut heute noch das gleiche wie damals, als er der Samariterin das Wasser des Lebens anbot. Jene, die sich seine Nachfolger nennen, mögen die Ausgestoßenen verachten und meiden; aber keinerlei Umstände der Herkunft oder Nationalität, keinerlei Lebensumstände können den Menschenkindern seine Liebe entziehen. Einer jeden Seele, wie sündig sie auch sein mag, sagt der Herr: Hättest du mich gebeten, ich würde dir lebendiges Wasser gegeben haben.

Die Einladung des Evangeliums soll nicht beschränkt oder nur wenigen Auserwählten mitgeteilt werden, die uns durch seine Annahme zu ehren vermeinen. Die Botschaft soll allen Menschen zuteil werden. Wo immer Herzen für die Wahrheit offen stehen, ist Christus bereit, sie zu belehren. Er offenbart ihnen den Vater und die Art der Anbetung, die dem Herrn, der in aller Menschen Herzen liest, angenehm ist. Zu ihnen spricht er nicht in Gleichnissen; zu ihnen spricht er wie damals zur Samariterin am Brunnen bei Sichar: „Ich bin's, der mit dir redet."

Als Jesus sich am Jakobsbrunnen niederließ, um zu ruhen, kam er aus Judäa, wo sein Wirken nur wenig Frucht gebracht hatte. Er war von den Priestern und Rabbinern verworfen worden, und selbst jene, die seine Jünger sein wollten, hatten seinen göttlichen Charakter nicht erkannt. Obgleich der Heiland müde und matt war, benutzte er doch die Gelegenheit, mit der Samariterin zu reden, einer Fremden und Abtrünnigen von Israel, die dazu in offenkundiger Sünde lebte.

Der Heiland wartete nicht, bis sich eine ganze Schar von Zuhörern versammelt hatte. Oft begann er auch vor nur wenigen zu lehren; doch die Vorübergehenden blieben einer nach dem andern stehen und hörten zu, bis eine große Menge verwundert und ehrfürchtig zugleich den Worten des göttlichen Lehrers lauschte. Der Diener Gottes darf nicht glauben, zu wenigen Menschen nicht mit demselben Eifer reden zu können wie zu einer großen Versammlung. Es mag nur eine Seele die Botschaft hören; doch wer kann sagen, wie weitreichend ihr Einfluß sein wird? Selbst die Jünger hielten es nicht für lohnend, daß sich der Heiland mit der Samariterin beschäftigte. Jesus aber sprach mit dieser Frau ernster und eifriger als mit Königen, Räten oder Hohenpriestern. Die Lehren, die er ihr mitteilte, sind bis an die entferntesten Enden der Erde gedrungen.

Sobald die Samariterin den Heiland gefunden hatte, brachte sie andere Seelen zu ihm. Sie war in ihrer Missionsarbeit wirksamer als die Jünger des Herrn. Diese erblickten in Samaria kein versprechendes Arbeitsfeld, sondern ihre Gedanken waren auf eine große Aufgabe gerichtet, die in der Zukunft geschehen sollte. Darum sahen sie auch nicht die Ernte, die um sie herum zu bergen war. Durch das samaritische Weib, das sie verachteten, waren die Einwohner einer ganzen Stadt zum Heiland gekommen, um von ihm zu hören; sie brachte das empfangene Licht unverzüglich ihren Landsleuten.

Diese Frau versinnbildet das Wirken des praktischen Glaubens. Jeder wahre Jünger wird für das Reich Gottes geboren, um ein Missionar zu sein. Wer von dem lebendigen Wasser trinkt, wird selbst eine Quelle des Lebens; der Empfänger wird zum Geber. Die Gnade Christi in der Seele ist gleich einer Quelle in der Wüste, die hervorsprudelt, um alle zu erfrischen, und die in allen, die dem Verschmachten nahe sind, das Verlangen nach dem Lebenswasser weckt.

„Wenn ihr nicht Zeichen und Wunder seht ...“ | 16

Die Nachricht von der Rückkehr Christi nach Kana verbreitete sich bald über ganz Galiläa und brachte den Leidenden und Bedrückten viel Hoffnung. In Kapernaum erregte diese Kunde die Aufmerksamkeit eines jüdischen Edelmannes, der in königlichen Diensten stand und dessen Sohn offenbar an einer unheilbaren Krankheit litt. Die Ärzte hatten ihn schon gänzlich aufgegeben. Als der Vater von Jesus hörte, entschloß er sich, bei ihm Hilfe zu suchen. Das Kind war sehr schwach, und er befürchtete, daß es seine Rückkehr nicht mehr erleben werde. Dennoch wollte der Vater selbst zu Jesus gehen und ihm seine Bitte vortragen. Er hoffte, mit seinem innigen Wunsch das Mitgefühl des großen Arztes zu finden.

Als er Kana erreichte, fand er den Herrn inmitten einer großen Menschenmenge. Besorgten Herzens drängte er sich in die Nähe des Heilandes. Sein Glaube begann aber doch wankend zu werden, als er nur einen schlicht gekleideten Mann erkannte, der zudem von seiner Wanderung noch staubbedeckt und angegriffen aussah. Er zweifelte, daß dieser Mann seine Bitte erfüllen könnte, verschaffte sich aber dennoch die Gelegenheit einer Unterredung mit Jesus, teilte ihm sein Anliegen mit und bat ihn, daß er mit in sein Haus käme. Jesus kannte seinen Kummer bereits; denn ehe jener Beamte sein Haus verließ, hatte der Herr seine Niedergeschlagenheit schon gesehen.

Er wußte aber auch, daß der Vater seinen Glauben an ihn, den Messias, von der Erfüllung seiner Bitte abhängig gemacht hatte. Darum sagte er dem ängstlich Wartenden: „Wenn ihr nicht Zeichen und Wunder seht, so glaubt ihr nicht.“ [1]

Blitzartig erhellten diese Worte Jesu dem königlichen Beamten aus Kapernaum seine innerste Einstellung; er sah, daß er aus eigennützigen Gründen den Heiland aufgesucht hatte. Sein schwankender Glaube erschien ihm in seiner wahren Natur, und mit großem Schmerz erkannte er, daß sein Zweifel seinem Sohn das Leben kosten könnte. Er wußte, daß er sich in der Gegenwart dessen befand, der die Gedanken lesen konnte und dem alle Dinge möglich waren. In seiner Herzensangst flehte er: „Herr, komm hinab, ehe denn mein Kind stirbt!“ [2] Sein Glaube ergriff Jesus, der an Jakob dachte, wie dieser, mit dem Engel ringend, einst ausgerufen hatte: „Ich lasse dich nicht, du segnest mich denn.“ [3]

Gleich Jakob gewann auch dieser den Sieg. Der Heiland konnte sich der Seele nicht entziehen, die sich an ihn klammerte und ihm ihre große Not bekannte. „Gehe hin“, sagte er, „dein Sohn lebt.“ Da verließ der Mann aus Kapernaum mit freudigem Herzen und einem noch nie gekannten Frieden den Heiland. Er glaubte nicht nur, daß sein Sohn gesund würde, sondern er war auch der festen Überzeugung, in Christus den Erlöser gefunden zu haben.

Um diese gleiche Stunde erlebten alle, die in Kapernaum am Bett des sterbenden Kindes weilten, eine plötzliche, rätselvolle Veränderung. Die Todesschatten wichen von der Stirn des Kindes, das Fieber ließ nach, die ersten Anzeichen beginnender Genesung machten sich bemerkbar; in die trüben Augen kam wieder Glanz und Verständnis, und den schwachen, abgemagerten Körper erfüllte neue Kraft. Das Kind zeigte keinerlei Anzeichen einer Erkrankung mehr. Die Familie war aufs höchste erstaunt und erfreut.

Die Entfernung zwischen Kana und Kapernaum war nicht so groß. Der jüdische Oberste hätte noch am gleichen Abend nach der Unterredung mit Jesus sein Heim erreichen können. Er beeilte sich aber nicht und erreichte erst am nächsten Morgen wieder Kapernaum. Welch eine Heimkehr war das! Als er ausgegangen war, Jesus zu suchen, hatten Sorgen sein Herz erfüllt; der Sonnenschein schien ihm grausam, und der Gesang der Vögel blanker Hohn. Wie ganz anders ist es heute! Die Natur erscheint ihm verwandelt zu sein, so neu kommt ihm alles vor. Als er sich in der Stille des frühen Morgens auf die Reise begibt, scheint die ganze Schöpfung mit ihm den Herrn zu loben. Kurz vor Kapernaum kommen ihm einige seiner Diener entgegen, die ihn aus der Ungewißheit befreien wollen. Doch er zeigt zu ihrer großen Verwunderung kein Erstaunen über die Nachricht, die sie ihm bringen. Sie wundern sich noch mehr, als er nach der genauen Zeit fragt, zu der sich der Zustand des Kindes zu bessern begann. Sie antworteten: „Gestern um die siebente Stunde verließ ihn das Fieber.“ [4] Im gleichen Augenblick, da des Vaters Glaube die Zusage ergriff: „Dein Sohn lebt“, berührte die göttliche Liebe das sterbende Kind. Nun eilte der Vater, sein Kind zu begrüßen. Er drückte es an sich, und jubelnder Dank gegen Gott für diese wunderbare Genesung erfüllte sein Herz.

Der jüdische Oberste wollte mehr von Christus hören. Als er einige Zeit später des Heilandes Lehren vernahm, wurden er und alle seine Hausgenossen Jesu Jünger. Die ausgestandene Trübsal hatte zur Bekehrung der ganzen Familie geführt. Die Nachricht von dem Wunder aber breitete sich aus und half mit, in Kapernaum, wo danach so viele seiner großartigen Taten geschahen, den Weg für das persönliche Wirken Jesu zu öffnen.

Der königliche Beamte wollte die Erfüllung seiner Bitte sehen, ehe er glauben konnte; aber er mußte Jesu Wort glauben, daß seine Bitte erhört und der Segen gewährt worden sei. Hieraus müssen wir lernen. Nicht weil wir sehen oder empfinden, daß Gott uns hört, sollen wir glauben. Wir müssen vor allem seinen Verheißungen vertrauen. Kommen wir im Glauben zu ihm, dann dringt auch jede Bitte in Gottes Herz. Haben wir ihn um seinen Segen gebeten, dann müssen wir glauben, daß wir ihn auch empfangen werden, und müssen ihm danken, daß wir ihn empfangen haben; wir müssen unseren Pflichten in der Gewißheit nachgehen, daß wir den Segen Gottes dann empfangen, wenn wir seiner am meisten bedürfen. Haben wir das gelernt, dann wissen wir auch, daß unsere Gebete erhört sind. Gott will „überschwenglich tun“ nach dem „Reichtum seiner Herrlichkeit“ und nach der „Macht seiner Stärke“.[5]

Die Berufung am See | 17

Über dem Galiläischen Meer dämmerte der Morgen. Die Jünger Jesu hatten eine anstrengende, erfolglose Nachtarbeit hinter sich und waren müde. Sie befanden sich mit ihren Fischerbooten noch draußen auf dem See. Christus war gekommen, um eine ruhige Stunde am Wasser zu verbringen. Die Frühe des Tages ließ ihn auf diese Zeit der Stille hoffen; denn sonst folgte ihm stets eine große Menschenmenge. Doch bald sammelten sich auch hier am See immer mehr Menschen um ihn, und die Zahl wuchs so schnell, daß er von allen Seiten bedrängt wurde. Inzwischen waren auch seine Jünger an Land gekommen. Um dem Druck der Menge zu entgehen, trat Jesus zu Petrus ins Boot und bat ihn, ein wenig vom Ufer abzustoßen. So konnte er besser von allen gesehen und gehört werden, und vom Boot aus lehrte er die am Strand versammelte Menge.

Des Volkes am Ufer wurde immer mehr; es kamen Greise, die sich mühsam am Stock vorwärts bewegten, kräftige Landleute aus den Bergen, Fischer, die ihre Arbeit auf dem See verlassen hatten, Kaufleute und Rabbiner, Reiche und Gelehrte, Alte und Junge; sie brachten ihre Kranken und Leidenden mit und drängten sich nach vorn, um die Worte des göttlichen Lehrers zu hören.

Nach seiner Rede ersuchte Jesus den Petrus, auf den See hinauszufahren und sein Netz zu einem Fang auszuwerfen. Aber Petrus war entmutigt; denn er hatte die ganze Nacht nichts gefangen. Während der stillen Stunden hatte er an das Schicksal Johannes des Täufers gedacht, der einsam in seinem Kerker schmachtete. Er hatte dann weiter an die Zukunft Jesu und seiner Nachfolger denken müssen und sich mit dem Mißerfolg des Werkes in Judäa und mit der Bosheit der Priester und der Rabbiner beschäftigt. Sogar sein eigener Beruf enttäuschte ihn jetzt, und während er bei den leeren Netzen wachte, schien ihm die Zukunft dunkel und entmutigend. „Meister“, sagte er, „wir haben die ganze Nacht gearbeitet und nichts gefangen; aber auf dein Wort will ich das Netz auswerfen.“ [1]

Die Nacht war die günstigste Zeit für den Fischfang mit Netzen in dem klaren Wasser des Sees; darum erschien es auch als aussichtslos, nach dem Mißerfolg der Jünger zur Nachtzeit nun am Tage das Netz auszuwerfen. Doch Jesus hatte es geboten, und sie gehorchten aus Liebe zu ihrem Meister. Simon und sein Bruder warfen gemeinsam das Netz aus, und als sie es wieder einholen wollten, war es so voller Fische, daß es zu zerreißen begann. Sie mußten Johannes und Jakobus zur Unterstützung herbeirufen. Als sie den Fang gesichert hatten, waren beide Boote randvoll beladen, so daß sie zu sinken drohten.

Petrus jedoch sorgte sich weder um die Boote noch um ihre Ladung; das außergewöhnliche Geschehen offenbarte ihm mehr als alle vorher erlebten Wunder die göttliche Macht Jesu. Er erkannte in ihm den Gebieter über die ganze Schöpfung. Die Gegenwart des göttlichen Meisters offenbarte ihm seine eigene Minderwertigkeit. Liebe zu seinem Herrn, Scham über seinen Unglauben, Dankbarkeit über die Herablassung Jesu und besonders das Bewußtsein seiner Unreinheit in der Gegenwart der ewigen Reinheit überwältigten ihn. Während seine Kameraden die gefangene Beute in Sicherheit brachten, fiel er dem Heiland zu Füßen und rief: „Herr, gehe von mir hinaus! Ich bin ein sündiger Mensch."[2]

Dennoch umklammerte er Jesu Füße, damit er nicht von ihm getrennt würde. Der Heiland antwortete: „Fürchte dich nicht! denn von nun an wirst du Menschen fangen."[3] So wurde einst auch dem Propheten Jesaja erst dann die göttliche Botschaft anvertraut, nachdem er die Herrlichkeit Gottes und zugleich seine eigene Unwürdigkeit erkannt hatte. Erst als Petrus eingesehen hatte, wie wenig er sich auf sein eigenes Können und wie sehr er sich auf Gott verlassen konnte, wurde er berufen, für den Herrn zu wirken.

Ehe der Herr Petrus, Jakobus und Johannes aufforderte, ihre Netze und Boote zu verlassen, hatte er ihnen die Versicherung gegeben, daß Gott für ihre Bedürfnisse sorgen würde. Petrus war dafür, daß er sein Boot zur Verkündigung des Evangeliums zur Verfügung gestellt hatte, reichlich entschädigt worden. Er, der reich ist „für alle, die ihn anrufen",[4] hat gesagt: „Gebet, so wird euch gegeben. Ein voll, gedrückt, gerüttelt und überfließend Maß wird man in euren Schoß geben."[5] So hatte Jesus auch den Dienst des Petrus belohnt. Und jedes in seinem Dienst gebrachte Opfer wird belohnt werden nach dem „überschwenglichen Reichtum seiner Gnade".[6]

In jener traurigen Nacht auf dem See, in der die Jünger von Jesus getrennt waren, wurden sie durch Unglauben und Unwillen über die erfolglose Arbeit schwer bedrückt; aber Jesu Gegenwart belebte ihren Glauben und brachte ihnen Freude und Erfolg. So ist es auch mit uns! Getrennt von Christus ist unser Wirken fruchtlos, und es ist dann leicht, mißtrauisch zu sein und zu klagen. Ist er aber in unserer Nähe und arbeiten wir unter seiner Leitung, dann freuen wir uns der Gewißheit seiner Macht. Satan will die Seele entmutigen, Christus aber stärkt sie mit Hoffnung und Glauben.

Was der Heiland den Jüngern durch dieses Wunder mitteilen wollte, ist auch eine tiefe Lehre für uns: Er, dessen Machtwort selbst die Fische aus der Tiefe sammelte, kann auch die menschlichen Herzen beeinflussen und sie durch das Band seiner Liebe zu sich ziehen, so daß seine Diener „Menschenfischer" werden.

Diese Fischer von Galiläa waren einfache und ungelehrte Männer; doch Christus, das Licht der Welt, befähigte sie zur Erfüllung des Dienstes, zu dem er sie berufen hatte. Er verachtete keineswegs gute Erziehung, die unter göttlicher Leitung und seinem Dienst geweiht sich nur als segensreich erweisen kann. Er ging aber an den Weisen seiner Zeit vorüber, weil sie zu sehr mit sich selbst beschäftigt waren, um mit den Leidenden Erbarmen haben und Mitarbeiter Gottes sein zu können. Diese Weisen verschmähten es in ihrem blinden, heuchlerischen Eifer, sich von Jesus belehren zu lassen. Der Heiland sucht die Mitarbeit derer, die offene Kanäle zur Mitteilung seiner Gnade sein wollen. Das Wichtigste, was alle lernen müssen, die mit Gott zusammenarbeiten wollen, ist, nicht so sehr von sich selbst eingenommen zu sein. Erst dann kann ihnen der Charakter Christi nahegebracht werden. Eine solche Ausbildung ist nicht auf den wissenschaftlichen Schulen dieser Welt zu erlangen, sondern sie ist die Frucht jener Weisheit, die allein von dem göttlichen Lehrer vermittelt wird.

Jesus erwählte die einfachen Fischer, weil diese nicht in den Traditionen und in den irrigen Gewohnheiten ihrer Zeit unterwiesen worden waren. Sie waren unverbildete Menschen mit natürlichen Anlagen, demütig und gelehrig – sie waren Männer, die Christus zu seinem Dienst ausbilden konnte. Im Alltagsleben steht so mancher einfache Mann, der treu und geduldig seiner Tagesarbeit nachgeht und der unbewußt eine große Kraft besitzt, die ihn, könnte er sie einsetzen, an die Seite hochgeehrter Männer stellen würde. Es bedarf des Anstoßes einer geschickten Hand, um diese schlummernden Fähigkeiten zu wecken. Solche Männer berief Jesus zu seinen Mitarbeitern und gewährte ihnen den Vorzug, mit ihm in unmittelbarer Verbindung zu stehen. Kein irdischer Großer hatte je solchen Lehrer. Als die Jünger die Schule des Heilandes verließen, waren sie nicht mehr unwissend oder ungebildet. Sie waren an Gemüt und Charakter ihm ähnlich geworden, und die Menschen erkannten an ihrem Wesen den Einfluß Jesu.

Es ist nicht die höchste Aufgabe der Erziehung, bloße Kenntnisse mitzuteilen, sondern vielmehr jene belebende Tatkraft zu vermitteln, die durch eine Verbindung von Herz zu Herz und von Seele zu Seele empfangen wird. Nur Leben kann Leben erzeugen. Welch ein Vorrecht für die Jünger, die drei Jahre lang täglich mit dem göttlichen Leben in unmittelbarer Verbindung standen, von dem jener lebenspendende Anstoß ausging, der die Welt gesegnet hat! Mehr als seine Gefährten gab sich Johannes, der geliebte Jünger, dem Einfluß jenes wunderbaren Lebens hin. Er sagte: „Das Leben ist erschienen, und wir haben gesehen und bezeugen und verkündigen euch das Leben, das ewig ist, welches war bei dem Vater und ist uns erschienen.“[7] „Von seiner Fülle haben wir alle genommen Gnade um Gnade.“[8]

Die Apostel Christi waren frei von jedem Selbstruhm. Sie schrieben den Erfolg ihrer Arbeit allein Gott zu und bekundeten dies allen Menschen. Das Leben dieser Männer, ihr Charakter, den sie entwickelten, und die mächtige Aufgabe, die Gott durch sie vollbrachte, bezeugen, was Gott für alle jene tun will, die gelehrig und ihm gehorsam sind.

Wer Christus am meisten liebt, wird auch am meisten Gutes tun. Ohne Grenzen ist der Einfluß dessen, der, indem er das eigene Ich beiseite stellt, dem Wirken des Heiligen Geistes Raum gibt und ein gottgeweihtes Leben führt. Wer sich der notwendigen Zucht unterwirft, ohne zu klagen oder auf dem Wege zu verzagen, den wird Gott stündlich und täglich unterweisen; denn Gott sehnt sich danach, seine Gnade den Menschen kundzutun. Wenn seine Kinder die Hindernisse aus dem Weg räumen, wird er das Wasser des Heils in großen Strömen durch die menschlichen Kanäle fließen lassen. Wenn demütige Menschen ermutigt würden, so viel Gutes zu tun, wie ihnen möglich ist, wenn ihr Eifer nicht immer gehemmt würde, dann wären hundert Mitarbeiter für den Herrn da, wo jetzt nur einer ist.

Gott nimmt die Menschen, wie sie sind, und erzieht sie zu seinem Dienst, wenn sie sich ihm überlassen wollen. Der Geist Gottes belebt alle Fähigkeiten der Seele, die ihn aufgenommen hat, und wenn sie sich bedingungslos Gott ergibt, wird sie sich unter der Leitung des

Heiligen Geistes harmonisch entwickeln, und sie wird gestärkt werden, die Forderungen Gottes zu verstehen und zu erfüllen. Dann wird auch der schwache, schwankende Charakter stark und beharrlich, und eine beständige Zuneigung läßt ein so inniges Verhältnis zwischen Jesus und seinem Jünger entstehen, daß dieser ihm in seinem Wesen ähnlich wird. Durch die Verbindung mit dem Herrn wird sein Gesichtskreis weiter, sein Unterscheidungsvermögen schärfer, sein Urteil ausgewogener. Wen wirklich danach verlangt, Christus zu dienen, der wird durch die lebenspendende Kraft der „Sonne der Gerechtigkeit" so gestärkt, daß er viel Frucht bringen kann zur Ehre Gottes.

In Kapernaum 18

Jesus weilte während der Pausen seines Hin- und Herwanderns fast immer in Kapernaum. Darum nannte man Kapernaum „seine Stadt“. Da es an der Hauptstraße von Damaskus nach Jerusalem und Ägypten und auch nach dem Mittelländischen Meer lag, bildete es einen Verkehrsknotenpunkt. Aus vielen Ländern kamen Menschen durch diese Stadt oder rasteten hier auf der Hin- oder Rückreise. Ein buntes Völkergemisch, alle Volksschichten, Hohe und Niedrige, Reiche und Arme, konnte Jesus hier antreffen, und seine Lehren würden in andere Länder und in viele Familien getragen werden. So gäbe es genügend Anregung zum Forschen in den Prophezeiungen, die Aufmerksamkeit würde auf den Heiland gelenkt und seine Botschaft in die Welt getragen werden.

Jesus sprach in der Schule vom Reich Gottes, zu dessen Aufrichtung er gekommen war, und von seiner Aufgabe, die Gefangenen Satans zu befreien. Seine Rede wurde durch laute Rufe unterbrochen. Ein Wahnsinniger drängte sich durch die Menge und schrie: „Was willst du von uns, Jesus von Nazareth? Du bist gekommen, uns zu verderben. Ich weiß, wer du bist: der Heilige Gottes.“ [1]

Alles geriet in Aufregung und Bestürzung. Die Aufmerksamkeit der Zuhörer wurde von der Rede Christi abgelenkt, und seine Worte blieben unbeachtet. Zu diesem Zweck hatte Satan sein Opfer hierhergeführt. Aber Jesus bedrohte den unsauberen Geist und sprach: „Verstumme und fahre aus von ihm! Und der böse Geist warf ihn mitten unter sie und fuhr von ihm aus und tat ihm keinen Schaden.“ [2]

Der Verstand dieses Unglücklichen war von Satan verfinstert worden, aber in des Heilandes Gegenwart hatte ein Lichtstrahl das Dunkel durchbrochen. In dem Kranken erwachte das Verlangen, von der Herrschaft Satans freizukommen; doch der Teufel widerstand der göttlichen Macht. Als der Unglückliche versuchte, Jesus um Hilfe zu bitten, legte der Böse ihm jene üblen Worte in den Mund, und er schrie vor Angst und Furcht. Er begriff ganz gut, daß er sich in der Gegenwart dessen befand, der ihn befreien konnte. Als er aber versuchte, in den Bereich der göttlichen Hand zu kommen, hielt der Wille eines anderen ihn zurück, und die Worte eines anderen wurden von ihm ausgesprochen.

Ein schrecklicher Kampf tobte zwischen der Macht Satans und seinem Verlangen nach Freiheit.

Jesus, der in der Wüste den Versucher besiegt hatte, wurde hier abermals seinem Feind gegenübergestellt. Der Teufel wandte alle Kräfte an, sein Opfer in der Gewalt zu behalten; denn jetzt zu verlieren, hieße Jesus einen Sieg zu überlassen. Es schien, als ob der Unglückliche im Kampf mit dem bösen Feind, der ihm seine kostbarsten Kräfte geraubt hatte, sein Leben verlieren würde. Aber der Heiland sprach gewaltig und befreite den Gefangenen Satans. Nun stand der vorher Besessene glücklich, wieder sich selbst gehörend, vor der verwunderten und staunenden Menge. Selbst der böse Geist hatte die göttliche Macht des Heilandes bezeugt.

Der Geheilte lobte Gott für seine Rettung. Das Auge, das eben noch im Feuer des Irrsinns geglüht hatte, strahlte jetzt klar und vernünftig und floß über von Dankestränen. Die Anwesenden waren stumm vor Staunen. Sobald sie ihre Sprache wiedergefunden hatten, rief einer dem andern zu: „Was ist das für ein Ding? Er gebietet mit Vollmacht und Kraft den unsaubern Geistern, und sie fahren aus.“ [3]

Die wirkliche Ursache des Leidens, das diesen Mann zu einem schrecklichen Schauspiel für seine Freunde und zu einer Last für sich selbst gemacht hatte, lag in seinem eigenen Leben begründet. Er war von den Vergnügungen der Sünde verblendet worden und wollte sein Leben in Lustbarkeiten verbringen. Er hatte nicht geahnt, welch ein Schrecken er der Welt und welche Schande er seiner Familie sein würde. Er glaubte seine Zeit mit harmlos scheinenden Torheiten zubringen zu können. Doch einmal auf einer abschüssigen Bahn, sank er rasch immer tiefer. Unmäßigkeit und Leichtfertigkeit verdarben seine guten Eigenschaften, und Satan bemächtigte sich seiner vollständig.

Die Reue kam zu spät. Gern hätte er nun Wohlleben und Vergnügen darangegeben, um seine verlorenen Kräfte wiederzuerlangen; aber er schmachtete hilflos in den Fängen Satans. Er hatte sich in Feindesland begeben, und alle seine Fähigkeiten waren von Satan in Besitz genommen worden. Der Versucher hatte ihn mit vielen bezaubernden Vorstellungen gelockt, und als der schwache Mann sich in seiner Macht befand, behandelte er ihn grausam und unbarmherzig und verfolgte ihn mit schrecklichen Heimsuchungen. So ergeht es allen, die der Sünde nachgeben; das verlockende Vergnügen am Anfang ihrer

Laufbahn endet in der Finsternis der Verzweiflung oder im Wahnsinn einer zerrütteten Seele.

Die Zeit, in der Christus den Menschen persönlich diente, war auch eine Zeit eifrigster Tätigkeit der Mächte der Finsternis. Stets hatte Satan mit seinen bösen Engeln danach getrachtet, die Herrschaft über Leib und Seele der Menschen zu gewinnen und Sünde und Krankheit über sie zu bringen, um dann Gott für alles Leid verantwortlich zu machen. Jesus offenbarte den Menschen das Wesen Gottes; er brach die Macht Satans und befreite seine Gefangenen. Neues Leben, Liebe und himmlische Kraft bewegten die Herzen der Menschen, und der Fürst des Bösen wurde veranlaßt, für die Herrschaft seines Reiches zu kämpfen. Satan sammelte alle seine Kräfte, um Christi Werk ständig anzugreifen.

So wird es auch im letzten großen Kampf zwischen Gerechtigkeit und Sünde sein. Während die Jünger Jesu mit neuem Leben, mit Licht und Kraft aus der Höhe angetan werden, wird auch aus der Tiefe neues Leben erwachen und die Werkzeuge Satans stärken. Großer Eifer wird alle irdischen Kreaturen erfassen. Mit einer in jahrhundertelangem Kampf erworbenen List wird der Fürst dieser Welt in Gestalt eines Engels des Lichts wirken, und große Scharen werden „verführerischen Geistern und Lehren böser Geister"[4] anhangen.

Wenn Satan den Glauben an die Heilige Schrift untergraben hat, leitet er die Menschen zu anderen Licht- und Kraftquellen. Dadurch dringt er bei vielen unbemerkt ein. Wer sich von der klaren Lehre der Heiligen Schrift und der überzeugenden Macht des Heiligen Geistes abwendet, öffnet dämonischen Einflüssen die Tür. Kritik und Spekulation an der Schrift haben dem Spiritismus und der Theosophie – diesen modernen Formen des alten Heidentums – den Weg bereitet, selbst in den erklärten Kirchen unsers Herrn Jesus Christus Boden zu gewinnen.

Neben der Evangeliumsverkündigung sind Kräfte am Wirken, die Werkzeuge der lügenhaften Geister sind. Manch einer läßt sich nur aus Neugierde mit ihnen ein; doch nimmt er dann das Wirken übernatürlicher Kräfte wahr, so läßt er sich mehr und mehr verlocken, bis er von einem Willen beherrscht wird, der stärker ist als sein eigener. Er kann sich der geheimnisvollen Macht nicht mehr entziehen. Die Widerstandskraft seiner Seele ist gebrochen, und er hat keine Schutzwehr gegen die Sünde. Niemand kennt die Tiefen der Erniedrigung, in die er sinken kann, wenn einmal die Schranken des Wortes Gottes und des Heiligen Geistes mißachtet sind. Geheime Sünden oder ihn beherrschende Leidenschaften können ihn zu einem ebenso hilflosen Gefangenen Satans machen, wie es der Besessene zu Kapernaum war. Dennoch ist seine Lage nicht hoffnungslos.

Das Mittel, durch das wir den Bösen überwinden können, ist dasselbe, durch das Christus überwand – die Macht des Wortes! Gott beherrscht unser Gemüt nicht ohne unsere Einwilligung; wenn wir aber wünschen, seinen Willen zu kennen und zu tun, gelten uns seine Verheißungen: Ihr „werdet die Wahrheit erkennen, und die Wahrheit wird euch frei machen".[5] „Wenn jemand will des Willen tun, der wird innewerden, ob diese Lehre von Gott sei, oder ob ich von mir selbst rede."[6] Durch den Glauben an diese Verheißungen kann sich jeder aus den Schlingen des Irrtums und von der Herrschaft der Sünde befreien.

Jeder Mensch kann frei wählen, welche Macht ihn beherrschen soll. Keiner ist so tief gefallen, keiner ist so schlecht, daß er in Christus nicht Erlösung finden könnte. Der Besessene konnte statt eines Gebets nur die Worte Satans aussprechen; dennoch wurde das unausgesprochene Flehen des Herzens erhört. Kein Schrei einer notleidenden Seele wird unbeachtet bleiben, wenn auch die Worte fehlen. Wer ein Bündnis mit Gott eingehen will, bleibt nicht der Macht Satans oder der Schwäche der eigenen Natur überlassen, sondern es wird die Zusicherung Gottes gelten: „Sie suchen Zuflucht bei mir und machen Frieden mit mir, ja, Frieden mit mir."[7] Die Geister der Finsternis werden um die Seelen streiten, die einmal unter ihre Herrschaft geraten sind. Aber die Engel im Himmel werden mit siegreicher Kraft für sie einstehen. Der Herr sagt: „Kann man auch einem Starken den Raub wegnehmen? Oder kann man einem Gewaltigen seine Gefangenen entreißen? So aber spricht der Herr: Nun sollen die Gefangenen dem Starken weggenommen werden, und der Raub soll dem Gewaltigen entrissen werden. Ich selbst will deinen Gegnern entgegentreten und deinen Söhnen helfen."[8]

Während die Menge in der Schule noch vor Schrecken wie gebannt war, zog sich Jesus in das Haus des Petrus zurück, um ein wenig zu ruhen. Aber auch auf dieses Haus war ein Schatten gefallen. Die Schwiegermutter des Petrus lag krank „in hohem Fieber".[9] Jesus heilte sie, und die Frau diente dem Meister und seinen Jüngern.

Die Kunde von dem Wirken Jesu verbreitete sich schnell in ganz Kapernaum. Aus Furcht vor den Rabbinern wagte niemand am Sabbat zu kommen, um geheilt zu werden. Sobald aber die Sonne am Horizont verschwunden war, entstand eine allgemeine Bewegung. Aus Wohnhäusern, Werkstätten und von den Märkten strömten die Bewohner der Stadt der bescheidenen Wohnstätte zu, die Jesus beherbergte. Die Kranken wurden auf ihren Betten gebracht, andere schleppten sich an Krücken zu ihm oder wurden von ihren Freunden gestützt, etliche schwankten schwachen Schrittes in die Nähe des Heilandes.

Stundenlang gingen und kamen sie; denn niemand wußte, ob der Meister am nächsten Tage noch unter ihnen weilen würde. Nie zuvor hatte Kapernaum einen Tag wie diesen gesehen. Die Luft war erfüllt von dem Triumph und dem Jubel über die Heilungen, und der Heiland selbst ergötzte sich an der Freude, die er hervorgerufen hatte. Als er die Leiden derer sah, die zu ihm kamen, wurde sein Herz von Mitleid bewegt, und er half freudig, ihre Gesundheit und ihr Glück wiederherzustellen.

Er beendete seine Aufgabe nicht eher, als bis dem letzten Leidenden geholfen war. Die Nacht war schon weit vorgeschritten, als die Menge sich wieder verlaufen hatte und Stille sich auch über Simons Haus ausbreitete. Der lange, aufregende Tag war vorbei – Jesus suchte nun endlich Ruhe. Doch als die Stadt noch im Schlummer lag, „vor Tage stand er auf und ging hinaus. Und er ging an eine einsame Stätte und betete daselbst".[10]

So verbrachte Jesus seine Tage hier auf Erden. Manchmal entließ er seine Jünger, damit sie ihr Heim aufsuchen und sich ausruhen konnten. Er selbst aber widerstand freundlich ihren Bemühungen, ihn von seinem Wirken wegzuziehen. Den ganzen Tag hindurch arbeitete er; er belehrte die Unwissenden, heilte die Kranken, gab den Blinden ihr Augenlicht zurück, speiste die Menge, und am Abend oder am frühen Morgen ging er in die heilige Stille der Berge, um mit seinem himmlischen Vater Zwiesprache zu halten. Oft verbrachte er die ganze Nacht im Gebet und in ernstem Nachdenken und kehrte erst bei Tagesanbruch wieder an seine Aufgabe unter den Menschen zurück.

In den ersten Morgenstunden des nächsten Tages kamen Petrus und seine Gefährten zu Jesus und berichteten ihm, daß er von den

Einwohnern Kapernaums gesucht würde. Die Jünger waren schon über den Empfang sehr enttäuscht gewesen, der ihrem Herrn bisher zuteil geworden war. Die Behörden in Jerusalem suchten ihn zu töten, selbst die Nazarener hatten sein Leben bedroht. Nun wurde er in Kapernaum mit freudiger Begeisterung willkommen geheißen. Das erfüllte die Jünger mit neuer Hoffnung. Vielleicht ließen sich unter den freiheitsliebenden Galiläern die Stützen des neuen Reiches finden. Mit Erstaunen hörten sie deshalb Jesu Worte: „Ich muß auch den andern Städten das Evangelium verkündigen vom Reich Gottes; denn dazu bin ich gesandt.“ [11]

In der in Kapernaum herrschenden Erregung lag die Gefahr, daß das Ziel seines Auftrags verlorenging. Es befriedigte Jesus nicht, die Aufmerksamkeit der Menschen als Wundertäter oder Wunderheiler auf sich zu lenken. Er wollte sie vielmehr als ihr Heiland zu sich ziehen. Während das Volk begierig war zu glauben, daß er als König gekommen sei, um ein irdisches Reich zu gründen, wünschte er ihre Gedanken von dem Irdischen auf das Geistliche zu lenken. Ein rein weltlicher Erfolg hätte seine Aufgabe beeinträchtigt.

Die Bewunderung der sorglosen Menge berührte ihn recht unangenehm. Sein Leben war frei von jeder Anmaßung. Die Huldigungen, die die Welt den Hohen, Reichen und Begabten darbringt, waren dem Menschensohn fremd. Er bediente sich nicht der Mittel, die Menschen so gern anwenden, um Anhänger zu gewinnen und Huldigungen zu erringen. Jahrhunderte vor seiner Geburt war von ihm geweissagt worden: „Er wird nicht schreien noch rufen, und seine Stimme wird man nicht hören auf den Gassen. Das geknickte Rohr wird er nicht zerbrechen, und den glimmenden Docht wird er nicht auslöschen. In Treue trägt er das Recht hinaus. Er selbst wird nicht verlöschen und nicht zerbrechen, bis er auf Erden das Recht aufrichte.“ [12]

Die Pharisäer versuchten durch genaue Ausführung der vorgeschriebenen Gebräuche, durch die Pracht ihrer Gottesdienste und durch Wohltätigkeit sich auszuzeichnen. Sie bewiesen ihren Eifer für die Religion, indem sie sich in ihren Gesprächen mit ihr beschäftigten. Über Streitfragen wurde unter den verschiedenen Parteien ausgiebig verhandelt, und es war nicht ungewöhnlich, auf den Straßen die erregten, streitenden Stimmen der gelehrten Männer zu hören.

Das Leben Jesu stand zu diesem Benehmen in auffallendem Gegensatz. Bei ihm fehlte jede laute und aufdringliche Verhandlungsart, jeder schausüchtige Gottesdienst, jede Tat, die Beifall heischte. Christus war in Gott geborgen, und Gott war in dem Charakter seines Sohnes geoffenbart. Auf diese Offenbarung wollte Jesus die Gemüter des Volkes und ihre Ehrfurcht lenken.

Die „Sonne der Gerechtigkeit" brach nicht mit dem Glanz, der die Sinne blendet, über die Welt herein. Es steht von Christus geschrieben: „Er wird hervorbrechen wie die schöne Morgenröte."[13] Sanft und still ergießt sich das Tageslicht über die Erde, zerteilt die Schatten der Finsternis und erweckt die Welt zu neuem Leben. So ging auch die „Sonne der Gerechtigkeit" auf mit „Heil unter ihren Flügeln".[14]

„So du willst, kannst du mich wohl reinigen ...“ | 19

Von allen im Orient bekannten Krankheiten wurde der Aussatz am meisten gefürchtet. Sein ansteckender, unheilbarer Charakter und die schreckliche Wirkung auf seine Opfer entsetzten selbst den Tapfersten.

In der Gegend, in welcher Jesus lebte und wirkte, gab es viele solcher Leidenden. Als die Kunde von Jesu Wirken diese Aussätzigen erreichte, erwachte in ihnen ein Hoffnungsschimmer. Seit den Tagen des Propheten Elisa war es nicht vorgekommen, daß ein Aussätziger geheilt worden war. Sie wagten darum nicht, ihrer Hoffnung nachzugehen und von Jesus etwas zu erwarten, was noch niemand je zuvor von ihm erfahren hatte. In dem Herzen eines dieser Aussätzigen war jedoch der Glaube erwacht; nur wußte er nicht, wie er Jesus erreichen konnte. Wie sollte es für ihn, der von der Verbindung mit seinen Mitmenschen ausgeschlossen war, möglich sein, zum Heiland zu kommen? Und wenn er es versuchte, würde Jesus ihn heilen? Würde er sich herablassen, einen Menschen zu beachten, der unter dem Gericht Gottes stand? Würde er nicht gleich den Pharisäern und Ärzten einen Fluch über ihn aussprechen und ihm befehlen, die Nähe der Menschen zu fliehen? Er dachte an alles, was er von Jesus gehört hatte. Nicht einer, der seine Hilfe erbeten hatte, war abgewiesen worden. Da entschloß sich der Unglückliche, Jesus zu suchen. War ihm auch der Zutritt zur Stadt verwehrt, so war es vielleicht doch möglich, daß er dem Herrn auf einer abgelegenen Gebirgsstraße begegnete, oder er fände ihn, wenn er außerhalb der Stadt lehrte. Diese Hoffnung ließ ihn über alle Schwierigkeiten hinwegsehen.

Der Aussätzige wird in die Nähe des Herrn geführt. Jesus lehrt am See, und das Volk hat sich um ihn versammelt. Aus einiger Entfernung hört der Aussätzige dem Worte Jesu zu. Er sieht, daß dieser seine Hände den Kranken auflegt; sieht, daß Lahme, Blinde, Gichtbrüchige und andere Kranke sich nach der Berührung gesund erheben und Gott für ihre Erlösung preisen. Der Glaube wächst im Herzen des Aussätzigen; er nähert sich der Menge immer mehr; er vergißt die ihm auferlegten Beschränkungen, die Gefährdung der Gesunden, übersieht die Furcht und das Entsetzen, womit ihn alle ansehen, und ist nur erfüllt von der seligen Hoffnung, geheilt zu werden.

Er selbst bietet einen ekelerregenden Anblick. Die Krankheit hat seinen Leib völlig entstellt; sein verwesender Körper ist schrecklich anzusehen. Entsetzt weichen die Menschen vor ihm zurück. Sie bedrängen sich gegenseitig in ihrer Ungeduld, seine Nähe zu fliehen. Einige versuchen ihn davon abzuhalten, zu Jesus zu gelangen, aber vergebens. Er sieht und hört sie nicht; ihre Schreckensrufe finden kein Echo in ihm. Er sieht nur den Sohn Gottes, er hört nur die Stimme, die den Sterbenden Leben verkündet. Nun er sich zu Jesus durchgedrückt hat, wirft er sich ihm zu Füßen und ruft: „Herr, so du willst, kannst du mich wohl reinigen."

Jesus erwiderte: „Ich will's tun; sei gereinigt!"[1] Dabei legte er seine Hand auf den Kranken. Sofort ging eine große Veränderung in dem Aussätzigen vor: sein Fleisch wurde gesund, seine Kraft belebte sich und seine Muskeln wurden fest. Die rauhe, schuppige Hautoberfläche des Aussätzigen verschwand, und eine gesunde Hautfarbe, gleich der eines wohlgenährten Kindes, stellte sich ein.

Jesus befahl dem Mann, das an ihm vollzogene Wunder nicht weiterzuberichten, sondern sich sofort mit einer Opfergabe zum Tempel zu begeben. Eine solche Gabe wurde damals nur angenommen, wenn die Priester eine Untersuchung des Opfernden vorgenommen und ihn für völlig geheilt befunden hatten. So unwillig sie auch dieser Aufgabe nachkommen mochten, sie konnten sich ihr nicht entziehen.

Die Worte der Schrift zeigen, wie nachdrücklich der Heiland dem Geheilten gebot, streng zu schweigen und dafür rasch zu handeln. „Jesus bedrohte ihn und trieb ihn alsbald von sich und sprach zu ihm: Siehe zu, daß du niemand davon sagest; sondern gehe hin und zeige dich dem Priester und opfere für deine Reinigung, was Mose geboten hat, ihnen zum Zeugnis."[2] Hätten die Priester die Einzelheiten der Heilung des Aussätzigen gekannt, dann würde ihr Haß sie vielleicht dazu verleitet haben, ein ungerechtes Urteil zu fällen. Jesus wünschte, daß der Geheilte sich im Tempel vorstellte, ehe irgendwelche Gerüchte über das Wunder die Priester erreichten. So allein konnte eine vorurteilsfreie Entscheidung gesichert und dem geheilten Aussätzigen erlaubt werden, sich aufs neue mit seiner Familie und seinen Freunden zu vereinen.

Dieselben Priester, die den Aussätzigen verbannt hatten, bezeugten nun seine Heilung. Dieses Urteil, das öffentlich bekanntgemacht werden mußte und eingetragen wurde, war ein wirksames Zeugnis für

Jesus. Und da der Geheilte auf Grund der priesterlichen Untersuchung, die keinerlei Krankheitszeichen an ihm feststellen konnte, wieder in die Gemeinde Israel aufgenommen wurde, war er selbst ein lebender Zeuge für seinen Wohltäter. Mit Freuden brachte er seine Opfergabe und verherrlichte den Namen Jesu. Die Priester waren von der göttlichen Kraft des Heilandes überzeugt. Sie hatten Gelegenheit, die Wahrheit kennenzulernen und durch das Licht gefördert zu werden. Verachteten sie dieses Licht, so würde es von ihnen weichen, um nie wieder zurückzukehren. Von vielen wurde das Licht verworfen. Dennoch war es nicht vergeblich gegeben! Manches Herz wurde bewegt, nur verbarg man es noch. Während Christi Lebenszeit auf Erden schien sein Erlösungswerk bei den Priestern und Lehrern des Volkes auf nur wenig Gegenliebe zu stoßen; nach seiner Himmelfahrt aber „wurden auch viele Priester dem Glauben gehorsam".[3]

Jesu Wundertat an dem Aussätzigen veranschaulicht sein Wirken, die Seele von Sünden zu reinigen. Der Mann, der zu Jesus kam, war „voll Aussatz", dessen tödliches Gift seinen ganzen Körper durchdrang. Die Jünger suchten ihren Meister daran zu hindern, ihn anzurühren; denn wer einen Aussätzigen berührte, verunreinigte sich selbst. Jesus aber wurde dadurch, daß er seine Hand auf den Aussätzigen legte, nicht verunreinigt; seine Berührung übertrug lebenspendende Kräfte, und der Kranke wurde geheilt. So verhält es sich auch mit dem Aussatz der Sünde. Er hat sich tief in den Menschen eingefressen, ist tödlich und kann unmöglich durch menschliche Kraft geheilt werden. „Das ganze Haupt ist krank, das ganze Herz ist matt. Von der Fußsohle bis zum Haupt ist nichts Gesundes an euch, sondern Beulen und Striemen und frische Wunden."[4] Wenn aber der Herr im Herzen des Menschen wohnt, wird kein Makel ihn je erreichen; seine Gegenwart übt eine heilende Kraft auf den Sünder aus. Wer Jesus zu Füßen fällt und im Glauben sagt: „Herr, so du willst, kannst du mich wohl reinigen", wird die Antwort hören: „Ich will's tun; sei gereinigt!"[1]

In einigen Fällen gewährte Jesus nicht gleich den gewünschten Segen; aber bei dem Aussatz wurde die Bitte sofort erfüllt. Bitten wir um irdische Segnungen, so mag die Erhörung unseres Gebets verzögert werden oder Gott mag uns etwas anderes geben als das Erbetene. Wenn wir aber um Befreiung von der Sünde bitten, hilft er sofort. Es ist sein Wille, uns von der Sünde zu befreien, uns zu seinen Kindern zu machen und uns zu befähigen, ein gerechtes Leben zu führen. Christus hat

„sich selbst für unsre Sünden gegeben . . . daß er uns errette von dieser gegenwärtigen, argen Welt nach dem Willen Gottes, unsres Vaters".[5] „Und das ist die Zuversicht, die wir haben zu ihm, daß, wenn wir etwas bitten nach seinem Willen, so hört er uns. Und wenn wir wissen, daß er uns hört, was wir auch bitten, so wissen wir, daß wir erlangen, was wir von ihm gebeten haben."[6] „Wenn wir aber unsre Sünden bekennen, so ist er treu und gerecht, daß er uns die Sünden vergibt."[7]

Bei der Heilung des Gichtbrüchigen zu Kapernaum lehrte Christus die gleiche Wahrheit. Dies Wunder geschah, um seine Macht, Sünden zu vergeben, zu offenbaren und andere wertvolle Wahrheiten zu veranschaulichen. Es stärkt die Hoffnung und ermutigt, aber es warnt uns auch angesichts des Verhaltens der spitzfindigen Pharisäer.

Der Gichtbrüchige hatte ebensowenig Hoffnung auf Gesundung wie der Aussätzige. Seine Krankheit war die Folge eines ausschweifenden Lebens, und sein Leiden wurde durch Selbstvorwürfe noch erhöht. Vor langer Zeit hatte er sich an die Pharisäer und Ärzte gewandt in der Hoffnung, Erleichterung von seinen seelischen Leiden und leiblichen Schmerzen zu finden. Sie aber hatten ihn teilnahmslos für unheilbar erklärt und ihn dem Zorn Gottes überlassen. Die Pharisäer betrachteten Krankheiten als Beweis göttlichen Unwillens; sie hielten sich deshalb von Kranken und Hilfsbedürftigen fern, und doch waren gerade sie, die sich für heilig hielten, oft schuldiger als die Leidenden, die sie verdammten.

Der Gichtbrüchige war vollständig hilflos, und da keinerlei Aussicht auf Heilung vorhanden war, wurde er ganz verzagt. Dann hörte er von dem Wunderwirken Jesu. Er vernahm, daß andere, die auch schuldbeladen und hilflos waren wie er, geheilt wurden, ja daß selbst Aussätzige gereinigt worden waren. Die Freunde, die ihm davon berichteten, ermutigten ihn, zu glauben, daß auch er geheilt werden könne, wenn er zu Jesus gebracht würde. Aber seine Hoffnung schwand, als er daran dachte, wodurch er sich seine Krankheit zugezogen hatte. Er fürchtete, der reine Arzt werde ihn nicht in seiner Gegenwart dulden.

Er wünschte jedoch nicht so sehr die körperliche Heilung wie eine Befreiung von der Last seiner Sünden. Könnte er Jesus sehen und die Versicherung der Vergebung und des göttlichen Friedens erhalten, dann wollte er leben oder sterben, wie es des Herrn Wille sei. Der Ruf des dem Tode Ausgelieferten war: O könnte ich zu ihm kommen!

Da galt es, keine Zeit zu verlieren; schon trug sein welker Körper die Zeichen des Verfalls. Er bat seine Freunde, ihn auf seinem Bett zu Jesus zu tragen. Diese erfüllten ihm gern seinen Wunsch. Aber das Gedränge in und vor dem Hause, in dem der Heiland weilte, war so groß, daß die Freunde mit dem Kranken den Herrn nicht erreichen, nicht einmal in seine Nähe kommen und seine Stimme hören konnten.

Jesus lehrte im Hause des Petrus. Um ihn herum saßen nach ihrer Gewohnheit seine Jünger und „die Pharisäer und Schriftgelehrten, die gekommen waren aus allen Orten in Galiläa und Judäa und von Jerusalem".[8] Diese waren als Kundschafter gekommen, um Anklagematerial gegen Jesus zu sammeln. Außer ihnen drängte sich noch eine bunte Volksmenge zusammen: Wißbegierige, Ehrfürchtige, Neugierige und Ungläubige. Verschiedene Nationalitäten und alle Gesellschaftsklassen waren vertreten. „Und die Kraft des Herrn wirkte, daß er die Kranken heilte."[8] Der Geist des Lebens schwebte über der Versammlung; aber die Pharisäer und Schriftgelehrten erkannten seine Gegenwart nicht. Sie hatten kein Heilsverlangen, und die Heilung war nicht für sie. „Die Hungrigen füllet er mit Gütern und läßt die Reichen leer."[9]

Immer aufs neue versuchten die Träger des Gichtbrüchigen, sich einen Weg durch die Menge zu bahnen. Stets vergeblich. Der Kranke blickte in namenloser Qual um sich. Wie konnte er die Hoffnung aufgeben, wenn die lang ersehnte Hilfe so nahe war! Auf seinen Vorschlag hin trugen ihn die Freunde auf das Dach des Hauses, brachen es auf und ließen ihn hinab vor die Füße Jesu. Der Heiland unterbrach seine Rede. Er sah das bekümmerte Gesicht des Kranken und die flehend auf ihn gerichteten Blicke. Er verstand den Unglücklichen; er selbst hatte das verzweifelte, verwirrte Gemüt zu sich gezogen. Als der Gichtbrüchige noch zu Hause war, hatte der Heiland sein Gewissen von seiner Schuld überzeugt, und als jener seine Sünden bereute und an die Kraft Jesu, die ihn heilen konnte, glaubte, hatte die lebenspendende Gnade des Heilandes zuerst sein verlangendes Herz erfreut. Jesus hatte beobachtet, wie der erste Schimmer des Glaubens sich in jenem Kranken zu dem Bewußtsein entwickelte, daß er, Jesus, die einzige Hilfe des Sünders sei; er hatte auch gesehen, daß der Glaube des Kranken mit jedem Versuch, in die Gegenwart des Herrn zu kommen, an Kraft gewann.

Der Heiland sprach Worte, die wie Musik an das Ohr des Leidenden drangen: „Sei getrost, mein Sohn, deine Sünden sind dir vergeben.“ [10]

Die Last der Verzweiflung hebt sich von des Kranken Seele, der Frieden der Vergebung ruht auf seinem Gemüt und strahlt aus seinem Blick. Die körperlichen Schmerzen sind geschwunden, sein ganzes Wesen ist verwandelt. Der hilflose Gichtbrüchige ist geheilt, der schuldige Sünder hat Vergebung empfangen!

Schlicht gläubig nahm er die Worte Jesu als die Gabe eines neuen Lebens an. Er bat um nichts mehr, sondern lag in glücklichem Schweigen da; er war so erfüllt von Glückseligkeit, daß er keine Worte finden konnte. Das Licht des Himmels erleuchtete sein Angesicht, und die Menge sah mit heiliger Scheu auf dieses Geschehen.

Die Rabbiner hatten mit größter Spannung gewartet, um zu sehen, wie sich Jesus diesem Kranken gegenüber verhalten würde. Sie erinnerten sich, wie dieser Mann sie um Hilfe angefleht hatte und daß sie ihm Hoffnung und Teilnahme verweigert hatten. Nicht genug damit, war von ihnen auch erklärt worden, daß er unter dem Fluch Gottes stünde. Das alles lebte wieder in ihrem Gedächtnis auf, als sie den Kranken vor sich sahen.

Jesus schaute sie durchdringend an, so daß sie sich duckten und sich zurückzogen. Dann sagte er: „Warum denkt ihr so Arges in euren Herzen? Was ist leichter, zu sagen: Dir sind deine Sünden vergeben, oder zu sagen: Stehe auf und wandle? Auf daß ihr aber wisset, daß des Menschen Sohn Vollmacht hat, auf Erden die Sünden zu vergeben, – sprach er zu dem Gichtbrüchigen: Stehe auf, hebe dein Bett auf und gehe heim!“ [11]

Da erhebt sich der Mann, den man auf einer Bahre zu Jesus gebracht hat, mit der Gewandtheit und Kraft der Jugend. Lebensfrisches Blut strömt durch seine Adern, jedes Organ seines Körpers wird wieder tätig, und die Farbe der Gesundheit löst die Blässe des nahenden Todes ab, die auf seinem Angesicht gelegen hatte. „Und er stand auf, nahm sein Bett und ging alsbald hinaus vor allen, so daß sie sich alle entsetzten und Gott priesen und sprachen: Wir haben solches noch nie gesehen.“ [12]

O wunderbare Liebe Christi, die sich herabläßt, den Schuldbeladenen und Kranken zu heilen! Die Gottheit trauert über das Elend der Menschheit und lindert es. Wunderbare Macht, die sich hier vor den Menschenkindern entfaltet! Wer kann noch an der Botschaft des Heils zweifeln? Wer will die Barmherzigkeit des mitleidvollen Erlösers geringachten?

Es bedurfte keiner geringeren Schöpferkraft, jenem verfallenden Körper neue Gesundheit zu geben. Dieselbe Stimme, die dem aus Erdenstaub geschaffenen Menschen das Leben zusprach, tat dies auch an dem sterbenden Gelähmten. Und die gleiche Macht, die dem Körper Leben gab, hatte das Herz erneuert. Derjenige, von dem es bei der Schöpfung heißt: „Er sprach, da geschah es. Er befahl, da stand es da",[13] hatte jener in Übertretungen und Sünden toten Seele durch sein Wort Leben geschenkt.

Jesus kam, „daß er die Werke des Teufels zerstöre".[14] „In ihm war das Leben."[15] Er selbst sagt: „Ich bin gekommen, daß sie das Leben und volle Genüge haben sollen."[16] Er ist der „Geist, der da lebendig macht".[17] Und er besitzt immer noch die gleiche lebenspendende Macht, die er auf Erden besaß, als er Kranke heilte und den Sündern ihre Schuld vergab. Er vergibt „dir alle deine Sünde . . . und heilet alle deine Gebrechen".[18]

Die Heilung des Gichtbrüchigen hatte eine derartige Wirkung auf das Volk, als hätte sich der Himmel geöffnet und die Herrlichkeit einer besseren Welt offenbart. Als der Geheilte durch die Menge hindurchging, mit jedem Schritt Gott lobte und seine Last trug, als sei sie federleicht, machte ihm alles Volk Platz. Die Menge sah ihn mit ehrfurchtsvollen Blicken an, und die Menschen flüsterten einander zu: „Wir haben heute seltsame Dinge gesehen."[19]

Die Pharisäer waren vor Erstaunen verstummt und durch ihre Niederlage überwältigt. Sie sahen, daß sich hier keine Gelegenheit bot, das Volk durch ihre Eifersucht aufzuwiegeln. Die wunderbare Heilung, die an diesem Mann vollbracht worden war, den sie einst dem Zorn Gottes übergeben hatten, machte einen so gewaltigen Eindruck auf das Volk, daß die Pharisäer zeitweilig vergessen waren. Sie sahen, daß Christus eine Macht besaß, die sie Gott allein zugeschrieben hatten, und doch stand die bescheidene Würde seines Wesens in auffallendem Gegensatz zu ihrem Hochmut. Sie waren verwirrt und beschämt; sie erkannten wohl die Gegenwart eines höheren Wesens, aber sie bekannten sich nicht zu ihr. Je stärker und zwingender der Beweis war, daß Jesus die Macht besaß, auf Erden Sünden zu vergeben, desto mehr vergruben sie sich in ihrem Unglauben. Sie verließen das Haus des Petrus, in dem sie der Heilung des Gichtbrüchigen durch Jesu Wort beigewohnt hatten, und grübelten über neuen Plänen, um den Sohn Gottes zum Schweigen zu bringen.

Körperliche Krankheit, wie bösartig und tief verwurzelt sie auch gewesen sein mag, wurde durch die Macht Christi geheilt; aber die Krankheit der Seele nahm völligen Besitz von jenen, die ihre Augen dem Licht verschlossen. Aussatz und Gicht waren nicht so schrecklich wie Frömmelei und Unglauben.

Im Hause des Geheilten herrschte große Freude, als er zu seiner Familie zurückkehrte und mit Leichtigkeit das Bett trug, auf dem er erst kurz zuvor langsam weggetragen worden war. Alle umringten ihn und weinten vor Freude. Sie wagten kaum ihren Augen zu trauen, als er nun in voller Manneskraft wieder vor ihnen stand. Jene Arme, die sie kraftlos gesehen hatten, gehorchten wieder seinem Willen; die zusammengeschrumpften, fahl aussehenden Muskeln waren wieder frisch und rosig. Sein Schritt war fest und frei; Freude und Hoffnung leuchteten aus seinem Blick, und ein Ausdruck der Reinheit und des Friedens hatte die Spuren von Sünde und Leiden verdrängt. Frohe Danksagungen stiegen aus dem Kreis dieser Familie empor. Gott wurde verherrlicht durch seinen Sohn, der dem Mutlosen Hoffnung, dem Zerschlagenen neue Kräfte gegeben hatte. Dieser Mann und seine Familie waren bereit, ihr Leben für Jesus dahinzugeben; kein Zweifel trübte ihr Vertrauen, kein Unglaube befleckte ihre Treue zu dem, der Licht in ihr verdunkeltes Leben gebracht hatte.

Der Sabbat wurde bei der Schöpfung geheiligt. Für den Menschen gemacht, hatte er seinen Ursprung, „als mich [Gott] die Morgensterne miteinander lobten und jauchzten alle Gottessöhne".[1] Frieden erfüllte die Welt; denn die Erde stand mit dem Himmel in Einklang. „Gott sah an alles, was er gemacht hatte, und siehe, es war sehr gut."[2] Da ruhte er voll Freude über das gelungene Werk.

„Gott segnete den siebenten Tag und heiligte ihn."[3] Er sonderte ihn ab zu heiligem Dienst, „weil er an ihm ruhte von allen seinen Werken".[4] Er gab ihn Adam als Ruhetag. Er war ein Gedächtnistag der göttlichen Schöpfung und daher ein Zeichen der Macht und Liebe Gottes. Die Heilige Schrift sagt: „Er hat ein Gedächtnis gestiftet seiner Wunder."[5] „Gottes unsichtbares Wesen, das ist seine ewige Kraft und Gottheit, wird ersehen seit der Schöpfung der Welt und wahrgenommen an seinen Werken, so daß sie keine Entschuldigung haben."[6]

Alle Dinge wurden durch den Sohn Gottes geschaffen. „Im Anfang war das Wort, und das Wort war bei Gott . . . Alle Dinge sind durch dasselbe gemacht, und ohne dasselbe ist nichts gemacht, was gemacht ist."[7] Und da der Sabbat ein Gedächtnistag der Schöpfung ist, ist er ein Zeichen der Liebe und der Macht Christi.

Der Sabbat lenkt unsere Gedanken auf die Natur und bringt uns in Verbindung mit dem Schöpfer. Im Gesang der Vögel, im Rauschen der Bäume, im Plätschern der Wellen können wir noch die Stimme dessen hören, der mit Adam in der Kühle des Tages redete. Indem wir die Kraft Gottes in der Natur wahrnehmen, finden wir reichen Trost; denn das Wort, das alle Dinge schuf, gibt auch unserer Seele Leben. Er, „der da hieß das Licht aus der Finsternis hervorleuchten, der hat einen hellen Schein in unsre Herzen gegeben, daß durch uns entstünde die Erleuchtung zur Erkenntnis der Herrlichkeit Gottes in dem Angesicht Jesu Christi".[8] Darum singt der Psalmist:

> „Herr, du lässest mich fröhlich singen von deinen Werken,
> und ich rühme die Taten deiner Hände.
> Herr, wie sind deine Werke so groß!
> Deine Gedanken sind sehr tief."[9]

Der Heilige Geist erklärt durch den Propheten Jesaja: „Mit wem wollt ihr denn Gott vergleichen? Oder was für ein Abbild wollt ihr von ihm machen? . . . Wißt ihr denn nicht? Hört ihr denn nicht? Ist's euch nicht von Anfang an verkündigt? Habt ihr's nicht gelernt von Anbeginn der Erde? Er thront über dem Kreis der Erde, und die darauf wohnen, sind wie Heuschrecken; er spannt den Himmel aus wie einen Schleier und breitet ihn aus wie ein Zelt, in dem man wohnt . . . Mit wem wollt ihr mich also vergleichen, dem ich gleich sei? spricht der Heilige. Hebet eure Augen in die Höhe und seht! Wer hat dies geschaffen? Er führt ihr Heer vollzählig heraus und ruft sie alle mit Namen; seine Macht und starke Kraft ist so groß, daß nicht eins von ihnen fehlt. Warum sprichst du denn, Jakob, und du, Israel, sagst: Mein Weg ist dem Herrn verborgen, und mein Recht geht vor meinem Gott vorüber? Weißt du nicht? Hast du nicht gehört? Der Herr, der ewige Gott, der die Enden der Erde geschaffen hat, wird nicht müde noch matt, sein Verstand ist unausforschlich. Er gibt dem Müden Kraft und Stärke genug dem Unvermögenden."[10] – „Fürchte dich nicht, ich bin mit dir, weiche nicht, denn ich bin dein Gott. Ich stärke dich, ich helfe dir auch, ich halte dich durch die rechte Hand meiner Gerechtigkeit."[11] – „Wendet euch zu mir, so werdet ihr gerettet, aller Welt Enden; denn ich bin Gott, und sonst keiner mehr."[12] Dies ist die Botschaft, die in der Schöpfung niedergelegt wurde und die durch den Sabbat wachgehalten wird. Bei dem Sabbatgebot an Israel sagte der Herr: „Meine Sabbate sollt ihr heiligen, daß sie ein Zeichen seien zwischen mir und euch, damit ihr wißt, daß ich, der Herr, euer Gott bin."[13]

Der Sabbat war in dem auf Sinai gegebenen Gesetz eingeschlossen; aber er wurde nicht erst damals als Ruhetag verkündigt. Das Volk Israel besaß schon die Erkenntnis dieses Tages, ehe es nach Sinai kam; denn auf dem Wege dahin wurde der Sabbat gehalten. Als einige diesen geweihten Tag entheiligten, tadelte sie Gott und sagte: „Wie lange weigert ihr euch, meine Gebote und Weisungen zu halten?"[14]

Nicht nur für Israel war der Sabbat gegeben, sondern für die ganze Welt. Schon im Paradies hatte Gott ihn den Menschen verkündet, und gleich den andern Vorschriften des Gesetzes ist seine Gültigkeit unvergänglich. Von dem Gesetz, zu dem das vierte Gebot gehört, erklärt Christus: „Bis daß Himmel und Erde vergehe, wird nicht vergehen der kleinste Buchstabe noch ein Tüpfelchen vom Gesetz."[15]

Solange Himmel und Erde bestehen, wird der Sabbat immer ein Zeichen der Macht des Schöpfers sein. Und wenn auf Erden das Paradies wieder erblühen wird, dann wird auch Gottes heiliger Ruhetag von allen, die unter der Sonne leben, gefeiert werden. „Einen Sabbat nach dem andern" werden die Bewohner der gereinigten neuen Erde „kommen, um vor mir anzubeten, spricht der Herr".[16]

Keine andere Einrichtung, die den Juden anvertraut war, zeichnete sie so sehr vor den umliegenden Völkern aus wie gerade der Sabbat. Gott wollte, daß die Feier dieses Tages sie als seine Anbeter kennzeichne. Der Sabbat sollte ein äußeres Zeichen ihrer Trennung vom Götzendienst sowie ihrer Verbindung mit dem wahren Gott sein. Um aber den Sabbat heiligen zu können, müssen die Menschen selbst heilig sein und durch den Glauben Teilhaber der Gerechtigkeit Christi werden. Als den Israeliten das Gebot gegeben wurde: „Gedenke des Sabbattages, daß du ihn heiligest", sagte der Herr auch zu ihnen: „Ihr sollt mir heilige Leute sein."[17] Nur so konnte der Sabbat die Israeliten als Anbetende Gottes kennzeichnen.

Als die Juden von Gott abwichen und sich dadurch selbst um die Gerechtigkeit Christi brachten, verlor der Sabbat für sie seine Bedeutung. Satan versuchte sich zu erhöhen und die Menschen von Christus abspenstig zu machen. Er strebte danach, den Sabbat zu ändern, weil dieser das Zeichen der Macht Christi ist. Die Führer Israels handelten nach dem Willen Satans, indem sie den Sabbat mit bedrückenden Menschensatzungen umzäunten. Zur Zeit Christi war der Sabbat so verfälscht worden, daß er mehr dem Charakter selbstsüchtiger, willkürlich handelnder Menschen glich, als daß er das Wesen eines liebenden Gottes und Vaters widerspiegelte. Die Rabbiner bezeichneten Gott im Grunde genommen als ein Wesen, das Gesetze erließ, die zu halten Menschen unmöglich war. Sie veranlaßten das Volk, Gott als einen Tyrannen anzusehen und zu glauben, daß die Beachtung des Sabbats, wie sie von Gott verlangt werde, die Menschen hartherzig und grausam mache. Es war Christi Aufgabe, diese falschen Begriffe zu beseitigen. Obgleich er von den Rabbinern mit schonungsloser Feindschaft verfolgt wurde, bemühte er sich nicht im geringsten, ihren Forderungen zu entsprechen, sondern feierte vielmehr den Sabbat in Übereinstimmung mit dem Gesetz Gottes.

Als der Heiland und seine Jünger an einem Sabbat von dem Ort der Anbetung zurückkehrten, gingen sie durch ein reifendes Kornfeld.

Jesus hatte seinen Dienst an diesem Sabbat bis zum Abend ausgedehnt, und als sie nun durch das Feld gingen, pflückten die Jünger einige Kornähren, rieben sie zwischen den Händen und aßen die Körner. An keinem andern Tage hätte dies irgendwelches Aufsehen erregt; denn es war gestattet, beim Durchschreiten eines Kornfeldes, eines Obst- oder Weingartens beliebig viel Früchte zu pflücken und zu genießen. Nur an einem Sabbat war so etwas nicht erlaubt, ja, es wurde sogar als Sabbatschändung betrachtet. Nicht nur das Pflücken war eine Art Ernte, sondern auch das Reiben zwischen den Händen galt gewissermaßen als ein Dreschen der Frucht. So wurde die Tat der Jünger von den Rabbinern als doppelte Übertretung des Sabbatgebotes bezeichnet.

Die schnüffelnden Spione der Rabbiner beklagten sich bei Jesus und sagten: „Siehe, deine Jünger tun, was am Sabbat nicht erlaubt ist." [18]

Als Jesus selbst einmal am Teich Bethesda der Sabbatschändung beschuldigt wurde, verteidigte er sich mit der Bezeugung, der Sohn Gottes zu sein und in Einklang mit dem himmlischen Vater zu handeln. Jetzt, da seine Jünger angegriffen wurden, verwies er die Ankläger auf Beispiele aus dem Alten Testament, auf Handlungen, die am Sabbat von solchen Personen vorgenommen worden waren, die im Dienste Gottes standen.

Die jüdischen Lehrer rühmten sich ihrer Kenntnis der heiligen Schriften; in des Heilands Antwort lag jedoch ein Vorwurf hinsichtlich ihrer Unwissenheit der Schriften. „Habt ihr nicht gelesen", sagte er zu ihnen, „was David tat, da ihn und die mit ihm waren, hungerte? wie er in das Gotteshaus ging und aß die Schaubrote, die er doch nicht durfte essen noch die, die mit ihm waren, sondern allein die Priester?" [19] „Und er sprach zu ihnen: Der Sabbat ist um des Menschen willen gemacht, und nicht der Mensch um des Sabbats willen." [20] – „Habt ihr nicht gelesen im Gesetz, wie die Priester am Sabbat im Tempel den Sabbat brechen und sind doch ohne Schuld? Ich sage euch aber: Hier ist Größeres als der Tempel . . . Des Menschen Sohn ist ein Herr auch über den Sabbat." [21]

Wenn es David erlaubt war, von den Broten im Tempel, die doch für einen heiligen Zweck bestimmt waren, zu essen, um seinen Hunger zu stillen, dann war es auch kein Unrecht von den Jüngern, wenn sie am heiligen Sabbattag Ähren ausrauften, um davon zu essen und ihren Hunger zu stillen. Außerdem hatten die Priester am Sabbat mehr zu tun als an anderen Tagen; dieselbe Arbeit zu weltlichen Zwecken wäre sündhaft gewesen, doch das Wirken der Priester geschah im Dienste Gottes. Sie übten jene Gebräuche, die auf die erlösende Kraft Christi hinwiesen, und ihr Dienst war in Übereinstimmung mit dem Sinn und Ziel des Sabbats. Nun aber war Christus selbst gekommen, und die Jünger, die seinen Auftrag ausführten, waren im Dienste Gottes tätig; alles, was zur Erfüllung dieses Auftrages notwendig war, durfte von ihnen auch am Sabbat getan werden.

Christus wollte seinen Jüngern und auch seinen Gegnern zeigen, daß der Dienst für den Herrn allem andern vorgehen sollte. Das Werk Gottes in dieser Welt ist auf die Erlösung der Menschen gerichtet; deshalb steht auch das, was am Sabbat getan werden muß, um diese Aufgabe zu fördern, in Einklang mit dem Sabbatgebot. Diese Lehre betonte der Heiland noch dadurch, daß er sich „Herr des Sabbats" nannte, der erhaben ist über alle Zweifel und auch über das Gesetz. Der ewige Richter sprach die Jünger Jesu von allem Tadel frei, indem er sich gerade auf jenes Gesetz berief, dessen Übertretung man sie bezichtigte.

Jesus begnügte sich nicht damit, seinen Gegnern einen Vorwurf zu machen, sondern er erklärte damit, daß sie in ihrer Blindheit den Sinn des Sabbats verkannt hätten. Er sagte: „Wenn ihr aber wüßtet, was das ist: ‚Ich habe Wohlgefallen an der Barmherzigkeit und nicht am Opfer', hättet ihr die Unschuldigen nicht verdammt."[22] Die vielen seelenlosen Zeremonien konnten ihren Mangel an aufrichtiger Rechtschaffenheit und hingebungsvoller Liebe, die immer den wahren Anbeter Gottes auszeichnen, nicht ersetzen.

Aufs neue wiederholte Christus die Wahrheit, daß die Opfer, in sich selbst wertlos, nur ein Mittel, nicht aber die Erfüllung wären. Ihre Aufgabe war es, die Menschen zum Heiland zu führen und sie dadurch in Übereinstimmung mit Gott zu bringen. Allein den Dienst aus Liebe schätzt Gott; fehlt diese Liebe, dann sind ihm alle Opfer und Formen ein Ärgernis. Genauso ist es auch mit dem Sabbat. Dieser war dazu bestimmt, die Gemeinschaft der Menschen mit Gott herzustellen. Als jedoch das Gemüt der Menschen von lästigen Satzungen in Anspruch genommen wurde, war Gottes Absicht mit dem Sabbat durchkreuzt; die rein äußerliche Beachtung des Sabbats war ein Hohn.

An einem andern Sabbat sah Jesus beim Betreten einer Synagoge einen Mann mit einer verdorrten Hand. Die Pharisäer beobachteten ihn, begierig zu sehen, was er tun würde. Jesus wußte wohl, daß er als Übertreter des Gesetzes angesehen würde, wenn er am Sabbat heilte. Dennoch zögerte er nicht, die Schranken der übernommenen Menschensatzungen, die den Sabbat umzäunten, niederzureißen. Er ließ den leidenden Mann hervortreten und fragte dann: „Soll man am Sabbat Gutes tun oder Böses tun, Leben erhalten oder töten?“ [23] Bei den Juden herrschte die Regel, daß, wer eine gute Tat unterließ, gleichzeitig eine böse Tat beging; ein gefährdetes Leben nicht zu retten, bedeutete, es zu töten. So schlug Jesus die Juden mit ihren eigenen Waffen. „Sie aber schwiegen stille. Und er sah sie umher an mit Zorn und ward betrübt über ihr verstocktes Herz und sprach zu dem Menschen: Strecke deine Hand aus! Und er streckte sie aus; und seine Hand ward gesund.“ [24]

Als Jesus gefragt wurde: „Ist's auch recht, am Sabbat zu heilen?“, antwortete er: „Welcher ist unter euch, wenn er ein einziges Schaf hat und es fällt ihm am Sabbat in eine Grube, der es nicht ergreife und ihm heraushelfe? Wieviel mehr ist nun ein Mensch als ein Schaf! Darum darf man wohl am Sabbat Gutes tun.“ [25]

Die Pharisäer wagten es aus Furcht vor der Menge nicht, dem Herrn zu antworten. Sie wollten sich selbst keine Schwierigkeiten bereiten. Sie wußten genau, daß er die Wahrheit gesprochen hatte. Lieber würden sie einen Menschen seinen Schmerzen überlassen, als ihre Satzungen übertreten. Dagegen befreiten sie ein Schaf aus seiner Notlage, um dem Eigentümer den Verlust zu ersparen. Mithin ließen sie einem Tier größere Sorge angedeihen als dem Menschen, der doch zum Ebenbild Gottes geschaffen ist. Dies veranschaulicht deutlich die Wirkung aller falschen Glaubensrichtungen. Diese entspringen dem Verlangen, sich über Gott zu erheben, enden aber darin, daß sie den Menschen unter das Tier erniedrigen. Jede Religion, die sich gegen die oberste Gewalt Gottes wendet, betrügt den Menschen um die Herrlichkeit, die er bei der Schöpfung besaß und die ihm von Christus wiedergegeben werden soll. Jede falsche Religion lehrt ihre Anhänger, gegen die menschlichen Bedürfnisse, Leiden und Rechte gleichgültig zu sein; das Evangelium aber legt hohen Wert auf das Menschentum und sieht den Menschen als Erlösten durch das Blut Christi, der in allen Nöten der liebevollsten Aufmerksamkeit wert ist. Der Herr sagt, „daß ein Mann kostbarer sein soll als Feingold und ein Mensch wertvoller als Goldstücke aus Ophir“.[26]

Als Jesus sich an die Pharisäer mit der Frage wandte, ob es recht sei, am Sabbat Gutes zu tun oder Böses, Leben zu retten oder zu töten, stellte er sie ihren eigenen bösen Absichten gegenüber. Sie trachteten ihm mit bitterem Haß nach dem Leben, während er das Leben retten und den Menschen Glückseligkeit bringen wollte. War es nun besser, am Sabbat zu töten, wie sie es zu tun beabsichtigten, oder Kranke zu heilen, wie er es getan hatte? Was war gerechter: alle Menschen zu lieben und dies durch Taten der Barmherzigkeit zu bekunden oder an Gottes heiligem Tage Mordgedanken im Herzen zu hegen?

Durch die Heilung der verdorrten Hand verurteilte Jesus die Gebräuche der Juden und handhabte das Sabbatgebot so, wie Gott es einst gegeben hatte. „Darum darf man wohl am Sabbat Gutes tun", sagte er. Indem er die sinnlosen Einschränkungen der Juden hinwegräumte, ehrte er das wahre Wesen des Sabbats, während Jesu Ankläger Gottes heiligen Tag entehrten.

Viele, die die Meinung vertreten, daß Christus das Gesetz abgetan habe, lehren, daß er den Sabbat brach und sogar die Jünger rechtfertigte, als sie das gleiche taten. Solche Propheten stellen sich in Wirklichkeit den krittelnden Juden gleich und widersprechen dem Zeugnis Christi von sich selbst; denn er sagte: Ich halte meines Vaters Gebote und bleibe in seiner Liebe.[27] Weder der Heiland noch seine wahren Nachfolger brachen das Sabbatgebot. Christus war eine lebendige Verkörperung des Gesetzes, von dessen heiligen Vorschriften er nicht eine einzige in seinem Leben übertrat. Er blickte auf ein Volk von Zeugen, die alle eine Gelegenheit suchten, ihn zu verdammen, und er konnte sie unwidersprochen fragen: „Welcher unter euch kann mich einer Sünde zeihen?"[28]

Der Heiland war nicht gekommen, die Worte der Patriarchen und Propheten umzustoßen; denn er selbst hatte durch diese Männer geredet. Alle Wahrheiten des Wortes Gottes kamen von ihm. Aber all diese unschätzbaren Edelsteine waren in eine falsche Fassung gebracht; ihr köstliches Licht war benutzt worden, dem Irrtum zu dienen. Gott wünschte, daß sie aus der Fassung des Irrtums herausgenommen und in den Rahmen der Wahrheit gebracht würden. Dies aber konnte nur durch göttliche Hand geschehen. Durch die Verbindung mit dem Irrtum hatte die Wahrheit dem Feinde Gottes und der Menschen gedient. Nun war Christus gekommen, sie wieder aufzurichten, damit sie Gott verherrlichen und die Seligkeit der Menschheit schaffen sollte.

„Der Sabbat ist um des Menschen willen gemacht, und nicht der Mensch um des Sabbats willen", sagt Jesus. Die Einrichtungen, die Gott geschaffen hat, dienen dem Wohl der Menschheit. „Es geschieht alles um euretwillen." [29] – „Es sei Paulus oder Apollos oder Kephas, es sei Welt oder Leben oder Tod, es sei Gegenwärtiges oder Zukünftiges, alles ist euer, ihr aber seid Christi, Christus aber ist Gottes." [30] Das Gesetz der Zehn Gebote, zu denen der Sabbat gehört, gab Gott zum Besten seines Volkes. „Der Herr hat uns geboten, nach all diesen Rechten zu tun, daß wir den Herrn, unsern Gott, fürchten, auf daß es uns wohlgehe unser Leben lang." [31] Und durch den Psalmisten erhielt Israel die Aufforderung: „Dienet dem Herrn mit Freuden, kommt vor sein Angesicht mit Frohlocken! Erkennet, daß der Herr Gott ist! Er hat uns gemacht und nicht wir selbst zu seinem Volk und zu Schafen seiner Weide. Gehet zu seinen Toren ein mit Danken, zu seinen Vorhöfen mit Loben; danket ihm, lobet seinen Namen!" [32] Von allen, „die den Sabbat halten, daß sie ihn nicht entheiligen",[33] sagt der Herr: „Die will ich zu meinem heiligen Berge bringen und will sie erfreuen in meinem Bethaus." [34]

„Des Menschen Sohn ist ein Herr auch über den Sabbat." Diese Worte sind voll Belehrung und Trost. Weil der Sabbat um des Menschen willen gemacht wurde, ist er des Herrn Tag. Er gehört Christus; denn alle Dinge sind durch ihn gemacht. Ohne ihn „ist nichts gemacht, was gemacht ist".[35] Da er alles geschaffen hat, hat er auch den Sabbat eingesetzt; durch ihn wurde dieser als ein Gedächtnistag des Schöpfungswerkes abgesondert, und so weist der Sabbat auf ihn als den Schöpfer und auch als den, der da heiligt. Im Sabbat liegt die Erklärung, daß er, der alle Dinge im Himmel und auf Erden geschaffen hat und in dem alle Dinge zusammengefaßt sind, das Haupt der Gemeinde ist und daß wir durch seine Macht mit Gott versöhnt sind. Gott sagte, indem er von Israel sprach: „Ich gab ihnen auch meine Sabbate zum Zeichen zwischen mir und ihnen, damit sie erkannten, daß ich der Herr bin, der sie heiligt" [36] – der sie heilig macht. Also ist der Sabbat ein Zeichen der Macht Christi, uns zu heiligen, und er ist allen gegeben, die Christus heiligt. Als ein Zeichen der heiligenden Macht ist der Sabbat allen gegeben, die durch Christus ein Glied des Israels Gottes werden.

Der Herr sagt: „Wenn du deinen Fuß am Sabbat zurückhältst und nicht deinen Geschäften nachgehst an meinem heiligen Tage und den

Sabbat ‚Lust‘ nennst und den heiligen Tag des Herrn ‚Geehrt‘; ... dann wirst du deine Lust haben am Herrn, und ich will dich über die Höhen auf Erden gehen lassen und will dich speisen mit dem Erbe deines Vaters Jakob; denn des Herrn Mund hat's geredet.“ [37] Allen, die den Sabbat als Zeichen der Schöpfungs- und Erlösungsmacht Christi annehmen, wird er eine Lust sein, und da sie Christus in diesem Tage sehen, werden sie sich in ihm freuen. Der Sabbat weist sie hin auf die Werke der Schöpfung als Beweis seiner mächtigen Kraft, zu erlösen. Während er an den verlorenen Frieden des Paradieses erinnert, spricht er von dem wiedererlangten Frieden durch den Heiland. Jedes Ding in der Natur wiederholt seine Einladung: „Kommet her zu mir alle, die ihr mühselig und beladen seid; ich will euch erquicken.“ [38]

Die Erwählung der Zwölf | 21

„Und er ging auf einen Berg und rief zu sich, welche er wollte, und die gingen hin zu ihm. Und er ordnete zwölf, daß sie bei ihm sein sollten und daß er sie aussendete, zu predigen.“ [1]

Es war unter den schützenden Bäumen am Bergabhang, in nur geringer Entfernung vom Galiläischen Meer, da die Zwölf zum Apostelamt berufen wurden; hier hielt Jesus auch die Bergpredigt. Die Felder und Hügel waren seine Lieblingsstätten, und seine Lehren wurden viel mehr unter freiem Himmel als im Tempel oder in den Schulen verkündigt. Kein Gotteshaus hätte die Volksmenge fassen können, die ihm folgte. Und doch lehrte er nicht nur aus diesem Grund im Freien, sondern auch, weil eine große Liebe zur Natur in ihm lebte. Jeder ruhige Ort der Andacht war ihm ein heiliger Tempel.

Sein erster Schritt galt nun dem Bau einer Gemeinde, die ihn nach seinem Scheiden auf dieser Erde vertreten sollte. Kein prächtiger Tempel stand ihnen zur Verfügung; doch der Heiland führte seine Jünger nach dem stillen Ort, den er liebte. Hier verbanden sich in ihrem Gemüt für immer die heiligen Erfahrungen jenes bedeutsamen Tages mit dem gewaltigen Eindruck der Schönheit von Berg und Tal und See. Wie könnten sie ihn jemals vergessen?

Jesus berief seine Jünger, um sie als seine Zeugen auszusenden, damit sie der Welt verkündigten, was sie von ihm gesehen und gehört hatten. Ihr Dienst war der wichtigste, zu dem menschliche Wesen je berufen wurden, und stand dem Dienst Christi am nächsten. Sie sollten für die Errettung der Welt mit Gott wirken. Wie im Alten Testament die zwölf Patriarchen als Vertreter Israels galten, so sollten die zwölf Apostel die Evangeliumsgemeinde vertreten.

Der Heiland kannte den Charakter der von ihm erwählten Männer; ihre Fehler und Schwächen lagen offen vor ihm. Er kannte die Gefahren, durch die sie hindurchgehen, die Verantwortungen, die auf ihnen ruhen würden, und er fühlte sich zu diesen Auserwählten hingezogen. Allein auf dem Berge, nahe dem See Genezareth, verbrachte er die ganze Nacht im Gebet für sie, während sie am Fuß des Berges schliefen. Mit dem Heraufdämmern des Morgens rief er sie zu sich, um ihnen eine wichtige Botschaft zu übermitteln.

Diese Jünger hatten Jesus bereits eine Zeitlang in seinem Wirken geholfen. Johannes und Jakobus, Andreas und Petrus mit Philippus, Nathanael und Matthäus waren enger mit ihm verbunden gewesen als die andern und hatten auch mehr von seinen Wundern gesehen. Petrus, Jakobus und Johannes waren ihm besonders eng verbunden; sie waren fast immer mit ihm zusammen, sahen seine Wunder und hörten seine Worte. Johannes war noch inniger dem Herrn zugetan. Er wurde als der bezeichnet, den Jesus liebhatte. Der Heiland liebte sie alle; aber Johannes besaß das empfänglichste Gemüt, war der jüngste von ihnen und öffnete Jesus sein Herz in kindlichem Vertrauen. Dadurch wurde die Verbindung mit Christus enger und inniger, und er konnte die tiefsten geistlichen Lehren des Heilandes seinem Volk mitteilen.

Während Jesus die Jünger auf ihren Dienst vorbereitete, drängte sich einer unter sie, der nicht dazu berufen worden war. Es war Judas Ischariot, ein angeblicher Nachfolger Christi. Er trat nun vor und bat um einen Platz in dem engeren Jüngerkreis. Mit großem Ernst und scheinbarer Aufrichtigkeit erklärte er: „Meister, ich will dir folgen, wo du hingehst.“ [2] Jesus wies ihn weder zurück, noch hieß er ihn willkommen, er sagte nur die ernsten Worte: „Die Füchse haben Gruben, und die Vögel unter dem Himmel haben Nester; aber des Menschen Sohn hat nicht, wo er sein Haupt hinlege.“ [3] Judas glaubte, daß Jesus der Messias sei, und indem er sich den Jüngern anschloß, hoffte er sich einen hohen Rang in dem neuen Reich zu sichern. Dieser Hoffnung wollte Jesus durch die Erklärung seiner Armut den Boden entziehen.

Nach dem Wunsch der Jünger sollte Judas einer der ihren werden. Er war eine achtunggebietende Erscheinung, besaß dazu ein klares Urteilsvermögen und einen praktischen Sinn. Sie empfahlen ihn darum dem Herrn als einen Mann, der ihm bei seiner Aufgabe sehr behilflich sein werde; und sie wunderten sich, ihn von Jesus so kühl empfangen zu sehen.

Sie waren sehr enttäuscht, daß Jesus nicht versuchte, die Mitarbeit der führenden Männer Israels zu gewinnen. Sie glaubten, er beginge einen Fehler, daß er sein Werk nicht durch die Unterstützung dieser einflußreichen Männer bekräftigte. Hätte er Judas zurückgewiesen, so würden sie in ihrem Innern die Weisheit Jesu in Zweifel gezogen haben. Die spätere Geschichte des Judas sollte ihnen die Gefahr zeigen, irgendwelche weltlichen Rücksichten zu erwägen, wenn es darauf ankommt, geeignete Männer für das Werk Gottes zu bestimmen. Die Mitwirkung solcher Leute, wie sie die Jünger gern gesehen hätten, würde das Werk Gottes in die Hände seiner ärgsten Feinde gebracht haben.

Dennoch war Judas, als er sich den Jüngern anschloß, nicht empfindungslos gegenüber dem göttlichen Charakter des Heilandes. Er fühlte den Einfluß jener Macht, welche die Seelen zu Christus zog. Der Heiland, der nicht gekommen war, das zerstoßene Rohr zu zerbrechen und den glimmenden Docht auszulöschen, wollte auch diese Seele nicht zurückweisen, solange noch ein Verlangen nach Licht in ihr vorhanden war. Jesus kannte das Herz des Judas; er kannte die Tiefen der Bosheit, in denen dieser versinken mußte, wenn er sich nicht durch die Gnade Gottes befreien ließ. Mit der Aufnahme in Jesu Jüngerkreis bekam Judas Gelegenheit, durch das tägliche Zusammensein mit dem Heiland dessen uneigennützige Liebe kennenzulernen. Öffnete er Jesus sein Herz, dann würde die göttliche Gnade den Dämon der Selbstsucht daraus verbannen, und Judas könnte ein Bürger im Reiche Gottes werden.

Gott nimmt die Menschen mit ihren menschlichen Charaktereigenschaften und erzieht sie zu seinem Dienst, wenn sie sich bessern lassen und von ihm lernen. Sie werden nicht berufen, weil sie vollkommen sind, sondern trotz ihrer Unvollkommenheit werden sie erwählt, damit sie durch die Erkenntnis und Ausübung der Wahrheit aus göttlicher Gnade in das Ebenbild ihres Meisters umgewandelt werden.

Judas hatte die gleichen Möglichkeiten wie die anderen Jünger auch. Er empfing dieselben köstlichen Lehren wie sie; aber der Wandel in der Wahrheit, wie ihn Christus verlangte, widersprach seinen eigenen Wünschen und Absichten. Er wollte seine menschliche Meinung nicht aufgeben, um himmlische Weisheit zu empfangen.

Wie nachsichtig behandelte Jesus den, der doch sein Verräter sein würde! Er verweilte in seinen Lehren besonders bei den Grundsätzen der Wohltätigkeit und traf damit die Wurzel des Geizes. Er zeigte Judas das Häßliche der Habsucht, und oft erkannte Judas seinen eigenen Charakter und seine Sündhaftigkeit in der Schilderung Jesu. Er konnte sich aber nicht dazu überwinden, seine Ungerechtigkeit zu bekennen und aufzugeben, sondern setzte selbstherrlich seine betrügerischen Handlungen fort, statt der Versuchung zu widerstehen. Christus war ihm ein lebendiges Vorbild, wie er werden mußte, wenn er den rechten Nutzen aus der göttlichen Vermittlung und dem göttlichen Dienen zöge; aber Lehre auf Lehre ließ er unbeachtet.

Jesus gab ihm keinen scharfen Verweis wegen seines Geizes, sondern trug diesen Sünder mit göttlicher Geduld. Er gab Judas aber Beweise, daß er in seinem Herzen lesen konnte wie in einem aufgeschlagenen Buch. Er gab ihm den höchsten Ansporn zum rechten Handeln, und Judas würde keine Entschuldigung haben, verwürfe er das himmlische Licht.

Statt im Licht zu wandeln, zog Judas es vor, seine Fehler zu behalten. Er nährte böse Wünsche, rachsüchtige Leidenschaften und finstere, trotzige Gedanken, bis Satan volle Gewalt über ihn hatte. So wurde Judas ein Vertreter des Feindes Christi.

Als er mit Jesus in Verbindung trat, besaß er manche guten Charakterzüge, die der Gemeinde hätten zum Segen werden können. Wäre er willig gewesen, das Joch Christi zu tragen, so hätte er einer der ersten Apostel sein können; aber er verhärtete sein Herz, wenn ihm seine Fehler gezeigt wurden, nährte stolz und widerspenstig seinen selbstsüchtigen Ehrgeiz und machte sich dadurch selbst unfähig für die Aufgabe, die Gott ihm gegeben haben würde.

Alle Jünger hatten ernste Fehler, als Jesus sie in seinen Dienst rief. Selbst Johannes, der mit dem Sanftmütigen und Demütigen in engste Verbindung kam, war von Natur nicht sanft und hingebend, sondern man nannte seinen Bruder und ihn „Donnerskinder".[4] Jede Geringschätzung, die dem Herrn erwiesen wurde, erregte die Entrüstung und Kampfeslust dieser Jünger; Heftigkeit, der Geist der Rache und der Kritik waren Eigenschaften des geliebten Jüngers; er war stolz und wäre gern der Erste im Reiche Gottes gewesen. Aber Tag für Tag nahm er – im Gegensatz zu seiner eigenen Reizbarkeit – die liebevolle Langmut Jesu wahr und hörte die Lehren der Demut und Geduld. Er öffnete sein Herz dem göttlichen Einfluß und wurde nicht nur ein Hörer, sondern auch ein Täter der Worte des Heilandes. Sein eigenes Ich wurde in Christus verborgen; er lernte, das Joch Christi auf sich zu nehmen und seine Last zu tragen.

Jesus tadelte seine Jünger, er ermahnte und warnte sie; aber Johannes und seine Brüder verließen ihn nicht. Sie wählten ihn trotz seiner Verweise, und der Heiland zog sich auch nicht wegen ihrer Schwächen und Mängel von ihnen zurück. Sie teilten bis zum Ende seine Schwierigkeiten mit ihm, nahmen sich seinen Wandel zum Vorbild und ließen ihren Charakter und ihre Eigenheiten durch seinen Einfluß umwandeln.

Die Apostel waren ihren Gewohnheiten und ihrer Veranlagung nach sehr verschieden. Unter ihnen befanden sich der Zöllner Levi-Matthäus und der Feuerkopf Simon, der unnachgiebige Feind der römischen Macht; der kühne, von jedem Ereignis bewegte Petrus und der niedrig gesinnte Judas; ferner der treuherzige, aber zaghafte und furchtsame Thomas, Philippus mit seinem trägen Herzen und seinem zweiflerischen Verstand und die ehrgeizigen, freimütigen Söhne des Zebedäus mit ihren Gefährten. Diese alle mit ihren verschiedenen Fehlern, mit angeborenen und angewöhnten Neigungen zum Bösen wurden zusammengebracht, um in Christus und durch ihn in der Familie Gottes zu wohnen und zu lernen, eins im Glauben, in der Lehre und im Geist zu werden. Sie würden Prüfungen, Schwierigkeiten und Meinungsverschiedenheiten zu begegnen haben; aber wenn Christus in ihren Herzen wohnte, konnte keine Uneinigkeit unter ihnen sein. Seine Liebe würde sie dahin bringen, einander zu lieben; die Lehre Jesu würde alle Verschiedenheiten in Einklang bringen und die Jünger so eng verbinden, bis sie gleichen Sinnes und gleichen Urteils wären. Christus ist der große Mittelpunkt, und sie würden sich einander nähern in dem gleichen Verhältnis, wie sie sich dem Mittelpunkt näherten.

Christus erwählt nicht die unschuldigen Engel als seine Stellvertreter auf Erden, sondern bestimmt dazu menschliche Wesen, die die gleichen Eigenschaften haben wie seine erlösungsbedürftigen Geschöpfe. Christus selbst wurde „gleich wie ein andrer Mensch",[5] damit er die Menschheit erreichen konnte; denn nur das Göttliche im Verein mit dem Menschlichen konnte der Welt Heil bringen. Das Göttliche brauchte das Menschliche als Mittel, um eine Verbindung zwischen dem Schöpfer und dem Geschöpf herzustellen. So ist es mit den Dienern und Boten Jesu. Der Mensch bedarf einer Macht, die außer ihm liegt, um in ihm wiederum das Ebenbild Gottes zu erneuern und ihn zu befähigen, Gottes Werk zu tun. Das jedoch läßt das menschliche Werkzeug nicht unwichtig werden. Der Mensch ergreift die göttliche Kraft, Christus wohnt im Herzen des Menschen durch den Glauben, und durch die Verbindung mit dem Göttlichen wird die Kraft des Menschen fähig, Gutes zu tun.

Der die schlichten Fischer von Galiläa erwählte, beruft noch heute die Menschen in seinen Dienst, und er ist noch genauso bereit, seine

Macht durch uns zu offenbaren, wie er sie durch die ersten Jünger offenbarte. Wie unvollkommen und sündhaft wir auch sein mögen, der Herr will unser Teilhaber sein; er bietet uns eine Lehrzeit bei ihm an! Er ladet uns ein, uns unter den göttlichen Einfluß zu stellen, damit wir, durch innige Gemeinschaft mit Christus verbunden, die Werke Gottes tun können.

„Wir haben aber solchen Schatz in irdenen Gefäßen, auf daß die überschwengliche Kraft sei Gottes und nicht von uns."[6] Darum wurde auch die Verkündigung des Evangeliums irrenden Menschen und nicht Engeln übertragen. Es ist offenbar, daß die Kraft, welche durch schwache Menschen wirkt, die Kraft Gottes ist. Dadurch werden wir ermutigt zu glauben, daß die Kraft, welche andern helfen kann, die genauso hilfsbedürftig sind wie wir, auch uns aufhelfen wird. Die selbst umgeben sind mit Schwachheit, sollten mitfühlen können mit denen, „die da unwissend sind und irren".[7] Wer in Gefahr gewesen ist, kennt die Schwierigkeiten des Weges und kann deshalb denen von Nutzen sein, die sich in gleicher Gefahr befinden. Es gibt Seelen, die vom Zweifel geplagt, mit Gebrechen beladen und schwach im Glauben sind sowie unfähig, den Unsichtbaren zu erfassen; aber ein Freund, den sie sehen können und der zu ihnen kommt an Christi Statt, kann das Bindeglied werden, das ihren schwankenden Glauben an Christus stärkt.

Wir sollen mit den Engeln des Himmels zusammenwirken, um der Welt den Heiland nahezubringen. Mit ungeduldigem Eifer warten die Engel auf unsere Mitarbeit; denn der Mensch muß das Werkzeug sein, durch das die Welt Mitteilungen erhält. Wenn wir uns mit ungeteiltem Herzen Christus ergeben, freuen sich die Engel, daß durch unsern Mund Gottes Liebe verkündigt wird.

Die Bergpredigt | 22

Christus versammelte seine Jünger selten allein, wenn er lehren wollte. Er suchte sich nicht nur die Zuhörer aus, die den Weg des Lebens bereits kannten, sondern es war seine Aufgabe, die Masse des Volkes zu erreichen, die in Unwissenheit und Irrtum lebte. Er verkündigte die Lehre der Wahrheit dort, wo sie das verfinsterte Verständnis erreichen konnte. Er selbst war die Wahrheit, mit umgürteten Lenden und segnenden Händen bereit, durch Worte der Warnung, Ermahnung und Ermutigung alle aufzurichten, die ihn suchten.

Obgleich die Bergpredigt besonders für die Jünger bestimmt war, wurde sie vor einer großen Zuhörermenge gehalten. Nach der Berufung zum Apostelamt ging Jesus mit den Jüngern an den See, wo die Menge sich schon am frühen Morgen zu versammeln begann. Außer den fast regelmäßig kommenden Galiläern waren Leute aus Judäa und selbst aus Jerusalem, Peräa, Dekapolis, Idumäa, aus Tyrus und Sidon und aus den phönizischen Städten an der Küste des Mittelländischen Meeres erschienen. „Eine große Menge, die seine Taten hörten, kamen zu ihm.“ [1] „Und alles Volk begehrte, ihn anzurühren; denn es ging Kraft von ihm aus und heilte alle.“ [2]

Der schmale Strand aber gewährte – selbst wenn sie standen – nicht genug Platz für alle, die seine Stimme hören wollten; deshalb führte Jesus seine Zuhörer an einen Bergabhang. Als sie eine ebene Fläche erreichten, die einen geeigneten Versammlungsort für die große Menge bot, ließ sich Jesus auf den Rasen nieder. Die Jünger und alle anderen folgten seinem Beispiel.

Die Jünger saßen stets in nächster Nähe des Heilandes. Sie ließen sich auch hier durch das andrängende Volk ihren Platz nicht streitig machen. Sie setzten sich ganz dicht in Jesu Nähe, um nicht ein Wort seiner Unterweisung zu verlieren. Sie waren aufmerksame Zuhörer, begierig, die Wahrheiten zu erfassen, die sie allen Völkern und allen Generationen verkündigen sollten.

Heute nun hielten sie sich besonders zu ihrem Herrn, da sie fühlten, es würde sich etwas Außergewöhnliches ereignen. Sie glaubten, daß das Reich Christi bald aufgerichtet würde, und aus den Vorgängen vom Morgen vermuteten sie nun eine entsprechende Äußerung darüber. Große Erwartung herrschte unter den Zuhörern. Die gespannten Gesichter zeugten von tiefer Anteilnahme. Als sich alle an dem grünen Abhang niedergelassen hatten und auf Jesu Worte warteten, wurden ihre Herzen mit Gedanken an die kommende Herrlichkeit erfüllt. Es waren Schriftgelehrte und Pharisäer unter ihnen, die dem Tage entgegensahen, der ihnen die Herrschaft über die verhaßten Römer bringen und die Reichtümer und die Pracht des größten Weltreiches zu eigen geben würde. Die armen Landleute und Fischer hofften ihrerseits auf die Versicherung, daß ihre elenden Hütten, die kärgliche Nahrung, das mühevolle Leben, die Furcht vor der Not vertauscht würden gegen Wohnungen des Überflusses und Tage der Sorglosigkeit. Sie hofften, daß Christus ihnen an Stelle ihres groben Gewandes, das ihnen am Tage Kleid und in der Nacht Decke war, die reichen und kostbaren Gewänder ihrer Unterdrücker gäbe. Alle Herzen wurden von der stolzen Erwartung ergriffen, daß Israel bald als das auserwählte Volk des Herrn von allen Völkern geehrt und Jerusalem zur Hauptstadt eines Weltreichs erhoben würde.

Christus enttäuschte diese Hoffnung auf irdische Größe. In der Bergpredigt versuchte er, ihre durch falsche Belehrung entstandene Vorstellung zu zerstreuen und seinen Zuhörern einen richtigen Begriff von seinem Reich und seinem persönlichen Charakter zu geben, ohne dabei den Irrtum des Volkes unmittelbar anzugreifen. Er sah das Elend der Welt, das die Sünde hervorgebracht hatte; dennoch gab er ihnen keine lebhafte Schilderung ihrer Not. Er belehrte sie eines Besseren, als sie je gekannt hatten. Ohne ihre Ansichten über das Reich Gottes zunichte zu machen, erklärte er ihnen die Bedingungen, unter denen allein sie hineingelangen könnten. Er ließ sie über die Natur dieses Reiches ihre eigenen Schlüsse ziehen. Die Wahrheiten, die er hier lehrte, sind für uns heute nicht weniger wichtig, als sie es für die ihm nachfolgende Menge waren. Wir müssen ebenso notwendig wie sie die Grundlagen des Reiches Gottes kennenlernen.

Die ersten Worte Christi auf dem Berge waren Worte des Segens. Er preist diejenigen glücklich, die ihre geistliche Armut erkennen und ihr Bedürfnis nach Erlösung fühlen; denn das Evangelium soll den Armen gepredigt werden. Nicht den geistlich Stolzen, die behaupten, reich zu sein und nichts zu bedürfen, wird es offenbart, sondern den Demütigen und Zerknirschten. Nur eine Quelle ist dem Sünder heilsam – nur eine Quelle für die geistlich Armen.

Das stolze Herz strebt danach, das Heil zu erwerben. Unser Anrecht jedoch auf den Himmel und unsere Tauglichkeit dafür liegen in der Gerechtigkeit Christi. Der Herr kann zur Erneuerung der Menschen nichts tun, bis der Mensch, überzeugt von seiner Schwäche und frei von aller Überheblichkeit, sich ganz der Herrschaft Gottes übergibt. Erst dann kann er die Gabe empfangen, die Gott ihm schenken will. Der Seele mit einem solchen Bedürfnis wird nichts vorenthalten, sie hat ungehinderten Zutritt zu jenem, in dem alle Fülle wohnt. „Denn so spricht der Hohe und Erhabene, der ewig wohnt, dessen Name heilig ist: Ich wohne in der Höhe und im Heiligtum und bei denen, die zerschlagenen und demütigen Geistes sind, auf daß ich erquicke den Geist der Gedemütigten und das Herz der Zerschlagenen.“ [3]

„Selig sind, die da Leid tragen; denn sie sollen getröstet werden.“ [4] Durch diese Worte lehrt Jesus nicht, daß im Leidtragen die Macht liege, die Schuld der Sünde hinwegzunehmen; er billigt keine Scheinheiligkeit oder vorgetäuschte Demut. Das Leidtragen, von dem er spricht, besteht nicht in Trübsinn und Klagen. Während wir aber über die Sünde trauern, sollen wir uns der köstlichen Gnade freuen, Gottes Kinder zu sein.

Wir trauern oft, weil uns unsere bösen Taten unangenehme Folgen bringen. Das aber ist keine Reue. Wahre Reue über die Sünde wirkt nur der Heilige Geist. Der Geist offenbart die Undankbarkeit des Herzens, das den Heiland vernachlässigt und betrübt hat, und bringt uns in Zerknirschung zum Fuß des Kreuzes. Durch jede Sünde wird Jesus aufs neue verwundet. Wenn wir auf ihn blicken, den wir „durchbohrt haben“, trauern wir über die Sünde, die Qual über ihn gebracht hat. Ein solches Leidtragen wird dazu führen, der Sünde zu entsagen.

Der weltlich gesinnte Mensch wird dieses Trauern eine Schwäche nennen. Es ist aber vielmehr die Kraft, die den Reuigen an den Ewigen bindet, und zwar durch Bande, die nicht zerrissen werden können. Es zeigt, daß Engel Gottes der Seele die Gnade zurückbringen, die durch Herzenshärtigkeit und Übertretungen verloren war. Die Tränen des Bußfertigen sind nur Regentropfen, die dem Sonnenschein der Gerechtigkeit vorangehen. Dies Trauern kündet von einer Freude, die zu einem lebendigen Brunnen in der Seele wird. „Allein erkenne deine Schuld, daß du wider den Herrn, deinen Gott, gesündigt hast.“ [5] „So will ich nicht zornig auf euch blicken. Denn ich bin gnädig, spricht der Herr, und will nicht ewiglich zürnen.“ [6] Den „Trauernden zu Zion“

schafft er, „daß ihnen Schmuck statt Asche, Freudenöl statt Trauerkleid, Lobgesang statt eines betrübten Geistes gegeben werden, daß sie genannt werden ‚Bäume der Gerechtigkeit' ".[7]

Für alle, die in Not und Kummer trauern, gibt es einen Trost, und die Bitterkeit des Grams und der Demütigung ist besser als die Befriedigungen der Sünde. Durch Trübsal offenbart uns Gott die Schandflecke in unserm Charakter, damit wir durch seine Gnade unsere Fehler überwinden. Unsere uns unbekannten Schwächen werden aufgedeckt, und wir werden auf die Probe gestellt, ob wir den Tadel und die Ratschläge Gottes annehmen. Wenn Trübsal über uns hereinbricht, sollen wir nicht zagen und klagen, uns nicht dagegen auflehnen oder uns der Hand Christi entwinden, sondern unsere Seele vor Gott demütigen. Des Herrn Wege sind dem verborgen, der alles in einem ihm wohlgefälligen Licht zu sehen wünscht; sie scheinen der menschlichen Natur dunkel und freudlos, und doch sind Gottes Wege Pfade der Barmherzigkeit, und ihr Ende ist Heil. Elia wußte nicht, was er tat, als er in der Wüste, seines Lebens überdrüssig, den Herrn bat, ihn sterben zu lassen. Der Herr in seiner Barmherzigkeit nahm ihn nicht beim Wort; er hatte noch eine große Aufgabe für ihn bereit, und wenn sie ausgeführt war, sollte er nicht entmutigt und einsam in der Wüste umkommen. Ihm war nicht bestimmt, enttäuscht und verzweifelt in den Staub des Todes hinabzusinken, sondern aufzufahren in Herrlichkeit, getragen von himmlischen Wagen, zum Throne des Herrn in der Höhe.

Gottes Wort sagt den Bekümmerten: „Ihre Wege habe ich gesehen, aber ich will sie heilen und sie leiten und ihnen wieder Trost geben."[8] „Ich will ihr Trauern in Freude verwandeln und sie trösten und sie erfreuen nach ihrer Betrübnis."[9]

„Selig sind die Sanftmütigen."[10] Die Schwierigkeiten, auf die wir stoßen, können durch die Sanftmut, die sich in Christus verbirgt, sehr vermindert werden. Wenn wir die Demut Jesu besitzen, werden wir uns über Geringschätzung, abweisende Antworten, Belästigungen, denen wir täglich unterworfen sind, hinwegsetzen; sie werden unser Gemüt nicht betrüben. Der höchste Beweis christlichen Adels ist Selbstbeherrschung. Wer bei Beleidigungen und Grausamkeiten versäumt, einen ruhigen und vertrauensvollen Geist zu bewahren, beraubt Gott seines Anspruches, in ihm die Vollkommenheit seines Wesens zu offenbaren. Die Herzensdemut ist die Kraft, die den Nachfolgern

Christi den Sieg verleiht; sie ist das Zeichen ihrer Verbindung mit den himmlischen Höfen.

„Der Herr ist hoch und sieht auf den Niedrigen und kennt den Stolzen von ferne.“ [11] Die den sanftmütigen und demütigen Geist Christi offenbaren, werden von Gott sorgsam beachtet. Sie mögen von der Welt verachtet werden, doch in seinen Augen sind sie sehr wertvoll. Nicht nur die Weisen, die Großen, die Wohltäter bekommen Zutritt zu den himmlischen Höfen; nicht nur die geschäftigen Arbeiter, die voll Eifer rastlos schaffen, nein, sondern die geistlich Armen, die sich nach der Gegenwart eines in ihnen wohnenden Heilandes sehnen; die von Herzen Demütigen, deren höchstes Streben dahin geht, Gottes Willen zu tun – diese werden reichen Eingang haben. Sie werden zu der Schar gehören, die ihre Kleider gewaschen und sie hell gemacht haben im Blut des Lammes. „Darum sind sie vor dem Thron Gottes und dienen ihm Tag und Nacht in seinem Tempel; und der auf dem Thron sitzt, wird über ihnen wohnen.“ [12]

„Selig sind, die da hungert und dürstet nach der Gerechtigkeit.“ [13] Das Bewußtsein der Unwürdigkeit wird das Herz veranlassen, nach der Gerechtigkeit zu hungern und zu dürsten, und dies Verlangen wird nicht enttäuscht werden. Wer Jesus einen Platz in seinem Herzen einräumt, wird seine Liebe erfahren. Allen, die sich danach sehnen, das Ebenbild des göttlichen Charakters zu tragen, wird ihr Sehnen erfüllt werden. Der Heilige Geist läßt die Seele, die auf Jesus schaut, niemals ohne Beistand; er nimmt von dem Reichtum Christi und zeigt ihn ihr, und wenn das Auge auf Christus gerichtet bleibt, hört das Wirken des Heiligen Geistes nicht auf, bis die Seele nach seinem Bilde umgestaltet ist. Die Macht der Liebe wird die Seele reiner und größer machen und für höhere Ziele und für eine tiefere Erkenntnis der himmlischen Dinge befähigen. Dann wird sie „die Fülle haben“.[14] „Selig sind, die da hungert und dürstet nach der Gerechtigkeit; denn sie sollen satt werden.“ [13]

Die Barmherzigen werden Barmherzigkeit erlangen. Und die reines Herzens sind, werden Gott schauen. Jeder unreine Gedanke befleckt die Seele, beeinträchtigt das sittliche Empfinden und trägt dazu bei, die Eindrücke des Heiligen Geistes zu verwischen; der geistliche Blick wird getrübt, so daß die Menschen Gott nicht wahrnehmen können. Der Herr will dem reumütigen Sünder vergeben und vergibt ihm auch; dennoch bleibt die Seele befleckt. Alle unreinen Worte und Gedanken müssen von dem vermieden werden, der die geistliche Wahrheit sicher wahrnehmen möchte.

Aber die Worte Christi schließen noch mehr ein als ein Freisein von gedanklicher Unreinheit, auch mehr als ein Freisein von jenen förmlichen Vergehen, die von den Juden so sorgfältig vermieden wurden. Die Selbstsucht hindert uns daran, Gott zu schauen. Der eigennützige Geist beurteilt Gott gerade so, wie er selbst ist. Solange wir nicht der Selbstsucht entsagt haben, können wir Gott, der die Liebe ist, nicht verstehen. Nur ein selbstloses Herz, ein demütiger und vertrauender Geist wird erkennen, daß Gott „barmherzig und gnädig und geduldig und von großer Gnade und Treue“ [15] ist.

„Selig sind die Friedfertigen.“ [16] Der Friede Christi ist aus der Wahrheit geboren; er ist Übereinstimmung mit Gott. Die Welt befindet sich in Feindschaft mit dem Gesetz Gottes, die Sünder sind's mit ihrem Schöpfer und darum auch miteinander. Der Psalmist aber sagt: „Großen Frieden haben, die dein Gesetz lieben; sie werden nicht straucheln.“ [17] Menschen können keinen Frieden schaffen. Menschliche Pläne zur Läuterung und zur Veredelung des einzelnen oder der Gesellschaft werden keinen Frieden vermitteln können, weil sie das Herz nicht erreichen. Die einzige Macht, die wahren Frieden schaffen oder bestehen lassen kann, ist die Gnade Christi. Wenn diese im Herzen Wurzel geschlagen hat, wird sie alle bösen Leidenschaften, die Zank und Entfremdung verursachen, vertreiben. „Es sollen Zypressen statt Dornen wachsen und Myrten statt Nesseln“,[18] und „die Wüste und Einöde wird frohlocken, und die Steppe wird jubeln und wird blühen wie die Lilien“.[19]

Die Menge der Zuhörer wunderte sich sehr über diese Lehren, die den Vorschriften und dem Beispiel der Pharisäer so widersprachen. Das Volk glaubte, das Glück liege im Besitz irdischer Güter, und Ruhm und Ehre der Menschen seien begehrenswert. Es war äußerst angenehm, „Rabbi“ genannt, für weise und fromm gehalten und öffentlich als tugendhaft gepriesen zu werden; hierin schien der Gipfelpunkt irdischer Freude zu liegen. Aber zu jenen zahlreichen Zuhörern sagte der Heiland, daß weltliche Ehre und irdischer Gewinn alles seien, was jene Menschen als Belohnung je empfangen würden. Er sprach mit großer Bestimmtheit, und eine überzeugende Kraft begleitete seine Worte. Die Zuhörer wurden ganz still; ein Gefühl der Furcht überkam alle. Sie sahen einander zweifelnd an. Wer von ihnen würde dann gerettet werden, wenn dieses Mannes Lehren wahr wären! Viele ließen sich überzeugen, daß der Geist Gottes diesen bemerkenswerten Mann trieb und daß seine Gedanken himmlischen und göttlichen Ursprungs waren.

Nachdem Christus das Wesen des wahren Glückes erläutert und den Weg zu ihm gezeigt hatte, betonte er mit großem Nachdruck die Pflichten seiner Jünger, als von Gott erwählte Lehrer andere auf den Pfad der Gerechtigkeit und des ewigen Lebens zu leiten. Er wußte, daß sie oft unter Enttäuschungen und Entmutigungen zu leiden hätten, daß sie auf entschiedenen Widerstand stoßen und daß man sie beschimpfen und ihr Zeugnis verwerfen würde. Jesus wußte genau, daß diese einfachen Männer, die so aufmerksam seinen Worten folgten, in der Ausübung ihres Evangeliumsdienstes Verleumdung, Marter, Gefängnis und Tod erleiden würden. Darum sagte er weiter: „Selig sind, die um Gerechtigkeit willen verfolgt werden; denn das Himmelreich ist ihr. Selig seid ihr, wenn euch die Menschen um meinetwillen schmähen und verfolgen und reden allerlei Übles wider euch, so sie daran lügen. Seid fröhlich und getrost; es wird euch im Himmel wohl belohnt werden. Denn also haben sie verfolgt die Propheten, die vor euch gewesen sind.“ [20]

Die Welt liebt die Sünde und haßt die Gerechtigkeit. Dies war auch die Ursache ihrer Feindschaft gegen Jesus. Alle, die seine große Liebe verwerfen, werden das Christentum als störendes Element betrachten. Das Licht Christi vertreibt die Finsternis, die ihre Sünden zudeckt, und die Notwendigkeit einer Erneuerung wird offenbar. Während alle, die sich dem Wirken des Heiligen Geistes überlassen, den Kampf gegen das eigene „Ich“ beginnen, streiten diejenigen, die der Sünde anhangen, gegen die Wahrheit und ihre Vertreter.

Auf diese Weise entsteht Uneinigkeit; die Nachfolger Christi werden als Unruhestifter unter dem Volk angeklagt. Es ist aber die Gemeinschaft mit Gott, die ihnen der Welt Feindschaft einbringt. Sie tragen die Schmach Christi, sie wandern den gleichen Weg, den der Edelste der Erde voranging, darum sollten sie mit Freudigkeit und nicht unter Klagen die Verfolgungen erdulden. Jede Feuerprobe ist ein Mittel Gottes zu ihrer Läuterung. Jede Läuterung macht sie fähiger, ihre Aufgabe als Mitarbeiter Gottes zu erfüllen. Jeder Kampf hat seinen Zweck in dem großen Streit für die Gerechtigkeit, und jeder wird zur Freude an dem endgültigen Triumph beitragen. Wenn Christi Nachfolger dies im Auge haben, werden sie ihrer Glaubens- und Geduldsprobe bedeutend freudiger entgegengehen, statt sie zu fürchten und zu umgehen. Besorgt, ihre Pflichten der Welt gegenüber zu erfüllen und sich ganz nach dem Wohlgefallen Gottes zu richten, werden seine Diener jeder Verpflichtung ohne Rücksicht auf Menschengunst gewissenhaft nachkommen.

„Ihr seid das Salz der Erde",[21] sagte Jesus. Entzieht euch nicht der Welt, um Verfolgungen zu entgehen. Ihr sollt unter den Menschen bleiben, damit die Würze der göttlichen Liebe sei wie das Salz, um die Welt vor dem Verderben zu bewahren.

Herzen, die den Heiligen Geist an sich wirken lassen, sind Kanäle, durch die Gottes Segnungen fließen. Würden die, welche Gott dienen, von der Erde entfernt werden und würde sich Gottes Geist von den Menschen zurückziehen, dann fiele die Welt infolge der Herrschaft Satans der Verwüstung anheim. Obgleich es die Gottlosen nicht wissen, haben sie die Segnungen dieses Lebens dem Dasein der von ihnen verachteten und unterdrückten Gotteskinder zu verdanken. Aber Christen, die dies nur dem Namen nach sind, gleichen dem Salz, das seine Würze verloren hat; sie haben keinen Einfluß zum Guten in der Welt. Sie sind dadurch, daß sie das Wesen Gottes verdrehen, schlimmer als die Ungläubigen.

„Ihr seid das Licht der Welt."[22] Die Juden wollten die Wohltat des Heils auf ihr eigenes Volk beschränken; aber der Heiland zeigte ihnen, daß das Heil gleich dem Sonnenschein der ganzen Welt gehört. Die Religion der Bibel soll nicht zwischen den Deckeln eines Buches oder innerhalb der Kirchenmauern eingeschlossen sein; sie soll nicht nur dann und wann zu unserer Wohlfahrt hervorgeholt und dann sorgfältig wieder beiseite gelegt werden. Sie muß vielmehr das tägliche Leben heiligen, sich in jedem geschäftlichen Unternehmen, in allen gesellschaftlichen Beziehungen offenbaren.

Der wahre Charakter wird nicht äußerlich gebildet und angelegt; er strahlt von innen heraus. Wollen wir andere auf den Weg der Gerechtigkeit bringen, dann müssen die Grundsätze der Gerechtigkeit in unseren eigenen Herzen gehegt werden. Unser Glaubensbekenntnis mag die Lehrsätze der Religion verkündigen; aber es ist unsere praktische Frömmigkeit, die dem Wort der Wahrheit Nachdruck verleiht. Ein gleichmäßiger Wandel, fromme Gespräche, unerschütterliche Rechtschaffenheit, ein tätiger, wohlwollender Geist und das göttliche

Beispiel – das sind die Mittel, durch die der Welt das Licht mitgeteilt wird.

Die Pharisäer prahlten mit ihrem Gehorsam gegen das Gesetz; in Wirklichkeit kannten sie so wenig von seinen Grundsätzen für das tägliche Leben, daß des Heilandes Worte ihnen wie Ketzerei klangen. Als er den Unrat wegfegte, der die Wahrheit verbarg, glaubten sie, er kehre die Wahrheit selber aus, und sie flüsterten einander zu, daß er das Gesetz geringachte. Er las ihre Gedanken und antwortete ihnen: „Ihr sollt nicht wähnen, daß ich gekommen bin, das Gesetz oder die Propheten aufzulösen; ich bin nicht gekommen aufzulösen, sondern zu erfüllen."[23] Hier widerlegte Jesus die Anklage der Pharisäer. Es war seine Aufgabe, der Welt gegenüber den heiligen Anspruch des Gesetzes, dessen Übertretung man ihn beschuldigte, zu wahren. Hätte das Gesetz Gottes verändert oder verkürzt werden können, dann wäre es nicht erforderlich gewesen, daß Christus die Folgen all unserer Übertretung erlitt; aber er kam, um die Beziehung des Gesetzes zu den Menschen zu erklären und durch sein Leben des Gehorsams dessen Vorschriften zu veranschaulichen.

Gott gab seine heiligen Gebote, weil er die Menschen liebt. Um uns vor den Folgen der Übertretungen zu bewahren, offenbart er im Gesetz die Grundsätze der Gerechtigkeit. Das Gesetz ist ein Ausdruck der Gedanken Gottes. Wird es in Christus angenommen, wird es auch in unser Herz Eingang finden. Seine Gebote erheben uns über die Macht der natürlichen Wünsche und Neigungen und über die Versuchungen, die zur Sünde verleiten. Gott will unser Wohlergehen! Er gab uns sein Gesetz, damit wir im Gehorsam gegen seine Grundsätze Freude ernten möchten. Als einst die Engel bei der Geburt Jesu sangen:

„Ehre sei Gott in der Höhe
und Friede auf Erden
und den Menschen ein Wohlgefallen",[24]

erklärten sie damit die Grundsätze des Gesetzes, das herrlich und groß zu machen er gekommen war.

Als das Gesetz am Berge Sinai verkündet wurde, enthüllte Gott den Menschen die Heiligkeit seines Charakters, damit sie an ihm ihre eigene Sündhaftigkeit erkennen möchten. Das Gesetz wurde gegeben, um sie ihrer Sünde zu überführen und ihnen die Notwendigkeit eines Heilandes zu offenbaren. Dies sollte geschehen, indem die Grundsätze des Gesetzes durch den Heiligen Geist auf das Herz wirkten. Diese Aufgabe hat es heute noch zu erfüllen. Im Leben Christi werden die Grundsätze des Gesetzes deutlich, und wenn der Heilige Geist das Herz berührt, wenn das Licht Christi den Menschen die Notwendigkeit des Verlangens nach seinem reinigenden Blut und seiner rechtfertigenden Gnade offenbart, ist das Gesetz immer noch das Mittel, uns zu Christus zu bringen, auf daß wir durch den Glauben gerecht werden. „Das Gesetz des Herrn ist vollkommen und erquickt die Seele." [25]

„Bis daß Himmel und Erde vergehe", sagte Jesus, „wird nicht vergehen der kleinste Buchstabe noch ein Tüpfelchen vom Gesetz, bis daß es alles geschehe." [26] Die am Himmel leuchtende Sonne und die Erde, auf der wir wohnen, sind Gottes Zeugen, daß sein Gesetz unveränderlich und ewig ist. Obgleich diese vergehen, werden die göttlichen Gebote bestehen. „Es ist aber leichter, daß Himmel und Erde vergehen, als daß ein Tüpfelchen vom Gesetz falle." [27] Die Ordnung der sinnbildlichen Gottesdienste, die auf Jesus als das Lamm Gottes hinwies, mußte mit dem Tode Jesu aufhören; aber die Zehn Gebote sind so unveränderlich wie der Thron Gottes.

Die größte Täuschung der Menschenherzen zur Zeit Christi war die Ansicht, daß die Gerechtigkeit in der bloßen Zustimmung zur Wahrheit bestände. Es hat sich in allen menschlichen Erfahrungen erwiesen, daß eine theoretische Kenntnis der Wahrheit nicht genügt, um Seelen zu retten; sie allein bringt keine Früchte der Gerechtigkeit hervor. Eifernde Hochachtung vor der sogenannten theologischen Wahrheit wird oft von einem Haß gegen die unverfälschte Wahrheit begleitet. Die dunkelsten Kapitel der Weltgeschichte sind belastet mit Berichten über Verbrechen, die von eifernden, blinden Schwärmern begangen wurden. Die Pharisäer behaupteten, Kinder Abrahams zu sein und das Wort Gottes zu besitzen, und doch bewahrten diese Vorzüge sie nicht vor Selbstsucht, Boshaftigkeit, Habsucht und niedrigster Heuchelei. Sie hielten sich für die besten Religionsbekenner der Welt; aber ihre sogenannte Rechtgläubigkeit hinderte sie nicht, den Herrn der Herrlichkeit zu kreuzigen.

Die gleiche Gefahr besteht noch heute. Viele zählen sich zu den Christen, nur weil sie ein christliches Bekenntnis ablegten; sie übertragen jedoch ihr Glaubensbekenntnis nicht in das praktische Leben. Ihnen fehlen Liebe und Glauben, deshalb haben sie nicht die Kraft und die Gnade empfangen, die aus der Heiligung in der Wahrheit kommen. Die Menschen mögen vorgeben, an die Wahrheit zu glauben; wenn sie aber durch diese nicht aufrichtig, gütig, geduldig, langmütig und himmlisch gesinnt werden, wird sie ihnen zum Fluch und durch ihren Einfluß auch zum Fluch für die Welt.

Die Gerechtigkeit, die Christus lehrte, ist Übereinstimmung des Herzens und des Lebens mit dem geoffenbarten Willen Gottes. Sündige Menschen können nur gerecht werden, wenn sie Glauben an Gott haben und eine lebendige Verbindung mit ihm unterhalten. Dann wird wahre Gottseligkeit die Gedanken erheben und das Leben adeln, dann werden auch die äußeren Formen der Religion mit der inneren Reinheit des Christen übereinstimmen. Dann sind auch die im Gottesdienst geforderten Handlungen kein bedeutungsloser Formendienst wie bei den heuchlerischen Pharisäern.

Jesus erklärt jedes einzelne Gebot in dem ganzen Umfang seiner Anforderungen. Statt auch nur ein Tüpfelchen seiner Bedeutung wegzunehmen, zeigt er, wie weitreichend seine Grundsätze sind, und enthüllt den verhängnisvollen Irrtum der Juden, lediglich äußeren Gehorsam zur Schau zu tragen. Er erklärt, daß schon durch einen bösen Gedanken oder einen verlangenden Blick das Gesetz Gottes übertreten wird. Jeder, der sich an der kleinsten Ungerechtigkeit beteiligt, bricht das Gesetz und erniedrigt seinen eigenen sittlichen Charakter. Ein Mord beginnt schon im Herzen; wer Haß im Herzen nährt, betritt damit schon den Pfad des Mörders. Und solcher Menschen Opfer verabscheut Gott.

Die Juden pflegten einen Geist der Wiedervergeltung. In ihrem Haß gegen die Römer sprachen sie schwere Beschuldigungen aus und erfreuten Satan, indem sie solche Eigenschaften bekundeten. Auf diese Weise bildeten sie sich selbst dazu aus, die schrecklichen Taten zu begehen, zu denen er sie anleitete. In dem religiösen Leben der Pharisäer gab es nichts, was den Heiden als Vorbild hätte dienen können. Jesus ermahnte sie, sich nicht durch den Gedanken zu betrügen, daß sie sich im Herzen gegen ihre Unterdrücker auflehnen dürften, noch das Verlangen zu nähren, das erlittene Unrecht zu rächen.

Wohl gibt es auch eine Entrüstung, die selbst bei den Nachfolgern Christi entschuldbar ist. Wenn sie sehen, daß Gott oder sein Dienst entehrt wird oder wenn Unschuldige unterdrückt werden, dann kann ein gerechter Zorn die Seele erregen. Solcher Zorn, aus hohem sittlichem Empfinden geboren, ist keine Sünde. Wer sich jedoch bei jeder vermeintlichen Kränkung bewogen fühlt, dem Ärger oder Groll Raum zu geben, öffnet Satan sein Herz. Bitterkeit und Feindschaft müssen aus der Seele verbannt werden, wenn wir in Harmonie mit dem Himmel leben wollen.

Der Heiland geht noch weiter. Er sagt: „Wenn du deine Gabe auf dem Altar opferst und wirst allda eingedenk, daß dein Bruder etwas wider dich habe, so laß allda vor dem Altar deine Gabe und gehe zuvor hin und versöhne dich mit deinem Bruder und alsdann komm und opfere deine Gabe." [28] Viele wirken eifrig für den Herrn, und doch herrschen zwischen ihnen und ihren Brüdern unglückliche Zwistigkeiten, die sie ausgleichen könnten. Gott fordert von ihnen, alles in ihrer Macht Stehende zu tun, um die Einigkeit wiederherzustellen. Bis sie das nicht getan haben, kann Gott sich nicht zu ihrem Dienst bekennen. Des Christen Pflicht hierzu ist sehr deutlich vorgeschrieben.

Gott spendet allen seinen Segen. „Er läßt seine Sonne aufgehen über die Bösen und über die Guten und läßt regnen über Gerechte und Ungerechte." [29] „Er ist gütig über die Undankbaren und Bösen." [30] Wir sollen ihm auch hierin nachfolgen. Der Heiland sagt: „Segnet, die euch fluchen; tut wohl denen, die euch hassen . . . auf daß ihr Kinder seid eures Vaters im Himmel." [31] Dies sind die Grundsätze des Gesetzes. Sie sind die Quellen des Lebens.

Gottes Absichten mit seinen Kindern sind höher, als die höchsten menschlichen Gedanken erfassen können. „Darum sollt ihr vollkommen sein, gleichwie euer Vater im Himmel vollkommen ist." [32] Dies Gebot ist eine Verheißung. Der Erlösungsplan hat unsere vollständige Befreiung aus der Macht Satans zum Ziel. Christus sondert immer die reumütige Seele von der Sünde ab. Er kam, die Werke des Teufels zu zerstören, und er hat versprochen, daß der Heilige Geist jeder bußfertigen Seele verliehen werden soll, um sie vor der Sünde zu bewahren.

Der mächtige Einfluß des Versuchers soll nicht als Entschuldigung für eine einzige böse Handlung gelten. Satan freut sich, wenn er hört, daß angebliche Nachfolger Christi Entschuldigungen für ihre Charakterfehler vorbringen. Solche Entschuldigungen führen zur Sünde. Für die Sünde gibt es keine Entschuldigung. Das bußfertige, gläubige Gotteskind kann ein geheiligtes, Christus ähnliches Leben erlangen.

Jesus hatte gezeigt, worin Gerechtigkeit besteht, und er hatte auf Gott als die Quelle dieser Gerechtigkeit hingewiesen. Jetzt wandte er sich den praktischen Pflichten zu. Beim Almosengeben, beim Gebet und beim Fasten dürfe nichts geschehen, was die Aufmerksamkeit der andern erregt; nicht um Lohnes willen gute Werke tun! Gebt aufrichtigen Herzens zum Wohl der leidenden Armen; laßt im Gebet die Seele mit Gott verbunden sein; geht beim Fasten nicht mit gebeugtem Haupt und einem Herzen, das dabei nur an sich selbst denkt! Das Herz eines Pharisäers ist ein öder, unfruchtbarer Boden, in dem kein göttlicher Same gedeihen kann. Wer sich Gott ausliefert, wird ihm den wertvollsten Dienst erweisen. Durch Gemeinschaft mit Gott können die Menschen mit ihm zusammenwirken, indem sie seinen Charakter widerspiegeln.

Der aufrichtigen Herzens geleistete Dienst hat eine große Belohnung. „Dein Vater, der in das Verborgene sieht, wird dir's vergelten." [33] In einem Wandel, der sich unter die Gnade Christi gestellt hat, bildet sich der Charakter; die ursprüngliche Schönheit der Seele wird wiederhergestellt, wir entfalten in uns die Eigenschaften Gottes, und das göttliche Ebenbild strahlt durch alles Menschliche hindurch. Auf den Angesichtern der Frauen und Männer, die ihr Leben mit Gott leben, leuchtet himmlischer Friede. Sie sind von göttlichem Wesen umgeben; für sie hat das Reich Gottes begonnen. Sie besitzen die Freude Christi, die Freude, der Menschheit zum Segen zu leben. Sie haben die Ehre, zu des Meisters Dienst angenommen zu sein; in seinem Namen wird ihnen das Werk Gottes anvertraut.

„Niemand kann zwei Herren dienen." [34] Wir können Gott nicht mit einem geteilten Herzen dienen. Die Religion der Heiligen Schrift übt nicht irgendeinen Einfluß aus unter vielen, sondern ihr Einfluß soll der höchste, weitestreichende sein, der jeden andern beherrscht. Die Religion der Heiligen Schrift soll nicht wie ein wenig Farbe hier und da auf die Leinwand aufgetragen werden, sondern sie soll das ganze Leben durchdringen, als ob die Leinwand in die Farbe getaucht worden wäre, bis jeder Faden des Gewebes durchtränkt ist und die Farbe unveränderlich angenommen hat.

„Wenn dein Auge lauter ist, so wird dein ganzer Leib licht sein. Wenn aber dein Auge böse ist, so wird dein ganzer Leib finster sein." [35] Reinheit und Beständigkeit des Willens sind die Voraussetzungen, um Licht von Gott zu empfangen. Wen danach verlangt, die Wahrheit zu erkennen, der muß willig sein, alles anzunehmen, was sie offenbart; er darf dem Irrtum keine Zugeständnisse machen. Unbeständig und oberflächlich in der Treue zur Wahrheit zu sein, heißt Finsternis des Irrtums und teuflische Täuschung zu wählen.

Weltliche Klugheit und die unwandelbaren Grundsätze der Gerechtigkeit gehen nicht unmerklich ineinander über wie die Farben des Regenbogens; zwischen beiden ist von dem ewigen Gott eine breite, deutliche Trennungslinie gezogen. Christi Bild unterscheidet sich so auffallend von dem Bilde Satans wie der helle Mittag von der dunkelsten Mitternacht. Nur diejenigen, die in Jesu Fußtapfen wandeln, sind seine Mitarbeiter. Wenn eine Sünde in der Seele genährt oder eine schlechte Gewohnheit im Leben geduldet wird, ist das ganze Wesen unrein, und der Mensch wird ein Werkzeug der Ungerechtigkeit.

Wer den Dienst für den Herrn gewählt hat, darf sich getrost seiner Fürsorge überlassen. Christus wies auf die Vögel unter dem Himmel und auf die Blumen des Feldes; er forderte seine Zuhörer auf, auf diese zu achten, und fragte sie: „Seid ihr denn nicht viel mehr als sie?“ [36]

Alle, die das Reich Christi, das Reich der Liebe, der Gerechtigkeit und des Friedens wählen und es höher schätzen als alles andere, sind mit der himmlischen Welt verbunden, und jede Segnung, der sie für dieses Leben bedürfen, steht ihnen zur Verfügung. In dem Buch der göttlichen Vorsehung, dem Buch des Lebens, ist jedem von uns eine Seite gegeben. Auf jeder Seite stehen die Einzelheiten unseres Lebens; selbst die Haare auf unserem Kopfe sind gezählt. Gottes Kinder sind seinem Herzen niemals fern.

„Darum sorget nicht für den andern Morgen.“ [37] Wir sollen Christus täglich folgen. Gott gibt uns heute keine Hilfe für morgen. Er gibt seinen Kindern nicht alle Anweisungen für die ganze Lebensreise auf einmal; sie würden dadurch nur verwirrt werden. Er sagt ihnen nur so viel, wie sie sich merken und wie sie ausführen können. Die mitgeteilte Kraft und Weisheit ist stets für den unmittelbaren Notfall. „Wenn aber jemandem unter euch Weisheit mangelt, der bitte Gott, der da gern gibt jedermann und allen mit Güte begegnet, so wird ihm gegeben werden.“ [38]

„Richtet nicht, auf daß ihr nicht gerichtet werdet.“ [39] Glaubt nicht, daß ihr besser seid als andere, und erhebt euch nicht zum Richter über sie. Da ihr nicht die Beweggründe ihrer Handlungen kennt, seid ihr unfähig, andere zu richten. Wenn ihr aber Kritik übt, dann fällt ihr gewöhnlich euer eigenes Urteil; denn ihr zeigt oft, daß ihr des Teufels Teilhaber darin seid, eure Brüder zu verklagen. Der Herr sagt: „Versuchet euch selbst, ob ihr im Glauben seid; prüfet euch selbst!"[40] Das ist unsere Aufgabe. „Wenn wir uns selber richteten, so würden wir nicht gerichtet."[41]

Ein guter Baum wird gute Frucht bringen! Ist die Frucht ungenießbar, so ist der Baum wertlos. Genauso bezeugen die Früchte unseres Lebens, unsere Taten, in welchem Zustand sich unser Herz und unser Charakter befinden. Mit guten Werken können wir uns die Seligkeit nicht erkaufen; aber sie dienen als Beweis des Glaubens, der durch die Liebe tätig ist und die Seele reinigt. Obgleich die himmlische Belohnung nicht nach dem Verdienst der Werke ausgeteilt wird, steht sie doch im Verhältnis zu den Werken, die durch die Gnade Christi getan worden sind.

So verkündigte Christus die Grundsätze seines Reiches und zeigte, wie umfassend sie als Richtschnur des Lebens dienen. Um seine Lehre noch verständlicher zu machen, veranschaulichte er sie durch Bilder und Gleichnisse. Es genügt nicht, sagte er, daß ihr meine Worte hört, ihr müßt sie durch tätigen Gehorsam zur Grundlage eures Charakters machen. Das eigene Ich ist nur loser Sand; baut ihr auf Menschenweisheit und Menschengeist, so wird euer Haus fallen. Durch die Stürme der Versuchungen und Prüfungen wird es hinweggefegt werden. Die Grundsätze aber, die ich euch gegeben habe, werden dauern. Darum bekennt euch zu mir! Baut auf mein Wort!

„Wer diese meine Rede hört und tut sie, der gleicht einem klugen Mann, der sein Haus auf den Felsen baute. Da nun ein Platzregen fiel und die Wasser kamen und wehten die Winde und stießen an das Haus, fiel es doch nicht; denn es war auf den Felsen gegründet."[42]

Christus hatte zu dem königlichen Beamten, dessen Sohn von ihm geheilt worden war, gesagt: „Wenn ihr nicht Zeichen und Wunder seht, so glaubt ihr nicht." [1] Es betrübte ihn, daß sein eigenes Volk äußerliche Beweise seines Messiasamtes verlangte. Immer wieder hatte er sich über ihren Unglauben gewundert. Er war deshalb sehr erstaunt über den Glauben des Hauptmanns, der zu ihm kam. Der Hauptmann zweifelte nicht an der Macht des Heilandes, er bat ihn nicht einmal, persönlich zu ihm zu kommen, um das Wunder zu wirken. „Sprich nur ein Wort", sagte er voller Vertrauen, „so wird mein Knecht gesund." [2]

Der Knecht war gichtbrüchig und lag im Sterben. Bei den Römern waren die Diener Sklaven. Sie wurden auf den Märkten gekauft; sie wurden beschimpft und grausam behandelt. Dieser Hauptmann aber war seinem Diener zugetan und wünschte herzlich seine Genesung. Er glaubte, daß Jesus ihn heilen könne. Gesehen hatte er den Heiland zwar noch nicht, aber alles, was er über sein Wirken bisher vernommen hatte, erweckte seinen Glauben. Ungeachtet des Formenwesens der Juden war dieser Römer überzeugt, daß ihre Religion besser sei als die seinige. Er hatte schon die Schranken nationalen Vorurteils und des Hasses, welche die Sieger von den Besiegten trennten, durchbrochen, hatte Achtung vor ihrem Gottesdienst bekundet und den Juden als ein Anbeter Gottes Aufmerksamkeiten erwiesen. In der Lehre Christi, wie sie ihm übermittelt worden war, fand er etwas, was dem Bedürfnis seiner Seele entsprach. Sein ganzes geistliches Verlangen kam den Worten des Heilandes entgegen. Er hielt sich jedoch für unwürdig, in Jesu Nähe zu kommen, und er bat die jüdischen Ältesten, um die Heilung seines Knechtes zu bitten, kannten sie doch den großen Lehrer und würden wissen, so dachte er, wie sie sich ihm nähern mußten, um seine Gunst zu erlangen.

Als Jesus nach Kapernaum kam, wurde er von einer Abordnung der Ältesten empfangen, die des Hauptmanns Wunsch vorbrachte und mit den Worten befürwortete: „Er hat unser Volk lieb, und die Synagoge hat er uns erbaut." [3]

Jesus lenkte seine Schritte nunmehr unverzüglich nach dem Hause des Hauptmanns, kam jedoch wegen der zahlreichen Menschen auf den Straßen nur langsam vorwärts. Die Nachricht seines Kommens eilte ihm voraus. Der Hauptmann in seiner Demut sandte ihm die Botschaft entgegen: „Ach Herr, bemühe dich nicht; ich bin nicht wert, daß du unter mein Dach gehest." Der Heiland aber setzte unbeirrt seinen Weg fort. Da wagte es schließlich der Hauptmann, sich ihm zu nähern. Er tat es mit den Worten: „Darum habe ich auch mich selbst nicht würdig geachtet, daß ich zu dir käme; sondern sprich ein Wort, so wird mein Knecht gesund. Denn auch ich bin ein Mensch, der Obrigkeit untertan, und habe Kriegsknechte unter mir; und spreche ich zu einem: Gehe hin! so geht er; und zum andern: Komm her! so kommt er; und zu meinem Knecht: Tu das! so tut er's."[4] Wie ich die Macht Roms vertrete und meine Soldaten mich als höchste Autorität anerkennen, so vertrittst du die Macht des ewigen Gottes, und alle Geschöpfe sind deinem Wort gehorsam. Du gebietest den Krankheiten zu weichen, und sie müssen dir gehorchen; du rufst die Engel des Himmels, und sie müssen dir heilende Kraft mitteilen. Sprich nur ein Wort, so wird mein Knecht gesund.

„Da aber Jesus das hörte, verwunderte er sich über ihn und wandte sich um und sprach zu dem Volk, das ihm nachfolgte: Ich sage euch: Solchen Glauben habe ich in ganz Israel nicht gefunden."[5] Und zu dem Hauptmann sagte er: „Gehe hin; dir geschehe, wie du geglaubt hast. Und sein Knecht ward gesund zu derselben Stunde."[6]

Die jüdischen Ältesten, die den Hauptmann der Gunst Jesu empfahlen, hatten bewiesen, wie weit sie davon entfernt waren, den Geist des Evangeliums zu besitzen. Sie erkannten nicht, daß der einzige Anspruch, den wir auf Gottes Gnade haben, unsere große Not ist; in ihrer Selbstgerechtigkeit baten sie für den Hauptmann wegen der vielen Gunsterweisungen für „unser Volk". Der Hauptmann aber sagte von sich selbst: „Ich bin es nicht wert." Sein Herz war von der Gnade Christi berührt worden; er sah seine Unwürdigkeit, fürchtete sich aber nicht, um Hilfe zu bitten. Er baute nicht auf sein Gutsein, sondern gab seine große Not als Grund seiner Bitte an. Sein Glaube erfaßte das wahre Wesen Christi; er glaubte an ihn, nicht nur, weil dieser ein Wundertäter war, sondern weil er in ihm den Freund und Heiland der Menschheit sah.

So sollte jeder Sünder zu Christus kommen. Er rettete uns, „nicht um der Werke willen der Gerechtigkeit, die wir getan hatten, sondern nach seiner Barmherzigkeit".[7] Wenn Satan dir sagt, daß du ein Sünder bist und nicht hoffen kannst, Segnungen von Gott zu empfangen, dann sage ihm, daß Christus in die Welt kam, Sünder selig zu machen. Wir haben nichts, was uns bei Gott empfiehlt; der einzige Grund, den wir anführen können, ist unsere äußerst hilflose Lage, die Jesu erlösende Kraft für uns notwendig macht. Alles Selbstvertrauen aufgebend, dürfen wir zum Kreuz auf Golgatha blicken und sagen: Da ich dir nichts bringen kann, schmieg' ich an dein Kreuz mich an.

Die Juden waren von Kindheit an über die Aufgabe des Messias unterrichtet worden und besaßen die heiligen Aussprüche der Patriarchen und Propheten und auch die sinnbildlichen Lehren des Opferdienstes; aber sie hatten das Licht nicht beachtet und sahen jetzt in Jesus nicht das Wesen, nach dem sie Verlangen haben sollten. Der Hauptmann jedoch, der im Heidentum geboren, im Götzendienst des kaiserlichen Rom erzogen, als heidnischer Soldat ausgebildet und wahrscheinlich durch seine Erziehung und Umgebung vom geistlichen Leben abgeschnitten war und durch den blinden Eifer der Juden und die Verachtung seiner eigenen Landsleute dem Volk Israel gegenüber noch weiter davon getrennt wurde – dieser Mann erfaßte die Wahrheit, gegen welche die Kinder Israel blind waren. Er wartete nicht darauf, ob die Juden den aufnehmen würden, der sich als ihr Messias ausgab; als „das wahrhaftige Licht, welches alle Menschen erleuchtet, die in diese Welt kommen",[8] ihm erschien, da erkannte er selbst aus der Ferne die Herrlichkeit des Sohnes Gottes.

Das war für Jesus ein Pfand für die Aufgabe, die das Evangelium unter den Heiden vollbringen sollte. Mit Freuden sah er dem Sammeln der Seelen aus allen Völkern für sein Reich entgegen; aber mit tiefer Trauer schilderte er den Juden die Folgen der Verwerfung seiner Gnade: „Ich sage euch: Viele werden kommen vom Osten und vom Westen und mit Abraham und Isaak und Jakob im Himmelreich sitzen; aber die Kinder des Reichs werden ausgestoßen in die Finsternis hinaus; da wird sein Heulen und Zähneklappen."[9] Wie viele bereiten sich jetzt noch diese große Enttäuschung! Wie vielen Menschen in den christlichen Ländern scheint dieses Licht nur, um von ihnen verworfen zu werden, während Heiden die Gnade Jesu ergreifen!

In der Nähe von Kapernaum, etwa acht Stunden Wegs entfernt, lag auf einem Tafelland, von dem aus man die landschaftlich schöne Ebene von Jesreel überblicken konnte, das Dorf Nain. Nach dort wanderte nun der Herr Jesus. Viele seiner Jünger und auch etliche

Anhänger aus dem Volk waren bei ihm. Auf dem Wege dahin vergrößerte sich die Zahl derer, die sich nach seinen Worten der Liebe und der Teilnahme sehnten, ihm ihre Kranken zur Heilung brachten und die stille Hoffnung hatten, daß er, dem eine so wunderbare Macht zu Gebote stand, sich als König von Israel offenbaren werde. Es war eine frohe, erwartungsvolle Schar, die sich um ihn drängte und ihn auf felsigem Pfad zu dem Bergdorf begleitete.

Als sie näher kamen, sahen sie einen Leichenzug, der sich langsamen, schleppenden Schrittes durch die Tore nach der Begräbnisstätte bewegte. Dem Zuge voran trug man in einem offenen Sarg den Verstorbenen. Ihm zur Seite gingen die Hinterbliebenen, deren Wehklagen die Luft erfüllte. Alle Einwohner des Ortes schienen sich versammelt zu haben, um durch ihre Teilnahme ihr Mitgefühl zu bezeugen und dem Toten die letzte Ehre zu erweisen.

Es war ein Anblick, der Mitgefühl erwecken mußte. Der Tote war der einzige Sohn seiner Mutter, und sie war eine Witwe. Die einsam Trauernde folgte ihrer einzigen irdischen Stütze, ihrem ganzen Trost, zum Grabe. „Da sie der Herr sah, jammerte ihn derselben." Sie aber ging weinend, blind gegen alles, ihres Weges, ohne Jesu Gegenwart zu beachten. Da trat der Herr an die unglückliche Frau heran und sagte sanft: „Weine nicht!" Er wollte ihre Trauer in Freude verwandeln und sagte dieses tröstende Wort: „Weine nicht!" [10]

„Und trat hinzu und rührte den Sarg an." Selbst die Berührung des Toten konnte den Herrn nicht verunreinigen. Die Träger standen still. Das Klagen der Leidtragenden verstummte. Sie sammelten sich alle mit ungewisser Hoffnung um den Sarg. Es war jemand gegenwärtig, der bereits Krankheiten gebannt und Teufel ausgetrieben hatte. War auch der Tod seiner Macht unterworfen?

Mit klarer, gebieterischer Stimme ertönen die Worte: „Jüngling, ich sage dir, stehe auf!" Diese Stimme durchdringt den Toten; er öffnet die Augen. Dann nimmt ihn Jesus bei der Hand und richtet ihn auf. Sein Blick fällt auf die Frau, die weinend neben ihm gestanden, und Mutter und Sohn finden sich in selig-freudiger Umarmung. Die Menge steht schweigend, wie gebannt. „Es kam sie alle eine Furcht an." Still und ehrfurchtsvoll standen die Leute eine Weile, als wären sie in der Gegenwart Gottes. Dann priesen sie „Gott und sprachen: Es ist ein großer Prophet unter uns aufgestanden, und: Gott hat sein Volk heimgesucht". Der Leichenzug kehrte als Triumphzug nach Nain zurück. „Und diese Rede über ihn erscholl in das ganze jüdische Land und in alle umliegenden Länder.“ [11]

Jesus achtet heute noch auf die Traurigen. Unser Kummer erfüllt ihn mit Teilnahme. Sein Herz, das damals liebte und Mitleid hatte, ist ein Herz von unveränderlicher Güte und Fürsorge; sein Wort, das den Toten ins Leben zurückrief, ist jetzt nicht weniger wirksam als zu jener Zeit, da es sich an den Jüngling von Nain richtete. Er sagt: „Mir ist gegeben alle Gewalt im Himmel und auf Erden.“ [12] Jesu Macht ist im Verlauf der Zeiten weder geringer geworden, noch ist sie durch die ständige Wirksamkeit seiner überströmenden Gnade erschöpft. Allen, die an ihn glauben und auf ihn ihr Vertrauen setzen, ist er ein lebendiger Heiland.

Als Jesus der Mutter den Sohn zurückgab, verwandelte er ihre Trauer in große Freude. Und doch war der Jüngling nur in das irdische Leben zurückgerufen worden, um aufs neue all dessen Mühen, Sorgen und Gefahren zu erdulden und um nochmals der Macht des Todes zu erliegen. Aber unsere Trauer um die Toten stillt Jesus durch eine Botschaft unendlicher Hoffnung: Ich bin „der Lebendige. Ich war tot, und siehe, ich bin lebendig von Ewigkeit zu Ewigkeit und habe die Schlüssel der Hölle und des Todes“.[13] „Weil nun die Kinder Fleisch und Blut haben, ist auch er der gleichen Art teilhaftig geworden, damit er durch seinen Tod die Macht nähme dem, der des Todes Gewalt hatte, das ist dem Teufel, und erlöste die, so durch Furcht vor dem Tode im ganzen Leben Knechte sein mußten.“ [14]

Satan kann die Toten nicht in seiner Gewalt behalten, wenn der Sohn Gottes ihnen gebietet zu leben. Er kann nicht eine einzige Seele im geistlichen Tode bannen, die gläubig Christi Machtwort annimmt. Gott sagt zu allen, die in Sünden tot sind: „Wache auf, der du schläfst, und stehe auf von den Toten.“ [15] Sein Wort ist ewiges Leben. Wie das Wort Gottes, das dem ersten Menschen gebot zu leben, auch uns noch Leben gibt; wie Jesu Wort: „Jüngling, ich sage dir, stehe auf!“ dem Jüngling von Nain Leben gab – so ist das Wort: „Stehe auf von den Toten“ Leben für die Seele, die es annimmt. Gott hat uns errettet „von der Macht der Finsternis und hat uns versetzt in das Reich seines lieben Sohnes“.[16] Alles wird uns in seinem Wort angeboten; nehmen wir es an, dann sind wir gerettet.

„Wenn nun der Geist des, der Jesus von den Toten auferweckt hat, in euch wohnt, so wird derselbe, der Jesus Christus von den Toten auferweckt hat, auch eure sterblichen Leiber lebendig machen durch seinen Geist, der in euch wohnt." [17] „Denn er selbst, der Herr, wird mit befehlendem Wort, mit der Stimme des Erzengels und mit der Posaune Gottes herniederkommen vom Himmel, und die Toten in Christus werden auferstehen zuerst. Danach wir, die wir leben und übrigbleiben, werden zugleich mit ihnen hingerückt werden in den Wolken, dem Herrn entgegen in die Luft, und werden so bei dem Herrn sein allezeit." [18] Dies ist jenes Trostwort, mit dem wir uns, so gebot er, untereinander trösten sollen.

„Schweig und verstumme!“ | 24

Ein ereignisreicher Tag im Leben Jesu hier auf Erden neigte sich seinem Ende zu. Am See Genezareth hatte er seine ersten Gleichnisse gesprochen und durch sinnreiche Vergleiche aus der Natur das Wesen seines Reiches und die Art und Weise seines Kommens erklärt. Er hatte seine Arbeit mit der eines Sämanns, die Entwicklung seines Reiches mit dem Wachsen eines Senfkorns und der Wirkung des Sauerteiges in einem Scheffel Mehl verglichen. Die Trennung der Gerechten von den Gottlosen am Jüngsten Tage hatte er durch die Gleichnisse vom Unkraut unter dem Weizen und dem Netz mit den Fischen veranschaulicht. Das Wertvolle der Wahrheiten, die er lehrte, hatte er durch das Gleichnis von dem verborgenen Schatz und von der köstlichen Perle dargelegt, während er im Gleichnis von dem Haushalter seinen Jüngern zeigte, wie sie als seine Stellvertreter wirken sollten.

Den ganzen Tag über hatte er gelehrt und geheilt. Als es dunkelte, drängte sich die Menge noch immer um ihn. Tagelang schon hatte er den Menschen gedient, ohne sich viel Zeit zum Essen und Ruhen zu gönnen. Die boshafte Kritik und die Entstellungen der Pharisäer, womit sie ihn beständig verfolgten, erschwerten seine Tätigkeit ungeheuer. Jetzt am Ende des Tages war er so ermattet, daß er beschloß, sich an einen stillen Ort auf der andern Seite des Sees zurückzuziehen.

Das östliche Ufer des Sees Genezareth war nicht unbewohnt. Es lagen hier und da Ortschaften; dennoch wirkte es im Vergleich mit dem westlichen Ufer öde und wüst. Es hatte eine mehr heidnische als jüdische Bevölkerung und unterhielt nur geringen Verkehr mit Galiläa, so daß Jesus hier die gewünschte Abgeschlossenheit finden konnte. Seine Jünger forderte er auf, ihn zu begleiten.

So nahmen ihn diese, nachdem er die Menge verabschiedet hatte, so wie er war, ins Boot und stießen eiligst vom Ufer ab. Doch sie blieben nicht allein. Andere Boote, die am Ufer lagen und schnell mit Menschen besetzt waren, folgten ihnen. Es waren noch viele, die ihn sehen und hören wollten.

Endlich war der Heiland von dem Gedränge der Menge befreit. Überwältigt von Müdigkeit und Hunger, legte er sich hinten im Schiff nieder und schlief bald ein. Es war ein ruhiger und angenehmer Abend, und tiefe Stille lagerte über dem See. Plötzlich jedoch überzog Finsternis den Himmel; der Wind fuhr ungestüm aus den Bergklüften hernieder und fegte am östlichen Seeufer entlang, und ein furchtbares Wetter brach herein.

Die Sonne war untergegangen, und die Finsternis der Nacht lagerte über dem stürmischen See. Die von dem wütenden Wind zu Schaum gepeitschten Wellen stürzten mit aller Heftigkeit über dem Boot der Jünger zusammen und drohten es zu verschlingen. Die abgehärteten Fischer hatten ihr Leben auf dem See zugebracht und ihr Schifflein durch manchen Sturm sicher ans Ufer gebracht. Jetzt aber versagten ihre Kraft und ihre Geschicklichkeit; sie waren hilflos in der Gewalt des Sturmes, und ihre Hoffnung wich, als sie sahen, daß das Boot voll Wasser schlug.

Ganz erfüllt von dem Bestreben, sich zu retten, hatten sie die Anwesenheit Jesu vergessen. Als sie aber bemerkten, daß ihre Rettungsarbeiten vergebens waren und sie den sicheren Tod vor Augen fühlten, erinnerten sie sich, auf wessen Wunsch sie über den See fuhren. Der Heiland war jetzt ihre einzige Hoffnung. In ihrer Hilflosigkeit und Verzweiflung schrien sie: „Meister! Meister!“ [1] Aber die dichte Finsternis verbarg ihn vor ihren Augen; ihre Stimmen wurden von dem Heulen des Sturmes übertönt – es kam keine Antwort. Zweifel und Furcht überfielen sie. Hatte Jesus sie verlassen? War er, der Krankheiten und Dämonen, ja sogar den Tod besiegt hatte, jetzt machtlos, seinen Jüngern zu helfen? Achtete er nicht ihrer Not?

Sie rufen noch einmal. Wieder keine Antwort. Nur das Heulen des Sturmes ist zu vernehmen. Schon beginnt das Schiff zu sinken. Noch einen Augenblick – und die Wellen werden sie verschlungen haben.

Plötzlich erhellt ein Blitzstrahl die Finsternis, und da sehen die Jünger ihren Herrn ruhig schlafen. Bestürzt und verzweifelt rufen sie: „Meister, fragst du nichts danach, daß wir verderben?“ [2] Wie kann er so friedlich schlafen, während sie in Gefahr sind und mit dem Tode ringen!

Ihr Schreien weckt den Herrn schließlich. Ein neuer Blitz erhellt seine Gestalt, und die Jünger erkennen staunend den himmlischen Frieden auf seinem Angesicht und lesen in seinem Blick selbstvergessene, hingebungsvolle Liebe. Ihre Herzen wenden sich ihm zu, und sie stammeln: „Herr, hilf uns, wir verderben!“

Noch nie ist solcher Ruf unbeachtet geblieben. Die Jünger ergreifen noch einmal die Ruder, um einen letzten Rettungsversuch zu unternehmen. Da erhebt sich der Herr. Er steht mitten unter den Jüngern. Der Sturm wütet weiter, die Wellen schlagen über sie hinweg, und Blitze erleuchten des Meisters Angesicht. Er erhebt seine Hand, die so oft Werke der Barmherzigkeit getan hat, und gebietet dem stürmischen See: „Schweig und verstumme!"

Der Sturm hört auf. Die Wogen legen sich. Die Wolken weichen, und Sterne leuchten hervor. Das Schiff gleitet wieder auf dem ruhig gewordenen See dahin. Jesus aber wendet sich an seine Jünger und sagt traurig zu ihnen: „Was seid ihr so furchtsam? Wie habt ihr denn keinen Glauben?" [3]

Bedrücktes Schweigen bemächtigte sich der Jüngerschar. Selbst Petrus wagte es vor Scheu nicht, das auszusprechen, was sein Herz erfüllte. Die Schiffe, die mitfuhren, um den Heiland zu begleiten, waren in derselben Gefahr gewesen wie das Boot der Jünger. Schrekken und Verzweiflung hatten ihre Insassen ergriffen; aber Jesu Befehl stillte alle Aufregung. Die Gewalt des Sturmes hatte die Boote auseinandergetrieben, und so erlebten alle das Wunder mit. Mit der dem Sturm folgenden Stille war alle Furcht vergessen. Die Leute sprachen unter sich: „Was ist das für ein Mann, daß ihm Wind und Meer gehorsam sind?" [4]

Als Jesus geweckt wurde, um dem Sturm zu begegnen, bewies er vollkommene Ruhe und Sicherheit. Wort und Blick verrieten nicht eine Spur von Furcht; denn sein Herz war frei davon. Nicht weil er im Bewußtsein der göttlichen Allmacht sich sicher fühlte, nicht als Herr der Erde, des Himmels und der Meere bewahrte er diese Ruhe; jene Macht hatte er niedergelegt, denn er sagte: „Ich kann nichts von mir selber tun." [5] Er vertraute aber der Macht seines Vaters; er ruhte im Glauben – im Glauben an die Liebe und Fürsorge Gottes. Die Macht des Wortes, die den Sturm stillte, war die Macht Gottes.

Wie Jesus sich im Glauben in der Liebe des Vaters geborgen fühlte, so sollen wir uns in der Fürsorge des Heilandes geborgen wissen. Hätten die Jünger dem Herrn vertraut, dann wären sie auch ruhig und sicher gewesen. Durch ihre Furcht in der Stunde der Gefahr bekundeten sie jedoch Unglauben. In ihrem Eifer, sich selbst zu retten, vergaßen sie Jesus. Erst als sie an sich selbst verzweifelten und sie sich an ihn wandten, konnte er ihnen helfen.

Wie oft ist die Erfahrung der Jünger auch die unsrige! Wenn sich die Stürme der Versuchung über uns zusammenziehen, wenn grelle Blitze zucken und die Wogen der Verzweiflung über uns zusammenschlagen, kämpfen wir mit unserer Not allein, und wir vergessen, daß einer gegenwärtig ist, der uns helfen kann. Wir vertrauen unserer eigenen Kraft, bis uns alle Hoffnung verläßt und wir dem Verderben nahe sind. Dann erst denken wir an den Heiland, und wenn wir ihn im Glauben anrufen, wird es nicht vergebens sein. Wohl tadelt er betrübt unseren Unglauben und unser Selbstvertrauen, doch gewährt er uns bereitwillig die Hilfe, die uns not tut. Wo wir auch sein mögen, auf dem Lande oder auf dem Meer: wir brauchen uns nicht zu fürchten, wenn wir Jesus im Herzen haben. Ein lebendiger Glaube an ihn wird das unruhige Meer des Lebens beruhigen und uns aus der Gefahr befreien in einer Weise, die ihm am besten erscheint.

Am nächsten Morgen, als gerade das Licht der aufgehenden Sonne wie ein Friedensgruß Land und See berührte, kam der Heiland mit den Jüngern ans Ufer. Kaum aber hatten sie das Land betreten, als sich ihnen ein Anblick bot, der schrecklicher war als das Rasen des Sturmes. Zwei Irrsinnige stürzten aus einem Versteck zwischen den Gräbern hervor und auf sie zu, als wollten sie sie in Stücke zerreißen. An ihren Füßen hingen Glieder von Ketten, die sie gesprengt hatten; ihr Körper zeigte blutende Wunden, die sie sich an den scharfen Steinen geholt hatten; ihre Augen stierten wild unter dem langen, wirren Haar hervor; alles Menschliche schien ihnen von den Dämonen, die in ihnen wohnten, genommen zu sein; sie sahen wilden Tieren ähnlicher als Menschen.

Die Jünger und andere Begleiter des Herrn flohen vor Schrecken. Bald aber bemerkten sie, daß Christus nicht bei ihnen war. Sie schauten sich um und sahen ihren Herrn dort stehen, wo sie ihn verlassen hatten. Der den Sturm gestillt, der schon früher Satan begegnet war und ihn besiegt hatte, floh nicht vor diesen bösen Geistern. Die Wahnsinnigen hatten sich zähneknirschend und vor Wut schäumend dem Herrn genähert. Da erhob Jesus die Hand, die den wilden Wogen Ruhe geboten hatte, und die Männer vermochten nicht, näher zu kommen. Sie standen wütend, aber hilflos vor ihm.

Mit Macht gebot er nun den unreinen Geistern, aus den Männern auszufahren. Seine Worte durchdrangen die umnachteten Sinne der Unglücklichen, und sie erkannten, wenn auch noch dunkel, die Gegenwart des Einen, der sie von den bösen Geistern erlösen konnte. Sie fielen dem Heiland zu Füßen, ihn anzubeten. Als sie jedoch die Lippen öffneten, um seine Gnade zu erflehen, sprachen die Dämonen aus ihnen und schrien ihn ungestüm an: „Was willst du von uns, du Sohn Gottes? Bist du hergekommen, uns zu quälen, ehe denn es Zeit ist?“ [6]

Jesus fragte den einen: „Wie heißest du?“ Und dieser antwortete: „Legion heiße ich; denn wir sind viele.“ [7] Diese unglücklichen Männer wurden von den Dämonen als Mittelspersonen benutzt, Jesus zu ersuchen, sie nicht aus dem Lande zu treiben. Nicht weit davon, am Abhang eines kleinen Berges, weidete eine Herde Säue. In diese wollten die Dämonen fahren. Jesus erlaubte es ihnen, und sofort wurde die Herde von panischem Schrecken ergriffen. Die Säue rasten wild die Klippen hinunter, stürzten sich, da sie ihren Lauf nicht hemmen konnten, in den See und ertranken.

Während dieser Zeit war mit den Irrsinnigen eine wunderbare Veränderung vor sich gegangen; es war licht geworden in ihrem Geist, die Augen blickten klug und verständig, die bisher zum Bilde Satans entstellten Gesichter wurden sanft und die blutbefleckten Hände ruhig. Mit freudiger Stimme lobten sie Gott für ihre Erlösung.

Die Schweinehirten hatten von den Klippen aus gesehen, was geschehen war, und eilten, die Nachricht von dem Vorgefallenen ihrem Herrn und allen Leuten zu bringen. In Furcht und Bestürzung strömten die Bewohner der ganzen Gegend zu Jesus. Die beiden Besessenen hatten als der Schrecken der Umgebung gegolten. Niemand war seines Lebens sicher gewesen; denn sie hatten sich mit der Wut der Dämonen auf jeden Vorübergehenden gestürzt. Nun waren sie wieder gesittet und vernünftig, saßen zu den Füßen Jesu, lauschten seinen Worten und verherrlichten den Namen dessen, der sie gesund gemacht hatte. Doch die Menschen, die all dies erlebten, freuten sich nicht mit ihnen; der Verlust der Schweine schien ihnen mehr zu bedeuten als die Befreiung dieser Gefangenen Satans.

Es war ein Akt göttlicher Gnade, daß dieser Verlust die Tierhalter getroffen hatte. Sie waren ganz erfüllt von ihren irdischen Belangen und kümmerten sich nicht um ihr geistliches Wohl. Jesus wünschte ihre Gleichgültigkeit zu brechen, damit sie seine Gnade annehmen möchten, doch die Trauer und die Entrüstung über den Verlust der Herde machten ihre Augen blind gegen die göttliche Gnade.

Die Bekundung einer übernatürlichen Macht erregte den Aberglauben der Menschen und erweckte die Furcht, daß noch weitere Unglücksfälle folgen könnten, solange dieser Fremdling unter ihnen weilte. Sie befürchteten finanziellen Schaden und beschlossen, sich von seiner Gegenwart zu befreien. Die Jesus über den See begleitet hatten, erzählten alles, was in der vergangenen Nacht geschehen war; sie berichteten von ihrer Gefahr in Sturmesnöten und wie Jesus Wind und Meer geboten hatte. Aber alle ihre Berichte blieben wirkungslos. Furchterfüllt drängte sich die Menge um Jesus, und sie bat ihn, diese Gegend zu verlassen. Jesus erfüllte ihren Wunsch, bestieg wieder das Boot und fuhr nach dem gegenüberliegenden Ufer.

Die Bevölkerung der Gegend um Gergesa hatte einen lebendigen Beweis von Jesu Macht und Gnade vor sich; sie sahen die Männer, die ihren Verstand wiedererlangt hatten, und doch fürchteten sie über alles, ihre irdischen Güter preisgeben zu müssen. Diese Furcht veranlaßte sie, Jesus, der vor ihren Augen den Fürsten der Finsternis verbannt hatte, wie einen Eindringling zu behandeln und die Gabe des Himmels abzulehnen. Wohl bietet sich heute nicht mehr die Gelegenheit, den Heiland als Menschen von sich zu weisen, wie es die Gerasener taten; aber es gibt noch viele, die sich weigern, seinem Wort zu gehorchen, vor allem dann, wenn dieser Gehorsam das Opfer irgendwelcher irdischen Vorteile einschließen würde. Sie verwerfen seine Gnade und weisen seinen Geist von sich, damit seine Gegenwart ihnen keinen materiellen Verlust bringe.

Wie ganz anders empfanden die beiden Geheilten! Sie verlangte nach der Gegenwart ihres Erlösers; bei ihm fühlten sie sich geborgen vor den bösen Geistern, die sie gequält und ihrer besten Kräfte beraubt hatten. Als Jesus sich anschickte, wieder das Boot zu besteigen, hielten sie sich ganz nahe an seiner Seite, knieten vor ihm nieder und baten herzlich, bei ihm bleiben zu dürfen, um immer seinem Worte lauschen zu können. Doch der Herr gebot ihnen, heimzugehen und zu verkündigen, was er an ihnen Großes getan hatte.

Hier war eine Aufgabe für sie zu erfüllen. Sie sollten in ihre heidnische Heimat zurückgehen und von den Segnungen erzählen, die Jesus ihnen erwiesen hatte. Es fiel ihnen schwer, sich von dem Heiland zu trennen, zumal sie wußten, welch großen Schwierigkeiten sie nun im Verkehr mit ihren heidnischen Landsleuten begegnen würden. Ihre lange Trennung von der menschlichen Gesellschaft schien sie für die von ihm bezeichnete Aufgabe unfähig gemacht zu haben; doch sobald der Herr ihnen den Auftrag stellte, waren sie bereit, ihn zu erfüllen. Nicht nur ihrer engsten Umgebung erzählten sie von dem Wunderheiland, sie gingen vielmehr durch das ganze Gebiet der Zehn Städte, verkündigten überall Jesu errettende Macht und beschrieben, wie er sie von den bösen Geistern befreit hatte. So empfingen sie durch ihr Missionswerk einen größeren Segen, als wenn sie zu ihrem eigenen Nutzen bei Jesus geblieben wären. Wenn wir die große Heilandsbotschaft verbreiten helfen, werden wir dem Erlöser nähergebracht.

Die beiden vom Wahnsinn Geheilten waren die ersten Missionare, die der Herr in die Gegend der Zehn Städte sandte, das Evangelium zu verkündigen. Nur kurze Zeit hatten sie das Vorrecht gehabt, den Lehren Jesu zu lauschen; nicht eine einzige Predigt hatten sie von ihm vernommen. Sie konnten von sich aus das Volk nicht lehren wie die Jünger, die täglich bei dem Herrn gewesen waren; aber sie bezeugten durch ihr persönliches Erleben, daß Jesus der Messias war. Sie konnten erzählen, was sie wußten, was sie von der Macht Christi gesehen, gehört und erlebt hatten. Dies kann jeder tun, dessen Herz von der göttlichen Gnade berührt worden ist.

Die Begegnung mit den beiden Besessenen war für die Jünger sehr lehrreich. Sie zeigte ihnen die Tiefe der Entartung, in die Satan das ganze Menschengeschlecht zu stürzen versucht, dann aber auch die Aufgabe Christi, die Gefangenen aus Satans Macht zu befreien. Jene elenden Geschöpfe, die inmitten der Gräber hausten und von bösen Geistern besessen, in ungezügelten Leidenschaften und ekelerregenden Neigungen geknechtet waren, geben Zeugnis davon, was aus Menschen wird, wenn sie der satanischen Gewalt überlassen bleiben. Satans Einfluß wirkt stets dahin, die Sinne der Menschen zu verwirren, das Gemüt auf Böses zu lenken und zu Gewalttaten und Verbrechen anzuspornen. Er schwächt den Körper, verdunkelt den Geist und erniedrigt die Seele. Wer die Einladung des Heilandes verwirft, ergibt sich dem Teufel. Viele Menschen in jeder Lebensstellung, im Heim, im Geschäft und selbst in der Gemeinde, handeln heute ähnlich. Darum haben Gewalttaten und Verbrechen auf Erden überhandgenommen, und tiefe moralische Finsternis bedeckt wie mit einem Leichentuch die Wohnungen der Menschen. Durch seine lockenden Versuchungen verführt Satan zu immer größerer Sünde, bis völlige Entartung und Verderben die Folge sind. Die einzige Sicherheit vor dieser teuflischen Macht liegt in der Gegenwart Jesu. Vor Menschen und Engeln ist Satan als Feind und Verderber, Christus aber als Freund und Erlöser offenbart worden. Christi Geist wird solche Eigenschaften im Menschen entwickeln, die den Charakter veredeln und seinem Wesen zur Ehre gereichen. Er wird den Menschen heranbilden zur Verherrlichung Gottes nach Leib, Seele und Geist. „Denn Gott hat uns nicht gegeben den Geist der Furcht, sondern der Kraft und der Liebe und der Zucht."[8] Er hat uns berufen, die „Herrlichkeit", den Charakter „unsres Herrn Jesus Christus" zu erlangen und gleich zu sein dem „Ebenbilde seines Sohnes".[9]

Menschen, die zu Werkzeugen Satans herabgewürdigt worden sind, können immer noch durch die Kraft Christi zu Boten der Gerechtigkeit umgebildet und von Christus hinausgesandt werden, zu verkündigen, „wie große Wohltat dir der Herr getan und sich deiner erbarmt hat".[10]

Ein lebendiger Glaube | 25

Als Jesus die Gegend der Zehn Städte verlassen hatte und wieder nach dem westlichen Ufer des Sees zurückgekehrt war, wurde er von einer großen Volksmenge erwartet, die ihn herzlich begrüßte. Er blieb noch längere Zeit am See, lehrte und machte Kranke gesund und begab sich in das Haus des Matthäus, wo er mit Zöllnern beim Fest zusammentraf. Hier fand ihn Jairus, der Oberste der Judenschule.

Jairus trat mit allen Anzeichen größter Herzensnot zu Jesus, warf sich ihm zu Füßen und rief: „Meine Tochter liegt in den letzten Zügen; du wollest kommen und deine Hände auf sie legen, daß sie gesund werde und lebe." [1]

Jesus begab sich sofort mit dem Obersten auf den Weg zu dessen Wohnung. Obgleich die Jünger schon oft seine Werke der Barmherzigkeit gesehen hatten, waren sie doch überrascht, daß ihr Herr dem Wunsch dieses hochmütigen Obersten so bereitwillig nachkam. Sie begleiteten mit noch vielen anderen ihren Meister, ungeduldig und erwartungsvoll. Des Obersten Haus war nicht weit entfernt; aber Jesus und seine Begleiter kamen nur langsam vorwärts, denn die Menge drängte von allen Seiten. Trotz der Ungeduld des Vaters unterbrach Jesus aus Mitleid mit dem Volk seinen Weg, heilte hier einen Leidenden und spendete dort einer traurigen Seele reichen Trost.

Da drängte sich plötzlich ein Bote durch die Menge und brachte Jairus die Mitteilung, daß seine Tochter gestorben sei; es sei nun nicht mehr notwendig, den Meister zu bemühen. Diese Worte vernahm auch der Heiland, und er sagte zu Jairus: „Fürchte dich nicht; glaube nur, so wird sie gesund!" [2]

Jairus hielt sich enger an den Heiland, und gemeinsam eilten sie nun zum Sterbehaus. Die gemieteten Klageweiber und Flötenspieler hatten sich bereits eingestellt und erfüllten die Luft mit ihrem lauten Wehklagen. Die vielen Menschen und der große Lärm bedrückten den Herrn. Er gebot ihnen Schweigen und sagte: „Was lärmet und weinet ihr? Das Kind ist nicht gestorben, sondern es schläft." [3] Die Menge war entrüstet über die Worte des Fremdlings. Sie hatte doch den Tod des Mädchens selbst miterlebt. So wurden Jesu Worte verlacht. Er aber forderte die Juden auf, das Haus zu verlassen, nahm die Eltern des Mädchens und die Jünger Petrus, Jakobus und Johannes zu sich und ging mit ihnen in das Sterbezimmer.

Jesus näherte sich dem Totenlager, nahm des Kindes Hand und sagte in der vertrauten Sprache ihrer Heimat mit weicher Stimme: „Mägdlein, ich sage dir, stehe auf!“ [4]

Sofort kam Leben in die regungslose Gestalt des Mädchens; der Puls begann wieder zu schlagen, die Lippen öffneten sich mit einem Lächeln, die Augen taten sich weit auf wie nach einem langen Schlaf. Das Mädchen blickte verwundert auf die Anwesenden. Es stand auf, und die Eltern schlossen ihr Kind mit Tränen der Freude in den Augen in ihre Arme.

Auf dem Wege zum Haus des Obersten hatte sich Jesus eine arme Frau genähert, die seit zwölf Jahren an einer schrecklichen Krankheit litt, die ihr das Leben zur Last machte. Sie hatte ihr ganzes Vermögen für Ärzte und Heilmittel ausgegeben, um schließlich doch als unheilbar erklärt zu werden. Ihre Hoffnung belebte sich neu, als sie von den Wunderheilungen Jesu hörte, und sie glaubte fest, daß sie genesen würde, könnte sie nur in seine Nähe kommen. So schleppte sie sich denn mühsam ans Ufer, wo Jesus lehrte, und versuchte durch die Menge hindurchzukommen. Doch vergeblich. Abermals folgte sie ihm, als er aus dem Hause des Levi-Matthäus kam. Und wieder gelang es ihr nicht, sich bis in seine Nähe vorzudrängen. Sie wollte schon den Mut sinken lassen, als der Herr auf seinem Weg durch die Menge in ihre Nähe kam.

Nun war die Gelegenheit günstig: Die Frau befand sich in unmittelbarer Nähe des großen Arztes! Aber inmitten der Unruhe konnte sie nicht mit ihm reden, ja kaum einen flüchtigen Blick auf ihn werfen. Schon fürchtete sie, daß ihr diese einzigartige Gelegenheit, Hilfe zu erhalten, verlorengehen könnte. Mit aller Gewalt drängte sie sich noch weiter nach vorn und sagte zu sich selbst: „Wenn ich auch nur seine Kleider könnte anrühren, so würde ich gesund.“ [5] Als Jesus vorüberging, streckte sie die Hand aus, und es gelang ihr, den Saum seines Gewandes zu berühren. Im gleichen Augenblick fühlte sie, daß sie geheilt war. Sie hatte in diese eine Berührung ihren ganzen Glaubensmut gelegt, und sofort trat die Kraft vollkommener Gesundheit an die Stelle von Schmerz und Schwäche.

Mit dankerfülltem Herzen wollte sich die Frau wieder aus der Menge zurückziehen; aber Jesus blieb plötzlich stehen, und die Menschen folgten seinem Beispiel. Er wandte sich um und fragte mit einer Stimme, die aus dem Lärm der Menge klar herauszuhören war: „Wer hat mich angerührt?“ [6] Ein erstaunter Blick aus den Augen der Umstehenden war die stumme Antwort. Da er in dem großen Gedränge, in dem er sich seinen Weg bahnen mußte, bald hier, bald da angestoßen wurde, wunderten sich die Leute sehr über seine seltsame Frage.

Der vorlaute Petrus antwortete Jesus: „Meister, das Volk drängt und drückt dich.“ [6] Jesus aber sprach: „Es hat mich jemand angerührt; denn ich fühlte, daß eine Kraft von mir gegangen ist.“ [7] Der Heiland konnte die Berührung des Glaubens von dem absichtslosen Anrühren im Gedränge wohl unterscheiden. Das gläubige Vertrauen sollte nicht ungewürdigt bleiben. Jesus wollte der demütigen Frau Worte des Trostes zusprechen, die ihr eine Quelle der Freude sein würden – Worte, die allen seinen Nachfolgern bis zum Ende der Zeit Segen verhießen.

Jesus richtete seinen Blick auf die geheilte Frau und fragte, wer ihn angerührt habe. Sie mußte erkennen, daß ein Verheimlichen unmöglich wäre, trat zitternd hervor, warf sich dem Herrn zu Füßen und erzählte unter Tränen der Dankbarkeit ihre Leidensgeschichte und auf welche Weise sie Heilung gefunden hätte. Jesus sprach mit gütiger Stimme zu ihr: „Meine Tochter, dein Glaube hat dir geholfen. Gehe hin in Frieden!“ [8] Er gab nicht dem Aberglauben Raum, daß allein das einfache Berühren seines Gewandes Heilung bewirke. Nicht durch äußerliche Berührung, sondern durch den Glauben, der seine göttliche Macht erfaßte, wurde die Frau geheilt.

Es genügt nicht, das zu glauben, was wir über Jesus hören, wir müssen *an ihn* glauben. Der einzige Glaube, der uns helfen kann, ist der Glaube, der Jesus als persönlichen Heiland annimmt und sein Verdienst sich zueignet. Vielen bedeutet der Glaube nur eine Meinung; aber der seligmachende Glaube ist ein Bündnis mit Gott, das die Seelen schließen, die den Herrn annehmen. Wahrer Glaube ist Leben. Ein lebendiger Glaube bedeutet steten Zuwachs an Kraft, ein zuversichtliches Vertrauen, wodurch die Seele zu einer alles überwindenden Macht wird.

Nach der Heilung der Frau wünschte der Heiland, daß sie den empfangenen Segen anerkenne. Die Gaben, die das Evangelium anbietet, sollen nicht wie ein Raub gesichert und heimlich genossen werden.

Der Herr fordert uns darum auf, seine Güte zu bekennen. „Ihr seid meine Zeugen, spricht der Herr, und ich bin Gott.“ [9]

Als die zehn Aussätzigen zum Herrn kamen, um geheilt zu werden, gebot er ihnen, sich den Priestern zu zeigen. Auf dem Wege dorthin wurden sie geheilt. Aber nur einer kam wieder, um Christus die Ehre zu geben. Die andern neun gingen ihres Weges und vergaßen den, der sie gesund gemacht hatte. Wie viele handeln heute ebenso! Der Herr wirkt beständig zum Wohle der Menschheit; er schenkt fortwährend aus seiner Fülle; er läßt die Kranken von den Betten des Siechtums aufstehen; er befreit Menschen aus Gefahren, die sie nicht erkennen; er beauftragt himmlische Engel, Menschen vor Schwierigkeiten zu bewahren und sie zu beschützen „vor der Pest, die im Finstern schleicht, vor der Seuche, die am Mittag Verderben bringt“.[10] Aber das alles macht keinen Eindruck auf die Menschen. Er hat alle Reichtümer des Himmels gegeben, um sie zu erlösen, und dennoch erkennen sie nicht seine große Liebe. Durch ihre Undankbarkeit verschließen sie ihre Herzen gegen die Gnade Gottes. Sie sind wie ein kahler Strauch in der Steppe und wissen nicht, daß ihnen etwas Gutes geschieht, und ihre Seelen „bleiben in der Dürre der Wüste, im unfruchtbaren Lande“.[11]

Es gereicht uns zum Segen, jede Gabe Gottes in unserem Gedächtnis zu bewahren. Dadurch wird der Glaube gestärkt, immer mehr zu beanspruchen und zu empfangen. Es liegt eine größere Ermutigung für uns in dem Segen, den wir von Gott selber empfangen, als in allen Berichten über göttliche Segnungen, die anderen zuteil wurden. Die Seele, die sich der Gnade Gottes öffnet, wird wie ein bewässerter Garten sein; ihre Gesundheit wird schnell zunehmen, ihr Licht wird in die Finsternis scheinen, und die Herrlichkeit des Herrn wird an ihr gesehen werden. Laßt uns darum der göttlichen Güte und aller seiner zärtlichen Gnadenbeweise gedenken, laßt uns – dem Volk Israel gleich – Steine der Dankbarkeit zum Zeugnis aufrichten und darauf die köstliche Geschichte schreiben von dem, was Gott an uns getan hat. Indem wir überblicken, wie er mit uns auf unserer Pilgerreise gehandelt hat, werden wir mit einem Herzen überströmenden Dankes sagen: „Wie soll ich dem Herrn vergelten all seine Wohltat, die er an mir tut? Ich will den Kelch des Heils nehmen und des Herrn Namen anrufen. Ich will meine Gelübde dem Herrn erfüllen vor all seinem Volk.“ [12]

Die ersten Evangelisten | 26

Die Apostel hatten als Angehörige des Jesuskreises ihren Herrn durch ganz Galiläa begleitet. Sie hatten alle Lasten und Schwierigkeiten, die über sie kamen, mit ihm geteilt. Sie hatten seinen Unterweisungen gelauscht. Sie waren mit dem Sohn Gottes gewandert und hatten sich mit ihm unterhalten. Aus seinen täglichen Belehrungen wußten sie auch, wie sie ihre künftige Aufgabe an der Menschheit erfüllen mußten. Sooft der Heiland die Bedürfnisse der Volksmenge, die sich um ihn versammelt hatte, stillte, waren die Jünger dabei und eifrig bemüht, dem Herrn bei der Erfüllung seiner schweren Aufgabe beizustehen. Sie ordneten das Volk, brachten die Kranken zum Heiland und sorgten für das allgemeine Wohl; sie beschäftigten sich mit der großen Schar der aufmerksamen Zuhörer, erklärten ihnen die heiligen Schriften und wirkten in verschiedener Weise für deren geistliches Wohl. Sie lehrten, was sie von Jesus gelernt hatten, und bereicherten täglich ihre Erfahrungen. Nur waren sie im Gebrauch der geistlichen Mittel noch nicht selbständig. Sie bedurften für ihre Arbeit, was Geduld und Sorgsamkeit betraf, noch mancher Unterweisung. Christus sandte sie deshalb als seine Stellvertreter hinaus, solange er noch persönlich bei ihnen war, sie auf ihre Fehler und Mängel aufmerksam machen und ihnen mit seinem Rat zur Seite stehen konnte.

Die Jünger ließen sich durch die Lehren der Priester und Pharisäer oft in Verwirrung bringen. Solange sie mit Jesus zusammen waren, konnten sie ihm ihre Verlegenheit schildern, und er zeigte ihnen den Unterschied zwischen Schriftwahrheit und Überlieferung. Dadurch hatte er ihr Vertrauen auf Gottes Wort gestärkt und sie in hohem Maße von der Furcht vor den Rabbinern und von den Fesseln der Überlieferung frei gemacht. In der Erziehung der Jünger war das Beispiel des Lebens Jesu bedeutend wirkungsvoller als ein rein theoretischer Unterricht. Als sie von ihm getrennt waren, erinnerten sie sich an jeden Blick und an jedes seiner Worte. Wie oft wiederholten sie im Rededuell mit den Gegnern des Evangeliums diese Worte! Und wenn sie deren Wirkung auf das Volk sahen, waren sie hoch erfreut.

Jesus rief die Zwölf zu sich und gebot ihnen, zwei und zwei in die Städte und Dörfer zu gehen. Keiner wurde allein ausgesandt, sondern es ging Bruder mit Bruder, Freund mit Freund. So konnten sie einander helfen, ermutigen, raten und auch zusammen beten. Des einen Kraft vermochte die Schwäche des andern auszugleichen. So wurden später auch die Siebzig ausgesandt. Es war des Herrn Wille, daß die Evangeliumsboten in dieser Weise miteinander verbunden sein sollten; auch in unserer Zeit wäre die Evangeliumsarbeit viel erfolgreicher, wenn dieses Beispiel mehr beachtet würde.

Die Botschaft der Jünger war die gleiche, die auch Johannes der Täufer und der Heiland selbst verkündigt hatten: „Das Himmelreich ist nahe herbeigekommen!“ [1] Sie sollten nicht mit den Leuten darüber streiten, ob Jesus von Nazareth der Messias sei; sie sollten aber in seinem Namen die gleichen Werke tun, die er auch getan hatte. Er gebot ihnen: „Macht Kranke gesund, weckt Tote auf, reinigt Aussätzige, treibt böse Geister aus. Umsonst habt ihr's empfangen, umsonst gebt es auch.“ [2]

Jesus verwandte während seines Erdendienstes mehr Zeit auf die Heilung der Kranken als auf das Predigen. Seine Wundertaten bezeugten die Wahrheit seiner Worte, daß er nicht gekommen sei, zu verderben, sondern zu erretten! Seine Gerechtigkeit ging vor ihm her, und die Herrlichkeit des Vaters folgte ihm. Wohin er auch ging, die Kunde von seiner Barmherzigkeit eilte ihm voraus. Und wo er vorüber kam, spendete er neues Leben, Gesundheit und Freude. So sammelte sich das Volk um die Jünger, um aus ihrem Munde zu hören, was der Herr getan hatte. Jesu Stimme war für viele der erste Laut, den sie je gehört, sein Name das erste Wort, das sie je gesprochen, und sein Angesicht das erste, das sie je wahrgenommen hatten. Warum sollten sie Jesus nicht lieben und sein Lob verkündigen? Den Städten und Ortschaften, die er auf seinen Reisen berührte, war er gleich einem lebendigen Strom, der Leben und Freude auf seinem Wege verbreitet.

Christi Nachfolger sollen in gleicher Weise wirken. Wir sollen die Hungrigen speisen, die Nackten kleiden, die Leidenden und Bedrückten trösten, den Verzagten dienen und die Hoffnungslosen ermutigen; dann wird auch an uns die Verheißung erfüllt: „Deine Gerechtigkeit wird vor dir hergehen, und die Herrlichkeit des Herrn wird deine Nachhut sein!“ [3] Die Liebe Christi, die sich in selbstlosem Dienst offenbart, wird zur Besserung des Gottlosen wirkungsvoller sein als das Schwert oder das Gericht. Diese sind notwendig, um den Übertreter des Gesetzes zu schrecken; aber ein liebevoller Evangelist kann mehr ausrichten. Oft verhärtet sich das Herz unter einer Zurechtweisung, die Liebe Christi aber wird ein Herz erweichen. Der Missionar kann nicht nur in leiblichen Nöten helfen, er kann vor allem den Sünder zu dem großen Arzt führen, der die Seele von dem Aussatz der Sünde zu reinigen vermag. Es ist Gottes Wille, daß die Kranken, die Unglücklichen, die von bösen Geistern Besessenen seine Stimme durch seine Diener und Boten vernehmen sollen; er will durch menschliche Werkzeuge ein Tröster sein, wie die Welt keinen besseren kennt.

Die Jünger sollten auf ihrer ersten Missionsreise nur „zu den verlorenen Schafen aus dem Hause Israel“[4] gehen. Hätten sie jetzt den Heiden oder den Samaritern das Evangelium gepredigt, dann würden sie ihren Einfluß bei den Juden verloren haben. Sie hätten das Vorurteil der Pharisäer erregt und würden sich selbst in Auseinandersetzungen verwickelt haben, so daß ihnen schon am Anfang ihrer Missionstätigkeit aller Mut genommen worden wäre. Selbst die Apostel konnten es kaum begreifen, daß das Evangelium allen Völkern gebracht werden mußte, und ehe sie diese Wahrheit nicht selbst fassen und verstehen konnten, waren sie nicht genügend vorbereitet, unter den Heiden zu wirken. Wenn die Juden das Evangelium annehmen würden, sollten sie nach Gottes Willen als seine Boten zu den Heiden ziehen. Deshalb wurde ihnen die Botschaft vom Reich als ersten gebracht.

Wo auch der Heiland wirkte, erkannten Menschen ihren bedürftigen Zustand und hungerten und dürsteten nach der Wahrheit. Die Zeit war gekommen, diesen verlangenden Seelen das Evangelium seiner Liebe zu verkündigen. Die Jünger als Jesu Stellvertreter sollten zu all diesen suchenden Menschen gehen. So würden die Gläubigen dahin gebracht werden, sie als göttlich verordnete Lehrer anzusehen, und, wenn der Heiland von ihnen ginge, nicht ohne Lehrer sein.

Auf dieser ersten Reise sollten die Jünger nur in die Ortschaften gehen, in denen Jesus schon gewesen war und sich dort Freunde erworben hatte. Die Vorbereitungen für die Reise sollten ganz einfach sein. Nichts durfte ihre Gedanken von der großen Aufgabe ablenken oder in irgendeiner Weise Widerspruch erregen oder gar die Tür zu weiterer Arbeit verschließen. Sie durften nicht das Gewand der Religionslehrer anlegen oder sich in ihrer Kleidung von den einfachen Landbewohnern unterscheiden. Sie sollten nicht in die Schulen gehen und das Volk zum öffentlichen Gottesdienst zusammenrufen; sie sollten ihre Arbeit von Haus zu Haus tun. Dabei durften sie die Zeit nicht mit unnützen Begrüßungen verschwenden oder von einer Familie zur andern gehen, um sich bewirten zu lassen. Aber an jedem Ort sollten sie die Gastfreundschaft derer annehmen, die es wert waren und die sie ebenso freundlich beherbergten, als ob sie den Herrn selbst zu Gast hätten. Mit dem schönen Gruß „Friede sei diesem Hause!“ [5] sollten sie jedes gastliche Haus betreten. Ein solches Heim würde durch ihre Gebete, ihre Lobgesänge und die Betrachtung der heiligen Schriften im Familienkreis gesegnet werden.

Diese Jünger sollten die Vorläufer der Wahrheit sein, um den Weg für das Kommen ihres Meisters zu bereiten. Ihre Botschaft war das Wort des ewigen Lebens, und das Schicksal der Menschen hing von der Annahme oder von der Verwerfung dieser Botschaft ab. Um deren feierlichen Ernst den Menschen nachdrücklicher vor Augen zu führen, gebot Jesus seinen Jüngern: „Wenn euch jemand nicht aufnehmen wird noch eure Rede hören, so geht heraus von jenem Hause oder jener Stadt und schüttelt den Staub von euren Füßen. Wahrlich, ich sage euch: Dem Lande der Sodomer und Gomorrer wird es erträglicher gehen am Tage des Gerichts als solcher Stadt.“ [6]

Vor Jesu Blick erhellt sich die Zukunft; er sieht das große Missionsfeld, in dem seine Jünger einst für ihn zeugen werden; sein prophetisches Auge überblickt die Erfahrungen seiner Boten durch alle Zeiten hindurch bis zu seinem zweiten Kommen. Er zeigt seinen Nachfolgern die Kämpfe, denen sie entgegengehen; er offenbart ihnen den Plan und die Art des Streites, eröffnet ihnen die Gefahren, denen sie nicht entrinnen können, und sagt ihnen von der Selbstverleugnung, die man von ihnen fordern wird. Er gibt ihnen den Rat, alles gut zu bedenken, damit sie der Feind nicht unvorbereitet überfallen kann. Ihre „Ritterschaft“ richtet sich nicht gegen Fleisch und Blut, sondern gegen die „Mächtigen und Gewaltigen“, gegen die „Herren der Welt, die in dieser Finsternis herrschen“, gegen die bösen Geister unter dem Himmel.[7] Christi Nachfolger müssen gegen übernatürliche Mächte kämpfen, ihnen ist aber auch übermenschliche Hilfe zugesichert. Alle himmlischen Wesen gehören zu diesem Heer, und einer, der „um so viel größer geworden als die Engel, wie der Name, den er als Erbteil erhalten hat, den ihrigen überragt“.[8] Der Heilige Geist, der Vertreter des Höchsten unter den Heerscharen des Herrn, kommt hernieder, um die Schlacht zu führen. Unsere Schwächen mögen zahlreich, unsere Sünden und Fehler schwer sein; die Gnade Gottes aber ist für alle vorhanden, die ihn von ganzem Herzen suchen. Die Kraft des Allmächtigen ist bei denen, die ihr Vertrauen auf Gott setzen.

„Siehe", sagte Jesus, „ich sende euch wie Schafe mitten unter die Wölfe. Darum seid klug wie die Schlangen und ohne Falsch wie die Tauben."[9] Er selbst hat nie ein Wort der Wahrheit zurückgehalten, es aber stets in Liebe gesprochen. Er bewies im Umgang mit Menschen das größte Zartgefühl und eine bedachtsame, freundliche Aufmerksamkeit; er gebrauchte nie grobe Ausdrücke, sprach nie unnötigerweise ein hartes Wort und bereitete selbst empfindsamen Herzen niemals unnötige Pein. Er tadelte keine menschlichen Schwächen. Furchtlos verurteilte er zwar Heuchelei, Unglauben und Bosheit, aber er konnte seine scharfen Zurechtweisungen nur mit tränenerstickter Stimme aussprechen. Er weinte über Jerusalem, über die Stadt, die er liebte, weil sie sich weigerte, ihn – den Weg, die Wahrheit und das Leben – anzunehmen. Obgleich sie ihn, den Heiland, verwarf, betrachtete er diese Stadt mit mitleidvoller Sorge, und der Kummer über ihr Schicksal quälte sein Herz. Jede Seele war in seinen Augen kostbar. Während er selbst mit göttlicher Würde auftrat, erwies er jedem Glied der Gottesfamilie liebevolle Achtung. In allen Menschen sah er gefallene Seelen, die zu retten er als seine Aufgabe betrachtete.

Christi Diener sollen nicht nach den Eingebungen ihres natürlichen Herzens handeln; sie bedürfen einer engen Gemeinschaft mit Gott, damit sich nicht in der Erregung das eigene Ich erhebt und Worte des Zorns ausstößt und dann nicht mehr dem Tau gleicht oder dem sanften Regen, der die welken Pflanzen erfrischt. Das befriedigt Satan; denn das ist seine Art des Wirkens. Der Drache ist zornig, der Geist Satans äußert sich in Ärger und Beschuldigung. Gottes Diener aber sollen Gottes Stellvertreter sein; sie sollen nur in der Währung des Himmels austeilen, nämlich die Wahrheit, die sein Bild und Gepräge trägt. Die Kraft, durch die sie das Böse überwinden, ist die Kraft Christi; seine Herrlichkeit ist ihre Stärke. Sie müssen ihre Blicke auf seine Güte heften, dann können sie das Evangelium mit göttlichem Feingefühl und in entsprechender Sanftmut verkündigen. Der Geist, der auch bei Herausforderungen ruhig bleibt, wird für die Wahrheit überzeugender sprechen können, als es die eindringlichste Beweisführung vermag.

Alle, die in Auseinandersetzungen mit den Gegnern der Wahrheit verwickelt werden, haben nicht nur Menschen, sondern Satan und seinen Engeln zu widerstehen. Mögen sie sich dann der Worte Jesu erinnern: „Siehe, ich sende euch wie Lämmer mitten unter die Wölfe!"[10] Ruhen sie in der Liebe Gottes, wird ihr Gemüt selbst unter persönlichen Kränkungen friedlich bleiben. Der Herr wird sie mit einer göttlichen Waffenrüstung bekleiden, sein Geist wird Herz und Sinn beeinflussen, so daß ihre Stimmen nicht mehr wie Wolfsgebell sind.

Ferner unterwies Jesus seine Jünger: „Hütet euch aber vor den Menschen; denn sie werden euch überantworten den Gerichten und . . . euch vor Fürsten und Könige führen um meinetwillen, ihnen und den Heiden zum Zeugnis."[11] Durch Verfolgung wird das Licht ausgebreitet. Die Boten des Evangeliums werden vor die Großen dieser Welt gebracht werden, die sonst wohl nie das Wort der Wahrheit hören würden; denn die Wahrheit war ihnen falsch dargelegt worden. Sie haben falsche Anklagen gegen die Diener Gottes und ihren Glauben gehört. Das Zeugnis derer, die um ihres Glaubens willen vor Gericht gebracht werden, ist häufig die einzige Gelegenheit für sie, die wahre Natur des Evangeliums kennenzulernen. Im Verhör müssen Jesu Jünger antworten, ihre Richter müssen dem abgelegten Zeugnis zuhören, und Gott wird seinen Kindern Gnade geben, dieser gefahrvollen Situation zu begegnen. Der Herr verheißt: „Es soll euch zu der Stunde gegeben werden, was ihr reden sollt. Denn ihr seid es nicht, die da reden, sondern eures Vaters Geist ist es, der durch euch redet."[12] Wenn der Geist Gottes das Verständnis seiner Diener erleuchtet, so daß sie die Wahrheit in ihrer göttlichen Macht und in ihrer ganzen Bedeutung verkündigen können, werden die Feinde der Wahrheit die Apostel anklagen und unterdrücken. Selbst bei Schaden und in großem Leid, ja noch im Tode sollen die Kinder Gottes die Sanftmut ihres göttlichen Vorbildes offenbaren. So zeigt sich der Unterschied zwischen Satans Werkzeugen und den Stellvertretern Christi, und so allein wird der Heiland vor Herrscher und Volk geehrt.

Die Jünger wurden nicht eher mit dem Bekennermut und der Festigkeit der Märtyrer ausgerüstet, bis solche Gnade notwendig war. Dann aber erfüllte sich das Versprechen des Herrn. Als Petrus und Johannes sich vor dem Hohen Rat verantworten mußten, „verwunderten sich" die Versammelten „und wußten auch von ihnen, daß sie mit Jesus gewesen waren".[13] Von Stephanus steht geschrieben: „Sie sahen auf ihn alle, die im Rat saßen, und sahen sein Angesicht wie eines Engels Angesicht."[14] Die Menschen „vermochten nicht, zu widerstehen der Weisheit und dem Geiste, aus welchem er redete".[15] Und Paulus schreibt über sein eigenes Verhör am Hofe des Kaisers: „Bei meinem ersten Verhör stand mir niemand bei, sondern sie verließen mich alle. Es sei ihnen nicht zugerechnet. Der Herr aber stand mir bei und stärkte mich, auf daß durch mich die Verkündigung reichlich geschähe und alle Heiden sie hörten; so ward ich erlöst aus des Löwen Rachen."[16]

Christi Diener sollten keine Musterrede auswendig lernen, um sich mit ihr zu verteidigen; ihre Vorbereitung muß täglich getroffen werden, indem sie die köstlichen Wahrheiten des Wortes Gottes sammeln und ihren Glauben durch das Gebet stärken. Werden sie dann vor Gericht gestellt, so wird ihnen der Heilige Geist die Wahrheiten ins Gedächtnis zurückrufen, die notwendig sind.

Ein ernstes, tägliches Streben, Gott und Jesus Christus, den er gesandt hat, kennenzulernen, wird die Seele kraftvoll und leistungsfähig machen. Die durch fleißiges Forschen in der Schrift erworbene Kenntnis wird ihnen zur rechten Zeit bewußt werden. Wer es aber vernachlässigt, daß ihm die Worte Christi vertraut werden, wer nie die Kraft seiner Gnade in Schwierigkeiten an sich erfahren hat, kann nicht erwarten, daß der Heilige Geist ihm Gottes Wort in Erinnerung bringt. Wir müssen dem Herrn mit ungeteilter Liebe und mit ganzem Vertrauen täglich dienen.

Die Feindschaft gegen das Evangelium wird so heftig sein, daß selbst die zartesten irdischen Bande unbeachtet bleiben und Jünger Jesu von ihren eigenen Familienangehörigen dem Tod ausgeliefert werden. „Ihr werdet gehaßt sein von jedermann um meines Namens willen", sagte Jesus. Er fügte jedoch hinzu: „Wer aber beharret bis ans Ende, der wird selig."[17] Dennoch gebot er ihnen, sich nicht unnötigerweise Verfolgungen auszusetzen; er selbst wechselte oft das Arbeitsfeld, um denen zu entgehen, die ihm nach dem Leben trachteten. Als man ihn in Nazareth abwies und die Bewohner seiner Heimatstadt ihn töten wollten, ging er nach Kapernaum, wo seine Lehre die Menschen in Erstaunen setzte; „denn er predigte in Vollmacht".[18] So sollen auch seine Diener durch Verfolgungen nicht entmutigt werden, dahin zu gehen, wo sie für das Heil von Seelen wirken können.

Der Diener ist nicht größer als sein Meister! Der Fürst des Himmels wurde Beelzebub genannt, und seine Jünger werden ebenso falsch eingeschätzt werden. Welche Gefahr aber auch drohen mag, Christi Nachfolger müssen ihren Grundsätzen treu bleiben und jede Unaufrichtigkeit verachten. Sie dürfen auch nicht mit der Wahrheit zurückhalten, bis sie die Erlaubnis haben, sie ungehindert zu verkündigen. Sie sind als Wächter gesetzt, die Menschen vor der Gefahr zu warnen. Die Wahrheit, die sie von Christus empfingen, muß allen frei und offen bekannt werden. Jesus sagte: „Was ich euch sage in der Finsternis, das redet im Licht; und was euch gesagt wird in das Ohr, das predigt auf den Dächern." [19]

Jesus selbst hat den Frieden nie durch Zugeständnisse erkauft. Sein Herz floß über von Liebe zu allen Menschen; aber er übersah dabei nie ihre Sündhaftigkeit. Er war zu sehr der Menschen wirklicher Freund, um schweigen zu können, wenn sie einen Weg gingen, der ihre Seelen in die Verdammnis führte; ihre Seelen, die er doch mit seinem Leben erkauft hatte. Er wirkte dahin, daß der Mensch nicht nur sich selbst, sondern auch seinen höheren, ewigen Zielen treu sein möchte. Die Diener des Evangeliums sind zu der gleichen Aufgabe berufen. Sie müssen sich hüten, um irgendeiner Uneinigkeit willen die Wahrheit zurückzusetzen. Sie sollen „dem nachstreben, was zum Frieden dient".[20] Der wahre Friede kann jedoch nie erreicht werden, indem man die Grundsätze der Wahrheit aufs Spiel setzt. Niemand kann aber auch seiner Überzeugung treu sein, ohne auf irgendeinen Widerstand zu stoßen. Einem geistlichen Christentum werden die Kinder des Ungehorsams widerstehen; aber Jesus gebot seinen Jüngern: „Fürchtet euch nicht vor denen, die den Leib töten und die Seele nicht können töten." [21] Wer treu zu Gott hält, braucht die Feindschaft der Menschen und die Macht Satans nicht zu fürchten. In Christus ist ihm das ewige Leben gewiß. Seine einzige Furcht sollte sein, von der Wahrheit abzuweichen und das Vertrauen zu enttäuschen, mit dem Gott ihn geehrt hat.

Der Teufel sucht die Menschenherzen mit Zweifel zu erfüllen und sie zu verleiten, Gott als einen strengen Richter anzusehen. Er verführt sie zur Sünde und veranlaßt dann, daß sie sich selbst für zu verderbt halten, um sich ihrem himmlischen Vater zu nähern oder sein Mitleid zu erwecken. Der Herr versteht alles. Jesus versichert seinen Jüngern, daß Gott ihre Bedürfnisse und Schwächen mitfühlt, daß kein Seufzer ausgestoßen, kein Schmerz empfunden wird, kein Kummer die Seele bedrückt, ohne daß sein Vaterherz dadurch berührt wird.

Die Heilige Schrift zeigt uns Gott in seiner erhabenen Höhe nicht untätig, nicht schweigend und einsam, sondern umgeben von tausendmal tausend und zehntausendmal zehntausend heiliger Wesen, die darauf warten, seinen Willen zu tun. Durch Kanäle, die wir nicht erkennen, steht er mit seinem ganzen Reich in lebendiger Verbindung; aber auf unserer kleinen Erde sind die Seelen, für die er seinen eingeborenen Sohn opferte, der Mittelpunkt seiner und des ganzen Himmels Teilnahme. Gott beugt sich von seinem Thron herab, um das Rufen der Unterdrückten zu hören; er antwortet auf jedes aufrichtige Gebet: „Hier bin ich!" Er richtet die Bedrückten und Erniedrigten auf. Leiden wir, so leidet er mit uns; werden wir versucht oder haben wir irgendwelche Schwierigkeiten, so ist ein Himmelsbote bereit, uns beizustehen.

Nicht einmal ein kleiner Sperling fällt auf die Erde, ohne daß Gott darauf achtet. Satans Groll gegen Gott verleitet ihn, alles zu hassen, was Christi Fürsorge genießt. Er trachtet danach, Gottes Schöpfungswerk zu verderben, und freut sich, sogar die stumme Kreatur zu vernichten. Nur durch Gottes schützende Vorsorge werden die Vögel erhalten, um uns durch ihren Gesang zu erfreuen. „Darum fürchtet euch nicht; ihr seid besser als viele Sperlinge."

Jesus fuhr fort: „Wer nun mich bekennet vor den Menschen, den will ich auch bekennen vor meinem himmlischen Vater." [22] Ihr sollt meine Zeugen sein auf Erden; Werkzeuge, die meine Gnade verkünden zum Heil der Menschen! Und ich werde euer Vertreter sein im Himmel. Der Vater schaut dann nicht auf eure Fehlerhaftigkeit, sondern auf das Kleid meiner Vollkommenheit, mit dem ihr bekleidet seid. Ich bin der Mittler, durch den der Segen des Himmels auf euch kommen wird. Jeder, der mich bekennt, indem er sich einschließt in das große Erlösungswerk und daran teilnimmt, den werde ich auch bekennen, indem ich ihn zum Teilhaber der Herrlichkeit und Freude der Erlösten mache.

Wer Christus bekennen will, muß ihn ständig in sich tragen; er kann nichts mitteilen, was er nicht empfangen hat. Seine Nachfolger mögen seine Lehre in glänzender Beredsamkeit verkündigen, sie mögen mit den Worten des Heilandes arbeiten und ihn doch nicht bekennen, es sei denn, sie besitzen die Sanftmut und Liebe Christi. Ein Geist, der mit dem Geist Christi nicht übereinstimmt, verleugnet ihn, gleichviel welches Bekenntnis er ablegt.

Der Heiland warnte seine Jünger vor der Hoffnung, daß die Feindschaft der Welt gegen das Evangelium überwunden werden und im Verlauf der Weltgeschichte jeder Kampf aufhören würde. Er sagte vielmehr: „Ihr sollt nicht wähnen, daß ich gekommen sei, Frieden zu bringen auf die Erde. Ich bin nicht gekommen, Frieden zu bringen, sondern das Schwert.“ [23] Es ist nicht das Wirken des Evangeliums, das diesen Streit hervorruft, sondern dieser ist vielmehr die Folge des Widerstandes gegen sein Wirken. Von allen Verfolgungen ist die häusliche Uneinigkeit und die Entfremdung zwischen Freunden die schwerste. Doch der Heiland sagt: „Wer Vater oder Mutter mehr liebt als mich, der ist mein nicht wert; und wer Sohn oder Tochter mehr liebt als mich, der ist mein nicht wert. Und wer nicht sein Kreuz auf sich nimmt und folgt mir nach, der ist mein nicht wert.“ [24]

Die Aufgabe der Diener Christi umschließt eine heilige Verpflichtung und ist eine große Ehre. „Wer euch aufnimmt, der nimmt mich auf“, sagte Jesus, „und wer mich aufnimmt, der nimmt den auf, der mich gesandt hat.“ [25] Kein Liebesdienst, der ihnen im Namen Jesu erwiesen wird, soll unbeachtet oder unbelohnt bleiben. Die gleiche dankbare Anerkennung zollt er dem Schwächsten und Niedrigsten in der Familie Gottes, wenn er sagt: „Wer einen dieser Geringen nur mit einem Becher kalten Wassers tränkt darum, daß er mein Jünger ist, wahrlich, ich sage euch: es wird ihm nicht unbelohnt bleiben.“ [26] Damit meinte der Heiland alle, die noch Kinder im Glauben und in der Erkenntnis sind.

Hiermit beschloß der Heiland seine Unterweisung. Die erwählten Zwölf gingen nun im Namen Christi hinaus, wie ihr Meister ausgezogen war, um „zu verkündigen das Evangelium den Armen . . . zu predigen den Gefangenen, daß sie los sein sollen, und den Blinden, daß sie sehend werden, und den Zerschlagenen, daß sie frei und ledig sein sollen, zu verkündigen das Gnadenjahr des Herrn“. [27]

„Ruhet ein wenig!" | 27

Nach der Rückkehr von ihrer Missionsreise versammelten sich die Apostel bei Jesus und „verkündeten ihm alles, was sie getan und gelehrt hatten. Und er sprach zu ihnen: Geht ihr allein an eine einsame Stätte und ruhet ein wenig. Denn ihrer waren viele, die ab und zu gingen; und sie hatten nicht Zeit genug, zu essen".[1]

Die Jünger kamen zu Jesus und berichteten ihm alles. Ihre enge Verbindung mit ihm ermutigte sie, ihm ihre guten und schlechten Erfahrungen, ihre Freude über die Erfolge ihres Wirkens und den Kummer über ihre Mißerfolge, über ihre Fehler und Schwachheiten mitzuteilen. Sie hatten auf ihrer ersten Missionsreise Fehler begangen, und als sie dem Herrn ihre Erfahrungen ohne Scheu mitteilten, erkannte er, daß sie noch mancher Unterweisung bedurften, aber er sah auch, daß sie Ruhe nötig hatten, nachdem sie übermüdet von ihrer Reise zurückgekommen waren.

Wo sie sich jetzt befanden, war ihnen ein Ausruhen nicht gut möglich; denn es waren viele, die kamen und gingen, und sie hatten nicht einmal Zeit zu essen. Das Volk drängte sich um den Herrn und sehnte sich danach, geheilt zu werden und seinen Worten zu lauschen.

Christus ist voller Mitgefühl und Sorge für alle, die in seinen Diensten stehen. Er zeigte hier seinen Jüngern, daß Gott nicht Opfergaben, sondern Barmherzigkeit verlangt. Sie hatten alle Kräfte im Dienst für das leidende Volk aufgebraucht und waren dadurch leiblich und seelisch erschöpft; nun mußten sie ruhen.

Als die Jünger den Erfolg ihres Wirkens sahen, standen sie in Gefahr, diesen Erfolg sich selbst zuzuschreiben, geistlichen Stolz zu nähren und dadurch ein Opfer teuflischer Versuchung zu werden. Eine gewaltige Aufgabe lag vor ihnen. Vor allem aber mußten sie lernen, daß sie die Kraft zu ihrer Bewältigung nur bei Gott finden konnten. Gleich Mose in der Wüste Sinai, gleich David in den Bergen von Judäa, gleich Elia am Bache Krith tat es den Jüngern not, den Schauplatz ihrer Tätigkeit zu wechseln, mit Jesus und der stillen Natur Gemeinschaft zu üben und sich auf sich selbst zu besinnen.

Während sich die Apostel auf ihrer Missionsreise befanden, hatte der Heiland andere Städte und Dörfer besucht und dort das Evangelium vom Reich gepredigt. Um diese Zeit hatte er auch die Kunde vom Tode Johannes des Täufers erhalten, ein Ereignis, das ihm sein eigenes Schicksal, dem er ja entgegenging, lebhaft vor Augen führte. Die Schatten auf seinem Weg wurden immer dichter; Priester und Rabbiner warteten nur auf eine Gelegenheit, um ihn zu töten; Spione hefteten sich an seine Fersen, und von allen Seiten fand man sich zusammen, um ihn zu verderben. Die Kunde von der Predigt der Apostel in ganz Galiläa erreichte auch König Herodes und lenkte seine Aufmerksamkeit auf Jesus und sein Wirken. „Das ist Johannes der Täufer; der ist von den Toten auferstanden, deshalb wirken in ihm solche Kräfte." [2] So sprach Herodes, und er wünschte Jesus zu sehen. Schon lange quälte ihn ständige Furcht, daß geheime revolutionäre Kräfte am Werke seien, um ihn vom Thron zu stürzen und die Juden vom römischen Joch zu befreien. Unter dem Volk herrschten Unzufriedenheit und Empörung. Es war augenscheinlich, daß Jesu öffentliches Wirken in Galiläa nicht lange andauern konnte. Seine Leidenszeit rückte immer näher, und er sehnte sich danach, für eine Weile die Unruhe der Menge zurückzulassen.

In der Nähe von Bethsaida, an der nördlichen Seite des Sees, lag eine einsame Gegend, die gerade jetzt im schönsten Frühlingsgrün prangte und dem Herrn mit seinen Jüngern eine willkommene Zufluchtsstätte bot. Sie setzten über den See, um diesen Platz zu erreichen. Hier würden sie den lauten, lärmenden Verkehrsstraßen und dem Gewühl und der Unruhe der Stadt entrückt sein. Schon die ruhige, schöne Natur bot genug Erholung und eine angenehme Abwechslung für die Sinne. Hier konnten sie den Worten Jesu lauschen, ohne die ärgerlichen Unterbrechungen, Gegenreden und Anklagen der Schriftgelehrten und Pharisäer hören zu müssen; hier konnten sie für kurze Zeit die köstliche Gemeinschaft mit dem Herrn wahrhaft genießen.

Die Ruhe, die sich Jesus mit seinen Jüngern gönnte, bedeutete nicht etwa Nachsicht gegen sich selbst. Die Zeit, die sie in der Zurückgezogenheit verbrachten, war auch nicht mit Zerstreuungen ausgefüllt; vielmehr redeten sie gemeinsam über das Werk Gottes und über die Möglichkeit, ihm zu größerer Wirksamkeit zu verhelfen.

Obgleich Jesus Wunder wirken konnte und auch seinen Jüngern diese Macht verliehen hatte, empfahl er seinen ermüdeten Mitarbeitern, einen ländlichen Platz aufzusuchen und dort zu ruhen. Als er ihnen sagte, daß die Ernte groß und der Arbeiter wenige seien, wollte er nicht, daß sie nun unaufhörlich arbeiten sollten, sondern er fügte hinzu: „Darum bittet den Herrn der Ernte, daß er Arbeiter in seine Ernte sende.“ [3] Gott hat jedem seine Aufgabe nach seiner Befähigung zugewiesen, und er will nicht, daß einige durch eine allzu große Verantwortung beschwert werden, während andere gegenüber ihren Mitmenschen weder Last noch Sorge fühlen.

Christi Worte des Mitgefühls gelten heute noch seinen Mitarbeitern, wie sie damals den Jüngern galten. „Geht . . . an eine einsame Stätte und ruhet ein wenig!“ [4] So sprach er zu den Müden und Erschöpften. Es ist unklug, sich beständig dem Druck der Arbeit und der Anspannung auszusetzen, selbst wenn diese Zeit dazu dient, für das geistliche Wohl anderer zu sorgen; denn dadurch wird die eigene Frömmigkeit vernachlässigt und die Kräfte des Geistes, der Seele und des Körpers werden überanstrengt. Wohl müssen die Jünger Jesu Selbstverleugnung üben und Opfer bringen; aber sie müssen auch dafür Sorge tragen, daß durch ihren Übereifer Satan nicht aus ihrer menschlichen Schwäche Vorteile gewinnt und das Werk Gottes dadurch geschädigt wird.

Die Rabbiner hielten es für das Wesen der Religion, stets regste Betriebsamkeit zu entfalten. Sie bewiesen ihre überlegene Frömmigkeit durch äußerliche Leistungen. Sie trennten dadurch ihre Seele von Gott und vertrauten allein sich selbst. In der gleichen Gefahr stehen die Menschen heute noch. Nimmt ihre Regsamkeit zu und ist ihr Wirken für Gott erfolgreich, laufen sie Gefahr, sich auf ihre menschlichen Pläne und Methoden zu verlassen, weniger zu beten und weniger Glauben zu üben. Wir verlieren gleich den Jüngern unsere Abhängigkeit von Gott aus den Augen und versuchen, uns aus unserer Betriebsamkeit einen Heiland zu machen. Es ist nötig, beständig auf Jesus zu blicken, um zu erkennen, daß es seine Kraft ist, die alles schafft. Während wir eifrig für das Heil der Verlorenen wirken sollen, müssen wir uns Zeit lassen, um nachzudenken, um zu beten und das Wort Gottes zu betrachten; denn nur die unter anhaltendem Gebet ausgeführte und durch das Verdienst Christi geheiligte Arbeit wird am Ende zum Guten wirken.

Kein Leben war mehr erfüllt von Arbeit und Verantwortlichkeit als das Leben Jesu. Und doch, wie oft finden wir ihn im Gebet! Wie beständig war seine Verbindung mit Gott! Immer wieder lesen wir in seiner Lebensgeschichte Berichte wie diese: „Und des Morgens vor

Tage stand er auf und ging hinaus. Und er ging an eine einsame Stätte und betete daselbst."[5] „Es kam viel Volks zusammen, daß sie hörten und durch ihn gesund würden von ihren Krankheiten. Er aber entwich in die Wüste und betete."[6] „Es begab sich aber zu der Zeit, daß er auf einen Berg ging, zu beten; und er blieb über Nacht im Gebet zu Gott."[7]

In seinem Leben, das ganz dem Wohl anderer geweiht war, hielt der Heiland es für notwendig, den Trubel der Reisewege und die ihm Tag für Tag nachfolgende Menge zu meiden, seine Aufgabe und die Berührung mit der menschlichen Not manchmal zu unterbrechen, die Zurückgezogenheit zu suchen und eine ungestörte Gemeinschaft mit dem Vater zu pflegen. Eins mit uns, als Teilhaber unserer Nöte und Schwachheiten, war er ganz von Gott abhängig und suchte überall in der einsamen Natur im Gebet göttliche Kraft, um den kommenden Pflichten und Schwierigkeiten gewachsen zu sein. In einer Welt der Sünde ertrug Jesus seelische Kämpfe und Qualen; in der Gemeinschaft mit Gott aber entledigte er sich aller ihn fast erdrückenden Lasten und fand Trost und Freude.

Christus brachte die Sehnsucht der Menschen zu dem Vater des Erbarmens. Als Mensch flehte er vor dem Thron Gottes, bis sein Menschsein von göttlichem Wesen durchdrungen war. Durch beständige Gemeinschaft empfing er Leben von Gott, um es der Welt mitzuteilen. Das muß auch unsere Erfahrung sein.

„Geht ... an einen einsamen Ort", sagt der Heiland auch uns.[4] Würden wir stets an dieses Wort denken, könnten wir bestimmt stärker und nützlicher wirken. Die Jünger suchten Jesus, um ihm alles Erlebte mitzuteilen, und er ermutigte und belehrte sie. Wenn wir uns heute die Zeit nähmen, zu Jesus gingen und ihm unsere Nöte und Besorgnisse vorbrächten, wir würden nicht enttäuscht werden; er würde uns beistehen und uns die rechte Hilfe sein. Wir müssen unserem Heiland, dessen Name ist „Wunder-Rat, Gott-Held, Ewig-Vater, Friede-Fürst", mehr Unbefangenheit, mehr Vertrauen und Zuversicht entgegenbringen. Von ihm steht geschrieben: „Die Herrschaft ruht auf seiner Schulter."[8] Er ist wirklich der beste Ratgeber; ihn dürfen wir um Weisheit bitten, er „gibt allen Menschen gern und macht ihnen deswegen keine Vorhaltungen".[9]

Jeder, der von Gott geleitet wird, offenbart eine Lebensform, die sich von der Welt mit ihren Sitten und Gewohnheiten stark unterscheidet. Um den Willen Gottes ausreichend zu erkennen, müssen wir persönliche Erfahrungen im geistlichen Leben haben. Wir müssen Gott zu jedem einzelnen von uns sprechen hören, und wenn jede andere Stimme schweigt und wir ruhig auf ihn harren, wird durch das Stillesein die Stimme Gottes uns vernehmbar werden. Er sagt: „Seid stille und erkennet, daß ich Gott bin!" [10] Hier allein kann wahre Ruhe gefunden werden; eine solche Vorbereitung nur ist wirkungsvoll für die Arbeit im Werke Gottes. Inmitten der hastenden Menge und des Druckes der irdischen Arbeit wird die Seele, die sich auf diese Weise erfrischt, von Licht und Frieden umgeben sein; das Leben wird Wohlgeruch atmen und eine göttliche Macht offenbaren, die die Menschenherzen zu erreichen vermag.

„Gebt ihr ihnen zu essen!" | 28

Der Herr Jesus hatte sich mit seinen Jüngern an einen entlegenen Platz zurückgezogen; aber auch hier wurde die so seltene Ruhestunde bald gestört. Die Jünger glaubten einen Ort aufgesucht zu haben, wo sie mit ihrem Meister allein wären; aber sobald die Menge den göttlichen Lehrer vermißte, fragte sie nach seinem Verbleiben. Einige konnten die Richtung angeben, die Jesus mit seinen Jüngern eingeschlagen hatte, und so folgte man seinen Spuren, viele zu Fuß, andere in ihren Booten über den See. Das Passahfest stand vor der Tür. Von nah und fern sah man Scharen von Pilgern, die auf dem Wege nach Jerusalem waren, sich versammeln, um Jesus zu sehen. Immer mehr kamen hinzu, bis es ohne Frauen und Kinder fünftausend Menschen waren. Noch ehe der Heiland das Ufer erreicht hatte, wartete schon eine große Menge auf ihn. Er konnte jedoch unbemerkt landen und kurze Zeit mit seinen Jüngern allein verbringen.

Von einem Hügel aus sah er auf die unruhige Menge vor sich; sein Herz wurde bei ihrem Anblick von tiefem Mitgefühl bewegt. Gestört und seiner Ruhe beraubt, wurde er darüber nicht ungeduldig. Mit der ständig zunehmenden Volksmenge wuchs auch seine Bereitschaft, ihr zu helfen. „Es jammerte ihn derselben, denn sie waren wie Schafe, die keinen Hirten haben."[1] Er verließ seinen Zufluchtsort und fand bald einen Platz, wo er dem Volk am besten dienen konnte. Von den Priestern und Obersten hatten diese Menschen keine Hilfe erhalten können. Nun aber flossen die heilenden Wasser des Lebens von Christus, da er der Menge den Weg der Seligkeit zeigte.

Das Volk hörte andächtig auf die Worte der Barmherzigkeit, die so bereitwillig von den Lippen des Sohnes Gottes zu ihm kamen. Es hörte die gnadenreichen Worte, so schlicht und so klar, daß sie wie der Balsam von Gilead[2] in die Seele flossen. Die Heilung von Jesu göttlicher Hand brachte den Sterbenden Freude und Leben, den Kranken Erleichterung und Gesundheit. Dieser Tag erschien ihnen wie der Himmel auf Erden, und niemand dachte daran, wie lange er schon nichts gegessen hatte.

Endlich neigte sich der Tag. Die Sonne sank im Westen, doch das Volk verweilte noch. Jesus hatte den ganzen Tag gelehrt und geheilt, ohne zu essen und zu ruhen; er sah blaß aus vor Mattigkeit und Hunger, und die Jünger baten ihn, seine Arbeit einzustellen. Der Heiland aber wollte sich der Menge, die ihn bedrängte, nicht entziehen.

Schließlich nötigten ihn die Jünger, die Volksmenge um ihrer selbst willen zu entlassen, da viele von weither gekommen waren und seit dem Morgen nichts gegessen hatten. Sie könnten vielleicht in den benachbarten Orten Nahrung kaufen. Jesus aber sagte: „Gebt ihr ihnen zu essen!“ [3] Dann wandte er sich an Philippus und fragte ihn: „Wo kaufen wir Brot, daß diese essen?“ Das sagte er nur, um den Glauben des Jüngers zu prüfen. Philippus warf einen Blick auf die Volksmenge und hielt es für unmöglich, genügend Speise für diese riesige Menschenansammlung zu besorgen. Er antwortete daher: „Für zweihundert Silbergroschen Brot ist nicht genug unter sie, daß ein jeglicher ein wenig nehme.“ [4] Darauf erkundigte sich Jesus, wieviel Nahrung unter der Menge vorhanden sei, und er erfuhr von Andreas: „Es ist ein Knabe hier, der hat fünf Gerstenbrote und zwei Fische; aber was ist das unter so viele?“ [5] Da ließ sich der Herr die Brote und die Fische bringen und gebot den Jüngern, das Volk sich in Gruppen zu fünfzig und hundert Mann auf der Wiese lagern zu lassen, um der Ordnung willen und damit alle sehen konnten, was er tun wollte. Als dies geschehen war, nahm er die Speise, „sah auf gen Himmel und dankte und brach's und gab die Brote den Jüngern, und die Jünger gaben sie dem Volk. Und sie aßen alle und wurden satt und hoben auf, was übrigblieb von Brocken, zwölf Körbe voll“. [6]

Er, der dem Volk den Weg zu Frieden und Glück zeigte, sorgte nicht nur für ihre geistlichen, sondern auch für ihre leiblichen Bedürfnisse. Die Versammelten waren müde und matt geworden; unter ihnen befanden sich auch Mütter mit Säuglingen auf dem Arm und mit kleinen Kindern, die sich an ihren Kleidern festhielten. Viele hatten stundenlang gestanden, da sie von Jesu Worten so ergriffen waren, daß sie nicht daran gedacht hatten, sich zu setzen; auch war das Gedränge derart groß, daß die Gefahr bestand, einander zu treten. Jesus wollte ihnen Gelegenheit geben, zu ruhen, und forderte sie auf, sich zu setzen. Es wuchs reichlich Gras dort, und alle konnten sich bequem lagern.

Der Heiland wirkte nur dann ein Wunder, wenn einem wirklichen Bedürfnis abzuhelfen war. Jedes Wunder diente dazu, das Volk zu dem Baum des Lebens zu führen, dessen Blätter die Menschen gesunden lassen. Die Speise, die von den Jüngern ausgeteilt wurde, enthielt eine große geistliche Lehre. Es war ein bescheidenes Mahl: Fische und Gerstenbrot. Sie bildeten die tägliche Nahrung der Fischer am Galiläischen Meer. Christus hätte dem Volk eine reiche Tafel decken können; aber eine Nahrung, die lediglich dem Gaumenkitzel diente, würde wenig nützliche Lehre für sie enthalten haben. Der Heiland aber wollte durch diese Speisung zeigen, daß die natürliche Vorsorge Gottes für den Menschen verfälscht worden war. Noch nie haben Menschen die größten Delikatessen, die für den verwöhntesten Geschmack aufgetischt wurden, mehr Genuß bereitet als die Ruhe und diese einfache Speise, die Christus ihnen, fernab aller menschlichen Behausungen, verschaffte.

Huldigten die Menschen heute einfachen Gewohnheiten und lebten sie in Übereinstimmung mit den Naturgesetzen wie einst die ersten Menschen im Paradies, dann könnten alle Bedürfnisse der menschlichen Familie leicht befriedigt werden. Es würde weniger scheinbare Mängel geben und mehr Gelegenheit vorhanden sein, nach Gottes Weise zu leben. Nur Eigennutz und unnatürlicher Geschmack haben Sünde und Elend in die Welt gebracht durch Überfluß auf der einen und Mangel auf der andern Seite.

Jesus wollte das Volk nicht dadurch an sich ziehen, daß er das Verlangen nach Wohlleben befriedigte. Jener großen, müden und hungrigen Menge war die einfache Kost nach dem langen und aufregenden Tag nicht nur eine Versicherung seiner Macht, sondern auch seiner barmherzigen Fürsorge in den allgemeinen Bedürfnissen ihres Lebens. Der Heiland hat seinen Nachfolgern nicht die Leckerbissen der Welt versprochen. Ihre Speise mag einfach, vielleicht sogar dürftig sein; ihr ganzes Leben mag in Armut dahingehen; er aber hat sein Wort gegeben, daß für alle ihre Nöte gesorgt werden soll, und er hat ihnen etwas verheißen, das weit besser ist als irdisches Gut – den bleibenden Trost seiner Gegenwart!

In der Speisung der Fünftausend hebt Jesus den Schleier von der natürlichen Welt und offenbart die Macht, die beständig zu unserem Besten schafft. Durch das Reifen der Ernte bewirkt Gott täglich ein Wunder; durch natürliche Vorgänge geschieht das gleiche Werk wie bei der Speisung dieser Menge. Menschen bereiten den Boden und säen den Samen; aber das Leben von Gott bringt den Samen zum Keimen. Luft, Regen und Sonnenschein bringen hervor „zuerst den

Halm, danach die Ähre, danach den vollen Weizen in der Ähre".[7] Gott ist es, der täglich die Millionen durch das Erntefeld der Erde ernährt. Die Menschen sind aufgefordert, ihn in ihre Sorge um das Korn und um die Zubereitung des Brotes miteinzubeziehen. Doch gerade da verlieren sie den Blick für das Wirken Gottes und geben ihm nicht die ihm gebührende Ehre; sein Wirken wird natürlichen Kräften oder menschlichen Werkzeugen zugeschrieben, so daß sich der Mensch an Gottes Statt drängt. Die aus göttlicher Gnade verliehenen Gaben werden eigennützig angewandt. Sie werden damit zum Fluch statt zum Segen. Gott versucht das alles zu verhindern. Er will unsere abgestumpften Sinne neu beleben, damit sie seine große Güte unterscheiden und ihn für das Wirken seiner Macht ehren können; er will, daß wir ihn in seinen Gaben erkennen, damit diese uns nach seiner Absicht zum Segen werden. Um dies zu erreichen, wirkte Jesus seine Wunder.

Nachdem die Menge gesättigt war, blieb noch viel Speise übrig. Der Herr, dessen unermeßlicher Macht alle Hilfsquellen zu Gebote standen, befahl: „Sammelt die übrigen Brocken, daß nichts umkomme."[8] Diese Worte bedeuteten mehr, als nur die Brotreste in die Körbe zu legen. Sie enthielten eine doppelte Lehre. Wir sollen nichts verschwenden und keinen zeitlichen Vorteil ungenutzt lassen. Wir sollen nichts geringachten, das irgendeinem menschlichen Wesen noch dienlich sein kann. Sammelt alles, was der Not der Hungernden abzuhelfen vermag. Die gleiche Sorgfalt sollen wir auch in geistlichen Dingen üben. Als die Körbe voll Brocken gesammelt wurden, dachten die Gesättigten an ihre Freunde daheim und wünschten, daß auch sie an dem Brot, das Jesus gesegnet hatte, teilhaben könnten. Der Inhalt der Körbe wurde unter die Menge verteilt und in die ganze umliegende Gegend mitgenommen. So sollten diejenigen, die beim Feste waren, andern von dem Brot geben, das vom Himmel kommt, um den Hunger der Seele zu stillen; sie sollten wiederholen, was sie über die wunderbaren Dinge Gottes gelernt hatten; nichts sollte verlorengehen, kein einziges Wort, das ihr geistliches Heil betraf, unnütz auf die Erde fallen.

Das Wunder von den Broten lehrt uns ferner unsere Abhängigkeit von Gott. Als der Herr die Fünftausend speiste, war in der Nähe keine Nahrung zu bekommen. Wahrscheinlich standen ihm keine Mittel zur Verfügung. Er befand sich mit den mehr als fünftausend Menschen in der Einsamkeit. Zwar hatte er die Menge nicht eingeladen, sie war ihm vielmehr ohne Aufforderung gefolgt; aber er wußte, daß sie hungrig und müde sein würde, nachdem sie so lange seinen Worten gelauscht hatte. Er selbst empfand ja dieses Bedürfnis, zu essen.

In der Fürsorge Christi für die natürlichen Bedürfnisse einer hungrigen Menge liegt eine tiefe geistliche Lehre für alle seine Mitarbeiter. Der Heiland empfing vom Vater, er teilte seinen Jüngern aus, diese gaben der Menge, und unter dieser gab einer dem andern. So empfangen alle, die mit Christus verbunden sind, von ihm das Brot des Lebens, die himmlische Speise, und teilen sie andern mit.

Jesus nahm die wenigen Brote im vollen Vertrauen auf Gott. Obgleich es nur so viel Speise war, daß sie gerade für seine Jünger gereicht hätte, lud er diese doch nicht ein, zu essen, sondern verteilte das Brot an sie und gebot ihnen, es dem Volk weiterzugeben. Die Nahrung vermehrte sich in seinen Händen, und die Hände der Jünger, die sich ihm, dem Brot des Lebens, entgegenstreckten, blieben nie leer; der kleine Vorrat reichte für alle. Nach der Sättigung des Volkes wurden die Brocken gesammelt, und Christus aß nun mit seinen Jüngern von der so gnädig gewährten Speise.

Die Jünger stellten gleichsam die Verbindung dar zwischen Christus und dem Volk. Diese Tatsache sollte seinen Nachfolgern heute eine große Ermutigung sein. Christus ist der Mittelpunkt, die Quelle aller Kraft; seine Boten müssen ihre Stärke von ihm empfangen. Die Verständigsten, die am meisten geistlich Gesinnten können nur das geben, was sie empfangen haben; aus sich selbst haben sie nichts, um die Bedürfnisse auch nur einer Seele zu befriedigen. Wir können nur das mitteilen, was wir von dem Herrn erhalten haben, und wir können nur empfangen, wenn wir es andern mitteilen. Indem wir beständig austeilen, empfangen wir auch immerzu, und zwar in dem Maße, in dem wir geben. So können wir beständig glauben, vertrauen, empfangen und weitergeben.

Der Bau des Reiches Gottes wird vorwärtsgehen, wenn auch scheinbar langsam und wenn auch ungeheure Schwierigkeiten den Fortschritt zu hemmen scheinen. Es ist aber das Werk Gottes, und Gott selbst wird für die Mittel sorgen und Helfer senden; treue, ernste Jünger, deren Hände mit Speise für die hungernde Menschheit gefüllt sind. Gott gedenkt aller, die in Liebe arbeiten, um das Wort des Lebens den Verschmachtenden zu bringen, die ihrerseits wieder die Hände ausstrecken nach Speise für hungrige Seelen.

In unserem Wirken für den Herrn liegt die Gefahr nahe, uns zu sehr darauf zu verlassen, was der Mensch mit seinen Fähigkeiten und Gaben leisten kann. Dadurch verlieren wir den Meister aus den Augen und erkennen oftmals nicht unsere persönliche Verantwortung. Wir laufen Gefahr, unsere Last auf eine Gemeinschaft abzuwälzen, statt uns auf Christus, die Quelle aller Kraft, zu verlassen. Es ist ein großer Irrtum, im Wirken für Gott auf menschliche Weisheit oder auf Zahlen zu vertrauen. Ein erfolgreiches Wirken für den Herrn hängt nicht so sehr von der Anzahl der Mitarbeiter oder deren Fähigkeiten ab, als vielmehr von der Lauterkeit des Wollens und der wahren Einfalt eines ernsten, alles von Gott erwartenden Glaubens. Persönliche Verantwortung muß getragen, persönliche Pflichten müssen aufgenommen und persönliche Anstrengungen gemacht werden für die, welche bisher nichts von Christus gehört haben. Statt die Verantwortung auf solche Personen zu legen, von denen wir meinen, daß sie begabter seien als wir, sollten wir selbst nach unsern Kräften und unserem Vermögen schaffen und wirken.

Wenn die Frage an dich herantritt: „Wo kaufen wir Brot, daß diese essen?", laß deine Antwort nicht eine Erwiderung des Unglaubens sein. Als die Jünger des Herrn Anordnung hörten: „Gebt ihr ihnen zu essen!", tauchten vor ihnen alle möglichen Schwierigkeiten auf. Sie fragten sich: „Sollen wir in die Dörfer gehen, um Speise zu kaufen?" Wenn es heute den Menschen an dem Brot des Lebens mangelt, fragen die Kinder Gottes: „Sollen wir jemand aus der Ferne holen, der sie speise?" Was sagte Christus? „Lasset sie sich setzen."[9] Und dann speiste er sie. Wenn du von bedürftigen Seelen umgeben bist, dann wisse, daß Christus auch gegenwärtig ist. Verbinde dich mit ihm — bringe deine Gerstenbrote zu Jesus!

Die uns zur Verfügung stehenden Mittel scheinen für das Werk nicht auszureichen. Gehen wir aber im Glauben voran und vertrauen wir auf die allmächtige Bereitwilligkeit Gottes, so werden sich uns reichlich Hilfsquellen öffnen. Ist das Werk von Gott, dann wird er auch selbst für Mittel sorgen, um es durchzuführen; er belohnt das schlichte, aufrichtige Vertrauen zu ihm. Unser Weniges wird sich bei weisem und sparsamem Gebrauch im Dienste des Herrn vermehren. In der Hand Christi blieb der geringe Vorrat unverringert, bis die Menge gesättigt war. Gehen wir mit glaubensvoll ausgestreckten Händen zur Quelle aller Kraft, dann werden wir selbst unter den allerschwierigsten Verhältnissen in unserer Arbeit unterstützt werden und imstande sein, auch andern das Brot des Lebens zu geben.

Der Herr sagt: „Gebet, so wird euch gegeben." [10] „Wer da kärglich sät, der wird auch kärglich ernten; und wer da sät im Segen, der wird auch ernten im Segen . . . Gott aber kann machen, daß alle Gnade unter euch reichlich sei, damit ihr in allen Dingen allewege volle Genüge habt und noch reich seid zu jedem guten Werk; wie geschrieben steht:

‚Er hat ausgestreut und gegeben den Armen; seine Gerechtigkeit bleibt in Ewigkeit.'

Der aber Samen reicht dem Säemann und Brot zur Speise, der wird euch Samen reichen und ihn mehren und wachsen lassen die Früchte eurer Gerechtigkeit. So werdet ihr reich sein in allen Dingen, zu geben in Lauterkeit, welche durch uns wirkt Danksagung an Gott." [11]

Licht und Schatten
über den Wegen des Heilandes

Eine Nacht auf dem See | 29

In der Dämmerung eines Frühlingsabends aß die Menge auf der weiten, grünen Ebene die Speise, die ihnen der Heiland verschafft hatte. Die Worte Jesu, die sie an jenem Tage gehört hatten, waren ihnen wie Offenbarungen Gottes vorgekommen; die Werke der Heilung, die sie sehen durften, konnten nur durch göttliche Kraft bewirkt worden sein. Das Wunder der Brote aber berührte jeden persönlich; jeder einzelne hatte Anteil an dieser Segnung. Zu Moses Zeit hatte der Herr die Kinder Israel in der Wüste durch Manna gespeist, und wer war dieser, der sie heute gespeist hatte, anderes als der, von dem Mose geweissagt hatte? Kein Mensch konnte aus fünf Gerstenbroten und zwei kleinen Fischen genügend Speise schaffen, um damit Tausende hungriger Seelen zu sättigen. Und sie sagten zueinander: „Das ist wahrlich der Prophet, der in die Welt kommen soll.“ [1]

Den ganzen Tag waren sie immer mehr davon überzeugt worden. Jene krönende Handlung nun gibt ihnen die Gewißheit, daß der lang erwartete Erlöser unter ihnen weilt. Die Hoffnung aller Anwesenden wird immer größer: Er ist es, der Judäa zu einem irdischen Paradies machen wird, zu einem Land, in dem Milch und Honig fließen, er kann jeden Wunsch erfüllen; er kann die Macht der verhaßten Römer brechen; er kann Juda und Jerusalem befreien und die in der Schlacht verwundeten Soldaten heilen; er kann Heere mit Nahrung versorgen, Völker besiegen und auch Israel die lang ersehnte Herrschaft geben.

In ihrer Begeisterung sind sie bereit, Jesus sofort zum König zu krönen. Sie sehen, daß er sich keinerlei Mühe gibt, die Aufmerksamkeit auf sich zu lenken oder sich ehren zu lassen. Hierin unterscheidet er sich wesentlich von den Priestern und Obersten, und sie befürchten, daß er nie seinen Anspruch auf Davids Thron geltend machen wird. Sie beraten gemeinsam und kommen überein, Gewalt anzuwenden und ihn als König von Israel auszurufen. Die Jünger schließen sich der Menge an und erklären, daß der Thron Davids das rechtmäßige Erbe ihres Herrn sei. Nur Jesu Bescheidenheit, sagen sie, veranlasse ihn, diese Ehre auszuschlagen. Möge doch das Volk seinen Befreier erheben, dann werden die hochmütigen Priester und Obersten gezwungen sein, den mit göttlicher Macht ausgestatteten Heiland zu ehren.

Es werden nun eilig Vorbereitungen getroffen, diesen Plan auszuführen. Doch der Herr bemerkt ihre Absicht und kennt besser als das Volk die Folgen einer solchen Handlung. Schon jetzt trachten die Priester und Obersten ihm nach dem Leben und beschuldigen ihn, daß er das Volk gegen sie aufwiegele. Der Versuch des Volkes, ihn auf den Thron zu setzen, würde nur Gewalttat und Aufruhr nach sich ziehen und das geistliche Reich in Gefahr bringen. Dieser Entwicklung mußte umgehend Halt geboten werden. Jesus ruft seine Jünger und befiehlt ihnen, sofort das Boot zu besteigen und nach Kapernaum zurückzufahren, während er selbst das Volk entlassen werde.

Noch nie zeigten die Jünger so wenig Neigung, der Anordnung ihres Herrn nachzukommen. Sie hatten schon lange auf einen allgemeinen Volksaufstand gehofft, um Jesus auf den Thron zu heben. Sie konnten sich nicht mit dem Gedanken vertraut machen, daß diese Begeisterung ohne Erfolg bleiben sollte. Die zum Passahfest versammelte Volksmenge wollte den neuen Propheten sehen, und den Jüngern schien die Zeit gekommen, ihren geliebten Meister auf den Thron zu heben. In dieser Begeisterung wurde es ihnen wirklich schwer, ohne Jesus fortzugehen und ihn an diesem einsamen Platz zurückzulassen. Sie wagten Einwände gegen seinen Befehl; aber der Herr sprach nun mit solcher Autorität, wie er sie ihnen gegenüber noch nie gezeigt hatte. Sie wußten jetzt, daß ihr weiteres Widerstreben nutzlos sein würde, und wandten sich schweigend dem See zu.

Jesus gebietet nun der Menge, sich zu zerstreuen. Sein Auftreten ist so bestimmt, daß sich niemand zu widersetzen wagt. Die Worte des Lobes und der Begeisterung ersterben auf ihren Lippen; die Schritte derer, die ihn greifen wollen, verhallen, und der frohe, lebhafte Blick weicht aus ihren Augen. Es befinden sich Männer mit starkem Willen und fester Entschlossenheit unter der Menge; doch die königliche Haltung Jesu und die wenigen ruhigen und befehlenden Worte unterdrücken jeden Tumult und vereiteln ihre Absichten. Sie erkennen in ihm eine Macht, die über aller irdischen Gewalt steht, und unterwerfen sich ohne jede Frage.

Als Jesus allein war, „ging er hin auf einen Berg, zu beten“.[2] Stundenlang flehte er zu Gott. Seine ernsten Bitten galten nicht sich selbst, sondern den Menschen. Er betete um Kraft, den Menschen den göttlichen Charakter seiner Sendung zu offenbaren, damit Satan ihr Verständnis nicht blind machen und ihr Urteil irreleiten könne.

Der Heiland wußte genau, daß die Zeit seines irdischen Wirkens bald vorüber wäre und daß nur wenige ihn als ihren Erlöser annehmen würden. In bitterem Schmerz und tiefem seelischem Ringen betete er für seine Jünger, denen noch schwere Prüfungen bevorstanden. Ihre lang gehegten Hoffnungen, die sich auf einen im Volk allgemein verbreiteten Irrtum gründeten, würden in schmerzlicher und demütigender Weise zunichte werden. Statt seine Erhebung auf den Thron Davids würden sie seine Kreuzigung schauen. Dies wäre seine wahre Krönung; aber die Jünger würden auch das nicht erkennen. Darum kämen kräftige Versuchungen über sie, die sie aber schwerlich als solche ansähen. Ohne den Heiligen Geist zur Erleuchtung ihrer Sinne und zur Erweiterung ihres Verständnisses mußte ihr Glaube unterliegen. Es schmerzte den Heiland, daß sich ihre Vorstellungen von seinem Reich in so bedeutendem Maße auf weltliche Erhöhungen und Ehren beschränkten; die Sorge für sie lastete schwer auf seinem Herzen, und in bitterem Schmerz und unter heißen Tränen brachte er seine Bitten zu Gott.

Die Jünger hatten ihr Boot nicht gleich vom Ufer abgestoßen, wie es ihnen von Jesus geboten worden war. Sie warteten noch einige Zeit in der Hoffnung, daß er nachkäme. Als aber die Dunkelheit der Nacht schnell hereinbrach, traten sie „in das Schiff und kamen über das Meer nach Kapernaum".[3] Sie hatten Jesus mit unbefriedigtem Herzen verlassen und waren ungeduldiger über ihn als je zuvor, seit sie ihn als ihren Herrn anerkannt hatten. Sie murrten, weil es ihnen nicht geglückt war, ihn als König auszurufen, und sie machten sich Vorwürfe, seinem Befehl so schnell nachgekommen zu sein, da sie vielleicht doch ihre Absicht erreicht hätten, wenn sie entschiedener aufgetreten wären.

Unglaube erfüllte ihr Herz und ihr Gemüt; die Liebe nach weltlicher Ehre hatte sie verblendet. Sie wußten, daß Jesus von den Pharisäern gehaßt wurde, und sie waren eifrig darauf bedacht, ihn zu erhöhen, wie es ihm zukäme. Mit einem Lehrer verbunden zu sein, der mächtige Wunder wirken und gleichzeitig als Betrüger geschmäht werden konnte, war eine Prüfung, die sie nur schwer zu ertragen vermochten. Sollten sie immer für die Nachfolger eines falschen Propheten gehalten werden? Würde Christus niemals seine Gewalt als König geltend machen? Warum offenbarte er, der doch solche Macht besaß, nicht seinen wahren Charakter und machte dadurch auch ihren Weg müheloser? Warum hatte er Johannes den Täufer nicht vor seinem gewaltsamen Ende bewahrt? Unter solchen Gedanken gerieten sie selbst in geistliches Dunkel, bis sie sich schließlich fragten: Konnte ihr Herr ein Betrüger sein, wie es die Pharisäer behaupteten?

Die Jünger waren an jenem Tage Zeugen der wunderbaren Werke Christi gewesen; es hatte den Anschein gehabt, als ob der Himmel sich zur Erde herabneige. Die Erinnerung an jene herrlichen und glorreichen Stunden hätte sie mit Glauben und Hoffnung erfüllen sollen. Wenn sie sich dann aus der Fülle ihres Herzens über all diese Dinge unterhalten hätten, wären sie bestimmt nicht in Versuchung geraten. Ihre Enttäuschung jedoch nahm alle anderen Gedanken gefangen; die Worte Jesu: „Sammelt die übrigen Brocken, daß nichts umkomme", blieben unbeachtet. Es waren segensreiche Stunden für die Jünger gewesen; aber jetzt hatten sie alles vergessen. Sie befanden sich mitten auf dem unruhigen See. Ihre Gedanken selbst waren stürmisch erregt und ohne Vernunft, und der Herr gab ihnen etwas anderes, um ihre Seele zu beschäftigen und ihre Gedanken abzulenken. Das tut Gott häufig, wenn die Menschen sich selbst Mühsal und Sorgen schaffen. Es war ganz unnötig, daß sich die Jünger Schwierigkeiten bereiteten; die Gefahr näherte sich ihnen schnell genug.

Ein heftiges Unwetter war heraufgezogen und fand die Jünger gänzlich unvorbereitet; es brach unvermutet los nach einem herrlichen Tag. Als der Sturm sich plötzlich erhob, fürchteten sie sich. Ihre Unzufriedenheit, ihren Unglauben, ihre Ungeduld hatten sie schnell vergessen. Jeder von ihnen arbeitete mit aller Kraft, um das Boot vor dem Sinken zu bewahren. Von Bethsaida bis zu dem Ort, an dem sie Jesus erwarteten, war es nicht weit. Bei günstigem Wetter brauchten sie zur Überfahrt nur einige Stunden. Jetzt aber wurden die Jünger immer weiter von ihrem Ziel abgetrieben. Sie arbeiteten bis zur vierten Nachtwache an den Rudern; dann gaben sich die erschöpften Männer verloren.

In Sturm und Dunkelheit hatte der See ihnen ihre Hilflosigkeit gezeigt, und sie sehnten sich nach der Gegenwart ihres Meisters.

Jesus hatte sie nicht vergessen; der Wächter am Ufer sah die furchterfüllten Männer mit dem Sturm kämpfen. Nicht einen Augenblick verlor er seine Jünger aus den Augen, sondern er verfolgte mit großer Aufmerksamkeit das vom Sturm umhergeworfene Boot mit seiner wertvollen Last; denn diese Männer sollten das Licht der Welt sein.

Besorgt, wie eine Mutter über ihre Kinder, wachte der Heiland über seine Jünger. Als ihre Herzen wieder demütig waren, als sie ihren unheiligen Ehrgeiz bezwungen hatten und wieder aufrichtig um Hilfe flehten, wurde sie ihnen zuteil.

In dem Augenblick, da sie sich verloren glauben, erkennen sie in dem Aufleuchten eines Blitzes eine geheimnisvolle Gestalt, die sich ihnen auf den Wogen nähert. Sie ahnen nicht, daß es Jesus ist, und halten den, der ihnen zu Hilfe kommen will, für einen Feind. Schrecken ergreift sie. Die Ruder, die sie mit festem Griff umklammert halten, entfallen ihnen; das Boot wird zum Spielball der Wellen. Ihre Blicke sind durch die Erscheinung gefesselt – ein Mensch geht auf den schäumenden Wogen des wütenden Sees.

Sie glauben, es sei ein Geist, der ihnen ihren Untergang ankündigt, und sie schreien vor Furcht. Die Gestalt kommt immer näher. Es scheint, als wolle sie vorübergleiten. Da erkennen sie ihren Herrn, und sie rufen und flehen um Hilfe. Der Heiland wendet sich ihnen zu, und seine Stimme besänftigt ihre Furcht: „Seid getrost, ich bin's; fürchtet euch nicht!“ [4]

Kaum können die Jünger dieses Wunder begreifen, da gerät Petrus in hellste Begeisterung. Er ruft: „Herr, bist du es, so heiß mich zu dir kommen auf dem Wasser.“ Und Jesus spricht: „Komm her!“ [5]

Solange Petrus seinen Blick unverwandt auf Jesus richtet, wandelt er sicher; kaum blickt er aber stolz zu seinen Gefährten im Boot zurück, verliert er die Verbindung mit seinem Herrn. Der Wind stürmt noch heftig, die Wogen gehen hoch und drängen sich zwischen ihn und den Meister. Nun fürchtet sich Petrus. Für einen Augenblick ist Christus seinem Blick verborgen; da wird sein Glaube unsicher und schwankend, und er beginnt zu sinken. Aber während die Wogen ihn mit dem Tod bedrohen, wendet Petrus seinen Blick von dem tobenden Wasser ab, auf den Heiland hin und ruft: „Herr, hilf mir!“ Sofort ergreift Jesus die ausgestreckte Hand mit den Worten: „O du Kleingläubiger, warum zweifeltest du?“ [6]

An der Hand seines Heilandes betrat Petrus wieder das Schiff. Er war gedemütigt worden und verhielt sich still. Er sah keine Ursache mehr, sich vor den Gefährten zu rühmen; denn er hätte durch Unglauben und Überheblichkeit beinahe sein Leben verloren.

Wie oft gleichen wir dem Petrus, wenn Schwierigkeiten auf uns zukommen! Wir schauen dann auf die brausenden Wogen, statt unsern

Blick auf den Herrn zu heften. Unsere Füße gleiten aus, und die stolzen Wellen gehen über uns hinweg. Jesus hatte Petrus nicht geboten, zu ihm zu kommen, damit er umkomme; er fordert auch uns nicht auf, ihm nachzufolgen, um uns dann zu verlassen.

Jesus kannte den Charakter seiner Jünger. Er wußte, wie schwer ihr Glaube geprüft werden würde. Durch die Erfahrung auf dem See wollte er die Schwäche des Petrus offenbaren und ihm zeigen, daß seine Sicherheit nur darauf beruhe, der göttlichen Macht beständig zu vertrauen. Inmitten der Stürme der Versuchungen konnte er nur dann sicher wandeln, wenn er, frei von überheblichem Selbstvertrauen, sich ausschließlich auf den Herrn verlassen würde. Gerade dann, als Petrus meinte, stark zu sein, war er schwach; erst als er seine Schwäche erkannte, konnte er das Bedürfnis seiner Abhängigkeit von Gott sehen. Hätte er aus der Erfahrung auf dem See gelernt, dann wäre er auch nicht unterlegen, als die große Prüfung an ihn herantrat.

Tag um Tag unterweist Gott seine Kinder. Durch die Dinge des täglichen Lebens bereitet er sie darauf vor, daß sie die größere Aufgabe übernehmen können, zu der seine Vorsehung sie berufen hat. Sieg oder Niederlage in der großen Lebensentscheidung hängt davon ab, wie sie mit den täglichen Prüfungen fertig werden.

Wer seine dauernde Abhängigkeit von Gott nicht erkennt, wird in der Versuchung unterliegen. Wir glauben vielleicht, sicher zu stehen und nicht fallen zu können. Wir mögen vertrauensvoll sagen: Ich weiß, an wen ich glaube, nichts kann meinen Glauben an Gott und sein Wort erschüttern! Aber Satan ist nicht müßig. Er denkt unablässig darüber nach, wie er aus unseren menschlichen Mängeln Vorteile ziehen und unsere Augen gegen unsere wahren Bedürfnisse blind machen kann. Nur durch wahrhafte Erkenntnis unserer Schwächen, nur durch den unverwandten Blick auf Jesus können wir sicher wandeln.

Kaum hatte Jesus seinen Platz im Boot eingenommen, hörte der Sturm auf. „Und alsbald war das Schiff am Lande, wohin sie fuhren.“ [7] Der Schreckensnacht folgte das sanfte Licht der Morgenröte. Die Jünger und noch andere, die sich mit ihnen im Boot befanden, beugten sich mit dankerfülltem Herzen zu den Füßen Jesu und sagten: „Du bist wahrlich Gottes Sohn!“ [8]

Überlieferungen | 30

Die Pharisäer und Schriftgelehrten, die Jesus auf dem Passahfest zu sehen hofften, hatten ihm eine Falle gestellt. Doch Christus kannte ihre Absichten und blieb der Versammlung fern. Da er nicht zu ihnen ging, „kamen zu Jesus Pharisäer und Schriftgelehrte".[1] Kurze Zeit schien es, als ob die Galiläer Jesus als den Messias annehmen würden und die Macht der Priesterherrschaft in jener Gegend gebrochen werden sollte. Der Auftrag der Zwölf, der die Ausdehnung des Werkes Christi anzeigte und die Jünger unmittelbar mit den Rabbinern in Berührung brachte, erregte aufs neue die Eifersucht der führenden Männer in Jerusalem. Ihre Spione, die von ihnen zu Beginn des irdischen Dienstes Christi nach Kapernaum gesandt worden waren und die versucht hatten, den Heiland wegen Übertretung des Sabbats anzuklagen, waren verwirrt worden. Trotzdem zeigten sich die Rabbiner entschlossen, ihr Vorhaben durchzuführen. Es wurden andere Abgeordnete ausgesandt, um Jesu Tun und Treiben zu beobachten und irgendeine Beschuldigung gegen ihn zu finden.

Abermals wurde die Nichtbeachtung der überlieferten Vorschriften, mit denen das Gesetz Gottes belastet worden war, Grund zur Klage gegen ihn. Diese Satzungen waren angeblich dazu bestimmt, die Beachtung des Gesetzes zu schützen, wurden jedoch über das Gesetz selbst gestellt. Wenn sie aber mit den Zehn Geboten in Widerspruch gerieten, wurden die Vorschriften der Rabbiner vorgezogen.

Eine der strengsten Vorschriften war die zeremonielle Reinigung. Die vor dem Essen zu beachtenden Formen zu vernachlässigen, galt als schwere Sünde, die sowohl in dieser als auch in der zukünftigen Welt bestraft werden würde. Man hielt es für eine Tugend, den Übertreter solcher Verordnungen unschädlich zu machen.

Die Reinigungsverordnungen waren sehr zahlreich. Ein ganzes Menschenleben reichte kaum aus, um sie alle kennenzulernen. Das Leben derer, die ernstlich versuchten, den Anforderungen der Rabbiner nachzukommen, war ein einziger Kampf gegen zeremonielle Verunreinigung, eine endlose Reihe von Waschungen und Reinigungen. Während das Volk sich mit all den unbedeutenden Unterschieden und Vorschriften beschäftigte, die Gott gar nicht verlangte, wurde seine Aufmerksamkeit von den bedeutsamen Grundsätzen des Gesetzes abgelenkt.

Christus und seine Jünger führten diese zeremoniellen Waschungen nicht aus, und die Abgesandten der Pharisäer machten diese Vernachlässigung zum Grund ihrer Anklage. Sie wagten jedoch keinen unverhüllten Angriff auf den Herrn, sondern kamen zu ihm und beschuldigten seine Jünger. Vor allem Volk fragten sie ihn: „Warum übertreten deine Jünger die Satzungen der Ältesten? Sie unterlassen die Waschung der Hände vor dem Essen." [2]

Wenn die Botschaft der Wahrheit Seelen mit besonderer Kraft ergreift, regt Satan seine Helfer an, einen Streit über geringfügige Fragen vom Zaune zu brechen, und sucht auf diese Weise die Aufmerksamkeit von dem wirklichen Geschehen abzulenken. Sowie ein gutes Werk begonnen wird, sind Krittler bereit, über Äußerlichkeiten und Förmlichkeiten zu streiten, um die Gemüter von den lebendigen Wahrheiten abzubringen. Wenn es den Anschein hat, als ob Gott auf besondere Weise für sein Volk wirken will, sollte dieses sich nicht verleiten lassen, auf Streitfragen einzugehen, die der Seele nur zum Verderben gereichen können. Die wichtigsten Fragen für uns sind: Habe ich den seligmachenden Glauben an den Sohn Gottes? Lebe ich mein Leben in Übereinstimmung mit dem Gesetz Gottes? „Wer an den Sohn glaubt, der hat das ewige Leben. Wer dem Sohn nicht glaubt, der wird das Leben nicht sehen." [3] „Und an dem merken wir, daß wir ihn kennen, wenn wir seine Gebote halten." [4]

Jesus versuchte nicht, sich oder seine Jünger zu verteidigen; er ging gar nicht auf die Beschuldigung ein, sondern zeigte nur den Geist, der diese Eiferer für menschliche Satzungen beseelte. Er zeigte ihnen durch ein Beispiel, was sie schon wiederholt getan und gerade jetzt wieder getan hatten, ehe sie gekommen, ihn zu suchen. Er sagte ihnen: „Gar fein hebt ihr Gottes Gebot auf, auf daß ihr eure Satzungen haltet. Denn Mose hat gesagt: ‚Du sollst deinen Vater und deine Mutter ehren', und: ‚Wer Vater oder Mutter flucht, der soll des Todes sterben.' Ihr aber sagt: Wenn einer spricht zu Vater oder Mutter: Korban, das heißt Opfergabe, soll sein, was dir sollte von mir zukommen, so laßt ihr ihn hinfort nichts tun für seinen Vater oder seine Mutter." [5] Sie setzten das fünfte Gebot als unwichtig beiseite, handelten aber sehr genau nach den Überlieferungen der Ältesten. Die Tempelsteuer bezeichneten sie als eine Pflicht, die zu erfüllen heiliger sei als die Unterstützung der Eltern; es sei sogar ein Unrecht, den Eltern etwas von dem zu geben, das dem Tempel geweiht war. Ein pflichtvergessenes Kind brauchte nur das Wort „Korban" über sein Eigentum auszusprechen, so wurde es dadurch Gott geweiht. Es durfte wohl sein Hab und Gut während seiner Lebensdauer für sich verwenden, aber nach seinem Tode wurde es dann dem Tempel zugesprochen. So hatte das Kind stets die Freiheit, während seines Lebens und nach seinem Tode die Eltern unter dem Deckmantel der Hingabe an Gott zu entehren und zu betrügen.

Niemals hatte Jesus, weder durch Worte noch durch Taten, die Verpflichtung des Menschen, dem Herrn Opfergaben zu bringen, eingeschränkt, war er es doch selbst, der die Anweisungen des Gesetzes hinsichtlich des Zehnten und der Gaben gegeben hatte. Er lobte auch, als er auf Erden war, das arme Weib, das alles, was es hatte, in den Gotteskasten legte. Doch der scheinbare Eifer der Priester und Rabbiner für Gott war nur ein Vorwand, um ihr Verlangen nach Selbsterhöhung zu verdecken. Das Volk wurde dadurch betrogen; es trug schwere Bürden, die nicht Gott ihm auferlegt hatte. Selbst die Jünger waren nicht gänzlich frei von dem Joch, das durch ererbtes Vorurteil und rabbinische Autorität auf sie gelegt war. Indem Jesus den wahren Geist der Rabbiner zeigte, wollte er alle echten Diener Gottes von der Last der Überlieferungen befreien.

Den verschlagenen Spähern rief er zu: „Ihr Heuchler, gar fein hat Jesaja von euch geweissagt und gesprochen: ‚Dies Volk ehrt mich mit seinen Lippen, aber ihr Herz ist ferne von mir; vergeblich dienen sie mir, weil sie lehren solche Lehren, die nichts als Menschengebote sind.'"[6] Christi Worte waren eine Anklage gegen das Pharisäertum. Er wies darauf hin, daß sich die Rabbiner über Gott erhoben hatten, indem sie ihre Gebote über die göttlichen Verordnungen setzten.

Die Abgesandten von Jerusalem waren wuterfüllt. Sie konnten den Herrn nicht als einen Übertreter des mosaischen Gesetzes anklagen; denn er sprach ja als dessen Verteidiger gegen ihre Überlieferungen. Die erhabenen Vorschriften des Gesetzes, die er gelehrt hatte, zeigten einen auffallenden Gegensatz zu den kleinlichen Regeln, die sich Menschen ausgedacht hatten.

Jesus erklärte der Menge und danach besonders seinen Jüngern, daß die Verunreinigung nicht von außen, sondern von innen heraus geschehe. Reinheit und Unreinheit betreffen die Seele: die böse Tat, das böse Wort, der schlechte Gedanke, jede Übertretung des Gesetzes verunreinigen den Menschen, aber nicht die Vernachlässigung äußerlicher, von Menschen beschlossener Verordnungen.

Die Jünger bemerkten den Zorn der Kundschafter, als ihre Falschheit aufgedeckt wurde. Sie sahen die feindlichen Blicke und hörten, wie sie unzufriedene und rachsüchtige Worte murmelten. Sie dachten nicht daran, wie oft ihr Herr schon bewiesen hatte, daß er in den Herzen der Menschen wie in einem aufgeschlagenen Buch lesen konnte, und berichteten ihm von der Wirkung seiner Worte. Sie hofften, daß er die aufgebrachten Beamten Jerusalems beschwichtigen würde, und sagten: „Weißt du auch, daß die Pharisäer an dem Worte Ärgernis nahmen, als sie es hörten?“ [7]

Jesus antwortete: „Alle Pflanzen, die mein himmlischer Vater nicht gepflanzt hat, die werden ausgerissen.“ [8] Die von den Rabbinern so hoch geachteten Gebräuche und Überlieferungen entstammten dieser Welt und nicht dem Himmel. Wie hoch auch ihr Ansehen beim Volk war, im Urteil Gottes konnten sie nicht bestehen. Alles menschliche Gedankengut, das die Stelle der Gebote Gottes eingenommen hat, wird an jenem Tage als wertlos angesehen, da „Gott wird alle Werke vor Gericht bringen, alles, was verborgen ist, es sei gut oder böse“.[9]

Noch immer werden menschliche Weisungen an die Stelle der Gebote Gottes gesetzt; selbst unter den Christen gibt es Einrichtungen und Gebräuche, die keine bessere Grundlage haben als die Überlieferungen der Väter. Solche Einrichtungen, die auf rein menschlicher Grundlage beruhen, haben die göttlichen Bestimmungen verdrängt; die Menschen halten an ihren Überlieferungen fest, verehren ihre menschlichen Gewohnheiten und hassen alle, die ihnen ihren Irrtum zu beweisen suchen. In dieser Zeit, da wir angehalten sind, andere auf die Gebote Gottes und den Glauben an Jesus aufmerksam zu machen, erleben wir die gleiche Feindschaft, die sich zur Zeit Christi offenbarte. Es steht geschrieben: „Der Drache ward zornig über das Weib und ging hin, zu streiten wider die übrigen von ihrem Geschlecht, die da Gottes Gebote halten und haben das Zeugnis Jesu.“ [10]

„Alle Pflanzen, die mein himmlischer Vater nicht gepflanzt hat, die werden ausgerissen.“ [8] Gott gebietet uns, an Stelle der Autorität der sogenannten Kirchenväter das Wort des ewigen Vaters, des Herrn des Himmels und der Erde, anzunehmen. Hier allein finden wir die reine

Wahrheit. Der Psalmist sagte: „Ich habe mehr Einsicht als alle meine Lehrer; denn über deine Mahnungen sinne ich nach. Ich bin klüger als die Alten; denn ich halte mich an deine Befehle.“ [11] Möchten doch alle, die sich unter die menschliche Autorität – seien es die Gebräuche der Kirche oder die Überlieferungen der Väter – beugen, die Warnung beachten, die in Christi Worten liegt: „Vergeblich dienen sie mir, weil sie lehren solche Lehren, die nichts als Menschengebote sind.“ [12]

Die Schranken werden niedergerissen | 31

Nach dem Zusammentreffen mit den Pharisäern zog sich Jesus von Kapernaum zurück, durchquerte Galiläa und kam nach dem Hügelland an der Grenze von Phönizien. Nach Westen hin sah man unten in der Ebene die alten Städte Tyrus und Sidon mit ihren heidnischen Tempeln, ihren herrlichen Palästen, den großen Märkten und den vielen Schiffen im Hafen. Hinter dem Küstenstreifen dehnte sich die blaue Fläche des Mittelländischen Meeres, über dessen Weite hinweg die Apostel das Evangelium in das Herz des Weltreiches Rom tragen sollten. Aber die Zeit dazu war noch nicht gekommen. Zunächst galt es, die Jünger für ihren Auftrag recht vorzubereiten. In dieser Gegend hoffte Jesus die dazu nötige Abgeschiedenheit zu finden, die er in Bethsaida vergebens gesucht hatte. Doch das war nicht der einzige Grund seiner Reise.

„Siehe, ein kanaanäisches Weib kam aus jener Gegend und schrie ihm nach und sprach: Ach Herr, du Sohn Davids, erbarme dich mein! Meine Tochter wird von einem bösen Geist übel geplagt." [1]

Die Einwohner dieser Gegend stammten aus dem alten Geschlecht der Kanaaniter, waren Götzendiener und wurden von den Juden verachtet und gehaßt. Zu diesen gehörte auch die Frau, die jetzt zu Jesus kam. Sie war eine Heidin und daher von den Vorzügen ausgeschlossen, deren sich die Juden täglich erfreuten. Damals lebten viele Juden unter den Phöniziern, und die Kunde von Christi Wirken war bis in dieses Gebiet gedrungen. Einige Leute hatten seinen Worten gelauscht und seine wunderbaren Taten bezeugt. Diese Frau nun hatte von dem Propheten gehört, er heile – so wurde berichtet – alle Krankheiten. Die Kunde von der großen Macht Jesu hatte die Hoffnung im Herzen der Frau geweckt. Sie entschloß sich, von Mutterliebe getrieben, dem Herrn die Heilung ihrer Tochter ans Herz zu legen. Sie wollte ihm ihren Kummer bringen. Er mußte ihr Kind heilen. Sie hatte bei den heidnischen Göttern Hilfe gesucht, aber vergebens. Manchmal dachte sie: Was kann jener jüdische Lehrer schon für mich tun? Doch die Nachricht ging um, er heile alle Krankheiten, ganz gleich, ob jene, die zu ihm kamen, reich oder arm waren. Das kanaanäische Weib entschloß sich, ihre einzige Hoffnung nicht fahren zu lassen.

Christus kannte die Lage dieser Frau. Er wußte auch von ihrem Verlangen, ihn zu sehen, und stellte sich ihr in den Weg. Er tröstete die Frau und gab seinen Jüngern gleichzeitig einen lebendigen Anschauungsunterricht, den er ihnen nicht vorenthalten konnte; denn dazu war er mit seinen Jüngern in diese Gegend gezogen. Jesus wollte, daß sie die große Unwissenheit sehen und erkennen sollten, die in den Städten und Dörfern rings um Israel herrschte. Dieses Volk, dem jede Gelegenheit gegeben war, die Wahrheit zu verstehen, hatte keine Ahnung von den Nöten derer, die um sie herum lebten. Es machte auch keinerlei Anstrengung, diesen armen Seelen zu helfen und sie aus der Finsternis herauszuziehen. Die Scheidewand, die jüdischer Stolz aufgerichtet, hielt sogar der Jünger Mitleid mit der heidnischen Welt zurück. Diese Schranke wollte Christus niederreißen.

Jesus erfüllte nicht sofort die Bitte des Weibes; er empfing vielmehr die Heidin in der gleichen Weise, wie es auch die Juden getan hätten. Er wollte dadurch seinen Jüngern die kalte und herzlose Art der Juden in einem solchen Falle vor Augen führen, um dann durch seine erbarmende Liebe zu zeigen, wie sie handeln sollten.

Die Frau ließ sich durch den scheinbar unfreundlichen Empfang nicht entmutigen. Und als Jesus weiterging, als hörte er das kanaanäische Weib überhaupt nicht, folgte sie ihm und wiederholte fortwährend ihre Bitte. Die Jünger waren über diese Zudringlichkeit empört und baten ihren Herrn, die Frau wegschicken zu dürfen; sie sahen ja, daß sich Jesus nicht mit der Frau beschäftigen wollte, und nahmen an, daß er das Vorurteil der Juden gegen die Kanaaniter teilte. Doch Christus, der auch dieser Frau ein barmherziger Heiland war, sagte ihnen: „Ich bin nur gesandt zu den verlorenen Schafen des Hauses Israel.“ [2] Obgleich diese Worte mit der Ansicht der Juden übereinzustimmen schienen, lag in ihnen in Wirklichkeit ein Tadel für die Jünger, den sie später auch verstanden, als sie sich daran erinnerten, was der Herr ihnen oft gesagt hatte: daß er in die Welt gekommen sei, alle selig zu machen, die an ihn glauben.

Das kanaanäische Weib brachte ihre Bitte mit immer dringlicherem Ernst vor, fiel zu Jesu Füßen nieder und rief: „Herr, hilf mir!“ Aber der Herr wandte sich offenbar abermals von ihren Bitten ab, wie es auch die gefühllosen Juden in ihrem Vorurteil getan haben würden, und antwortete: „Es ist nicht fein, daß man den Kindern ihr Brot nehme und werfe es vor die Hunde.“ [3] Dies kam im Grunde genommen der Behauptung gleich, daß es nicht gerecht sei, die Segnungen, die Gottes auserwähltem Volk galten, an Fremde und Ausländer zu verschwenden. Jesu Antwort hätte jeden weniger ernsthaft suchenden Menschen äußerst entmutigt. Aber die Frau spürte, daß für sie eine günstige Gelegenheit gekommen war. Auch in dieser scheinbar ablehnenden Antwort Jesu erkannte sie sein Mitgefühl, das er nicht verbergen konnte. Sie sagte: „Ja, Herr; aber doch essen die Hunde von den Brosamen, die von ihrer Herren Tisch fallen." [4] Während die Kinder der Familie an des Vaters Tisch gespeist werden, vergißt man auch die Hunde nicht; denn sie haben ein Anrecht auf die Brosamen, die von der reichgedeckten Tafel fallen. Empfing nun Israel so viele Segnungen, sollte es für diese Frau keinen Segen geben? Sie wurde als „Hund" betrachtet. Hatte sie nicht dadurch wenigstens den Anspruch eines Hundes auf die Brosamen der göttlichen Barmherzigkeit?

Jesus hatte den Ort seiner Tätigkeit gewechselt, weil die Schriftgelehrten und Pharisäer ihm nach dem Leben trachteten; sie hatten gemurrt und geklagt, hatten Unglauben und Bitterkeit bekundet und das ihnen so bereitwillig angebotene Heil verworfen. Nun trifft der Heiland hier eine Frau aus dem unglücklichen und verachteten Geschlecht der Kanaaniter, das nichts von der Gnade Gottes und seinem Wort weiß; dennoch überläßt sich diese Frau sogleich dem göttlichen Einfluß Christi und vertraut blind seiner Macht, ihre Bitte erfüllen zu können. Sie bittet um die Brosamen, die von des Herrn Tisch fallen! Wenn sie schon dieses Vorrecht eines Hundes haben darf, ist sie auch gewillt, wie ein Hund angesehen zu werden. Sie kennt kein nationales oder religiöses Vorurteil, keinen Stolz, der ihr Handeln beeinflussen könnte. Sie anerkennt einfach Jesus als ihren Erlöser, der imstande ist, alles zu tun, worum sie ihn bittet.

Der Heiland ist befriedigt. Er hat ihren Glauben geprüft und durch sein Verhalten ihr gegenüber gezeigt, daß sie, die man als eine Ausgestoßene betrachtete, nicht länger mehr ein Fremdling ist, sondern ein Kind in der Familie Gottes. Als solches hat sie auch das Recht, an den Gaben des Vaters teilzuhaben. Christus erfüllt ihre Bitte und beendet damit auch die Belehrung für seine Jünger. Er blickt die Frau freundlich an und sagt ihr: „O Weib, dein Glaube ist groß. Dir geschehe, wie du willst!" [5] Von diesem Augenblick an war ihre Tochter gesund, und der böse Geist plagte sie nicht mehr. Die Mutter aber ging dankbar und froh hinweg und bekannte Jesus als ihren Heiland.

Als Christus sagte: „Ich bin nur gesandt zu den verlorenen Schafen des Hauses Israel",[2] gab er den Jüngern eine tiefe Lehre. Durch die Wundertat an dem kanaanäischen Weibe erfüllte er seine Aufgabe. Diese Frau gehörte zu den „verlorenen Schafen", die die Israeliten retten sollten; denn diese Aufgabe war ihnen aufgetragen worden. Sie aber hatten ihre Bestimmung vernachlässigt, so daß Christus nun dieser Aufgabe nachkam.

Die kanaanäische Frau hatte in gläubigem Vertrauen die Schranken durchbrochen, die zwischen Juden und Heiden aufgerichtet waren. Sie ließ sich nicht entmutigen, und ungeachtet der Geschehnisse, die sie hätten zum Zweifel führen können, vertraute sie der Gnade Jesu. Der Heiland will, daß auch wir ihm so vertrauen; denn der Segen seiner Erlösung gilt jedem einzelnen. Nichts kann den Menschen hindern, der Verheißungen Christi durch das Evangelium teilhaftig zu werden, es sei denn, er entschiede sich gegen Gott.

Gott kennt keine sozialen Unterschiede. Er verachtet menschliche Rangordnungen; denn vor ihm sind alle Menschen gleich. „Er hat gemacht, daß von *Einem* aller Menschen Geschlechter stammen, die auf dem ganzen Erdboden wohnen, und hat bestimmt, wie lange und wie weit sie wohnen sollen, damit sie Gott suchen sollten, ob sie wohl ihn fühlen und finden möchten; und fürwahr, er ist nicht ferne von einem jeglichen unter uns."[6] Ohne Unterschied des Alters, des Standes, der Nationalität oder religiöser Vorrechte sind alle eingeladen, zu ihm zu kommen und zu leben. „Wer an ihn glaubt, der soll nicht zuschanden werden."[7] „Hier ist nicht Jude noch Grieche, hier ist nicht Knecht noch Freier."[8] „Reiche und Arme begegnen einander; der Herr hat sie alle gemacht."[9] „Es ist über sie allzumal der *eine* Herr, reich für alle, die ihn anrufen. Denn ‚wer den Namen des Herrn wird anrufen, soll gerettet werden'."[10]

Das wahre Zeichen | 32

„Da er wieder fortging aus der Gegend von Tyrus, kam er durch Sidon an das Galiläische Meer, mitten in das Gebiet der Zehn Städte.“ [1]

Hier hatte Jesus die Besessenen geheilt, hier hatte das Volk, erregt über die Vernichtung der Schweineherden, ihn gedrängt, das Land zu verlassen. Doch in der Zwischenzeit war ihnen so viel Wunderbares von dem Heiland bekanntgeworden, daß sie den Wunsch hatten, ihn wiederzusehen. Als Jesus wieder in dieses Gebiet kam, scharte sich das Volk um ihn. Man brachte „zu ihm einen, der taub und stumm war“. Jesus heilte diesen Mann nicht nur – wie es sonst zu geschehen pflegte – durch das Wort, sondern nahm ihn beiseite, legte seine Finger in dessen Ohren und berührte dessen Zunge dann sah er auf zum Himmel und klagte über die Ohren, die sich weigerten, auf die Wahrheit zu hören, und über die Zungen, die es unterließen, den Erlöser anzuerkennen. Bei dem Wort „Tu dich auf!“ erhielt der Taube seine Sprache wieder. Entgegen der Aufforderung, die Heilung für sich zu behalten, ging er hinweg und verkündete allen das Erlebnis seiner Heilung. [2]

Jesus ging auf einen Berg, wohin ihm auch die Menge folgte, die weiter Kranke und Lahme zu ihm brachte und sie zu seinen Füßen niederlegte. Er heilte sie alle; und die Menge – Heiden, die sie waren – pries den Gott Israels. Drei Tage lang versammelten sie sich um den Heiland, schliefen nachts unter freiem Himmel und drängten sich am Tage in seine Nähe, um seine Worte zu hören und seine Werke zu sehen. Dann hatten sie keine Nahrung mehr. Der Heiland aber wollte sie nicht hungrig von sich gehen lassen und gebot seinen Jüngern, ihnen Speise zu geben. Diese aber offenbarten abermals ihren Unglauben. Obgleich sie in Bethsaida erlebt hatten, daß durch Jesu Segen der kleinste Vorrat ausreichte, um die gewaltige Volksmenge zu speisen, brachten sie – im Vertrauen auf seine Macht, es für die hungrige Schar vervielfältigen zu können – doch nicht das Wenige, das sie besaßen. Außerdem waren die Menschen in Bethsaida Juden und diese hier nur Ungläubige und Heiden. Das jüdische Vorurteil beherrschte noch immer die Herzen der Jünger. Sie sagten zu Jesus: „Woher sollen wir so viel Brot nehmen in der Wüste, daß wir so viel Volks sättigen?"[3] Sie gehorchten dann aber doch den Worten ihres Meisters und brachten, was sie hatten: sieben Brote und zwei Fische. Die Menge wurde gespeist, und sieben Körbe mit Brocken blieben übrig. Viertausend Männer, dazu Frauen und Kinder, wurden auf diese Weise gestärkt, und Jesus schickte sie alle mit frohem, dankbarem Herzen wieder nach Hause.

Jesus aber bestieg mit seinen Jüngern ein Boot und fuhr über den See nach Magdala, am Südende der Ebene von Genezareth. An der Grenze von Tyrus und Sidon war sein Gemüt durch das Vertrauen des kanaanäischen Weibes erfrischt worden, und die heidnischen Bewohner des Zehn-Städte-Gebietes hatten ihn freudig aufgenommen; doch als er nun wieder in Galiläa an Land ging, wo er seine göttliche Macht am gewaltigsten gezeigt, die meisten Werke der Barmherzigkeit getan und die wichtigsten Lehren gepredigt hatte, begegnete man ihm mit verächtlichem Unglauben.

Einige Vertreter der reichen und hochmütigen Sadduzäer – jener Partei der Priester, Zweifler und Großen des Volkes – hatten sich einer Abordnung der Pharisäer angeschlossen, obgleich sich diese beiden Sekten sonst in bitterer Feindschaft gegenüberstanden. Die Sadduzäer warben um die Gunst der regierenden Macht, um ihre eigene Stellung und Autorität aufrechtzuerhalten; die Pharisäer hingegen nährten den allgemeinen Haß gegen die Römer und sehnten sich nach der Zeit, da sie das Joch der Unterdrücker abwerfen konnten. Nun aber verbanden sich beide Parteien gegen Christus. Gleich und gleich gesellt sich gern! Wo es auch sein mag, verbindet sich das Böse mit dem Bösen, um das Gute zu vernichten.

Jetzt kamen die Sadduzäer und Pharisäer zu Christus und verlangten ein Zeichen vom Himmel. Als zur Zeit Josuas das Volk Israel zum Kampf gegen die Kanaaniter nach Beth-Horon zog, stand auf des Anführers Befehl die Sonne still, bis der Sieg erkämpft war. Viele ähnliche Wunder verzeichnet die Geschichte Israels. Jetzt verlangten die Juden ein solches Zeichen von Jesus. Er aber wußte, daß die Juden solcher Zeichen nicht bedurften. Diese rein äußerlichen Zeichen konnten ihnen gar nichts nützen; sie bedurften keiner Erleuchtung ihres Verstandes, sondern einer Erneuerung ihres Herzens.

Jesus sagte ihnen: „Über des Himmels Aussehen könnt ihr urteilen; könnt ihr dann nicht auch über die Zeichen der Zeit urteilen?"[4] Die

Worte Jesu, gesprochen in der Kraft des Heiligen Geistes, der ihnen über ihre Sünde die Augen öffnete, waren das Zeichen, das Gott ihnen zu ihrem Heil gegeben hatte. Es waren außerdem noch eine Reihe klarer himmlischer Zeichen geschehen, die Jesu Sendung bezeugten: der Gesang der Engel vor den Hirten, der Stern, der die Weisen leitete, die Taube und die Stimme vom Himmel bei Christi Taufe.

„Und er seufzte in seinem Geist und sprach: Was sucht doch dies Geschlecht ein Zeichen?"[5] „Es wird ihm kein Zeichen gegeben werden denn das Zeichen des Propheten Jona. Denn gleichwie Jona drei Tage und drei Nächte in des Fisches Bauch war, so wird des Menschen Sohn drei Tage und drei Nächte im Schoß der Erde sein."[6] Wie einst Jonas Predigt den Niniviten ein Zeichen war, so sollte Jesu Predigt auch seiner Generation ein Zeichen sein. Doch welch ein Unterschied in der Aufnahme des Wortes! Die Bewohner der großen Heidenstadt zitterten, als sie die Warnung Gottes hörten; Könige und Fürsten demütigten sich, Reiche und Arme riefen gemeinsam den Gott des Himmels an und erfuhren seine Barmherzigkeit. „Die Leute von Ninive werden auftreten beim Gericht mit diesem Geschlecht", sagte der Heiland, „und werden es verdammen; denn sie taten Buße nach der Predigt des Jona. Und siehe, hier ist mehr als Jona."[7]

Jedes Wunder Jesu war ein Zeichen seiner Gottheit. Er erfüllte genau die Aufgabe, die von dem Messias geweissagt worden war; aber die Pharisäer empfanden diese Werke der Barmherzigkeit als ausgesprochenes Ärgernis. Die jüdischen Obersten standen dem Elend des Volkes herzlos und gleichgültig gegenüber. In vielen Fällen hatten ihre Selbstsucht und Unterdrückung die Leiden verursacht, die Christus heilte. So blieben seine Wunder ihnen ein beständiger Vorwurf.

Was den göttlichen Charakter Jesu besonders hervorhob, war für die Juden Anlaß, ihn zu verwerfen. Der größte Wert seiner Wunder lag in der Tatsache, daß diese zum Segen der Menschen geschahen. Der eindringlichste Beweis, daß er von Gott gesandt war, lag darin, daß sein Leben das Wesen Gottes offenbarte. Er tat Gottes Werke und sprach Gottes Worte. Und solch Leben ist das größte aller Wunder.

Wenn in unserer Zeit die Wahrheit verkündigt wird, dann rufen viele wie einst die alten Juden: „Zeigt uns ein Zeichen! Wirkt ein Wunder!" Christus tat kein Zeichen auf Befehl der Pharisäer, ebensowenig wirkte er auf Satans Einflüsterungen in der Wüste irgendein Wunder. Er teilt auch uns keine Kraft mit, damit wir uns selbst rechtfertigen oder den Forderungen des Unglaubens und des Stolzes nachkommen können. Dennoch ist das Evangelium in seiner Verkündigung nicht ohne Zeichen seines göttlichen Ursprungs. Ist es kein Wunder, daß wir uns aus den Fesseln Satans befreien können? Feindschaft gegen Satan liegt nicht in der Natur des menschlichen Herzens; sie erwächst in uns vielmehr durch die Gnade Gottes. Wenn eine Seele, die von einem launischen und eigensinnigen Willen beherrscht wurde, nun frei wird und sich völlig dem göttlichen Einfluß hingibt, oder wenn ein Mensch, der starken Irrtümern erlegen war, zur Erkenntnis der Wahrheit kommt – dann ist ein Wunder geschehen! Wenn ein Mensch sich bekehrt, Gott lieben lernt und seine Gebote hält, erfüllt sich die Verheißung Gottes: „Ich will euch ein neues Herz und einen neuen Geist in euch geben." [8] Die Veränderung im menschlichen Herzen, die Umgestaltung des menschlichen Charakters ist ein Wunder, das einen lebendigen Heiland offenbart, der für das Seelenheil der Menschen wirkt. Ein beständiges Leben in Christus ist ein großes Wunder. Das Zeichen, das stets die Predigt des Wortes Gottes begleiten sollte, ist die Gegenwart des Heiligen Geistes, die das Wort an denen, die es hören, zu einer belebenden Kraft macht. Das ist Gottes Zeugnis vor der Welt von der göttlichen Sendung seines Sohnes.

Im Schatten des Kreuzes | 33

Das Werk Christi auf Erden ging seiner Vollendung entgegen. Klar umrissen lagen die Dinge der nächsten Zukunft vor Jesus. Schon vor seiner Menschwerdung hatte er den ganzen Leidensweg übersehen, den er gehen mußte, um die Verlorenen zu retten. Er wußte um den Schmerz, der seine Seele wie ein Schwert durchdringen würde, er kannte jede Beleidigung, die auf ihn gehäuft würde, jede Entbehrung, die er ertragen mußte – denn alles lag offen vor ihm, noch ehe er seine Krone und sein königliches Gewand abgelegt, noch ehe er den himmlischen Thron verlassen hatte, um seine Gottheit mit menschlicher Natur zu bekleiden. Er konnte seinen Weg von der Krippe bis nach Golgatha verfolgen, und im Bewußtsein aller kommenden Leiden sagte er: „Siehe, ich komme; im Buch ist von mir geschrieben: Deinen Willen, mein Gott, tue ich gern, und dein Gesetz hab ich in meinem Herzen.“ [1]

Jesus hatte den Erfolg seiner Sendung stets vor Augen; sein irdisches Leben, obgleich voller Arbeit und Selbstaufopferung, wurde durch die Aussicht erhellt, daß sein Werk nicht vergebens sein würde. Denn indem er sich selbst für das Leben der Menschen dahingab, würde er die Welt zur Treue gegen Gott zurückgewinnen. Obgleich er erst die Bluttaufe empfangen mußte und die Sünden der Welt schwer auf seiner Seele lasteten, obgleich der Schatten unsagbaren Schmerzes auf ihn fiel, erwählte er dennoch um der Freude willen, die vor ihm lag, das Kreuz und achtete der Schande nicht.

Seinen Jüngern waren die kommenden Ereignisse noch unbekannt; aber die Zeit war nahe, da sie Zeugen seines letzten Ringens werden mußten. Sie mußten sehen, wie der, den sie geliebt und dem sie vertraut hatten, in die Hände seiner Feinde überantwortet und ans Kreuz geschlagen würde. Bald mußte er sie verlassen. Dann mußten sie der Welt allein gegenübertreten – ohne den Trost seiner Gegenwart. Der Heiland wußte, daß bitterer Haß und Unglaube sie verfolgen würden, und er wollte sie auf diese Prüfungen vorbereiten.

Jesus war mit seinen Jüngern in eine Stadt in der Nähe von Cäsarea Philippi gekommen. Diese Stadt lag außerhalb des galiläischen Landes, in einer Gegend, in der noch Götzendienst herrschte. Die Jünger waren hier dem Einfluß der Juden entzogen und kamen nun mit dem Heidentum in engere Berührung. Überall sahen sie hier die Zeichen und Merkmale heidnischen Aberglaubens, den es in allen Teilen der Welt gab. Jesus wünschte, daß der Anblick dieser Dinge ihr Verantwortungsgefühl gegenüber den Heiden wecken möge. Darum entzog er sich während seines Aufenthalts in diesem Gebiet dem öffentlichen Dienst am Volk und widmete sich mehr seinen Jüngern.

Ehe er ihnen von seinen bevorstehenden Leiden erzählte, ging er ein wenig abseits und betete, daß ihre Herzen bereit seien, seine Worte aufzunehmen. Als er sich wieder zu ihnen gesellte, sagte er ihnen nicht sofort, was er ihnen zu sagen hatte, sondern gab ihnen erst Gelegenheit, ihren Glauben an ihn zu bekennen, damit sie dadurch für die kommenden Schwierigkeiten gestärkt würden. Er fragte sie: „Wer sagen die Leute, daß des Menschen Sohn sei?“ [2]

Die Jünger mußten aber betrübt erwidern, daß das Volk Israel seinen Messias nicht erkannt hätte. Wohl hatten einige, die Augenzeugen seiner Wunder gewesen waren, ihn als Sohn Davids erkannt; wohl hatte die Menge, die in der Nähe von Bethsaida gespeist worden war, ihn zum König über Israel ausrufen wollen. Manche wollten ihn sogar als Propheten annehmen – aber sie alle glaubten nicht, daß er der Messias sei.

Jesus stellte nun eine andere Frage an sie: „Wer saget denn ihr, daß ich sei? Da antwortete Simon Petrus und sprach: Du bist Christus, des lebendigen Gottes Sohn!“ [3]

Schon von Anfang an hatte Petrus geglaubt, daß Jesus der Messias sei. Viele andere, die durch die Predigt des Täufers Christus angenommen hatten, gerieten über seine Mission in Zweifel, als Johannes der Täufer gefangengenommen und getötet wurde; sie bezweifelten dann auch, daß Jesus wirklich der Messias wäre, auf den sie so lange gewartet hatten. Viele seiner Jünger, die mit Bestimmtheit angenommen hatten, daß ihr Herr seinen Platz auf Davids Thron einnehmen werde, verließen ihn, als sie erfuhren, daß Jesus dazu niemals gewillt war. Nur Petrus und seine Gefährten blieben ihm treu. Der Wankelmut derer, die ihn gestern priesen und heute verdammten, konnte den Glauben des wahren Nachfolgers Jesu nicht untergraben. Petrus erklärte: „Du bist Christus, des lebendigen Gottes Sohn!“ Er wartete nicht auf königliche Ehren, um seinen Herrn krönen zu können, sondern nahm ihn in seiner Niedrigkeit an.

Petrus hatte den Glauben der Zwölf ausgesprochen. Dennoch waren sie noch weit davon entfernt, das Werk Christi auf Erden zu verstehen. Der Widerstand und die falschen Darstellungen der Priester und Ältesten verursachten ihnen, obwohl sie sich dadurch nicht von Christus trennen ließen, viel Unruhe; sie konnten ihren Weg nicht klar erkennen. Der Einfluß aus ihrer Jugendzeit, die Lehren der Rabbiner und die Macht der Überlieferung trübten noch immer ihre Erkenntnis der Wahrheit. Von Zeit zu Zeit wurden sie durch die hellen Lichtstrahlen, die von Jesus ausgingen, erleuchtet; dann aber waren sie auch wieder wie Menschen, die im dunkeln umhertasten. An diesem Tage aber, ehe sie der großen Prüfung ihres Glaubens gegenübergestellt wurden, war die Kraft des Heiligen Geistes in ihnen. Ihre Augen waren für kurze Zeit von dem Sichtbaren abgewandt, um das Unsichtbare zu sehen. Und sie erkannten hinter seiner menschlichen Gestalt die Herrlichkeit des Sohnes Gottes.

Jesus antwortete Petrus und sprach: „Selig bist du, Simon, Jonas Sohn; denn Fleisch und Blut hat dir das nicht offenbart, sondern mein Vater im Himmel.“ [4]

Die Wahrheit, die Petrus hier ausgesprochen hatte, ist die Grundlage für das Bekenntnis des Gläubigen. Sie ist, wie Jesus selbst erklärt hat, das ewige Leben. Diese Erkenntnis zu besitzen, war jedoch kein Grund, sich selbst zu verherrlichen. Weder durch eigene Weisheit noch durch eigene Leistung war Petrus diese Erkenntnis zuteil geworden. Nie kann ein Mensch aus sich selbst heraus zur Erkenntnis des Göttlichen gelangen. Sie „ist höher als der Himmel: was willst du tun? tiefer als die Hölle: was kannst du wissen?“ [5] Nur der Geist der Kindschaft kann uns die Tiefen der Gottheit offenbaren, die „kein Auge gesehen hat und kein Ohr gehört hat und in keines Menschen Herz gekommen ist“.[6] Gott aber hat sie „offenbart durch seinen Geist; denn der Geist erforscht alle Dinge, auch die Tiefen der Gottheit“.[7] „Der Herr ist denen Freund, die ihn fürchten; und seinen Bund läßt er sie wissen.“ [8] Die Tatsache, daß Petrus die Herrlichkeit Christi erkannte, war ein Beweis, daß er „von Gott gelehrt“ war. Ja, in der Tat, „selig bist du, Simon, Jonas Sohn; denn Fleisch und Blut hat dir das nicht offenbart“! [4]

Jesus sprach weiter: „Ich sage dir auch: Du bist Petrus, und auf diesen Felsen will ich bauen meine Gemeinde, und die Pforten der Hölle sollen sie nicht überwältigen.“ [9] Das Wort Petrus bedeutet

Stein – rollender Stein! Petrus war nicht der Fels, auf den die Gemeinde gegründet wurde; ihn überwältigten die Pforten der Hölle, als er seinen Herrn unter Fluchen und Schwören verleugnete. Die Gemeinde dagegen wurde auf einen Grund gebaut, den die Pforten der Hölle nicht überwältigen konnten.

Mose hatte Jahrhunderte vor dem Kommen Christi auf den Fels des Heils für Israel hingewiesen; der Psalmist hatte von dem „Fels meiner Stärke" gesungen, und bei Jesaja steht geschrieben: „Darum spricht Gott der Herr: Siehe, ich lege in Zion einen Grundstein, einen bewährten Stein, einen kostbaren Eckstein, der fest gegründet ist."[10] Petrus selbst, getrieben durch den Heiligen Geist, wendet diese Weissagung auf Jesus an, wenn er sagt: „Ihr habt ja geschmeckt, wie freundlich der Herr ist. So kommt denn nun zu ihm, als dem lebendigen Stein, der von Menschen wohl verworfen, von Gott aber als besonders wertvoll auserwählt wurde! Und so laßt auch ihr euch als lebendige Steine aufbauen zu einem geistlichen Haus ..."[11]

„Einen andern Grund kann niemand legen außer dem, der gelegt ist, welcher ist Jesus Christus."[12] „Auf diesen Felsen will ich bauen meine Gemeinde", sagte der Herr.[9] In der Gegenwart Gottes und aller himmlischen Wesen, in der Gegenwart der unsichtbaren Heere der Hölle gründete Christus seine Gemeinde auf den lebendigen Felsen. Er selbst ist dieser Felsen – sein eigener Leib, der für uns verwundet und zerschlagen wurde. Die Pforten der Hölle werden die auf diesem Grund erbaute Gemeinde nicht überwältigen.

Wie schwach erschien die Gemeinde, als Jesus diese Worte sprach! Sie zählte nur eine Handvoll Gläubige, gegen die sich alle Macht der bösen Kräfte richten würde – und doch sollten die Nachfolger Christi sich nicht fürchten! Auf den Fels ihrer Stärke gegründet, konnten sie nicht besiegt werden.

Sechstausend Jahre lang hat der Glaube auf Christus gebaut; sechstausend Jahre lang haben die Fluten und Stürme satanischer Wut gegen den Fels unseres Heils gewütet, aber er steht unerschüttert.

Petrus hatte die Wahrheit ausgesprochen, die die Grundlage ist für den Glauben der Gemeinde, und Jesus ehrte ihn nun als den Vertreter aller Gläubigen. Er sagte ihm: „Ich will dir des Himmelreichs Schlüssel geben, und alles, was du auf Erden binden wirst, soll auch im Himmel gebunden sein, und alles, was du auf Erden lösen wirst, soll auch im Himmel los sein."[13]

„Des Himmelreichs Schlüssel" sind die Worte Christi. Alle Worte der Heiligen Schrift sind seine Worte und sind hierin eingeschlossen. Diese Worte haben die Macht, den Himmel zu schließen und auch zu öffnen; sie erklären die Bedingungen, unter denen Menschen angenommen oder verworfen werden. So wird das Werk derer, die Gottes Wort verkündigen, ein Geruch des Lebens zum Leben oder des Todes zum Tode. Ihr Werk hat ewige Folgen.

Der Heiland übertrug das Anliegen des Evangeliums nicht Petrus persönlich. Später, als er die Worte wiederholte, die er hier zu Petrus sprach, bezog er sie unmittelbar auf die Gemeinde; sie wurden ihrem Inhalt nach auch zu den Zwölfen als den Vertretern aller Gläubigen gesprochen. Hätte Jesus einem der Jünger eine besondere Autorität verliehen, dann würden wir sie nicht so oft darüber streiten sehen, wer der größte unter ihnen wäre; sie würden sich dem Wunsche ihres Meisters unterworfen und den geehrt haben, den er erwählt hätte.

Statt einen zum Ersten zu berufen, sagte Jesus seinen Jüngern: „Ihr sollt euch nicht Rabbi nennen lassen ... Und ihr sollt euch nicht lassen Lehrer nennen; denn *einer* ist euer Lehrer, Christus." [14]

„Christus ist eines jeglichen Mannes Haupt." [15] Gott, der alle Dinge unter seine Füße getan hat, „hat ihn gesetzt zum Haupt der Gemeinde über alles, welche da ist sein Leib, nämlich die Fülle des, der alles in allen erfüllt". [16] Die Gemeinde ist auf Christus gebaut; sie soll ihm als ihrem Haupt gehorchen; sie soll sich auch nicht auf Menschen verlassen oder von Menschen beherrscht werden. Viele meinen, daß eine Vertrauensstellung in der Gemeinde ihnen das Recht gibt, anderen vorzuschreiben, was sie glauben und was sie tun sollen. Gott aber anerkennt solchen Anspruch nicht; denn der Heiland sagt: „Ihr aber seid alle Brüder." [17] Alle sind der Versuchung ausgesetzt, alle dem Irrtum unterworfen, auf kein sterbliches Wesen können wir uns als Führer verlassen. Der Fels des Glaubens ist die lebendige Gegenwart Christi in der Gemeinde; darauf kann sich auch der Schwächste verlassen, und die sich am stärksten dünken, werden sich als die Schwächsten erweisen, wenn sie nicht Christus zu ihrer Stärke machen. „Verflucht ist der Mann, der sich auf Menschen verläßt und hält Fleisch für seinen Arm." [18] Der Herr „ist ein Fels. Seine Werke sind vollkommen". [19] „Wohl allen, die auf ihn trauen!" [20]

Nach dem Bekenntnis des Petrus gebot Jesus den Jüngern, niemandem zu sagen, daß er Christus sei. Diesen Auftrag gab er ihnen wegen des entschlossenen Widerstandes der Schriftgelehrten und Pharisäer; außerdem hatten das Volk und selbst die Jünger eine so falsche Vorstellung von dem Messias, daß eine öffentliche Ankündigung ihnen nicht den richtigen Begriff von seinem Wesen und seiner Aufgabe geben würde. Aber Tag für Tag offenbarte er sich ihnen als Heiland. Auf diese Weise wollte er ihnen ein richtiges Verständnis seines Wirkens als Messias geben.

Noch immer erwarteten die Jünger, Christus als weltlichen Fürsten herrschen zu sehen. Obgleich er so lange sein Vorhaben verborgen hatte, glaubten sie, daß er nicht immer in Armut und Verborgenheit bliebe und daß die Zeit nahe sei, da er sein Reich aufrichten würde. Daß der Haß der Priester und Rabbiner die Oberhand behalten, daß Christus von seinem eigenen Volk verworfen, als Betrüger verurteilt und als Verbrecher gekreuzigt werden würde, das kam den Jüngern nie in den Sinn. Aber die dunkle Stunde der höllischen Macht kam immer näher. Jesus mußte seine Jünger mit dem bevorstehenden Kampf vertraut machen. Er war traurig, als er ihre Nöte und Ängste voraussah.

Bisher hatte Jesus noch nicht über seine Leiden und seinen Tod gesprochen. Wohl hatte er in seiner Unterredung mit Nikodemus gesagt: „Wie Mose in der Wüste die Schlange erhöht hat, so muß des Menschen Sohn erhöht werden, auf daß alle, die an ihn glauben, das ewige Leben haben",[21] aber die Jünger hatten diese Worte nicht gehört und würden sie auch gar nicht verstanden haben, wenn sie sie gehört hätten. Jetzt aber waren sie bei ihrem Meister, lauschten seinen Worten, sahen seine Werke und stimmten trotz aller Niedrigkeit, die ihn umgab, trotz des Widerstandes der Priester und des Volkes dem Zeugnis des Petrus über ihn zu: „Du bist Christus, des lebendigen Gottes Sohn." Jetzt war die Zeit gekommen, die Zukunft zu entschleiern. „Seit der Zeit fing Jesus Christus an und zeigte seinen Jüngern, wie er müßte hin nach Jerusalem gehen und viel leiden . . . und getötet werden und am dritten Tage auferstehen."[22]

Sprachlos vor Erstaunen und Kummer hörten ihm die Jünger zu. Der Heiland hatte das Bekenntnis des Petrus von ihm als dem Sohn Gottes angenommen; nun schienen seine Worte von Leiden, Not und Tod unbegreiflich. Petrus konnte nicht länger an sich halten: „Herr", rief er und faßte seinen Meister fest bei der Hand, als wollte er ihn vor dem ihm drohenden Unheil bewahren, „das verhüte Gott! Das widerfahre dir nur nicht!"[23]

Petrus liebte seinen Herrn. Und dennoch lobte ihn Jesus nicht, als er so ungestüm das Verlangen bekundete, seinen Herrn zu schützen. Petri Worte konnten dem Herrn in der großen Prüfung, die seiner wartete, weder Trost noch Hilfe sein; auch standen sie nicht in Einklang mit der Gnadenabsicht Gottes gegenüber einer verlorenen Welt; schließlich stimmten sie auch mit den Lehren der Selbstverleugnung nicht überein, die Jesus durch sein Beispiel geben wollte. Petrus wollte das Kreuz in dem Werke Christi nicht sehen. Der Eindruck, den seine Worte machten, widersprach daher dem Einfluß, den Jesus auf die Gemüter seiner Nachfolger ausüben wollte. Das veranlaßte den Herrn auch zu dem strengsten Verweis, der je über seine Lippen kam: „Hebe dich, Satan, von mir! denn du meinst nicht, was göttlich, sondern was menschlich ist.“ [24]

Satan wollte Jesus entmutigen und ihn von seiner Mission ablenken, und Petrus in seiner blinden Liebe lieh dieser Versuchung seine Stimme. Der Fürst alles Bösen war der Urheber dieses Gedankens; er flüsterte dem Petrus jenen voreiligen Wunsch ein. In der Wüste hatte Satan dem Heiland die Herrschaft der Welt unter der Bedingung angeboten, daß er den Pfad der Erniedrigung und Aufopferung verlasse; jetzt kam er mit der gleichen Versuchung zu dem Jünger, um dessen Blick auf die irdische Herrlichkeit zu lenken, damit er das Kreuz, auf das der Herr die Augen der Jünger richten wollte, nicht wahrnehme.

Durch Petrus trat Satan nun wiederum mit der Versuchung an Jesus heran; aber dieser beachtete sie diesmal nicht; seine Gedanken waren bei seinen Jüngern. Satan war zwischen Jesus und Petrus getreten, damit des Jüngers Herz nicht ergriffen würde von jener Zukunftsschau, die Christi Erniedrigung um seinetwillen zeigte. Jesus sprach die scharfen Worte nicht zu Petrus, sondern zu dem, der Petrus von ihm zu trennen versuchte. „Hebe dich, Satan, von mir!“ Dränge dich nicht länger zwischen mich und meinen irrenden Diener; laß mich Petrus von Angesicht zu Angesicht sehen, damit ich ihm das Geheimnis meiner Liebe offenbaren kann!

Es war eine bittere Lehre für Petrus, die er nur langsam begriff; es wurde ihm schwer, zu verstehen, daß seines Meisters Weg durch Leiden und Erniedrigung gehen müsse. Der Jünger schreckte unwillkürlich zurück vor einer Leidensgemeinschaft mit seinem Herrn; in der Hitze des Feuerofens jedoch mußte er den Segen einer solchen Gemeinschaft lernen. Lange nachdem seine Gestalt durch die Last der Jahre und der

Arbeit gebeugt war, schrieb er: „Ihr Lieben, lasset euch die Hitze nicht befremden, die euch widerfährt, daß ihr versucht werdet. Meinet nicht, es widerführe euch etwas Seltsames, sondern freuet euch, daß ihr mit Christus leidet, auf daß ihr auch zur Zeit der Offenbarung seiner Herrlichkeit Freude und Wonne haben möget." [25]

Jesus erklärte nun seinen Jüngern, daß sein Leben der Selbstverleugnung für sie beispielgebend sein sollte; dann rief er das Volk, das sich in der Nähe aufhielt, zu sich und sagte: „Will mir jemand nachfolgen, der verleugne sich selbst und nehme sein Kreuz auf sich und folge mir." [26] Das Kreuz erinnerte an die Macht Roms; es war das Sinnbild der schmählichsten und grausamsten Todesart. Die niedrigsten Verbrecher mußten das Kreuz selbst zur Richtstätte tragen; hiergegen sträubten sie sich oft mit so verzweifelter Heftigkeit, bis sie schließlich überwältigt wurden und man ihnen das Kreuz auf ihren Schultern festband. Jesus aber gebot seinen Nachfolgern, das Kreuz freiwillig auf sich zu nehmen und ihm nachzufolgen. Seine Worte, die die Jünger nur unklar verstanden, wiesen sie hin auf die Notwendigkeit, sich in die bittersten Leiden zu schicken, ja sogar den Tod um Christi willen auf sich zu nehmen. Eine größere Hingabe konnten die Worte des Heilandes nicht ausdrücken. Er selbst hatte dies alles auch um ihretwillen auf sich genommen. Ihn verlangte nicht nach dem Himmel, solange wir Sünder verloren waren; er vertauschte die himmlischen Höfe gegen ein Leben der Schmach und tiefsten Beleidigungen; er litt um unsertwillen den Tod der Schande. Er, der reich war an den unschätzbaren Gütern des Himmels, wurde arm, damit wir durch seine Armut reich würden. Wir aber müssen den Weg gehen, den auch er ging.

Menschen zu lieben, für die Jesus gestorben ist, heißt das eigene Ich zu kreuzigen. Wer ein Kind Gottes ist, sollte sich als Glied einer Kette fühlen, die vom Himmel bis auf die Erde herabreicht, um die Welt zu retten. Er sollte eins sein mit Christus in seinem Gnadenplan und mit ihm vorangehen, zu suchen und selig zu machen, was verloren ist. Der Christ muß stets erkennen, daß er sich Gott geweiht hat und daß er nun durch seinen Charakter das Wesen Gottes der Welt offenbaren soll. Die opferbereite Hingabe, die Teilnahme und Liebe, die das Leben Christi kennzeichneten, müssen auch im Leben der Nachfolger Christi sichtbar werden.

„Wer sein Leben erhalten will, der wird's verlieren; wer aber sein Leben verliert um meinetwillen, der wird's finden." [27] Selbstsucht bedeutet Tod! Kein Organ des Körpers könnte leben, wenn es seine Wirksamkeit nur auf sich selbst beschränken wollte. Würde das Herz sein Lebensblut nicht in Hand und Kopf leiten, verlöre es bald seine Kraft. Wie unser Blut, so durchdringt die Liebe Christi alle Teile seines geheimnisvollen Leibes. Wir sind untereinander Glieder; jede Seele, die sich weigert, den andern als Bruder anzusehen, wird umkommen. „Was hülfe es dem Menschen, wenn er die ganze Welt gewönne und nähme doch Schaden an seiner Seele?" [28]

Über seine gegenwärtige Armut und Demütigung hinaus richtete Jesus den Blick seiner Jünger auf sein Kommen in Herrlichkeit; nicht in der Pracht einer irdischen Krone, sondern mit göttlicher Herrlichkeit und inmitten der himmlischen Heerscharen; „alsdann wird er einem jeglichen vergelten nach seinen Werken". [29] Zu ihrer Ermutigung gab er ihnen noch die Verheißung: „Wahrlich, ich sage euch: Es stehen etliche hier, die nicht schmecken werden den Tod, bis daß sie des Menschen Sohn kommen sehen in seinem Reich." [30] Doch die Jünger verstanden ihn nicht. Die Herrlichkeit, von der Jesus sprach, schien ihnen weit entfernt; ihre Augen waren auf das Näherliegende gerichtet, auf das irdische Leben in Armut und Erniedrigung und unter schweren Leiden. Mußten sie ihre glühenden Erwartungen vom messianischen Reich aufgeben? Sollten sie ihren Herrn nicht auf dem Thron Davids sehen? War es denn möglich, daß der Heiland wie ein einfacher, heimatloser Wanderer leben mußte, um schließlich verachtet, verworfen und getötet zu werden? Tiefe Traurigkeit überfiel ihre Herzen; denn sie liebten ihren Meister. Zweifel beunruhigten ihr Gemüt; denn es erschien ihnen unbegreiflich, daß der Sohn Gottes solch grausamen Demütigungen ausgesetzt werden sollte. Wenn er sterben mußte, wie konnte dann sein Reich so unverrückbar aufgerichtet werden, daß die Pforten der Hölle es nicht überwältigen würden? Das alles war ihnen ein großes Geheimnis.

Gerade jetzt fuhren sie an den Ufern des Galiläischen Meeres entlang und näherten sich der Stadt, in der alle ihre Hoffnungen zerschlagen werden sollten. Sie erlaubten sich dem Herrn gegenüber keine Einwendungen; aber untereinander sprachen sie leise und in tiefer Betrübnis über die Zukunft. In all ihren Zweifeln aber klammerten sie sich an den Gedanken, daß irgendein unvorhergesehenes Ereignis das Schicksal, das ihren Herrn erwartete, wenden möge. So trauerten, zweifelten, hofften und fürchteten sie sechs lange, trübselige Tage hindurch.

Die Verklärung | 34

Der Abend bricht schon herein, da ruft Jesus drei seiner Jünger – Petrus, Jakobus und Johannes – zu sich und führt sie über Felder und unebene Wege auf einen einsamen Berg. Der Heiland und die Jünger haben den Tag mit Wandern und Lehren verbracht; nun ermüdet sie der ziemlich beschwerliche Weg merklich. Auch Christus, der seelische und körperliche Lasten von den Leidenden nahm, der Kranke gesund gemacht, Besessene geheilt und neues Leben in schwache Körper hat strömen lassen, ist gleich den Jüngern vom Aufstieg ermattet.

Die letzten Strahlen der untergehenden Sonne liegen noch auf dem Gipfel des Berges und vergolden mit ihrem versinkenden Schein den Pfad der vier Wanderer. Doch bald ist dies letzte Licht des Tages, das noch über Hügeln und Tälern lag, erloschen; das Dunkel der Nacht zieht herauf und umhüllt auch die einsamen Wanderer. Das Düstere in der Natur scheint in Einklang zu stehen mit ihrem kummervollen Leben, um das sich immer dichtere Wolken zusammenballen.

Die Jünger wagen nicht, den Herrn nach Ziel und Zweck der Wanderung zu fragen; zu oft schon hat er ganze Nächte in den Bergen im Gebet zugebracht. Er, der Schöpfer der Berge und Täler, fühlt sich in der freien Natur zu Hause und genießt deren Stille. Die Jünger folgen, wohin er sie führt; dennoch wundern sie sich, warum ihr Meister diesen beschwerlichen Aufstieg unternimmt, da sie ja sehr müde sind und er selbst auch der Ruhe bedarf.

Endlich macht Jesus halt; allein geht er jetzt ein wenig seitwärts und klagt unter Tränen dem himmlischen Vater seine große Not. Er bittet um Kraft, die Prüfung um der Menschen willen zu ertragen. Er muß sich neu stärken an dem Allmächtigen; nur dann kann er getrost der Zukunft entgegensehen. Er legt seinem Vater auch seine Herzenswünsche für seine Jünger vor, damit in der Stunde der Finsternis ihr Glaube nicht wanken möchte. Nachttau fällt auf seine Gestalt; er merkt es nicht. Er achtet auch nicht der immer tiefer werdenden Dunkelheit. Die Stunden verrinnen. Anfangs vereinigen die Jünger ihre Gebete mit dem Gebet des Herrn in aufrichtiger Hingabe: bald aber hat die Müdigkeit sie überwältigt und – sie schlafen ein. Jesus hat ihnen von seinem Leiden erzählt und sie mitgenommen, um mit ihnen im Gebet vereint zu sein; gerade für sie betet er. Er hat die Traurigkeit der Jünger gesehen und sehnt sich danach, ihren Kummer durch die Versicherung zu bannen, daß ihr Glaube nicht vergebens sei. Doch nicht alle Zwölf können die Offenbarung, die er geben will, aufnehmen; nur die drei, die Zeugen seiner Seelenangst in Gethsemane sein sollen, hat er erwählt, mit ihm auf dem Berge zu sein. Er bittet seinen Vater, ihnen doch die Herrlichkeit zu zeigen, die er bei ihm hatte, ehe die Welt erschaffen war, daß sein Reich den menschlichen Augen offenbart und die Herzen der Jünger gestärkt werden möchten, dieses Reich zu schauen. Er fleht um eine Offenbarung seiner Göttlichkeit, damit sie in der Stunde seiner tiefsten Leiden getröstet sind durch die Erkenntnis, daß er wahrhaftig Gottes Sohn ist und sein schmählicher Tod zur Erfüllung des Erlösungsplanes gehört.

Sein Gebet wird erhört. Während er sich demütig auf dem steinigen Boden vor Gott beugt, öffnet sich plötzlich der Himmel, die goldenen Tore der Stadt Gottes gehen weit auf, ein heiliger Glanz wirft sein Licht bis auf den Berg hinab und umhüllt die Gestalt Jesu. Das Göttliche in ihm leuchtet durch das Menschliche und begegnet der von oben kommenden Herrlichkeit; die hingestreckte Gestalt erhebt sich und steht in göttlicher Majestät auf dem Gipfel des Berges. Die Seelenqual ist von ihm gewichen; sein Angesicht leuchtet „wie die Sonne“, und seine Kleider sind „weiß wie das Licht“.[1]

Die Jünger erwachen; sie sehen die flutende Herrlichkeit, die den ganzen Berg erleuchtet, und schauen in Furcht und Staunen auf die glänzende Gestalt ihres Meisters. Als ihre Augen sich an das blendende Licht gewöhnt haben, sehen sie, daß Jesus nicht allein ist; zwei himmlische Wesen unterhalten sich mit ihm. Es sind Mose und Elia; Mose, der auf dem Sinai mit Gott geredet hatte, und Elia, dem die große Gnade widerfuhr, daß er den Tod nicht zu schmecken brauchte.

Auf dem Berge Pisga hatte fünfzehnhundert Jahre zuvor Mose gestanden und das verheißene Land von ferne geschaut; aber um seiner bei Meriba begangenen Sünde willen durfte er es nicht betreten. Ihm wurde nicht die Freude zuteil, die Scharen Israels in das Erbe ihrer Väter zu führen. Seine schmerzliche Bitte: „Laß mich hinübergehen und sehen das gute Land jenseits des Jordan, dies gute Bergland und den Libanon“[2] wurde nicht erhört. Seine Hoffnung, die vierzig Jahre lang die Dunkelheit der Wüstenwanderung erhellt hatte, wurde nicht erfüllt; ein Grab in der Wüste war das Ziel jener Jahre der Last und drückenden Sorge. Und doch hatte er, der „überschwenglich tun kann über alles, was wir bitten oder verstehen",[3] auch in diesem Fall die Bitte seines Dieners erhört. Mose kam in das Reich des Todes, aber er blieb nicht lange in der Gruft; Christus selbst rief ihn heraus zu neuem Leben. Satan, der Betrüger, hatte den Leib Moses seiner Sünde wegen beansprucht; aber Christus, der Heiland, nahm ihn aus dem Grabe zu sich.

Mose war auf dem Verklärungsberg Zeuge von Christi Sieg über Sünde und Tod; er war ein Sinnbild für alle, die bei der Auferstehung der Gerechten aus den Gräbern hervorgehen werden. Elia, der verklärt wurde, ohne den Tod gesehen zu haben, war das Vorbild derer, die bei Christi Wiederkunft auf Erden leben und „verwandelt werden; und dasselbe plötzlich, in einem Augenblick, zur Zeit der letzten Posaune",[4] wenn „dies Verwesliche wird anziehen die Unverweslichkeit".[5] Jesus war mit dem Licht des Himmels bekleidet; so wird er zum andernmal erscheinen ohne Sünde zur Seligkeit; denn er wird kommen „in der Herrlichkeit seines Vaters mit den heiligen Engeln".[6] Nun war das Versprechen, das Jesus seinen Jüngern gegeben hatte, erfüllt. Auf dem Berge wurde ihnen – im kleinen – das zukünftige Reich der Herrlichkeit gezeigt: Christus, der König, Mose, der Vertreter der auferstandenen Gläubigen, und Elia, der Vertreter derer, die verwandelt werden „in einem Augenblick".

Die Jünger erfassen den Vorgang noch nicht; aber sie freuen sich, daß der geduldige Lehrer, der Sanftmütige und Demütige, der als schutzloser Fremdling hin und her gewandert ist, von den Begnadeten Gottes geehrt wird. Sie glauben, daß Elia gekommen sei, die Regierung des Messias zu verkündigen, und daß das Reich Christi jetzt aufgerichtet werden soll. Die Erinnerung an ihre Furcht und Enttäuschung wollen sie für immer verbannen. Hier, wo die Herrlichkeit Gottes offenbart wird, möchten sie verweilen. Petrus ruft begeistert aus: „Herr, hier ist für uns gut sein! Willst du, so wollen wir hier drei Hütten machen, dir eine, Mose eine und Elia eine."[7] Sie glauben zuversichtlich, daß Mose und Elia gesandt wurden, ihren Meister zu schützen und sein Königreich auf Erden aufzurichten.

Aber das Kreuz muß der Krone vorangehen! Nicht die feierliche Krönung Jesu zum König ist das Thema ihrer Unterhaltung, sondern sein Tod, der ihn in Jerusalem erwartet. In menschlicher Schwachheit, beladen mit Kummer und fremder Schuld, ging Christus seinen Weg allein inmitten der Menschen. Als die Finsternis der herannahenden Prüfung auf ihn eindrang, war er einsam und allein in einer Welt, die ihn nicht kannte. Selbst seine geliebten Jünger, die völlig in ihren Zweifeln und Sorgen und in ihrer ehrgeizigen Hoffnung aufgingen, hatten das Geheimnis seiner Sendung nicht erfaßt. Er hatte inmitten der Liebe und Gemeinschaft des Himmels gelebt; aber in dieser Welt, deren Schöpfer er war, war er einsam. Nun hatte der Himmel seine Boten zu ihm gesandt; keine Engel, sondern Menschen, die auch Kummer und Leid ertragen hatten, die auch mit dem Heiland mitfühlen konnten in den Nöten des irdischen Lebens. Mose und Elia waren Christi Mitarbeiter gewesen und hatten sein Verlangen nach dem Heil der Menschheit mit ihm geteilt. Mose hatte sich für Israel verwandt, indem er sagte: „Vergib ihnen doch ihre Sünde; wenn nicht, dann tilge mich aus deinem Buch, das du geschrieben hast.“[8] Elia hatte die Einsamkeit kennengelernt, als er dreieinhalb Jahre lang während der Teuerung den Haß und das Unglück des Volkes ertragen hatte. Allein hatte er auf dem Karmel für Gott gestanden; allein war er in Angst und Verzweiflung in die Wüste geflohen. Diese Männer, die Gott vor den Engeln erwählte, welche den Thron umstanden, waren erschienen, um mit Jesus über seinen Leidensweg zu reden und ihn mit der Versicherung zu trösten, daß der ganze Himmel an seinem Leben und Sterben Anteil nähme. Die Hoffnung der Welt, das Heil jedes einzelnen, das war das Thema ihres Gespräches.

Die vom Schlaf überwältigten Jünger bemerkten nur wenig von dem, was zwischen ihrem Meister und den himmlischen Boten vorging. Weil sie nicht wachten und beteten, entging ihnen auch das, was Gott ihnen mitteilen wollte: das Verständnis für die Leiden Christi und die Herrlichkeit, die darauf folgen sollte. Sie verloren den Segen, den sie empfangen hätten, würden sie Jesu Selbstaufopferung mit ihm geteilt haben. Diese Jünger waren zu träge, um zu glauben, und sie erkannten kaum den Schatz, mit dem der Himmel sie reich machen wollte.

Dennoch empfingen sie großes Licht. Sie erhielten die Gewißheit, daß der Himmel die Sünde des jüdischen Volkes, die in der Verwerfung Christi bestand, kannte. Ihnen wurde ein besseres Verständnis der Aufgabe des Erlösers geschenkt. Sie sahen mit ihren Augen und hörten mit ihren Ohren Dinge, die über das menschliche Verstehen hinausgingen. Sie schauten seine Herrlichkeit und erkannten, daß Jesus wirklich der Messias war, von dem die Patriarchen und Propheten geweissagt und verkündigt hatten, und daß er von allen Wesen des Himmels geehrt wurde.

Während sie noch das herrliche Schauspiel betrachteten, „überschattete sie eine lichte Wolke. Und siehe, eine Stimme aus der Wolke sprach: Dies ist mein lieber Sohn, an welchem ich Wohlgefallen habe; den sollt ihr hören".[9] Als die Jünger die Herrlichkeit dieser Wolke schauten, die die Herrlichkeit der vor dem Volk Israel in der Wüste herziehenden Wolke übertraf, als sie Gottes Stimme hörten, die einst in gebietender Majestät den Berg erzittern ließ, fielen sie erschreckt zu Boden und blieben mit verhüllten Angesichtern auf der Erde liegen, bis Jesus zu ihnen trat, sie anrührte und durch seine wohlbekannte Stimme alle Furcht vertrieb; seine Worte: „Stehet auf und fürchtet euch nicht!"[10] beruhigten sie. Als sie ihre Augen wieder öffneten, war die himmlische Erscheinung vergangen, Mose und Elia waren verschwunden, und sie standen auf dem Berg mit dem Heiland allein.

Fähig zum Dienst | 35

Jesus hatte die ganze Nacht mit den Jüngern auf dem Berge verbracht. Erst als der Morgen graute, stiegen sie wieder in die Ebene hinab. In Gedanken versunken, schwiegen die Jünger in ehrfürchtiger Scheu; selbst Petrus sprach kein Wort. Gern hätten sie noch länger an jener heiligen Stätte verweilt, die von himmlischem Licht verklärt worden war und wo Jesus seine Herrlichkeit offenbart hatte; aber es gab noch viel für das Volk zu tun, das von nah und fern herbeigekommen war und nach Jesus verlangte.

Am Fuße des Berges hatte sich diese Volksmenge unter Leitung der zurückgebliebenen Jünger versammelt, aber niemand wußte, wohin Jesus sich begeben hatte. Als nun der Heiland sich näherte, befahl er seinen Begleitern, über das Geschehene Stillschweigen zu bewahren: „Ihr sollt dies Gesicht niemand sagen, bis des Menschen Sohn von den Toten auferstanden ist.“ [1] Sie sollten diese Offenbarung in ihrem Herzen bewegen, sie aber nicht öffentlich kundtun; denn die Menschen würden sie verächtlich und lächerlich machen. Ebensowenig sollten die zurückgebliebenen Apostel davon erfahren, da auch sie jenes Ereignis nicht begriffen, bis Jesus von den Toten auferstanden wäre. Wie schwer sogar die drei von Jesus bevorzugten Jünger das Geschehen auf dem Berge verstehen konnten, davon zeugt die Tatsache, daß sie sich – ungeachtet alles dessen, was Jesus ihnen von dem ihm bevorstehenden Leidensweg gesagt hatte – untereinander fragten, was denn die Auferstehung der Toten zu bedeuten habe. Trotz ihres Nichtverstehens fragten sie Jesus nicht nach der Bedeutung seiner Worte. Seine Erklärung über die nächste Zukunft hatte sie so traurig gestimmt, daß sie keine weitere Aufklärung wünschten. Sie hofften sogar, daß alle diese Ereignisse niemals eintreten möchten.

Als das in der Ebene versammelte Volk den Heiland kommen sah, liefen viele ihm entgegen und begrüßten ihn mit größter Ehrfurcht und Freude; dennoch bemerkte Jesus sofort, daß die Leute sehr verlegen und unruhig waren. Auch die Jünger schienen niedergeschlagen zu sein. Das war auf ein Ereignis zurückzuführen, das sich soeben zugetragen und ihnen bittere Enttäuschung und Demütigung beschert hatte.

Während sie am Fuße des Berges warteten, hatte ein Vater seinen Sohn zu ihnen gebracht, damit sie diesen von einem bösen Geist, der ihn sehr quälte, befreiten. Jesus hatte den Jüngern Macht über unreine Geister verliehen, als er die Zwölf aussandte, in Galiläa zu predigen. Solange sie glaubensstark die ihnen aufgetragene Aufgabe ausführten, gehorchten die Geister ihrem Wort. Auch jetzt geboten sie dem bösen Geist in Jesu Namen, sein Opfer zu verlassen; aber der Dämon spottete ihrer nur durch eine größere Entfaltung seiner Macht. Die Jünger konnten sich ihre Niederlage nicht erklären und erkannten, daß sie sich und ihrem Meister einen schlechten Dienst erwiesen hatten. Unter der Menge befanden sich Schriftgelehrte, die diese Gelegenheit benutzten, um die Jünger zu demütigen. Sie drängten sich an die Apostel heran, verwickelten sie in schwierige Fragen und versuchten zu beweisen, daß sie und ihr Meister Betrüger seien; hier, erklärten die Rabbiner triumphierend, sei ein böser Geist, den weder die Jünger noch Christus selbst besiegen könnten. Die Gunst des Volkes neigte sich auf die Seite der Schriftgelehrten, und Verachtung und Spott für die Jünger erfüllte die Menge.

Aber plötzlich verstummten die Anklagen. Jesus und seine drei Gefährten hatten sich dem Volk genähert, und nun ging die Menge ihm in überraschend schnellem Gefühlsumschwung entgegen. Die letzte Nacht hatte durch die Gemeinschaft mit der himmlischen Herrlichkeit bei dem Heiland und seinen Begleitern ihre Spuren hinterlassen. Auf ihren Angesichtern ruhte ein Glanz, der den Beobachtern Ehrfurcht abnötigte. Die Rabbiner zogen sich scheu zurück, das Volk aber hieß den Herrn willkommen.

Jesus ging erstaunlicherweise zuerst auf den Besessenen zu, als hätte er das eben Geschehene miterlebt, richtete dann seinen Blick auf die Schriftgelehrten und sagte: „Was streitet ihr euch mit ihnen?" [2]

Die vorher so lauten und kühnen Reden verstummten jetzt; drückende Stille lag über der ganzen Versammlung. Da bahnte sich der Vater des Besessenen einen Weg durch die Menge, fiel dem Herrn zu Füßen und klagte ihm seinen ganzen Kummer und seine Enttäuschung.

„Meister", sagte er, „ich habe meinen Sohn hergebracht zu dir, der hat einen sprachlosen Geist. Und wo er ihn erwischt, so reißt er ihn ... Ich habe mit deinen Jüngern geredet, daß sie ihn austrieben, und sie konnten es nicht." [3]

Jesus blickte auf die ehrfürchtig schweigende Menge, auf die heuchlerischen Schriftgelehrten und die verwirrten Jünger; er las Unglauben in aller Herzen und sagte schmerzerfüllt: „O du ungläubiges Geschlecht, wie lange soll ich bei euch sein? Wie lange soll ich euch ertragen?" Er gebot dem betrübten Vater: „Bringet ihn her zu mir!" [4]

Der Knabe wurde gebracht. Sobald der Blick des Heilandes auf ihn fiel, warf der unreine Geist den Knaben in schmerzhaften Zuckungen zur Erde; dieser wälzte sich, schäumte und erfüllte die Luft mit gräßlichen Schreckenslauten.

Wieder standen sich der Herr des Lebens und der Fürst der Mächte der Finsternis gegenüber – Christus bei der Erfüllung seines Dienstes, „zu predigen den Gefangenen, daß sie los sein sollen, und den Blinden, daß sie sehend werden, und den Zerschlagenen, daß sie frei und ledig sein sollen",[5] und Satan, der versuchte, seine Beute in seiner Gewalt zu behalten. Engel des Lichts und Scharen böser Geister drängten sich ungesehen heran, um dem Kampf zuzuschauen. Für Augenblicke erlaubte Jesus dem bösen Geist, seine Macht zu entfalten, damit die anwesende Menge das folgende Erlösungswerk besser erfassen konnte.

Die Menge schaute mit angehaltenem Atem auf das Schauspiel, das sich ihren Augen bot; im Herzen des Vaters wechselten Furcht mit Hoffnung. Jesus fragte: „Wie lange ist's, daß ihm das widerfährt?" Und der Vater berichtete von vielen Jahren des Leidens und der Not; dann rief er in höchster Verzweiflung: „Kannst du aber was, so erbarme dich unser und hilf uns!" [6] Durch die Worte „Kannst du aber was" zeigte auch der Vater, daß er an der Macht Christi zweifelte.

Jesus antwortete: „Wie sprichst du: Kannst du was? Alle Dinge sind möglich dem, der da glaubt." [7] Es liegt nicht an der unzureichenden Macht Christi, die Gesundheit des Sohnes hängt allein von dem Glauben des Vaters ab. Er erkennt dies und bricht über seine eigene Schwäche in Tränen aus. Mit dem Ruf „Ich glaube; hilf meinem Unglauben!" [8] klammert er sich zuversichtlich an Jesu Barmherzigkeit.

Nun wendet sich der Heiland an den Besessenen und sagt: „Du sprachloser und tauber Geist, ich gebiete dir, daß du von ihm ausfahrest und fahrest hinfort nicht in ihn!" [9] Man hört einen Schrei und erlebt einen qualvollen Kampf; es scheint, als ob der Dämon seinem Opfer das Leben entreißt; der Knabe liegt ohne Bewegung und anscheinend leblos da. In der Menge flüstert man sich zu: „Er ist tot." Jesus aber ergreift seine Hand, richtet ihn auf und übergibt ihn seinem Vater – vollkommen gesund an Leib und Seele! Vater und Sohn loben den Namen ihres Erlösers; die Menge aber ist erschüttert von der „Herrlichkeit Gottes", während sich die Schriftgelehrten, besiegt und verstimmt, in verbissenem Trotz schweigend abwenden.

„Kannst du aber was, so erbarme dich unser und hilf uns!"[6] Wie viele sündenschwere Herzen haben jenes Gebet schon an Gott gerichtet! Und allen antwortet der mitleidvolle Heiland: „Was heißt hier: ‚Wenn du kannst?' . . . Wenn du nur Vertrauen hast, ist alles möglich."[10] Der Glaube verbindet uns mit dem Himmel; er verleiht uns auch die Kraft, den Mächten der Finsternis gewachsen zu sein. In der Person Jesu Christi hat der Vater die Möglichkeit gegeben, jede sündhafte Neigung zu überwinden und jeder Versuchung, wie stark sie auch sein mag, zu widerstehen. Viele jedoch bemerken, daß ihnen der Glaube fehlt, und deshalb halten sie sich von Christus fern. Wenn sich doch solche Seelen in ihrer Hilflosigkeit an die Barmherzigkeit ihres mitfühlenden Heilandes klammerten und nicht auf sich, sondern auf den Herrn blickten! Er, der die Kranken heilte und die bösen Geister austrieb, als er hier auf Erden wandelte, ist derselbe mächtige Erlöser auch heute noch. Der Glaube kommt durch das Wort Gottes, also ergreife die Verheißung: „Wer zu mir kommt, den werde ich nicht hinausstoßen."[11] Wirf dich Jesus zu Füßen mit dem Ruf: „Ich glaube; hilf meinem Unglauben!"[8] Du kannst niemals verderben, wenn du so handelst, und wirst nimmer verzagen!

In kurzer Zeit haben die drei Jünger die höchste Herrlichkeit, aber auch die tiefste Erniedrigung gesehen. Sie sahen den Menschen, verklärt in Gottes Ebenbild und entartet zur Ähnlichkeit Satans. Sie haben Jesus von dem Berge, wo er mit den himmlischen Boten gesprochen hat und wo er von der Stimme aus der strahlenden Herrlichkeit als der Sohn Gottes anerkannt worden ist, herabsteigen sehen, um jenem schmerzlichen und abstoßenden Schauspiel zu begegnen, jenem besessenen Knaben mit den verzerrten Gesichtszügen und den in krampfartigem Schmerz knirschenden Zähnen, dem keine menschliche Macht Befreiung bringen konnte. Und nun beugt sich dieser mächtige Erlöser, der noch vor kurzer Zeit verklärt vor den verwunderten Jüngern stand, zu dem Opfer Satans herab, das sich in Krämpfen vor ihm windet, um es an Leib und Seele gesund seiner Familie zurückzugeben.

An diesem Beispiel wurde das Erlösungsgeschehen verdeutlicht. Der Göttliche, der noch von der Herrlichkeit seines himmlischen Vaters erfüllt ist, beugt sich herab, um das Verlorene zu retten. Es veranschaulichte auch die Aufgabe der Apostel. Ihr Leben sollte sich nicht nur in der Gemeinschaft Jesu auf dem Bergesgipfel, nicht nur in Stunden geistlicher Erleuchtung, sondern auch in der Arbeit für die verlorenen Seelen erfüllen. Die Jünger mußten lernen, daß Menschen, die unter der Gewalt Satans stehen, auf das Evangelium und auf ihre Fürbitte warten, um wieder frei zu werden.

Die neun Jünger dachten immer noch an ihre bittere Niederlage. Sobald sie mit ihrem Herrn allein waren, fragten sie ihn: „Warum konnten wir ihn nicht austreiben?" Jesus antwortete ihnen: „Um eures Kleinglaubens willen. Denn ich sage euch wahrlich: Wenn ihr Glauben habt wie ein Senfkorn, so könnt ihr sagen zu diesem Berge: Hebe dich von hinnen dorthin! so wird er sich heben; und euch wird nichts unmöglich sein. Aber diese Art fährt nur aus durch Beten und Fasten." [12] Ihr Unglaube, der ihnen ein tieferes Mitgefühl mit Jesus verwehrte, und die Oberflächlichkeit, mit der sie die ihnen anvertraute heilige Aufgabe betrachteten, verursachten ihre Niederlage im Kampf mit den Mächten der Finsternis.

Jesu Worte über sein Leiden und Sterben hatten Trauer und auch Zweifel in den Jüngern erweckt; die Erwählung der drei Jünger Petrus, Johannes und Jakobus, die Jesus auf den Berg begleiten durften, hatte die Eifersucht der Zurückbleibenden hervorgerufen. Statt ihren Glauben zu stärken, indem sie beteten und über Jesu Worte nachdachten, gaben sie ihrer Entmutigung und ihrem persönlichen Kummer Ausdruck. In diesem Zustand war von ihnen der Kampf mit den bösen Geistern aufgenommen worden.

Um einen solchen Kampf siegreich führen zu können, mußten sie bei ihrer Aufgabe eine andere Gesinnung offenbaren. Ihr Glaube mußte durch ernstes Gebet, durch Fasten und tiefe Herzensdemut gestärkt werden; sie mußten vom eigenen Ich abrücken und sich mit dem Geist und der Kraft Gottes erfüllen lassen. Nur ernstes, anhaltendes Gebet zu Gott im Glauben – in einem Glauben, der zu völliger Abhängigkeit von ihm und zu rückhaltloser Hingabe an sein Werk führt – kann uns die Hilfe des Heiligen Geistes im Kampf gegen Fürsten und Gewaltige, die Herrscher der Finsternis dieser Welt, und gegen die bösen Geister unter dem Himmel bringen.

„Wenn ihr Glauben habt wie ein Senfkorn“, sagte Jesus, „so könnt ihr sagen zu diesem Berge: Hebe dich von hinnen dorthin! so wird er sich heben.“ Obgleich ein Senfkorn winzig klein und unscheinbar ist, enthält es doch den gleichen geheimnisvollen Lebenskeim, der das Wachstum des größten Baumes erzeugt. Wenn das Senfkorn in den Schoß der Erde kommt, vereinigt es sich mit dem, was Gott zu seiner Nahrung vorgesehen hat; so entwickelt es schnell ein kräftiges Wachstum. Wenn unser Glaube diesem Senfkorn gleich ist, werden wir das Wort Gottes und alle von dem Schöpfer bestimmten Hilfsmittel ergreifen. Dadurch wird unser Glaube erstarken und uns mit himmlischer Kraft ausstatten. Die Hindernisse, die der böse Feind in unseren Weg legt und die sich so oft scheinbar unüberwindlich vor uns auftürmen, werden der Forderung des Glaubens weichen. „Euch wird nichts unmöglich sein.“

Auf dem Laubhüttenfest | 36

Dreimal jährlich sollten sich die Juden in Jerusalem versammeln, um den anzubeten, der ihnen aus der Wolkensäule heraus diese Weisung gegeben hatte. Während der Babylonischen Gefangenschaft konnten sie diesem göttlichen Gebot nicht nachkommen; seit sie aber wieder in ihrem Heimatland wohnten, nahmen sie die ihnen verordneten Gedächtnistage sehr ernst. Gott wollte, daß diese jährlich wiederkehrenden Feste das Volk Israel an ihn erinnerten; aber mit wenigen Ausnahmen hatten die Priester und Führer des Volkes diesen Zweck vergessen. Christus, der diese Zusammenkünfte des ganzen Volkes verordnet hatte und auch deren Bedeutung verstand, bezeugte nun, daß sie ihren Sinn verloren hatten.

Das Laubhüttenfest beschloß die Reihe der jährlichen Feste. Gottes Wunsch war es gewesen, daß Israel in dieser Zeit über seine Güte und Gnade nachdenken sollte. Das ganze Land hatte in reichstem Maße seinen Schutz und Segen genossen; Tag und Nacht war seine fürsorgende Hand spürbar gewesen, und stets hatte er Sonnenschein und Regen für Saat und Ernte gegeben. In den Tälern und Ebenen Judas war die Ernte eingebracht worden. Die Oliven waren gepflückt und das kostbare Öl in Schläuche gefüllt. Die Palme hatte ihre Frucht geliefert, und die roten Weintrauben waren in der Kelter getreten worden.

Sieben Tage dauerte das Laubhüttenfest, zu dessen Feier die Bewohner des ganzen Landes, ja sogar viele aus anderen Ländern, nach Jerusalem kamen. Alle erschienen sie, von nah und fern, und trugen Zeichen der Freude in den Händen; alt und jung, reich und arm, jeder kam mit einer Gabe des Dankes als Opfer für den, der das Jahr mit seiner Güte gekrönt hatte und der das Land ließ „triefen von Fett“.[1] Alles, was Auge und Herz erfreuen konnte, wurde in die Stadt gebracht, so daß Jerusalem aussah wie ein schöner Garten.

Es war nicht nur ein Erntedankfest, sondern sollte vor allem eine Gedächtnisfeier sein für Gottes schützende Fürsorge in der Wüste. Zum Gedenken an das Zeltleben wohnten die Juden während der sieben Tage in Lauben oder Hütten aus grünen Zweigen, die auf den Straßen, in den Tempelhöfen und auf den Dächern errichtet wurden.

Sogar die Hügel und Täler rings um Jerusalem waren mit „Laubhütten" bedeckt und schienen von Menschen zu wimmeln.

Mit geistlichen Liedern und Dankgebeten feierten die Juden dieses Fest. Der große Versöhnungstag, der kurz vorher begangen worden war, hatte nach dem allgemeinen Bekenntnis der Sünden Frieden mit dem Himmel in die Herzen gebracht und damit den Weg zu diesem frohen Fest vorbereitet. „Danket dem Herrn; denn er ist freundlich, und seine Güte währet ewiglich",[2] so tönte es weit und breit, während der Klang der verschiedensten Musikinstrumente, vermischt mit Hosianna-Rufen, den frohlockenden Jubel begleitete. Der Tempel war der Mittelpunkt dieser allgemeinen Freude. Hier entfaltete sich aller Glanz der Opferzeremonien. Auf den Marmortreppen des Tempels stehend, führte der Levitenchor den Gesang an; die anbetende Menge bewegte im gleichen Takt Palmen- und Myrtenzweige hin und her und wiederholte mit lauter Stimme den Kehrreim des Liedes. Immer mehr Andächtige nahmen diesen Gesang auf, und immer weiter drang der Schall dieser Klänge, bis er Stadt und Umgebung mit dem Lobe Gottes füllte.

Bei Dunkelheit erleuchtete künstliches Licht den Tempel mit seinen Vorhöfen. Musik und das Schwenken der Palmzweige, die Hosianna-Rufe der gewaltigen Volksmenge, über die sich das Licht der hängenden Lampen ergoß, die Pracht der priesterlichen Gewänder und das Feierliche des Gottesdienstes vereinigten sich zu einem Erleben, das die Menge tief beeindruckte. Am nachhaltigsten aber war die Wirkung jenes Augenblickes, in dem eines Ereignisses gedacht wurde, das sich während der Wüstenwanderung abgespielt hatte.

Beim ersten Morgengrauen ließen die Priester einen langen, gellenden Ton aus ihren silbernen Posaunen erschallen; die antwortenden Trompetentöne und die Freudenrufe des Volkes, die über Berge und Täler hallten, begrüßten den Festtag. Ein Priester füllte eine silberne Kanne mit Wasser aus der Quelle Siloah und stieg unter dem Schall der Posaunen langsamen, feierlichen Schrittes mit der hocherhobenen Kanne die Stufen des Tempels hinauf; dazu sang er die Psalmworte: „Nun stehen unsere Füße in deinen Toren, Jerusalem."[3]

Der Priester trug die Kanne mit dem heiligen Wasser zum Altar, der in der Mitte des Priesterhofes stand und auf dem sich zwei silberne Schalen befanden. Ein anderer Priester füllte die eine Schale mit dem Wasser aus der Siloahquelle, während die zweite Schale von einem dritten Priester mit Wein gefüllt wurde. Nun flossen Wasser und Wein zusammen durch eine Röhre in den Kidron und von hier weiter in das Tote Meer. Diese Darstellung des geweihten Wassers versinnbildete den Quell, der auf Gottes Befehl dem Felsen entsprang, um den Durst Israels in der Wüste zu stillen. Während dieser Handlung sang die Menge: „Gott der Herr ist meine Stärke . . . Ihr werdet mit Freuden Wasser schöpfen aus den Heilsbrunnen.“ [4]

Als Josephs Söhne sich vorbereiteten, das Laubhüttenfest in Jerusalem zu besuchen, bemerkten sie zu ihrem Erstaunen, daß Jesus selbst keinen Anteil an den Vorkehrungen zu nehmen schien. Ihre Besorgnis war um so größer, da Christus seit der Heilung am Teich Bethesda zu keinem der großen jüdischen Feste nach Jerusalem gekommen war; er hatte sich in seiner Tätigkeit ganz auf Galiläa beschränkt, um unnötige Reibereien mit dem Hohen Rat in Jerusalem zu vermeiden. Die scheinbare Vernachlässigung der gottesdienstlichen Zusammenkünfte in der Hauptstadt und die offene Feindschaft der Priester und Rabbiner gegen Christus beunruhigten seine Umgebung sehr.

Von dieser Unruhe blieben auch die Jünger und die nächsten Verwandten nicht verschont. Der Herr hatte oft über den Segen des Gehorsams gegenüber dem Gesetz gesprochen; um so erstaunlicher war es nun, daß er selbst den von Gott eingesetzten Festen gleichgültig gegenüberzustehen schien. Sein Umgang mit Zöllnern und anderen verdächtigen Leuten, die Mißachtung der rabbinischen Verordnungen und die Freiheit, mit der er die altüberlieferten Satzungen über den Sabbat behandelte, brachten ihn in Gegensatz zu der jüdischen Führungsschicht und ließen manche Frage aufkommen. Seine Brüder hielten es für einen Fehler, daß er sich von den einflußreichen und bedeutenden Männern des Volkes lossagte. Sie glaubten, daß jene Männer im Recht sein müßten, und sie hielten es für tadelnswert, daß Jesus sich im Gegensatz zu jenen befand. Anderseits hatten sie jedoch sein makelloses Leben beobachten können, und wenn sie auch nicht seine Jünger wurden, so war sein Wirken nicht ohne tiefen Eindruck auf sie geblieben. Seine Beliebtheit in Galiläa befriedigte ihren Ehrgeiz, und sie hofften immer noch, daß er einen Beweis seiner Macht geben werde, der auch die Pharisäer davon überzeugen mußte, daß er der war, der er zu sein beanspruchte. Was, wenn er wirklich der Messias wäre? Diese Vorstellung erfüllte sie mit stolzer Genugtuung.

Dieser Gedanke wurde mit der Zeit immer stärker in ihnen, so daß sie jetzt Christus drängten, nach Jerusalem zu gehen. „Zieh doch fort von hier und geh nach Judäa, damit deine Jünger dort deine Werke sehen, die du tust! Denn keiner, der in der Öffentlichkeit etwas gelten will, tut seine Werke im Verborgenen . . . Da spricht Jesus zu ihnen: Meine Zeit ist noch nicht da; eure Zeit aber ist allewege. Die Welt kann euch nicht hassen. Mich aber hasset sie, denn ich bezeuge ihr, daß ihre Werke böse sind. Gehet ihr hinauf auf das Fest! Ich will noch nicht hinaufgehen auf dieses Fest, denn meine Zeit ist noch nicht erfüllt. Da er aber das zu ihnen gesagt, blieb er in Galiläa.“ [5]

Die Welt war für Christus kein Ort der Bequemlichkeit und Selbsterhöhung; er wartete auch auf keine Gelegenheit, um von ihr Macht und Ehre zu erhaschen – sie konnte ihn nicht in dieser Weise belohnen. Die Erde war der Platz, an den Gott der Vater ihn gestellt hatte. Hier war sein Arbeitsfeld. Er war dahingegeben worden, damit die Welt das Leben haben möge und er für die gefallenen Menschen den großen Erlösungsplan zur Ausführung bringe. Aber den Gang der Geschehnisse, die auf ihn zueilten, noch mehr beschleunigen, das durfte er nicht. Jedes Ereignis seines Wirkens hatte seine vorgesehene Zeit, die er geduldig abwarten mußte. Er wußte wohl, daß er den Haß der ganzen Welt tragen und daß sein aufopferndes Ringen schmachvollen Tod ernten würde; aber es war nicht des Vaters Wille, sich vor der Zeit seinen Feinden auszuliefern.

Von Jerusalem aus hatten sich Jesu Wundertaten überall im Lande herumgesprochen und waren bis zu den verstreut lebenden Juden gedrungen. Obgleich er schon seit Monaten nicht mehr an den Festen teilgenommen hatte, fand sich sein Name in aller Munde. Ein großer Teil der Festbesucher aus allen Teilen der damaligen Welt war in der festen Hoffnung in Jerusalem erschienen, Jesus hier zu sehen. Schon zu Beginn des Festes fragten sie nach ihm. Auch die Pharisäer und Obersten warteten auf sein Erscheinen und hofften auf eine Gelegenheit, ihn endlich verurteilen zu können. Eifrig forschten sie überall: „Wo ist der?“ [6] Aber niemand wußte es. Viele Juden beschäftigten sich in Gedanken unaufhörlich mit Jesus. Nur die Furcht vor den Priestern und Obersten hinderte sie, ihn als den Messias auszurufen und sich zu ihm zu bekennen. Heimlich unterhielt man sich über ihn, und während viele ihn als den von Gott Gesandten verteidigten, brandmarkten andere ihn als Betrüger.

Inzwischen war Jesus in aller Stille nach Jerusalem gekommen. Er hatte einsame Wege gewählt, um den zahllosen Reisenden zu entgehen, die aus allen Himmelsrichtungen der Heiligen Stadt zuströmten. Hätte er sich irgendeiner Karawane angeschlossen, wäre die allgemeine Aufmerksamkeit bei seinem Einzug in die Stadt zu groß gewesen. Er aber wußte, daß eine für ihn veranstaltete Kundgebung des Volkes der Obrigkeit den erwünschten Anlaß gegeben hätte, gegen ihn einzuschreiten. Um dies zu vermeiden, hatte er einen einsamen Reiseweg gewählt.

Mitten in der Festwoche, als die Erregung bezüglich seiner Person den Höhepunkt erreicht hatte, betrat Jesus den Tempelhof. Im Volke hatte man bereits behauptet, er wage es nicht, sich in die Gewalt der Priester und Obersten zu begeben, da er nicht zum Fest erschienen sei. Nun war man überrascht. Der Lärm des Festes verstummte – alle bewunderten die königliche Anmut und Würde seines Auftretens und seinen Mut, sich angesichts seiner mächtigen Feinde, die ihm nach dem Leben trachteten, so frei zu zeigen.

So stand Jesus im Brennpunkt der Aufmerksamkeit aller, die im Tempel waren. Er redete zu ihnen, wie noch nie ein Mensch zu ihnen geredet hatte. Seine Worte bewiesen eine Kenntnis des Gesetzes und der jüdischen Einrichtungen, des Opferdienstes und der Lehren der Propheten, welche die der Priester und Rabbiner weit übertraf. Er durchbrach die Schranken des starren Formenwesens und der Überlieferungen; die Zukunft schien ihm enthüllt. Mit der Bestimmtheit eines Menschen, der das Unsichtbare wahrnimmt, sprach er von irdischen und himmlischen, von menschlichen und göttlichen Dingen.

Alle wunderten sich über seine tiefe Kenntnis des Gesetzes und der Propheten. Man fragte sich: „Wie kennt dieser die Schrift, obwohl er sie doch nicht gelernt hat?“ [7] Bisher wurde niemand als Religionslehrer anerkannt und geachtet, der nicht die Schule der Rabbiner besucht hatte; darum waren auch Johannes der Täufer und Jesus als Unwissende abgetan worden. Die diese beiden jedoch hörten, waren erstaunt über deren Schriftkenntnis, die sie auf keiner Schule erworben hatten. Menschen waren nicht ihre Lehrer gewesen, sondern Gott im Himmel hatte sie beide gelehrt. Von ihm hatten sie höchste Weisheit und alle Erkenntnis empfangen. Die Wirkung seiner Rede im Hof des Tempels ließ seine Zuhörer wie gebannt vor ihm stehen; selbst die eifrigsten Gegner Jesu sahen sich außerstande, ihm Schaden zuzufügen. Für den Augenblick hatten sie alles andere vergessen.

Täglich lehrte der Heiland nun das Volk, bis zum „letzten Tage des Festes, der am herrlichsten war".[8] Als am Morgen dieses Tages das Volk von den anstrengenden Festlichkeiten ermüdet war, erhob Jesus seine Stimme, daß sie in alle Vorhöfe drang, und rief:

„Wen da dürstet, der komme zu mir und trinke! Wer an mich glaubt, wie die Schrift sagt, von des Leibe werden Ströme lebendigen Wassers fließen."[9] Die innere Verfassung der Juden verlieh dieser Aufforderung besonderen Nachdruck. Sie waren eingespannt gewesen in des Festes Pracht und Glanz; Farbe und Licht hatten ihre Augen geblendet, und ihre Ohren hatten in den harmonischsten Klängen geschwelgt: für alles war gesorgt gewesen, nur die Bedürfnisse des Geistes waren in all diesen Zeremonien zu kurz gekommen, und den Durst der Seele nach dem Ewigen hatte man nicht gestillt. Da erreichte sie die Einladung Jesu, zu ihm zu kommen und aus dem Lebensbrunnen das Wasser zu trinken, das in das ewige Leben quillt.

Die Priester hatten gerade an diesem Morgen jene Handlung vorgenommen, die an das Schlagen des Felsens in der Wüste erinnerte. Dieser Felsen war ein Sinnbild auf den, durch dessen Erlösungsopfer lebendige Ströme des Heils allen Durstigen zufließen würden. Christi Worte waren das Wasser des Lebens. Im Beisein der großen Menge ließ er sich schlagen, damit das Wasser des Lebens in die Welt fließen konnte. Satan beabsichtigte durch den Angriff auf Jesus, den Fürsten des Lebens zu überwinden; aber da floß aus dem geschlagenen Felsen lebendiges Wasser. Als Jesus zu den Versammelten sprach, erschütterten sie seine Worte so sehr, daß sie wie die Samariterin ausrufen wollten: „Herr, gib mir solches Wasser, auf daß mich nicht dürste!"[10]

Der Heiland kannte die seelischen Bedürfnisse des Volkes und wußte, daß weder Pracht noch Reichtum und Ehre das Herz befriedigen konnten. „Wen da dürstet, der komme zu mir!" Alle sind willkommen – ob arm oder reich, hoch oder niedrig vor der Welt, bei dem Herrn sind alle gleich herzlich willkommen! Er verheißt durch sein Wort, das beladene Gemüt zu befreien, die Betrübten zu trösten und den Niedergeschlagenen und Verzweifelten neue Hoffnung zu geben. Viele von denen, die Jesus zuhörten, trauerten über enttäuschte Hoffnungen, manche nährten einen geheimen Kummer im Herzen, andere suchten ihr stetes Verlangen nach geistlichem Genüge durch die Dinge dieser Welt und durch Ruhmsucht zu befriedigen. Alle aber mußten erfahren, daß sie schließlich nur aus „löchrigen Brunnen" geschöpft hatten, die ihren brennenden Durst nicht zu stillen vermochten. In der kalten Pracht des Tempels standen sie jetzt leer und unbefriedigt. Der Ruf Jesu: „Wen da dürstet" erweckte sie aus dumpfem Grübeln und belebte ihren müden Geist. Sie lauschten mit wachsender Anteilnahme den Worten Jesu, und neue Hoffnung keimte in ihren verzagten Herzen. Sie erkannten unter dem Beistand des Heiligen Geistes in der Rede Jesu das messianische Heil.

Noch heute ertönt Jesu Ruf an die dürstenden Seelen in aller Welt. Mit noch größerer Kraft und Anstrengung als am letzten Tage des Festes in Jerusalem ergeht des Heilandes Einladung an die Menschen. Der Brunnen des lebendigen Wassers steht allen offen; den Müden und Erschöpften wird der erfrischende, stärkende Trank des ewigen Lebens angeboten. „Wen da dürstet, der komme zu mir und trinke!" „Wen dürstet, der komme; und wer da will, der nehme das Wasser des Lebens umsonst." [11] „Wer aber von dem Wasser trinken wird, das ich ihm gebe, den wird ewiglich nicht dürsten, sondern das Wasser, das ich ihm geben werde, das wird in ihm ein Brunnen des Wassers werden, das in das ewige Leben quillt." [12]

Während der ganzen Zeit, die Christus in Jerusalem auf dem Fest verbrachte, wurde er beobachtet und umlauert; jeden Tag entstanden neue Pläne, um ihn zum Schweigen zu bringen. Die Priester und Obersten versuchten mit aller List, ihn in eine Falle zu locken, sich seiner zu bemächtigen und ihn vor dem ganzen Volk zu demütigen.

Schon bei Jesu erstem Erscheinen auf dem Fest hatten ihn die Pharisäer umringt und ihn gefragt, in wessen Vollmacht er lehre. Man versuchte dadurch die Aufmerksamkeit von seinen Worten abzulenken und die Berechtigung seiner Sendung in Frage zu stellen. Damit wollten sie zugleich ihre eigene Wichtigkeit und Macht unterstreichen.

„Meine Lehre ist nicht mein", sagte Jesus, „sondern des, der mich gesandt hat. Wenn jemand will des Willen tun, der wird innewerden, ob diese Lehre von Gott sei, oder ob ich von mir selbst rede." [1]

Der Herr kennzeichnete den Unterschied zwischen einem wahrhaftigen Lehrer und einem Betrüger mit folgenden Worten: „Wer von sich selbst redet, der sucht seine eigne Ehre; wer aber sucht die Ehre des, der ihn gesandt hat, der ist wahrhaftig, und ist keine Ungerechtigkeit an ihm." [2] Wer seine eigene Ehre sucht, spricht von sich selbst; der Geist der Selbstsucht verrät seinen Ursprung. Christus suchte die Ehre Gottes; er sprach des Vaters Worte – das war seine Vollmacht als Lehrer der Wahrheit.

Jesus bewies den Rabbinern seine Gottheit, indem er ihnen ihre Gedanken offenbarte. Seit der Heilung am Teich Bethesda hatten sie seinen Tod beschlossen. Sie brachen damit selbst das Gesetz, das sie zu verteidigen vorgaben. „Hat euch nicht Mose das Gesetz gegeben?" fragte er sie. „Und niemand unter euch tut das Gesetz. Warum suchet ihr mich zu töten?" [3]

Wie ein greller Blitz erhellten diese Worte Jesu den Rabbinern den Abgrund des Verderbens, in den sie zu stürzen drohten. Für Augenblicke waren sie mit Schrecken erfüllt; sie erkannten, wie unvorstellbar die Macht Jesu war, gegen die sie kämpfen wollten. Aber sie ließen sich nicht warnen; sie nahmen den Kampf auf. Um ihren Einfluß beim Volk nicht zu verlieren, mußten sie ihre hinterlistigen Mordgedanken geheimhalten. So wichen sie auch der Frage Jesu aus und riefen: „Du hast einen bösen Geist; wer sucht dich zu töten?"[4] Sie deuteten an, daß die Wunderwerke Jesu von einem bösen Geist stammten.

Der Heiland überging diese boshafte Verdächtigung und erklärte ihnen, daß die Heilung am Teich Bethesda durchaus mit dem Wesen des Sabbatgebotes übereinstimmte und auch durch die jüdische Auslegung des Gesetzes gerechtfertigt war. Er sagte ihnen: „Mose hat euch doch gegeben die Beschneidung – nicht daß sie von Mose kommt, sondern von den Vätern –, und ihr beschneidet den Menschen auch am Sabbat."[5] Nach der Vorschrift des Gesetzes mußte jeder Knabe am achten Tage beschnitten werden; auch wenn dieser achte Tag auf einen Sabbat fiel, genügten die Juden dem Gesetz. Wieviel mehr mußte es nun mit dem Wesen des Gesetzes übereinstimmen, „den ganzen Menschen" am Sabbat gesund zu machen! Eindringlich warnte Jesus die Juden: „Richtet nicht nach dem, was vor Augen ist, sondern richtet ein rechtes Gericht."[6]

Die Obersten mußten schweigen; aber viele aus der Menge sprachen: „Ist das nicht der, den sie suchen zu töten? Und siehe, er redet frei, und sie sagen ihm nichts. Sollten unsre Obersten nun wahrhaftig erkannt haben, daß er der Christus sei?"[7]

„Viele vom Volk glaubten an ihn und sprachen: Wenn der Christus kommen wird, wird er etwa mehr Zeichen tun, als dieser tat?"[8] Die jüdischen Würdenträger verfolgten mit ängstlicher Spannung den Verlauf der Dinge. Sie bemerkten die wachsende Anteilnahme des Volkes, eilten zu den Hohenpriestern und berieten mit diesen, wie man Jesus unschädlich machen könnte. Sie hielten es jedoch für ratsam, ihre Absicht erst dann zu verwirklichen, wenn Jesus allein sein würde; ihn vor dem Volk gefangenzunehmen, wagten sie nicht. Erneut bewies ihnen der Herr, daß er ihre Absichten kannte. Er sagte ihnen: „Ich bin noch eine kleine Zeit bei euch, und dann gehe ich hin zu dem, der mich gesandt hat. Ihr werdet mich suchen und nicht finden; und wo ich bin, könnt ihr nicht hinkommen."[9] Bald würde er eine Zufluchtsstätte finden, wo ihn der Juden Haß und Verachtung nicht mehr erreichen konnte; er würde wieder zu seinem Vater im Himmel auffahren und dort als der Angebetete der Engel leben. Nie würden seine Mörder und Verächter dorthin kommen!

Höhnisch fragten die Rabbiner: „Wo will dieser hingehen, daß wir ihn nicht finden werden? Will er zu denen gehen, die in der Zerstreuung unter den Griechen wohnen, und die Griechen lehren?"[10] Es wurde ihnen nicht bewußt, daß sie mit ihren Worten das Werk Jesu beschrieben. Den ganzen Tag über hatte der Heiland seine Hände nach einem ungehorsamen, widerstreitenden Volk ausgestreckt; er würde aber von denen gefunden werden, die ihn nicht suchten; er würde denen erscheinen, die nicht nach ihm gefragt hatten.

Am letzten Tag des Festes kamen die Häscher, die im Auftrage der Obersten und Priester Jesus fangen sollten, ohne ihn zurück. Zornig fragte man sie: „Warum habt ihr ihn nicht gebracht?" Tiefer Ernst lag auf ihren Zügen, als sie antworteten: „Es hat nie ein Mensch so geredet wie dieser Mensch." [11]

So verhärtet die Herzen der Knechte waren, Jesu Worte hatten sie doch angerührt. Während er im Vorhof redete, waren sie in seiner Nähe geblieben, um zu hören, ob sich seine Worte gegen ihn selbst wenden ließen; je mehr sie aber hörten, desto weniger dachten sie an ihren Auftrag. Sie standen bald ganz unter dem Eindruck seiner Worte. Christus offenbarte sich ihren Seelen; sie erkannten, was die Obersten und Priester nicht einsehen wollten: menschliche Natur von göttlicher Herrlichkeit durchdrungen! Sie waren von seinen Gedanken und Worten so beeindruckt, daß sie auf alle Vorwürfe nur sagen konnten: „Es hat nie ein Mensch so geredet wie dieser Mensch."

Die Obersten und Priester mußten sich eingestehen, daß auch sie einst unter dem gleichen Eindruck gestanden hatten, als sie zum erstenmal in Jesu Gegenwart getreten waren; auch sie mußten einst ihre Herzen unter das zwingende Wort Jesu beugen. Doch gewaltsam hatten sie die Überzeugung, daß der Heilige Geist am Wirken sei, unterdrückt. Wütend darüber, daß jetzt selbst die Hüter des Gesetzes von dem verhaßten Galiläer beeindruckt waren, schrien sie die Knechte an: „Seid ihr auch verführt? Glaubt auch irgendein Oberster oder Pharisäer an ihn? Nur das Volk tut's, das nichts vom Gesetz weiß: verflucht ist es!" [12]

Aufs neue schmiedeten die Priester und Obersten Pläne, um Jesus gefangenzunehmen. Sie wiesen darauf hin, daß er das Volk den verordneten jüdischen Führern abspenstig machen werde, wenn sie ihn noch länger ungehindert sprechen ließen; es sei deshalb nötig, ihn unverzüglich zum Schweigen zu bringen. Mitten in ihren Beratungen stellte Nikodemus plötzlich die Frage: „Richtet unser Gesetz auch einen Menschen, ehe man ihn verhört hat und erkannt, was er tut?" [13] Peinliche Stille folgte diesen Worten; es wurde allen bewußt, daß sie niemanden richten durften, der nicht gehört worden war. Das war es jedoch nicht allein, was die hochmütigen Obersten schweigen ließ, sondern es war die Tatsache, daß sich jemand aus ihrer Mitte zum Verteidiger des Nazareners aufwarf. Nachdem sie sich von ihrem Erstaunen erholt hatten, fragten sie Nikodemus mit beißendem Spott: „Bist du auch ein Galiläer? Forsche und siehe, aus Galiläa steht kein Prophet auf.“ [14]

Die Frage des Nikodemus aber hatte bewirkt, daß der Rat die Verhandlungen abbrach und die Absicht, Jesus ohne Verhör zu verurteilen, von den Obersten nicht ausgeführt werden konnte. Für den Augenblick unterlegen, ging „ein jeglicher . . . heim. Jesus aber ging an den Ölberg“. [15]

Nach den aufregenden Erlebnissen auf dem Fest, nach dem lauten Durcheinander in der Stadt suchte Jesus Ruhe und Erholung in den stillen Olivenhainen am Ölberg. Hier konnte er mit Gott allein sein. Am nächsten Morgen aber „kam er wieder in den Tempel, und alles Volk kam zu ihm; und er setzte sich und lehrte sie“. [16]

Er wurde aber bald unterbrochen. Einige Schriftgelehrte und Pharisäer näherten sich ihm und zogen eine von Schrecken ergriffene Frau mit sich. Mit roher Gewalt zwangen sie die Frau vor Jesus und klagten sie mit harten, eifernden Worten der Übertretung des siebenten Gebotes an. Zum Herrn sagten sie mit erheuchelter Ehrerbietung: „Meister, diese Frau ist ergriffen auf frischer Tat im Ehebruch. Mose aber hat uns im Gesetz geboten, solche zu steinigen. Was sagst du?“ [17]

Jesus schaute um sich – er sah das zitternde Opfer in seiner Schande und die strengblickenden Würdenträger, bar jedes menschlichen Erbarmens. In seinem reinen Sinn fühlte er sich angewidert von diesem Schauspiel. Er wußte ganz genau, warum diese Angelegenheit ihm vorgetragen worden war. Er las in den Herzen und kannte den Charakter sowie die Lebensgeschichte eines jeden in seiner Nähe. Diese angeblichen Hüter der Gerechtigkeit hatten selbst die Frau zur Sünde verleitet, um ihn zu fangen. Ohne auf die Frage der Juden einzugehen, bückte sich Christus, schaute lange zu Boden und begann in den Sand zu schreiben.

Ungeduldig ob seines Zögerns und seiner scheinbaren Gleichgültigkeit, kamen die Schriftgelehrten und Pharisäer immer näher und baten dringend um seine Aufmerksamkeit. Als aber ihre Blicke des Herrn Hand folgten, die auf dem sandigen Boden immer noch schrieb, und sie die Schrift entzifferten, die sich vor ihnen deutlich vom Boden abhob, erbleichten sie. Sie lasen die verborgenen Sünden ihres Lebens. Die Umstehenden, die den plötzlichen Wechsel im Ausdruck der Ankläger gewahrten, drängten sich enger an Jesus heran, um zu erkennen, was diese so mit Scham und Verwunderung erfüllte.

Trotz ihrer Beteuerung, das Gesetz zu achten, mißachteten sie doch seine Vorschriften, indem sie ihre Anklagen gegen das beim Ehebruch ergriffene Weib vorbrachten. Es wäre vielmehr des Ehegatten Pflicht gewesen, ein gesetzliches Verfahren einzuleiten; daraufhin wären die Übeltäter gleichermaßen bestraft worden. Die Anklage vor Christus war somit völlig unberechtigt. Der Herr aber begegnete ihnen mit ihren eigenen Waffen. Das Gesetz befahl, daß bei der Steinigung des Übeltäters die Zeugen den ersten Stein auf den Verurteilten zu werfen hatten. Jesus richtete sich wieder auf, schaute die Ankläger an und sagte: „Wer unter euch ohne Sünde ist, der werfe den ersten Stein auf sie." [18] Dann bückte er sich abermals und fuhr fort, in den Sand zu schreiben.

Er hatte sich weder gegen Moses Gesetz vergangen, noch das römische Recht gebrochen. Die Ankläger aber waren geschlagen; das Gewand ihrer erheuchelten Frömmigkeit war von ihnen gerissen. Nun standen sie schuldig und überführt im Angesicht des gerechten Richters. Sie zitterten vor Furcht, daß ihr sündhaftes Treiben dem ganzen Volk bekannt werden könnte, und schlichen nacheinander mit gebeugtem Haupt und niedergeschlagenen Augen davon; die Ehebrecherin aber überließen sie dem barmherzigen Heiland.

Jesus schaute die Frau an und sprach zu ihr: „Weib, wo sind sie, deine Verkläger? Hat dich niemand verdammt? Sie aber sprach: Herr, niemand. Jesus aber sprach: So verdamme ich dich auch nicht; gehe hin und sündige hinfort nicht mehr." [19]

Die Frau hatte, von Furcht überwältigt, vor ihm gestanden. Seine Worte: „Wer unter euch ohne Sünde ist, der werfe den ersten Stein auf sie", hörte sie an wie ihr Todesurteil. Sie wagte nicht, ihre Augen zum Heiland zu erheben, sondern erwartete schweigend ihre Strafe. Mit größtem Erstaunen bemerkte sie, wie ihre Verkläger einer nach dem andern sich verwirrt und wortlos entfernten; sie hörte Jesu tröstliche Worte: „So verdamme ich dich auch nicht; gehe hin und sündige hinfort nicht mehr." Erschüttert warf sie sich dem Heiland zu Füßen, stammelte ihre dankbare Liebe und bekannte unter Tränen ihre Sünden.

Sie begann ein neues Leben; ein Leben der Reinheit und des Friedens, geweiht dem Dienste Gottes.

Daß Jesus der Frau vergab und sie ermutigte, ein besseres Leben zu führen, wirft auf die vollkommene Gerechtigkeit seines Wesens ein helles Licht. Er hat weder die Sünde gutgeheißen noch die Größe der Schuld; doch er wollte nicht verdammen, sondern retten. Die Welt hatte für dieses irrende Menschenkind nur Hohn und Verachtung, aber Jesus spricht Worte des Trostes und richtet auf, was gefallen ist. Der Sündlose erbarmt sich der Schwäche des Sünders und streckt ihm seine hilfreiche Hand entgegen. Die scheinheiligen Pharisäer klagen an und verurteilen – Jesus aber spricht: „Gehe hin und sündige hinfort nicht mehr."

Der gute Hirte | 38

„Ich bin der gute Hirte. Der gute Hirte läßt sein Leben für die Schafe . . . Ich bin der gute Hirte und kenne die Meinen und bin bekannt den Meinen, wie mich mein Vater kennt und ich kenne den Vater. Und ich lasse mein Leben für die Schafe.“ [1]

Wieder benutzte Jesus Bilder aus dem täglichen Leben und aus der Natur, um sich seinen Zuhörern verständlich zu machen. Er hatte den Einfluß des Geistes Gottes mit dem kühlen, erfrischenden Wasser verglichen und sich selbst als das Licht, als die Quelle des Lebens und der Freude bezeichnet. Jetzt benutzte er das Bild von dem guten Hirten, um sein Verhältnis zu denen darzustellen, die an ihn glauben. Kein Bild konnte seinen Zuhörern vertrauter und verständlicher sein. Dieser Vergleich erinnerte später überall, wo das trauliche Bild eines Hirten mit seiner Herde auftauchte, an ihn als den guten Hirten. Die Jünger würden in jedem treuen Hirten, der ihnen begegnete, ihren Herrn sehen und in jeder hilflosen und abhängigen Herde sich selbst erkennen.

Schon der Prophet Jesaja hatte dieses Bild auf den Messias angewandt. Er schrieb die tröstlichen Worte: „Zion, du Freudenbotin, steig auf einen hohen Berg; Jerusalem, du Freudenbotin, erhebe deine Stimme mit Macht; erhebe sie und fürchte dich nicht! Sage den Städten Judas: Siehe, da ist euer Gott! . . . Er wird seine Herde weiden wie ein Hirte. Er wird die Lämmer in seinen Arm sammeln und im Bausch seines Gewandes tragen.“ [2] Der Psalmist hatte gesungen: „Der Herr ist mein Hirte, mir wird nichts mangeln.“ [3] Und der Heilige Geist hatte durch Hesekiel erklärt: „Ich will ihnen einen einzigen Hirten erwecken, der sie weiden soll.“ [4] – „Ich will das Verlorene wieder suchen und das Verirrte zurückbringen und das Verwundete verbinden und das Schwache stärken.“ [5] – „Ich will einen Bund des Friedens mit ihnen schließen und alle bösen Tiere aus dem Lande ausrotten.“ [6] – „Und sie sollen nicht mehr den Völkern zum Raub werden, . . . sondern sie sollen sicher wohnen, und niemand soll sie schrecken . . . Ja, ihr sollt meine Herde sein.“ [7]

Christus wandte diese Weissagungen auf sich an und zeigte dadurch den Gegensatz zwischen seinem Charakter und dem Charakter der führenden Juden. Die Pharisäer hatten gerade ein „Schaf" aus der Hürde getrieben, weil es gewagt hatte, von der Macht Jesu zu zeugen; eine Seele war von ihnen ausgestoßen worden, die der Gute Hirte zu sich gezogen hatte. Sie gaben dadurch zu erkennen, wie wenig sie von dem ihnen anvertrauten Werk wußten und wie unwürdig sie des Vertrauens als Hirten der Herde waren. Jesus zeigte den Gegensatz zwischen ihnen und dem Guten Hirten und bedeutete ihnen, daß er selbst der wirkliche Hirte der Herde des Herrn sei. Doch zuvor sprach er von sich selbst unter einem anderen Bild.

Er sagte: „Wer nicht zur Tür hineingeht in den Schafstall, sondern steigt anderswo hinein, der ist ein Dieb und Räuber. Der aber zur Tür hineingeht, der ist der Hirte der Schafe."[8] Die Pharisäer erkannten nicht, daß sich diese Worte gegen sie richteten. Als sie noch darüber nachdachten, fügte Jesus hinzu: „Ich bin die Tür; wenn jemand durch mich eingeht, der wird gerettet werden und wird ein- und ausgehen und Weide finden. Ein Dieb kommt nur, daß er stehle, würge und umbringe. Ich bin gekommen, daß sie das Leben und volle Genüge haben sollen."[9]

Christus ist die Tür zum Schafstall Gottes. Durch diese Tür haben von jeher seine Kinder Eingang gefunden. In Jesus – so wie alle Vorbilder ihn zeigten, wie alle Sinnbilder ihn veranschaulichten, wie die Offenbarungen der Propheten ihn darstellten, wie die den Jüngern gegebenen Anweisungen sein Wesen enthüllten – sahen sie „Gottes Lamm, welches der Welt Sünde trägt";[10] durch ihn sind sie in die Hürde seiner Gnade eingegangen. Viele haben versucht, den Glauben der Welt auf etwas anderes zu gründen. Die verschiedensten Anschauungen und Lehrsysteme wurden ersonnen, um den Menschen Rechtfertigung und Frieden mit Gott zu vermitteln und sie auf ihre Weise zur Herde Gottes zu bringen. Doch der einzige Weg in den „Schafstall Gottes" führt über Christus, und alle, die etwas anderes an seine Stelle gesetzt haben, alle, die versucht haben, auf andere Weise in das Reich Gottes zu gelangen, sind nach den Worten des Evangeliums „Diebe und Räuber".

Die Pharisäer waren nicht durch diese Tür hineingegangen; sie waren auf andere Art als Christus in die Hürde eingedrungen und erfüllten nicht die Aufgabe eines guten Hirten. Die Priester und Obersten, die Schriftgelehrten und Pharisäer verdarben die frischen, gesunden Weiden und trübten die Quelle des Lebenswassers. Die Heilige

Schrift kennzeichnet genau das Handeln dieser falschen Hirten: „Das Schwache stärkt ihr nicht, und das Kranke heilt ihr nicht, das Verwundete verbindet ihr nicht, das Verirrte holt ihr nicht zurück und das Verlorene sucht ihr nicht; das Starke aber tretet ihr nieder mit Gewalt.“ [11]

Zu allen Zeiten versuchten Philosophen und kluge Männer durch Menschenweisheit die seelischen Bedürfnisse zu befriedigen. Die heidnischen Völker hatten alle ihre großen Lehrer und Religionen, die andere Wege zur Erlösung anboten als Christus, indem sie die Menschen immer weiter von ihrem Schöpfer trennten und ihre Herzen mit Furcht vor dem erfüllten, der ihnen nur Gutes erwiesen hatte. Ihr Bestreben ging dahin, Gott dessen zu berauben, was ihm nicht nur durch die Schöpfung, sondern mehr noch durch die Erlösung gehört. Solche falschen Lehrer schädigen die Menschen maßlos. Millionen unglücklicher Menschen sind durch irrige religiöse Vorstellungen gebunden und in sklavischer Furcht geknechtet; sie leben in dumpfer Gleichgültigkeit dahin, schuften wie Lasttiere, bar aller Hoffnung, Freude und Sehnsucht, nur mit einem Gefühl dumpfer Angst vor der Zukunft im Herzen. Allein das Evangelium von der Gnade Gottes kann die Seele erheben und adeln. Das Nachdenken über die Liebe Gottes, die sich in seinem Sohn offenbart, erwärmt das Herz und erweckt die Kräfte der Seele, wie sonst nichts auf der Welt. Christi Aufgabe war es, das Ebenbild Gottes im Menschen wiederherzustellen. Wer jedoch Seelen von Christus abspenstig macht, verschließt ihnen die Quelle echter Entfaltung und betrügt sie um die Hoffnung, um das Ziel und die Herrlichkeit des Lebens. Er ist ein „Dieb und Räuber“.

„Der aber zur Tür hineingeht, der ist der Hirte der Schafe.“ [8] Christus ist Tür und Hirte zugleich. Er tritt bei sich selbst ein und wird durch sein eigenes Opfer der Hirte der Schafe. „Dem tut der Türhüter auf, und die Schafe hören seine Stimme; und er ruft seine Schafe mit Namen und führt sie aus. Und wenn er alle die Seinen hat hinausgelassen, geht er vor ihnen hin, und die Schafe folgen ihm nach; denn sie kennen seine Stimme.“ [12]

Von allen Geschöpfen ist das Schaf eines der furchtsamsten und hilflosesten; im Orient sorgt der Hirte unermüdlich für seine Herde. In der damaligen Zeit waren die Herden außerhalb der Stadtmauer besonders gefährdet, da Räuber von den umherziehenden Stämmen oder Raubtiere, die an unzugänglichen Plätzen in den Bergen lebten, darauf lauerten, in die Herde einzubrechen. Der Hirte wachte über die seiner Obhut anvertrauten Schafe, und er wußte, daß es unter Einsatz seines Lebens geschah. Jakob, der einst die Herden des Laban auf den Weiden bei Haran hütete, beschrieb diesen mühevollen Beruf: „Des Tages kam ich um vor Hitze und des Nachts vor Frost, und kein Schlaf kam in meine Augen." [13] Und als der junge David seines Vaters Schafe weidete, kämpfte er allein mit Löwen und Bären und rettete manches Lamm aus ihren Zähnen.

Das Leben des guten Hirten, der seine Herde durchs Gebirge und durch Wälder und wilde Schluchten zu den geschützten Weideplätzen an den Ufern der Flüsse führt, der in den Bergen einsam die Nacht durchwacht, der auf Räuber achthat und für die verletzten und schwachen Schafe sorgt, verwächst immer mehr mit dem seiner Schafe, so daß er sich mit seinen Schutzbefohlenen innig verbunden fühlt. Er kennt jedes Tier seiner Herde, mag sie noch so groß sein. Er kennt jedes Schaf mit seinem Namen, und die Tiere kennen seine Stimme und hören darauf, wenn sie gerufen werden.

So kennt auch der göttliche Hirte die „Schafe" seiner Herde, die auf der ganzen Welt verstreut leben. „Ihr sollt meine Herde sein, die Herde meiner Weide, und ich will euer Gott sein, spricht Gott der Herr." [14] Jesus sagt: „Ich habe dich bei deinem Namen gerufen; du bist mein!" [15] „Siehe, in die Hände habe ich dich gezeichnet." [16]

Der Heiland kennt uns persönlich und hat Mitleid mit unserer Schwachheit. Er kennt uns alle mit Namen. Er kennt das Haus, in dem wir wohnen, jeden Bewohner. Gelegentlich wies er seine Diener an, in einer bestimmten Stadt in ein bestimmtes Haus in einer bestimmten Straße zu gehen, um eines seiner Schafe zu finden.

Jede Seele ist dem Herrn so gut bekannt, als sei sie die einzige, für die er sein Leben gelassen hat. Jede Not rührt sein Herz, jeder Hilferuf dringt an sein Ohr; er kam, um alle Menschen zu retten. Allen rief er zu: „Folget mir nach!" Sein guter Geist bewegt die Herzen, daß sie sich entschließen, zu ihm zu gehen. Viele wehren sich, sich zu ihm ziehen zu lassen; doch Jesus weiß sie zu finden. Er kennt auch die willigen Seelen, die freudig bereit sind, sich seinem Hirtenamt anzuvertrauen. Er sagt: „Meine Schafe hören meine Stimme, und ich kenne sie, und sie folgen mir." [17] Er sorgt für jedes einzelne, als wäre es allein auf der Welt.

„Er ruft seine Schafe mit Namen und führt sie aus . . . und die Schafe folgen ihm nach; denn sie kennen seine Stimme."[12] Ein orientalischer Hirte braucht seine Herde nicht zu treiben; er vermeidet Zwang und Gewalt. Ruhig geht er der Herde voran, und er ruft die Tiere. Sie kennen seine Stimme und gehorchen ihr. So handelt auch der Heiland-Hirte mit seinen Schafen. Die Schrift spricht davon: „Du führtest dein Volk wie eine Herde durch die Hand des Mose und Aaron."[18] Und durch den Propheten Jeremia bekräftigt der Herr: „Ich habe dich je und je geliebt, darum habe ich dich zu mir gezogen aus lauter Güte."[19] Er zwingt keinen, ihm zu folgen. „Ich ließ sie ein menschliches Joch ziehen", sagt er, „und in Seilen der Liebe gehen und half ihnen das Joch auf ihrem Nacken tragen und gab ihnen Nahrung."[20]

Es ist weder Furcht vor Strafe noch Hoffnung auf ewigen Lohn, der Jesu Jünger veranlaßt, ihm zu folgen; aber des Heilandes unvergleichliche Liebe, die sich in seiner irdischen Pilgerschaft von der Krippe in Bethlehem bis zum Kreuz auf Golgatha offenbarte, und das Bild seiner Erscheinung erweichen und bezwingen die Seele. Liebe erwacht in den Herzen aller, die ihm nahe sind. Sie hören seine Stimme und folgen ihr.

Wie der Hirte seiner Herde voranschreitet und somit auch zuerst etwaigen Gefahren begegnet, so verfährt auch Jesus mit seinen Nachfolgern. „Wenn er alle die Seinen hat hinausgelassen, geht er vor ihnen hin." Der Weg zum Himmel ist durch die Fußspuren Jesu geheiligt. Mag er steil und rauh sein, Jesus ist ihn gegangen, seine Füße haben die spitzen Dornen niedergetreten und den Weg für uns leichter gemacht. Jede Last, die uns drückt, hat er auch getragen.

Obgleich er in die Gegenwart Gottes aufgefahren ist und den Thron des Weltalls mit seinem Vater teilt, hat er doch nichts von seinem barmherzigen Wesen verloren. Noch heute steht sein treues, mitfühlendes Herz dem Weh und Schmerz der Welt offen; noch heute ist seine durchbohrte Hand segnend ausgestreckt über seine Kinder in aller Welt. „Sie werden nimmermehr umkommen, und niemand wird sie aus meiner Hand reißen."[21] Die Seele, die sich Jesus Christus anvertraut hat, bedeutet ihm mehr als die ganze Welt. Er hätte alle Schmerzen und Leiden auf Golgatha erduldet, um nur einen Menschen für sein Reich zu retten. Nie wird er eine Seele verlassen, für die er gestorben ist, es sei denn, daß sie sich selbst von ihm trennt.

Durch alle Anfechtungen hindurch haben wir in Christus einen nie versagenden Helfer. Er steht uns bei in unseren Nöten und Kämpfen gegen Versuchungen und gegen das Böse, und er hilft uns, wenn wir von Sorgen und Schmerzen niedergedrückt sind. Können ihn unsere Augen jetzt auch nicht sehen, so vernimmt doch das Ohr des Glaubens seine Stimme, die da spricht: „Fürchte dich nicht! Ich bin . . . der Lebendige. Ich war tot, und siehe, ich bin lebendig von Ewigkeit zu Ewigkeit und habe die Schlüssel der Hölle und des Todes."[22] Ich habe deinen Kummer getragen, deine Kämpfe durchlebt und deine Versuchungen erduldet; ich verstehe deine Tränen, die auch ich geweint habe; ich kenne den Gram, der dir tief im Herzen brennt und den kein Mensch dir nehmen kann. Glaube nicht, du seiest einsam und verlassen. Bringt dein Schmerz keine Saite in irgendeines Menschen Herz zum Klingen, blick auf mich und lebe! „Es sollen wohl Berge weichen und Hügel hinfallen, aber meine Gnade soll nicht von dir weichen, und der Bund meines Friedens soll nicht hinfallen, spricht der Herr, dein Erbarmer."[23]

Wie sehr auch ein Hirte seine Herde lieben mag, mehr noch liebt er seine Söhne und Töchter. Jesus ist nicht nur unser Hirte, er ist unser „Ewig-Vater" und bekennt: „Ich bin der gute Hirte und kenne die Meinen und bin bekannt den Meinen, wie mich mein Vater kennt und ich kenne den Vater."[24] Welch eine Fürsorge des eingeborenen Sohnes, „der wie kein anderer mit dem Vater verbunden ist"[25] und dem Gott erklärt hat, daß er der Mann sei, der ihm am nächsten stünde![26] Das Verhältnis Jesu zu seinem himmlischen Vater ist auch ein Sinnbild für die Verbindung Jesu zu seinen Kindern hier auf Erden.

Weil wir die Gabe seines Vaters und die Frucht seines Wirkens sind, liebt uns Jesus als seine Kinder. Wer kann es recht fassen? Er liebt uns! Der Himmel selbst kann nichts Größeres, nichts Besseres schenken. Vertrauen wir deshalb unserem Heiland!

Schmerzlich gedachte der Heiland aller, die von falschen Hirten irregeleitet wurden. Seelen, die er als Schafe seiner Weide sammeln wollte, waren unter Wölfen zerstreut, und er sagte: „Ich habe noch andere Schafe, die sind nicht aus diesem Stalle; und auch diese muß ich herführen, und sie werden meine Stimme hören, und wird *eine* Herde und *ein* Hirte werden. Darum liebt mich mein Vater, weil ich mein Leben lasse, auf daß ich's wieder nehme."[27] Er will sagen: Mein

Vater hat euch so sehr geliebt, daß seine Liebe zu mir noch stärker wird, weil ich mein Leben zu eurer Erlösung dahingebe.

„Weil ich mein Leben lasse, auf daß ich's wieder nehme. Niemand nimmt es von mir, sondern ich lasse es von mir selber. Ich habe Macht, es zu lassen, und habe Macht, es wiederzunehmen." [28] Als erdgeborener Mensch war er sterblich, als Sohn Gottes aber die Quelle alles Lebens für die Welt. Er hätte der Macht des Todes widerstehen, er hätte sich weigern können, unter die Herrschaft des Todes zu kommen; aber er legte freiwillig sein Leben ab, damit er Leben und Unsterblichkeit ans Licht bringen konnte. Er trug die Sünden der Welt und nahm deren Fluch auf sich; er gab sein Leben dahin, damit die Menschen nicht des ewigen Todes sterben müssen. „Fürwahr, er trug unsre Krankheit und lud auf sich unsre Schmerzen . . . er ist um unsrer Missetat willen verwundet und um unsrer Sünde willen zerschlagen. Die Strafe liegt auf ihm, auf daß wir Frieden hätten, und durch seine Wunden sind wir geheilt. Wir gingen alle in die Irre wie Schafe, ein jeder sah auf seinen Weg. Aber der Herr warf unser aller Sünde auf ihn." [29]

Die letzte Reise von Galiläa | 39

Mit dem herannahenden Ende veränderte sich auch die Art des Wirkens Jesu. Der Heiland hatte bisher alle Erregung zu vermeiden gesucht und von sich aus nichts getan, die Aufmerksamkeit auf sich zu lenken. Die Huldigungen des Volkes wies er zurück, und er wechselte sehr rasch den Ort seines Wirkens, wenn die Begeisterung des Volkes über ihm zusammenzuschlagen drohte. Immer wieder hatte er geboten, daß niemand ihn als Christus bezeichnen solle.

Seine Reise nach Jerusalem zum Laubhüttenfest war schnell und heimlich vor sich gegangen. Von seinen Brüdern bedrängt, sich nun endlich als Messias zu erkennen zu geben, hatte er ihnen nur geantwortet: „Meine Zeit ist noch nicht da.“ [1] Unbeachtet hatte er seinen Heimatort verlassen, unangemeldet und von der Menge unerkannt war er nach Jerusalem gekommen. Jetzt aber war sein Auftreten anders. Jesus hatte Jerusalem wegen der Bosheit der Priester und Pharisäer für kurze Zeit verlassen. Nun kehrte er, auf einem Umweg und indem er sein Kommen auf eine Weise ankündigte, wie er es nie zuvor getan hatte, in aller Öffentlichkeit wieder in die Stadt zurück. Er wußte, daß er dem Schauplatz seines Leidens entgegenging, und es galt jetzt, die Aufmerksamkeit des Volkes auf seinen Opfergang zu lenken.

„Wie Mose in der Wüste die Schlange erhöht hat, so muß des Menschen Sohn erhöht werden.“ [2] Wie die Augen aller Israeliten auf die Schlange, das Sinnbild ihrer Rettung, gerichtet waren, so mußten nun alle Augen auf Christus, das für die verlorene Welt darzubringende Opfer, gelenkt werden.

Es war eine falsche Vorstellung von dem Wirken des Messias und ein mangelnder Glaube an das göttliche Wesen Jesu, die seine Brüder ihn auffordern ließ, sich auf dem Laubhüttenfest in Jerusalem öffentlich dem Volk vorzustellen. Ähnlich dieser Auffassung wollten die Jünger jetzt Jesus von der Reise nach Jerusalem abhalten. Sie erinnerten sich seiner Worte, mit denen er ihnen gesagt hatte, was ihn in Jerusalem erwarte. Sie wußten von der tödlichen Feindschaft der jüdischen Obersten, und sie hätten ihm gern abgeraten, nach der Heiligen Stadt zu ziehen.

Um seiner geliebten Jünger willen wurde es dem Heiland nicht leicht, den ihm vorgezeichneten Weg weiter zu verfolgen; er kannte ja ihre Furcht und ihren schwachen Glauben und wußte von den kommenden großen Enttäuschungen. Es wurde ihm schwer, sie der Angst und Verzweiflung entgegenzuführen, die ihrer in Jerusalem warteten. Dazu bedrängte Satan wieder mit seinen Versuchungen des Menschen Sohn. Warum sollte er nach Jerusalem in den sicheren Tod gehen, wenn überall Seelen nach dem Brot des Lebens hungerten und so viele Leidende auf sein Wort der Heilung warteten? Sein Wirken durch den Geist der göttlichen Gnade hatte gerade erst begonnen; er selbst stand im besten Mannesalter – warum sollte er nicht in das weite Missionsfeld gehen und selbst seine Gnadenbotschaft verkündigen und seine heilende Kraft mitteilen? Warum sollte er nicht selbst die Freude miterleben, den in Finsternis und Kümmernis verharrenden Millionen Menschen Licht und Leben zu bringen? Warum sollte er das Einbringen der Ernte seinen Jüngern überlassen, die so schwach im Glauben, so träge im Verstehen und so langsam im Handeln waren? Warum sich nun in den sicheren Tod begeben und das Werk, das noch im Anfangsstadium war, verlassen? Der Feind, der sich dem Herrn schon in der Wüste entgegengestellt hatte, überfiel ihn jetzt mit ungestümen und listigen Versuchungen. Würde Jesus auch nur einen Augenblick nachgegeben haben, wäre er von seinem Weg nur „um Haaresbreite“ abgewichen, um sich selbst zu retten, dann hätten Satans Werkzeuge triumphiert, die Welt aber wäre verloren gewesen.

Doch der Heiland „wendete . . . sein Angesicht, stracks nach Jerusalem zu wandern“.[3] Der Wille seines Vaters im Himmel war das Gesetz seines Lebens. Er hatte einst als Knabe bei einem Besuch des Tempels zu Maria gesagt: „Wisset ihr nicht, daß ich sein muß in dem, das meines Vaters ist?“[4] Als Maria auf der Hochzeit zu Kana Jesu wunderwirkende Kraft offenbart sehen wollte, lautete seine Antwort: „Meine Stunde ist noch nicht gekommen.“[5] Mit ähnlichen Worten hatte er schon seinen Brüdern geantwortet, als sie ihn zum Besuch des Laubhüttenfestes nötigen wollten. In Gottes erhabenem Plan war die Stunde bestimmt, da sich Christus für die Sünden der Menschheit opfern mußte. Nun sollte diese Stunde bald schlagen. Er wollte nicht matt werden noch verzagen. Seine Schritte waren nach Jerusalem gewandt, wo seine Feinde schon lange darauf warteten, seinem Leben ein Ende zu machen; jetzt würde es bald soweit sein. „Stracks“ ging er der Verfolgung, Verleugnung, Verwerfung, Verurteilung und dem Tode entgegen.

„Er sandte Boten vor sich hin; die gingen hin und kamen in ein Dorf der Samariter, daß sie ihm Herberge bestellten.“ [6] Die Samariter aber nahmen ihn nicht auf, weil er sich auf dem Wege nach Jerusalem befand. Sie glaubten daraus zu ersehen, daß Christus die ihnen tief verhaßten Juden höher achtete als sie selbst. Wäre er gekommen, um den Tempel und die Anbetung auf dem Berge Garizim wiederherzustellen, so würden sie ihn mit großer Freude aufgenommen haben; aber er war auf dem Wege nach Jerusalem, darum wollten sie ihm keine Gastfreundschaft erweisen. Wie wenig erkannten sie, daß sie die beste Gabe des Himmels von sich wiesen! Jesus bat Menschen, ihn aufzunehmen, er bat sie um Gunsterweisungen von ihrer Hand, damit er ihnen nahekommen könnte, um sie reich zu segnen. Jede ihm bezeugte Liebestat vergalt er durch eine viel wertvollere Gnadengabe; aber all das ließen die Samariter wegen ihrer Voreingenommenheit und wegen ihres blinden Eifers außer acht.

Die von Christus gesandten Boten Jakobus und Johannes ärgerten sich sehr über den ihrem Herrn angetanen Schimpf, ja, sie waren empört, weil die Samariter, denen der Besuch Jesu eine Auszeichnung hätte sein müssen, ihn so grob behandelt hatten. Erst kürzlich waren sie mit ihm auf dem Verklärungsberg gewesen und hatten ihn von Gott verherrlicht und von Mose und Elia geehrt gesehen. Nun meinten sie, daß die Mißachtung Jesu durch die Samariter nicht ohne strenge Strafe bleiben sollte.

Sie kamen zu Jesus, wiederholten die Worte der Samariter und berichteten, daß jene sich sogar geweigert hätten, ihm für eine Nacht Obdach zu gewähren. Sie sahen in dieser Handlungsweise ein großes Unrecht an dem Herrn, so daß sie angesichts des sich in einiger Entfernung erhebenden Berges Karmel, auf dem Elia einst die falschen Propheten erschlagen hatte, ausriefen: „Herr, willst du, so wollen wir sagen, daß Feuer vom Himmel falle und verzehre sie, wie auch Elia tat.“ [7] Wie aber erstaunten sie, als sie bemerkten, wie schmerzlich ihre Worte Jesus berührten! Noch befremdeter waren sie über den Tadel, den sie hören mußten: „Wisset ihr nicht, welches Geistes Kinder ihr seid? Des Menschen Sohn ist nicht gekommen, der Menschen Seelen zu verderben, sondern zu erhalten.“ [8] Dann ging er in ein anderes Dorf.

Es ist nicht Christi Aufgabe, jemanden zu zwingen, ihn anzunehmen; es sind vielmehr Satan und seine Helfer, die das Gewissen zu zwingen suchen. Unter dem Vorwand, für Gerechtigkeit zu eifern, bringen Menschen, die sich mit bösen Engeln verbunden haben, Leid und Schmerz über ihre Mitmenschen, um sie zu ihren religiösen Anschauungen zu „bekehren". Christus aber übt Barmherzigkeit und sucht durch die Offenbarung seiner Liebe Menschen zu gewinnen. Er duldet keinen Mitbewohner im Herzen, er nimmt auch keine geteilte Gabe an, sondern wünscht freiwilligen Dienst, die willige Übergabe des Herzens an die Herrschaft der Liebe. Nichts kennzeichnet unter uns deutlicher den Geist Satans als die Neigung, denen zu schaden und Verderben zu wünschen, die unsere Aufgabe nicht zu würdigen wissen oder die unseren Auffassungen entgegenhandeln.

Jeder Mensch ist nach Leib, Seele und Geist das Eigentum Gottes. Christus starb, um alle zu erlösen; nichts mißfällt dem Herrn mehr als Menschen, die aus religiösem Eifer denen Leid zufügen, die mit seinem Blut teuer erkauft sind.

„Er machte sich auf von dannen und kam in die Gegend von Judäa und jenseits des Jordan. Und das Volk lief abermals in Haufen zu ihm, und wie seine Gewohnheit war, lehrte er sie abermals." [9]

Die meiste Zeit in den letzten Monaten hatte Christus in Peräa, einer Provinz „jenseits des Jordan", verbracht. Hier drängte sich das Volk in alter Begeisterung um ihn, und Jesus wiederholte und bekräftigte seine Lehre.

Wie er die Zwölf ausgesandt hatte, so „sonderte der Herr andere siebzig aus und sandte sie je zwei und zwei vor sich her in alle Städte und Orte, da er wollte hinkommen". [10] Diese Jünger waren einige Zeit bei ihm gewesen und für ihre Aufgabe ausgebildet worden. Als die Zwölf zu ihrem ersten Auftrag ausgesandt waren, hatten andere Jünger den Herrn auf seiner Wanderung nach Galiläa begleitet und dadurch die Gnade erfahren, unmittelbare Fühlung mit ihm zu haben und von ihm persönlich belehrt zu werden. Jetzt sollte auch diese erwählte Schar sich auf den Weg machen und als Diener des Evangeliums ihren Auftrag ausführen.

Die Belehrungen, die Jesus den Siebzig gab, glichen denen, die die Zwölf erhalten hatten, ausgenommen das Verbot, die Städte der Heiden oder der Samariter zu betreten. Obgleich Christus von den Samaritern gerade erst zurückgewiesen worden war, blieb seine Liebe zu ihnen unverändert. Als die Siebzig in seinem Namen hinausgingen, besuchten sie zuerst die Städte von Samarien.

Jesu eigener Besuch in Samarien und später seine anerkennenden Worte über den barmherzigen Samariter sowie die dankbare Freude jenes Aussätzigen, eines Samariters, der allein von den zehn Geheilten umkehrte, um seinem Wohltäter zu danken, waren für die Jünger außerordentlich bedeutungsvoll. Sie hatten sich diese Lehre sehr zu Herzen genommen. In seinem Auftrag an die Jünger kurz vor seiner Himmelfahrt nannte der Heiland neben Jerusalem und Judäa auch Samarien als die Gebiete, wo sie zuerst das Evangelium verkündigen sollten. Seine Belehrung hatte sie befähigt, Gottes Werk zu treiben. Als sie dann in ihres Meisters Namen nach Samarien kamen, fanden sie das Volk auf ihr Kommen vorbereitet. Die Samariter hatten von Christi lobenden Worten und seinem barmherzigen Wirken an ihren Stammesgenossen gehört; sie mußten erkennen, daß Jesus sie trotz ihres unhöflichen Betragens liebte, und ihre Herzen beugten sich ihm. Nach seiner Himmelfahrt nahmen sie die Boten des Evangeliums herzlich auf, und die Jünger brachten eine kostbare Ernte ein unter denen, die einst ihre heftigsten Gegner gewesen waren. „Das geknickte Rohr wird er nicht zerbrechen, und den glimmenden Docht wird er nicht auslöschen. In Treue trägt er das Recht hinaus.“ [11] „Die Heiden werden auf seinen Namen hoffen.“ [12]

Wie einst bei der Aussendung der Zwölf, gebot der Herr auch den Siebzig, sich dort nicht aufzudrängen, wo sie nicht willkommen waren. „Wenn ihr aber in eine Stadt kommt, in der sie euch nicht aufnehmen, so geht heraus auf ihre Gassen und sprecht: Auch den Staub, der sich an unsre Füße gehängt hat von eurer Stadt, schütteln wir ab auf euch; doch sollt ihr wissen, daß euch das Reich Gottes nahe gewesen ist.“ [13] Nicht aus Groll oder beleidigter Würde sollten sie so reden, sie sollten nur zu erkennen geben, wie schmerzlich es ist, das Evangelium oder seine Boten abzuweisen. Die Diener des Herrn verwerfen heißt Christus selbst von sich weisen.

Jesus belehrte sie weiter: „Ich sage euch: Es wird Sodom erträglicher gehen an jenem Tage als solcher Stadt.“ Dann verweilten seine Gedanken bei den galiläischen Städten, in denen er längere Zeit gewirkt hatte, und mit schmerzbewegter Stimme rief er aus: „Weh dir, Chorazin! Weh dir, Bethsaida! Denn wären solche Taten zu Tyrus und Sidon geschehen, die bei euch geschehen sind, sie hätten längst in Sack und Asche gesessen und Buße getan. Doch es wird Tyrus und Sidon erträglicher gehen im Gericht als euch. Und du, Kapernaum, wirst du bis zum Himmel erhoben? In die Hölle wirst du hinuntergestoßen werden." [14]

Diesen geschäftigen Städten am See waren des Himmels reichste Segnungen freigebig angeboten worden. Tag für Tag war der Fürst des Lebens bei ihnen ein- und ausgegangen. Die Herrlichkeit Gottes, welche Könige und Propheten zu sehen begehrten, schien auf alle herab, die sich um den Heiland drängten. Dennoch hatten sie die Gabe des Himmels verworfen.

Gleich den Aposteln hatten auch die Siebzig übernatürliche Gaben als Siegel ihres Auftrags erhalten. Nach Vollendung ihrer Aufgabe kehrten sie freudig zurück und sprachen: „Herr, es sind uns auch die bösen Geister untertan in deinem Namen." Und der Heiland antwortete ihnen: „Ich sah den Satan vom Himmel fallen wie einen Blitz." [15]

An Jesu geistigem Auge zogen die Ereignisse der Vergangenheit und der Zukunft vorüber. Er sah die Verstoßung Satans aus dem Himmel, er schaute voraus auf seine Leidenszeit, die den Charakter des großen Betrügers vor der ganzen Welt offenbaren würde, und hörte den Ruf: „Es ist vollbracht!", der der Welt die Erfüllung des Erlösungsplanes ankündigen und den Himmel vor den Anklagen, Täuschungen und Ansprüchen Satans auf ewig schützen würde.

Über das Kreuz von Golgatha mit seinem Todeskampf und seiner Schmach hinweg schaute Jesus auf den letzten großen Tag, an dem der Fürst der bösen Mächte, die in der Luft herrschen, vernichtet wird mit der Erde, die er so lange durch seinen Aufruhr entstellt hat. Danach sah der Herr das Werk des Bösen für immer beendet und ewigen Frieden Himmel und Erde erfüllen.

Christi Nachfolger sollten künftig den Teufel als besiegten Feind ansehen, dem der Heiland durch seinen Kreuzestod den Sieg abgerungen hat. Diesen Sieg sollten seine Kinder als ihren Sieg betrachten. „Sehet", sagte er, „ich habe euch Vollmacht gegeben, zu treten auf Schlangen und Skorpione, und über alle Gewalt des Feindes; und nichts wird euch schaden." [16]

Die allmächtige Kraft des Heiligen Geistes schützt jeden Menschen, der bereut; niemand, der bußfertig-gläubig den Beistand Christi erbittet, wird unter die Macht Satans geraten. Der Heiland ist den Seinen in jeder Stunde der Versuchung und Gefahr gegenwärtig und hilft ihnen. Bei ihm gibt es keinen Mißerfolg oder Verlust, keine Unmöglichkeit oder Niederlage; wir vermögen alles durch den, der uns mächtig macht. Wenn Versuchungen und Prüfungen kommen, dann erwartet nicht, alle Schwierigkeiten selbst meistern zu können, sondern richtet euren Blick auf Jesus, euren Helfer.

Viele Christen denken nicht nur zuviel über Satan nach, sondern sprechen auch zuviel über seine Macht. Sie denken an ihren Widersacher, sie beten von ihm und reden über ihn; dadurch wird er in ihrer Vorstellung immer größer und mächtiger. Satan besitzt Macht und Gewalt; aber Gott sei Dank haben wir einen mächtigen Heiland, der den Bösen aus dem Himmel ausgestoßen hat. Der Teufel hat es gern, wenn wir seine Macht rühmen. Warum reden wir nicht von Jesus? Warum rühmen wir nicht seine Kraft und seine Liebe?

Der Regenbogen der Verheißung, der den Thron im Himmel umgibt, ist ein unvergängliches Zeugnis, daß Gott die Welt so geliebt hat, „daß er seinen eingebornen Sohn gab, auf daß alle, die an ihn glauben, nicht verloren werden, sondern das ewige Leben haben".[17] Er bestätigt vor aller Welt, daß Gott seine Kinder in ihrem Ringen mit dem Bösen niemals verläßt; er gibt die Gewißheit der Kraft und des Schutzes bis in alle Ewigkeit.

Der Heiland fügte hinzu: „Doch darüber freuet euch nicht, daß euch die Geister untertan sind. Freuet euch aber, daß eure Namen im Himmel geschrieben sind."[18] Freuet euch nicht darüber, Macht zu besitzen, damit ihr nicht eure Abhängigkeit von Gott vergeßt; seid achtsam, auf daß ihr nicht selbstzufrieden werdet und euer Werk aus eigener Kraft und nicht im Geist und in der Kraft Gottes geschehe. Das eigene Ich ist immer gern bereit, sich selbst das Verdienst zuzuschreiben, wenn ein Erfolg die Arbeit krönt; es fühlt sich geschmeichelt und erhoben, und andere haben durchaus nicht den Eindruck, als wäre uns Gott „alles und in allen".[19]

Der Apostel Paulus schreibt: „Wenn ich schwach bin, so bin ich stark."[20] Wenn wir unsere Schwachheit erkennen, lernen wir, uns nicht auf uns selbst zu verlassen. Nichts kann dem Herzen so festen Halt verleihen wie das dauernde Bewußtsein unserer Abhängigkeit von Gott; nichts beeinflußt unser Verhalten so tiefgreifend wie das Wissen um die erbarmende Liebe Christi. Sobald wir mit Gott in die rechte Verbindung kommen, werden wir auch von der Kraft des Heiligen Geistes durchdrungen, die uns befähigt, zu unserem Nächsten ein gutes Verhältnis zu finden. Freuen wir uns darum, daß wir durch Christus mit Gott verbunden sind und Glieder der himmlischen Familie sein können. Solange wir über uns hinausschauen, werden wir die eigene Hilflosigkeit stets klar erkennen. Je weniger wir das eigene Ich pflegen, desto eindringlicher werden wir die Vollkommenheit Jesu verspüren. Je inniger unsere Verbindung mit der göttlichen Licht- und Kraftquelle ist, desto mehr Licht wird auf uns scheinen und desto größere Kraft wird uns befähigen, das Werk Gottes zu treiben. Freut euch, daß ihr eins seid mit Gott, eins mit Christus und eins mit der ganzen himmlischen Familie.

Während die Siebzig den Worten Jesu lauschten, wirkte der Heilige Geist an ihren Herzen und lehrte sie die Wahrheit erkennen. Obgleich sie von einer gewaltigen Volksmenge umgeben waren, hatten sie das Gefühl, mit Gott allein zu sein.

Der Heiland freute sich herzlich, daß sie die Bedeutung dieser Stunde erfaßt hatten; er war froh „im heiligen Geist und sprach: Ich preise dich, Vater und Herr Himmels und der Erde, daß du solches den Weisen und Klugen verborgen hast und hast es den Unmündigen offenbart. Ja, Vater, so war es wohlgefällig vor dir. Es ist mir alles übergeben von meinem Vater. Und niemand weiß, wer der Sohn sei, denn nur der Vater; noch wer der Vater sei, denn nur der Sohn und wem es der Sohn will offenbaren".[21]

Der einzige Weg zu einer klareren Erkenntnis der Wahrheit ist ein liebevolles Herz, erfüllt von dem Geist Christi. Die Seele muß von Eitelkeit und Stolz gereinigt und von allem befreit werden, was von ihr Besitz ergriffen hat; einzig Christus muß in ihr herrschen und Gestalt gewinnen. Die menschliche Wissenschaft genügt nicht annähernd, die Versöhnung mit Gott zu verstehen. Der göttliche Erlösungsplan ist so gewaltig, daß keine irdische Weisheit ihn erklären kann; er wird stets ein Geheimnis bleiben, das die tiefschürfendsten Überlegungen nicht zu ergründen vermögen. Die Erlösung kann man nicht erklären oder in eine Theorie fassen, sondern nur erfahren. Nur wer die eigene Sündhaftigkeit erkennt, kann den Wert der Gabe Gottes ermessen.

Eine Fülle von Belehrungen erteilte Jesus, als er langsam von Galiläa nach Jerusalem wanderte. Eifrig lauschte das Volk seinen Worten. Sowohl in Peräa als auch in Galiläa lebten die Menschen weniger unter der formellen, buchstabengläubigen jüdischen Frömmigkeit als in Judäa, und die Lehren des Heilandes fanden in ihren Herzen willige Aufnahme.

Christus sprach in diesen letzten Monaten seines Dienstes viel in Gleichnissen. Die Priester und Rabbiner verfolgten ihn mit ständig wachsendem Haß, und seine Warnungen an sie kleidete er in Sinnbilder. Sie konnten seine Andeutungen nicht mißverstehen; dennoch fanden sie in seinen Worten keinen Anhalt, um ihn anzuklagen. Im Gleichnis vom Pharisäer und dem Zöllner zeigte das selbstgerechte Gebet: „Ich danke dir, Gott, daß ich nicht bin wie die andern Leute", den großen Unterschied zu der Bitte des Bußfertigen: „Gott, sei mir Sünder gnädig!" [22] Auf diese Weise tadelte Jesus die Heuchelei der Juden. Durch die Bilder vom unfruchtbaren Feigenbaum und von dem großen Abendmahl sagte er das verhängnisvolle Schicksal des unbußfertigen Volkes voraus. All denen, die seine freundliche Einladung zum Festmahl geringschätzig verworfen hatten, galten die Worte: „Ich sage euch, daß der Männer keiner, die geladen waren, mein Abendmahl schmecken wird." [23]

Sehr wertvoll waren die den Jüngern gegebenen Unterweisungen. Die Gleichnisse von der zudringlichen Witwe und von dem Freund, der zu mitternächtlicher Stunde um Brot bat, bekräftigten seine Worte: „Bittet, so wird euch gegeben; suchet, so werdet ihr finden; klopfet an, so wird euch aufgetan." [24] Oft wurde der schwankende Glaube der Jünger gestärkt, wenn sie sich der Worte Christi erinnerten: „Sollte Gott nicht auch Recht schaffen seinen Auserwählten, die zu ihm Tag und Nacht rufen, und sollte er's bei ihnen lange hinziehen? Ich sage euch: Er wird ihnen ihr Recht schaffen in Kürze." [25]

Jesus wiederholte auch das wunderbare Gleichnis vom verlorenen Schaf und führte dessen Bedeutung noch weiter aus in den Gleichnissen vom verlorenen Groschen und vom verlorenen Sohn. Die Jünger konnten diese kostbaren Unterweisungen ihres Meisters noch nicht völlig verstehen; aber nach der Ausgießung des Heiligen Geistes, als sie die Ernte der Heiden und den eifersüchtigen Zorn der Juden erlebten, verstanden sie die Lehre vom verlorenen Sohn besser. Nun konnten sie die Freude erfahren, die in den Worten liegt: „Du solltest aber fröhlich und guten Mutes sein; denn dieser dein Bruder war tot und ist wieder lebendig geworden, er war verloren und ist wiedergefunden." [26] Da sie in Jesu Namen hinausgingen und Schmach, Armut und Verfolgung auf sich nahmen, gewannen sie Kraft aus der tröstlichen Aufforderung Christi, die er auf seiner letzten Reise von Galiläa nach Jerusalem ausgesprochen hatte: „Fürchte dich nicht, du kleine Herde! Denn es ist eures Vaters Wohlgefallen, euch das Reich zu geben. Verkauft, was ihr habt, und gebt Almosen. Macht euch Beutel, die nicht veralten, einen Schatz, der nimmer abnimmt, im Himmel, wo kein Dieb zukommt und den keine Motten fressen. Denn wo euer Schatz ist, da wird auch euer Herz sein." [27]

Der barmherzige Samariter | 40

In dem Gleichnis vom barmherzigen Samariter veranschaulicht Christus das Wesen wahrer Religion und zeigt, daß diese nicht darin besteht, Lehrsätze und Glaubensbekenntnisse von sich zu geben oder religiöse Zeremonien zu erfüllen, sondern Werke der Liebe zu tun, nach dem Wohl des Nächsten zu streben und in wahrer Güte zu handeln.

Als Jesus das Volk lehrte, „da stand ein Schriftgelehrter auf, versuchte ihn und sprach: Meister, was muß ich tun, daß ich das ewige Leben ererbe"?[1] In atemloser Spannung erwarteten die versammelten Priester und Rabbiner Jesu Antwort. Sie hofften, durch diese Frage dem Herrn eine gute Falle gestellt zu haben; aber der Heiland überging diese Streitfrage und veranlaßte den Fragenden, sich selbst die Antwort zu geben. „Was steht im Gesetz geschrieben?" fragte er. „Wie liesest du?" Die Juden beschuldigten Jesus ständig, daß er das auf Sinai gegebene Gesetz geringschätze; doch er brachte die Frage der Seligkeit in Zusammenhang mit dem Halten der göttlichen Gebote.

Der Schriftgelehrte erwiderte: „Du sollst Gott, deinen Herrn, lieben von ganzem Herzen, von ganzer Seele, von allen Kräften und von ganzem Gemüte und deinen Nächsten wie dich selbst." Jesus sprach: „Du hast recht geantwortet; tue das, so wirst du leben."[2]

„Tue das, so wirst du leben", sagte Jesus. Er stellte das Gesetz als eine göttliche Einheit hin und lehrte hierdurch, daß es unmöglich sei, die eine Verordnung zu halten und die andere zu verachten; denn für alle gelte der gleiche Grundsatz. Der Gehorsam gegen das ganze Gesetz bestimme das Schicksal des Menschen. Völlige Liebe zu Gott und selbstlose Nächstenliebe seien die unerläßlichen Voraussetzungen für ein christliches Leben.

Der Schriftgelehrte erkannte sich als Übertreter des Gesetzes; Jesu tiefschürfende Worte hatten ihn davon überzeugt. Die Gerechtigkeit des Gesetzes, die er zu verstehen glaubte, hatte er nicht geübt; er hatte seine Mitmenschen nicht geliebt. Tiefe Reue war nötig; doch statt Buße zu tun, versuchte er sich zu rechtfertigen. Statt die Wahrheit anzuerkennen, versuchte er zu zeigen, wie schwer die Erfüllung des Gesetzes sei. So hoffte er sein Gewissen zu beruhigen und sich vor dem Volk zu rechtfertigen. Jesu Worte hatten deutlich gemacht, wie unnötig seine Frage gewesen war, da er sie sich selbst beantworten konnte. Dennoch fragte er weiter: „Wer ist denn mein Nächster?" [3]

Diese Frage verursachte gerade unter den Juden langatmige Erörterungen. Was ihr Verhältnis zu den Heiden und Samaritern betraf, so hatten sie keine Zweifel; diese waren Fremde und Feinde. Wo aber bestand ein Unterschied innerhalb ihres eigenen Volkes, wo ein Unterschied zwischen den verschiedenen Klassen? Wen sollte der Priester, der Rabbiner, der Älteste als Nächsten ansehen? Ihr ganzes Leben verbrachten sie unter sorgfältigster Beachtung ihrer Satzungen, Verordnungen und gottesdienstlichen Gebräuche; dadurch wollten sie sich rein erhalten. Sie glaubten sich durch das Zusammensein mit der unwissenden und sorglosen Menge zu beschmutzen und zur Reinigung dann beschwerliche Anstrengungen nötig zu haben. Sollten sie etwa auch einen „Unreinen" als ihren Nächsten betrachten?

Auch jetzt weigerte sich Jesus, zu diesen Streitfragen Stellung zu nehmen. Er tadelte nicht die Frömmelei derer, die ihn arglistig beobachteten, um ihn verdammen zu können, sondern er erklärte seinen Zuhörern durch ein Gleichnis aus dem Leben das Wesen der von Gott geborenen Liebe. Die Herzen der Juden wurden gerührt; der Schriftgelehrte bekannte die Wahrheit, die ihm Jesus gezeigt hatte.

Die einzige Möglichkeit, die Dunkelheit zu zerteilen, ist, das Licht einzulassen; ebenso kann der Irrtum nur durch die Wahrheit bezwungen werden. Durch die Offenbarung der Liebe Gottes zeigen sich die Fehler und Sünden des Herzens, das sich selbst gern zum Mittelpunkt des Lebens macht.

„Es war ein Mensch", sprach Jesus, „der ging von Jerusalem hinab nach Jericho und fiel unter die Räuber; die zogen ihn aus und schlugen ihn und gingen davon und ließen ihn halbtot liegen. Es begab sich aber von ungefähr, daß ein Priester dieselbe Straße hinabzog; und da er ihn sah, ging er vorüber. Desgleichen auch ein Levit; da er kam zu der Stätte und sah ihn, ging er vorüber." [4]

Die von Jerusalem nach Jericho reisten, mußten durch einen Teil der Wüste von Judäa ziehen. Die Straße führte einen einsamen, felsigen Hohlweg hinunter, wo Banditen ihr Unwesen trieben und sich schon oft Gewalttaten abgespielt hatten. Hier geschah es nach dem Gleichnis, daß man den Wanderer angriff und alles Wertvollen beraubte, ihn schlug und verletzte und schließlich halbtot am Wegrand liegen ließ.

Als dieser so dalag, kam ein Priester vorbei, richtete aber kaum den Blick auf den Verletzten. Dann erschien ein Levit, blieb neugierig stehen und sah sich den Überfallenen an. Er wußte genau, was er hier zu tun hatte; aber das war keine angenehme Pflicht. Er wünschte, nicht diesen Weg gegangen zu sein, dann hätte er den Verwundeten nicht gesehen. Er meinte, daß ihn dieser Fall nicht betraf, und ging weiter.

Beide Männer bekleideten ein geistliches Amt und behaupteten, Ausleger der Schrift zu sein. Sie waren besonders erwählt, dem Volk gegenüber als Stellvertreter Gottes aufzutreten. Sie sollten mitfühlen „mit denen, die da unwissend sind und irren",[5] damit diese die unermeßlich große Liebe Gottes zur Menschheit erkennten. Die Aufgabe, zu der sie berufen waren, war die gleiche, die der Heiland als die seine mit den Worten beschrieb: „Der Geist des Herrn ist bei mir, darum weil er mich gesalbt hat, zu verkündigen das Evangelium den Armen; er hat mich gesandt, zu predigen den Gefangenen, daß sie los sein sollen, und den Blinden, daß sie sehend werden, und den Zerschlagenen, daß sie frei und ledig sein sollen, zu verkündigen das Gnadenjahr des Herrn."[6]

Die Engel im Himmel sehen das Elend der Kinder Gottes auf Erden; sie sind bereit, mit den Menschen zusammenzuwirken, um Bedrückung und Leiden zu lindern. Gott hatte in seiner Vorsehung den Priester und den Leviten den Weg geführt, an dem der Verwundete lag, damit sie sehen möchten, daß hier ein Mensch ihrer Hilfe und Barmherzigkeit bedurfte. Der Himmel wartete darauf, ob sich die Herzen dieser Männer von menschlichem Weh bewegen ließen. Der Heiland selbst hatte einst die Juden in der Wüste belehrt; aus der Wolken- und der Feuersäule heraus hatte er eine ganz andere Lehre gegeben, als sie das Volk jetzt von seinen Priestern und Schriftgelehrten empfing. Die Fürsorge des Gesetzes erstreckte sich sogar auf die unter uns stehende Tierwelt, die ihren Wünschen und Nöten keinen beredten Ausdruck zu geben vermag. Gott hatte durch Mose den Israeliten hierüber besondere Vorschriften gegeben: „Wenn du dem Rind oder Esel deines Feindes begegnest, die sich verirrt haben, so sollst du sie ihm wieder zuführen. Wenn du den Esel deines Widersachers unter seiner Last liegen siehst, so laß ihn ja nicht im Stich, sondern hilf mit ihm zusammen dem Tiere auf."[7] In seinem Gleichnis von dem unter die Räuber Gefallenen stellte Jesus den Fall eines leidenden Mitbruders dar. Wieviel mehr Mitleid hätten ihre Herzen für ihn als für ein Lasttier empfinden sollen!

Doch in der Schule blinden nationalen Eiferns waren sie eigennützig und engherzig geworden und sonderten sich ab. Als sie auf den Verwundeten blickten, vermochten sie nicht zu erkennen, ob dieser zu ihrem Volk gehörte oder nicht. Sie dachten nur, es könnte ein Samariter sein, und deshalb wandten sie ihm den Rücken.

In der Handlungsweise des Priesters und des Leviten, wie sie Christus beschrieben hatte, sah der Schriftgelehrte nichts, was den Anforderungen des Gesetzes widersprochen hätte! Doch der Heiland erzählte weiter: „Ein Samariter aber reiste und kam dahin; und da er ihn sah, jammerte ihn sein, ging zu ihm, goß Öl und Wein auf seine Wunden und verband sie ihm und hob ihn auf sein Tier und führte ihn in eine Herberge und pflegte sein. Des andern Tages zog er heraus zwei Silbergroschen und gab sie dem Wirte und sprach zu ihm: Pflege sein, und so du was mehr wirst dartun, will ich dir's bezahlen, wenn ich wiederkomme."

Die Erzählung war beendet. Jesus schaute den Schriftgelehrten lange an und fragte: „Welcher dünkt dich, der unter diesen dreien der Nächste sei gewesen dem, der unter die Räuber gefallen war?" [8]

Der Schriftgelehrte vermied selbst jetzt noch, den Namen Samariter auf seine Lippen zu nehmen, und antwortete nur: „Der die Barmherzigkeit an ihm tat." Da entließ ihn der Herr mit den Worten: „So gehe hin und tue desgleichen!" [9]

Auf diese Weise wurde die Frage: „Wer ist denn mein Nächster?" für immer beantwortet. Christus hat gezeigt, daß unser Nächster nicht nur der ist, der in derselben Gemeinschaft lebt wie wir, der unseren Glauben teilt. Geschlecht, Rang und Rasse bilden keine Schranke. Unser Nächster ist jeder, der unmittelbar unsere Hilfe nötig hat, jede Seele, die verwundet und zerschlagen ist von ihrem Widersacher, jedes Geschöpf, das Gott geschaffen hat und das sein Eigentum ist.

In dem Gleichnis vom barmherzigen Samariter beschrieb uns der Heiland sein Wesen und seine Aufgabe. Die Menschen sind von Satan betrogen, geschlagen, beraubt und dem Verderben überlassen worden, aber der Heiland hat sich ihrer Hilflosigkeit erbarmt. Er verließ seine Herrlichkeit, um uns zu retten. Er fand uns dem Untergang nahe und setzte sich für uns ein; er heilte unsere Wunden, bedeckte uns mit dem Kleid der Gerechtigkeit, gab uns eine Zufluchtsstätte und versorgte uns mit allem Nötigen. Er starb, um uns zu erlösen. Auf sein Beispiel weisend, sagte er zu seinen Nachfolgern: „Das gebiete ich euch, daß ihr euch untereinander liebet.“ [10] „Ein neu Gebot gebe ich euch, daß ihr euch untereinander liebet, wie ich euch geliebt habe, damit auch ihr einander lieb habet.“ [11]

Der Schriftgelehrte hatte gefragt: „Was muß ich tun?“ Und Jesus, der in der Liebe zu Gott und den Menschen das Wesen des Gesetzes erfüllt sieht, hatte gesagt: „Tue das, so wirst du leben.“ Der Samariter im Gleichnis war den Eingebungen eines gütigen, liebevollen Herzens gefolgt und hatte sich dadurch als ein „Täter des Gesetzes“ erwiesen. Christus gebot dem Schriftgelehrten: „Gehe hin und tue desgleichen!“ Nicht nur Worte, sondern auch Taten erwartet die Welt von den Kindern Gottes. „Wer da sagt, daß er in ihm bleibt, der soll auch wandeln, gleichwie er gewandelt ist.“ [12]

Diese Lehre ist für uns heute ebenso nötig, wie sie damals zur Zeit Jesu nötig war. Selbstsucht und starres Formenwesen haben das wärmende Feuer der Liebe fast ausgelöscht und die Tugenden vertrieben, die den christlichen Charakter auszeichnen. Viele, die Christi Namen tragen, haben vergessen, daß Christen Christus darstellen sollen. Wer nicht durch Liebe und Hingabe für das Wohl des Nächsten wirkt – in der Familie, in der Nachbarschaft, in der Gemeinde oder wo immer wir sein mögen –, ist kein Christ, ganz gleich, welchen Glaubens er auch sei.

Der Heiland hat seine Belange mit denen der Menschheit verknüpft, und er bittet uns, mit ihm eins zu werden, damit die Menschheit gerettet werde. „Umsonst habt ihr's empfangen, umsonst gebt es auch.“ [13] Die Sünde ist das größte aller Übel, und es ist unsere Aufgabe, uns des Sünders zu erbarmen und ihm zu helfen. Viele sind vom Irrtum umfangen; viele fühlen ihre Schmach und erkennen ihre Torheit und haben großes Verlangen nach Worten der Ermutigung; sie erkennen ihre Fehler und Irrtümer, die sie fast zur Verzweiflung bringen. Wir werden diese Seelen nicht vernachlässigen. Wenn wir Christen sind, werden wir nicht an ihnen vorübergehen oder uns von denen absondern, die unserer Hilfe so dringend bedürfen. Wenn wir einen Menschen im Elend sehen – er sei durch Not oder durch Sünde dahin geraten –, werden wir niemals sagen: Dieser Fall geht mich nichts an.

Jesus segnet die Kinder | 41

Jesus war ein großer Freund der Kinder. Er nahm ihre kindliche Teilnahme, ihre freimütige, natürliche Liebe gern entgegen. Der dankbare Lobpreis von ihren reinen Lippen war Musik in seinen Ohren und erquickte ihn besonders nach dem bedrückenden Zusammensein mit heuchlerischen und verschlagenen Menschen. Wohin der Heiland auch kam, überall gewannen ihm sein freundliches Aussehen und seine herzliche Art die Liebe und das Zutrauen der Kinder.

Es entsprach der jüdischen Sitte, die kleinen Kinder zum Rabbiner zu bringen, damit dieser seine Hände segnend auf sie lege. Als aber einmal jüdische Mütter ihre Kinder zu Jesus brachten, damit sie von ihm gesegnet würden, wurden seine Jünger unwillig. Sie sahen des Meisters Werk als viel zu wichtig an, um es durch diesen Dienst unterbrechen zu lassen. Auch hielten sie die Kinder für eine solche Segnung noch für viel zu jung und glaubten, daß ihr Herr über diese Störung ungehalten sein könnte. Aber es waren die Jünger, über die der Heiland sich ungehalten zeigte. Für die Sorge und Last der Mütter, die ihre Kinder nach dem Worte Gottes zu erziehen suchten, zeigte er volles Verständnis; er hatte ihre Gebete gehört und sie selbst mit ihren Kindern zu sich gezogen.

Eine Mutter hatte sich mit ihrem Kind auf den Weg zu Jesus gemacht und unterwegs einer Bekannten von ihrem Vorhaben erzählt, die ebenfalls wünschte, daß ihr Kind gesegnet werde. Andere folgten ihrem Beispiel, so daß eine ganze Schar Mütter mit kleinen und größeren Kindern zum Herrn kam. Jesus hörte freudig ihre mit furchtsamer, tränenerstickter Stimme vorgetragenen Bitten. Doch er wartete ab, um zu sehen, wie seine Jünger diesen Frauen gegenübertreten würden. Als Jesus bemerkte, wie seine Jünger die Mütter wegschicken wollten, weil sie glaubten, ihm damit einen Gefallen zu tun, rügte er sie und sagte: „Lasset die Kinder zu mir kommen und wehret ihnen nicht; denn solcher ist das Reich Gottes.“ [1] Er nahm die Kinder in seine Arme, legte seine Hände auf sie und gab ihnen den Segen, um dessentwillen sie gekommen waren.

Die Mütter aber empfingen geistlichen Zuspruch und kehrten gestärkt und hoffnungsfroh wieder nach Hause zurück. Sie konnten nun mit neuem Mut die Last ihres Lebens tragen und mit frohem Glauben ihre Kinder erziehen. Auch heute können die Mütter ebenso vertrauensvoll die Worte Jesu aufnehmen; er ist derselbe persönliche Heiland geblieben, der er war, als er als Mensch unter Menschen lebte; er hilft den Müttern heute ebenso treu, wie er ihnen einst geholfen hat, als er die Kleinen in seinen Armen hielt. Unsere Kinder heute sind ebenso teuer durch sein Blut erkauft wie die Kinder damals.

Möchten doch recht viele Mütter mit ihren Sorgen und Nöten zum Heiland kommen! Bei ihm finden sie genügend innere Kraft, die ihnen bei der Erziehung ihrer Kinder helfen wird. Der Weg zum Herrn ist jeder Mutter geebnet, die ihre Kinder zu des Heilandes Füßen niederlegen will. Er, der gesagt hat: „Lasset die Kinder zu mir kommen", hält heute noch seinen Segen für die Kleinen bereit.

Jesus sah in den Kindern, die zu ihm gebracht wurden, Erben seiner Gnade und Untertanen seines Reiches. Viele von ihnen würden um seinetwillen zum Märtyrer werden. Er wußte, daß diese Kinder ihm williger ihr Herz öffnen und ihn als ihren Heiland annehmen würden als die Erwachsenen, von denen viele zu den Weltweisen und Hartherzigen gehörten. Er beugte sich zu ihnen herab und verschmähte es nicht, ihre kindlichen Fragen zu beantworten und sie so zu belehren, wie es ihrem kindlichen Verständnis entsprach. Er legte in ihre empfangsfreudigen Herzen Samenkörner der Wahrheit, die später aufgehen und Frucht zum ewigen Leben bringen würden.

In der Tat ist es so, daß Kinder für die Wahrheiten des Evangeliums am empfänglichsten sind; ihre Herzen sind dem göttlichen Einfluß weit geöffnet, und ihre Gedanken bewahren leicht die aufgenommenen Lehren. Schon kleine Kinder können Christen sein mit Erfahrungen, die ihrem Lebensalter entsprechen. Sie müssen in geistlichen Dingen unterrichtet werden, und die Eltern sollten sie darin in jeder Weise fördern, damit sich ihr Charakter nach dem Vorbild des Heilandes entwickeln kann.

Wie schön, wenn Eltern ihre Kinder als jüngere Glieder der christlichen Familie ansehen, die ihnen anvertraut wurden, um sie für den Himmel zu erziehen! Die Lehren, die uns die Heilige Schrift vermittelt, müssen wir den Kindern so weitergeben, wie es ihrem Auffassungsvermögen entspricht. Dadurch öffnen wir dem jungen Geschöpf allmählich die Schönheit der himmlischen Grundsätze, und das christliche Heim wird eine Schule, in der die Eltern als Diener des Herrn wirken, während Christus selbst ihr Lehrer ist.

Wenn wir die jungen Herzen zu Gott führen wollen, dürfen wir nicht gewaltige Gemütsbewegungen als wesentlichen Beweis des Sündenbekenntnisses erwarten; ebensowenig dürfen wir uns hinsichtlich der Bekehrung auf einen bestimmten Zeitpunkt festlegen. Wir sollten die Kinder nur lehren, ihre Sünden zu Jesus zu bringen, ihn um Vergebung zu bitten und zu glauben, daß er ihnen vergibt und sie an sein Herz nimmt, wie er auch damals, als er auf Erden wandelte, die Kinder an sein Herz nahm.

Wenn die Mutter ihre Kinder zum Gehorsam aus Liebe erziehen würde, bekämen sie den besten Anfangsunterricht in christlicher Lebensführung. Die Mutterliebe veranschaulicht dem Kind Christi Liebe zu den Menschen, und die Kinder, die willig den mütterlichen Anordnungen folgen, werden auch dem Heiland vertrauen und ihm gehorsam sein.

Jesus war Eltern und Kindern gleichermaßen ein Vorbild. Er sprach achtunggebietend und „gewaltig", aber er war in seinem Umgang mit groben und hitzigen Menschen nie unhöflich oder verletzend. Die Gnade Christi in unserem Herzen wird uns eine himmlische Würde und den rechten Sinn für Schicklichkeit verleihen. Sie wird das harte Herz erweichen, das Grobe und Unfreundliche ausschalten und die Eltern bestimmen, ihre Kinder als verständige Geschöpfe zu behandeln, so wie sie selbst behandelt werden möchten.

Ihr Eltern, beachtet in der Erziehung eurer Kinder die Lehren, die Gott in der Natur gegeben hat! Was würdet ihr tun, um eine Nelke, Rose oder Lilie richtig zu pflegen? Fragt einen Gärtner, welches Verfahren er anwendet, damit sich jedes Blatt und jeder Zweig zur vollen Schönheit und Lieblichkeit entfalten kann! Durch ihn werdet ihr lernen, wie unrichtig eine oberflächliche oder gewalttätige Behandlung ist; denn sie würde die zarten Stengel brechen. Mit liebevoller Sorgfalt aber tut er alles, was der Pflanze zum Gedeihen verhilft: er befeuchtet den Boden, schützt die jungen Triebe vor kaltem Wind und sengenden Sonnenstrahlen, und der große Schöpfer im Himmel belohnt die Sorgfalt des Gärtners und schenkt Gedeihen. So verhält es sich auch im Leben mit der Erziehung und Pflege der uns anvertrauten Kinder. Faßt sie voller Zartgefühl an und zeigt ihnen eure Liebe, damit auf diese Weise ihr Charakter nach dem Wesen Christi geformt werde.

Lehrt die Kinder, Christus in der Natur zu erkennen! Führt sie hinaus unter den freien Himmel, unter die prächtigen Bäume und in die grünen Gärten, und zeigt ihnen in allen Schöpfungswerken den Ausdruck der Liebe Gottes! Erklärt den Kindern, daß Gott die Gesetze gegeben hat, denen alles Leben untersteht, und daß diese Gesetze dem Glück und der Freude der Menschen dienen! Ermüdet die Kinder nicht durch lange Gebete und langatmige Ermahnungen, sondern lehrt sie durch den Anschauungsunterricht in der Natur dem Gesetz Gottes gehorchen!

Wenn Eltern durch einen christlichen Wandel als wahre Nachfolger Jesu ihre Kinder gewinnen, wird es ihnen nicht schwerfallen, sie von der großen Liebe zu überzeugen, mit der Christus uns geliebt hat. Wenn wir versuchen, die Heilswahrheit verständlich darzulegen, und die Kinder auf Christus als persönlichen Heiland hinweisen, werden uns Engel Gottes zur Seite stehen. Der Herr wird die Eltern segnen, damit ihre Kleinen an der köstlichen Geschichte des Kindes von Bethlehem, das wahrlich die einzige Hoffnung der Welt ist, Freude finden.

Als Jesus den Jüngern zurief: „Wehret ihnen nicht!", da sprach er diese Worte gleichzeitig zu seinen Nachfolgern in allen Zeiten: zu den Gemeindebeamten, Predigern, Lehrern und zu allen christlichen Eltern. Er zieht die Kinder zu sich und gebietet jedem: „Wehret ihnen nicht!"

Entstellt nicht das Bild Jesu durch euren unchristlichen Charakter! Haltet die Kleinen nicht durch eure Kälte und Strenge von Jesus fern. Verhaltet euch nicht so, daß eure Kinder das Gefühl bekommen, der Himmel könne kein sehr angenehmer Ort sein, wenn auch ihr dort sein werdet. Sprecht nicht von religiösen Dingen in einer Weise, die Kinder nicht verstehen können, oder handelt nicht so, als würde von ihnen nicht erwartet, daß sie sich schon in ihrer Jugend zu Christus bekennen. Erweckt in ihnen nicht den Eindruck, als wäre die Religion Christi eine Religion des Trübsinns, als müßten sie, wenn sie zum Heiland kommen, alles aufgeben, was ihr Leben bisher freudvoll machte.

Wie der Heilige Geist an den Herzen der Kinder wirkt, so fördert er auch sein Werk. Lehrt die Kinder, daß der Heiland sie ruft und daß nichts ihm größere Freude bereitet, als wenn sie sich schon in jungen Jahren ihm weihen.

Jesus schaut mit inniger Anteilnahme auf jede Seele, die er mit seinem Blut erkauft hat; seine Liebe erhebt Anspruch auf sie und hat großes Verlangen nach ihr. Sein Herz neigt sich nicht nur den folgsamen Kindern zu, sondern auch denen, die angeborene charakterliche Mängel zeigen. Viele Eltern verstehen nicht, in welch hohem Maße sie für die Schwächen ihrer Kinder verantwortlich sind. Sie haben nicht genügend Liebe und Weisheit, sich mit den Irrenden zu befassen, die erst durch sie dazu geworden sind. Doch Jesus blickt mit herzlichem Erbarmen auf diese Kinder. Er weiß genau Ursache und Wirkung auseinanderzuhalten.

Da soll auch der Prediger ein brauchbares Werkzeug in Jesu Hand sein. Durch Weisheit und geduldige Liebe soll er die unverständigen Kinder an sein Herz ziehen und ihnen Mut und Hoffnung geben. Durch die Gnade Christi soll der Charakter der Kinder so umgewandelt werden, daß man von ihnen sagen darf: „Solcher ist das Reich Gottes."

„Eines fehlt dir“ | 42

„Da er hinausging auf den Weg, lief einer herzu, kniete vor ihm nieder und fragte ihn: Guter Meister, was soll ich tun, daß ich das ewige Leben ererbe?“ [1]

Der Jüngling, der mit dieser Frage zu Jesus kam, war ein Oberster. Er besaß große Güter und bekleidete ein verantwortungsvolles Amt. Dieser Jüngling sah die Liebe, die Christus den Kindern erwies; er sah, wie gütig er sie empfing und wie er sie in seine Arme nahm. Bei diesem freundlichen Anblick entflammte jäh sein Herz für den Heiland. Ihn verlangte danach, Jesu Jünger zu werden, ja, er war so tief bewegt, daß er Christus nachlief, als dieser seines Weges ging, zu seinen Füßen niederkniete und ihm dabei ernsten und aufrichtigen Herzens die für ihn und für alle Menschen so überaus wichtige Frage stellte: „Guter Meister, was soll ich tun, daß ich das ewige Leben ererbe?“

Jesus erwiderte ihm: „Was heißest du mich gut? Niemand ist gut als allein Gott.“ [2] Jesus wollte seine Aufrichtigkeit prüfen und von ihm hören, warum er ihn als gut betrachte. Hatte der Jüngling wirklich erkannt, daß der, zu dem er sprach, der Sohn Gottes war? Wie lautete seine echte Herzensüberzeugung?

Der Jüngling hatte eine hohe Meinung von sich. Er glaubte nicht, daß ihm noch irgendein Fehler anhafte; dennoch war er nicht ganz zufrieden. Er sehnte sich nach etwas, das er nicht besaß. Konnte Jesus ihn nicht segnen, wie er soeben die Kinder gesegnet hatte, und auf diese Weise das unbestimmte Verlangen seiner Seele befriedigen?

In seiner Antwort wies Jesus darauf hin, daß es nötig sei, den Geboten Gottes zu gehorchen, wenn er das ewige Leben erlangen wolle. Er führte einige der Gebote an, die des Menschen Pflichten gegenüber seinen Mitmenschen beinhalten. Der Jüngling erwiderte dem Herrn: „Das habe ich alles gehalten; was fehlt mir noch?“ [3]

Der Heiland schaute den Jüngling an, als suche er dessen Leben und Charakter zu erforschen. Er liebte ihn und wünschte herzlich, ihm jenen Frieden, jene Gnade und Freude zu schenken, die seinen Charakter entscheidend wandeln würden. Er sagte ihm: „Eines fehlt dir. Gehe hin, verkaufe alles, was du hast, und gib's den Armen, so wirst du einen Schatz im Himmel haben, und komm, folge mir nach und nimm das Kreuz auf dich.“ [4]

Der Heiland fühlte sich zu dem Jüngling hingezogen, und er glaubte an dessen Aufrichtigkeit, als dieser sagte: „Meister, das habe ich alles gehalten von meiner Jugend auf.“ [5] Jesus wollte ihm aber jenes Wahrnehmungsvermögen vermitteln, das ihn die Notwendigkeit der Herzensergebung und christlichen Güte erkennen ließe. Er hätte gern in ihm ein demütiges, reuevolles Herz gesehen, das sich der äußersten, von Gott geschenkten Liebe bewußt und dessen Mängel in der Vollkommenheit Christi verborgen gewesen wären.

Der reiche Jüngling erschien Jesus besonders geeignet, sein Mitarbeiter in der Seelenarbeit zu sein. Unterstellte er sich der Führung Christi, würde er mit ganz großem Segen wirken. In hohem Grade hätte der Oberste Christus darstellen können; denn er besaß Eigenschaften, die, würde er sich mit dem Heiland verbunden haben, ihn befähigt hätten, mit göttlicher Macht unter den Menschen zu wirken. Christus, seinen Charakter erkennend, liebte ihn, und Liebe zu Christus war im Herzen des Obersten erwacht; denn Liebe erzeugt Gegenliebe. Jesus wünschte in ihm einen Mitarbeiter zu sehen. Er wollte ihn sich selbst gleich machen, zu einem Spiegel, der das Ebenbild Gottes widerstrahlen würde. Es verlangte ihn, die Vortrefflichkeit seines Charakters zu entfalten und ihn für den Evangeliumsdienst zu heiligen. Hätte sich der reiche Jüngling Christus geweiht, wäre er in seiner Gegenwart gewachsen. Hätte er diese Wahl getroffen, wie anders wäre sein Leben verlaufen!

„Eines fehlt dir“,[4] sagte Christus zu ihm. „Willst du vollkommen sein, so gehe hin, verkaufe, was du hast, und gib's den Armen, so wirst du einen Schatz im Himmel haben; und komm und folge mir nach!“ [6] Christus las im Herzen des Jünglings, dem nur eines fehlte; doch dieses eine war lebensnotwendig. Der Jüngling bedurfte der Liebe Gottes in seinem Herzen; dieser Mangel würde sich – es sei denn, man hülfe ihm ab – für ihn verhängnisvoll auswirken und sein ganzes Wesen verderben. Durch Genußsucht würde die Eigenliebe in ihm gestärkt. Wollte er die Liebe Gottes empfangen, mußte er seine maßlose Eigenliebe überwinden.

Der Herr prüfte diesen jungen Mann; er ließ ihn zwischen himmlischen Gütern und weltlicher Größe wählen. Der himmlische Schatz wurde ihm zugesichert, wenn er dem Herrn nachfolgen würde; aber dazu mußte er sich völlig Jesus weihen und seinen Willen unter göttliche Leitung stellen. Die Kindschaft des Allerhöchsten wurde ihm angeboten; ihm wurde die Gnade zuteil, ein Miterbe des himmlischen Schatzes zu werden, wenn er das Kreuz auf sich nähme und dem Heiland auf dem beschwerlichen Wege der Selbstverleugnung nachfolgte.

Die Worte Jesu enthalten wirklich für den Jüngling die Aufforderung: „Wählt euch heute, wem ihr dienen wollt." [7] Er konnte wählen. Jesus sehnte sich nach der Bekehrung des jungen Obersten. Der Herr hatte ihm den schwersten Mangel seines Charakters gezeigt und erwartete nun mit großem Interesse des Jünglings Entscheidung. Entschiede er sich, Jesus nachzufolgen, mußte er sich ganz unter den Gehorsam des Wortes Jesu stellen. Das bedeutete für ihn die Aufgabe aller seiner ehrgeizigen Pläne. Wie ernst und besorgt, mit welch innerem Verlangen blickte der Heiland auf den Jüngling, hoffend, er werde dem Anruf des Geistes Gottes nachgeben!

Christus zeigte ihm den einzigen Weg, auf dem er zu einem vollkommenen christlichen Charakter kommen konnte. Seine Worte waren Worte der Weisheit, wenn sie auch streng und anspruchsvoll schienen. Sie anzunehmen und ihnen gehorsam zu sein, darin bestand die einzige Hoffnung des Jünglings auf Erlösung. Seine bevorzugte irdische Stellung und seine Reichtümer übten auf seinen Charakter einen unbewußten, aber unheilvollen Einfluß aus.

Er begriff sehr gut, was Jesu Worte ihm sagen wollten, und wurde traurig. Hätte er sich den Wert der ihm angebotenen Gabe vergegenwärtigt, würde er sich unverzüglich dem Herrn angeschlossen haben. Er gehörte dem geachteten Rat der Juden an, und Satan versuchte ihn mit schmeichelhaften Zukunftsaussichten. Er wünschte sich den himmlischen Schatz, wollte aber ebensowenig auf die irdischen Vorteile verzichten, die sein Reichtum ihm bringen würde. Er war betrübt über derartige Bedingungen. Ihn verlangte nach dem ewigen Leben; dennoch konnte er sich nicht entschließen, das geforderte Opfer zu bringen. Das ewige Leben erschien ihm zu teuer, und er ging traurig von dannen; „denn er hatte viele Güter". [8]

Sein Anspruch, das Gesetz Gottes erfüllt zu haben, war eine Selbsttäuschung; denn er bewies, daß Reichtum sein Götze war. Er konnte die Gebote Gottes nicht halten, solange das Irdische den ersten Platz in seinen Neigungen einnahm. Er liebte die Gaben Gottes mehr als den Geber. Jesus hatte dem Jüngling seine Gemeinschaft angeboten. „Folge mir nach!" hatte er ihm zugerufen; doch der Heiland bedeutete ihm nicht soviel wie sein eigenes Ansehen unter den Menschen oder seine Güter. Seinen irdischen Reichtum, der sichtbar war, für den himmlischen Schatz aufzugeben, der unsichtbar war, erschien ihm als ein zu großes Wagnis. Er schlug das Anerbieten des ewigen Lebens aus und ging hinweg; seitdem gehörte seine Anbetung der Welt. Tausende gehen durch die gleiche Prüfung; sie vergleichen Christus mit der Welt, und viele entscheiden sich für die Welt! Sie wenden sich, gleich dem Jüngling, vom Heiland ab und sagen sich in ihrem Herzen: Diesen will ich nicht als meinen Führer haben.

Christi Verhalten zu dem Jüngling ist ein guter Anschauungsunterricht für uns. Gott hat uns Verhaltensmaßregeln gegeben, denen jeder einzelne seiner Diener folgen muß. Zu ihnen gehört der Gehorsam gegen sein Gesetz; nicht nur ein gesetzlicher Gehorsam, sondern ein Gehorsam, der unser Leben durchdringt und sich im Charakter verwirklicht. Gott hat sein eigenes Wesen zum Maßstab gesetzt für alle, die Untertanen seines Reiches werden wollen. Nur jene, die Christi Mitarbeiter werden wollen, nur jene, die sprechen: Herr, alles was ich habe und was ich bin, ist dein!, werden als Kinder Gottes anerkannt werden. Alle sollten sich bewußtmachen, was es heißt, den Himmel zu begehren und sich dennoch abzuwenden, weil sie die geforderten Bedingungen nicht erfüllen wollen. Denkt daran, was es bedeutet, Christus ein Nein entgegenzuhalten. Der Jüngling sagte: Ich kann dir nicht alles geben! Sprechen wir auch so? Der Heiland will sich mit uns in die gegebene Aufgabe teilen. Er bietet uns an, die von Gott verliehenen Mittel zu gebrauchen, um sein Werk in der Welt voranzutreiben. Allein auf diesem Wege vermag er uns zu retten.

Sich mit den ihm anvertrauten Gütern als treuer Haushalter zu erweisen, war dem reichen Jüngling bestimmt. Er sollte sie zum Segen der Bedürftigen verwenden. Ebenso schenkt Gott heute den Menschen Mittel und Fähigkeiten und gibt ihnen Gelegenheiten, seine Helfer zu sein bei der Betreuung der Armen und Leidenden. Wer die ihm anvertrauten Gaben so verwendet, wie Gott es bestimmt, wird ein Mitarbeiter des Heilandes. Er gewinnt Seelen für Christus, weil er das Wesen seines Meisters in sich selbst verkörpert.

Denen, die — gleich dem Jüngling — eine hohe Vertrauensstellung bekleiden und große Besitztümer ihr eigen nennen, scheint das Opfer, alles aufzugeben, um Christus nachzufolgen, zu groß zu sein. Doch gerade das ist der Maßstab für alle, die seine Jünger werden wollen. Mangelnder Gehorsam kann nicht angenommen werden. Selbstaufgabe ist der Kern der Lehren des Heilandes. Häufig sind diese mit Worten dargelegt und eingeschärft, die gebieterisch scheinen, weil es keinen anderen Weg gibt, Menschen zu retten, als jene „Dinge" fortzuwerfen, die – wenn man sie hegt – den ganzen Menschen verderben.

Indem Christen dem Herrn das Seine zurückgeben, sammeln sie sich einen Schatz, den sie empfangen werden, wenn sie die Worte hören: „Ei, du frommer und getreuer Knecht, du bist über wenigem getreu gewesen, ich will dich über viel setzen; gehe ein zu deines Herrn Freude!"[9] Laßt uns „aufsehen auf Jesus, den Anfänger und Vollender des Glaubens, welcher, da er wohl hätte können Freude haben, erduldete das Kreuz und achtete der Schande nicht und hat sich gesetzt zur Rechten des Thrones Gottes".[10] Die Freude, Seelen erlöst und für immer gerettet zu sehen, ist der Lohn derer, die in den Fußspuren Jesu wandeln, der gesagt hat: „Folge mir nach!"

„Lazarus, komm heraus!“ | 43

Zu den treuesten Anhängern Jesu gehörte Lazarus aus Bethanien. Seit der ersten Begegnung mit dem Heiland war sein Glaube an ihn gestärkt worden; er liebte ihn innig, und er wußte sich von ihm zutiefst wiedergeliebt. Diesem Lazarus galt Jesu größtes Wunder. Der Heiland segnete alle, die seine Hilfe suchten; er liebte alle Menschen. Doch manchen fühlte er sich durch liebevolle persönliche Bindungen besonders zugetan. Durch ein festes Band der Zuneigung war sein Herz mit der Familie in Bethanien verknüpft, und für einen ihrer Angehörigen vollbrachte er seine wunderbarste Tat.

Im Heim des Lazarus hatte Jesus oft Ruhe gefunden; denn er selbst besaß kein eigenes Zuhause. Er war auf die Gastfreundschaft seiner Freunde und Jünger angewiesen. Oft, wenn er müde war oder ihn nach menschlicher Gesellschaft verlangte, war er froh, in dieses friedevolle Haus entrinnen zu können, hinweg von dem Argwohn und der Mißgunst der Pharisäer. Hier wurde er aufrichtig willkommen geheißen, und er erfuhr reine, lautere Freundschaft. Hier konnte er unbefangen und in völliger Freiheit sprechen, und er wußte, daß seine Worte richtig verstanden und gewürdigt wurden.

Während Christus seine wunderbaren Belehrungen austeilte, saß Maria zu seinen Füßen, eine ehrfürchtige und demütige Zuhörerin. Einmal ging Martha, die mit der Sorge um die Vorbereitung des Mahles beschäftigt war, zu Jesus und sagte: „Herr, fragst du nicht danach, daß mich meine Schwester läßt allein dienen? Sage ihr doch, daß sie es auch angreife!“ [1] Dies geschah bei Jesu erstem Besuch in Bethanien. Der Heiland und seine Jünger hatten gerade eine beschwerliche Fußreise von Jericho hinter sich. Martha war bemüht, für deren Behaglichkeit zu sorgen, und in ihrer ängstlichen Besorgnis vergaß sie die ihrem Gast schuldige Höflichkeit. Jesus antwortete ihr mit freundlichen, geduldigen Worten: „Martha, Martha, du hast viel Sorge und Mühe. *Eins* aber ist not: Maria hat das gute Teil erwählt; das soll nicht von ihr genommen werden.“ [2] Maria bewahrte diese kostbaren Worte in ihrem Herzen, Worte, die wertvoller waren als alle irdischen Schätze.

Das eine, dessen Martha bedurfte, war ein ruhiges, andächtiges Gemüt, ein tieferes Verlangen nach Erkenntnis hinsichtlich der zukünftigen Dinge, des ewigen Lebens und der für das geistliche Wachstum notwendigen geistlichen Gaben. Es war nötig, daß sie sich weniger um die vergänglichen Dinge sorgte als mehr um die Dinge, die ewig währen. Jesus wollte seine Kinder lehren, jede Gelegenheit wahrzunehmen, sich die Erkenntnis anzueignen, die sie zur Erlösung tauglich macht. Christi Werk braucht aufmerksame, energievolle Mitarbeiter. Es ist für alle Marthas mit ihrer rührigen Geschäftigkeit in religiösen Belangen ein weites Betätigungsfeld. Aber laßt sie erst mit Maria zu den Füßen Jesu sitzen! Laßt Fleiß, Bereitwilligkeit und Tatkraft durch die Gnade Christi geheiligt sein; dann wird solch Leben als eine unüberwindliche Kraft zum Guten wirken.

In das friedevolle Heim, in dem Jesus ausgeruht hatte, war Trauer eingezogen. Lazarus war plötzlich erkrankt, und seine Schwestern ließen dem Heiland sagen: „Herr, siehe, den du lieb hast, der liegt krank.“ [3] Sie sahen wohl die Heftigkeit der Krankheit, die ihren Bruder ergriffen hatte, doch sie wußten, daß Christus fähig war, alle Arten von Krankheiten zu heilen. Sie glaubten, er würde in ihrem Schmerz mit ihnen fühlen; deshalb erbaten sie nicht seine sofortige Anwesenheit, sondern sandten nur die Vertrauen bekundende Botschaft: „Den du lieb hast, der liegt krank.“ Sie nahmen an, daß er auf ihre Botschaft sofort antworten und, so schnell er Bethanien erreichen könnte, bei ihnen sein würde.

Angstvoll warteten sie auf einen Bescheid von Jesus. Sie beteten und warteten auf ihn, solange noch der Lebensfunke in ihrem Bruder lebendig war. Der Bote kehrte ohne den Heiland zurück; doch er brachte die Nachricht: „Diese Krankheit ist nicht zum Tode“, [4] und die Schwestern klammerten sich an die hoffnungsvollen Worte, daß Lazarus leben werde. Zartfühlend versuchten sie dem Leidenden, der fast ohne Bewußtsein lag, Mut und Hoffnung zuzusprechen. Als Lazarus starb, waren sie bitter enttäuscht; doch sie fühlten die ihnen beistehende Gnade Christi, und dies hielt sie davon ab, dem Heiland irgendwie die Schuld zu geben.

Als Jesus die Nachricht hörte, dachten die Jünger, ihn berühre sie gar nicht; denn er äußerte keineswegs die Trauer, die sie von ihm erwartet hatten. Er schaute sie nur an und sagte: „Diese Krankheit ist nicht zum Tode, sondern zur Verherrlichung Gottes, daß der Sohn Gottes dadurch verherrlicht werde.“ [4] Zwei Tage blieb er noch am gleichen Ort. Dieser Aufschub war seinen Jüngern unverständlich. Sie dachten daran, welcher Trost die Gegenwart des Heilandes der betrübten Familie in Bethanien sein könnte. Sie kannten seine große Zuneigung zu Lazarus und den Schwestern Maria und Martha sehr gut, und sie waren überrascht, daß er auf die traurige Nachricht – „Den du lieb hast, der liegt krank" – nicht antwortete.

Während dieser zwei Tage schien Christus die Nachricht ganz vergessen zu haben; denn er erwähnte Lazarus überhaupt nicht. Die Jünger mußten an Jesu Vorläufer, Johannes den Täufer, denken. Sie waren verwundert gewesen, warum Jesus, der die Macht besaß, erstaunliche Wunder zu wirken, es zugelassen hatte, daß Johannes im Gefängnis schmachtete und eines gewaltsamen Todes starb. Warum hatte er nicht Johannes' Leben gerettet, wenn er solche Macht besaß? Diese Frage war von den Pharisäern oft gestellt worden; sie sahen darin ein unwiderlegbares Argument gegen den Anspruch Jesu, Gottes Sohn zu sein. Der Heiland hatte seine Jünger warnend auf Schwierigkeiten, Nachteile und Verfolgung hingewiesen. Würde er sie in diesen Schwierigkeiten auch im Stich lassen? Manche fragten sich, ob sie seine Mission etwa mißverstanden hätten. Alle waren tief beunruhigt.

Nach zwei Tagen sagte Jesus zu den Jüngern: „Laßt uns wieder nach Judäa ziehen!" [5] Warum hat er zwei Tage gewartet? Das fragten sich die Jünger, da er jetzt doch nach Judäa ging. Aber die Sorge um ihren Meister und auch um ihr eigenes Schicksal beherrschte nun ihre Gedanken. Sie sahen auf dem Wege, den er einschlug, nichts als Gefahren. „Meister, vor kurzem erst wollten die Juden dich steinigen, und du willst wieder dahin ziehen? Jesus antwortete: Sind nicht des Tages zwölf Stunden?" [6] Ich stehe unter dem Schutz meines Vaters im Himmel. Solange ich seinen Willen tue, ist mein Leben ungefährdet. Meine zwölf Tagesstunden sind noch nicht beendet; ich stehe im letzten Abschnitt meines Tages, und während dieser Zeit bin ich sicher.

„Wer des Tages wandelt", fuhr Jesus fort, „der stößt sich nicht; denn er sieht das Licht dieser Welt." Wer Gottes Willen tut, wer den Weg wandelt, den Gott vorgeschrieben hat, kann weder straucheln noch fallen. Das Licht des Heiligen Geistes vermittelt ihm eine klare Vorstellung seiner Aufgaben und leitet ihn sicher bis zur Vollendung seines Werkes. „Wer aber des Nachts wandelt, der stößt sich; denn es ist kein Licht in ihm." [7] Wer auf selbsterwähltem Wege wandert, wohin ihn Gott nicht berufen hat, der wird straucheln; für den verwandelt sich der Tag in Nacht! Wo er auch sein mag, er ist nirgends sicher.

„Solches sagte er, und danach spricht er zu ihnen: Lazarus, unser Freund, schläft; aber ich gehe hin, daß ich ihn aufwecke."[8] Lazarus, unser Freund, schläft. Wie schlicht sind diese Worte! Wieviel natürliche Teilnahme bekunden sie! Die Jünger hatten angesichts der Angst, ihrem Meister könnte auf dem Weg nach Jerusalem etwas zustoßen, die trauernde Familie in Bethanien fast vergessen; Christus aber hatte an sie gedacht. Die Jünger fühlten sich zurechtgewiesen. Zuerst waren sie enttäuscht gewesen, daß Jesus auf die Nachricht der Schwestern nicht schneller reagiert hatte. Sie wollten schon annehmen, daß Jesus Lazarus und seine beiden Schwestern nicht so innig liebte, wie sie geglaubt hatten, sonst wäre er doch mit dem Boten zurückgeeilt. Doch die Worte „Lazarus, unser Freund, schläft" erweckten in ihnen das rechte Empfingen für sein Handeln, und sie waren überzeugt, daß Jesus seine leidenden Freunde nicht vergessen hatte.

„Da sprachen seine Jünger: Herr, schläft er, so wird's besser mit ihm. Jesus aber sprach von seinem Tode; sie meinten aber, er rede vom leiblichen Schlaf."[9] Christus stellt seinen Kindern den Tod als Schlaf dar; ihr Leben ist mit Christus verborgen in Gott, und bis zum Schall der letzten Posaune werden die Gestorbenen in ihm schlafen.

„Da sagte es ihnen Jesus frei heraus: Lazarus ist gestorben; und ich bin froh um euretwillen, daß ich nicht dagewesen bin, auf daß ihr glaubet. Aber lasset uns zu ihm ziehen!"[10] Thomas sah seinen Herrn nur dem Tode entgegengehen, wenn er nach Judäa reiste; doch er nahm seinen ganzen Mut zusammen und sagte zu den anderen Jüngern: „Laßt uns mitziehen, daß wir mit ihm sterben!"[11] Er kannte den Haß der Juden gegen Jesus. Sie wollten ihn töten; aber dieses Vorhaben war bislang erfolglos geblieben, da des Herrn Zeit noch nicht „erfüllt" war. Noch stand der Heiland unter dem Schutz himmlischer Wesen, und selbst in Judäa, wo die Rabbis Pläne schmiedeten, wie sie ihn ergriffen und töteten, konnte ihm kein Leid widerfahren.

Über Jesu Worte „Lazarus ist gestorben; und ich bin froh . . ., daß ich nicht dagewesen bin" waren die Jünger verwundert. Hatte Jesus denn absichtlich das Haus seiner Freunde in Bethanien gemieden? Maria, Martha und der sterbende Lazarus schienen einsam und verlassen zu sein; in Wirklichkeit waren sie jedoch nicht allein. Christus sah alles, was sich ereignete, und nach dem Tode des Lazarus stand den verwaisten Schwestern Jesu Gnade bei. Er hatte den Kummer ihrer zerrissenen Herzen gesehen, als ihr Bruder mit seinem starken

Feind, dem Tod, rang. Er fühlte ihre Schmerzen, als er seinen Jüngern sagen mußte: „Lazarus ist gestorben." Doch er durfte nicht nur an seine Freunde in Bethanien denken; er mußte auch die Erziehung seiner Jünger berücksichtigen! Sie sollten seine Stellvertreter in der Welt sein, damit des Vaters Segen allen zuteil würde. Um ihretwillen ließ er zu, daß Lazarus starb. Hätte er es verhindert, wäre das Wunder, der stärkste Beweis seines göttlichen Wesens, nicht geschehen.

Wäre Christus in Bethanien, im Krankenzimmer des Lazarus gewesen, würde dieser nicht gestorben sein; denn Satan hätte keine Macht über ihn gehabt, und der Tod hätte seinen Pfeil in der Gegenwart des Lebensfürsten nicht auf ihn abschießen können. Deshalb blieb Jesus fern. Er ließ den Feind gewähren, um ihn zurückschlagen zu können, einen besiegten Gegner. Er ließ Lazarus unter die Herrschaft des Todes kommen, und die trauernden Schwestern sahen ihren Bruder ins Grab gelegt. Der Herr wußte, daß ihr Glaube an ihren Erlöser auf eine schwere Probe gestellt wurde, als sie in das tote Antlitz ihres Bruders blickten; er wußte aber auch, daß sie aus dieser Prüfung mit weit größerer Kraft hervorgehen würden. Er ließ sie diese Schmerzen ertragen. Er liebte sie nicht weniger, weil „er verzog", sondern er wußte, daß es für sie, für Lazarus, für ihn selbst und für seine Jünger einen Sieg zu erringen galt.

„Um euretwillen . . . auf daß ihr glaubet." Jedem Gläubigen, den es nach göttlicher Führung verlangt, ist der Augenblick der größten Entmutigung die Zeit, da ihm Gottes Hilfe am nächsten ist; und er wird dankbar auf die dunkelste Strecke seines Lebensweges zurückschauen. „Der Herr weiß die Frommen aus der Versuchung zu erretten." [12] Aus jeder Versuchung, aus jeder Schwierigkeit wird sie Gott mit einem festeren Glauben und mit reicherer Erfahrung hervorgehen lassen.

In dem Zögern Christi, zu Lazarus zu kommen, verbarg sich eine Tat des Erbarmens gegen jene, die ihn nicht angenommen hatten. Er zögerte, damit er durch die Auferweckung des Lazarus seinem halsstarrigen, ungläubigen Volk einen weiteren Beweis geben konnte, daß er wirklich die „Auferstehung und das Leben" war. Er wollte nicht alle Hoffnung für das Volk, für die armen, verirrten Schafe aus dem Hause Israel aufgeben. Sein Herz zerbrach ob ihrer Unbußfertigkeit. In seiner Barmherzigkeit wollte er ihnen deutlich vor Augen führen, daß er der Heiland war, der Einzige, der Leben und Unsterblichkeit geben konnte; er wollte ihnen einen Beweis geben, den die Priester nicht würden mißdeuten können. Dies war der Grund seines Zögerns, sofort nach Bethanien zu reisen. Dieses krönende Wunder, die Auferweckung des Lazarus, sollte das Siegel des Allerhöchsten auf sein Werk und seinen göttlichen Anspruch sein.

Auf der Reise nach Bethanien widmete sich der Heiland „nach seiner Gewohnheit“ den Kranken und Notleidenden. Nach Erreichen der Stadt sandte er einen Boten zu den Schwestern, um ihnen seine Ankunft mitzuteilen. Christus betrat nicht sofort das Haus, sondern verweilte erst an einem stillen Plätzchen am Wege. Der große äußerliche Aufwand, der bei den Juden beim Tode von Freunden oder Verwandten üblich war, fand nicht den Beifall Christi. Er hörte die Klagegesänge der gemieteten Trauergäste und wollte die beiden Schwestern nicht bei diesem verwirrenden Durcheinander begrüßen. Unter den Trauergästen befanden sich Familienangehörige, von denen manche eine hohe, verantwortungsvolle Stellung in Jerusalem bekleideten. Einige von ihnen gehörten zu Jesu ärgsten Feinden; doch Christus kannte ihre Absichten, deshalb zeigte er sich ihnen auch nicht sofort.

Die Nachricht von Jesu Kommen wurde der Martha so unauffällig übermittelt, daß die anderen im Raume nichts davon erfuhren; selbst Maria, tief versunken in ihrem Kummer, merkte nichts davon. Martha stand sofort auf und ging hinaus, dem Herrn entgegen, während Maria – in der Annahme, ihre Schwester ginge zum Grab des Bruders – in ihrem Schmerz noch still sitzenblieb.

Martha eilte dem Herrn entgegen, und die widerstrebendsten Gefühle bewegten ihr Herz. In den ausdrucksvollen Zügen Jesu las sie die gleiche Zuneigung wie immer. Ihr Vertrauen in ihn war ungebrochen; dabei dachte sie an den geliebten Toten, den Jesus auch liebgehabt hatte. Schmerz erfüllte ihr Herz, weil der Heiland nicht früher gekommen war; dennoch war sie, als sie sagte: „Herr, wärest du hier gewesen, mein Bruder wäre nicht gestorben“,[13] voller Hoffnung, daß er selbst jetzt noch etwas tun würde, um ihnen zu helfen. Schon zuvor, inmitten des Klagelärms der Trauergäste, hatten die Schwestern diese Worte immer erneut wiederholt.

Mit göttlicher und menschlicher Teilnahme blickte Jesus in das betrübte, von Gram gezeichnete Angesicht Marthas. Sie wollte das Vergangene nicht noch einmal erzählen; alles Geschehen drückte sich in den ergreifenden Worten aus: „Herr, wärest du hier gewesen, mein Bruder wäre nicht gestorben.“ Und während sie in sein liebevolles Antlitz schaute, fügte sie hinzu: „Aber auch jetzt noch weiß ich, daß, was du bittest von Gott, das wird dir Gott geben." [14]

Jesus ermutigte ihren Glauben und sagte: „Dein Bruder wird auferstehen." [15] Er wollte durch seine Worte in Martha nicht die Hoffnung auf eine sofortige Veränderung erwecken, sondern ihre Gedanken über die gegenwärtige Auferweckung ihres Bruders hinaus auf die Auferstehung der Gerechten lenken. Dies geschah, damit sie in der Auferstehung des Lazarus ein Unterpfand sehen möchte für die Auferstehung aller gerechten Toten und eine Versicherung, daß sie durch die Macht des Heilandes erfüllt würde.

Martha antwortete: „Ich weiß wohl, daß er auferstehen wird in der Auferstehung am Jüngsten Tage."

Der Heiland versuchte ihren Glauben in die richtigen Bahnen zu lenken und sprach zu ihr: „Ich bin die Auferstehung und das Leben." [16] In Christus ist ursprüngliches, echtes, eigenes Leben. „Wer den Sohn hat, der hat das Leben." [17] Die Gottheit Christi bedeutet für den Gläubigen die Gewißheit des ewigen Lebens. „Wer an mich glaubt, der wird leben, ob er gleich stürbe; und wer da lebet und glaubet an mich, der wird nimmermehr sterben. Glaubst du das?" [18] Christus dachte hier an seine Wiederkunft, wenn die gerechten Toten „auferstehen unverweslich" [19] und die lebenden Gerechten in den Himmel aufgenommen werden, ohne den Tod zu schmecken. Das Wunder, das Jesus jetzt vollziehen wollte, indem er Lazarus sich vom Tode erheben ließ, sollte die Auferstehung der gerechten Toten versinnbilden. Durch seine Worte wie auch durch seine Werke kennzeichnete er sich selbst als Urheber der Auferstehung. Er, der selbst bald am Kreuz sterben sollte, stand da mit den Schlüsseln des Todes als Sieger über das Grab und behauptete sein Recht und seine Macht, das ewige Leben zu geben.

Die Frage Jesu: „Glaubst du das?" beantwortete Martha mit dem Bekenntnis: „Herr, ja; ich glaube, daß du bist der Christus, der Sohn Gottes, der in die Welt gekommen ist." [20] Sie verstand die Worte Jesu nicht in ihrer umfassenden Bedeutung, aber sie bekannte ihren Glauben an seine Gottheit und ihre Zuversicht, daß er fähig wäre, alles auszuführen, was auch immer er wollte.

„Und da sie das gesagt hatte, ging sie hin und rief ihre Schwester Maria heimlich und sprach: Der Meister ist da und ruft dich." [21] Sie übermittelte ihre Nachricht so leise wie möglich; denn die Priester und Obersten standen bereit, Jesus festzunehmen, wenn sich eine günstige Gelegenheit dazu böte. Die Wehschreie der Klagenden verhinderten, daß ihre Worte gehört wurden.

Als Maria die Botschaft vernahm, erhob sie sich hastig und eilte mit einem brennenden Leuchten auf ihrem Antlitz aus dem Raum. Die Trauernden, die glaubten, sie ginge zum Grabe, um zu weinen, folgten ihr. Als Maria den Ort erreichte, an dem Jesus wartete, fiel sie zu seinen Füßen nieder und sagte mit bebender Stimme: „Herr, wärest du hier gewesen, mein Bruder wäre nicht gestorben."[22] Das Wehklagen der Trauernden quälte sie jetzt, denn sie sehnte sich nach einigen beruhigenden Worten allein von Jesus. Da sie aber von dem Neid und der Eifersucht wußte, die einige gegen Jesus hegten, hielt sie sich zurück, ihren Kummer völlig preiszugeben.

„Als Jesus sie sah weinen und die Juden auch weinen, die mit ihr kamen, ergrimmte er im Geist und ward betrübt in sich selbst."[23] Er las in den Herzen der Umstehenden, und er erkannte, daß bei manchen nur Schein war, was sich als echter Schmerz zu bekunden schien. Er wußte, daß einige der Begleiter, die hier Trauer heuchelten, binnen kurzem nicht nur ihm, dem mächtigen Wundertäter, nach dem Leben trachteten, sondern auch dem, der erst vom Tode auferstehen würde. Christus hätte ihnen die Maske ihrer gespielten Trauer abreißen können; doch er hielt seine gerechte Entrüstung zurück. Die Worte, die er wahrhaftig hätte sagen können, sagte er nicht, weil von denen, die er liebhatte, jemand schmerzerfüllt zu seinen Füßen kniete, der treu an ihn glaubte.

„Wo habt ihr ihn hingelegt?" fragte er. Da sagte man ihm: „Herr, komm und sieh es!"[24] Sie gingen gemeinsam zum Grabe. Es war ein trauriges Bild, das sich ihnen bot. Lazarus war sehr beliebt gewesen, und die Tränen der verwaisten Schwestern, die mit zuckendem Herzen um ihn weinten, vermischten sich mit den Tränen jener, die seine Freunde gewesen waren. Angesichts dieses menschlichen Elends und der Tatsache, daß die bekümmerten Freunde über den Verstorbenen klagen konnten, während der Welt Heiland unter ihnen stand, gingen Jesus „die Augen über". Obgleich er Gottes Sohn war, hatte er doch menschliche Natur angenommen, und er war erfüllt von menschlichem Weh. Sein empfindsames, barmherziges Herz erwacht stets zu echtem Mitgefühl. Er weint mit den Weinenden und freut sich mit den Fröhlichen.

Doch Jesus weinte nicht nur aus menschlichem Mitgefühl mit Maria und Martha. In seinen Tränen lag ein Schmerz, der soviel größer war als menschliche Betrübnis, soviel der Himmel höher ist als die Erde. Christus weinte nicht um Lazarus; denn er war ja im Begriff, ihn aus dem Grabe zu rufen. Er weinte, weil viele von denen, die jetzt um Lazarus trauerten, bald seinen Tod, der er die Auferstehung und das Leben war, planen würden. Aber wie unfähig zeigten sich die ungläubigen Juden, seine Tränen richtig zu deuten! Einige, die in den äußeren Umständen des Geschehens nicht mehr erblicken konnten als nur eine Ursache für seinen Kummer, sagten leise: „Siehe, wie hat er ihn so lieb gehabt!" Andere, die die Saat des Unglaubens in die Herzen der Versammelten zu streuen suchten, sprachen spöttisch: „Konnte, der dem Blinden die Augen aufgetan hat, nicht schaffen, daß auch dieser nicht stürbe?" [25] Wenn es in Jesu Macht lag, Lazarus zu retten, warum hatte er ihn dann sterben lassen?

Mit seherischem Auge erkannte der Heiland die Feindseligkeit der Pharisäer und Sadduzäer. Er wußte, daß sie über seinen Tod beratschlagten. Er wußte auch, daß einige von denen, die jetzt so mitfühlend schienen, bald selbst die Tür der Hoffnung und das Tor zur Stadt Gottes zuschlagen würden. Mit seiner Erniedrigung und Kreuzigung begann sich ein Geschehen abzuwickeln, das in der Zerstörung Jerusalems seinen Höhepunkt erreichen würde; zu jener Zeit aber wären keine Klagelieder für die Toten zu hören. Er beschrieb deutlich die Vergeltung, die Jerusalem treffen sollte. Er sah Jerusalem von römischen Legionen eingeschlossen, und er wußte, daß viele, die jetzt um Lazarus weinten, bei der Belagerung der Stadt getötet würden und in ihrem Sterben keinerlei Hoffnung hätten.

Jesus weinte nicht nur wegen der Vorgänge um ihn herum. Der Kummer aller Zeiten lag auf ihm. Er sah die schrecklichen Folgen der Übertretung des göttlichen Gesetzes. Er sah, daß im weltgeschichtlichen Geschehen, beginnend mit Abels Tod, der Kampf zwischen Gut und Böse ohne Unterbrechung gedauert hatte. In die Zukunft schauend, erblickte er Leid und Schmerz, Tränen und Tod, die das Schicksal der Menschheit sein werden. Sein Herz war verwundet von dem Leid der Menschen aller Länder und Zeiten. Die Wehrufe des sündigen Geschlechts lasteten schwer auf seiner Seele, und ihm „gingen die Augen über", d. h. ihm kamen die Tränen, als er sich danach sehnte, all ihrem Elend abzuhelfen.

„Da ergrimmte Jesus abermals in sich selbst und kam zum Grabe.“ Lazarus war in eine Felsenhöhle gelegt worden, und ein riesiger Stein verschloß den Eingang. „Hebt den Stein weg!“ [26] befahl Jesus. In der Annahme, daß er nur den Toten sehen wolle, erhob Martha Einwendungen und antwortete, daß der Leichnam seit vier Tagen begraben läge und die Verwesung bereits eingesetzt hätte. Diese Aussage, die vor der Auferstehung des Lazarus gemacht wurde, ließ Jesu Feinden keine Möglichkeit, zu sagen, daß ein Betrug verübt worden wäre. In der Vergangenheit hatten die Pharisäer falsche Behauptungen über die großartigsten Bekundungen göttlicher Macht verbreitet. Als Jesus die Tochter des Jairus auferweckte, hatte er gesagt: „Das Kind ist nicht gestorben, sondern es schläft.“ [27] Da es nur kurze Zeit krank gewesen war und unmittelbar nach seinem Tode wieder auferweckt wurde, hatten die Pharisäer erklärt, das Kind wäre überhaupt nicht tot gewesen; denn Jesus hätte selbst gesagt, es schliefe nur. Sie hatten den Anschein erwecken wollen, als ob Christus Krankheit nicht heilen könnte, als ob seine Wunder nur unehrliches Spiel wären. Doch in diesem Fall jetzt konnte niemand leugnen, daß Lazarus wirklich tot war.

Will der Herr ein Werk tun, beeinflußt Satan irgend jemanden, dagegen Einspruch zu erheben. Jesus sagte: „Hebt den Stein weg!“ Bereitet soweit wie möglich meine Aufgabe vor! Aber Marthas bestimmte und ehrempfindliche Art kam jetzt zum Vorschein. Sie wollte den verwesenden Körpers ihres Bruders nicht zur Schau gestellt sehen. Dem menschlichen Herzen sind Christi Worte nicht leicht verständlich, und Marthas Glaube hatte die wahre Bedeutung seiner Verheißung nicht begriffen.

Der Heiland tadelte Martha, dennoch sprach er ungewöhnlich gütig zu ihr: „Habe ich dir nicht gesagt: wenn du glaubtest, so würdest du die Herrlichkeit Gottes sehen?“ [28] Warum zweifelst du an meiner Macht? Warum willst du meinen Anforderungen widerstreben? Ich gab dir mein Wort, daß du die Herrlichkeit Gottes sehen solltest, so du glauben würdest! Natürliche Hindernisse können das Werk des Allmächtigen nicht aufhalten. Zweifel und Unglauben beweisen keine Demut. Blinder Glaube an Christi Worte entspricht wahrer Demut und echter Selbsthingabe.

„Hebt den Stein weg!“ Christus hätte dem Stein gebieten können, daß er sich erhebe, und dieser würde dem Machtwort des Herrn gehorcht haben; er hätte dies auch den Engeln, die ihn umgaben, befehlen können. Auf sein Gebot hin würden unsichtbare Hände den Stein weggewälzt haben; doch sollten Menschenhände dieser Aufforderung nachkommen. Dadurch wollte Christus zeigen, daß die Menschen mit Gott zusammenwirken sollen. Was menschliche Kraft ausführen kann, dazu wird keine göttliche berufen. Gott will auf die Mitarbeit der Menschen nicht verzichten; er stärkt sie und arbeitet mit ihnen zusammen, wenn er sich der seinem Dienst gewidmeten Kräfte und Fähigkeiten bedient.

Der Befehl Jesu ist ausgeführt, der Stein weggerollt. Alles geschieht offen und mit Bedacht, so daß alle sehen können, daß kein Betrug im Spiele ist. Vor ihnen liegt kalt und stumm der Leichnam des Lazarus in seinem Felsengrab. Das Schluchzen der Leidtragenden ist verstummt. Erstaunt und erwartungsvoll umstehen sie das Grab und warten der Dinge, die da kommen sollen.

Ruhig steht der Heiland vor dem Grab. Ein heiliger Ernst liegt auf allen Anwesenden. Jesus tritt näher an die Grabstätte heran. Zum Himmel aufblickend, spricht er: „Vater, ich danke dir, daß du mich erhört hast." [29] Kurz vorher erst hatten Jesu Feinde ihn der Gotteslästerung angeklagt und Steine aufgenommen, „daß sie ihn steinigten", weil er beanspruchte, Gottes Sohn zu sein. Sie beschuldigten ihn, durch Satans Macht Wunder zu wirken. Doch hier nimmt Jesus erneut Gott als seinen Vater in Anspruch und in vollkommenem Vertrauen erklärt er, Gottes Sohn zu sein.

In allem, was er tat, wirkte Jesus mit seinem Vater zusammen. Stets war er darauf bedacht, deutlich zu machen, daß sein Wirken nicht unabhängig von Gott geschah, sondern daß er seine Wunder wirkte durch Glauben und Gebet. Er wünschte, daß alle seine Verbindung mit seinem Vater kennen sollten. „Vater", sprach er, „ich danke dir, daß du mich erhört hast. Ich wußte wohl, daß du mich allezeit hörst; aber um des Volks willen, das umhersteht, habe ich geredet, damit sie glauben, daß du mich gesandt hast." [30] Mit diesen Worten wurde den Jüngern und dem Volk der überzeugendste Beweis der engen Verbindung zwischen Christus und Gott gegeben. Ihnen wurde gezeigt, daß Christi Anspruch kein Betrug war.

„Da er das gesagt hatte, rief er mit lauter Stimme: Lazarus, komm heraus!" [31] Seine klare, durchdringende Stimme klingt an das Ohr des Toten. Während er spricht, bricht das Göttliche durch seine menschliche Natur hindurch. In seinem Antlitz, das von der Herrlichkeit Gottes erleuchtet ist, liest das Volk die Gewißheit seiner Macht. Jedes Auge ist fest auf den Eingang der Höhle gerichtet, jedes Ohr gespannt, das leiseste Geräusch zu erhaschen. Mit tiefer, schmerzlicher Anteilnahme warten alle auf das Zeugnis der Göttlichkeit Christi, auf den Beweis, der seinen Anspruch, Gottes Sohn zu sein, bekräftigt oder die Hoffnung seiner Anhänger für immer zunichte macht.

Es regt sich in dem stillen Grab, und Lazarus, der tot war, steht im Eingang der Felsengruft. Seine Bewegungen sind behindert durch die Sterbekleidung, in der er zur Ruhe gelegt wurde, und Christus sagt zu den in Erstaunen versetzten Anwesenden: „Löset die Binden und lasset ihn gehen!“ [32] Wieder wurde ihnen vor Augen geführt, daß der Menschensohn mit Gott zusammenarbeitet, um als Mensch für den Menschen zu wirken. Lazarus ist frei und steht vor den Versammelten, nicht als einer, der von Krankheit ausgezehrt ist, mit schwachen, wankenden Gliedern, sondern als ein Mann in den besten Jahren und in der vollen Kraft seiner stattlichen Männlichkeit. Aus seinen Augen blicken Klugheit und Liebe für den Heiland. Anbetend wirft er sich ihm zu Füßen.

Zuerst sind die am Grabe Weilenden sprachlos vor Verwunderung. Dann folgt ein unbeschreibliches Jubeln und Danken. Die Schwestern erhalten ihren Bruder als eine Gabe von Gott zurück, und unter Freudentränen stammeln sie dem Heiland ihren Dank. Doch während die Geschwister und die Freunde sich freuen, wieder vereint zu sein, verläßt der Heiland den Schauplatz. Als sie sich nach ihm, dem Lebensquell, umschauen, ist er nirgends zu finden.

Die Anschläge der Priester | 44

Bethanien lag so nahe bei Jerusalem, daß die Nachricht von der Auferstehung des Lazarus bald die Hauptstadt erreichte. Durch Kundschafter, die als Augenzeugen das Wunder Jesu miterlebt hatten, wurden die jüdischen Obersten schnellstens von den Geschehnissen unterrichtet. Man berief sofort den Hohen Rat ein, um sich über die weiteren Schritte schlüssig zu werden. Christus hatte nun völlig seine Macht über Tod und Grab bekundet. Mit diesem mächtigen Wunder gab Gott den Menschen den krönenden Beweis, daß er seinen Sohn zu ihrem Heil in die Welt gesandt hatte. Es war eine Offenbarung göttlicher Macht, die genügte, jeden zu überzeugen, der unter der Herrschaft der Vernunft und eines erleuchteten Gewissens stand. Viele, die Augenzeugen der Auferstehung des Lazarus gewesen waren, wurden zum Glauben an Jesus geführt. Doch der Haß der Priester gegen ihn verstärkte sich. Alle geringeren Beweise seiner Göttlichkeit hatten sie verworfen, und jetzt waren sie erzürnt ob dieser neuen Wundertat. Der Tote war am hellen Tag und vor einer großen Zeugenschar auferweckt worden, und solch ein Beweis konnte durch keinerlei Kunstgriff hinwegerklärt werden. Allein deshalb wurde die Feindschaft der Priester immer unversöhnlicher. Mehr denn je waren sie entschlossen, Christi Wirken zu unterbinden.

Die Sadduzäer hatten sich, obgleich Jesus keineswegs günstig gewogen, nicht so voller Gehässigkeit gegen ihn gezeigt wie die Pharisäer. Ihr Haß gegen ihn war nicht so bitter gewesen. Doch jetzt fühlten sie sich ganz und gar beunruhigt; denn sie glaubten ja nicht an die Auferstehung der Toten. Sie führten die sogenannte „Wissenschaft" an, die schlußfolgerte, daß es unmöglich wäre, einem toten Körper neues Leben einzuhauchen. Doch mit wenigen Worten hatte Christus ihre Lehrsätze widerlegt und ihnen bewiesen, daß sie weder die heiligen Schriften noch die Macht Gottes kannten. Sie sahen keine Möglichkeit, den durch die Wundertat beim Volk erzielten Eindruck auszulöschen. Wie konnten auch Menschen dem abspenstig gemacht werden, dem es gelungen war, einen Toten der Fessel des Grabes zu entreißen? Lügenhafte Berichte wurden in Umlauf gesetzt, doch die Wundertat konnte nicht geleugnet werden, und die Sadduzäer wußten nicht, wie sie deren Eindruck begegnen sollten. Bisher hatten sie dem Plan, Jesus zu töten, nicht zugestimmt. Nach der Auferstehung des Lazarus jedoch sahen sie ein, daß nur dadurch, daß sie Jesus töteten, seine unerschrockenen Anklagen gegen sie unterbunden werden konnten.

Die Pharisäer ihrerseits glaubten an die Auferstehung. Sie vermochten nur nicht in diesem Wunder den Beweis zu erkennen, daß der Messias mitten unter ihnen war; denn stets hatten sie sein Wirken bekämpft. Von Anbeginn war er von ihnen gehaßt worden, weil er ihre scheinheiligen Ansprüche enthüllt hatte. Er hatte den Deckmantel strenger Kulterfüllung, unter dem sich ihr sittlicher Niedergang verbarg, beiseite gerissen. Ihre unaufrichtigen Frömmigkeitsbeteuerungen sahen sie von der reinen Frömmigkeit, die er verkündete, verurteilt. Sie lechzten danach, sich an ihm für seine deutlichen Vorwürfe zu rächen. Sie hatten ihn herauszufordern gehofft, etwas zu sagen oder zu tun, das ihnen Gelegenheit geben würde, ihn zu verurteilen. Verschiedentlich hatten sie versucht, ihn zu steinigen, aber er war ruhig aus ihrer Mitte gegangen und ihren Blicken entschwunden.

Die Wunder, die er am Sabbat vollbrachte, galten denen, „die da Leid tragen";[1] die Pharisäer jedoch hatten es darauf abgesehen, ihn als Sabbatschänder zu verurteilen. Sie hatten versucht, die Herodianer gegen ihn aufzuwiegeln. Dabei erklärten sie, er versuche, ein Gegenkönigtum aufzurichten, und sie berieten mit ihnen, wie sie ihn vernichten könnten. Um die Römer gegen ihn aufzubringen, hatten sie ausgesagt, daß er sich bemühe, ihre Autorität zu untergraben. Sie nahmen jeden Vorwand zum Anlaß, ihn vom Volk fernzuhalten. Doch bisher waren ihre Versuche gescheitert. Die Menge, die seine Werke der Barmherzigkeit bezeugte und seine klaren und heiligen Lehren hörte, wußte, daß diese nicht die Taten und Worte eines Sabbatschänders oder Gottesleugners waren. Selbst die Beamten, von den Pharisäern zu ihm gesandt, waren von seinen Worten so beeindruckt gewesen, daß sie nicht Hand an ihn zu legen vermochten. In ihrer Wut hatten die Juden schließlich eine Verordnung beschlossen, jeden, der sich zu Jesus bekennen würde, aus der Synagoge auszuschließen.

Als sich die Priester, Obersten und Ältesten zur Beratung versammelten, war es ihr fester Entschluß, Jesus, der solche erstaunlichen Taten vollbrachte, daß sich alle darüber wunderten, zum Schweigen zu bringen. Pharisäer und Sadduzäer waren sich nähergekommen als je zuvor. Bisher uneinig, wurden sie eins in ihrer Gegnerschaft zu Christus. Nikodemus und Joseph hatten auf früheren Sitzungen die Verurteilung Jesu verhindert. Deshalb wurden sie jetzt nicht zur Sitzung eingeladen. Es waren zwar noch andere einflußreiche Männer im Hohen Rat, die an Jesus glaubten, doch ihr Einfluß konnte sich gegen den der böswilligen Pharisäer nicht durchsetzen.

Dennoch wurde zwischen den Mitgliedern der Versammlung keine Einigung erzielt. Der Hohe Rat war zu jener Zeit keine rechtskräftige Körperschaft; er wurde nur geduldet. Einige seiner Ratsmitglieder bezweifelten, ob es klug wäre, Jesus zu töten. Sie fürchteten eine Empörung des Volkes, die die Römer veranlassen könnte, der Priesterschaft weitere Vergünstigungen zu entziehen und ihr die Macht zu nehmen, die sie bisher noch besaß. Die Sadduzäer waren eins in ihrem Haß auf Christus. Dennoch wollten sie bei ihren Maßregeln vorsichtig sein, da sie fürchteten, die Römer würden ihnen ihre hohe Stellung nehmen.

Das gerade vollbrachte Wunder, die Auferweckung des Lazarus, zeugte davon, daß Jesus niemand anders war als der Sohn Gottes. Die alttestamentlichen Schriften, die sich auf Christus bezogen, wurden den Ratsmitgliedern in ihrer wahren Bedeutung verständlich. Verwirrt und beunruhigt, fragten die Obersten: „Was tun wir?“ [2] Die Meinung des Rates war geteilt. Unter dem Einfluß des Heiligen Geistes konnten sich die Priester und Obersten nicht der Überzeugung versagen, daß sie gegen Gott kämpften.

Als die Ratlosigkeit der Versammelten ihren Höhepunkt erreicht hatte, erhob sich der Hohepriester Kaiphas, ein stolzer, grausamer Mann, herrschsüchtig und unduldsam. Unter des Kaiphas Verwandten befanden sich Sadduzäer, stolz, dreist und rücksichtslos, voller Ehrgeiz und Grausamkeit, die sie unter dem Deckmantel angeblicher Gerechtigkeit verbargen. Kaiphas hatte die Weissagungen durchforscht, und obgleich er ihre wahre Bedeutung nicht erkannte, sprach er mit großer Autorität und Überzeugungskraft: „Ihr wisset nichts; ihr bedenket auch nicht: Es ist euch besser, *ein* Mensch sterbe für das Volk, als daß das ganze Volk verderbe.“ [3] Jesus müsse diesen Weg gehen, drängte der Hohepriester, auch wenn er unschuldig sei. Er war ihnen lästig, weil er das Volk an sich zog und das Ansehen der Obersten schmälerte. Er war nur einer; es wäre besser, er stürbe, denn daß er die Macht der Obersten schwächte. Verlöre das Volk das Vertrauen zu seinen Führern, würde die nationale Kraft zerstört. Kaiphas behauptete, daß die Anhänger Jesu sich nach diesem Wunder wahrscheinlich zusammenrotten würden. Und dann werden die Römer eingreifen, so sagte er, und unseren Tempel schließen, unsere Gesetze aufheben und uns als Volk vernichten. Was zählt das Leben eines Galiläers gegenüber dem Bestand der Nation? Wenn er dem Wohlergehen des Volkes im Wege steht, erweisen wir Gott dann nicht einen Dienst, indem wir Jesus beseitigen? „Es ist euch besser, *ein* Mensch sterbe für das Volk, als daß das ganze Volk verderbe." [3]

Mit dem Hinweis, daß ein Mann für das Volk sterben müsse, deutete Kaiphas seine Kenntnis der Prophezeiungen an, obgleich diese Kenntnis sehr begrenzt war. Doch Johannes nahm, in seinem Bericht von diesem Geschehen, diese Prophezeiung auf und zeigte ihre Bedeutung in ihrer ganzen Tragweite. Er schrieb: „Nicht für das Volk allein, sondern damit er auch die Kinder Gottes, die zerstreut waren, zusammenbrächte." [4] Wie mit Blindheit geschlagen war der hochmütige Kaiphas angesichts der Sendung des Heilandes!

Auf den Lippen des Hohenpriesters wurde diese kostbarste Wahrheit in Lüge verkehrt. Die Ordnung, die er vertrat, gründete sich auf einen vom Heidentum übernommenen Grundsatz. Unter den Heiden hatte das dunkle Bewußtsein, daß einer für das Menschengeschlecht sterben müsse, zum Darbringen von Menschenopfern geführt. Aus der gleichen Auffassung heraus schlug Kaiphas vor, durch das Opfer Jesu das schuldig gewordene Volk zu retten – nicht von seinen Übertretungen, sondern in seinen Übertretungen, damit es in seiner Sünde fortfahren könne. Durch eine solche Begründung gedachte er die Einwände jener zu entkräften, die es wagen könnten zu sagen, daß nichts Todeswürdiges an Jesus zu finden sei.

Im Verlaufe dieser Beratungen waren die Feinde Jesu gründlich überführt worden. Der Heilige Geist hatte ihre Herzen beeinflußt; doch Satan kämpfte um die Herrschaft über sie. Er lenkte ihre Aufmerksamkeit auf die Schwierigkeiten, die sie wegen Jesus auszustehen hatten. Wie gering achtete dieser ihre Gerechtigkeit! Jesus aber zeigte ihnen eine weitaus größere Gerechtigkeit, die alle besitzen müssen, die Kinder Gottes sein wollen. Ihren Formendienst und ihre Zeremonien nicht beachtend, hatte er die Sünder ermutigt, sich unmittelbar an Gott, den barmherzigen Vater, zu wenden und ihm ihr Anliegen vorzutragen.

Nach Meinung des Hohen Rates war dadurch bewußt das Ansehen der Priesterschaft herabgesetzt worden, ja, Jesus hatte sich sogar geweigert, die Lehren der rabbinischen Schulen anzuerkennen. Die üblen Schliche der Priester waren von ihm enthüllt und ihr Ansehen in nicht wiedergutzumachender Weise geschädigt worden. Den Erfolg ihrer Grundsätze und Überlieferungen hatte er beeinträchtigt, indem er erklärte, daß sie das Gesetz Gottes aufhöben, obgleich sie seine rituellen Bräuche streng beachteten. All das rief ihnen Satan ins Gedächtnis zurück.

Er beeinflußte die Priester und Obersten, daß sie unbedingt Jesus töten müßten, um ihre Autorität aufrechtzuerhalten, und – sie folgten seinem Rat. Die Tatsache, daß sie ihre Macht, die sie damals ausübten, verlieren könnten, war für sie – wie sie meinten – Grund genug, diese Entscheidung zu treffen. Außer einigen wenigen, die es aber nicht wagten, ihre Ansichten auszusprechen, nahm der Hohe Rat die Rede des Kaiphas als von Gott gegeben an. Die Versammelten fühlten sich entlastet, die Mißstimmung war beseitigt. Sie beschlossen, Jesus bei der ersten günstigen Gelegenheit zu töten. Indem sie den Beweis der Göttlichkeit Jesu ablehnten, hatten sich diese Priester und Obersten selbst in ein Netz undurchdringlicher Finsternis verstrickt. Sie waren gänzlich unter die Macht Satans geraten und damit dem ewigen Verderben preisgegeben. Dennoch glaubten sie Grund genug zu haben, mit sich selbst zufrieden zu sein. Sie hielten sich für Patrioten, die sich um das Heil der Nation verdient gemacht hatten.

Der Hohe Rat fürchtete allerdings, übereilt zu handeln. Das Volk könnte in Wut geraten und die geplante Gewalttat sich gegen sie selbst wenden. Aus diesem Grunde verzögerte der Rat die Vollstreckung des Urteils, das er gefällt hatte. Der Heiland erkannte die Anschläge der Priester. Er wußte, daß es sie danach verlangte, ihn zu beseitigen, und daß ihre Absicht bald in Erfüllung gehen würde. Doch es war nicht seines Amtes, das Hereinbrechen der Entscheidungsstunde zu beschleunigen, und er zog sich mit seinen Jüngern aus dieser Gegend zurück. Auf diese Weise bekräftigte Jesus durch sein eigenes Beispiel die Unterweisung, die er den Jüngern gegeben hatte: „Wenn sie euch aber in einer Stadt verfolgen, so fliehet in eine andere.“ [5] Es war ein weites Feld, in dem es für die Rettung der Menschen zu wirken galt, und sie sollten ihr Leben nicht gefährden, es sei denn, die Treue gegen ihn verlangte es.

Der Heiland hatte bisher drei Jahre lang öffentlich gewirkt. Seine Selbstverleugnung und sein uneigennütziges Wohltun, sein Leben der Reinheit, sein Leiden und seine Hingabe waren allen Menschen bekannt. Dennoch war diese kurze Zeitspanne von drei Jahren so lang, wie die Welt die Gegenwart ihres Heilandes ertragen konnte.

Jesu Leben war ein Leben unter Verfolgung und Schmähung gewesen. Aus Bethlehem von einem eifersüchtigen König vertrieben, von seinen Landsleuten in Nazareth verworfen, in Jerusalem ohne Ursache zum Tode verurteilt, fand Jesus mit seinen wenigen Getreuen vorläufige Zuflucht in einer fremden Stadt. Er, der stets von menschlichem Leid angerührt war, der die Kranken heilte, die Blinden sehend machte, den Tauben das Gehör und den Stummen die Sprache gab, der die Hungrigen speiste und die Betrübten tröstete, wurde von dem Volk vertrieben, das er erlösen wollte. Er, der auf den auf und ab wogenden Wellen ging und durch *ein* Wort ihr zorniges Brausen stillte, der die Teufel austrieb, die ihn im Entweichen noch als Gottes Sohn anerkannten, der den Schlaf des Todes brach und Tausende durch Worte der Weisheit überwältigte: er konnte nicht die Herzen derer erreichen, die durch Vorurteil und Haß verblendet waren und die das Licht des Lebens halsstarrig von sich wiesen.

Die Verwerfung und Kreuzigung des Messias

Zachäus | 45

Die Zeit des Passahfestes rückte näher, und Jesus begab sich wieder auf den Weg nach Jerusalem. Sein Herz war erfüllt von dem Frieden einer vollkommenen Übereinstimmung mit dem Willen seines Vaters. Schnellen Schrittes eilte er der Stätte des Opfers zu. Die Jünger aber hatte ein Gefühl des Zweifels und der Furcht erfaßt; sie spürten, daß etwas Unabwendbares in der Luft lag. Der Herr „ging ihnen voran, und sie entsetzten sich; die ihm aber nachfolgten, fürchteten sich“.[1]

Da rief Jesus die Zwölf zu sich und eröffnete ihnen entschiedener als je zuvor die Geschehnisse seines Leidensweges. „Wir gehen hinauf nach Jerusalem, und es wird alles vollendet werden, was geschrieben ist durch die Propheten von des Menschen Sohn. Denn er wird überantwortet werden den Heiden; und er wird verspottet und geschmähet und verspeiet werden, und sie werden ihn geißeln und töten; und am dritten Tage wird er auferstehen. Sie aber verstanden der keines, und ... wußten nicht, was das Gesagte war.“[2]

Auf dem Wege nach Jerusalem zog Jesus durch Jericho. Diese Stadt lag inmitten einer tropischen Vegetation von üppiger Schönheit, einige Kilometer vom Jordan entfernt am westlichen Rande des Tales, das sich hier zu einer Ebene ausweitet. Mit ihren Palmen und den von quellenden Brunnen bewässerten fruchtreichen Gärten leuchtete die von Hügeln und Schluchten eingefaßte Ebene wie ein Edelstein.

Viele große Reisegesellschaften nahmen den Weg zum Fest über Jericho. Ihre Ankunft leitete stets eine hochgestimmte Zeit ein; doch diesmal bewegte das Volk von Jericho ein tieferes Interesse. Es hatte erfahren, daß sich der galiläische Rabbi, der kürzlich den Lazarus auferweckt hatte, in der Menge befand. Obgleich es Gerüchte von Anschlägen der Priester gab, drängte es das Volk, ihm zu huldigen.

Jericho gehörte zu den Städten, die von alters her den Priestern vorbehalten waren, und jetzt noch wohnte eine große Anzahl von ihnen in dieser Stadt. Ferner lebte hier eine Bevölkerung von außerordentlich unterschiedlichem Charakter. Jericho war ein großer Handelsmittelpunkt, in dem sich neben Fremden aus verschiedenerlei Gegenden römische Beamte und Soldaten aufhielten. Zudem machte das Eintreiben des Zolls die Stadt zur Heimat vieler Zöllner.

Ein Oberster der Zöllner, Zachäus, war Jude und wurde von seinen Landsleuten verachtet. Sein Rang und seine Wohlhabenheit waren der Lohn für einen Beruf, den diese verabscheuten und der nur als eine andere Bezeichnung für Ungerechtigkeit und Wucher angesehen wurde. Dennoch war der reiche Zöllner nicht gänzlich der gefühllose Betrüger, der er zu sein schien. Unter dem Deckmantel von Eigennutz und Hochmut schlug ein Herz, das durchaus für göttliche Einflüsse empfänglich war. Zachäus hatte von Jesus gehört. Überallhin war das Gerücht von dem Einen gedrungen, der sich auch gegenüber den geächteten Menschenklassen freundlich und höflich verhielt. Der Oberste der Zöllner war von der Sehnsucht nach einem besseren Leben erfaßt worden. Johannes der Täufer hatte am Jordan, nur wenige Kilometer von Jericho entfernt, gepredigt, und dessen Bußruf hatte auch Zachäus vernommen. Die an die Zöllner gerichtete Anweisung: „Fordert nicht mehr, als euch verordnet ist",[3] war ihm zu Herzen gegangen, obwohl er sie äußerlich mißachtete. Er kannte die heiligen Schriften und war überzeugt, daß er falsch gehandelt hatte. Da er nun die Worte hörte, die von dem großen Lehrer stammten, fühlte er, daß er in den Augen Gottes ein Sünder war. Doch was er von Jesus gehört hatte, ließ Hoffnung in seinem Herzen aufflammen. Zu bereuen und sein Leben zu erneuern, war selbst bei ihm möglich. War nicht einer aus dem engsten Jüngerkreis des neuen Lehrers auch ein Zöllner gewesen? Zachäus begann sofort der Überzeugung zu folgen, die ihn überwältigt hatte, und an jenen Menschen, die er geschädigt hatte, wiedergutzumachen.

Schon war er dabei, seinen bisherigen Weg zurückzuverfolgen, als die Kunde durch Jericho ging, daß Jesus in die Stadt einziehe. In Zachäus entbrannte der Wunsch, den Herrn zu sehen. Gerade erst begann ihm zu dämmern, wie bitter die Früchte der Sünde schmecken und wie mühsam der Pfad ist, auf dem er versuchte, sich von dem Unrecht abzuwenden. Mißverstanden zu sein und die Bemühungen, seine Fehler wiedergutzumachen, mit Mißtrauen und Argwohn betrachtet zu sehen, das war schwer zu ertragen. Der Oberste der Zöllner sehnte sich danach, dem Einen ins Angesicht zu sehen, dessen Worte sein Herz so hoffnungsfroh gemacht hatten.

Die Straßen waren gedrängt voll, und Zachäus, nur von kleiner Statur, konnte nicht über die Köpfe der anderen hinwegsehen. Keiner würde ihm Platz machen. So rannte er ein wenig der Menge voraus zu einem Maulbeerfeigenbaum, dessen Äste sich über den Weg breiteten. Der reiche Zöllner erklomm einen Sitz im Gezweig, von wo aus er die Kolonne überblicken konnte, wenn sie unter ihm vorüberzog. Die Menge kam näher und schritt vorbei, während Zachäus mit suchenden Augen den zu erkennen trachtete, den er zu sehen begehrte.

Das Geschrei der Priester und Rabbis und die Willkommensrufe der Menge durchdringend, fand das unausgesprochene Verlangen des Obersten der Zöllner Eingang in Jesu Herz. Plötzlich, gerade unter dem Maulbeerfeigenbaum, verhielt eine Gruppe ihren Schritt, die ganze Begleitung stockte, und Jesus, dessen Blick in der Seele zu lesen schien, schaute nach oben. Der Mann im Baum glaubte nicht recht zu hören, als er vernahm: „Zachäus, steig eilend hernieder; denn ich muß heute in deinem Hause einkehren.“ [4]

Die Menge gab den Weg frei, und Zachäus ging, wie in einem Traum befangen, den Weg voran seinem Hause zu. Doch die Rabbis blickten grollend auf dieses Geschehen und murmelten unzufrieden und abschätzig: „Bei einem Sünder ist er eingekehrt.“ [5]

Zachäus war von der Liebe und Zuneigung, die Jesus ihm, dem Unwürdigen, entgegenbrachte, überwältigt und sehr verwundert; und er verstummte. Nur die Liebe und Ergebenheit gegenüber seinem neugefundenen Meister öffneten ihm die Lippen. Er wollte sein Bekenntnis und seine Reue allen kundtun.

Im Beisein der großen Volksmenge trat er „vor den Herrn und sprach: Siehe, Herr, die Hälfte meiner Güter gebe ich den Armen, und wenn ich jemand betrogen habe, das gebe ich vierfältig wieder. Jesus aber sprach zu ihm: Heute ist diesem Hause Heil widerfahren, denn auch er ist Abrahams Sohn.“ [6]

Noch ehe Zachäus Jesus begegnet war, hatte er das begonnen, was ihn als echten Büßer auswies; noch ehe er von Menschen beschuldigt wurde, hatte er seine Sünde bekannt. Er hatte sich der Wirksamkeit des Heiligen Geistes überlassen und die Lehren auszuführen begonnen, die für das alte Israel ebenso geschrieben waren, wie sie für uns geschrieben sind. Gott hatte einst gesagt: „Wenn dein Bruder neben dir verarmt und nicht mehr bestehen kann, so sollst du dich seiner annehmen wie eines Fremdlings oder Beisassen, daß er neben dir leben könne; und du sollst nicht Zinsen von ihm nehmen noch Aufschlag, sondern sollst dich vor deinem Gott fürchten, daß dein Bruder neben dir leben könne. Denn du sollst ihm dein Geld nicht auf Zinsen leihen noch Speise geben gegen Aufschlag."[7] „So übervorteile nun keiner seinen Nächsten, sondern fürchte dich vor deinem Gott; denn ich bin der Herr, euer Gott."[8] Diese Worte hatte Christus selbst gesprochen, als er – in der Wolkensäule verhüllt – sein Volk führte; und das erste Echo des Zachäus auf die Liebe Jesu zeigte sich im Erbarmen mit den Armen und Leidenden.

Unter den Zöllnern herrschte ein geheimes Einverständnis, so daß sie das Volk unterdrücken und sich gegenseitig in ihren betrügerischen Handlungen unterstützen konnten. Bei ihren Erpressungen führten sie nur aus, was schon eine fast allgemein übliche Sitte geworden war. Sogar die Priester und Rabbis, die sonst verächtlich auf die Zöllner herabschauten, bereicherten sich unter dem Deckmantel ihres heiligen Amtes auf unehrliche Weise. Doch kaum hatte sich Zachäus unter den Einfluß des Heiligen Geistes begeben, als er auch schon von jedem unredlichen Handeln abließ.

Keine Reue ist echt, wenn sie nicht eine völlige Umkehr bewirkt. Die Gerechtigkeit Christi ist kein Mäntelchen, um unbekannte und nicht aufgegebene Sünden darunter zu verbergen; sie ist vielmehr ein Lebensgrundsatz, der den Charakter umwandelt und das Verhalten prüft. Gerechtigkeit bedeutet völliges Aufgehen in Gott, die umfassende Übergabe des Herzens und des Lebens an den Willen Gottes.

Der Christ sollte in seinem Geschäftsgebaren der Welt zeigen, wie unser Herr geschäftliche Unternehmen durchführen würde. Bei jedem Geschäftsabschluß gilt es zu bekunden, daß Gott unser Lehrer ist. Auf den Tagebüchern und Hauptbüchern, auf Urkunden, Quittungen und Wechseln sollte „Heilig dem Herrn" geschrieben stehen. Wer vorgibt, ein Nachfolger Christi zu sein, in Wirklichkeit aber unredlich handelt, legt ein falsches Zeugnis ab von dem heiligen, gerechten und barmherzigen Wesen des Herrn. Jeder bekehrte Mensch wird – wie Zachäus – den Eingang Christi in sein Herz dadurch offenbaren, daß er allen ungerechten Handlungen entsagt, die sein Leben bisher bestimmt haben. Gleich dem Obersten der Zöllner wird er seine Aufrichtigkeit dadurch bezeugen, daß er das Unrecht wiedergutmacht. Gott sagt: Wenn er aber sich bekehrt „von seiner Sünde und tut, was recht und gut ist – so daß der Gottlose das Pfand zurückgibt und erstattet, was er geraubt hat, und nach den Satzungen des Lebens wandelt und nichts Böses tut –, so soll er am Leben bleiben und nicht sterben, und all seiner Sünden, die er getan hat, soll nicht mehr gedacht werden, denn er hat nun getan, was recht und gut ist; darum soll er am Leben bleiben.“ [9]

Haben wir andere durch irgendeinen ungerechten Geschäftsabschluß geschädigt, haben wir einen Menschen übervorteilt oder betrogen, selbst wenn es nicht gegen die gesetzlichen Grenzen verstieß, so sollten wir unser Unrecht bekennen und es wiedergutmachen, soweit es in unserer Macht liegt. Es ist unsere Schuldigkeit, nicht nur das zurückzuerstatten, was wir genommen haben, sondern es mit Zins und Zinseszins zurückzugeben.

Der Heiland sagte zu Zachäus: „Heute ist diesem Hause Heil widerfahren.“ [6] Nicht allein Zachäus wurde gesegnet, sondern mit ihm seine ganze Familie. Christus ging in sein Heim, um ihn in der Wahrheit zu unterrichten und seine Familie in den Dingen des Reiches Gottes zu unterweisen. Durch die Verachtung der Rabbis und der Gläubigen war Zachäus und den Seinen der Besuch der Synagoge verwehrt gewesen; doch jetzt versammelten sie sich als die bevorzugteste Familie in ganz Jericho in ihrem eigenen Hause um den göttlichen Lehrer und lauschten aufmerksam den Worten des Lebens.

Wer den Herrn als seinen persönlichen Heiland in sich aufnimmt, den überkommt göttliches Heil. Zachäus beherbergte Jesus nicht nur als einen vorübergehenden Gast seines Hauses, sondern als den Einen, der ständig in seinem Herzen wohnen sollte. Die Schriftgelehrten und Pharisäer beschuldigten ihn, ein Sünder zu sein, und sie murrten wider den Herrn, weil er Zachäus besuchte. Doch der Heiland erkannte in diesem „Obersten der Zöllner“ einen Sohn Abrahams; denn „die des Glaubens sind, das sind Abrahams Kinder“. [10]

Das Fest im Hause Simons | 46

Auch Simon von Bethanien wurde als ein Jünger Jesu angesehen. Er war einer der wenigen Pharisäer, die sich offen Christi Nachfolgern anschlossen. Er hatte Jesus als Lehrer anerkannt und hoffte, daß er der Messias wäre; doch als Heiland hatte er ihn nicht angenommen. Sein Wesen war noch nicht umgestaltet, sein Denken noch unverändert.

Jesus hatte ihn vom Aussatz geheilt und ihn dadurch für sich gewonnen. Aus Dankbarkeit dafür gab Simon bei Jesu letztem Besuch in Bethanien für ihn und seine Jünger ein großes Fest, bei dem viele Juden versammelt waren. Gerade zu dieser Zeit herrschte in Jerusalem große Erregung: Jesus und seine Sendung zogen größere Aufmerksamkeit auf sich denn je zuvor. Die Besucher des Festes beobachteten genau jeden seiner Schritte, und manche verfolgten ihn gar mit feindseligen Blicken.

Sechs Tage vor dem Passahfest war der Heiland nach Bethanien gekommen und seiner Gewohnheit gemäß im Haus des Lazarus eingekehrt. Die Schar der Mitreisenden, die nach der Hauptstadt weiterzog, verbreitete die Nachricht, daß er auf dem Wege nach Jerusalem sei und den Sabbat über in Bethanien ruhe. Unter dem Volk herrschte große Begeisterung. Viele strömten nach Bethanien, manche ohne Mitgefühl für Jesus, andere wieder aus Neugier, um den zu sehen, der von den Toten auferweckt worden war.

Sie erwarteten von Lazarus einen großartigen Bericht über seine Erlebnisse nach dem Tode, und sie waren erstaunt, daß er nichts erzählte. Er hatte ja auch nichts zu berichten; denn „die Toten . . . wissen nichts; . . . sie haben kein Teil mehr auf der Welt an allem, was unter der Sonne geschieht".[1] Doch Lazarus gab ein herrliches Zeugnis für das Wirken Christi; dafür war er von den Toten auferweckt worden. Kraftvoll und mit aller Bestimmtheit erklärte er, daß Jesus der Sohn Gottes sei.

Die Berichte, die von den Besuchern Bethaniens nach Jerusalem gelangten, erhöhten noch die Aufregung. Jeder wollte Jesus sehen und hören. Man fragte sich allgemein, ob Lazarus mit dem Herrn nach Jerusalem ginge und ob der Prophet am Passahfest zum König gekrönt werden würde. Die Priester und Obersten erkannten, daß ihr Einfluß auf das Volk immer mehr nachließ, und ihr Zorn gegen Jesus wuchs ständig. Kaum konnten sie die Gelegenheit erwarten, ihn für immer aus dem Weg zu räumen, und als die Zeit verstrich, befürchteten sie schon, daß er nach allem Geschehenen nicht nach Jerusalem kommen würde. Sie dachten daran, wie oft Jesus schon ihre mörderischen Absichten vereitelt hatte, und sie waren besorgt, daß er auch jetzt ihre gegen ihn gerichteten Absichten erkannt hatte und wegbliebe. Sie konnten nur schlecht ihre Ängstlichkeit verbergen und fragten einander: „Was dünkt euch? Wird er wohl kommen auf das Fest?“ [2]

Eine Versammlung der Priester und Pharisäer wurde einberufen. Seit der Auferweckung des Lazarus waren die Sympathien des Volkes so völlig auf der Seite Jesu, daß es gefährlich schien, ihn offen zu ergreifen. Sie beschlossen darum, ihn heimlich zu ergreifen und die Untersuchung so unbemerkt wie nur möglich zu führen. Sie hofften, daß sich die wankelmütige Gunst des Volkes ihnen wieder zukehrte, wenn erst seine Verurteilung bekannt würde.

Auf diese Weise sollte Jesus vernichtet werden. Doch die Priester und Gelehrten wußten auch, daß sie sich nicht sicher fühlen konnten, solange Lazarus lebte. Die bloße Existenz eines Mannes, der vier Tage im Grabe gelegen hatte und durch ein Wort Jesu wieder zum Leben auferweckt worden war, konnte früher oder später eine Gegenwirkung hervorrufen, und das Volk würde dann an ihren Führern den Tod des Einen rächen, der solch ein Wunder hatte vollbringen können. Darum beschloß der Hohe Rat auch den Tod des Lazarus. So weit führten der Neid und das Vorurteil ihre Sklaven. Der Haß und der Unglaube bei den jüdischen Führern nahm so zu, daß sie sogar einem Menschen das Leben nehmen wollten, den göttliche Macht aus dem Grabe befreit hatte.

Während diese Verschwörung in Jerusalem ablief, wurden Jesus und seine Freunde auf das Fest des Simon von Bethanien geladen. Der Heiland saß an der Festtafel zwischen dem Gastgeber, den er von einer ekelerregenden Krankheit geheilt, und Lazarus, den er vom Tode errettet hatte. Martha diente ihnen; doch Maria lauschte mit allem Ernst jedem Wort, das aus dem Munde des Heilandes kam. In seiner Barmherzigkeit hatte Jesus ihr die Sünden vergeben, ihren geliebten Bruder hatte er aus dem Grabe gerufen; und ihr Herz war voller Dankbarkeit. Sie hatte Jesus von seinem herannahenden Tode sprechen hören, und in ihrer innigen Liebe und ihrer Besorgnis sehnte sie sich danach, ihm ihre Verehrung zu zeigen. Unter großem persönlichem Opfer hatte sie ein alabasternes Gefäß mit „Salbe von unverfälschter, köstlicher Narde"[3] gekauft, um damit ihren Herrn zu salben. Doch nun hörte sie, daß Jesus zum König gekrönt werden sollte. Ihr Kummer verwandelte sich in Freude, und sie war eifrig bestrebt, als erste den Herrn zu ehren. Sie zerbrach das Gefäß und schüttete den Inhalt auf das Haupt und auf die Füße des Herrn; sie kniete vor ihn hin, weinte und netzte mit ihren Tränen seine Füße, die sie mit ihrem lang herabwallenden Haar trocknete.

Maria wollte jedes Aufheben vermeiden, und ihr Tun sollte unbemerkt bleiben; doch der Wohlgeruch der Salbe erfüllte den Raum und ließ ihre Tat allen Anwesenden bekannt werden. Judas betrachtete dieses Geschehen sehr mißvergnügt. Statt erst zu hören, was Jesus dazu sagen würde, begann er jenen, die bei ihm saßen, seine Klagen zuzuraunen, indem er Jesus schmähte, daß dieser solche Vergeudung duldete. In listiger Weise beeinflußte er sie so, daß wahrscheinlich Unzufriedenheit die Folge sein würde.

Judas war der Schatzmeister der Zwölf. Er hatte ihrer kleinen Kasse heimlich Beträge für sich selbst entnommen und ihre Hilfsmittel dadurch zu einer kärglichen Summe zusammenschmelzen lassen. Nun war er bestrebt, alles einzuheimsen, was er erlangen konnte; denn oft wurden von dem Inhalt der Kasse die Armen unterstützt. War etwas gekauft worden, das ihm nicht wichtig genug dünkte, pflegte er zu sagen: Warum diese Verschwendung? Warum wurde das Geld nicht in den Beutel getan, damit ich für die Bedürftigen sorgen kann? Marias Handlungsweise stand in einem so auffallenden Gegensatz zu seiner Selbstsucht, daß er tief beschämt wurde. Seiner Gewohnheit gemäß suchte er nach einem angemessenen Motiv, um seinen Einwand gegen Marias Gabe zu begründen. Er wandte sich an die Jünger und fragte: „Warum ist diese Salbe nicht verkauft um dreihundert Silbergroschen und den Armen gegeben? Das sagte er aber nicht, weil er nach den Armen fragte, sondern er war ein Dieb und hatte den Beutel und nahm an sich, was gegeben ward."[4] Judas hatte kein Herz für die Bedürftigen. Wäre Marias Salbe verkauft worden und der Erlös in seinen Beutel geflossen, die Armen hätten davon keinen Nutzen gehabt.

Judas hatte eine hohe Meinung von seinen Fähigkeiten. Als Schatzmeister hielt er sich für bedeutender als seine Gefährten, und er hatte es dann fertig gebracht, daß auch sie davon überzeugt waren. Er hatte ihr Vertrauen gewonnen und übte einen starken Einfluß auf sie aus. Sie ließen sich durch sein angebliches Mitgefühl mit den Armen täuschen. Seine geschickten Andeutungen veranlaßten sie, Marias Liebestat mit Mißtrauen zu betrachten. Ein unzufriedenes Murmeln ging um die Tafel: „Wozu diese Vergeudung? Dieses Wasser hätte können teuer verkauft und den Armen gegeben werden.“ [5]

Maria hörte diese Vorwürfe. Ihr Herz wurde bedrückt, und sie befürchtete, daß ihre Schwester ihre Verschwendung tadeln und auch der Meister sie für leichtsinnig halten würde. Ohne sich zu verteidigen oder zu entschuldigen, wollte sie sich zurückziehen, als sie Jesu Stimme hörte: „Laßt sie! Was bekümmert ihr sie? Sie hat ein gutes Werk an mir getan. Ihr habt allezeit Arme bei euch, und wenn ihr wollt, könnt ihr ihnen Gutes tun; mich aber habt ihr nicht allezeit. Sie hat getan, was sie konnte; sie hat meinen Leib im voraus gesalbt zu meinem Begräbnis.“ [6]

Die duftende Gabe, die Maria an den Leichnam des Herrn zu verschwenden gedachte, schüttete sie über seine lebende Gestalt aus. Beim Begräbnis hätte der Wohlgeruch nur das Grab erfüllt; jetzt aber erfreute er Jesu Herz mit der Gewißheit ihrer Treue und Liebe. Joseph von Arimathia und Nikodemus boten ihre Gaben Jesus nicht zu seinen Lebzeiten an, sondern sie brachten ihre kostbaren Spezereien unter heißen Tränen einem Toten. Die Frauen, die Spezereien zum Grabe trugen, konnten ihren Auftrag nicht ausführen, denn Jesus war inzwischen auferstanden. Maria aber, die ihre Liebe dem Heiland bewies, als dieser ihre Liebestat noch annehmen konnte, salbte ihn fürs Grab. Als Jesus in die Finsternis seiner schweren Prüfung hinabstieg, trug er in seinem Herzen die Erinnerung an jene Tat als ein Pfand der Liebe, die ihm von seinen Erlösten für immer entgegenschlägt.

Viele bringen den Toten wertvolle Gaben und sprechen an ihrem stummen, erstarrten Leib freigebig Worte der Liebe. Zartgefühl, Anerkennung und Hingabe werden an jene verschwendet, die weder hören noch sehen können. Wären doch diese Worte gesprochen worden, als der erschöpfte Geist ihrer so nötig bedurfte, als die Ohren noch hören und das Herz noch fühlen konnte. Wie köstlich wäre ihr Wohlgeruch gewesen!

Maria selbst konnte den wahren Wert ihrer Liebestat nicht ermessen. Sie vermochte ihren Anklägern nicht zu antworten und konnte auch nicht erklären, warum sie diese Gelegenheit benutzt hatte, Jesus zu salben. Der Geist Gottes hatte sie getrieben, und sie war ihm gefolgt. Das Herabkommen des Geistes bedarf keiner Begründung; seine unsichtbare Gegenwart spricht zu Herz und Gemüt und bewegt das Herz, zu handeln. Darin liegt die Rechtfertigung solchen Handelns.

Christus erläuterte Maria den Sinn ihrer Tat und gab ihr damit weit mehr, als er selbst empfangen hatte. „Daß sie dies Wasser hat auf meinen Leib gegossen, hat sie getan, daß sie mich fürs Grab bereite.“ [7] Wie das alabasterne Gefäß zerbrochen wurde und der Salbe Wohlgeruch das ganze Haus erfüllte, so mußte Christus sterben. Sein Leib mußte gebrochen werden; aber er sollte wiederauferstehen aus dem Grabe, und der Wohlgeruch seines Lebens würde die ganze Welt erfüllen. Christus hat uns „geliebt und sich selbst dargegeben für uns als Gabe und Opfer, Gott zu einem lieblichen Geruch“. [8]

„Wahrlich, ich sage euch: Wo dieses Evangelium gepredigt wird in der ganzen Welt, da wird man auch sagen zu ihrem Gedächtnis, was sie getan hat.“ [9] Der Heiland sprach, in die Zukunft blickend, mit aller Gewißheit von dem Weg des Evangeliums, das in der ganzen Welt gepredigt werden sollte. So weit es sich ausdehnte, Marias Gabe würde überall ihren Wohlgeruch verbreiten, und die Herzen würden durch ihre natürliche Handlungsweise gesegnet werden. Königreiche kämen empor und gingen wieder unter; die Namen der Herrscher und Eroberer fielen in Vergessenheit, aber die Tat Marias bliebe verewigt in den heiligen Büchern. Bis an das Ende alles irdischen Geschehens würde dies zerbrochene Gefäß die Geschichte von der großen Liebe Gottes zu dem gefallenen Geschlecht erzählen.

Welch großer Unterschied bestand auch in der Tat Marias zu dem Vorhaben des Verräters, der hier so viel Entrüstung heuchelte! Welch scharfen Tadel hätte Christus dem erteilen können, der die Saat boshafter Kritik und teuflischen Argwohns in die Herzen der Jünger ausstreute! Und wie gerecht wäre solch ein Tadel gewesen! Jesus, der aller Menschen Gedanken schon „von ferne“ [10] kennt und jede Handlung versteht, hätte auf diesem Fest allen Anwesenden die trüben Seiten im Leben des Judas zeigen können. Der faule Vorwand, auf den der Verräter seine Worte bezog, hätte offen dargelegt werden können; denn statt mit den Bedürftigen zu fühlen, beraubte er sie des Geldes, das zu ihrer Unterstützung bestimmt war. Wegen seiner Härte gegen die Witwen, Waisen und Tagelöhner hätte sich Unwillen gegen ihn erhoben. Doch hätte Christus den wahren Charakter des Judas entlarvt, würde es dieser als einen Grund für seinen Treubruch angesehen haben. Und obgleich man ihn als Dieb beschuldigte, hätte Judas Sympathien gewonnen, selbst unter den Jüngern. Der Heiland machte ihm keine Vorwürfe, und dadurch vermied er es, ihm einen Entschuldigungsgrund für seinen Verrat zu geben.

Doch der Blick, den Jesus auf ihn warf, überzeugte Judas, daß der Heiland seine Heuchelei durchschaute und seinen niedrigen, verachtenswerten Charakter erkannte. In Jesu herzlicher Anerkennung gegenüber der Tat Marias lag für Judas ein mahnender Vorwurf. Bisher hatte der Heiland ihm nie einen unmittelbaren Verweis ausgesprochen. Nun aber nagte Jesu Tadel an seinem Herzen, und er faßte den Entschluß, sich zu rächen. Nach der Abendmahlzeit begab er sich sofort in den Palast des Hohenpriesters, wo er den Hohen Rat versammelt fand, und erbot sich, Jesus in ihre Hände zu liefern.

Kein anderer Jünger glich dem Judas. Sie liebten ihren Heiland, wenn sie auch sein wahres Wesen nicht richtig zu würdigen verstanden. Wären sie sich bewußt gewesen, was er für sie getan hatte, dann hätten sie erkannt, daß nichts vergeudet war von dem, was ihm zuteil wurde. Die Weisen aus dem Morgenlande, die so wenig von Christus wußten, hatten für die ihm schuldige Ehrerbietung ein besseres Verständnis. Sie brachten dem Heiland der Welt Geschenke und beugten sich in Ehrfurcht vor ihm, als er noch ein kleines Kind war und in einer Krippe gewiegt wurde.

Christus schätzt die Taten herzlich empfundener Höflichkeit. Erwies ihm jemand eine Gunst, dann segnete er ihn mit vorbildlicher Zuvorkommenheit. Er verweigerte nicht die schlichteste Blumengabe, die von Kindeshand gepflückt und ihm liebevoll dargebracht wurde. Er nahm die Gaben der Kinder an und segnete die Geber, indem er ihre Namen in das Buch des Lebens schrieb. Die Heilige Schrift berichtet über die Salbung Jesu durch Maria, um sie vor den anderen Frauen ihres Namens auszuzeichnen. Taten, die der Liebe zu Jesus und der Ehrerbietung ihm gegenüber entspringen, beweisen unseren Glauben an ihn als den Sohn Gottes. Die Heilige Schrift erwähnt als Zeichen der Treue einer Frau zu Christus: „Wenn sie der Heiligen Füße gewaschen hat, wenn sie denen in Trübsal Handreichung getan hat, wenn sie allem guten Werk nachgekommen ist.“ [11]

Der Heiland freute sich über das ernste Bestreben Marias, dem göttlichen Willen nachzukommen, und nahm die Fülle uneigennütziger Zuneigung, die seine Jünger nicht verstanden und nicht verstehen wollten, gern entgegen. Marias Wunsch, ihrem Herrn diesen Dienst zu erweisen, galt ihm mehr als alle köstlichen Salben der Welt, weil er bekundete, wie sehr sie den Erlöser der Welt schätzte. Es war die Liebe Christi, die sie trieb. Die Vollkommenheit des Wesens Jesu erfüllte ihre Seele. Jene Salbe war ein Symbol für das, was in ihrem Herzen vor sich gegangen war; sie war das äußerliche Zeichen einer Liebe, die von himmlischen Quellen gespeist wurde, bis sie überfloß.

Die Tat Marias enthielt gerade die Lehre, die die Jünger benötigten, um ihnen zu zeigen, daß die Bekundung ihrer Liebe zu ihm Jesus angenehm sein würde. Er war ihnen alles gewesen, und sie erkannten nicht, daß sie bald seiner Gegenwart beraubt sein würden und daß sie ihm dann kein Zeichen ihrer Dankbarkeit für seine unnennbare Liebe mehr geben konnten. Die Einsamkeit Christi, der, getrennt von den himmlischen Höfen, das Leben nach menschlicher Natur lebte, wurde von den Jüngern nie verstanden oder gewürdigt, wie man es hätte erwarten sollen. Jesus war oft betrübt, weil seine Jünger ihm nicht das gaben, was er von ihnen zu empfangen hoffte. Er wußte aber, daß sie unter dem Einfluß himmlischer Engel, die ihn begleiteten, keine Gabe als zu wertvoll erachten würden, um ihre innere Verbundenheit mit ihm zu bekunden.

Ihre spätere Erkenntnis gab den Jüngern ein echtes Gefühl für die kleinen Dinge, die sie Jesus hätten erweisen können, um ihre Liebe und Dankbarkeit zu zeigen, als sie bei ihm waren. Als Jesus sie verlassen hatte und sie sich wirklich als Schafe ohne Hirten fühlten, begannen sie zu erkennen, wie sie ihm hätten Aufmerksamkeiten bezeugen können, die ihn erfreut hätten. Sie blickten nun nicht mehr tadelnd auf Maria, sondern sie sahen sich selbst an. Oh, könnten sie doch ihre Rügen und ihren Ausspruch, daß die Armen der Gabe würdiger gewesen wären als Christus, zurücknehmen! Sie fühlten sich tief beschämt, als sie den zerschlagenen Leib ihres Herrn vom Kreuz nahmen.

Der gleiche Mangel tritt in unseren Tagen zutage. Nur wenige erkennen Christi Bedeutung für sie. Sonst machte solch selbstlose Liebe, wie sie einst Maria dem Herrn erwiesen hatte, sich im täglichen Leben bemerkbar, die Salbung erfolgte freiwillig, und die kostspielige Salbe würde nicht eine Verschwendung genannt werden. Nichts dünkte ihnen zu teuer, um es dem Herrn zu bringen, keine Selbstverleugnung und keine Hingabe wäre zu groß gewesen, um sie seinetwegen zu ertragen.

Die entrüsteten Worte der Jünger: „Wozu diese Vergeudung?“ [5] ließen dem Heiland das größte Opfer, das je gebracht werden sollte, lebendig vor Augen treten – nämlich das Opfer seines Lebens als Sühne für eine verlorene Welt. Der Herr würde die menschliche Familie so überaus reichlich beschenken, daß man von ihm nicht sagen konnte, er könne noch mehr tun. In der Gabe Jesu gab Gott der Welt den ganzen Himmel. Wir Menschen würden solch ein Opfer als Verschwendung bezeichnen. Unserer beschränkten Urteilskraft erschiene der ganze Erlösungsplan als Vergeudung von Gnade und Gnadenmitteln. Selbstverleugnung und opferbereite Hingabe begegnen uns überall. Mit Recht mag der Herr des Himmels erstaunend auf die Menschen blicken, die es ablehnen, sich von der grenzenlosen Liebe in Jesus Christus erheben und bereichern zu lassen, und die ausrufen: Warum diese Verschwendung?

Simon von Bethanien, der Gastgeber dieses Festes, war von den kritischen Bemerkungen des Judas über Marias Gabe beeinflußt worden und zeigte sich von dem Verhalten Jesu überrascht. Sein pharisäischer Stolz war verletzt. Er wußte, daß viele seiner Gäste Jesus mit Mißtrauen und Unwillen beobachteten, und dachte bei sich: „Wenn dieser ein Prophet wäre, so wüßte er, wer und welch eine Frau das ist, die ihn anrührt; denn sie ist eine Sünderin.“ [12]

Jesus hatte Simon vom Aussatz geheilt und ihn dadurch vor einem lebendigen Tode bewahrt. Und doch zweifelte Simon, daß Jesus ein Prophet sei. Weil Christus dieser Frau erlaubte, sich ihm zu nähern, weil er sie nicht als eine Person, deren Sünden zu groß waren, um vergeben zu werden, zurückwies, weil er sein Wissen, daß sie gesündigt hatte, nicht zeigte, deshalb war Simon versucht zu glauben, daß Jesus kein Prophet war. Jesus weiß nichts von dieser Frau, die so freigebig in ihren Äußerungen ist, dachte er, oder er würde ihr nicht gestatten, ihn zu berühren.

Es war Simons Unwissenheit über Gott und Christus, die ihn zu derartigen Gedanken führte. Er konnte sich nicht vorstellen, daß Gottes Sohn nach göttlicher Weise handeln mußte, gnädig, gütig und barmherzig. Er selbst hätte Marias bußfertigen Dienst gar nicht beachtet. Daß sie Jesu Füße küßte und salbte, reizte seine Hartherzigkeit. Er dachte, wenn Christus ein Prophet wäre, würde er die Sünder erkennen und tadeln.

Auf diese unausgesprochenen Gedanken antwortete der Heiland: „Simon, ich habe dir etwas zu sagen . . . Es hatte ein Gläubiger zwei Schuldner. Einer war schuldig fünfhundert Silbergroschen, der andere fünfzig. Da sie aber nichts hatten, zu bezahlen, schenkte er's beiden. Sage an, welcher unter denen wird ihn am meisten lieben? Simon antwortete und sprach: Ich achte, dem er am meisten geschenkt hat. Er aber sprach zu ihm: Du hast recht geurteilt." [13]

Wie einst der Prophet Nathan bei David, so hüllte auch hier Christus eine tadelnde Antwort in den Schleier eines Gleichnisses und veranlaßte dadurch den Gastgeber, sein eigenes Urteil zu sprechen. Simon hatte die Frau, die er jetzt verachtete, selbst zur Sünde verleitet und ihr großes Unrecht zugefügt. In Jesu Gleichnis von den zwei Schuldnern wurden Simon und das Weib dargestellt. Der Heiland wollte nicht lehren, daß beide ein verschieden großes Maß der Schuld verspüren sollten; denn auf jedem lastete eine Schuld der Dankbarkeit, die er niemals abtragen konnte. Und doch hielt sich Simon für gerechter als Maria, und Jesus wollte ihm zeigen, wie groß seine Schuld wirklich war. Er wollte ihn erkennen lassen, daß seine Schuld größer war als die Marias, um so viel größer, wie eine Schuld von fünfhundert Silbergroschen jene von fünfzig Silbergroschen übersteigt.

Simon sah sich jetzt in einem andern Licht. Er sah auch, wie Maria von dem eingeschätzt wurde, der mehr als ein Prophet war und mit seinem göttlichen Auge die Größe ihrer Liebe und Hingabe in ihrem Herzen las. Scham kam über Simon, und er erkannte, daß er sich in der Gegenwart des Einen befand, der größer war als er.

Da sprach der Herr weiter zu ihm: „Ich bin gekommen in dein Haus; du hast mir nicht Wasser gegeben für meine Füße; diese aber hat meine Füße mit Tränen genetzt und mit den Haaren ihres Hauptes getrocknet. Du hast mir keinen Kuß gegeben; diese aber, nachdem ich hereingekommen bin, hat nicht abgelassen, meine Füße zu küssen." [14] Christus erinnerte Simon an die vielen Gelegenheiten, die er gehabt hatte, seine Liebe zu beweisen und das zu würdigen, was für ihn getan worden war. Unmißverständlich, aber höflich versicherte der Heiland seinen Jüngern, daß sein Herz betrübt ist, wenn seine Kinder ihm weder durch Worte noch durch Taten der Liebe ihre Dankbarkeit zeigen wollen.

Der Herzenserforscher kannte die Motive der Tat Marias, und er wußte auch um die Gedanken Simons. „Siehst du dies Weib?" fragte er ihn. Sie ist eine Sünderin. Aber ich sage dir: „Ihr sind viele Sünden vergeben, darum hat sie mir viel Liebe erzeigt; wem aber wenig vergeben wird, der liebt wenig." [15]

Simons Kälte und Geringschätzung gegenüber dem Heiland zeigte, wie wenig er die ihm erwiesene Barmherzigkeit zu achten wußte. Er glaubte den Herrn zu ehren, indem er ihn in sein Haus einlud; doch jetzt mußte er einsehen, wie es wirklich war. Während er sich einbildete, seinen Gast beurteilen zu können, mußte er erleben, daß Jesus ihn besser kannte als er sich selbst. Seine Frömmigkeit war wirklich die eines Pharisäers gewesen. Er hatte die Barmherzigkeit Jesu verachtet und den Herrn nicht anerkannt als den Stellvertreter Gottes. Während Maria eine begnadigte Sünderin war, hatte er sich seine Schuld noch nicht nehmen lassen. Die strengen Regeln der Gerechtigkeit, die er auf Maria anwendete, verdammten ihn nun selbst.

Die vornehme Art Jesu, ihn nicht öffentlich vor seinen Gästen zu tadeln, beeindruckte Simon. Er wurde nicht so behandelt, wie er Maria zu behandeln verlangt hatte. Er erkannte, daß Jesus sein schuldhaftes Verhalten nicht vor den andern preisgeben wollte, sondern daß er durch eine wahrhafte Darlegung der Dinge sein Gemüt zu überzeugen und durch Güte sein Herz zu bezwingen suchte. Eine harte Anklage hätte Simons Gemüt gegen eine Umkehr verschlossen, geduldige Ermahnung aber überzeugte ihn von seinem Irrtum. Er erkannte die Größe seiner Schuld gegenüber dem Herrn. Sein Hochmut war gebrochen, er bereute sein Unrecht, und der stolze, eigenwillige Pharisäer wurde ein bescheidener, sich selbst aufopfernder Jünger Jesu.

Maria war allgemein als große Sünderin angesehen worden, doch Jesus kannte die Umstände, die ihr Leben bisher beeinflußt hatten. Er hätte jeden Funken Hoffnung in ihr auslöschen können, tat es aber nicht. Er hatte sie vielmehr aus Verzweiflung und Verderben herausgerissen; siebenmal waren die bösen Geister, die ihr Herz und Gemüt beherrscht hatten, aus ihr ausgefahren. Sie hatte seine zu ihren Gunsten ausgesprochenen Bitten zu Gott gehört, und sie wußte, wie anstößig die Sünde seiner Reinheit war, und in seiner Stärke hatte sie überwunden.

Bei den Menschen erschien Marias Fall hoffnungslos; doch Christus sah die guten Triebe, die in ihr keimten, er erkannte ihre besseren Wesenszüge. Der Erlösungsplan hat die menschliche Natur mit großen Möglichkeiten ausgerüstet, die im Handeln Marias sichtbar wurden. Durch seine Gnade wurde sie Teilhaberin der göttlichen Natur. Sie, die gefallen und „eine Behausung der Dämonen“ [16] geworden war, kam ihrem Heiland im Dienst und in der Gemeinschaft sehr nahe. Sie war es, die zu seinen Füßen saß und von ihm lernte, die das kostbare Öl auf sein Haupt goß und seine Füße mit ihren Tränen benetzte. Sie stand am Fuße des Kreuzes und folgte ihm zum Grabe; sie war nach seiner Auferstehung als erste an der Gruft, und sie war die erste, die den auferstandenen Heiland verkündigte.

Jesus kennt den Zustand jeder Menschenseele. Du magst sagen: Ich bin voller Schuld und Sünden. Das ist wahr; aber je unwürdiger du bist, desto mehr brauchst du die Kraft deines Heilandes. Er stößt keinen Weinenden, keinen Bußfertigen von sich. Er erzählt nicht jedem alles das, was er gern offenbaren möchte, aber er ermutigt jede bedrängte Seele. Bereitwillig vergibt er allen denen, die ihn um Vergebung und Erneuerung bitten.

Christus könnte die Engel beauftragen, die Schalen seines Zornes über unsere Erde auszugießen, um jene zu vernichten, die ihn hassen. Er könnte diesen häßlichen Fleck wegwischen aus dem Weltenall, aber er tut es nicht. Er steht heute noch am Räucheraltar und bringt dem ewigen Vater die Gebete derer dar, die seine Hilfe erflehen.

Die Seelen, die ihr Heil in Christus suchen, erhebt er über die Anklagen und entzieht sie dem Bereich der bösen Zungen. Kein Mensch und kein gefallener Engel kann diese Seelen herabsetzen. Der Heiland verbindet sie mit seiner göttlich-menschlichen Natur. Sie stehen neben dem großen Sündenträger in dem Licht, das vom Thron Gottes hervorleuchtet. „Wer will die Auserwählten Gottes beschuldigen? Gott ist hier, der da gerecht macht. Wer will verdammen? Christus ist hier, der gestorben ist, ja vielmehr, der auch auferweckt ist, welcher ist zur Rechten Gottes und vertritt uns.“ [17]

Dein König kommt! | 47

„Du, Tochter Zion, freue dich sehr, und du, Tochter Jerusalem, jauchze! Siehe, dein König kommt zu dir, ein Gerechter und ein Helfer, arm und reitet auf einem Esel, auf einem Füllen der Eselin.“ [1]

So beschrieb der Prophet Sacharja fünfhundert Jahre vor der Geburt Jesu das Kommen des Messias. Jetzt sollte sich diese Weissagung erfüllen. Er, der so lange die königlichen Ehren verweigert hatte, zog nun als der verheißene Erbe des Thrones König Davids in Jerusalem ein.

Am ersten Tag der Woche hielt Christus seinen Einzug in die Stadt. Die Volksmenge, die sich in Bethanien um den Herrn gesammelt hatte, begleitete ihn, neugierig auf seinen Empfang in Jerusalem. Viele Menschen befanden sich auf dem Wege nach der Hauptstadt, das Passahfest zu feiern, und diese schlossen sich der Menge an, die um Jesus war. Die ganze Schöpfung schien sich zu freuen. Die Bäume prangten in hellem Grün, und ihre Blüten verbreiteten einen köstlichen Duft. Frohes Leben überall, wohin man schaute. Die Hoffnung auf das neue Reich war wieder erwacht.

Jesus wollte in die Stadt reiten und sandte zwei Jünger voraus, ihm eine Eselin und ihr Füllen zu holen. Bei seiner Geburt war der Heiland auf die Gastfreundschaft Fremder angewiesen gewesen; denn die Krippe, in der er lag, war ein geborgter Ruheort. Auch jetzt war er, obgleich das Vieh auf den zahllosen Hügeln ihm gehörte, wieder von dem Entgegenkommen Fremder abhängig, um ein Tier zu bekommen, auf dem er als König in die Stadt einziehen konnte. Wieder offenbarte sich seine Gottheit, selbst in den genauen Anweisungen, die er seinen Jüngern für ihren Auftrag gab. Wie geweissagt, wurde die Bitte: „Der Herr bedarf ihrer“ [2] bereitwillig gewährt. Jesus wählte zu seinem Gebrauch ein Füllen, auf dem noch niemand gesessen hatte. Die Jünger legten in froher Begeisterung Kleider auf das Tier und setzten ihren Herrn darauf. Vordem war Jesus stets zu Fuß gewandert, und die Jünger hatten sich anfangs gewundert, daß ihr Meister jetzt zu reiten wünschte. Bei dem freudigen Gedanken, daß er im Begriff sei, in die Hauptstadt einzuziehen, um sich zum König zu erheben und seine königliche Macht auszuüben, erfüllte Zuversicht ihre Herzen. Während sie ihren Auftrag ausführten, teilten sie den Freunden Jesu ihre glühenden Hoffnungen mit. Die Erregung griff um sich und steigerte die Erwartungen der Menge ins Ungemessene.

Jesus folgte dem jüdischen Brauch, der beim Einzug eines Königs üblich war. Wie einst die Könige Israels auf einem Esel ritten, so auch Jesus, und es war vorausgesagt worden, daß der Messias auf diese Weise in sein Reich kommen werde. Kaum saß Jesus auf dem Füllen, als lautes Jubelgeschrei die Luft zerriß. Die Menge begrüßte ihn als Messias, ihren König. Jesus nahm jetzt die Huldigung an, die er vorher niemals gestattet hatte, und die Jünger sahen darin den Beweis, daß ihre frohen Hoffnungen, ihren Herrn auf dem Thron Israels zu sehen, verwirklicht würden. Auch die Volksmenge war überzeugt, daß die Stunde ihrer Befreiung gekommen sei. Sie sah im Geiste die römischen Heere besiegt aus der Stadt getrieben und Israel wieder als eine unabhängige Nation. Alle waren froh erregt; sie wetteiferten miteinander, Jesus zu huldigen. Äußerliche Pracht und königlichen Prunk konnten sie zwar nicht entfalten, aber sie gaben ihm die Verehrung ihrer frohen Herzen. Sie konnten ihm keine kostbaren Geschenke überreichen, aber sie breiteten ihre Kleider wie einen Teppich auf seinen Pfad und streuten Olivenblätter und Palmzweige vor ihm her. Sie konnten dem Triumphzug keine Standarten voraustragen, aber sie schnitten die weitausladenden Palmzweige ab, die Zeichen des Sieges, und schwenkten sie unter Jubel und Hosiannarufen hin und her.

Im Weiterziehen nahm die Menge beständig zu durch Leute, die von dem Kommen Jesu gehört hatten und nun eilten, sich dem Zug anzuschließen. Immer mehr mischten sich unter die Schar und fragten: „Wer ist der?“ [3] Was bedeutete diese Erregung der Menge? Sie alle hatten schon von Jesus gehört und erwarteten, daß er sich in die Hauptstadt begeben würde; doch sie wußten auch, daß er bisher jeden Versuch, ihn zum König zu krönen, abgewiesen hatte, und sie waren deshalb höchst erstaunt, zu sehen, daß dieser Mann hier Jesus war. Sie fragten sich, was diese Sinnesänderung bewirkt haben könnte, da er doch erklärt hatte, daß sein Reich nicht von dieser Welt sei.

Ihre Fragen verstummten unter den lauten Triumphrufen. Wieder und wieder erhob sich der Jubel der begeisterten Menge, eilte Jesus weit voraus und hallte von den umliegenden Tälern und Höhen wider. Nun vereinigte sich der Zug mit den Menschen aus Jerusalem. Von den Scharen, die gekommen waren, das Passahfest zu besuchen, zogen Tausende heraus, den Heiland willkommen zu heißen. Sie grüßten ihn mit ihren wedelnden Palmzweigen und dem plötzlichen Aufsteigen frommer Gesänge. Die Priester im Tempel bliesen zur selben Zeit die Posaunen zum Abendgottesdienst, aber nur wenige Menschen folgten der Einladung. Die Obersten waren bestürzt und sprachen untereinander: „Alle Welt läuft ihm nach!“ [4]

Nie zuvor hatte Jesus solche Kundgebungen erlaubt. Er sah die Folgen auch jetzt klar voraus; sie würden ihn ans Kreuz bringen. Doch es war seine Absicht, sich öffentlich als Erlöser zu zeigen. Er wollte die Aufmerksamkeit der Menschen auf das Opfer lenken, das seine Aufgabe gegenüber der gefallenen Welt krönen sollte. Während das Volk sich in Jerusalem zusammenfand, um das Passahfest zu feiern, weihte er, das wahre Passahlamm, sich freiwillig als Opfergabe. Es wird für seine Gemeinde zu allen Zeiten nötig sein, über seinen Opfertod für die Sünden der Welt gründlich nachzudenken. Alles damit verbundene Geschehen sollte über jeden Zweifel erhaben sein. Es war erforderlich, daß die Augen des ganzen Volkes auf Jesus blickten; die Ereignisse, die seinem großen Opfer vorausgingen, mußten so sein, daß sie die Aufmerksamkeit auf das Opfer selbst lenkten. Nach einer solchen Demonstration, wie sie Jesu Einzug in Jerusalem begleitete, würden alle den Ablauf der Schlußereignisse verfolgen.

Die mit diesem Triumphzug in Verbindung stehenden Ereignisse würden zum Inhalt aller Gespräche werden und jedem Menschen Jesus wieder ins Gedächtnis zurückrufen. Nach seiner Kreuzigung würden sich viele diese Ereignisse in ihrer Verbindung mit seinem Leiden und Sterben wieder in Erinnerung rufen und dadurch veranlaßt werden, in den Weissagungen der heiligen Schriften zu forschen, und schließlich erkennen, daß Jesus der Messias war. In allen Landen würden dann die Bekenner des Glaubens vielfältig zunehmen.

Bei diesem einzigen Huldigungsgeschehen seines irdischen Lebens hätte der Heiland in Begleitung himmlischer Engel und unter dem Schall der Posaunen Gottes erscheinen können; eine solche Bekundung jedoch wäre seiner Aufgabe und dem Gesetz, unter dem sein Leben sich vollzog, zuwider gewesen. Er schickte sich in das bescheidene Dasein, das er auf sich genommen hatte. Er mußte die Last menschlicher Natur tragen, bis sein Leben für das Leben der Welt dahingegeben war.

Dieser Tag, der den Jüngern die Krönung ihres Lebens dünkte, wäre ihnen von trüben Wolken umschattet gewesen, hätten sie gewußt, daß jene Freudenszenen nur den Auftakt zu einem Leiden und Sterben ihres Meisters darstellten. Obgleich er ihnen wiederholt von seinem Opfergang erzählt hatte, vergaßen sie in dem herrlichen Triumph des Tages dennoch seine schmerzerfüllten Worte und dachten nur an seine glückverheißende Regierung auf dem Thron Davids.

Der Festzug vergrößerte sich ständig. Fast alle, die sich dem Zug anschlossen, wurden von den Wogen der Begeisterung mitgerissen und stimmten mit ein in die Hosiannarufe, die von den Bergen und aus den Tälern widerhallten: „Hosianna dem Sohn Davids! Gelobt sei, der da kommt in dem Namen des Herrn! Hosianna in der Höhe!“ [5]

Noch nie hatte die Welt einen solchen Triumphzug gesehen. Kein irdischer Sieger hatte je einen ähnlichen Zug angeführt. Nicht trauernde Gefangene als Beute königlicher Tapferkeit waren das Besondere dieses Zuges, sondern den Heiland umgaben die herrlichen Zeugen seines Dienstes der Liebe für eine gefallene Menschheit. Es waren Gefangene der Sünde, die er aus der Gewalt Satans befreit hatte und die Gott für ihre Errettung priesen. Blinde, denen er das kostbare Augenlicht wiedergeschenkt hatte, schritten dem Zuge voran, und Stumme, deren Zunge Jesus gelöst hatte, jauchzten das lauteste Hosianna. Krüppel, die er geheilt hatte, sprangen vor Freude und waren die Eifrigsten beim Brechen und Schwenken der Palmzweige vor dem Heiland. Die Witwen und Waisen priesen den Namen Jesu für seine Barmherzigkeit, die er an ihnen getan hatte, und die Aussätzigen, die er gereinigt hatte, breiteten ihre unbefleckten Kleider auf seinen Weg und feierten ihn als König der Herrlichkeit! Es befanden sich auch jene in der Menge, die Jesu Stimme aus dem Todesschlaf erweckt hatte, und Lazarus, dessen Leib bereits in Verwesung übergegangen war und der sich nun der herrlichen Stärke seiner Mannhaftigkeit freute, führte das Tier, auf dem der Heiland ritt.

Viele Pharisäer waren Zeugen dieses Geschehens. Zornentbrannt und neiderfüllt versuchten sie den Strom der öffentlichen Stimmung zu lenken. Mit dem Gewicht ihrer Autorität wollten sie das Volk zum Schweigen bringen; doch alle Aufrufe und Drohungen ließen die Begeisterung nur noch zunehmen. Sie fürchteten, die Menge könnte in der Kraft ihrer Überlegenheit Jesus zum König ausrufen. Als einen letzten Ausweg drängten sie sich durch die Menge bis zum Heiland vor und sprachen ihn mit drohenden und tadelnden Worten an: „Meister, wehre doch deinen Jüngern!“ [6] Sie erklärten, daß solche lärmenden Demonstrationen ungesetzlich seien und von den Behörden nicht erlaubt würden. Bei Jesu Antwort verstummten sie: „Ich sage euch: Wenn diese werden schweigen, so werden die Steine schreien."[7] Gott selbst hatte diesen Triumphzug seines Sohnes angeordnet; der Prophet hatte ihn vorhergesagt, und Menschen waren machtlos, Gottes Vorhaben zu durchkreuzen. Im Gegenteil, sie mußten alles tun, das göttliche Vorhaben auszuführen. Hätten die Menschen Gottes Plan nicht ausgeführt, so würde er die Steine zum Leben erweckt haben, und diese hätten dann den Sohn Gottes mit Jubelrufen begrüßt. Als sich die zum Schweigen gebrachten Pharisäer zurückzogen, ertönten aus dem Mund Hunderter Menschen die Worte Sacharjas: „Du, Tochter Zion, freue dich sehr, und du, Tochter Jerusalem, jauchze! Siehe, dein König kommt zu dir, ein Gerechter und ein Helfer, arm und reitet auf einem Esel, auf einem Füllen der Eselin."[1]

Als der Zug die Höhe eines Hügels erreicht hatte und nun in die Stadt hinabziehen wollte, verhielt Jesus seinen Schritt, und die Menge kam zum Stehen. Vor ihnen lag, in das Licht der untergehenden Sonne getaucht, Jerusalem in all seiner Herrlichkeit. Der Tempel zog alle Augen auf sich. In majestätischer Erhabenheit überragte er alle anderen Bauwerke und schien gen Himmel zu zeigen, als wollte er das Volk auf den einzig wahren und lebendigen Gott hinweisen. Seit langem war der Tempel der Stolz und der Ruhm des jüdischen Volkes, und selbst die Römer prahlten mit seiner Herrlichkeit. Ein von den Römern eingesetzter König hatte sich mit den Juden verbunden, um den Tempel wiederherzustellen und zu verschönern; der römische Kaiser selbst hatte ihn durch kostbare Gaben ausgezeichnet. Durch seine Ausdehnung, seinen Reichtum und seine große Pracht war er zu einem der Weltwunder geworden.

Der Heiland schaute nachdenklich auf dieses Bild; die gewaltige Volksmenge war verstummt, gebannt von dem unerwarteten Anblick solcher Schönheit. Alle Augen waren auf den Heiland gerichtet, und sie erwarteten auf seinem Antlitz die Bewunderung zu sehen, die sie selbst erfüllte. Statt dessen erblickten sie den Schatten tiefen Kummers. Sie waren überrascht und enttäuscht, seine Augen in Tränen zu sehen. Sein Körper schwankte leicht hin und her gleich einem Baum vor dem Sturm, während – wie aus den Tiefen eines gebrochenen Herzens – ein Schrei angstvollen Klagens von seinen zitternden Lippen kam. Welch ein Anblick für die Engel im Himmel, ihren geliebten

Herrn so voller Kummer zu sehen! Welch Erleben auch für die frohe Menge, die ihn mit begeisterten Jubelrufen und mit wedelnden Palmzweigen im Triumph nach Jerusalem begleitete, wo er – wie sie sehnlichst hofften – seine Herrschaft aufrichten würde. Jesus hatte am Grabe des Lazarus geweint, aber es waren Tränen göttlichen Mitleids für das menschliche Weh gewesen. Doch dieser plötzliche Schmerz jetzt glich einem dumpfen Klagen inmitten eines großen Jubelchores.

Jesus weinte nicht in Erwartung der auf ihn zukommenden Leiden. Dicht unter ihm lag Gethsemane, wo die Schrecken einer großen Finsternis ihn bald überschatten würden. Auch konnte er bereits das Schaftor sehen, durch das seit Jahrhunderten die Opfertiere geführt wurden. Dieses Tor sollte für ihn, das große Vorbild, auf dessen Opfer für die Sünden der Welt alle bisherigen Opfergaben hingewiesen hatten, bald geöffnet werden. Nicht weit davon lag Golgatha, der Schauplatz seines baldigen Todeskampfes. Dennoch war es nicht wegen dieser Hinweise auf seinen Kreuzestod, daß der Heiland weinte und schmerzvoll aufstöhnte. Nicht selbstsüchtiger Kummer bedrückte ihn. Der Gedanke an das eigene Leiden ließ seine edle, uneigennützige Seele nicht verzagen. Es war der Anblick Jerusalems, der Jesu Herz rührte. Jerusalem, das den Sohn Gottes verworfen und seine Liebe verachtet hatte, das sich weigerte, sich durch die machtvollen Wundertaten Jesu überzeugen zu lassen, und im Begriff war, ihn zu töten. Jesus erkannte, was die Stadt – in ihrer Schuld, ihren Erlöser zu verwerfen – war und was sie hätte sein können, wenn sie ihn, der allein ihre Wunden heilen konnte, angenommen hätte. Er war gekommen, Jerusalem zu retten; wie konnte er es preisgeben!?

Israel war ein bevorzugtes Volk gewesen; Gott hatte den Tempel der Juden zu seinem Wohnort erkoren. „Schön ragt empor der Berg Zion, daran sich freut die ganze Welt.“[8] Über tausend Jahre hatte Christi schützende Fürsorge und hingebungsvolle Liebe – einem Vater gleich gegenüber seinem einzigen Kind – dort gewaltet. In diesem Tempel hatten die Propheten des Herrn ihre warnenden Stimmen erschallen lassen. Hier war das brennende Rauchfaß geschwenkt worden, während der Weihrauch mit den Gebeten der Gläubigen zu Gott emporgestiegen war. Hier war das Blut der Opfertiere geflossen, das Jesu Sühneamt versinnbildete. Hier hatte der Ewige seine Herrlichkeit über dem Gnadenstuhl offenbart. Hier hatten die

Priester ihres verordneten Amtes gewaltet, und die Pracht des Gottesdienstes hatte sich seit Jahrhunderten hier gezeigt. All dieses mußte nun ein Ende haben!

Jesus erhob seine Hand, die so oft Kranke und Leidende gesegnet hatte, gegen die dem Untergang geweihte Stadt und rief mit schmerzerfüllter Stimme: „Wenn doch auch du erkenntest zu dieser Zeit, was zu deinem Frieden dient! Aber nun ist's vor deinen Augen verborgen. Denn es werden über dich die Tage kommen, daß deine Feinde werden um dich und deine Kinder einen Wall aufwerfen, dich belagern und an allen Orten ängstigen; und werden dich schleifen und keinen Stein auf dem andern lassen, darum daß du nicht erkannt hast die Zeit, darin du heimgesucht bist." [9]

Jesus kam, um Jerusalem zu retten; doch pharisäischer Stolz, Heuchelei, Eifersucht und Bosheit hinderten ihn an der Erfüllung seiner Aufgabe. Der Heiland kannte die furchtbare Vergeltung, die diese verurteilte Stadt heimsuchen würde. Er sah sie schon von Kriegsheeren eingeschlossen, die belagerten Einwohner dem Hunger und dem Tode preisgegeben; er sah Mütter ihre toten Kinder verzehren und Eltern und Kinder sich gegenseitig den letzten Bissen entreißen, da die natürliche Liebe durch den quälenden Hunger erstickt worden war. Er sah ferner, daß die Halsstarrigkeit, welche die Juden in der Verwerfung ihres Heils bekundet hatten, sie auch hindern würde, sich den anstürmenden Heeren zu ergeben. Er sah Golgatha, die Stätte, da er erhöht werden würde, mit Kreuzen bedeckt, so dicht wie die Bäume des Waldes; er sah die unglücklichen Einwohner auf der Folter und bei der Kreuzigung unerträgliche Qualen leiden; er sah die stolzen Paläste vernichtet, den Tempel in Trümmern und von seinen mächtigen Mauern keinen Stein auf dem andern liegen, während die Stadt einem umgepflügten Acker glich. Angesichts dieser Schrecknisse vermochte der Heiland seine Tränen nicht mehr zurückzuhalten!

Jerusalem war sein Sorgenkind gewesen. Wie ein liebevoller Vater über einen eigensinnigen Sohn trauert, so klagte Jesus über die geliebte Stadt. Wie kann ich dich aufgeben? Wie kann ich dich der Vernichtung ausgeliefert sehen? Muß ich dich aufgeben, damit du den Becher deiner Bosheit füllst? Dem Herrn war eine einzige Seele so kostbar, daß im Vergleich mit ihr das ganze Weltall zur Bedeutungslosigkeit herabsank; und hier sah er ein ganzes Volk verlorengehen. Wenn sich die Strahlen der untergehenden Sonne am Horizont verlieren würden, wäre auch die Gnadenzeit Jerusalems zu Ende. Während der Zug auf der Höhe des Ölberges anhielt, war es für Jerusalem noch Zeit, Buße zu tun, obgleich der Engel der Barmherzigkeit seine ausgebreiteten Flügel bereits sinken ließ, um von dem goldenen Thron herabzusteigen und der Gerechtigkeit und dem göttlichen Gericht Raum zu geben. Doch noch bat Jesu liebevolles Herz für Jerusalem, das seine Gnadengaben verachtet, seine Warnungen geringgeschätzt hatte und deren Bewohner nun drauf und dran waren, ihre Hände mit seinem Blut zu beflecken. Wenn Jerusalem nur bereuen würde, es war noch nicht zu spät! Während die letzten Strahlen der untergehenden Sonne auf dem Tempel, dem Berg und den Zinnen lagen – ob nicht ein guter Engel in der Stadt die Liebe zum Heiland erwecken und so ihr Geschick abwenden würde? Schöne, aber unheilige Stadt, die die Propheten gesteinigt und den Sohn Gottes verworfen hatte, die sich durch ihre Unbußfertigkeit selbst die Fesseln der Knechtschaft schmiedete – ihre Gnadenfrist war bald vorüber.

Noch einmal wendet sich der Geist Gottes an Jerusalem. Bevor der Tag ganz dahingegangen ist, wird ein weiteres Zeugnis für Christus gegeben. Beachtet die Stadt diese göttliche Bestätigung, nimmt sie den Heiland auf, der sich anschickt, durch ihre Tore die Stadt zu betreten, dann wird sie noch gerettet werden.

Die Obersten in Jerusalem haben die Nachricht erhalten, daß sich Jesus unter großem Zulauf des Volkes der Stadt nähere. Doch sie haben keinen Willkommensgruß für den Sohn Gottes. Sie gehen dem Herrn furchterfüllt entgegen und hoffen, die Menge zerstreuen zu können. Während der Zug sich anschickt, den Ölberg herabzusteigen, wird er von den Obersten aufgehalten. Sie erkundigen sich nach der Ursache der ungestümen Freude. „Wer ist der?" fragen sie. Und die Jünger, mit dem Geist göttlicher Eingebung erfüllt, antworten in beredten Worten, indem sie die zahlreichen Weissagungen auf Christus wiederholen:

Adam wird euch sagen: Er ist der Same des Weibes, welcher der Schlange den Kopf zertreten soll.

Fragt Abraham, er wird euch sagen: Er ist „Melchisedek, der König von Salem".[10]

Jakob wird euch antworten: Er ist der Held aus dem Stamme Juda.

Jesaja wird euch sagen: „Immanuel!" Und: „Wunder-Rat, Gott-Held, Ewig-Vater, Friede-Fürst."[11]

Jeremia wird euch sagen: Der Sproß Davids, „der Herr unsere Gerechtigkeit“.[12]

Daniel wird euch sagen: Er ist der Messias.

Hosea wird zu euch sagen: Er „ist der Gott Zebaoth, Herr ist sein Name“.[13]

Johannes der Täufer wird euch sagen: Er ist „Gottes Lamm, welches der Welt Sünde trägt“.[14]

Gott selbst hat vom Himmel herab verkündigt: „Dies ist mein lieber Sohn.“[15]

Wir, seine Jünger, bekennen: Dieser ist Jesus, der Messias, der Fürst des Lebens, der Erlöser der Welt!

Sogar der Fürst der Finsternis anerkennt ihn, indem er sagt: „Ich weiß, wer du bist: der Heilige Gottes.“[16]

Ein verurteiltes Volk | 48

Der Triumphzug Jesu in die Stadt Jerusalem gab nur einen schwachen Vorgeschmack seiner Wiederkunft in den Wolken des Himmels mit großer Kraft und Herrlichkeit inmitten der Siegesfreude der Engel und der Heiligen. Dann werden seine Worte an die Pharisäer und Priester sich erfüllen: „Ihr werdet mich von jetzt an nicht sehen, bis ihr sprecht: Gelobt sei, der da kommt im Namen des Herrn!“ [1] Der Prophet Sacharja hatte im Gesicht jenen Tag des entscheidenden Triumphes vorausgesehen und gleichzeitig das Schicksal derer geschaut, die Christus bei seinem ersten Kommen verwerfen würden: „Sie werden mich ansehen, den sie durchbohrt haben und sie werden um ihn klagen, wie man klagt um ein einziges Kind, und werden sich um ihn betrüben, wie man sich betrübt um den Erstgeborenen.“ [2] Dieses Geschehen sah auch Jesus voraus, als er die Stadt erblickte und über sie weinte. In dem zeitlichen Verderben Jerusalems erkannte er die endgültige Vernichtung jener Menschen, die an dem Blut des Sohnes Gottes schuldig waren.

Die Jünger sahen den Haß der Juden auf ihren Herrn, sie erkannten aber noch nicht, wohin er führen werde. Sie verstanden weder den wahren Zustand Israels, noch begriffen sie die Vergeltung, die Jerusalem ereilen sollte. Der Herr mußte ihnen dies alles bildlich veranschaulichen.

Die letzte Warnung an Jerusalem war vergeblich gewesen. Priester und Oberste hatten – auf ihre Frage „Wer ist der?“ – das prophetische Zeugnis aus der Vergangenheit von der Menge noch einmal gehört, aber sie hatten jene Zeugnisse nicht als göttliche Eingebung anerkannt. Voller Ärger und Bestürzung versuchten sie das Volk zum Schweigen zu bringen. Es befanden sich auch römische Beamte in der Menge, und bei diesen klagten Jesu Feinde ihn als Aufrührer an, der im Begriff stünde, den Tempel einzunehmen und als König in Jerusalem zu regieren.

Doch die beruhigende Stimme Jesu ließ für einen Augenblick die lärmende Menge verstummen, als er abermals erklärte, daß er nicht gekommen sei, ein weltliches Reich aufzurichten, sondern daß er bald zu seinem himmlischen Vater aufstiege und daß seine Ankläger ihn nicht mehr sehen würden, bis er in Herrlichkeit wiederkäme. Dann erst, wenn es für ihre Errettung zu spät wäre, würden sie ihn anerkennen. Mit Trauer in der Stimme, aber ungewöhnlich eindringlich sprach Jesus diese Worte. Die römischen Beamten schwiegen überwältigt. Ihre Herzen waren, obgleich ihnen der göttliche Einfluß unbekannt war, bewegt wie noch nie in ihrem Leben. In dem stillen, ernsten Antlitz Jesu lasen sie Liebe, Wohlwollen und gelassene Würde. Sie waren angerührt von einer Sympathie, die sie sich nicht erklären konnten. Statt Jesus festzunehmen, neigten sie eher dazu, ihm zu huldigen. Sie wandten sich gegen die Priester und Obersten und beschuldigten diese der Ruhestörung; die Obersten wieder, ärgerlich und enttäuscht, wandten sich mit ihren Klagen an das Volk und stritten außerdem aufgebracht untereinander.

Währenddessen ging Christus unbemerkt zum Tempel. Hier herrschte wohltuende Stille; denn das Geschehen auf dem Ölberg hatte das Volk hinausgetrieben. Der Heiland blieb nur kurze Zeit an dieser heiligen Stätte, auf die er mit Trauer blickte. Dann verließ er mit seinen Jüngern diesen Ort und kehrte nach Bethanien zurück. Als das Volk ihn suchte, um ihn zu krönen, war er nirgends in der Stadt zu finden.

Die ganze Nacht verbrachte Jesus im Gebet, und am frühen Morgen ging er wieder zum Tempel. Auf dem Wege dahin kam er an einem Feigenhain vorbei. Er war hungrig, und „er sah einen Feigenbaum von ferne, der Blätter hatte; da trat er hinzu, ob er etwas darauf fände. Und da er hinzukam, fand er nichts als nur Blätter denn es war nicht die Zeit für Feigen.“ [3]

Die Zeit der reifen Feigen war noch nicht gekommen, außer in bestimmten Gegenden; und auf den Höhen um Jerusalem konnte man sagen: „Es war nicht die Zeit für Feigen.“ Doch in dem Garten, zu dem Jesus kam, schien ein Baum allen anderen weit voraus zu sein. Er war bereits mit Blättern bedeckt, und es liegt in der Natur des Feigenbaumes, daß die wachsende Frucht erscheint, noch ehe sich die Blätter entfaltet haben. Deshalb versprach dieser im vollen Blätterschmuck stehende Baum gut entwickelte Früchte. Aber der Schein trog. Beim Absuchen seiner Zweige vom niedrigsten bis zum höchsten fand Jesus „nichts als nur Blätter“, eine Fülle Laubwerks, nichts weiter.

Da verwünschte er den Baum und sprach: „Nun esse von dir niemand mehr eine Frucht ewiglich!“ [4] Am nächsten Morgen, als Jesus mit seinen Jüngern den gleichen Weg ging, erregten die verdorrten Zweige und die verwelkten Blätter ihre Aufmerksamkeit. Petrus sagte verwundert: „Rabbi, siehe, der Feigenbaum, den du verflucht hast, ist verdorrt.“ [5]

Christi Fluch über diesen Feigenbaum hatte die Jünger überrascht. Sie konnten diese Tat so gar nicht mit seinem Wandel und seinem Wirken in Einklang bringen. Oft hatte er ihnen gesagt, daß er nicht gekommen sei, die Welt zu verdammen, sondern zu erlösen. Sie erinnerten sich seiner Worte: „Des Menschen Sohn ist nicht gekommen, der Menschen Seelen zu verderben, sondern zu erhalten.“ [6] Seine wunderbaren Taten hatten bisher stets dazu gedient, etwas wiederherzustellen, niemals aber, um etwas zu vernichten. Die Jünger hatten ihren Herrn immer nur als Helfer und als Heiland kennengelernt. Diese Tat stand einzig da. Sie fragten sich: Warum hat der Herr diesen Baum vernichtet?

Gott ist barmherzig! „So wahr ich lebe, spricht Gott der Herr: ich habe kein Gefallen am Tode des Gottlosen, sondern daß der Gottlose umkehre von seinem Wege und lebe.“ [7] Ihm ist das Vernichten und Verurteilen ein „befremdliches Werk“.[8] Er lüftet aber in Barmherzigkeit und Liebe den Schleier der Zukunft und zeigt den Menschen die Folgen eines sündigen Wandels.

Das Verfluchen des Feigenbaumes war ein in die Tat übersetztes Gleichnis. Jener unfruchtbare Baum, der mit seinem Blätterschmuck vor dem Herrn prunkte, war ein Sinnbild des jüdischen Volkes. Der Heiland wünschte seinen Jüngern die Ursache und die Gewißheit von Israels Schicksal zu verdeutlichen. Er rüstete darum den Baum mit sittlichen Eigenschaften aus und erhob ihn zum Ausleger göttlicher Wahrheit. Die Juden nahmen unter allen Völkern eine bevorzugte Stellung ein, indem sie ihren Bund mit Gott bekannten. Sie waren von Gott in auffallender Weise begünstigt worden und beanspruchten darum, gerechtfertigter zu sein als jedes andere Volk. Doch sie waren durch die Liebe zur Welt und durch ihre Gewinnsucht völlig verderbt. Sie rühmten sich ihrer Erkenntnis und waren doch unwissend gegenüber dem Willen Gottes. Außerdem waren sie voller Heuchelei. Gleich dem unfruchtbaren Feigenbaum reckten sie ihre vielversprechenden Zweige, üppig und schön anzusehen, hoch empor, dennoch brachten sie „nichts als nur Blätter“. Die jüdische Religion mit ihrem großartigen Tempel, ihren geweihten Altären, ihren geschmückten Priestern und ihren eindrucksvollen Gottesdiensten bot einen außerordentlichen Anblick; doch Demut, Liebe und Barmherzigkeit fehlten.

Auch alle andern Bäume in dem Feigengarten waren ohne Früchte; doch diese blätterlosen Bäume weckten keine Erwartungen und konnten daher auch keine Enttäuschung verursachen. Durch diese Bäume wurden die Heiden versinnbildlicht. Sie ermangelten ebenso wie die Juden der Gottseligkeit; aber sie gaben auch nicht vor, Gott zu dienen, und sie brüsteten sich auch nicht mit der Behauptung, besser als andere zu sein. Das Wirken und die Wege Gottes lagen ihnen im dunkeln; bei ihnen war noch „nicht die Zeit für Feigen".[3] Sie warteten noch auf den Tag, der ihnen Hoffnung und Licht bringen würde. Die Juden, die von Gott größere Segnungen erhalten hatten, waren für den Mißbrauch dieser Gaben verantwortlich. Die Vorrechte, derer sie sich rühmten, vergrößerten nur noch ihre Schuld.

Jesus war hungrig zu dem Feigenbaum gekommen, von dem er Nahrung zu erhalten gehofft hatte. Ebenso hungrig war er auch zu Israel gekommen, um bei ihnen Früchte der Gerechtigkeit zu finden. Er hatte seine Gaben in reicher Fülle über die Juden ausgeschüttet, damit sie zum Segen der Welt Frucht tragen möchten. Jede Gelegenheit, jedes Sonderrecht war ihnen gewährt worden. Als Gegenleistung suchte er ihr Mitgefühl und ihre Mitarbeit in seinem Gnadenwerk. Er sehnte sich danach, bei ihnen Opferbereitschaft und Barmherzigkeit, Eifer für Gott und das tiefe Verlangen nach Erlösung ihrer Mitmenschen zu sehen. Hätten sie Gottes Gesetz befolgt, dann würden sie die gleichen uneigennützigen Werke hervorgebracht haben wie Jesus auch. Aber die Liebe zu Gott und den Menschen war durch Stolz und Selbstzufriedenheit verdunkelt. Sie stürzten sich selbst ins Verderben, indem sie sich weigerten, andern zu dienen, und den Schatz der Wahrheit, den Gott ihnen anvertraut hatte, der Welt mitzuteilen. An dem unfruchtbaren Feigenbaum konnten sie ihre Sünde wie auch deren Bestrafung erkennen. Unter dem Fluch des Erlösers abgestorben, verwelkt, verdorrt und bis an die Wurzel vertrocknet, stand der Feigenbaum da und wies auf den Zustand des jüdischen Volkes hin, wenn ihm die Gnade Gottes entzogen sein würde. Da Israel sich weigerte, die Gnadengaben mitzuteilen, würde es sie auch nicht länger empfangen. „Israel", sagte der Herr, „du bringst dich ins Unglück."[9]

Diese Warnung gilt für alle Zeiten. Christi Fluch über den Baum, den seine eigene Schöpfermacht geschaffen hatte, steht als Mahnung über allen Gemeinden und allen Christen. Niemand kann im Gehorsam des göttlichen Gesetzes leben, ohne dem Nächsten zu dienen. Aber es gibt viele, die nicht nach dem Vorbild Christi einen barmherzigen, uneigennützigen Wandel führen. Manche, die sich selbst zu den vortrefflichsten Christen zählen, verstehen nicht, worin der wahre Dienst für Gott besteht. Sie planen und trachten, um sich selbst zu gefallen, und sie handeln nur im eigenen Interesse. Zeit ist für sie nur insoweit von Wert, wie sie diese ausschließlich für sich verwenden können. In ihrem täglichen Leben ist das ihr ganzes Streben. Nicht ihrem Nächsten, sondern allein sich selbst dienen sie. Gott erwählte sie, in einer Welt zu leben, die selbstlosen Dienst erfordert. Er bestimmte sie, ihren Mitmenschen in jeder nur denkbaren Weise zu helfen. Doch ihr Ich ist so groß, daß sie nichts anderes mehr sehen. Menschlichkeit hat bei ihnen keinen Raum. Jene, die in dieser Weise nur für sich leben, gleichen dem Feigenbaum, der viel versprach, aber nichts hielt. Sie beachten wohl die äußeren Formen des Gottesdienstes, doch sie sind ohne Buße und ohne Glauben. Sie geben vor, das Gesetz Gottes zu ehren, aber ihnen mangelt es an Glaubensgehorsam. Sie reden, aber sie handeln nicht! In seinem Urteil über den Feigenbaum zeigt Jesus, wie verhaßt in seinen Augen dieser unnütze Aufwand ist. Er erklärt, daß der offenkundige Sünder weniger schuldig ist als jener, der angeblich Gott dient, aber zu seiner Verherrlichung keine Frucht bringt.

Länger als tausend Jahre hatte Israel die Gnade Gottes mißbraucht und dadurch seine Strafgerichte herausgefordert. Es hatte Gottes Warnungen unbeachtet gelassen und seine Propheten getötet. Für diese Sünden der Vergangenheit nahm das Volk Israel zur Zeit Jesu die Verantwortung auf sich, indem es den gleichen Weg verfolgte. In der Verwerfung der ihr angebotenen Gnadengaben und Warnungsbotschaften lag die Schuld jener Generation. Die Fesseln, die das Volk jahrhundertelang geschmiedet hatte, legte es sich nun selbst an.

In jedem Zeitalter werden den Menschen Tage des Lichtes und der besonderen Gelegenheiten, eine Probezeit also, gegeben, um sich mit Gott zu versöhnen. Aber solcher Gnade ist eine Grenze gesetzt. Die göttliche Barmherzigkeit mag jahrelang mahnen, sie mag geringgeschätzt und verworfen werden, aber es kommt die Zeit, da sie zum letztenmal bittet. Verhärtet sich das Herz so sehr, daß es aufhört, auf den Geist Gottes zu achten, dann bittet die wohlklingende, gewinnende

Stimme des Erlösers nicht länger, und die Zurechtweisungen und Ermahnungen hören auf.

Diese Zeit war nun für Jerusalem gekommen. Jesus weinte vor Schmerz über die verurteilte Stadt, aber er konnte sie nicht mehr retten. Alle Möglichkeiten waren erschöpft. Indem Israel die Warnungen Gottes verwarf, wies es das einzige „Heilmittel" zurück. Es gab keine andere Macht, durch die die Stadt vor dem Untergang gerettet werden konnte.

Das jüdische Volk war ein Sinnbild der Menschen aller Zeitalter, welche die Bitten der unendlichen Liebe Gottes verhöhnen. Die Tränen, die Jesus über Jerusalem weinte, flossen für die Sünden aller Zeiten. Alle, die die Ermahnungen und Warnungen des Geistes Gottes mißachten, können in dem angekündigten Gericht über Jerusalem ihr eigenes Schicksal erkennen.

Heute gibt es viele, die den gleichen Weg wandeln wie einst die ungläubigen Juden. Sie haben die Offenbarungen der Macht Gottes gesehen. Der Heilige Geist hat zu ihren Herzen gesprochen; aber sie halten an ihrem Unglauben und an ihrem Widerstand fest. Gott sendet ihnen Warnungen und Zurechtweisungen; doch sie wollen ihr Unrecht nicht einsehen und verwerfen hartnäckig seine Botschaft und seine Boten. Gerade die Mittel, die Gott zu ihrer Errettung gebrauchen will, werden für sie zum Stein des Anstoßes.

Gottes Diener wurden von den abtrünnigen Israeliten gehaßt, weil sie deren verborgene Sünden ans Licht brachten. Ahab betrachtete Elia als seinen Feind, weil der Prophet gewissenhaft die geheimen Sünden des Königs rügte. So stößt auch heute der Diener Christi, der die Sünde geißelt, auf Hohn und Widerstand. Die Wahrheit der Heiligen Schrift, die Religion Christi muß gegen einen starken Strom sittlicher Unreinheit kämpfen. Das Vorurteil gegen das schlichte Bibelwort ist in den Herzen der Menschen noch größer als zur Zeit Jesu. Der Heiland entsprach nicht den Erwartungen der Menschen, sein Leben war ein einziger Vorwurf gegen ihre Sündhaftigkeit. Darum verwarfen sie ihn. So ist es auch heute. Gott will nicht jeden Einwand, den das menschliche Herz gegen seine Wahrheit macht, aus dem Wege räumen. Wer die köstlichen Lichtstrahlen, die die Finsternis erhellen würden, verwirft, bleibt für immer im Dunkel des Unglaubens. Ihnen ist die Wahrheit verborgen. Sie wandeln im Finstern und erkennen nicht das vor ihnen liegende Verderben.

Christus überschaute von der Höhe des Ölberges aus die Welt und alle Zeitalter. Seine Worte sind auf jeden anwendbar, der die Fürsprache der göttlichen Gnade geringschätzig behandelt. Heute wendet er sich an die Verächter seiner Liebe. „Wenn doch auch du erkenntest zu dieser Zeit, was zu deinem Frieden dient"![10] Jesus vergießt bittere Tränen für dich, der du selbst nicht weinen kannst. Jene verhängnisvolle Herzenshärte, die die Pharisäer vernichtete, zeigt sich bereits in dir. Jeder göttliche Gnadenbeweis, jeder göttliche Lichtstrahl rührt entweder das Herz und macht es demütig oder bestärkt es in hoffnungsloser Verstocktheit.

Der Heiland sah voraus, daß die Einwohner Jerusalems verstockt und ohne Reue bleiben würden; dennoch hatten sie alle Schuld und trugen für alle Folgen der zurückgewiesenen Gnade allein die Verantwortung. So wird es jeder Seele ergehen, die den gleichen Weg eigensinnig weiterwandert. Gott sagte: „Israel, du bringst dich ins Unglück."[9] – „Du, Erde, höre zu! Siehe, ich will Unheil über dies Volk bringen, ihren verdienten Lohn, weil sie auf meine Worte nicht achten und mein Gesetz verwerfen."[11]

Der Tempel wird wieder gereinigt | 49

Zu Beginn seines Lehramtes waren von Christus alle jene aus dem Tempel getrieben worden, die diesen durch ihre unheiligen Geschäfte verunreinigt hatten. Sein strenges und machtvolles Auftreten hatte damals die listigen Händler mit Furcht erfüllt. Nun kam er kurz vor Beendigung seines Auftrages wieder in den Tempel und fand ihn genauso entweiht wie vor Jahren. Die Situation war sogar noch schlimmer als je zuvor. Der Vorhof des Tempels glich einem riesigen Viehmarkt, auf dem das Gebrüll der Tiere und der helle Klang der Münzen sich mit den zornigen Schreien der untereinander streitenden Händler vermischten; dazwischen hörte man die Stimmen der amtierenden Priester. Sogar die Würdenträger des Tempeldienstes beteiligten sich an den Kauf- und Wechselgeschäften und ließen sich derartig von ihrer Gewinnsucht beherrschen, daß sie in den Augen Gottes nicht besser waren als gemeine Diebe.

Wie wenig erkannten die Priester und Obersten den Ernst und die Würde des Amtes, das sie zu erfüllen hatten! Zu jedem Passah- und Laubhüttenfest wurden Tausende von Tieren geschlachtet; ihr Blut wurde von den Priestern aufgefangen und auf den Altar gegossen. Diese blutigen Opfer waren den Juden so geläufig geworden, daß sie fast die Tatsache vergaßen, daß nur ihre Sünde all dieses Blutvergießen notwendig machte. Sie beachteten nicht, daß darin das Blut des teuren Gottessohnes versinnbildet wurde, das für das Leben der Welt vergossen werden sollte, und daß die Menschen durch das Darbringen von Opfern auf einen Erlöser, der am Kreuz stürbe, hingewiesen werden sollten.

Jesu Blick fiel auf die unschuldigen Opfertiere; er sah, wie die Juden diese großen Zusammenkünfte zu einem Schauspiel des Blutvergießens und der Grausamkeit gemacht hatten. Statt demütige Reue über ihre Sünde zu empfinden, hatten sie die Zahl der Opfer vervielfacht, als ob Gott durch einen herzlosen Formendienst geehrt werden könnte. Die Priester und Obersten hatten nicht nur ihre Herzen durch Selbstsucht und Geiz verhärtet, sie hatten auch jene Sinnbilder, die auf das Lamm Gottes hinwiesen, zu Hilfsmitteln des Gelderwerbs erniedrigt. Auf diese Weise war in den Augen des Volkes die Heiligkeit des Opferdienstes in hohem Grade herabgewürdigt worden. Jesus empörte sich darüber; er wußte, daß sein Blut, das für die Sünden der Welt bald vergossen werden sollte, von den Obersten und Priestern ebensowenig geachtet würde wie das Blut der Tiere, das sie unaufhörlich fließen ließen.

Gegen diese Ausübung des Opferdienstes hatte Christus bereits durch den Mund des Propheten gesprochen. Samuel hatte gesagt: „Meinst du, daß der Herr Gefallen habe am Brandopfer und Schlachtopfer gleichwie am Gehorsam gegen die Stimme des Herrn? Siehe, Gehorsam ist besser als Opfer und Aufmerken besser als das Fett von Widdern." [1] Als Jesaja im Gesicht den Abfall der Juden sah, redete er sie als Oberste von Sodom und Gomorra an: „Höret des Herrn Wort, ihr Herren von Sodom! Nimm zu Ohren die Weisung unsres Gottes, du Volk von Gomorra! Was soll mir die Menge eurer Opfer? spricht der Herr. Ich bin satt der Brandopfer von Widdern und des Fettes von Mastkälbern und habe kein Gefallen am Blut der Stiere, der Lämmer und Böcke. Wenn ihr kommt, zu erscheinen vor mir – wer fordert denn von euch, daß ihr meinen Vorhof zertretet? . . . Wascht euch, reinigt euch, tut eure bösen Taten aus meinen Augen, laßt ab vom Bösen! Lernet Gutes tun, trachtet nach Recht, helft den Unterdrückten, schaffet den Waisen Recht, führet der Witwe Sache!" [2]

Christus, der diese Weissagungen durch seinen Geist selbst gegeben hatte, wiederholte nun seine Warnungen zum letztenmal. In Erfüllung des prophetischen Wortes hatte das Volk Jesus zum König Israels ausgerufen. Er hatte ihre Huldigungen und das Amt des Königs angenommen. Als solcher mußte er handeln. Er wußte, daß seine Bemühungen, die verderbte Priesterschaft zu bessern, vergeblich sein würden; dennoch mußte er seine Aufgabe erfüllen, einem ungläubigen Volk den unantastbaren Beweis seiner göttlichen Sendung zu geben.

Noch einmal überschaute sein durchdringender Blick den entheiligten Tempelhof. Aller Augen waren auf ihn gerichtet. Priester und Oberste, Pharisäer und Heiden blickten mit Erstaunen und ehrfürchtiger Scheu auf den, der in der Majestät des himmlischen Königs vor ihnen stand. Das Göttliche brach durch das Menschliche hindurch und bekleidete Christus mit einer Würde und Herrlichkeit, wie er sie nie zuvor offenbart hatte. Die ihm am nächsten standen, zogen sich scheu vor ihm zurück, soweit die Menge es gestattete; bis auf einige Jünger stand der Heiland allein. Alle waren verstummt. Die tiefe Stille schien unerträglich. Da brach der Herr das Schweigen und sprach mit einer Kraft, die das Volk wie mit Sturmesgewalt durchschüttelte: „Es steht geschrieben: ‚Mein Haus soll ein Bethaus heißen'; ihr aber macht eine Räuberhöhle daraus." [3] Einer Posaune gleich erscholl seine Stimme. Der Unwille auf seinem Angesicht leuchtete wie verzehrendes Feuer. Mit Macht gebot er: „Traget das von dannen!" [4]

Drei Jahre zuvor hatten sich die Obersten des Tempels ihrer Flucht auf Jesu Befehl hin geschämt. Sie hatten sich seither über ihre Furcht und ihren unbedingten Gehorsam einem einzelnen, demütigen Menschen gegenüber gewundert. Ihnen war deutlich geworden, daß sich unmöglich ein solch würdeloses Nachgeben wiederholen durfte. Dennoch waren sie jetzt erschrockener als damals; und in noch größerer Eile kamen sie seiner Aufforderung nach. Niemand wagte es, Jesu Autorität in Frage zu stellen, sondern sie alle, Priester und Händler, flohen aus seiner Gegenwart und trieben ihr Vieh vor sich her.

Auf ihrer Flucht aus dem Tempel begegneten sie einer Gruppe von Menschen mit ihren Kranken, die nach dem „Großen Arzt" fragten. Der Bericht der Fliehenden jedoch veranlaßte etliche, umzukehren; sie fürchteten sich, einem so Mächtigen gegenüberzutreten, dessen Blick allein Priester und Oberste aus seiner Nähe vertrieben hatte. Viele aber drängten sich durch die hastende Menge, um den zu erreichen, der ihre einzige Hoffnung war. Sie gesellten sich zu denen, die im Tempel zurückgeblieben waren, als die meisten flohen. Wieder war der Tempelhof voller Kranker und Hilfsbedürftiger, und noch einmal diente ihnen ihr Heiland und Erlöser.

Nach einiger Zeit wagten sich die Priester und Obersten wieder in den Tempel zurück. Ihre erste Bestürzung war verflogen, und nun trieb es sie, zu wissen, was Jesus als Nächstes tun würde. Sie erwarteten, daß er sich des Thrones Davids bemächtigte! In aller Stille in den Tempel zurückkehrend, vernahmen sie die Lobgesänge von Männern, Frauen und Kindern. Beim Eintritt blickten sie wie gebannt auf ein wundersames Geschehen. Sie sahen die Kranken geheilt, Blinde wurden sehend, Taube hörend, und die Krüppel hüpften vor Freude. Noch lauter jubelten die Kinder, deren Gebrechen Jesus geheilt hatte. Er hatte sie in seinen Armen gehalten und ihre Küsse inniger Dankbarkeit angenommen. Manche waren an seiner Brust eingeschlafen, während er das Volk lehrte. Als er geendet hatte, sangen jubelnde Kinderstimmen aufs neue sein Lob. Sie riefen Hosianna wie am Tage zuvor und schwenkten triumphierend Palmzweige vor dem Herrn. Der Tempel hallte von ihren Rufen wider: „Gelobt sei, der da kommt in dem Namen des Herrn!“ [5] – „Siehe, dein König kommt zu dir, ein Gerechter und ein Helfer.“ [6] – „Hosianna dem Sohn Davids!“ [5]

Der Klang dieser frohen, glücklichen Stimmen war den Obersten des Tempels ein Ärgernis, und sie schickten sich an, diesem Schauspiel ein Ende zu machen. Sie schilderten dem Volk, daß das Haus Gottes durch die Füße der Kinder und durch die lauten Freudenrufe entweiht werde. Als sie feststellten, daß ihre Worte bei dem Volk ohne Eindruck blieben, wandten sie sich an den Herrn und „sprachen zu ihm: Hörst du auch, was diese sagen? Jesus sprach zu ihnen: Ja! Habt ihr nie gelesen: ‚Aus dem Munde der Unmündigen und Säuglinge hast du Lob zugerichtet‘?“ [7] Die Weissagung hatte angezeigt, daß Christus zum König ausgerufen werden sollte, und dieses Wort mußte erfüllt werden. Die Priester und Obersten Israels aber weigerten sich, seine Herrlichkeit kundzutun, und Gott berief die Kinder zu seinen Zeugen. Wären ihre Stimmen verstummt, dann würden selbst die Säulen des Tempels die Ehre des Heilandes verkündigt haben.

Die Pharisäer waren völlig verwirrt und aus der Fassung gebracht. Einer, den sie nicht einschüchtern konnten, führte das Kommando. Jesus hatte seine Stellung als Wächter des Tempels eingenommen. Nie zuvor hatte er solche königliche Macht bewiesen, nie zuvor hatten seine Worte und Werke solche Kraft bekundet. Jesus hatte wunderbare Werke schon in ganz Jerusalem getan, aber niemals in einer so feierlichen und eindrucksvollen Weise. In Gegenwart all derer, die Zeugen seines bewunderungswürdigen Handelns geworden waren, wagten es die Priester und Obersten diesmal nicht, ihm offene Feindschaft zu zeigen. Durch seine Antworten wütend gemacht und verwirrt, waren sie unfähig, an diesem Tage weiteres gegen den Herrn zu unternehmen.

Am nächsten Morgen beratschlagte der Hohe Rat aufs neue, welche Maßnahmen gegen Jesus ergriffen werden könnten. Drei Jahre zuvor hatten die Obersten ein Zeichen seines Messiasamtes von ihm gefordert; seitdem hatte er im ganzen Land mächtige Wunder gewirkt, hatte Kranke geheilt und auf wunderbare Weise Tausende gespeist. Er war auf den Wogen gewandelt und hatte dem tobenden Meer Ruhe geboten; er hatte wiederholt in den Herzen der Menschen wie in einem offenen Buch gelesen, hatte Teufel ausgetrieben und Tote auferweckt. Die Obersten besaßen also die Beweise für eine göttliche Sendung. Der Hohe Rat entschied nun, nicht ein Zeichen seiner göttlichen Autorität zu fordern, sondern zu versuchen, irgendein Zugeständnis oder eine Erklärung aus ihm herauszulocken, auf Grund deren er verurteilt werden könnte.

Die Mitglieder des Hohen Rates begaben sich zum Tempel, wo Jesus lehrte, und sie fragten ihn: „Aus was für Vollmacht tust du das? oder wer hat dir diese Vollmacht gegeben?“ [8] Sie erwarteten von ihm zu hören, daß er solches alles aus göttlicher Macht tue. Einer solchen Behauptung wollten sie entgegentreten. Doch Jesus antwortete ihnen mit einer Gegenfrage, die scheinbar eine ganz andere Sache betraf, und er machte seine Erwiderung von ihrer Antwort auf seine Gegenfrage abhängig. „Die Taufe des Johannes, war sie vom Himmel oder von Menschen? Antwortet mir!“ [9]

Die Priester erkannten, daß sie in große Verlegenheit geraten waren, aus der sie keine Spitzfindigkeit befreien konnte. Sagten sie, Johannes' Taufe war vom Himmel, dann würde ihr Widerspruch offenbar; denn Christus würde sie fragen: Warum habt ihr dann nicht an ihn geglaubt? Johannes hatte von Jesus bekundet: „Siehe, das ist Gottes Lamm, welches der Welt Sünde trägt!“ [10] Glaubten die Priester diesem Zeugnis des Täufers, wie konnten sie dann leugnen, daß Jesus der Messias sei? Sagten sie aber ihre wahre Meinung, daß das Lehramt des Täufers von Menschen war, würden sie einen Sturm der Entrüstung gegen sich selbst heraufbeschworen haben; denn das Volk glaubte, daß Johannes ein Prophet Gottes war.

Die Menge der Zuhörer wartete gespannt auf die entscheidende Antwort. Sie wußten, daß die Priester bekannt hatten, die Sendung des Täufers anzuerkennen, und sie erwarteten jetzt ihr Eingeständnis, daß Johannes von Gott gesandt war. Nachdem die Priester sich untereinander besprochen hatten, beschlossen sie, sich keine Blöße zu geben. Heuchlerisch erklärten sie ihre Unkenntnis: „Wir wissen's nicht.“ Da erwiderte Jesus: „So sage ich euch auch nicht, aus was für Vollmacht ich solches tue.“ [11]

Die Schriftgelehrten, Priester und Obersten waren zum Schweigen gebracht. Verwirrt und enttäuscht standen sie da mit gesenkten Augen und wagten nicht, weitere Fragen an den Herrn zu stellen. Durch ihre Feigheit und Unentschlossenheit hatten sie ihr Ansehen bei dem Volk, das dabeistand und sich der Niederlage dieser stolzen, selbstgefälligen Männer freute, in hohem Maße eingebüßt.

Alle diese Worte und Taten Jesu waren von besonderer Bedeutung, und ihr Einfluß wurde in stetig wachsendem Maße nach seiner Kreuzigung und Auferstehung spürbar. Viele von denen, die begierig auf das Ergebnis der Befragung Jesu gewartet hatten, bekannten sich später zu seiner Nachfolge, nachdem sie sich zum erstenmal an jenem ereignisreichen Tag von seinen Worten angezogen fühlten. Das Geschehnis auf dem Tempelhof entschwand nie mehr ihrem Gedächtnis. Der Gegensatz zwischen Jesus und dem Hohenpriester war, als sie miteinander sprachen, kennzeichnend. Reiche, kostbare Gewänder kleideten den stolzen Würdenträger des Tempels; auf seinem Haupte trug er eine glänzende Kopftracht, seine Haltung war majestätisch, sein Haar und sein wallender Bart leuchteten silberweiß – seine ganze Erscheinung flößte Ehrfurcht ein. Vor dieser erhabenen Persönlichkeeit stand die Majestät des Himmels ohne jeden Schmuck und ohne jede Prachtentfaltung. Seine Kleidung trug noch die Spuren der Reise; sein Angesicht war bleich und gezeichnet von innerem Kummer; dennoch standen Würde und Wohlwollen in ihm geschrieben, die einen auffallenden Gegensatz zu dem stolzen, selbstbewußten und zornigen Gebaren des Hohenpriesters bildeten. Viele von denen, die Zeugen der Worte und Werke Jesu im Tempel gewesen waren, nahmen ihn von da an als Gesandten Gottes in ihr Herz auf. Aber während sich die Teilnahme des Volkes immer mehr ihm zuwandte, wuchs der Haß der Priester. Die Klugheit, mit der Jesus den Fallen der Priester zu entgehen wußte, bezeugte aufs neue seine Göttlichkeit, gab aber anderseits ihrem Zorn neue Nahrung.

In seinem Streitgespräch mit den Rabbinern war es keineswegs Jesu Absicht, seine Widersacher öffentlich zu demütigen. Er freute sich durchaus nicht, sie in die Enge getrieben zu sehen. Er hatte nur eine notwendige Lehre gegeben. Seine Gegner fühlten sich dadurch herausgefordert, daß er zuließ, daß sie sich in die Netze verstrickten, die sie für ihn ausgeworfen hatten. Indem sie bekannten, über das Wesen der Taufe des Johannes nichts zu wissen, gaben sie Jesus Gelegenheit zu sprechen, und er benutzte sie, um ihnen ihre wahre Lage zu zeigen und den vielen Warnungen an sie noch eine neue hinzuzufügen.

„Weh euch, Schriftgelehrte und Pharisäer ...“ 50

Es war der letzte Tag, den Jesus im Tempel lehrte. Die Aufmerksamkeit der riesigen Menschenmenge, die in Jerusalem versammelt war, hatte sich ihm zugewandt. Das Volk füllte die Höfe des Tempels und beobachtete den Streit, der im Gange war. Begierig fingen sie jedes Wort auf, das aus dem Munde Jesu kam. Nie zuvor hatte man solches gesehen. Da stand der junge Galiläer, ohne irdischen Glanz und ohne königliche Würde, umgeben von den Priestern in ihren reichen Gewändern, den Obersten in ihrer Amtskleidung mit den Zeichen ihrer Würde, die ihre erhöhte Stellung erkennen ließen, und den Schriftgelehrten mit den Pergamentrollen in den Händen, auf die sie häufig verwiesen. Gelassen, mit königlicher Erhabenheit stand Jesus vor ihnen. Ausgestattet mit der Vollmacht des Himmels, blickte er unentwegt auf seine Widersacher, die seine Lehren verworfen und verachtet hatten und ihm nach dem Leben trachteten. Sie hatten ihn häufig angegriffen, doch ihre Anschläge, ihn zu fangen und zu verurteilen, waren vergebens gewesen. Herausforderung auf Herausforderung war er entgegengetreten, indem er die reine, leuchtende Wahrheit im Gegensatz zu der geistlichen Unwissenheit und den Irrtümern der Priester und Pharisäer darstellte. Er hatte diesen Führern des Volkes ihren wahren Zustand vor Augen geführt und auch die mit Sicherheit folgende Vergeltung, wenn sie in ihren bösen Taten beharrten. Sie waren gewissenhaft gewarnt worden. Jetzt blieb ihm etwas anderes zu tun; ein anderes Ziel galt es noch zu erreichen.

Die Anteilnahme des Volkes an Christus und seiner Tätigkeit hatte ständig zugenommen. Die Juden waren von seinen Lehren begeistert, gleichzeitig fühlten sie sich auch sehr verwirrt. Bisher hatten sie die Priester und Rabbiner wegen ihrer Weisheit und augenscheinlichen Frömmigkeit geachtet und ihrer Autorität in allen religiösen Belangen stets blind vertraut. Doch jetzt sahen sie diese Männer bei dem Versuch, Jesus herabzuwürdigen, ihn, einen Lehrer, dessen Tugend und dessen Erkenntnis aus jedem Angriff um so glänzender hervorleuchteten. Sie blickten auf das Mienenspiel der Priester und Ältesten und sahen dort Verdruß und Verwirrung. Die meisten von ihnen wunderten sich, daß die Obersten nicht an Jesus glauben wollten, da seine Lehren doch so klar und einfach waren. Sie selbst wußten nicht, was sie tun sollten. Mit gespannter Sorge beobachteten sie die Reaktion jener, deren Rat sie stets gefolgt waren.

Mit seinen Gleichnissen verfolgte Jesus zweierlei: er wollte die Obersten warnen und gleichzeitig das Volk belehren, das willig war, sich belehren zu lassen. Dazu war es notwendig, noch deutlicher zu sprechen. Ihre Ehrfurcht vor der Tradition und ihr blinder Glaube an eine verderbte Priesterschaft hatte das Volk in sklavische Abhängigkeit gebracht. Diese Ketten mußte Christus zerbrechen. Das wahre Wesen der Priester, Obersten und Pharisäer mußte restlos enthüllt werden.

„Auf des Mose Stuhl", sagte Christus, „sitzen die Schriftgelehrten und Pharisäer. Alles nun, was sie euch sagen, das tut und haltet; aber nach ihren Werken sollt ihr nicht tun; sie sagen's wohl, und tun's nicht." [1] Die Schriftgelehrten und Pharisäer behaupteten, wie Mose mit göttlicher Vollmacht ausgerüstet zu sein. Sie maßten sich an, seinen Platz als Ausleger des Gesetzes und Richter des Volkes einzunehmen. Als solche forderten sie vom Volk größte Ehrerbietung und völligen Gehorsam. Der Herr gebot den Zuhörern, alles zu tun, was die Rabbiner in Übereinstimmung mit dem Gesetz lehrten, niemals aber ihrem Beispiel zu folgen, da diese selbst nicht nach ihrer Lehre handelten.

Sie verkündigten vieles, was den heiligen Schriften entgegen war. Jesus sagte: „Sie binden schwere Bürden und legen sie den Menschen auf den Hals; aber sie selbst wollen sie nicht mit einem Finger anrühren." [2] Die Pharisäer hatten eine Fülle von Vorschriften eingeführt, die sich lediglich auf Überlieferungen gründeten und die die persönliche Freiheit auf eine unvernünftige Art beschränkten. Bestimmte Teile des Gesetzes erklärten sie so, daß dem Volk Pflichten auferlegt wurden, die sie selbst insgeheim unbeachtet ließen und von denen entbunden zu sein sie behaupteten, wenn es ihren Absichten nutzte.

„Weh euch, Schriftgelehrte und Pharisäer, ihr Heuchler, die ihr das Himmelreich zuschließet vor den Menschen! Ihr gehet nicht hinein, und die hinein wollen, lasset ihr nicht hineingehen." [3] Durch die falsche Auslegung der heiligen Schriften verblendeten die Priester und Schriftgelehrten die Sinne derer, die sonst die Erkenntnis über das Reich Gottes empfangen hätten sowie jenes innere, göttliche Leben, das zur wahren Heiligkeit unbedingt notwendig ist.

„Weh euch, Schriftgelehrte und Pharisäer, die ihr der Witwen Häuser fresset und verrichtet zum Schein lange Gebete! Darum werdet ihr ein desto schwereres Urteil empfangen.“ [4] Die Pharisäer übten großen Einfluß auf das Volk aus und zogen daraus Vorteile für ihre eigenen Interessen. Sie gewannen das Vertrauen frommer Witwen und stellten es diesen als eine Pflicht dar, ihr Eigentum religiösen Zielen zu weihen. Verfügten sie dann über das Vermögen dieser Frauen, verwandten die verschlagenen Ränkeschmiede es zu ihrem eigenen Nutzen. Um ihren Betrug zu vertuschen, sprachen sie öffentlich lange Gebete und trugen eine betonte Frömmigkeit zur Schau.

Schonungslos verurteilte Jesus alle Mißbräuche, ohne dabei die Verpflichtungen zu verringern, die das Gesetz dem Gläubigen auferlegt. Er tadelte die Selbstsucht, die der Witwen Gaben erpreßte und falsch verwendete, gleichzeitig lobte er die Witwe, die ihre Gaben in die Schatzkammer Gottes brachte. Der Mißbrauch der Opfergaben vermochte dem Geber den Segen Gottes nicht zu rauben.

Der Heiland stand im Vorhof in der Nähe des Gotteskastens und beobachtete, wie die Gläubigen ihre Gaben darbrachten. Viele der Wohlhabenden brachten große Summen, die sie auffällig in den Kasten legten. Der Herr sah sie traurig an, sagte jedoch nichts zu ihrem großzügigen Opfer. Als aber eine arme Witwe sich zögernd näherte, als fürchte sie, beobachtet zu werden, erhellte sich sein Angesicht. Als die Reichen und Hochmütigen vorübereilten, um ihre Gaben in den Kasten zu legen, schreckte sie zurück, als ob es großen Mut kostete, sich weiter heranzuwagen. Dennoch verlangte es sie, für die Sache, die sie liebte, ebenfalls etwas zu geben, sei es auch noch so gering. Die Frau schaute auf die Münzen in ihrer Hand. Es war wenig im Vergleich zu den Gaben der anderen; doch es war alles, was sie besaß. Sie paßte eine günstige Gelegenheit ab, warf rasch ihre zwei Scherflein in den Kasten und ging eilends davon. Dabei begegnete sie dem Blick Jesu, der mit großem Ernst auf ihr ruhte.

Jesus rief seine Jünger zu sich und lenkte ihre Aufmerksamkeit auf die Armut der Witwe. Dann sprach er die lobenden Worte: „Wahrlich, ich sage euch: Diese arme Witwe hat mehr in den Gotteskasten gelegt als alle, die eingelegt haben.“ [5] Freudentränen standen bei diesen Worten in den Augen der armen Frau; sie fühlte ihre Tat verstanden und gewürdigt. Viele würden ihr geraten haben, ihre kleine Gabe für sich zu behalten, da sie in den Händen der wohlgenährten Priester unter den vielen reichen Gaben, die in die Schatzkammer gebracht wurden, nichts bedeutete. Aber Jesus kannte ihr Herz. Sie glaubte, daß der Tempeldienst von Gott eingesetzt war, und sie zeigte sich eifrig bestrebt, alles ihr mögliche zu tun, um ihn zu unterstützen. Weil sie tat, was sie konnte, wurde ihr Handeln für alle Zeit ein Denkmal zu ihrem Gedächtnis. Sie hatte ihr Herz sprechen lassen.

Jesus sagte von der armen Witwe, daß sie mehr als sie alle eingelegt habe. Die Reichen hatten von ihrem Überfluß gegeben, viele sogar lediglich aus dem Grunde, um von andern gesehen und geehrt zu werden. Ihre große Gabe hatte weder ihrer Bequemlichkeit noch ihrem Überfluß Abbruch getan. Es war für sie kein wirkliches Opfer, und ihre Gabe hielt keinen Vergleich aus mit dem Scherflein der Witwe.

Das Motiv ist es, das für unsere Handlungen maßgebend ist; es bestimmt ihren Wert oder Unwert. Nicht die großen Dinge, die jedes Auge sieht und jede Zunge lobt, nennt Gott die köstlichsten, sondern es sind die kleinen, freudig erfüllten Pflichten, geringe, unauffällige Gaben, die menschlichen Augen wertlos dünken mögen, welche Gott oft am höchsten bewertet. Ein Herz voll Glauben und Liebe ist dem Herrn mehr wert als die kostbarste Gabe. Die arme Witwe gab mit dem wenigen, das sie brachte, „alles, wovon sie lebte".[5] Sie verzichtete auf ihre Speise, um jene zwei Scherflein der Sache beizusteuern, die sie liebte, und sie tat es im Glauben, darauf vertrauend, daß der himmlische Vater sie in ihrer Armut nicht übersehen werde. Dieser selbstlose Geist und dieser kindliche Glaube fanden das Lob des Heilandes.

Es gibt viele Arme, die Gott gern ihre Dankbarkeit für seine Gnade und Wahrheit zum Ausdruck bringen wollen. Mit ihren wohlhabenden Brüdern vereinigen sie sich in dem Verlangen, das Werk Gottes zu unterstützen. Diese Seelen sollten nicht zurückgewiesen werden. Laßt sie ihre Scherflein in der Bank des Himmels anlegen. Wird aus einem liebevollen, gotterfüllten Herzen gegeben, dann werden diese scheinbaren Kleinigkeiten geheiligte, unschätzbare Opfergaben, die Gott wohlgefällig sind und die er segnet.

Als Jesus von der Witwe sagte, daß sie „mehr als sie alle eingelegt"[6] habe, waren seine Worte doppelt wahr. Nicht nur der Beweggrund hatte das Opfer aufgewertet, sondern auch die Wirkung der Gabe. Die zwei Scherflein, die einen Heller ausmachten, brachten eine viel größere Summe in den Gotteskasten als alle Beiträge der reichen Juden. Der Einfluß jener kleinen Gabe ist wie ein Strom gewesen, der, klein im Anfang, immer breiter und tiefer wurde, je länger er durch die Zeitalter dahinfloß. Auf vielerlei Weise hat das Beispiel der selbstlosen Witwe zur Unterstützung der Armen und zur Ausbreitung des Evangeliums beigetragen und seine Wirkung und Rückwirkung auf Tausende Herzen in allen Landen zu allen Zeiten gehabt. Sie hat Reiche und Arme beeinflußt, und deren Opfer haben den Wert ihrer Gabe anwachsen lassen. Der Segen Gottes, der auf dem Scherflein der Witwe ruhte, hat die kleine Gabe zu einer reichen Quelle gemacht. So ist es mit jeder Gabe, die gegeben, und mit jeder Handlung, die getan wird in dem aufrichtigen Verlangen, die Ehre Gottes zu mehren; denn sie entsprechen den Absichten des Allmächtigen, und ihre segensreichen Folgen kann kein Mensch ermessen.

„Weh euch, Schriftgelehrte und Pharisäer, ihr Heuchler, die ihr verzehntet Minze, Dill und Kümmel und lasset dahinten das Wichtigste im Gesetz, nämlich das Recht, die Barmherzigkeit und den Glauben! Dies sollte man tun und jenes nicht lassen.“ [7] Der Heiland verurteilt hier noch einmal den Mißbrauch heiliger Verpflichtungen. Die Verpflichtung selbst ließ er bestehen. Die Gabe des Zehnten war von Gott eingesetzt, sie ist von den frühesten Zeiten an eingehalten worden. Abraham, der Vater der Gläubigen, bezahlte den Zehnten von allem, was er hatte. Auch die jüdischen Obersten anerkannten zu Recht die Pflicht, den Zehnten zu geben; sie ließen jedoch das Volk nicht nach eigener Überzeugung handeln. Für jeden Fall hatten sie willkürlich Regeln aufgestellt, und die Forderungen waren so erschwert worden, daß es dem Volke unmöglich war, sie zu erfüllen; niemand wußte, wann er seinen Verpflichtungen nachkam. Gottes Gebot, wie er es gegeben hatte, war gerecht und vernünftig, aber die Priester und Rabbis hatten es zu einer Last gemacht.

Jede göttliche Verordnung ist bedeutungsvoll. Jesus betrachtete das Geben des Zehnten als selbstverständliche Verpflichtung, machte aber darauf aufmerksam, daß es keineswegs die Vernachlässigung anderer Pflichten entschuldige. Die Pharisäer waren sehr genau im Verzehnten der Gartenkräuter, wie Minze, Dill und Raute. Dies kostete sie wenig, verschaffte ihnen aber den Ruf der Genauigkeit und Frömmigkeit; gleichzeitig aber setzten sie das Volk mit ihren nutzlosen Einschränkungen unter Druck und zerstörten die Achtung vor der Heiligkeit der göttlichen Ordnung. Sie beschäftigten die Sinne der Menschen mit unbedeutenden Unterscheidungen und lenkten dadurch die Aufmerksamkeit von wichtigen Wahrheiten ab. Die schwerwiegendsten Dinge des Gesetzes – Gerechtigkeit, Barmherzigkeit und Glaube – wurden übersehen. Darum sagte Jesus mit Recht, das eine solle man tun und das andere nicht lassen.

Noch andere Gesetze waren von den Rabbinern in ähnlicher Weise entstellt worden. So war es in den durch Mose gegebenen Verordnungen verboten, etwas Unreines zu essen. Darunter fiel der Genuß des Fleisches von Schweinen und bestimmten anderen Tieren, da dadurch offenbar das Blut verunreinigt und das Leben verkürzt würde. Die Pharisäer beließen es aber nicht bei den Beschränkungen, die Gott ihnen geboten hatte, sondern übertrieben die Erfüllung der göttlichen Verordnungen in ungerechtfertigter Weise. Unter anderem mußten die Leute alles Wasser vor dem Gebrauch seihen, damit nicht das kleinste Ungeziefer darin verbliebe, das eventuell zu den unreinen Tieren gehöre. Der Heiland verglich diese Kleinlichkeitskrämerei mit der Größe ihrer wirklichen Sünden und sagte zu den Pharisäern: „Ihr blinden Führer, die ihr Mücken seihet und Kamele verschluckt!“ [8]

„Weh euch, Schriftgelehrte und Pharisäer, ihr Heuchler, die ihr seid gleichwie die übertünchten Gräber, welche auswendig hübsch scheinen, aber inwendig sind sie voller Totengebeine und lauter Unrat!“ [9] Wie die übertünchten und schön geschmückten Gräber die verwesenden Überreste verbargen, so lag hinter der äußeren Heiligkeit der Priester und Obersten ihre Sündhaftigkeit verborgen.

Jesus fuhr fort: „Weh euch, Schriftgelehrte und Pharisäer, ihr Heuchler, die ihr den Propheten Grabmäler bauet und schmücket der Gerechten Gräber und sprecht: Wären wir zu unsrer Väter Zeiten gewesen, so wären wir nicht mit ihnen schuldig geworden an der Propheten Blut! So gebt ihr über euch selbst Zeugnis, daß ihr Kinder seid derer, die die Propheten getötet haben.“ [10] Um ihre Wertschätzung der verstorbenen Propheten zu zeigen, waren die Juden eifrig bemüht, deren Gräber zu verschönern; dabei beherzigten sie weder ihre Lehren, noch beachteten sie ihre Zurechtweisungen.

Zur Zeit Christi zollte man den Ruhestätten der Toten eine abergläubische Achtung; große Geldsummen wurden für ihre Ausschmükkung verwendet. Vor Gott war das Götzendienst; denn in ihrer übertriebenen Verehrung der Toten zeigten die Menschen, daß sie Gott nicht über alles liebten noch ihren Nächsten wie sich selbst. Solche Übertreibungen in der Totenverehrung finden wir in noch größerem

Umfang auch heute. Viele vernachlässigen die Witwen und Waisen, die Kranken und Armen, nur um den Toten kostbare Gedenksteine setzen zu können. Zeit, Geld und Arbeit werden hierfür bereitwillig gegeben, während die Pflichten gegen die Lebenden – Aufgaben, die Christus deutlich eingeschärft hatte – versäumt werden.

Die Pharisäer bauten der Propheten Grabstätten, schmückten deren Gräber und sagten zueinander: Wenn wir in den Tagen unserer Väter gelebt hätten, würden wir uns nicht mit ihnen vereint haben, das Blut der Diener Gottes zu vergießen. Und doch planten sie zur gleichen Zeit, das Leben des Sohnes Gottes zu vernichten. Das sollte uns eine Lehre sein und uns die Augen öffnen, die Macht Satans zu erkennen, welche alle Menschen täuscht, die sich von dem Licht der Wahrheit abwenden.

Viele folgen heute den Wegen der Pharisäer. Sie ehren die Menschen, die um ihres Glaubens willen gestorben sind; sie wundern sich über die Blindheit der Juden, die Jesus verwarfen, und erklären: Hätten wir zu seiner Zeit gelebt, würden wir seine Lehren mit Freuden angenommen haben; wir wären niemals mit jenen schuldig geworden, die ihn verwarfen. Wenn aber der Gehorsam gegen Gott Demütigung und Selbstverleugnung erfordert, dann sind es gerade diese Menschen, die ihre Überzeugung verleugnen und den Gehorsam verweigern und dadurch den gleichen Geist bekunden wie einst die Pharisäer, die Christus verurteilten.

Wie wenig erkannten die Juden die furchtbare Verantwortung, die sie mit der Verwerfung Jesu auf sich nahmen! Seit der Zeit, da erstmals unschuldiges Blut vergossen wurde, als der gerechte Abel durch die Hand Kains fiel, hat sich das gleiche Geschehen mit wachsender Schuld wiederholt. Zu jeder Zeit haben treue Verkündiger Gottes ihre Stimme gegen die Sünden der Könige, der Obersten und des Volkes erhoben, indem sie sprachen, was Gott ihnen geboten hatte. Unter Einsatz ihres Lebens gehorchten sie seinem Willen. Von Geschlecht zu Geschlecht hat sich das schreckliche Strafmaß über die Verleugner des Lichtes und der Wahrheit angehäuft. Dies wurde von den Feinden Christi nun auf sie selbst herabbeschworen. Die Sünde der Priester und Obersten war größer als die irgendeines anderen Geschlechtes; denn durch die Verwerfung Jesu hafteten sie für das Blut aller erschlagenen Gerechten von Abel bis zu Christus. Sie standen im Begriff, den Kelch ihrer Missetaten zum Überlaufen zu bringen. Bald würde dieser in vergeltender Gerechtigkeit über ihrem Haupt ausgegossen werden. Jesus warnte sie davor:

„Auf daß über euch komme all das gerechte Blut, das vergossen ist auf Erden, von dem Blut des gerechten Abel an bis auf das Blut des Zacharias, des Sohnes Barachjas, welchen ihr getötet habt zwischen Tempel und Altar. Wahrlich, ich sage euch, daß solches alles wird über dies Geschlecht kommen.“ [11]

Die Schriftgelehrten und Pharisäer, die dem Herrn zuhörten, wußten, daß er die Wahrheit sprach. Sie wußten, wie der Prophet Zacharias getötet worden war. Während er die Warnungsbotschaft Gottes verkündigte, ergriff den abtrünnigen König satanische Wut, und auf seinen Befehl hin wurde der Prophet getötet. Sein Blut hatte auf den Steinen des Tempelhofes unaustilgbare Spuren hinterlassen und zeugte gegen das abgefallene Israel. Solange der Tempel stände, würden die Spuren des Blutes dieses Gerechten zu Gott um Rache schreien. Als Jesus auf die schrecklichen Folgen dieser Sünden hinwies, wurde die Menge von Schauder ergriffen.

Der Heiland aber weissagte ferner, daß die Unbußfertigkeit der Juden und ihre Unduldsamkeit gegen die Diener Gottes unverändert fortbestehen würden. Er sagte: „Darum siehe, ich sende zu euch Propheten und Weise und Schriftgelehrte; und deren werdet ihr etliche töten und kreuzigen, und etliche werdet ihr geißeln in euren Synagogen und werdet sie verfolgen von einer Stadt zu der andern.“ [12] Propheten und weise Männer, voll Glaubens und voll Heiligen Geistes – Stephanus, Jakobus und viele andere –, würden verurteilt und getötet werden. Mit zum Himmel emporgestreckter Hand sprach Christus, von göttlichem Licht umhüllt, als Richter zu jenen, die vor ihm standen. Die Stimme, die so oft gütig und bittend geklungen hatte, sprach jetzt tadelnd und verurteilend, so daß die Zuhörer angstvoll erbebten. Niemals würden sie den Eindruck seiner Worte und seinen Flammenblick aus ihrem Gedächtnis auslöschen können!

Die Entrüstung des Heilandes richtete sich gegen die Heuchelei, die groben Sünden, durch die die Menschen ihre Seele verdarben, das Volk verführten und Gott entehrten. Er erkannte in den nur auf Scheingründen beruhenden, trügerischen Beweisführungen der Priester und Obersten das Wirken satanischer Kräfte. Scharf und durchdringend prangerte er die Sünde an, ohne ein Wort von Vergeltung zu sprechen. Er hatte einen heiligen Zorn gegen den Fürsten der Finsternis; aber er zeigte sich nicht in gereizter Stimmung. So wird auch der Christ, der in Einklang mit Gott lebt und Liebe und Barmherzigkeit besitzt, eine gerechte Entrüstung gegen die Sünde empfinden; aber er wird sich nicht aufreizen lassen, jene zu schelten, die ihn schmähen. Selbst wenn er mit solchen Menschen zusammentrifft, die von einer satanischen Macht bewegt werden und der Lüge dienen, wird er noch immer Ruhe und Selbstbeherrschung bewahren.

Göttliches Mitleid überwältigte den Heiland, als er seinen Blick über den Tempel und über seine Zuhörer gleiten ließ. Mit vor tiefer Herzensangst und bitteren Tränen fast erstickter Stimme rief er aus: „Jerusalem, Jerusalem, die du tötest die Propheten und steinigst, die zu dir gesandt sind! Wie oft habe ich deine Kinder versammeln wollen, wie eine Henne versammelt ihre Küchlein unter ihre Flügel; und ihr habt nicht gewollt!“ [13] Aus Christi Klage spricht Gottes Barmherzigkeit. Sie ist das geheimnisvolle Abschiedswort seiner langmütigen Liebe.

Die Pharisäer und Sadduzäer waren zum Schweigen gebracht. Der Herr rief seine Jünger und verließ den Tempel. Er ging nicht als Besiegter oder als ein durch die Gegenwart seiner Widersacher Bezwungener, sondern als einer, dessen Werk vollendet war. Er verließ als Sieger diesen Streit.

Die Perlen der Wahrheit, die Jesus an jenem ereignisreichen Tag ausgeteilt hatte, wurden in manchem Herzen treu bewahrt. Neue Gedanken bildeten sich, neues Streben wurde erweckt, und ein neues Erleben begann. Diese Bekenner Jesu traten nach der Kreuzigung und Auferstehung Christi öffentlich hervor und erfüllten ihren göttlichen Auftrag mit einer Weisheit und einem Eifer, die der Größe ihrer Aufgabe entsprachen. Sie trugen eine Botschaft, die zu den Herzen der Menschen sprach und die die alten abergläubischen Gewohnheiten schwächte, welche das Leben Tausender lange Zeit niedergehalten hatten. Vor ihrem Zeugnis wurden menschliche Lehren und Philosophien eitle Fabeln. Machtvoll wirkten die Worte des Heilandes, die er zu jener verwunderten und erschütterten Menge im Tempel zu Jerusalem gesprochen hatte.

Israel als Volk aber hatte sich von Gott getrennt. Die natürlichen Zweige des Ölbaumes waren abgebrochen. Indem er einen letzten Blick in das Innere des Tempels warf, sprach Jesus mit trauriger Stimme: „Siehe, euer Haus soll euch wüste gelassen werden. Denn ich sage euch: Ihr werdet mich von jetzt an nicht sehen, bis ihr sprecht: Gelobt sei, der da kommt im Namen des Herrn!" [14] Bisher hatte er den Tempel seines Vaters Haus genannt; doch jetzt, da er als der Sohn Gottes jene Mauern verlassen sollte, würde sich Gottes Gegenwart für immer von dem zu seiner Herrlichkeit erbauten Tempel zurückziehen. Künftig würden seine Zeremonien ohne Bedeutung sein und seine Gottesdienste nur noch Schein.

„Es waren aber etliche Griechen unter denen, die hinaufgekommen waren, daß sie anbeteten auf dem Fest. Die traten zu Philippus, der von Bethsaida aus Galiläa war, baten ihn und sprachen: Herr, wir wollten Jesus gerne sehen. Philippus kommt und sagt's Andreas, und Philippus und Andreas sagten's Jesus weiter." [1]

Es schien, als ob Christi Werk zu dieser Zeit eine empfindliche Niederlage erlitten hätte. Christus war aus dem Wortstreit mit den Priestern und Pharisäern wohl als Sieger hervorgegangen, doch es war offensichtlich, daß er von ihnen nie als Messias anerkannt würde. Die Trennung war endgültig; den Jüngern schien die Lage hoffnungslos. Jesus aber näherte sich der Vollendung seines Werkes. Das große Ereignis, das nicht nur das jüdische Volk, sondern die ganze Welt betraf, stand nahe bevor. Als der Heiland die eifrig vorgetragene Bitte: „Wir wollten Jesus gerne sehen" vernahm und in ihr das sehnsüchtige Verlangen der ganzen Welt ausgedrückt fand, erhellte sich sein Angesicht, und er sagte: „Die Zeit ist gekommen, daß des Menschen Sohn verherrlicht werde." [2] In dem Verlangen der Griechen erkannte er einen ersten Hinweis auf die außerordentliche Wirkung seines großen Opfers.

Wie einst die Weisen aus dem Morgenland am Anfang seines irdischen Lebens zu Christus gekommen waren, so kamen jetzt am Ende seines Lebens die Männer aus dem Westen. Zur Zeit der Geburt Christi waren die Juden so sehr von ihren ehrgeizigen Plänen erfüllt, daß sie nichts von seiner Ankunft wußten. Die Weisen aus einem heidnischen Lande mußten mit ihren Geschenken zur Krippe kommen, um den Heiland anzubeten. Ebenso kamen jetzt die Griechen als Vertreter der Völker der Welt, um Jesus zu sehen. Auf die gleiche Weise würden die Menschen aller Länder und aller Zeiten durch das Kreuz Christi angezogen werden. „Viele werden kommen vom Osten und vom Westen und mit Abraham und Isaak und Jakob im Himmelreich sitzen." [3]

Die Griechen hatten von Jesu triumphalem Einzug in Jerusalem gehört. Manche nahmen an – und sie hatten dieses Gerücht auch verbreitet –, daß Jesus die Priester und Obersten aus dem Tempel gejagt und von dem Thron Davids Besitz ergriffen hätte und nun als König über Israel herrsche. Die Griechen wollten sich jetzt über diesen Jesus und seine Mission Gewißheit verschaffen. „Wir wollten Jesus gerne sehen“, sagten sie. Ihr Wunsch wurde erfüllt. Als Jesus von dem Verlangen der Griechen erfuhr, befand er sich gerade in jenem Teil des Tempels, in dem sich nur Juden aufhalten durften, doch er ging hinaus in den Vorhof und sprach dort mit ihnen.

Die Stunde der Verherrlichung Christi war gekommen. Er stand bereits im Schatten des Kreuzes, und das Verlangen der Griechen bestätigte ihm, daß durch das Opfer seines Lebens viele Seelen für Gott gewonnen würden. Er wußte auch, daß die Griechen ihn bald in einer Lage sehen würden, wie sie es niemals vermutet hätten; sie würden ihn bald neben Barabbas, einem Räuber und Mörder, erblicken, den man sogar ihm noch vorzöge. Sie würden auch hören, wie das von den Priestern und Obersten beeinflußte Volk seine Wahl träfe und auf die Frage des Pilatus: „Was soll ich denn machen mit Jesus?“ antwortete: „Laß ihn kreuzigen!“[4] Der Herr wußte aber auch, daß durch dieses Sühneopfer für die Sünden der Welt sein Reich vollendet und über alle Völker ausgedehnt, daß er als Welterneuerer wirken und sein Geist endlich siegen würde. Für einen Augenblick schaute er in die Zukunft und hörte Stimmen in allen Teilen der Erde ausrufen: „Siehe, das ist Gottes Lamm, welches der Welt Sünde trägt!“[5] Er sah in diesen Fremdlingen das Unterpfand einer großen Ernte, wenn die Scheidewand zwischen Juden und Heiden niedergerissen würde und alle Geschlechter, Sprachen und Zungen die Botschaft vom Reich hörten. Diese Erwartung, dieses Ziel seiner Hoffnungen fand seinen Ausdruck in den Worten: „Die Zeit ist gekommen, daß des Menschen Sohn verherrlicht werde.“[2] Die Art und Weise dieser Verherrlichung war ihm durchaus bewußt. Das Einsammeln der Heiden würde nach seinem Tode beginnen; nur durch sein Opfer am Kreuz konnte die Welt erlöst werden. Gleich dem Weizenkorn mußte des Menschen Sohn in die Erde gelegt werden, sterben und begraben werden, um wiederum zu leben.

Christus sprach über seine Zukunft; dabei stützte er sich auf Beispiele aus der Natur, damit die Jünger verstehen sollten, daß die wahre Frucht seines Werkes nur durch seinen Tod reifen konnte. „Wahrlich, wahrlich, ich sage euch: Wenn das Weizenkorn nicht in die Erde fällt und erstirbt, so bleibt's allein; wenn es aber erstirbt, so bringt es viel Frucht.“[6] Wenn das Weizenkorn in die Erde fällt und stirbt, geht es auf und bringt seine Frucht. So würde auch der Tod Christi Frucht tragen für das Reich Gottes. In Übereinstimmung mit den Gesetzmäßigkeiten des Pflanzenreiches ist das Leben die Frucht des Todes Christi. Ein Landmann ist sich dieses natürlichen Vorganges stets bewußt. Jahr für Jahr bewahrt er sich einen Kornvorrat, indem er scheinbar den ausgesuchtesten Teil wegwirft.

Die ausgestreute Saat bringt Frucht, die dann aufs neue der Erde anvertraut wird. Auf diese Weise wird die Ernte ständig vervielfältigt. So bringt auch Christi Tod Frucht zum ewigen Leben.

Das Weizenkorn, das sein eigenes Leben behält, kann keine Frucht bringen; es wird allein bleiben. Christus konnte sich, wenn er wollte, vor dem Tod bewahren; dann würde er aber auch allein bleiben müssen und könnte nicht Söhne und Töchter zu Gott bringen. Nur durch die Dahingabe seines Lebens konnte er der Menschheit Leben schenken; nur dadurch, daß er in die Erde sank und starb, konnte er der Same jener reichen Ernte werden, die aus allen Völkern, Geschlechtern, Sprachen und Zungen für Gott erkauft wird.

Mit dieser Wahrheit verbindet der Herr die Lehre von der Selbstaufopferung, die alle lernen sollten: „Wer sein Leben lieb hat, der wird's verlieren; und wer sein Leben auf dieser Welt hasset, der wird's erhalten zum ewigen Leben.“ [7] Jeder, der als Mitarbeiter Christi Frucht bringen will, muß erst in die Erde fallen und „sterben“; das Leben muß in die Ackerfurche der Weltnot geworfen werden, und Selbstliebe und Eigensucht müssen absterben. Das Gesetz der Selbstaufopferung ist das Gesetz der Selbsterhaltung. Der Landmann erhält sein Korn, indem er es fortwirft und der Erde anvertraut; so ist es auch im menschlichen Leben. Geben heißt leben! Das Leben, das erhalten bleibt, ist das Leben, welches freiwillig in den Dienst Gottes und der Menschen gestellt wird. Wer um Christi willen sein Leben in dieser Welt opfert, wird es für das ewige Leben bewahren.

Das eigennützige Leben gleicht dem Korn, das gegessen wird; es verschwindet, aber es vermehrt sich nicht. Ein Mensch mag dauernd für sich schaffen und sammeln; er mag für sich planen und denken — sein Leben wird vergehen und wird ihm nichts gebracht haben. Das Gesetz des Sich-selbst-Dienens ist im geistlichen Leben das Gesetz der Selbstvernichtung.

„Wer mir dienen will“, sagte Jesus, „der folge mir nach; und wo ich bin, da soll mein Diener auch sein. Und wer mir dienen wird, den wird mein Vater ehren."[8] Alle, die mit dem Herrn das Kreuz der Hingabe getragen haben, werden auch an seiner Herrlichkeit teilhaben. Es war des Heilandes Freude in seiner Erniedrigung und in seinem Schmerz, daß seine Jünger mit ihm verherrlicht würden. Sie sind die Frucht seiner Selbstaufopferung. Die Bekundung seines Wesens und seines Geistes im Leben der Jünger ist sein Lohn und wird in Ewigkeit seine Freude sein. Diese Freude teilen sie mit ihm, wenn sich die Frucht ihrer Arbeit und ihres Opfers im Leben und in den Herzen anderer zeigt. Sie sind des Herrn Mitarbeiter, und Gott wird sie ehren, wie er seinen Sohn ehrt.

Durch die Botschaft der Griechen, die die Einsammlung aller Heiden ankündigte, wurde Jesus an seine Sendung erinnert. Das ganze Erlösungswerk von der Zeit an, da es im Himmel geplant wurde, bis zu seinem baldigen Tode auf Golgatha zog an seinem geistigen Auge vorüber. Eine geheimnisvolle Wolke, deren Schatten alle Umstehenden bemerkten, schien den Sohn Gottes einzuhüllen, während er selbst gedankenverloren dasaß. Schließlich unterbrach er das Schweigen mit trauriger Stimme: „Jetzt ist meine Seele betrübt. Und was soll ich sagen? Vater, hilf mir aus dieser Stunde?"[9] Der Heiland schmeckte schon den bitteren Kelch, und das Menschliche in ihm schreckte zurück vor der Stunde des Verlassenseins, da er allem Anschein nach selbst von Gott verlassen sein würde, und wenn alle ihn sähen – gezüchtigt, von Gott verworfen, niedergeschlagen. Er schreckte zurück vor der öffentlichen Bloßstellung, davor, als schlimmster Verbrecher angesehen zu werden, und vor einem schmachvollen und unehrenhaften Tod. Eine Ahnung von dem Kampf mit den Mächten der Finsternis, ein Gefühl für die furchtbare Last aller menschlichen Übertretungen und für den Zorn des Vaters über die Sünden der Welt belasteten seinen Geist; Todesblässe überzog sein Angesicht.

Dann aber beugte er sich dem Willen seines Vaters und sprach: „Darum bin ich in diese Stunde gekommen. Vater, verherrliche deinen Namen!" Nur durch Christi Tod konnte Satans Reich gestürzt, nur so konnte der Mensch erlöst und Gott verherrlicht werden. Jesus ergab sich dem Todeskampf; er nahm das Opfer auf sich – die Majestät des Himmels zeigte sich bereit, als Sündenträger zu leiden. „Vater, verherrliche deinen Namen!" bat der Heiland. Als Christus diese Worte sprach, kam die Antwort aus der über ihm schwebenden Wolke: „Ich habe ihn verherrlicht und will ihn abermals verherrlichen."[10] Jesu ganzes Leben von der Krippe an bis zu der Zeit, da diese Worte gesprochen wurden, hatte Gott verherrlicht, und in der herannahenden Prüfung würden die göttlich-menschlichen Leiden des Heilandes den Namen des himmlischen Vaters aufs neue verherrlichen.

Als die „Stimme vom Himmel“ ertönte, fuhr ein Lichtstrahl aus der Wolke und umgab Jesus, als ob die Arme der ewigen Macht ihn wie eine feurige Mauer umfingen. Das Volk schaute mit Schrecken und größtem Erstaunen auf dieses Geschehen. Niemand wagte zu reden. Schweigend, mit angehaltenem Atem standen sie alle, die Augen auf Christus gerichtet. Nachdem das Zeugnis des Vaters gegeben war, hob sich die Wolke und verteilte sich über ihnen. Die sichtbare Gemeinschaft zwischen dem Vater und dem Sohn war erst einmal wieder beendet.

„Da sprach das Volk, das dabeistand und zuhörte: Es donnerte. Die andern sprachen: Es redete ein Engel mit ihm.“ [11] Die Griechen sahen die Wolke und hörten die Stimme, sie verstanden deren Bedeutung und erkannten wahrhaftig den Heiland; er wurde ihnen als der Gesandte Gottes offenbart.

Die Stimme Gottes, die bei der Taufe Jesu am Beginn seines Lehramtes und wiederum bei seiner Verklärung gehört worden war, war jetzt, am Schluß seines Dienstes, zum drittenmal vor einer großen Volksmenge und unter besonderen Umständen erklungen. Jesus hatte den Juden gerade die so sehr ernste Wahrheit hinsichtlich ihres Zustandes vor Augen gehalten. Er hatte ihnen eine letzte Warnung zugerufen und ihren Untergang angekündigt. Da setzte Gott wiederum sein Siegel auf die Botschaft seines Sohnes und bestätigte ihn, den Israel verworfen hatte. „Diese Stimme ist nicht um meinetwillen geschehen, sondern um euretwillen.“ [12] Sie war der krönende Beweis seiner göttlichen Sendung; sie war das Zeichen des Allmächtigen, daß Jesus die Wahrheit gesprochen hatte und daß er der eingeborene Sohn des Himmels war.

„Jetzt geht das Gericht über die Welt“, sagte Jesus weiter. „Nun wird der Fürst dieser Welt ausgestoßen werden. Und ich, wenn ich erhöht werde von der Erde, so will ich alle zu mir ziehen. Das sagte er aber, zu zeigen, welches Todes er sterben würde.“ [13] Damit wies der Herr auf die Entscheidungsstunde für die Welt. Wenn er die Sünden der Menschen versöhnen wird, dann wird die Welt erleuchtet, Satans Macht über die Seelen gebrochen, das entstellte Ebenbild Gottes im Menschen wiederhergestellt und eine Familie gläubiger Kinder Gottes schließlich in der himmlischen Heimat gesammelt werden. Dies ist das Ergebnis des Erlösungstodes Jesu. Der Heiland ist in Gedanken bei dem Siegesjubel, der sich entfalten wird; er sieht auch das Kreuz, das fürchterliche Fluchholz, mit all seinen Schrecken in Herrlichkeit erstrahlen.

Doch das Erlösungswerk für die Menschen ist nicht alles, was durch das Kreuz vollbracht wird. Gottes Liebe offenbart sich dem ganzen Weltall. Der Fürst dieser Welt ist ausgestoßen, die Anklagen Satans gegen Gott werden widerlegt, und die Vorwürfe, die er gegen den Himmel schleuderte, für immer beseitigt. Sowohl Engel als auch Menschen werden zu dem Erlöser gezogen. „Wenn ich erhöht werde von der Erde, so will ich alle zu mir ziehen."

Viele Menschen waren um den Herrn versammelt, als er diese Worte sprach. „Da antwortete ihm das Volk: Wir haben gehört im Gesetz, daß der Christus ewiglich bleibe; und wie sagst du denn: Des Menschen Sohn muß erhöht werden? Wer ist dieser Menschensohn? Da sprach Jesus zu ihnen: Es ist das Licht noch eine kleine Zeit bei euch. Wandelt, solange ihr das Licht habt, damit euch die Finsternis nicht überfalle. Wer in der Finsternis wandelt, der weiß nicht, wo er hingeht. Glaubet an das Licht, solange ihr's habt, auf daß ihr des Lichtes Kinder werdet . . . Und ob er wohl solche Zeichen vor ihnen getan hatte, glaubten sie doch nicht an ihn." [14]

Einst hatten sie Jesus gefragt: „Was tust du denn für ein Zeichen, auf daß wir sehen und glauben dir?" [15] Ungezählte Zeichen waren gegeben worden; aber sie hatten ihre Augen vor ihnen verschlossen und ihre Herzen verhärtet. Sogar jetzt, da der Allmächtige selbst geredet hatte und sie nicht weiter nach einem Zeichen fragen konnten, weigerten sie sich zu glauben.

„Doch auch der Obersten glaubten viele an ihn; aber um der Pharisäer willen bekannten sie es nicht, auf daß sie nicht in den Bann getan würden." [16] Sie schätzten Menschenlob höher als das Wohlgefallen Gottes, und um sich selbst vor Tadel und Schande zu bewahren, verleugneten sie Christus und verwarfen das Angebot des ewigen Lebens. Wie viele haben in den folgenden Jahrhunderten das gleiche getan! Wie schmerzlich für die, welche die Zeit ihrer Heimsuchung nicht erkannten! Langsam und mit trauerndem Herzen verließ der Heiland für immer den Bereich des Tempels.

Christi Wort zu den Priestern und Obersten: „Siehe, euer Haus soll euch wüste gelassen werden“ [1] hatte ihre Herzen mit großer Furcht erfüllt. Sie stellten sich zwar gleichgültig, doch innerlich beschäftigte sie lebhaft die Frage nach der Bedeutung dieser Worte. Sie fühlten sich wie von einer unsichtbaren Gefahr bedroht. Konnte es sein, daß der herrliche Tempel, der Ruhm des jüdischen Volkes, bald eine Trümmerstätte sein würde? Auch die Jünger waren von einer bösen Ahnung erfüllt, und sie warteten voller Unruhe auf eine genauere Erklärung Jesu. Als sie mit ihm den Tempel verließen, lenkten sie seine Aufmerksamkeit auf dessen Stärke und Schönheit. Die Steine des Tempels waren aus reinstem Marmor, blendend weiß, und manche von ihnen von riesenhaften Ausmaßen. Ein Teil der Mauer hatte sogar der Belagerung durch das Heer Nebukadnezars widerstanden. Das Mauerwerk schien so festgefügt, als wäre es ein einziger massiver Stein, der aus dem Steinbruch herausgebrochen worden war. Wie diese mächtigen Mauern jemals überwunden werden sollten, war den Jüngern unverständlich.

Welche Gedanken müssen den Heiland wohl bewegt haben, als seine Aufmerksamkeit von der Herrlichkeit des Tempels gefesselt war! Gewiß, der Anblick, der sich ihm bot, war in der Tat wunderbar, doch mit tiefer Trauer sagte er: Ich sehe alles. Der Tempel ist wirklich ein herrlicher Bau. Ihr zeigt auf jene unzerstörbar scheinenden Mauern; doch hört auf meine Worte: Es kommt der Tag, da wird hier „nicht ein Stein auf dem andern bleiben, der nicht zerbrochen werde“.[2]

Christus hatte zu vielen Zuhörern gesprochen; nun aber, da er allein auf dem Ölberg saß, traten Petrus, Johannes und Jakobus zu ihm mit der Bitte: „Sage uns, wann wird das geschehen? und welches wird das Zeichen sein deines Kommens und des Endes der Welt?“ [3] In seiner Antwort an die Jünger trennte Jesus die Zerstörung Jerusalems nicht von dem großen Tag seines Kommens. Er verband die Schilderung jener beiden Ereignisse. Hätte er die künftigen Dinge so geschildert, wie er sie vor seinem Auge sah, dann wären die Jünger unfähig gewesen, dies alles zu ertragen. In seiner Barmherzigkeit verknüpfte er harmonisch die Schilderung dieser beiden entscheidungsvollen Ereignisse und überließ es den Jüngern, deren Bedeutung herauszufinden. Als er auf die Zerstörung Jerusalems hinwies, bezogen sich seine prophetischen Worte auch auf den letzten Weltenbrand in jenen Tagen, da der Herr sich aufmachen wird, die Welt für ihre Bosheit zu strafen, und die Erde alles Blut, das vergossen, ans Licht bringen und die Erschlagenen nicht mehr decken wird. Diese Erklärungen gab Jesus nicht allein um der Jünger willen, sondern er dachte zugleich an alle jene, die in den letzten Tagen der Menschheitsgeschichte leben würden.

Der Heiland wandte sich an die Jünger und sprach: „Sehet zu, daß euch nicht jemand verführe! Es werden viele kommen unter meinem Namen und sagen: Ich bin's, und werden viele verführen."[4] Viele falsche Messiasse werden auftreten und den Anspruch erheben, Wunder zu wirken, und erklären, daß die Zeit der Befreiung des jüdischen Volkes gekommen sei. Dies wird viele Menschen irreführen. Christi Worte erfüllten sich. In der Zeit zwischen seinem Tode und der Belagerung Jerusalems erschienen viele falsche Messiasse. Doch die Warnung Jesu gilt auch jenen, die in unseren Tagen leben; denn die gleichen Täuschungen, die vor der Zerstörung Jerusalems geschahen, sind durch alle Zeitalter hindurch geschehen und werden sich ständig wiederholen.

„Ihr werdet hören von Kriegen und Kriegsgeschrei; sehet zu und erschrecket nicht. Denn das muß so geschehen; aber es ist noch nicht das Ende." Vor der Zerstörung Jerusalems kämpften ehrgeizige Männer um die höchste Gewalt im Staate. Die Herrscher wurden ermordet, vermeintliche Nachfolger erschlagen. Es war von „Kriegen und Kriegsgeschrei" zu hören. „Das muß so geschehen", sprach Christus, „aber es ist noch nicht das Ende [des jüdischen Volkes als Nation]. Denn es wird sich empören ein Volk wider das andere und ein Königreich wider das andere, und werden sein teure Zeit und Erdbeben hin und her. Das alles aber ist der Anfang der Wehen."[5] Der Herr sagte: Wenn die Rabbis diese Zeichen sehen, werden sie diese als Gericht Gottes über die Völker erklären, die sein auserwähltes Volk in Knechtschaft gehalten haben. Sie werden behaupten, dies seien die Zeichen, die die Ankunft des Messias ankündigen. Laßt euch jedoch nicht täuschen! Diese Zeichen sind der Anfang der göttlichen Gerichte. Die Menschen haben auf sich selbst geschaut, sie haben nicht Buße getan und sich nicht bekehrt, daß ich sie reinigen könnte. Die Zeichen, die sie als Beweise ihrer Befreiung von der Knechtschaft ansehen, sind in Wirklichkeit Zeichen ihres Verderbens.

„Alsdann werden sie euch überantworten in Trübsal und werden euch töten. Und ihr werdet gehaßt werden um meines Namens willen von allen Völkern. Dann werden viele der Anfechtung erliegen und werden sich untereinander verraten und werden sich untereinander hassen."[6] Dies alles mußten die Christen erleiden. Eltern verrieten ihre Kinder, Kinder ihre Eltern, und Freunde überantworteten einander dem Hohen Rat. Die Verfolger vollendeten ihr Vorhaben und töteten Stephanus, Jakobus und viele andere Gläubige.

Gott gab den Juden durch seine Boten eine letzte Gelegenheit zur Umkehr. Er offenbarte sich durch seine Zeugen bei deren Gefangennahme, bei deren Verhör und im Gefängnis; dennoch fällten ihre Richter das Todesurteil über sie. Die Verurteilten waren Männer, deren die Welt nicht würdig war. Indem die Juden sie töteten, kreuzigten sie den Sohn Gottes aufs neue, und so wird es wieder geschehen. Die Regierungen werden Gesetze erlassen, die die religiöse Freiheit einschränken, und sie werden sich ein Recht anmaßen, das allein Gott zusteht. Sie werden die Auffassung vertreten, sie dürften die Gewissen zwingen, wo doch Gott allein die Regungen des Gewissens prüfen sollte. Der Anfang dazu ist bereits gemacht, und man wird mit dieser Bedrückung fortfahren, bis eine Grenze erreicht ist, die nicht überschritten werden kann. Gott selbst wird dann zugunsten seines treuen Volkes, das seine Gebote hält, eingreifen.

Bei jeder Verfolgung um des Glaubens willen entscheiden sich Menschen für oder gegen Christus. Jene, die ihre Sympathie denen gegenüber bekunden, die ungerechterweise verurteilt wurden, zeigen dadurch ihre Verbundenheit mit Christus; andere sind verletzt, weil die Grundsätze der Wahrheit ihre Gewohnheiten durchkreuzen; wieder andere straucheln und fallen und verlassen den Glauben, den sie einst selbst verteidigten. Alle, die in der Zeit der Trübsal vom Glauben abfallen, werden um ihrer Sicherheit willen falsches Zeugnis ablegen und ihre Brüder verraten. Christus hat davor gewarnt, damit wir nicht überrascht sein sollen von der unnatürlichen, grausamen Handlungsweise derer, die das Licht verwerfen.

Der Heiland gab seinen Jüngern ein Zeichen des herannahenden Verderbens über Jerusalem und sagte ihnen gleichzeitig, wie sie diesem entfliehen könnten: „Wenn ihr aber sehen werdet Jerusalem belagert von einem Heer, so merket, daß herbeigekommen ist seine Verwüstung. Alsdann, wer in Judäa ist, der fliehe auf das Gebirge, und wer in der Stadt ist, der gehe hinaus, und wer auf dem Lande ist, der komme nicht herein. Denn das sind die Tage der Vergeltung, damit erfüllt werde alles, was geschrieben ist."[7] Diese Warnung wurde gegeben, damit sie vierzig Jahre später bei der Zerstörung Jerusalems beachtet würde. Die Christen folgten diesem Aufruf, und nicht ein einziger von ihnen kam bei der Einnahme der Stadt ums Leben.

„Bittet aber, daß eure Flucht nicht geschehe im Winter oder am Sabbat."[8] Christus, der den Sabbat eingesetzt hatte, hob ihn nicht auf, indem er ihn gewissermaßen an sein Kreuz heftete; er wurde auch durch seinen Tod nicht null und nichtig, sondern er ist vierzig Jahre nach seiner Kreuzigung noch heiliggehalten worden. Vierzig Jahre lang mußten die Christen darum bitten, daß ihre Flucht nicht an einem Sabbat geschehe.

Von der Zerstörung Jerusalems ging Jesus dann rasch auf das größere Geschehen über, dem letzten Glied in der Kette der Weltgeschichte – auf seine Wiederkunft mit großer Kraft und Herrlichkeit. Zwischen diesen beiden Ereignissen lagen vor Jesu Blick lange Jahrhunderte der Finsternis, Zeiten, die für seine Nachfolger mit Blut, Tränen und Todesqualen gekennzeichnet waren. Diese Szenen zu schauen, konnten seine Jünger damals nicht ertragen, und mit einer kurzen Andeutung ging er darüber hinweg. „Es wird alsdann eine große Trübsal sein, wie sie nicht gewesen ist von Anfang der Welt bisher und auch nicht wieder werden wird. Und wenn diese Tage nicht würden verkürzt, so würde kein Mensch selig; aber um der Auserwählten willen werden die Tage verkürzt."[9] Länger als tausend Jahre sollte eine Verfolgung, wie die Welt sie schrecklicher nie zuvor gesehen hatte, über die Nachfolger Christi kommen; Millionen seiner getreuen Gläubigen würden getötet werden. Würde Gott seine Hand nicht ausstrecken, um sein Volk zu bewahren, alle kämen ums Leben. „Aber um der Auserwählten willen werden die Tage verkürzt."

Unmißverständlich spricht Jesus nun über sein zweites Kommen, und er warnt vor den Gefahren, die dieser Wiederkunft vorausgehen werden. „Wenn alsdann jemand zu euch wird sagen: Siehe, hier ist der Christus! oder da! so sollt ihr's nicht glauben. Denn mancher falsche Christus und falsche Propheten werden aufstehen und große Zeichen und Wunder tun, so daß, wenn es möglich wäre, auch die Auserwählten verführt würden. Siehe, ich habe es euch zuvor gesagt. Darum, wenn sie zu euch sagen werden: Siehe, er ist in der Wüste! so gehet nicht hinaus; siehe, er ist in der Kammer! so glaubt es nicht. Denn wie der Blitz ausgeht vom Aufgang und leuchtet bis zum Niedergang, so wird auch sein das Kommen des Menschensohnes."[10] Eines der Zeichen der Zerstörung Jerusalems beschrieb Christus mit den Worten: „Es werden sich viele falsche Propheten erheben und werden viele verführen."[11]

Tatsächlich erhoben sich immer wieder überall Irrlehrer, verführten das Volk und lockten viele in die Wüste. Zauberer und Magier, die den Anspruch erhoben, übernatürliche Kräfte zu besitzen, zogen das Volk in die Einsamkeit der Berge. Diese Weissagung gilt auch für die Endzeit. Die geschilderten Ereignisse sind ein Zeichen der nahen Wiederkunft Christi. Schon jetzt geschehen durch falsche Christusse und falsche Propheten große Zeichen und Wunder, um die Gläubigen zu verführen. Hören wir nicht den Ruf: „Siehe, er ist in der Wüste"? Sind nicht Tausende diesem Ruf gefolgt und in die Wüste gezogen, um dort Christus zu finden? Erklingt nicht in Tausenden von Zusammenkünften, wo Menschen den Verkehr mit den Geistern Verstorbener betreiben, der Ruf: „Siehe, er ist in der Kammer"? Den gleichen Anspruch erhebt der Spiritismus. Doch was sagt Jesus? „Glaubt es nicht. Denn wie der Blitz ausgeht vom Aufgang und leuchtet bis zum Niedergang, so wird auch sein das Kommen des Menschensohnes."

Der Heiland gab uns Zeichen seiner Wiederkunft, ja mehr noch, er bestimmte die Zeit, wann das erste Zeichen geschehen sollte. „Bald aber nach der Trübsal jener Zeit werden Sonne und Mond den Schein verlieren, und die Sterne werden vom Himmel fallen, und die Kräfte der Himmel werden ins Wanken kommen. Und alsdann wird erscheinen das Zeichen des Menschensohnes am Himmel. Und alsdann werden heulen alle Geschlechter auf Erden und werden kommen sehen des Menschen Sohn in den Wolken des Himmels mit großer Kraft und Herrlichkeit. Und er wird senden seine Engel mit hellen Posaunen, und sie werden sammeln seine Auserwählten von den vier Winden, von einem Ende des Himmels bis zum andern."[12]

Christus hat Zeichen seines Kommens gegeben. Nach seinem Willen sollten wir erkennen, wann er nahe vor der Tür ist. Von denen, die diese Zeichen erleben, sagte der Herr: „Dies Geschlecht wird nicht vergehen, bis daß dieses alles geschehe." Diese Zeichen sind erschienen. Wir wissen, daß des Herrn Wiederkunft nahe ist. „Himmel und Erde werden vergehen; aber meine Worte werden nicht vergehen." [13]

Christus kommt in den Wolken des Himmels mit großer Herrlichkeit; eine Schar glänzender Engel wird ihn begleiten. Er wird kommen, um die Toten aufzuwecken und die lebenden Gerechten von Herrlichkeit zu Herrlichkeit zu verwandeln. Er wird wiederkommen, um die zu ehren und zu sich zu nehmen, die ihn geliebt und seine Gebote gehalten haben; er hat weder sie noch seine Verheißung vergessen. Erneut werden wir mit unseren Familienangehörigen verbunden sein. Wenn wir auf unsere Toten schauen, so dürfen wir an den Morgen denken, an dem die Posaune Gottes erschallen wird, „und die Toten werden auferstehen unverweslich, und wir werden verwandelt werden".[14] Nur noch kurze Zeit, und wir werden den König der Welten in seiner Herrlichkeit sehen; nicht mehr lange, und er wird abwischen alle Tränen von unseren Augen und uns „stellen vor das Angesicht seiner Herrlichkeit unsträflich mit Freuden".[15] Darum sagte der Heiland, als er von den Zeichen seiner Wiederkunft sprach: „Wenn aber dieses anfängt zu geschehen, so sehet auf und erhebet eure Häupter, darum daß sich eure Erlösung naht." [16]

Den Tag aber und die Stunde seiner Wiederkunft hat Christus nicht enthüllt; er sagte seinen Jüngern deutlich: „Von dem Tage aber und von der Stunde weiß niemand, auch die Engel nicht im Himmel, auch nicht der Sohn, sondern allein der Vater." [17] Hätte er ihnen die genaue Zeit offenbaren dürfen, warum sollte er sie dann ermahnen, in ständiger Erwartung zu bleiben? Es gibt Menschen, die angeblich Tag und Stunde der Wiederkunft Christi wissen und es sehr ernst nehmen, die Zukunft zu bestimmen; aber der Herr hat sie davor gewarnt. Der genaue Zeitpunkt der Wiederkunft Christi ist allein Gottes Geheimnis.

Christus sagte ferner über den Zustand der Welt vor seinem Kommen: „Wie es in den Tagen Noahs war, so wird auch sein das Kommen des Menschensohnes. Denn wie sie waren in den Tagen vor der Sintflut – sie aßen, sie tranken, sie freiten und ließen sich freien bis an den Tag, da Noah in die Arche hineinging; und sie achteten's nicht, bis die Sintflut kam und nahm sie alle dahin –, so wird auch sein das Kommen des Menschensohnes." [18] Der Heiland spricht hier nicht von einem zeitlichen Tausendjährigen Reich auf Erden, in dem sich die Menschen auf die Ewigkeit vorbereiten, sondern er sagt uns, daß es bei seiner Wiederkunft genauso sein wird wie in den Tagen Noahs.

Wie war es denn zu jener Zeit? „Der Herr sah, daß der Menschen Bosheit groß war auf Erden und alles Dichten und Trachten ihres Herzens nur böse war immerdar . . ."[19] Die Bewohner der vorsintflutlichen Welt wandten sich von ihrem Schöpfer ab und weigerten sich, seinem heiligen Willen zu gehorchen. Sie folgten lieber ihren eigenen, unheiligen Vorstellungen und verderbten Gedanken. Wegen ihrer Bosheit wurden sie vernichtet; und heute wandelt die Welt in den gleichen Spuren. Es sieht wirklich nicht nach einer kommenden tausendjährigen Herrlichkeit aus. Die Übertreter des Gesetzes füllen die Erde mit ihrer Bosheit. Ihre Wettleidenschaft, ihr Pferderennsport, ihr Glücksspiel, ihre Zerstreuung, ihre lüsternen Handlungen, ihre unmäßigen Leidenschaften breiten sich mit Gewalt in der Welt aus.

In der Weissagung von der Zerstörung Jerusalems sagte der Herr: „Und weil der Unglaube wird überhandnehmen, wird die Liebe in vielen erkalten. Wer aber beharret bis ans Ende, der wird selig. Und es wird gepredigt werden dies Evangelium vom Reich in der ganzen Welt zum Zeugnis für alle Völker, und dann wird das Ende kommen."[20] Auch diese Weissagung wird sich erfüllen. Der überhandnehmende Unglaube jenes Tages spiegelt sich in unserer Generation wider, jedoch auch die Erfüllung der verheißenen weltweiten Evangeliumsverkündigung. Vor dem Fall Jerusalems erklärte Paulus, getrieben vom Heiligen Geist, daß das Evangelium „gepredigt ist unter aller Kreatur, die unter dem Himmel ist".[21] So muß nun auch vor der Wiederkunft Christi das ewige Evangelium „denen, die auf Erden wohnen, und allen Nationen und Geschlechtern und Sprachen und Völkern"[22] gepredigt werden.

Gott hat „einen Tag gesetzt, an welchem er richten will den Erdkreis",[23] und Christus teilt uns den Anbruch dieser Zeit mit. Er sagt nicht, daß die ganze Welt bekehrt werden würde, sondern nur: „Es wird gepredigt werden dies Evangelium vom Reich in der ganzen Welt zum Zeugnis für alle Völker, und dann wird das Ende kommen."[21] Durch die Verkündigung des Evangeliums liegt es in unserer Macht, Christi Wiederkunft zu beschleunigen. Wir sollen nicht nur auf sie warten, sondern der Zukunft des Herrn entgegeneilen.[25] Hätte die Gemeinde Christi das ihr aufgetragene Werk nach seinem Willen ausgeführt, dann würde die Welt längst gewarnt worden sein und der Herr wäre mit großer Kraft und Herrlichkeit schon auf diese Erde gekommen.

Nachdem Jesus ihnen die Zeichen seines Kommens gesagt hatte, sprach er weiter: „Wenn ihr dies alles sehet angehen, so wisset, daß das Reich Gottes nahe ist." – „Sehet euch vor, wachet!" Gott hat die Menschen vor kommenden Gerichten stets gewarnt. Wer seiner Warnungsbotschaft vertraute und – seinen Geboten gehorsam – nach seinem Willen handelte, blieb vor den Heimsuchungen bewahrt, die über die Ungehorsamen und Ungläubigen hereinbrachen. Zu Noah wurde einst gesagt: „Geh in die Arche, du und dein ganzes Haus; denn dich habe ich gerecht erfunden vor mir zu dieser Zeit." [26] Noah folgte der Aufforderung des Herrn und wurde gerettet. Lot empfing die Botschaft: „Macht euch auf und geht aus diesem Ort, denn der Herr wird diese Stadt verderben." [27] Lot begab sich unter die Obhut der himmlischen Boten und wurde bewahrt. Auch Christi Jünger wurden vor der Zerstörung Jerusalems gewarnt. Wer von ihnen auf die Zeichen des nahenden Untergangs achtete und aus der Stadt floh, entging der Vernichtung. So sind auch uns genügend Zeichen der Wiederkunft Christi und des Verderbens, das über die Welt hereinbrechen wird, gegeben worden. Wer diese Warnungen beachtet, wird gerettet werden.

Da wir Tag und Stunde seines Kommens nicht wissen, sind wir aufgefordert, wach zu bleiben. „Selig sind die Knechte, die der Herr, wenn er kommt, wachend findet." [28] Alle, die auf das Kommen des Herrn warten, werden nicht untätig sein. Die Erwartung der Wiederkunft Christi wird sie veranlassen, den Herrn und seine Gerichte zu fürchten. Es gilt, aufzuwachen aus der Sünde, die in der Ablehnung der göttlichen Gnade besteht. Die auf Jesu Erscheinen warten, reinigen ihre Seelen, indem sie der Wahrheit gehorsam sind, und verbinden ihr aufmerksames Wachen mit eifrigem Wirken. Sie wissen, daß der Tag der Erscheinung Christi nahe ist, und sie lassen darum keine Gelegenheit ungenutzt, mit den himmlischen Wesen für das Heil von Seelen zusammenzuarbeiten. Das sind die treuen und weisen Haushalter, die dem Gesinde zu rechter Zeit geben, was ihnen gebührt; [29] denn sie lehren die Wahrheit, die der gegenwärtigen Lage besonders entspricht. Wie Henoch, Noah, Abraham und Mose die Wahrheit für ihre Zeit verkündigten, so werden Gottes Boten nun eine besondere Warnungsbotschaft auch dieser Generation mitzuteilen haben.

Christus weist aber noch auf eine andere Klasse hin: „Wenn aber derselbe Knecht in seinem Herzen sagen wird: Mein Herr verzieht zu kommen, – und fängt an, zu schlagen Knechte und Mägde, auch zu essen und zu trinken und sich vollzusaufen: so wird desselben Knechtes Herr kommen an dem Tage, da er sich's nicht versieht." [30]

Solch untreuer Knecht sagt sich: „Mein Herr kommt noch lange nicht." [31] Er sagt nicht, daß der Herr überhaupt nicht kommen wird, er spottet auch nicht über den Gedanken seiner Wiederkunft; nur in seinem Herzen und durch sein Reden und Handeln erklärt er, daß der Herr sein Kommen verzögern wird. Er nimmt den andern die Gewißheit der baldigen Wiederkunft Christi und verleitet sie zu einem vermessenen, sorglosen Dahinleben. Sie werden in ihrer Weltlichkeit und Abgestumpftheit bestärkt. Irdische Leidenschaften, verderbte Gedanken nisten in ihrem Gemüt. Der ungetreue Knecht ißt und trinkt mit den Trunkenen und vereint sich mit der Welt im Streben nach Vergnügungen. Er quält seine Gefährten, indem er jene anklagt und verurteilt, die ihrem Herrn ergeben sind. Er vermischt sich mit der Welt und versinkt mit ihr immer tiefer in Sünde. Es ist ein schreckliches Aufgehen in den Verstrickungen der Welt. „So wird desselben Knechtes Herr kommen an dem Tage, da er sich's nicht versieht, und zu der Stunde, die er nicht weiß, und wird ihn in Stücke hauen lassen und wird ihm seinen Lohn geben mit den Ungläubigen." [32]

„Wenn du aber nicht wachen wirst, werde ich kommen wie ein Dieb, und du wirst nicht wissen, zu welcher Stunde ich über dich kommen werde." [33] Das Kommen Christi wird die falschen Lehrer überraschen, die immer gesagt haben: „Es ist Friede, es hat keine Gefahr." [34] Wie die Priester und Schriftgelehrten vor der Zerstörung Jerusalems, betrachten sie die Gemeinde als Mittel, um sich irdischen Wohlergehens und Ruhmes zu erfreuen. Die Zeichen der Zeit legen sie in diesem Sinne aus. Doch was sagt das Wort Gottes von solchen Menschen? Es „wird sie das Verderben schnell überfallen". [34] Über alle Bewohner der Erde, über alle, die diese Welt zu ihrer Heimat gemacht haben, wird der Tag Gottes wie ein Fallstrick, wie ein schleichender Dieb hereinbrechen.

Die Welt – voller Ausschweifungen und gottloser Vergnügungen – schläft und wiegt sich in fleischlicher Sicherheit. Die Menschen weisen die Wiederkunft des Herrn weit von sich und lachen über die Warnungsbotschaften. Ihre stolze Überheblichkeit spricht: Es „bleibt . . . alles, wie es von Anfang der Schöpfung gewesen ist", es „soll morgen sein wie heute und noch viel herrlicher"; [35] wir wollen uns noch viel ausgelassener ins Vergnügen stürzen. Christus aber sagt: „Siehe, ich komme wie ein Dieb.“ [36]

So kommt die Entscheidung allmählich immer näher. Noch scheint die Sonne am Himmelszelt, noch kreist sie auf ihrer Bahn, noch erzählen die Himmel des Ewigen Ehre. Die Menschen essen und trinken, pflanzen und bauen, freien und lassen sich freien; sie handeln und schachern und rempeln einander aus dem Wege, um den höchsten Platz zu gewinnen. Vergnügungssüchtige füllen die Theater, Rennbahnen und Spielhöllen; überall herrscht das unruhige Hasten und Treiben der Welt. Die Gnadenzeit neigt sich dem Ende zu, und das Schicksal des einzelnen wird dann auf ewig entschieden sein. Satan sieht, daß seine Zeit bemessen ist; er setzt alle seine Kräfte und Möglichkeiten ein, um die Menschen zu täuschen, irrezuführen, zu fesseln und zu bezaubern, bis die Gnadenzeit vorüber ist und die Tür der Barmherzigkeit sich für immer geschlossen hat.

Ernst und feierlich klingen die warnenden Worte des Herrn, die er einst auf dem Ölberg sprach, durch die Jahrhunderte an unser Ohr: „Hütet euch aber, daß eure Herzen nicht beschwert werden mit Fressen und Saufen und mit Sorgen der Nahrung und dieser Tag nicht schnell über euch komme . . . So seid nun wach allezeit und betet, daß ihr stark werden möget, zu entfliehen diesem allem, was geschehen soll, und zu stehen vor des Menschen Sohn.“ [37]

Im oberen Raum eines Hauses in Jerusalem saß Christus mit seinen Jüngern zu Tisch. Sie hatten sich hier versammelt, um das Passah zu feiern, und der Heiland wollte dieses Fest mit seinen Jüngern allein begehen. Er wußte, daß seine Zeit gekommen war; er selbst war das wahre Opferlamm. An dem Tage, an dem das Passah gegessen wurde, würde er geopfert werden. Er stand im Begriff, den Kelch des Zorns zu trinken und würde bald die Leidenstaufe empfangen müssen. Nur noch wenige Stunden blieben ihm, und diese wollte er zum Wohle seiner geliebten Jünger verbringen.

Das Leben Jesu auf Erden war ein Leben selbstlosen Dienstes gewesen. Alle seine Taten hatten bezeugt, daß er nicht gekommen war, „daß er sich dienen lasse, sondern daß er diene".[1] Seine Jünger hatten dies noch nicht begriffen; darum wiederholte Jesus bei diesem letzten Passahmahl seine Lehre mit Hilfe einer anschaulichen Erläuterung, damit sie ihren Herzen und Sinnen unauslöschlich eingeprägt werde.

Die Stunden des Alleinseins mit ihrem Meister – von ihnen allen hochgeschätzt – waren den Jüngern immer ein Quell reicher Freude. Das Passahmahl war stets ein Ereignis von besonderem Reiz gewesen; doch an diesem Passahfest zeigte sich der Herr betrübt, sein Herz war bedrückt, und ein Schatten lag auf seinem Angesicht. Als er mit den Jüngern in dem oberen Saal zusammentraf, erkannten diese sofort, daß irgend etwas sein Gemüt beschwerte; obgleich sie die Ursache nicht wußten, nahmen sie doch innigen Anteil an seinem Kummer.

Als sie um den Tisch versammelt waren, sagte Jesus mit bewegter Stimme: „Mich hat herzlich verlangt, dies Osterlamm mit euch zu essen, ehe denn ich leide. Denn ich sage euch, daß ich es hinfort nicht mehr essen werde, bis daß es seine Erfüllung findet im Reich Gottes. Und er nahm den Kelch, dankte und sprach: Nehmet ihn und teilet ihn unter euch; denn ich sage euch: Von nun an werde ich nicht trinken von dem Gewächs des Weinstocks, bis das Reich Gottes kommt."[2]

Der Heiland wußte, daß die Zeit gekommen war, von dieser Welt zu scheiden und zu seinem Vater zu gehen. Er hat die Seinigen in dieser Welt geliebt, und er liebte sie bis ans Ende. Nun befand er sich im Schatten des Kreuzes, und Schmerz peinigte sein Herz. Ihm war bewußt, daß er in der Stunde des Verrats allein stehen würde. Er wußte, daß er durch den demütigendsten Prozeß, dem Verbrecher je unterworfen wurden, zum Tode verurteilt werden würde. Er kannte die Undankbarkeit und Grausamkeit derer, die zu retten er gekommen war. Ihm war die Größe seines Opfers bewußt, und ihm war ebenso bewußt, für wie viele Menschen es vergebens sein werde. Das Wissen um all diese Dinge würde es verständlich gemacht haben, wenn ihn der Gedanke an seine Erniedrigung und sein Leiden überwältigt hätte. Er aber blickte auf die Zwölf, die sich ihm mit ganzem Herzen angeschlossen hatten und die, wenn die Zeit seiner Leiden vorüber wäre, allein sein würden in dem Ringen, in dieser Welt zu bestehen. Die Gedanken an sein Opfer verbanden sich stets mit der Zukunft seiner Jünger; er dachte nicht an sich selbst, vielmehr beherrschte ihn auch jetzt die Sorge um sie.

An diesem letzten Abend hatte Jesus seinen Jüngern viel zu sagen. Wären sie bereit gewesen, das aufzunehmen, was er ihnen mitteilen wollte, dann wären sie vor herzbrechender Pein, vor Enttäuschung und Unglauben bewahrt geblieben. Doch der Heiland sah, daß sie nicht tragen konnten, was er ihnen zu sagen hatte; er schaute sie bekümmert an, und die mahnenden und tröstenden Worte erstarben auf seinen Lippen. Tiefes Schweigen erfüllte den Raum; der Heiland schien auf etwas zu warten. Den Jüngern wurde es unbehaglich. Das durch den Kummer ihres Meisters hervorgerufene Mitgefühl und die Anteilnahme an seinem Schicksal schienen geschwunden zu sein. Seine bekümmerten Worte, die auf seinen Leidensweg hinwiesen, hatten nur wenig Eindruck auf sie gemacht; die Blicke, die sie einander zuwarfen, sprachen vielmehr von Eifersucht und Streit.

Es war „ein Zank unter ihnen, welcher unter ihnen sollte für den Größten gehalten werden“. [3] Dieser Streit, den sie auch in Jesu Gegenwart noch fortsetzten, betrübte und verletzte den Heiland. Die Zwölf klammerten sich an ihren Lieblingswunsch, daß ihr Meister seine Macht durchsetzen und vom Thron Davids Besitz nehmen möchte, und in seinem Herzen sehnte sich jeder danach, in diesem Reich der Größte zu sein. Sie hatten sich untereinander abschätzend betrachtet; aber statt ihren Bruder für würdiger zu achten, hatten sie sich selbst auf den ersten Platz gesetzt. Die Bitte des Jakobus und des Johannes an Jesus, zur Rechten und Linken seines Thrones sitzen zu dürfen, hatte den Unwillen der anderen hervorgerufen. Daß die beiden

Brüder es gewagt hatten, nach dem höchsten Platz an der Seite Jesu zu fragen, erregte die Zehn so sehr, daß sie sich einander zu entfremden drohten. Sie fühlten sich falsch beurteilt, sie fühlten ihre Treue und ihre Begabung nicht richtig gewürdigt; besonders Judas stritt sehr heftig gegen Jakobus und Johannes.

Noch beim Eintritt in den Saal waren die Herzen der Jünger mit Groll erfüllt. Judas drängte sich an Jesu linke Seite, Johannes ging auf der andern. Wenn es einen höchsten Platz gab, dann war Judas entschlossen, ihn einzunehmen, und dieser Platz mußte sich in nächster Nähe des Herrn befinden. Und Judas war ein – Verräter.

Wie konnte Jesus diese armen Seelen dahin bringen, daß Satan keinen größeren Einfluß auf sie gewann? Wie konnte er ihnen verständlich machen, daß nicht allein das Bekenntnis der Jüngerschaft sie zu seinen Nachfolgern machte oder ihnen einen Platz in seinem Reich sicherte? Wie konnte er ihnen zeigen, daß wahre Größe in echter Demut und im Dienst für andere besteht? Wie konnte er Liebe in ihren Herzen entzünden? Wie konnte er die Liebe in ihre Herzen pflanzen und sie befähigen, das zu verstehen, was er ihnen sagen wollte?

Die Jünger machten keinerlei Anstalten, einander zu dienen. Jesus wartete eine Weile, um zu sehen, was sie tun würden, dann erhob er sich von der Tafel, legte das störende Oberkleid ab, „nahm einen Schurz und umgürtete sich". Erstaunt sahen die Jünger zu; schweigend warteten sie, was nun folgen würde. „Danach goß er Wasser in ein Becken, hob an, den Jüngern die Füße zu waschen, und trocknete sie mit dem Schurz, mit dem er umgürtet war."[4] Diese Handlung Jesu öffnete ihnen die Augen, und bittere Scham erfüllte ihre Herzen; sie fühlten sich gedemütigt. Sie verstanden den unausgesprochenen Tadel und sahen sich selbst in einem ganz neuen Licht.

So bekundete Jesus seine Liebe zu seinen Jüngern. Ihr selbstsüchtiger Geist bekümmerte ihn; aber er ließ sich in dieser Angelegenheit in keinerlei Auseinandersetzung mit ihnen ein, sondern gab ihnen ein Beispiel, das sie nie vergessen würden. Seine Liebe zu ihnen konnte nicht so leicht gestört oder erstickt werden. Er „wußte, daß ihm der Vater hatte alles in seine Hände gegeben und daß er von Gott gekommen war und zu Gott ging".[5] Er war sich seiner Göttlichkeit völlig bewußt, hatte aber seine Königskrone und seine königlichen Gewänder abgelegt und die Gestalt eines Knechtes angenommen. Eine der letzten

Handlungen seines Erdenlebens war, sich wie ein Diener zu gürten und die Aufgabe eines Dieners zu erfüllen.

Vor dem Passahfest hatte sich Judas ein zweites Mal mit den Pharisäern und Schriftgelehrten getroffen und mit ihnen vereinbart, Jesus in ihre Hände zu liefern. Ungeachtet dessen mischte er sich hernach unter die Jünger, als ob er sich nie eines Unrechts schuldig gemacht hätte, ja, er nahm sogar an den Festvorbereitungen regen Anteil. Die Jünger wußten nichts von seiner Absicht, nur Jesus kannte sein Geheimnis. Dennoch stellte er ihn nicht bloß; denn er sorgte sich um dessen Seele, für die er die gleiche Bürde auf sich lasten fühlte wie für Jerusalem, als er über die zum Untergang verurteilte Stadt weinte. Sein Herz rief: „Wie könnte ich dich aufgeben!" Auch Judas spürte die bezwingende Macht dieser Liebe, und als Jesu Hände seine beschmutzten Füße wuschen und mit dem Schurz abtrockneten, wurde sein Herz mächtig bewegt von dem Gedanken, seine Sünde sofort zu bekennen. Er schreckte aber vor der Demütigung zurück und verhärtete sein Herz gegen die in ihm aufbrechende Reue. Die alten Regungen, für einen Augenblick zurückgedrängt, beherrschten ihn wieder; er war sogar darüber aufgebracht, daß Jesus seinen Jüngern die Füße wusch. Wer sich so weit erniedrigte, dachte er, konnte nicht Israels König sein! Alle Hoffnungen auf weltliche Ehre in einem irdischen Königreich waren zunichte gemacht. Judas war überzeugt, daß es in der Nachfolge Christi nichts zu gewinnen gab. Nachdem Jesus sich offenbar erniedrigt hatte, fühlte sich Judas in seiner Absicht bestärkt, ihn nicht mehr als Herrn und Meister anzuerkennen, ja, er hielt sich sogar für den Betrogenen. Er war von einem bösen Geist besessen und beschloß, das Werk zu vollenden, das er begonnen hatte: seinen Herrn zu verraten!

Bei der Platzwahl am Tisch des Herrn hatte Judas mit Erfolg versucht, den ersten Platz zu erlangen, und so diente ihm Jesus auch als erstem. Johannes, gegen den Judas so sehr verbittert war, mußte bis zuletzt warten; doch er wertete das nicht als Tadel oder als einen Ausdruck der Geringschätzung. Die Jünger waren tief bewegt, als sie Jesu Handlungsweise sahen. Da die Reihe an Petrus kam, rief dieser bestürzt aus: „Herr, solltest du mir meine Füße waschen?" Jesu Herablassung bedrückte ihn. Er schämte sich bei dem Gedanken, daß nicht einer der Jünger zu diesem Dienst bereit gewesen war. Doch „Jesus antwortete und sprach zu ihm: Was ich tue, das weißt du jetzt nicht; du wirst es aber hernach erfahren".[6] Petrus konnte es nicht ertragen, seinen Herrn, von dem er glaubte, daß er Gottes Sohn ist, als Diener vor sich zu sehen; sein ganzes Empfinden lehnte sich gegen diese Demütigung auf. Er erkannte nicht, daß Christus allein aus diesem Grunde in die Welt gekommen war. Mit aller Entschiedenheit sprach er: „Nimmermehr sollst du mir die Füße waschen!"

Feierlich erwiderte ihm Jesus: „Werde ich dich nicht waschen, so hast du kein Teil an mir."[7] Der Dienst, den Petrus verweigerte, war das Sinnbild einer anderen Reinigung. Christus war gekommen, das Herz von den Flecken der Sünde zu reinigen. Indem Petrus dem Herrn nicht erlauben wollte, ihm die Füße zu waschen, wehrte er sich gleichzeitig gegen die Reinigung seines Herzens und verwarf in Wahrheit damit seinen Herrn. Es ist nicht demütigend für den Herrn, wenn wir ihm gestatten, uns zu reinigen. Wahre Demut ist es jedoch, mit dankbarem Herzen jede für uns getroffene Fürsorge anzunehmen und mit Eifer für ihn zu wirken.

Bei den Worten: „Werde ich dich nicht waschen, so hast du kein Teil an mir" ließ Petrus seinen Stolz und Eigensinn fahren. Den Gedanken der Trennung von Christus konnte er nicht ertragen; das hätte für ihn den Tod bedeutet. „Herr, nicht die Füße allein", rief er aus, „sondern auch die Hände und das Haupt! Spricht Jesus zu ihm: Wer gewaschen ist, der bedarf nichts als noch die Füße waschen; denn er ist ganz rein."[8]

Diese Worte meinen mehr als nur die körperliche Reinlichkeit. Der Herr spricht hier von einer höheren Reinigung, dargestellt durch die niedrigere. Wer aus dem Bade kam, war rein; nur die mit Sandalen bekleideten Füße wurden bald wieder staubig und bedurften aufs neue der Reinigung. So waren Petrus und seine Mitjünger in der großen Quelle gereinigt worden, die für alle Sünde und Unreinheit zugänglich ist. Der Herr anerkannte sie als die Seinen, aber die Versuchung hatte sie zur Sünde verführt, und sie bedurften noch seiner reinigenden Gnade. Als sich der Heiland mit dem Schurz umgürtete, um den Staub von ihren Füßen zu waschen, wollte er gerade durch diese Handlung ihr Herz von Eifersucht, Zwietracht und Stolz befreien; dies war die wirkliche Bedeutung der Fußwaschung. Mit dem Geist, der sie damals beherrschte, war nicht einer von ihnen zur Gemeinschaft mit Jesus fähig. Ehe sie nicht den Geist der Demut und Liebe besaßen, waren sie nicht vorbereitet, das Passahmahl zu genießen oder an der Gedächtnisfeier teilzunehmen, die der Heiland gerade einsetzen wollte. Ihre Herzen mußten gereinigt werden. Stolz und Selbstsucht erzeugen Zwietracht und Haß; dies alles tilgte Jesus, indem er ihnen die Füße wusch. Ihr Herz änderte sich, und als Jesus auf sie blickte, konnte er sagen: „Ihr seid rein."[8] Jetzt herrschte Gemeinschaft der Herzen, und sie liebten einander; sie waren bescheiden und lernbegierig geworden. Außer Judas waren sie alle bereit, einer dem andern den höchsten Platz einzuräumen. Sie konnten nun mit ergebenem, dankbarem Herzen die Worte ihres Meisters aufnehmen.

Wie Petrus und die andern Jünger, so sind auch wir in dem Blut Christi gewaschen worden; doch wird oft des Herzens Reinheit durch die Berührung mit dem Bösen befleckt, und wir müssen zu Christus kommen, um seine reinigende Gnade zu empfangen. Petrus lehnte es entsetzt ab, seine staubigen Füße von den Händen seines Herrn und Meisters berühren zu lassen. Wie oft aber kommen unsere sündigen, unreinen Herzen mit der Heiligkeit Jesu in Berührung! Wie schmerzlich treffen ihn unsere Heftigkeit, unsere Eitelkeit und unser Stolz! Und doch müssen wir alle Mängel und Gebrechen zu ihm bringen; er allein kann uns davon reinwaschen. Wir sind nicht auf die Gemeinschaft mit ihm vorbereitet, wenn wir nicht durch seine Kraft gereinigt sind.

Jesus sagte den Jüngern: „Ihr seid rein, aber nicht alle."[8] Auch dem Judas waren die Füße gewaschen worden, aber sein Herz hatte sich Jesus nicht geöffnet; es war nicht gereinigt. Judas hatte sein Herz Christus nicht ausgeliefert.

Nachdem Christus den Jüngern die Füße gewaschen, seine Kleider genommen und sich wieder niedergelassen hatte, sprach er: „Wisset ihr, was ich euch getan habe? Ihr heißet mich Meister und Herr und saget recht daran, denn ich bin's auch. Wenn nun ich, euer Herr und Meister, euch die Füße gewaschen habe, so sollt ihr auch euch untereinander die Füße waschen. Ein Beispiel habe ich euch gegeben, daß ihr tut, wie ich euch getan habe. Wahrlich, wahrlich, ich sage euch: Der Knecht ist nicht größer als sein Herr, noch der Apostel größer als der, der ihn gesandt hat."[9]

Christus gab in seinem Leben ein vollkommenes Beispiel selbstlosen Dienens, das seinen Ursprung in Gott hat. Gott lebt nicht für sich selbst. In der Erschaffung der Welt und in der Erhaltung aller Dinge dient er beständig den Menschen. „Er läßt seine Sonne aufgehen über die Bösen und über die Guten und läßt regnen über

Gerechte und Ungerechte." [10] Dieses Vorbild des Dienens übertrug der Vater auf den Sohn. Jesus stand an der Spitze der Menschheit, die er durch sein Beispiel lehren sollte, was es heißt, zu dienen. Sein ganzes Leben stand unter dem Gesetz des Dienstes; er diente allen, und er half allen. So lebte er in vollkommener Übereinstimmung mit dem Willen Gottes und zeigte durch sein Beispiel, wie wir das Gesetz Gottes erfüllen können.

Der Heiland hatte wieder und wieder versucht, seinen Jüngern diesen Grundsatz einzuprägen. Als Jakobus und Johannes um den Vorrang baten, hatte er gesagt: „Wer groß sein will unter euch, der sei euer Diener." [11] In meinem Reich ist kein Raum für irgendeine Bevorzugung und Vorherrschaft. Die einzige Größe ist die der Demut, und die einzige Auszeichnung besteht in der Hingabe an den Dienst für andere.

Jesus sagte, nachdem er den Jüngern die Füße gewaschen hatte: „Ein Beispiel habe ich euch gegeben, daß ihr tut, wie ich euch getan habe." [9] Mit diesen Worten hatte Jesus nicht nur das Gewähren der Gastfreundschaft zur Pflicht gemacht; es war mehr damit gemeint als nur das Waschen der Füße, um sie vom Reisestaub zu säubern. Christus setzte hiermit eine religiöse Ordnung ein. Durch die Tat unseres Herrn wurde diese demütigende Zeremonie zu einem geheiligten Dienst, den die Jünger weiterführen sollten, damit sie Jesu Lehren der Demut und der Hingabe nicht vergäßen, sondern stets im Gedächtnis behielten.

Diese Fußwaschung ist die von Christus bestimmte Vorbereitung zum heiligen Abendmahl. Solange Stolz, Uneinigkeit und Machtstreben genährt werden, kann das Herz nicht zur Einmütigkeit mit Christus gelangen, und wir sind nicht bereit, die Gemeinschaft seines Leibes und seines Blutes zu empfangen. Deshalb bestimmte Jesus, zuerst das Gedächtniszeichen seiner Demütigung zu beachten.

Wenn Gottes Kinder zu dieser Feier zusammenkommen, sollten sie sich der Worte Jesu bewußt sein: „Wisset ihr, was ich euch getan habe? Ihr heißet mich Meister und Herr und saget recht daran, denn ich bin's auch. Wenn nun ich, euer Herr und Meister, euch die Füße gewaschen habe, so sollt ihr auch euch untereinander die Füße waschen. Ein Beispiel habe ich euch gegeben, daß ihr tut, wie ich euch getan habe. Wahrlich, wahrlich, ich sage euch: Der Knecht ist nicht größer als sein Herr, noch der Apostel größer als der, der ihn gesandt hat. Wenn ihr solches wisset, selig seid ihr, wenn ihr's tut."[12] Der Mensch neigt von Natur aus dazu, sich selbst höher zu achten als seinen Bruder; er strebt nach seinem Vorteil und versucht, den besten Platz zu erringen. Dadurch entstehen übler Argwohn und Bitterkeit. Die dem Abendmahl vorausgehende Handlung soll diese Mißverständnisse aus dem Wege räumen; sie soll die Seele von der Selbstsucht befreien und sie von den Stelzen der Selbstüberhebung herabholen zu herzlicher Demut, die sie dahin bringen wird, ihrem Bruder zu dienen.

Der heilige Wächter im Himmel ist bei dieser Handlung gegenwärtig, um sie zu einer Zeit der Selbstprüfung, der Sündenerkenntnis und der Gewißheit der Sündenvergebung zu machen. Christus in der Fülle seiner Gnade ist da, um den Lauf der Gedanken, die in selbstsüchtigen Bahnen fließen, zu ändern. Der Heilige Geist belebt das Empfindungsvermögen jener, die dem Beispiel ihres Heilandes folgen. Wenn wir über die Demütigung des Heilandes, die er für uns auf sich nahm, nachdenken, reiht sich Gedanke an Gedanke; eine Kette von Erinnerungen steht vor unserem Auge, Erinnerungen an Gottes große Güte sowie an das Wohlwollen und die Freundlichkeit irdischer Freunde. Vergessene Segnungen, mißachtete Gnadenerweise, geringgeschätzte Gefälligkeiten kehren in unser Gedächtnis zurück. Wurzeln der Bitterkeit, die die kostbare Pflanze der Liebe verdrängt haben, werden offenbar. Charakterfehler, Pflichtversäumnisse, Undankbarkeit gegen Gott, Gleichgültigkeit gegenüber unseren Brüdern, all das wird uns bewußt werden. Unsere Sündhaftigkeit werden wir in dem Licht sehen, in dem Gott sie sieht. Unsere Gedanken sind nicht Gedanken der Selbstgefälligkeit, sondern Gedanken strenger Selbstzucht und Demut. Unser Geist wird gestärkt, um alle Schranken niederzureißen, die die Entfremdung verursacht haben. Böse Gedanken und Verleumdung werden ausgeschaltet, Sünden bekannt und vergeben. Die bezwingende Gnade Jesu wird in uns mächtig werden, und seine Liebe wird die Herzen zu einer gesegneten Einmütigkeit verbinden.

Wenn die Lehre der Fußwaschung so eingeprägt ist, entsteht das Verlangen nach einem höheren geistlichen Leben. Einem solchen Wunsch wird der göttliche Zeuge entsprechen. Die Seele wird geadelt werden, und wir können in dem Bewußtsein, daß die Sünden vergeben sind, an dem heiligen Mahl teilnehmen. Die Sonne der Gerechtigkeit Christi wird Gemüt und Seele erfüllen, und wir werden sehen „Gottes Lamm, welches der Welt Sünde trägt".[13]

Wer so den Geist dieser Handlung empfängt, für den kann sie niemals eine bloße Formsache werden, sondern ihre beständige Lehre wird heißen: „Durch die Liebe diene einer dem andern.“ [14] Durch die Fußwaschung bewies Jesus den Jüngern, daß er ihnen jeden Dienst, wie demütigend auch immer er sei, erweisen wollte, damit sie mit ihm Erben des ewigen Reichtums himmlischer Schätze werden könnten. Seine Jünger verpflichteten sich, indem sie dem gleichen Brauch nachkamen, ebenso ihren Brüdern zu dienen. Wenn immer dieser Brauch im rechten Geist durchgeführt wird, werden die Kinder Gottes in eine geheiligte Beziehung zueinander gebracht, um sich gegenseitig zu helfen und zu fördern. Sie verpflichten sich, ihr Leben selbstlosem Dienst zu weihen, und das nicht nur füreinander. Ihr Arbeitsfeld ist umfassender, als das ihres Meisters war. Die Welt ist voll von Menschen, die unseres Dienstes bedürfen. Arme, Hilflose, Unwissende finden sich überall. Jene, die das Abendmahl mit Christus im oberen Saal gehalten haben, werden hinausgehen, zu dienen, wie er gedient hat.

Der Heiland kam, um aller Diener zu sein. Weil er allen diente, werden auch ihm alle dienen und ihn ehren. Wer an seinen göttlichen Eigenschaften und am Anblick der Freude der Erlösten teilhaben will, muß dem Beispiel Jesu folgen und selbstlos dienen.

Dies alles liegt in den Worten: „Ein Beispiel habe ich euch gegeben, daß ihr tut, wie ich euch getan habe.“ Das war der Zweck des von Gott eingesetzten Dienstes. „Wenn ihr solches wisset, selig seid ihr, wenn ihr's tut.“ [12]

„Zu meinem Gedächtnis ..." | 54

„Der Herr Jesus in der Nacht, da er verraten ward, nahm er das Brot, dankte und brach's und sprach: Nehmet, esset, das ist mein Leib, der für euch gegeben wird; solches tut zu meinem Gedächtnis. Desselbigengleichen auch den Kelch nach dem Mahl und sprach: Dieser Kelch ist das neue Testament in meinem Blut; solches tut, sooft ihr's trinket, zu meinem Gedächtnis. Denn sooft ihr von diesem Brot esset und von diesem Kelch trinket, verkündigt ihr des Herrn Tod, bis daß er kommt." [1]

Die Gestalt Jesu Christi steht am Schnittpunkt zweier religiöser Ordnungen und ihrer jeweiligen Feste. Er, das makellose Lamm Gottes, war im Begriff, sich als Sündopfer darzugeben, und er wollte dadurch die Reihe der Sinnbilder und gottesdienstlichen Handlungen, die viertausend Jahre lang auf seinen Tod hingewiesen hatten, beschließen. Während er mit seinen Jüngern das Passahmahl nahm, setzte er an dessen Stelle den Dienst ein, der an sein großes Opfer erinnern sollte. Das rein jüdische Fest war damit für immer aufgehoben. Die gottesdienstliche Handlung, die Christus einsetzte, sollte von seinen Nachfolgern in allen Ländern der Erde und zu allen Zeiten befolgt werden.

Mit dem Passah gedachten die Juden alljährlich ihrer Befreiung aus der ägyptischen Knechtschaft. Gott hatte geboten, daß den Kindern Jahr für Jahr, wenn sie nach der Bedeutung dieses Festes fragten, die Geschichte dieses Erlebens erzählt werden sollte, damit die Tatsache der wunderbaren Befreiung vom fremden Joch allen Geschlechtern in frischer Erinnerung bliebe. Die Feier des heiligen Abendmahles wurde eingesetzt zum Gedächtnis der großen Erlösung, die durch den Tod Christi erwirkt wurde, und sie soll bis zu seiner Wiederkunft in Kraft und Herrlichkeit vollzogen werden, um dadurch das große Werk des Heilandes in unserem Gedächtnis lebendig zu erhalten.

„Da sie aber aßen, nahm Jesus das Brot, dankte und brach's und gab's den Jüngern und sprach: Nehmet, esset; das ist mein Leib. Und er nahm den Kelch und dankte, gab ihnen den und sprach: Trinket alle daraus; das ist mein Blut des neuen Testaments, welches vergossen wird für viele zur Vergebung der Sünden . . . Ich werde von nun an nicht mehr von diesem Gewächs des Weinstocks trinken bis an den Tag, da ich's neu trinken werde mit euch in meines Vaters Reich." [2]

Judas, der Verräter, nahm an dieser heiligen Handlung teil. Er empfing aus der Hand Jesu die Sinnbilder seines gebrochenen Leibes und seines vergossenen Blutes. Er hörte die Worte: „Solches tut zu meinem Gedächtnis." [1] Obgleich er in Jesu unmittelbarer Nähe saß, brütete der Verräter an seinen dunklen Absichten und nährte seine finsteren, rachsüchtigen Gedanken.

Bei der Fußwaschung hatte Christus den eindeutigen Beweis gegeben, daß er den Charakter des Judas erkannte. „Ihr seid nicht alle rein",[3] hatte er gesagt. Diese Worte überzeugten den falschen Jünger, daß Jesus von seinen geheimen Absichten wußte. Jetzt sprach Christus noch deutlicher. Als sie um den Tisch saßen, sagte er, und dabei blickte er seine Jünger an: „Nicht rede ich von euch allen; ich weiß, welche ich erwählt habe. Aber es muß die Schrift erfüllt werden: ‚Der mein Brot isset, der tritt mich mit Füßen.'" [4]

Die Jünger hegten selbst jetzt noch keinen Verdacht gegen Judas; sie bemerkten aber, daß der Heiland sehr bedrückt schien. Schatten lagerten über ihnen, eine Vorahnung des schrecklichen Geschehens, dessen Sinn sie nicht verstanden. Als sie schweigend aßen, sagte Jesus: „Wahrlich, ich sage euch: Einer unter euch wird mich verraten." [5] Bei diesen Worten ergriff sie Verwunderung und Bestürzung. Sie konnten nicht verstehen, wie einer von ihnen ihren göttlichen Lehrer so verräterisch behandeln sollte. Warum sollte ihn jemand verraten? Und an wen? Wessen Herz konnte einen solchen Plan hervorbringen? Gewiß keiner von den Zwölfen, die das Vorrecht hatten, seine Lehren zu hören, die seine wundersame Liebe teilten und denen er solch große Achtung erwies, indem er sie in seine unmittelbare Gemeinschaft zog!

Als sie die Tragweite seiner Worte erkannten und sich daran erinnerten, wie wahr seine Reden sonst waren, überfiel sie Furcht und Mißtrauen gegen sich selbst. Sie begannen ihre eigenen Herzen zu erforschen, ob auch nur ein Gedanke gegen ihren Meister dort Raum hätte. In schmerzlichster Erregung fragte dann einer nach dem andern: „Herr, bin ich's?" Nur Judas schwieg. Tief betrübt fragte Johannes endlich: „Herr, wer ist's?" [6] Und Jesus antwortete: „Der die Hand mit mir in die Schüssel getaucht hat, der wird mich verraten. Des Menschen Sohn geht zwar dahin, wie von ihm geschrieben steht; doch weh dem Menschen, durch welchen des Menschen Sohn verraten wird! Es wäre ihm besser, daß derselbe Mensch nie geboren wäre." [7] Die Jünger hatten einander scharf angesehen, als sie fragten: „Herr, bin ich's?" Nun aber zog Judas durch sein Schweigen alle Blicke auf sich. Wegen der durch die Fragen und Antworten entstandenen Unruhe und Bestürzung hatte Judas die Antwort Jesu auf die Frage des Johannes überhört. Um den prüfenden Blicken der Jünger zu entgehen, fragte er nun auch, wie sie es getan hatten: „Bin ich's, Rabbi?" Jesus erwiderte mit ernster Stimme: „Du sagst es." [8]

Von der Preisgabe seiner Absicht überrascht und verwirrt, erhob sich Judas eilends, um den Raum zu verlassen. „Da sprach Jesus zu ihm: Was du tust, das tue bald! . . . Da er nun den Bissen genommen hatte, ging er alsbald hinaus. Und es war Nacht." [9] Nacht war es für den Verräter, als er sich von Christus abwandte und in die Dunkelheit hinausging.

Bis zu diesem Schritt hatte er immer noch Gelegenheit gehabt, seinen Sinn zu ändern. Doch als er seinen Herrn und seine Gefährten verließ, war die Entscheidung endgültig gefallen. Judas hatte die Grenzlinie überschritten.

Ganz eigenartig war die Langmut des Herrn in der Behandlung dieser verführten Seele gewesen. Nichts hatte er unterlassen, um Judas zu retten. Nachdem dieser zweimal zugesagt hatte, seinen Herrn zu verraten, gab ihm Jesus noch Gelegenheit zur Umkehr. Er las im Herzen des Verräters dessen geheime Absicht und gab ihm dadurch den überzeugendsten Beweis seiner Gottheit. Es war der letzte Appell an den treulosen Jünger, zu bereuen. Kein Aufruf des göttlich-menschlichen Herzens Christi war unterlassen worden. Obwohl die Wogen der Barmherzigkeit in unbeugsamem Stolz abgewiesen wurden, kehrten sie dennoch in einer starken Flut werbender Liebe zurück. Obgleich Judas von der Entdeckung seiner Schuld überrascht und erschreckt war, handelte er nur um so entschiedener. Er verließ das heilige Mahl, um sein verräterisches Werk zu vollenden.

Mit dem Weheruf über den Verräter verband der Heiland zugleich eine Gnadenabsicht mit den Jüngern. Er vermittelte ihnen auf diese Weise den krönenden Beweis seines Messiasamtes. „Jetzt sage ich's euch, ehe denn es geschieht, damit, wenn es geschehen ist, ihr glaubet, daß ich es bin." [10] Würde Jesus in scheinbarer Unwissenheit von den Dingen, die über ihn kommen sollten, geschwiegen haben, dann hätten die Jünger annehmen können, ihr Meister wäre ohne göttliche Vorausschau gewesen und durch die Auslieferung an seine Feinde überrascht worden. Ein Jahr zuvor hatte Jesus seinen Jüngern erzählt, daß er ihrer zwölf erwählt habe und daß einer von ihnen ein Teufel sei. Jetzt würden seine Worte an Judas, die zeigten, daß ihm dessen Verrat bekannt war, den Glauben seiner Nachfolger während seiner Erniedrigung stärken. Nach dem Tod des Judas würden sie sich daran erinnern, welches Wehe er über den Verräter ausgesprochen hatte.

Der Heiland verfolgte noch eine andere Absicht. Er hatte seinen Dienst auch dem nicht verweigert, von dem er wußte, daß er ein Verräter war. Die Jünger verstanden weder seine Worte bei der Fußwaschung: „Ihr seid nicht alle rein",[3] noch seine Erklärung bei Tisch: „Der mein Brot isset, der tritt mich mit Füßen."[4] Erst als später deren Sinn deutlich wurde, erkannten sie die Größe der Geduld und Barmherzigkeit Gottes mit dem so schrecklich Irrenden.

Obwohl Jesus den Verräter von Anfang an kannte, wusch er ihm die Füße, ja, dieser durfte sogar mit Christus an dem heiligen Mahl teilnehmen. Ein langmütiger Heiland bot dem Sünder jede Möglichkeit, ihn anzunehmen, zu bereuen und von der Befleckung durch die Sünde gereinigt zu werden. Darin liegt eine Lehre für uns. Wenn wir vermuten, daß sich jemand in Irrtum und Sünde befindet, sollen wir uns nicht von ihm zurückziehen. Wir dürfen ihn nicht durch eine gleichgültige Trennung der Versuchung als Opfer überlassen oder ihn auf Satans Schlachtfeld treiben. Das ist nicht Christi Art. Weil seine Jünger irrten und unvollkommen waren, wusch er ihnen die Füße und machte sie dadurch bis auf einen bereit zur Buße.

Christi Beispiel verbietet, jemanden vom Abendmahl fernzuhalten. Aber es ist wahr, daß offene Sünde den Schuldigen davon ausschließt. Das lehrt der Heilige Geist sehr deutlich. Darüber hinaus sollte niemand ein Urteil fällen. Gott hat es nicht Menschen überlassen, festzulegen, wer an diesen Gelegenheiten dabeisein darf. Denn wer kann in die Herzen blicken? Wer kann die Spreu vom Weizen unterscheiden? „Der Mensch prüfe aber sich selbst, und so esse er von diesem Brot und trinke von diesem Kelch." Denn „welcher nun unwürdig von diesem Brot isset oder von dem Kelch des Herrn trinket, der ist schuldig an dem Leib und Blut des Herrn". „Welcher also isset und trinket, daß er nicht unterscheidet den Leib des Herrn, der isset und trinket sich selber zum Gericht."[11]

Wenn sich die Gläubigen zum Abendmahl versammeln, sind auch Boten anwesend, die menschliche Augen nicht sehen können. Selbst ein Judas kann dabeisein. In diesem Falle fehlen sogar nicht die Boten des Fürsten der Finsternis; denn sie suchen alle jene auf, die sich nicht vom Heiligen Geist leiten lassen wollen. Ebenfalls anwesend sind himmlische Engel. Diese himmlischen Besucher sind bei jeder solchen Gelegenheit gegenwärtig. Manchmal mögen Personen in die Versammlung kommen, deren Herzen nicht von Wahrheit und Heiligkeit erfüllt sind, die aber doch gerne an diesem Gottesdienst teilnehmen möchten. Es sollte ihnen nicht verwehrt werden. Zeugen sind dabei, die miterlebten, wie Jesus die Füße seiner Jünger und des Judas wusch. Andere als nur menschliche Augen blickten auf diese Szene.

Christus ist durch den Heiligen Geist gegenwärtig, um der von ihm selbst verordneten Feier sein göttliches Siegel aufzudrücken. Er ist da, um die Herzen zu überzeugen und zu gewinnen! Kein Blick, kein Gedanke der Reue entgeht seiner Aufmerksamkeit; er wartet ja auf die zerbrochenen, reumütigen Seelen und hat alles für ihren Empfang vorbereitet. Er, der dem Judas die Füße wusch, sehnt sich danach, jedes Herz von den „Flecken und Runzeln“ der Sünde zu befreien.

Niemand sollte sich vom Abendmahl ausschließen, nur weil manche daran teilnehmen, die unwürdig sind. Jeder Nachfolger Christi ist aufgerufen, an dem heiligen Mahl teilzunehmen und dadurch zu bezeugen, daß er Jesus als seinen persönlichen Heiland angenommen hat. Dabei will Christus seinem Volk begegnen und es durch seine Gegenwart stärken. Selbst wenn unwürdige Hände und Herzen die gottesdienstliche Handlung vollziehen, ist Christus gegenwärtig, um seinen Kindern zu dienen. Alle, die ihren Glauben auf ihn gründen, werden reich gesegnet werden; alle, die diese göttlichen Gelegenheiten versäumen, werden Schaden erleiden. Auf sie mag zutreffen, was gesagt ist: „Ihr seid nicht alle rein.“

Indem er das Abendmahl mit ihnen nahm, verpflichtete sich Christus seinen Jüngern als ihr Erlöser. Er vertraute ihnen den Neuen Bund an, durch den alle, die sich zu ihm [Christus] bekennen, Kinder Gottes und Miterben Christi werden. Jeder Segen, den der Himmel für das jetzige und das künftige Leben schenken konnte, sollte ihnen durch dieses Bündnis zuteil werden, das durch das Blut Christi bestätigt wurde. Die Einsetzung des heiligen Abendmahles sollte den Jüngern das unendlich große Opfer vor Augen halten, das er für jeden von ihnen persönlich – als einem Teil des gefallenen Menschengeschlechtes – brachte.

Doch die Feier des Abendmahles soll keine Zeit der Trauer sein. Dazu wurde sie nicht eingesetzt. Wenn die Gläubigen sich am Tisch des Herrn zusammenfinden, sollen sie nicht ihrer Verfehlungen und Mängel gedenken und sie beklagen. Sie sollen sich nicht bei ihrer vergangenen religiösen Erfahrung aufhalten, ganz gleich, ob sie bedrückend war oder erhebend. Sie sollen sich nicht die Meinungsverschiedenheiten mit ihren Mitbrüdern ins Gedächtnis zurückrufen. Das alles gehört zum Vorbereitungsdienst. Die Selbstprüfung, das Sündenbekenntnis, das Beilegen von Streitigkeiten soll vorher geschehen sein. Jetzt sind sie gekommen, um dem Herrn zu begegnen. Sie stehen nicht im Schatten des Kreuzes, sondern in seinem errettenden Licht, und sie sollen ihre Seele den leuchtenden Strahlen der Sonne der Gerechtigkeit öffnen. Mit einem durch Christi so kostbares Blut gereinigten Herzen, im vollen Bewußtsein seiner – wenn auch unsichtbaren – Gegenwart sollen sie seine Worte hören: „Den Frieden lasse ich euch, meinen Frieden gebe ich euch. Nicht gebe ich euch, wie die Welt gibt.“ [12]

Der Heiland sagt: Wenn ihr der Sünde überführt seid, dann denkt daran, daß ich für euch gestorben bin. Unterdrückt, verfolgt oder peinigt man euch um meinet- oder um des Evangeliums willen, so erinnert euch meiner Liebe, die so groß war, daß ich für euch mein Leben gab. Erscheinen euch eure Pflichten hart und streng und eure Lasten zu schwer, sie zu tragen, dann besinnt euch darauf, daß ich um euretwillen, alle Schmach nicht achtend, das Kreuz ertrug. Wenn eure Herzen vor schweren Prüfungen zurückweichen, dann wisset, daß euer Erlöser lebt und für euch bittet.

Das Abendmahl weist auf Christi Wiederkunft hin und wurde eingesetzt, um diese Hoffnung in den Herzen der Jünger lebendig zu erhalten. Wann auch immer sie zusammenkamen, um seines Todes zu gedenken, erzählten sie sich, wie er den Kelch nahm, dankte, ihnen den Kelch gab und sprach: „Trinket alle daraus; das ist mein Blut des neuen Testaments, welches vergossen wird für viele zur Vergebung der Sünden. Ich sage euch: Ich werde von nun an nicht mehr von diesem Gewächs des Weinstocks trinken bis an den Tag, da ich's neu trinken werde mit euch in meines Vaters Reich.“ [13] In ihrer Betrübnis tröstete sie die Hoffnung auf die Wiederkehr ihres Herrn. Unsagbar wertvoll wurden ihnen die Worte: „Sooft ihr von diesem Brot esset und von diesem Kelch trinket, verkündigt ihr des Herrn Tod, bis daß er kommt.“ [1]

Dies sollen wir nie vergessen. Wir müssen uns Jesu Liebe mit ihrer bezwingenden Kraft lebendig vor Augen halten. Der Heiland hat diese gottesdienstliche Handlung eingesetzt, damit sie die unendliche Liebe Gottes vergegenwärtigt, die er uns um unsertwillen erwiesen hat. Es gibt keine Gemeinschaft unserer Seele mit Gott außer durch Jesus Christus; und auch die brüderliche Gemeinschaft muß durch die Liebe Jesu gefestigt und zu einer dauerhaften Verbindung gemacht werden. Nichts Geringeres als Christi Tod konnte seine Liebe für uns wirksam machen; nur durch seine Opfertat können wir mit Freuden der Wiederkunft des Herrn entgegensehen. Sein Blutopfer ist der Mittelpunkt unserer Hoffnung. Darauf müssen wir unseren Glauben gründen.

Die göttlichen Verordnungen, die auf das Leiden und Sterben unseres Herrn hinweisen, werden zu sehr als bloße Zeremonie angesehen. Sie wurden ja um einer bestimmten Absicht willen gegeben; denn unsere Sinne müssen geschärft werden, um das Geheimnis der Gottseligkeit zu erfassen. Es ist das Vorrecht des gläubigen Christen, die versöhnenden Leiden Christi immer besser zu verstehen. „Wie Mose in der Wüste die Schlange erhöht hat, so muß des Menschen Sohn erhöht werden, auf daß alle, die an ihn glauben, das ewige Leben haben.“ [14] Wir müssen unseren Blick auf das Kreuz von Golgatha richten, das den sterbenden Erlöser trug. Unser ewiges Heil verlangt, daß wir unseren Glauben an Christus bekennen.

Jesus sagte: „Werdet ihr nicht essen das Fleisch des Menschensohnes und trinken sein Blut, so habt ihr kein Leben in euch . . . Denn mein Fleisch ist die rechte Speise, und mein Blut ist der rechte Trank.“ [15] Das entspricht genau unserer leiblichen Natur. Selbst unser irdisches Leben verdanken wir dem Tod Christi. Das Brot, das wir essen, ist der Erlös seines gebrochenen Leibes, und das Wasser, das wir trinken, ist erkauft mit seinem Blut. Niemand, sei er gerecht oder sündhaft, genießt seine tägliche Nahrung, ohne daß sie durch den Leib und das Blut Christi gesegnet ist. Das Kreuz von Golgatha ist auf jeden Laib Brot geprägt; es spiegelt sich in jeder Wasserquelle. Dies alles hat der Heiland gelehrt, indem er die Sinnbilder seines großen Opfers einsetzte. Das Licht, das von dem Passahmahl Jesu ausgeht, heiligt auch unsere tägliche Nahrung. Der Familientisch wird dadurch zum Tisch des Herrn und jede Mahlzeit ein heiliges Mahl.

Wieviel mehr aber entsprechen Jesu Worte unserem geistlichen Leben! Christus erklärte: „Wer mein Fleisch isset und trinket mein Blut, der hat das ewige Leben.“ [16] Nur wenn wir das Leben annehmen, das für uns am Kreuz dahingegeben wurde, können wir ein Leben der Frömmigkeit führen. Wir empfangen dieses Leben, indem wir uns zu seinem Wort bekennen, indem wir die Dinge erfüllen, die er uns geboten hat. Dadurch werden wir eins mit ihm. „Wer mein Fleisch isset“, sagte der Heiland, „und trinket mein Blut, der bleibt in mir und ich in ihm. Wie mich gesandt hat der lebendige Vater und ich lebe um des Vaters willen, so wird auch, wer mich isset, leben um meinetwillen.“ [17] Diese Schriftstelle zielt in einem ganz besonderen Sinn auf die Feier des heiligen Abendmahles. Durch gläubiges Nachdenken über die Opfertat Jesu nimmt die Seele das geistliche Leben Christi in sich auf und erhält durch jede Feier des Gedächtnismahles neue und größere Kraft. Diese gottesdienstliche Handlung schafft eine lebendige Verbindung des Gläubigen zu Christus und dadurch auch zum Vater. Sie formt in einem besonderen Sinn eine Gemeinschaft zwischen abhängigen Menschen und Gott.

Wenn wir das Brot und den Wein empfangen, die den zerbrochenen Leib und das vergossene Blut Christi versinnbilden, sind wir in Gedanken mit dem Geschehen im oberen Saal verbunden. Wir meinen dann durch den Garten Gethsemane zu gehen, der geweiht ist durch den Todeskampf Jesu, welcher unser aller Sünden trug. Wir sind Zeugen des Kampfes, der unsere Versöhnung mit Gott bewirkte. Wir sehen den gekreuzigten Heiland mitten unter uns.

Schauen wir auf den gekreuzigten Erlöser, dann begreifen wir erst völlig die Größe und Bedeutung des von der Majestät des Himmels dargebrachten Opfers. Der Heilsplan wird vor uns verherrlicht, und der Gedanke an Golgatha erweckt lebendige und geheiligte Empfindungen in unserer Seele. Der Lobpreis Gottes und des Lammes wohnt in unserem Herzen und erschallt von unseren Lippen; Stolz und Selbstvergötterung gedeihen nicht mehr in einer Seele, der das Geschehen auf Golgatha in lebendiger Erinnerung ist.

Wem Jesu unvergleichliche Liebe vor Augen steht, dessen Gedanken werden veredelt, dessen Herz wird gereinigt und dessen Wesen wird umgewandelt werden. Er wird hinausgehen, um der Welt ein

Licht zu sein und diese geheimnisvolle Liebe in einem gewissen Grade widerzuspiegeln. Je mehr wir an das Kreuz auf Golgatha denken, desto intensiver werden wir die Worte des Apostels beherzigen: „Von mir aber sei es ferne, mich zu rühmen, als allein des Kreuzes unsres Herrn Jesus Christus, durch welchen mir die Welt gekreuzigt ist und ich der Welt.“ [18]

„Euer Herz erschrecke nicht" | 55

Christus blickte seine Jünger voll göttlicher Liebe und zärtlicher Hingabe an und sagte: „Nun ist des Menschen Sohn verherrlicht, und Gott ist verherrlicht in ihm." [1] Judas hatte den Raum verlassen, und der Herr war mit den Elfen allein. Er war im Begriff, über die herannahende Trennung von ihnen zu sprechen, zeigte ihnen aber vorher noch einmal das große Ziel seiner Sendung, das ihm stets vor Augen stand. Er freute sich, daß durch seine Erniedrigung und durch sein Leiden der Name des Vaters verherrlicht würde, und darauf richtete er zunächst auch die Gedanken seiner Jünger.

Dann sprach er zu ihnen in liebevollen Worten: „Liebe Kinder, ich bin noch eine kleine Weile bei euch. Ihr werdet mich suchen; und wie ich zu den Juden sagte: Wo ich hingehe, da könnt ihr nicht hinkommen, so sage ich jetzt auch euch." [2]

Die Jünger vermochten sich über diese Worte nicht zu freuen. Furcht überfiel sie, und sie drängten sich näher an den Heiland heran. Ihr Meister und Herr, ihr geliebter Lehrer und Freund war ihnen teurer als ihr eigenes Leben. Bei ihm hatten sie in allen Schwierigkeiten Hilfe, in allen Kümmernissen und Enttäuschungen Trost gefunden. Und nun wollte er sie – eine einsame, abhängige Schar – verlassen! Trübe Ahnungen durchzogen ihr Gemüt.

Doch Jesu Worte waren hoffnungsvoll. Er wußte, daß der Feind sie bestürmen würde und daß Satans List bei denen besonders erfolgreich ist, die von Schwierigkeiten niedergedrückt sind. Deshalb lenkte er ihre Gedanken von dem Sichtbaren auf das Unsichtbare, von dem irdischen Jammertal auf die himmlische Heimat.

„Euer Herz erschrecke nicht!" sagte er. „Glaubet an Gott und glaubet an mich! In meines Vaters Hause sind viele Wohnungen. Wenn's nicht so wäre, würde ich dann zu euch gesagt haben: Ich gehe hin, euch die Stätte zu bereiten? Und wenn ich hingehe, euch die Stätte zu bereiten, so will ich wieder kommen und euch zu mir nehmen, damit ihr seid, wo ich bin. Und wo ich hingehe, – den Weg wisset ihr." [3] Euretwillen kam ich auf diese Erde, euretwillen habe ich das Werk aufgenommen, und wenn ich hingehe, werde ich nicht aufhören, für euch zu wirken. Ich kam in die Welt, um mich euch zu offenbaren, damit ihr glauben möchtet. Ich gehe zum Vater, um mit ihm für euch zu sorgen. – Jesu Fortgehen bedeutete also gerade das Gegenteil von dem, was die Jünger befürchteten; es war keine endgültige Trennung. Er ging nur hin, für sie eine Stätte zu bereiten, um dann wiederzukommen und sie zu sich zu nehmen. Während er Wohnungen für sie bereitete, sollten sie ihre Charaktere nach dem göttlichen Ebenbild entwickeln.

Noch immer waren die Jünger bestürzt. Thomas, stets von Zweifeln geplagt, sagte: „Herr, wir wissen nicht, wo du hingehst; und wie können wir den Weg wissen?" Jesus antwortete ihm: „Ich bin der Weg und die Wahrheit und das Leben; niemand kommt zum Vater denn durch mich." [4]

Es führen nicht viele Wege zum Himmel; kein Mensch kann dabei seinen eigenen Weg wählen. Der Heiland sprach: „Ich bin der Weg ...; niemand kommt zum Vater denn durch mich." Seit der ersten Evangeliumspredigt im Garten Eden, die besagte, daß der Same des Weibes der Schlange den Kopf zertreten würde, war Christus als der Weg, die Wahrheit und das Leben weit erhöht worden. Er war der Weg, den schon Adam gehen mußte und den Abel ging, als er das Blut des geschlachteten Lammes, das Sinnbild des Erlösers, Gott darbrachte. Er war der Weg, auf dem die Patriarchen und Propheten gerettet wurden. Er ist der Weg, der allein uns den Zugang zu Gott öffnet.

„Wenn ihr mich kenntet, so kenntet ihr auch meinen Vater. Und von nun an kennet ihr ihn und habt ihn gesehen." [4] Aber noch immer verstanden ihn die Jünger nicht. „Herr, zeige uns den Vater, so ist's uns genug", [5] rief Philippus.

Verwundert über dessen Unverständnis, fragte Jesus schmerzlich berührt: „So lange bin ich bei euch, und du kennst mich nicht, Philippus?" Ist es möglich, daß du den Vater nicht in den Werken erkennst, die er durch mich tut? Glaubst du nicht, daß ich kam, um von ihm zu zeugen? „Wie sprichst du denn: Zeige uns den Vater?" „Wer mich sieht, der sieht den Vater!" [6] Christus hatte nicht aufgehört, Gott zu sein, als er Mensch wurde. Obgleich er sich erniedrigte und menschliche Gestalt annahm, wohnte die Gottheit noch immer in ihm. Er allein konnte der menschlichen Natur den Vater offenbaren, und die Jünger hatten länger als drei Jahre den Vorzug gehabt, diese Offenbarung des Himmels wahrzunehmen.

„Glaubet mir, daß ich im Vater und der Vater in mir ist; wo nicht, so glaubet mir doch um der Werke willen." [7] Ihr Glaube konnte sicher ruhen auf dem Zeugnis, das in den Werken Christi zum Ausdruck kam; in Werken, die kein Mensch aus sich selbst je getan hatte noch tun konnte. Christi Werke bezeugten seine Göttlichkeit. Durch ihn war der Vater geoffenbart worden.

Glaubten die Jünger an diese lebendige Verbindung zwischen dem Vater und dem Sohn, dann würde ihr Vertrauen auf Christus sie beim Anblick seines Leidens und Sterbens, wodurch er eine verlorene Welt zu retten hoffte, nicht verlassen. Jesus versuchte die Jünger von ihrem niedrigen Glaubensstand zu der Erfahrung zu bringen, die sie machen könnten, wenn sie wirklich erkennten, was er war: Gott in menschlicher Gestalt! Er wünschte, ihr Glaube führte sie allmählich zu Gott und fände dort festen Grund. Wie ernsthaft und beharrlich war der barmherzige Heiland bemüht, seine Jünger auf den Sturm der Versuchung vorzubereiten, der bald über sie hereinbrechen würde! Er wollte sie dann mit ihm in Gott geborgen wissen.

Während Jesus mit ihnen redete, leuchtete die Herrlichkeit Gottes auf seinem Antlitz, und alle Umstehenden überkam eine heilige Ehrfurcht, als sie mit gespannter Aufmerksamkeit seinen Worten lauschten. Ihre Herzen fühlten sich immer enger zu ihm hingezogen; und da sie Christus in größerer Liebe verbunden waren, kamen sie sich auch untereinander näher. Sie fühlten die Nähe des Himmels und ahnten, daß die Worte, denen sie zuhörten, eine an sie gerichtete Botschaft ihres himmlischen Vaters waren.

„Wahrlich, wahrlich, ich sage euch: Wer an mich glaubt, der wird die Werke auch tun, die ich tue, und wird größere als diese tun; denn ich gehe zum Vater.“ [8] Jesus war eindringlich bestrebt, seinen Jüngern verständlich zu machen, zu welchem Zweck seine Gottheit sich mit der menschlichen Natur verbunden hatte. Er war in die Welt gekommen, um die Herrlichkeit Gottes zu entfalten, damit die Menschen durch deren erneuernde Kraft gebessert werden sollten. Gott offenbarte sich in ihm, damit Jesus in ihnen offenbart würde. Jesus besaß keine Eigenschaften und verfügte über keinerlei Kräfte, deren die Menschen durch den Glauben an ihn nicht auch teilhaftig werden könnten. Seine Vollkommenheit als Mensch können alle seine Nachfolger besitzen, wenn sie sich Gott so unterwerfen, wie er es tat.

„Und wird größere [Werke] als diese tun; denn ich gehe zum Vater.“ [8] Der Heiland wollte damit nicht sagen, daß die Arbeit der Jünger bedeutender sein würde als sein Werk, er meinte damit nur die räumlich größere Ausdehnung. Er bezog sich nicht allein auf Wundertaten, sondern auf all das, was durch die Kraft des Heiligen Geistes geschehen würde.

Nach der Himmelfahrt des Herrn erkannten die Jünger die Erfüllung seines Versprechens. Die Vorgänge der Kreuzigung, der Auferstehung und der Himmelfahrt waren ihnen lebendige Wirklichkeit geworden – die Weissagungen hatten sich buchstäblich erfüllt! Sie forschten in den heiligen Schriften und nahmen ihre Lehre mit einem Vertrauen und einer Zuversicht an, die ihnen bis dahin unbekannt waren. Sie wußten, daß der göttliche Lehrer alles das war, was er zu sein vorgegeben hatte. Als sie von ihren Erfahrungen berichteten und die Liebe Gottes verkündigten, wurden die Herzen der Menschen angerührt und im Innersten überwältigt, und eine große Menge glaubte an den Herrn.

Jesu Verheißung an seine Jünger war gleichzeitig ein Versprechen an seine Gemeinde bis ans Ende der Zeit. Gott wollte nicht, daß sein herrlicher Erlösungsplan nur unbedeutende Ergebnisse zeitigen sollte. Alle, die hinausgehen, um im Weinberg des Herrn zu arbeiten und dabei nicht auf die eigene Kraft vertrauen, sondern darauf, daß Gott für und durch sie wirken kann, werden ganz gewiß die Erfüllung seines Versprechens erkennen: Ihr werdet größere Werke „als diese tun; denn ich gehe zum Vater".

Bis jetzt kannten die Jünger noch nicht die unbegrenzten Hilfsmittel und die Macht ihres Herrn. Er sagte zu ihnen: „Bisher habt ihr nichts gebeten in meinem Namen."[9] Damit wollte er sie darauf aufmerksam machen, daß das Geheimnis ihres Erfolges darin liege, in seinem Namen Stärke und Gnade zu erflehen; denn er werde bei dem Vater sein, um für sie zu bitten. Er bringt das Gebet des demütig Bittenden um dieses Bittenden willen als seinen eigenen Wunsch vor den Vater. Jedes aufrichtige Gebet wird im Himmel gehört werden; mag es auch nur stockend gesprochen sein. Wenn es von Herzen kommt, wird es zu dem Heiligtum emporsteigen, in dem Christus dient. Er wird es dann nicht als verlegenes Stammeln vor den Vater bringen, seine Worte werden wohlklingend sein und den Geruch seiner Vollkommenheit ausströmen.

Der Weg der Aufrichtigkeit und Redlichkeit ist nicht frei von Hindernissen; in jeder Schwierigkeit aber sollen wir eine Aufforderung zum Gebet erkennen. Es gibt niemanden, der irgendeine Stärke besäße, die er nicht vom Schöpfer empfangen hätte; die Quelle dieser Kraft steht auch dem Schwächsten offen. „Was ihr bitten werdet in meinem Namen, das will ich tun, auf daß der Vater verherrlicht werde in dem Sohne. Was ihr mich bitten werdet in meinem Namen, das will ich tun.“ [10]

„In meinem Namen!“ So gebot der Herr seinen Jüngern zu beten. In seinem Namen sollen Christi Nachfolger vor Gott stehen. Durch die Größe des für sie dargebrachten Opfers sind sie in den Augen Gottes wertvoll geworden; wegen der ihnen zugemessenen Gerechtigkeit ihres Erlösers werden sie von Gott hochgeachtet. Um Christi willen vergibt der Herr allen, die ihn fürchten. Er sieht in ihnen nicht die Schlechtigkeit des Sünders, sondern er erkennt in ihnen das Bild seines Sohnes, an den sie glauben.

Gott ist enttäuscht, wenn seine Kinder sich selbst gering einschätzen. Er wünscht vielmehr, seine Auserwählten sollten sich nach dem Preis beurteilen, den er für sie bezahlt hat. Den Herrn verlangte nach ihnen. Andernfalls hätte er seinen Sohn nicht mit einem so teuren Auftrag, nämlich sie zu erlösen, gesandt. Er hat eine Aufgabe für sie, und es gefällt ihm, wenn sie ihn bis zum äußersten beanspruchen, um seinen Namen verherrlichen zu können. Sie dürfen große Dinge erwarten, wenn sie seinen Verheißungen glauben.

Es bedeutet viel, in Christi Namen zu beten. Es will heißen, daß wir sein Wesen annehmen, seinen Geist offenbaren und seine Werke tun. Der Heiland selbst knüpft eine Bedingung an seine Verheißung: „Liebet ihr mich, so werdet ihr meine Gebote halten.“ [11] Gott errettet die Menschen nicht in, sondern von ihren Sünden; und alle, die den Herrn lieben, werden ihre Liebe durch Gehorsam beweisen.

Aller wahre Gehorsam entspringt dem Herzen. Auch bei Christus war er eine Herzenssache. Wenn wir mit ihm übereinstimmen, wird Christus sich so mit unseren Gedanken und Zielen identifizieren und unsere Herzen und Sinne so mit seinem Willen verschmelzen, daß wir, wenn wir ihm gehorsam sind, unsere eigenen Absichten verwirklichen. Der Wille wird, geläutert und geheiligt, sein höchstes Entzücken darin finden, seinem Beispiel der Hingabe zu folgen. Wenn wir Gott so kennten, wie wir ihn nach seiner Gnade kennen sollten, dann würde unser Leben ein Leben beständigen Gehorsams sein. Durch die Wertschätzung des Wesens Christi, durch die Verbindung mit Gott würde uns die Sünde verhaßt werden.

Wie sich Jesus einst als Mensch unter das Gesetz beugte, so können auch wir es tun, wenn wir uns an seine Stärke halten. Doch wir dürfen die Verantwortung für unsere Pflicht nicht auf andere abwälzen und von ihnen erwarten, daß sie uns sagen, was zu tun ist. Wir dürfen nicht von dem Rat der Menschen abhängig sein. Gott wird uns unsere Pflicht ebenso bereitwillig lehren, wie er sie irgendeinen anderen auch lehren wird. Wenn wir im Glauben zu ihm kommen, wird er uns seinen Willen kundtun. Unser Herz wird oft in uns brennen, wenn der Eine sich uns nähert, um mit uns ebenso in Verbindung zu kommen wie einst mit Henoch. Jene, die sich entschieden haben, in keiner Weise etwas zu tun, was Gott mißfällt, werden, nachdem sie ihm ihre Angelegenheit dargelegt haben, genau wissen, welchen Weg sie gehen müssen. Sie werden nicht nur Weisheit erhalten, sondern auch Stärke. Sie werden die Kraft haben, gehorsam zu sein und zu dienen, wie Jesus es verheißen hat. Alles, was Christus empfing – alle Mittel, um den Nöten des gefallenen Menschengeschlechts abzuhelfen –, wurde ihm als Haupt und Vertreter der Menschen gegeben. „Was wir bitten, werden wir von ihm nehmen; denn wir halten seine Gebote und tun, was vor ihm gefällig ist.“ [12]

Ehe er sich selbst als Opfer gab, wollte der Heiland seinen Jüngern die wichtigste und vollkommenste Gabe verleihen, eine Gabe, die ihre Herzen offen ließe für die grenzenlosen Möglichkeiten der Gnade. „Ich will den Vater bitten“, sagte er ihnen, „und er wird euch einen andern Tröster geben, daß er bei euch sei ewiglich: den Geist der Wahrheit, welchen die Welt nicht kann empfangen; denn sie sieht ihn nicht und kennt ihn nicht. Ihr aber kennet ihn; denn er bleibt bei euch und wird in euch sein. Ich will euch nicht als Waisen zurücklassen; ich komme zu euch.“ [13]

Der Heilige Geist war schon vorher in der Welt wirksam gewesen; er hatte seit dem Beginn des Erlösungswerkes auf die Herzen der Menschen Einfluß gehabt. Doch während der Heiland auf Erden weilte, hatten die Jünger nach keinem andern Tröster verlangt. Erst nach Jesu Himmelfahrt würde in ihnen das Bedürfnis nach der Gegenwart des Heiligen Geistes geweckt, und dann sollte er kommen.

Der Heilige Geist vertritt Christus, wenn auch bar allen menschlichen Wesens und völlig unabhängig davon. Der Heiland konnte durch seine menschliche Natur auf Erden nicht überall gegenwärtig sein. Es war darum ausschließlich zum Besten seiner Nachfolger, daß er wieder zum Vater ging und den Heiligen Geist als seinen Stellvertreter sandte. Niemand konnte dann wegen seines Aufenthaltsortes oder wegen seiner persönlichen Verbindung mit Christus irgendeinen Vorteil haben. Durch den Heiligen Geist würde Jesus allen Menschen erreichbar sein. In diesem Sinne konnte er ihnen näher sein, als wenn er nicht zum Himmel aufgefahren wäre.

„Wer mich aber liebt, der wird von meinem Vater geliebt werden, und ich werde ihn lieben und mich ihm offenbaren."[14] Der Heiland kannte das irdische Schicksal seiner Jünger. Er sah einen aufs Schafott gebracht, einen ans Kreuz geheftet, einen andern auf die einsame Felseninsel im Meer verbannt und wieder andere verfolgt und erschlagen. Er stärkte sie mit der Verheißung, in jeder Schwierigkeit mit ihnen zu sein. Diese Verheißung hat noch nichts von ihrer Kraft verloren. Der Herr weiß alles über seine treuen Diener, die um seinetwillen im Gefängnis schmachten oder auf einsamen Inseln verbannt leben müssen. Er tröstet sie durch die Verheißung seiner Gegenwart. Steht der Gläubige um der Wahrheit willen vor den Schranken eines ungerechten Gerichtes, dann ist ihm der Herr zur Seite; alle Beschuldigungen, denen er sich gegenübersieht, fallen auf Christus, der in der Gestalt seines Jüngers abermals verurteilt wird. Ist jemand im Gefängnis eingekerkert, beglückt Christus dessen Herz mit seiner Liebe, und erduldet jemand den Tod um seinetwillen, so hat dieser sein Wort: Ich bin „der Lebendige. Ich war tot, und siehe, ich bin lebendig von Ewigkeit zu Ewigkeit und habe die Schlüssel der Hölle und des Todes".[15] Das für Christus dahingegebene Leben wird bewahrt für die ewige Herrlichkeit.

Überall und zu allen Zeiten, in allen Kümmernissen und Glaubensnöten, wenn der Ausblick dunkel erscheint und die Zukunft verwirrend und wir uns hilflos und allein fühlen, wird Gott den Tröster, den Heiligen Geist, senden als Antwort auf unsere Gebete. Die Verhältnisse mögen uns von allen Freunden trennen, nichts aber, kein besonderer Umstand, keine Entfernung, vermag uns von dem himmlischen Tröster zu scheiden. Wo immer wir sind, wo immer wir hingehen, er ist uns stets zur Seite, um uns zu stützen und zu kräftigen, um uns beizustehen und zu ermutigen.

Die Jünger verstanden Jesu Worte immer noch nicht in ihrer geistlichen Bedeutung, und der Herr mußte sie ihnen abermals erklären. „Der Tröster, der heilige Geist, welchen mein Vater senden wird in meinem Namen, der wird euch alles lehren und euch erinnern alles des, was ich euch gesagt habe." [16] Dann werdet ihr nicht mehr sagen: Ich kann es nicht verstehen! Ihr werdet nicht mehr „durch einen Spiegel in einem dunkeln Wort" [17] sehen, sondern ihr werdet begreifen können „mit allen Heiligen, welches da sei die Breite und die Länge und die Höhe und die Tiefe; auch erkennen die Liebe Christi, die doch alle Erkenntnis übertrifft". [18]

Die Jünger sollten Zeugnis ablegen von dem Leben und Wirken ihres Herrn; durch ihr Wort wollte Jesus zu allen Menschen auf dem ganzen Erdenkreis reden. Doch die Demütigungen und der Tod Christi würden ihnen schwere Anfechtungen und Enttäuschungen bringen. Damit nach diesen Erfahrungen ihr Wort überzeugungskräftig und genau wäre, verhieß ihnen Jesus den Heiligen Geist, „der wird euch alles lehren und euch erinnern alles des, was ich euch gesagt habe". [16]

„Ich habe euch noch viel zu sagen", sprach Jesus weiter, „aber ihr könnt es jetzt nicht tragen. Wenn aber jener, der Geist der Wahrheit, kommen wird, der wird euch in alle Wahrheit leiten. Denn er wird nicht aus sich selber reden; sondern was er hören wird, das wird er reden, und was zukünftig ist, wird er euch verkündigen. Derselbe wird mich verherrlichen; denn von dem Meinen wird er's nehmen und euch verkündigen." [19] Der Heiland hatte seinen Jüngern ein weites Gebiet der Wahrheit geöffnet; aber es wurde ihnen sehr schwer, seine Lehren von den Überlieferungen und Grundsätzen der Schriftgelehrten und Pharisäer deutlich zu trennen. Sie waren unterwiesen worden, die Lehren der Rabbiner als Stimme Gottes anzunehmen; diese Erziehung übte noch einen großen Einfluß auf ihr Verständnis aus und formte ihre Gesinnung. Irdische Vorstellungen und weltliche Dinge nahmen in ihren Gedanken noch einen breiten Raum ein, und sie verstanden nicht die geistliche Natur des Reiches Christi, obgleich er sie ihnen oft erklärt hatte. Sie wurden verwirrt und begriffen nicht die Wichtigkeit der von Christus angeführten Schriftstellen; viele seiner Lehren schienen sie überhaupt nicht zu erreichen. Der Heiland erkannte, daß sie die wahre Bedeutung seiner Reden nicht verstanden, und in seiner Barmherzigkeit versprach er ihnen, daß der Heilige Geist ihnen diese Worte wieder ins Gedächtnis zurückrufen werde. Er ließ viele Dinge ungesagt, die die Jünger doch nicht verstehen konnten; auch diese würde ihnen der Heilige Geist später mitteilen. Er würde ihnen ihr Verständnis beleben, damit sie die himmlischen Dinge würdigen könnten. „Wenn aber jener, der Geist der Wahrheit, kommen wird, der wird euch in alle Wahrheit leiten.“ [19]

Der Tröster wird der „Geist der Wahrheit“ genannt; es ist seine Aufgabe, die Wahrheit zu bestimmen und festzuhalten. Er wohnt zuerst im Herzen als Geist der Wahrheit und wird dadurch zum Tröster; denn nur in der Wahrheit liegen Trost und Frieden. Die Falschheit kennt keinen wahren Frieden oder Trost. Satan gewinnt durch falsche Lehren und Überlieferungen die Gewalt über den Verstand, und indem er die Menschen in den Irrtum verführt, entstellt er ihr ursprüngliches Wesen. Der Heilige Geist aber spricht durch die Heilige Schrift zum Herzen des Menschen und prägt ihm die Wahrheit ein. Dadurch legt er den Irrtum bloß und vertreibt ihn aus der Seele. Durch den Geist der Wahrheit, der sich uns durch Gottes Wort mitteilt, macht sich der Herr sein auserwähltes Volk untertan.

Indem Jesus seinen Jüngern das Amt des Heiligen Geistes beschrieb, versuchte er in ihnen die Freude und Hoffnung zu erwecken, die ihn selbst beseelte. Er freute sich über die reiche Unterstützung, die für seine Gemeinde vorgesehen war; denn der Heilige Geist war die wertvollste aller Gaben, die er von seinem Vater zur Erhöhung seines Volkes erbitten konnte. Dieser Geist sollte uns als eine erneuernde Kraft erfüllen, ohne die das Opfer Christi wertlos gewesen wäre. Der Hang zum Bösen war jahrhundertelang gestärkt worden, und die Unterwerfung der Menschen unter diese satanische Knechtschaft war höchst bestürzend. Nur durch die machtvolle Kraft der dritten Person der Gottheit konnte der Sünde widerstanden und sie überwunden werden. Der Heilige Geist sollte nicht in beschränktem Maße, sondern in der Fülle göttlicher Kraft über ihnen ausgegossen werden. Er macht lebendig, was der Heiland der Welt erwirkt hat. Er reinigt das Herz, und durch ihn wird der Gläubige Teilhaber der göttlichen Natur. Christus hat seinen Geist als eine göttliche Kraft gegeben, um alle ererbten und anerzogenen Neigungen zum Bösen zu überwinden und seiner Gemeinde sein Wesen aufzuprägen.

Er sagte ferner von dem Geist: „Derselbe wird mich verherrlichen.“ Der Heiland kam, um den Vater durch die Darstellung seiner Liebe zu verherrlichen. Ebenso soll der Heilige Geist den Heiland verklären, indem er seine Gnadenfülle der Welt offenbart. Das Ebenbild Gottes soll im Menschen wiederhergestellt werden. Die Ehre Gottes, die Ehre

Christi sind untrennbar verbunden mit einer untadeligen charakterlichen Entwicklung seines Volkes.

„Wenn derselbe kommt, wird er der Welt die Augen auftun über die Sünde und über die Gerechtigkeit und über das Gericht."[20] Die Verkündigung des Wortes Gottes wird ohne die beständige Gegenwart und Hilfe des Heiligen Geistes erfolglos sein; denn er ist der einzige erfolgreiche Lehrer der göttlichen Wahrheit. Nur wenn die Kraft des Geistes das Wort der Wahrheit in die Herzen senkt, wird es das Gewissen wecken und das Leben umgestalten. Ein Mensch kann fähig sein, das Wort Gottes buchstabengetreu mitzuteilen, er kann mit allen seinen Geboten und Verheißungen vertraut sein; doch wenn der Heilige Geist die Wahrheit nicht fest gründet, wird keine Seele auf den „Eckstein" fallen und daran „zerschellen".[21] Weder ein hohes Maß an Bildung noch irdische Vorteile, wie groß sie auch sein mögen, können den Menschen ohne die Mitwirkung des Geistes Gottes zum Lichtträger machen. Die Aussaat des Evangeliumssamens wird nicht aufgehen, wenn nicht der Tau des Himmels ihn zum Leben erweckt. Ehe eins der neutestamentlichen Bücher geschrieben war, ehe eine Predigt nach der Himmelfahrt Christi gehalten wurde, kam der Heilige Geist auf die betenden Apostel, so daß selbst ihre Feinde sagen mußten: „Ihr habt Jerusalem erfüllt mit eurer Lehre."[22]

Christus hat seiner Gemeinde die Gabe des Heiligen Geistes versprochen. Diese Verheißung gehört uns so gut wie den ersten Gläubigen. Doch wie jede andere Verheißung auch ist sie an Bedingungen geknüpft. Es gibt viele, die an die Verheißungen des Herrn glauben und vorgeben, sie in Anspruch zu nehmen. Sie sprechen über Christus und über den Heiligen Geist und empfangen dennoch keinerlei Segen. Sie öffnen ihre Seele nicht der göttlichen Wirksamkeit, damit sie geleitet und beherrscht werde. Wir besitzen nicht die Fähigkeit, den Heiligen Geist in unseren Dienst zu nehmen, sondern der Heilige Geist muß sich – umgekehrt – unser bedienen. Gott wirkt durch den Geist in seinen Kindern „das Wollen und das Vollbringen, zu seinem Wohlgefallen".[23]

Doch viele Menschen wollen sich dem nicht unterwerfen; sie wollen sich auf sich selbst verlassen und empfangen darum nicht die himmlische Gabe. Nur denen, die demütig auf den Herrn harren und auf seine Führung und auf seine Gnadengabe achthaben, wird der Heilige Geist zuteil. Die Kraft Gottes wartet darauf, daß die Menschen nach ihr verlangen und sie annehmen. Wird dieser verheißene Segen im Glauben beansprucht, so zieht er alle anderen Segnungen nach sich. Er wird nach dem Reichtum der Gnade Christi gegeben werden; er kann die Bedürfnisse jeder Seele befriedigen, soweit diese fähig ist, die göttliche Kraft aufzunehmen.

Jesus machte in seinem Gespräch mit den Jüngern keine traurigen Andeutungen über sein Leiden und Sterben; sein letztes Vermächtnis an sie war vielmehr die Versicherung göttlichen Friedens. Er sagte ihnen: „Den Frieden lasse ich euch, meinen Frieden gebe ich euch. Nicht gebe ich euch, wie die Welt gibt. Euer Herz erschrecke nicht und fürchte sich nicht.“ [24]

Ehe sie den Abendmahlsraum verließen, stimmte der Heiland mit den Jüngern einen Lobgesang an. Seine Stimme erklang nicht in einem trauernden Klagegesang, sondern in einem frohen Passahlied: „Lobet den Herrn, alle Heiden! Preiset ihn, alle Völker! Denn seine Gnade und Wahrheit waltet über uns in Ewigkeit. Halleluja!“ [25]

Nach diesem Lobgesang gingen sie hinaus. Sie bahnten sich einen Weg durch die Menge, die auf den Straßen hin und her wogte, und gelangten durch das Stadttor in der Nähe des Ölberges hinaus ins Freie. Jeder tief in Gedanken versunken, wanderten sie langsam dahin. Als sie an den Ölberg kamen, sagte der Heiland bekümmert: „In dieser Nacht werdet ihr alle Ärgernis nehmen an mir. Denn es steht geschrieben: ‚Ich werde den Hirten schlagen, und die Schafe der Herde werden sich zerstreuen.‘“ [26] Traurig und bestürzt schwiegen die Jünger. Sie dachten daran, wie sich in der Synagoge zu Kapernaum, als Christus von sich als dem Brot des Lebens sprach, viele aufgebracht von ihm abgewandt hatten; sie aber waren ihm treu geblieben, und Petrus hatte im Namen aller ihre Ergebenheit bekundet. Darauf hatte der Herr erwidert: „Habe ich nicht euch Zwölf erwählt? Und euer einer ist ein Teufel.“ [27] Und heute abend hatte der Meister beim Passahmahl gesagt, daß einer der Zwölf ihn verraten und daß Petrus ihn verleugnen würde; jetzt aber schlossen seine Worte sie alle ein.

Wieder war es Petrus, der dem Herrn mit leidenschaftlicher Stimme zurief: „Und wenn sie alle an dir Ärgernis nähmen, so doch ich nicht.“ [28] Oben im Saal hatte er sogar erklärt: „Ich will mein Leben für dich lassen.“ [29] Jesus hatte ihm darauf erwidert, daß er seinen Heiland noch in derselben Nacht verraten würde. Jetzt wiederholte er seine Warnung: „Wahrlich, ich sage dir: Heute, in dieser Nacht, ehe denn der Hahn zweimal kräht, wirst du mich dreimal verleugnen." Petrus aber „redete noch weiter: Wenn ich auch mit dir sterben müßte, wollte ich dich nicht verleugnen. Desgleichen sagten sie alle".[30] In ihrem Selbstvertrauen widersprachen sie der wiederholten Feststellung dessen, der alle Dinge weiß. Auf eine Prüfung aber waren sie nicht vorbereitet; darum würden sie ihre Schwäche erst erkennen, wenn die Versuchung sie überraschte.

Petrus meinte es mit jedem Wort aufrichtig, als er dem Herrn versprach, ihm in Gefangenschaft und Tod zu folgen; aber er kannte sich selbst zuwenig. In seinem Herzen verborgen, schlummerten noch böse Neigungen, die durch besondere Umstände leicht geweckt werden konnten und ihn unweigerlich dem ewigen Verderben überantworten würden, wenn man ihm nicht diese Gefahr deutlich zum Bewußtsein brächte. Jesus sah in ihm eine Eigenliebe und ein Selbstvertrauen, die sogar über seine Liebe zum Herrn hinausgehen würden. Viel Schwachheit, unbeherrschte Sünde, Achtlosigkeit des Geistes, Jähzorn und Sorglosigkeit gegenüber starken Versuchungen hatten die Erfahrungen des Petrus bestimmt. Jesu ernstes Mahnwort sollte ihn zur Selbstprüfung veranlassen. Petrus durfte sich nicht so sehr auf sich selbst verlassen, sondern sollte gläubiger dem Heiland anhangen. Hätte er die Warnung demütig angenommen, so würde er den Hirten der Herde gebeten haben, seine Schafe zu bewahren. Als er einst auf dem See Genezareth am Versinken war, hatte er nach dem Herrn gerufen: „Herr, hilf mir!" Und Christus hatte seine Hand ausgestreckt und ihn ergriffen. So wäre er auch jetzt bewahrt worden, wenn er seinen Heiland gebeten hätte: Hilf mir vor mir selber! Aber Petrus empfand Jesu Worte nur als Mißtrauen und fühlte sich gekränkt; sein Selbstvertrauen jedoch war bisher nicht im geringsten durch irgend etwas erschüttert.

Der Herr schaute voller Mitleid auf seine Jünger. Er konnte sie nicht vor der kommenden Versuchung bewahren, aber er verließ sie nicht ungetröstet. Er gab ihnen die Zusicherung, daß er die Fesseln des Grabes zerbrechen und daß seine Liebe zu ihnen niemals aufhören werde. „Wenn ich aber auferstehe", sagte er, „will ich vor euch hingehen nach Galiläa."[31] Schon vor der Verleugnung erhielten sie die Gewißheit seiner Vergebung. Nach seinem Tode und seiner Auferstehung wußten sie, daß ihnen vergeben war und daß sie dem Herzen Christi nahestanden.

Der Heiland befand sich mit seinen Jüngern auf dem Wege nach Gethsemane, einem ruhig gelegenen Ort am Fuße des Ölberges, den der Herr oft aufgesucht hatte, um nachzudenken und zu beten. Jesus hatte den Jüngern das Wesen seiner Sendung und ihre geistliche Bindung zu ihm, die sie unterhalten sollten, erklärt. Nun veranschaulichte er ihnen diese Erklärung. Das silberne Licht des Mondes enthüllte einen Weinstock, der voller Reben war. Der Heiland lenkte die Aufmerksamkeit der Jünger auf dieses Bild und benutzte es als Symbol.

„Ich bin der rechte Weinstock",[32] sagte er. Statt die anmutige Palme, die stattliche Zeder oder die starke Eiche für seinen Vergleich heranzuziehen, wies der Herr auf den Weinstock mit den sich anklammernden Ranken und verglich sich mit ihm. Palmen, Zedern und Eichen stehen allein; sie brauchen keine Stütze. Der Wein aber rankt sich am Spalier entlang und strebt dadurch himmelwärts. So war Christus als Mensch von der göttlichen Macht abhängig. „Der Sohn kann nichts von sich selber tun",[33] erklärte er.

„Ich bin der rechte Weinstock." Die Juden hatten den Weinstock stets als die edelste aller Pflanzen betrachtet; sie nahmen ihn als Sinnbild alles dessen, was stark, herrlich und fruchtbar war. Israel selbst war als ein Weinstock dargestellt worden, den Gott in dem verheißenen Lande gepflanzt hatte. Die Juden gründeten die Hoffnung ihres Heils auf die Tatsache, daß sie mit Israel verbunden waren; aber Jesus sagte: „Ich bin der rechte Weinstock." Glaubt nicht, daß ihr durch die Verbindung mit Israel Teilhaber des göttlichen Lebens und Erben seiner Verheißung werdet; durch mich allein wird geistliches Leben empfangen.

„Ich bin der rechte Weinstock, und mein Vater der Weingärtner." Auf Palästinas Hügeln hatte der himmlische Vater diesen guten Weinstock gepflanzt, und er selbst war der Weingärtner. Viele wurden durch die Schönheit dieses Weinstockes angezogen und bekannten, er sei himmlischen Ursprungs. Nur den Führern Israels erschien er wie eine Wurzel auf dürrem Erdreich. Sie nahmen die Pflanze, beschädigten sie und zertraten sie unter ihren unheiligen Füßen in der Hoffnung, sie für immer zu vernichten; doch der himmlische Weingärtner ließ das edle Reis nicht aus dem Auge. Nachdem die Menschen glaubten, es vernichtet zu haben, nahm er es und verpflanzte es auf die andere Seite der Mauer. So war der Weinstock nunmehr nicht länger sichtbar, und er blieb den zerstörenden Angriffen der Menschen entzogen. Aber seine Reben hingen über die Mauer und wiesen wiederum auf den Weinstock; durch sie konnten immer noch Wildlinge mit dem guten Weinstock verbunden werden. Auch sie haben Früchte gezeitigt und sind zur Ernte geworden, die die Vorübergehenden eingebracht haben.

„Ich bin der Weinstock, ihr seid die Reben." Das sagte der Herr zu seinen Jüngern. Obgleich er im Begriff stand, sie zu verlassen, war ihre geistliche Verbindung mit ihm unverändert. Die Verbindung der Rebe mit dem Weinstock, so sagte er, veranschaulicht das Verhältnis, in dem ihr zu mir bleiben sollt. Der junge Trieb wird dem Weinstock eingepfropft und wächst Faser auf Faser, Ader auf Ader in den Stamm ein, so daß das Leben des Weinstocks sich mit dem der Rebe vereinigt. So empfängt auch die in Schuld und in Sünden abgestorbene Seele neues Leben durch die Verbindung mit Christus, die durch den Glauben an ihn als einen persönlichen Heiland hergestellt wird. Der Sünder vereinigt seine Schwachheit mit der Stärke Christi, seine Leere mit der Fülle Jesu und seine Gebrechlichkeit mit Christi ausdauernder Kraft. Er wird eines Sinnes mit ihm; die menschliche Natur Christi hat unser Menschsein berührt und unsere menschliche Natur die Gottheit. So wird der Mensch durch die Vermittlung des Heiligen Geistes der göttlichen Natur teilhaftig; er ist „begnadet . . . in dem Geliebten".[34]

Diese Verbindung mit Christus muß, wenn sie einmal entstanden ist, aufrechterhalten werden. Der Herr sagte: „Bleibet in mir und ich in euch. Gleichwie die Rebe kann keine Frucht bringen von sich selber, sie bleibe denn am Weinstock, so auch ihr nicht, ihr bleibet denn in mir."[35] Dies ist aber keine zufällige Berührung, keine gelegentliche Verbindung, sondern die Rebe wird ein Teil des Weinstocks. Leben, Kraft und Fruchtbarkeit fließen ihr ungehindert und beständig aus der Wurzel zu. Getrennt vom Weinstock aber ist die Rebe nicht lebensfähig. Auch ihr, so sprach Jesus, könnt nicht leben ohne mich. Das Leben, das ihr von mir empfangen habt, kann nur durch die beständige Gemeinschaft mit mir bewahrt werden. Ohne mich könnt ihr weder eine Sünde überwinden noch einer Versuchung widerstehen.

„Bleibet in mir und ich in euch." Das bedeutet ein beständiges Empfangen seines Geistes, ein Leben der vorbehaltlosen Hingabe an seinen Dienst. Die Verbindung zwischen dem einzelnen und seinem Gott darf nicht unterbrochen werden. Wie die Rebe unaufhörlich den Saft aus dem lebenden Weinstock zieht, so müssen wir uns an Jesus klammern und von ihm durch den Glauben die Stärke und Vollkommenheit seines Wesens empfangen.

Die Wurzel sendet die Nahrung durch die ganze Rebe hindurch in die äußersten Spitzen; ebenso übermittelt der Herr dem Gläubigen Ströme voller geistlicher Stärke. Solange die Seele mit Christus verbunden ist, besteht keine Gefahr, daß sie verwelkt oder umkommt.

Das Leben des Weinstocks zeigt sich deutlich in seinen duftenden Früchten. „Wer in mir bleibt und ich in ihm, der bringt viel Frucht; denn ohne mich könnt ihr nichts tun." [36] Leben wir durch den Glauben an den Sohn Gottes, dann werden sich die Früchte des Geistes in unserem Wandel offenbaren; nicht eine einzige Frucht wird fehlen.

„Und mein Vater der Weingärtner. Eine jegliche Rebe an mir, die nicht Frucht bringt, wird er wegnehmen." [37] Während das eingepfropfte Reis äußerlich mit dem Weinstock verbunden ist, so kann doch die lebendige Verbindung fehlen. Dann werden sich weder Wachstum noch Fruchtbarkeit zeigen. So gibt es auch eine scheinbare Verbindung mit Christus, ohne durch den Glauben wirklich mit ihm eins zu sein. Ein Glaubensbekenntnis macht den Menschen wohl zum Mitglied einer christlichen Gemeinschaft; aber erst Charakter und Lebensführung beweisen, ob er mit Christus verbunden ist. Trägt solch Bekenner keine Frucht, dann wird er wie eine schlechte Rebe verwelken und vergehen. „Wer nicht in mir bleibt, der wird weggeworfen wie eine Rebe und verdorrt, und man sammelt sie und wirft sie ins Feuer, und müssen brennen." [38]

„Eine jegliche Rebe an mir . . . die da Frucht bringt, wird er reinigen, daß sie mehr Frucht bringe." Von der Jüngerschar, die Jesus erwählt hatte, stand einem unmittelbar bevor, wie eine verdorrte Rebe fortgeworfen zu werden, die andern aber würden unter das Winzermesser scharfer Prüfungen kommen. In ernster Besorgnis erklärte Jesus die Absicht des Weingärtners. Das Beschneiden verursacht Schmerzen, aber es ist der Vater, der das Messer führt. Er arbeitet nicht mit lässiger Hand oder mit gleichgültigem Herzen. Einige Reben wachsen am Boden; sie müssen daher von den irdischen Stützen getrennt werden, an denen ihre Ranken haften. Sie sollen sich aufwärts entwickeln und an Gott Halt finden. Das überreichliche Laub, das der Frucht die Lebenskraft entzieht, muß beschnitten werden; es muß entfernt werden, damit gleichzeitig die milden Strahlen der Sonne der Gerechtigkeit eindringen können. Der Weingärtner schneidet den zu üppigen Wuchs ab, damit die Früchte schöner und reichlicher gedeihen können.

„Darin wird mein Vater verherrlicht, daß ihr viel Frucht bringet."[39] Gott will die Heiligkeit, die Güte und das Erbarmen seines Wesens durch uns offenbaren. Dennoch gebietet Jesus den Jüngern nicht, danach zu trachten, Frucht zu bringen; er sagt ihnen nur, in ihm zu bleiben. „Wenn ihr in mir bleibet", sprach er, „und meine Worte in euch bleiben, werdet ihr bitten, was ihr wollt, und es wird euch widerfahren."[40] Christus bleibt in den Gläubigen durch sein Wort. Das ist die gleiche lebendige Verbindung, wie sie durch das Abendmahl versinnbildet wird. Christi Worte sind Geist und Leben. Wer sie aufnimmt, empfängt das Leben des Weinstocks. Wir leben „von einem jeglichen Wort, das durch den Mund Gottes geht".[41] Das Leben Christi in uns erzeugt die gleichen Früchte wie in ihm, und wenn wir in Christus leben, an ihm hangen, von ihm gestützt werden und unsere Nahrung von ihm nehmen, dann tragen wir auch Frucht gleich ihm.

Bei diesem letzten Zusammensein mit seinen Jüngern sprach Jesus die große Bitte aus, daß sie sich untereinander lieben möchten, wie er sie geliebt hatte. Immer wieder äußerte er diesen Gedanken. „Das ist mein Gebot", so hatte er wiederholt gesprochen, „daß ihr euch untereinander liebet."[42] Jetzt, beim Abendmahl, schärfte er ihnen als erstes ein: „Ein neu Gebot gebe ich euch, daß ihr euch untereinander liebet, wie ich euch geliebt habe, damit auch ihr einander liebhabet."[43] Den Jüngern war dieses Gebot neu; denn sie hatten einander nicht so geliebt, wie Jesus sie liebte. Er erkannte, daß neue Gedanken und neue Antriebskräfte sie erfüllen, daß sie nach neuen Grundsätzen handeln müßten. Durch sein Leben und Sterben sollten sie einen neuen Begriff von der Liebe erhalten. Das Gebot der brüderlichen Liebe erhielt im Licht seiner Selbstaufopferung eine neue Bedeutung. Das ganze Wirken der Gnade ist ein beständiger Dienst der Liebe, der Selbstverleugnung und der Selbstaufopferung. In jeder Stunde seines Erdenlebens gingen unaufhaltsame Ströme der Liebe Gottes von Jesus aus, und alle, die seines Geistes sind, werden Liebe üben, wie er sie vorlebte. Der gleiche Grundgedanke, der Jesus beseelte, wird auch sie in ihrem Handeln untereinander leiten.

Diese Liebe ist der Beweis ihrer Jüngerschaft. „Daran wird jedermann erkennen, daß ihr meine Jünger seid, so ihr Liebe untereinander habt."[44] Wenn Menschen nicht aus Zwang oder eigenem Interesse, sondern aus Liebe miteinander verbunden sind, macht sich in ihrem Leben das Wirken einer Macht bemerkbar, die über jedem irdischen Einfluß steht. Wo dieses Einssein besteht, ist es ein Beweis dafür, daß das Ebenbild Gottes im Menschen wiederhergestellt ist, daß ein neuer Lebensgrundsatz eingepflanzt wurde. Es wird sich dann zeigen, daß in der göttlichen Natur Kraft genug ist, den übernatürlichen Mächten des Bösen zu widerstehen, und daß die Gnade Gottes auch die dem natürlichen Herzen eigene Selbstsucht überwindet.

Wird solche Liebe in der Gemeinde offenbar, wird sie gewiß den Zorn Satans erregen. Der Heiland hat seinen Jüngern keinen leichten Weg bestimmt. Er sagte ihnen: „Wenn euch die Welt hasset, so wisset, daß sie mich vor euch gehaßt hat. Wäret ihr von der Welt, so hätte die Welt das Ihre lieb. Weil ihr aber nicht von der Welt seid, sondern ich euch von der Welt erwählt habe, darum hasset euch die Welt. Gedenket an mein Wort, das ich euch gesagt habe: Der Knecht ist nicht größer als sein Herr. Haben sie mich verfolgt, so werden sie euch auch verfolgen; haben sie mein Wort gehalten, so werden sie eures auch halten. Aber das alles werden sie euch tun um meines Namens willen; denn sie kennen den nicht, der mich gesandt hat."[45] Das Evangelium wird unter beständigem Kampf inmitten von Widerstand, Gefahr, Verlust und Leiden verbreitet werden. Nur wer sich dieser Aufgabe unterzieht, folgt wahrhaft seines Meisters Fußtapfen.

Als Erlöser der Welt mußte Christus fortwährend scheinbaren Fehlschlägen entgegentreten. Er, der Bote der Barmherzigkeit an unsere Welt, schien nur wenig von dem Dienst ausführen zu können, nach dem sein Herz sich sehnte: Menschen aus der Welt herauszuheben und zu retten! Satanische Einflüsse waren beständig am Wirken, um seinen Weg zu verstellen; aber er ließ sich nicht entmutigen. Durch die Worte des Propheten Jesaja erklärte er: „Ich aber dachte, ich arbeitete vergeblich und verzehrte meine Kraft umsonst und unnütz, wiewohl mein Recht bei dem Herrn und mein Lohn bei meinem Gott ist . . . daß . . . Israel zu ihm gesammelt werde, – darum bin ich vor dem Herrn wert geachtet, und mein Gott ist meine Stärke . . . So spricht der Herr, der Erlöser Israels, sein Heiliger, zu dem, der verachtet ist von den Menschen und verabscheut von den Heiden, zu dem Knecht, der unter Tyrannen ist: Könige sollen sehen und aufstehen, und Fürsten sollen niederfallen um des Herrn willen, der treu ist . . . So spricht der Herr: Ich . . . habe dich behütet und zum Bund für das Volk bestellt, daß du das Land aufrichtest und das verwüstete Erbe zuteilst, zu sagen den Gefangenen: Geht heraus! und zu denen in der Finsternis: Kommt hervor! . . . Sie werden weder hungern noch dürsten, sie wird weder Hitze noch Sonne stechen; denn ihr Erbarmer wird sie führen und sie an die Wasserquellen leiten." [46]

Auf diese Verheißung vertraute der Herr und ließ Satan zu keinem Erfolg kommen. Als er die letzten Schritte seiner Erniedrigung zu gehen hatte, als der schmerzlichste Kummer seine Seele bedrückte, sagte er zu seinen Jüngern: „Es kommt der Fürst der Welt. Er hat keine Macht über mich." [47] Der Fürst dieser Welt ist gerichtet.[48] „Nun wird der Fürst dieser Welt ausgestoßen werden." [49] Mit dem Blick des göttlichen Sehers überschaute Christus die kommenden Ereignisse des letzten großen Kampfes; er wußte, daß der ganze Himmel frohlocken würde, wenn er ausriefe: „Es ist vollbracht!" Sein Ohr vernahm schon die ferne Musik und die Siegesrufe im Himmel. Er wußte, daß dann die Sterbeglocke für Satans Reich schlagen und der Name Christi von einem Himmelskörper zum andern verkündigt werden würde.

Der Heiland freute sich, daß er für seine Nachfolger mehr tun konnte, als sie zu bitten oder zu ahnen vermochten. Er sprach bestimmt zu ihnen, in der Gewißheit, daß ein allmächtiger Ratschluß gefaßt worden war, noch ehe diese Welt bestand. Er wußte, daß die Wahrheit – gerüstet mit der Allmacht des Heiligen Geistes – im Kampf mit dem Bösen siegen und daß das blutgetränkte Banner im Triumph über seinen Nachfolgern wehen würde. Er wußte, daß das Leben der ihm vertrauenden Jünger dem seinen gleichen und eine ununterbrochene Reihe von Siegen sein würde – als solche nicht wahrgenommen auf Erden, aber erkannt in der Ewigkeit.

„Solches habe ich mit euch geredet, daß ihr in mir Frieden habet. In der Welt habt ihr Angst; aber seid getrost, ich habe die Welt überwunden." [50] Christus verzagte nicht und wurde nicht entmutigt, und seine Nachfolger sollen die gleiche Stetigkeit im Glauben haben. Sie sollen leben, wie er lebte, und wirken, wie er wirkte, weil sie sich auf ihn als Führer und Berater verlassen können. Sie müssen Mut, Tatkraft und Ausdauer besitzen und in seiner Gnade vorangehen, auch wenn sich ihnen unüberwindlich scheinende Hindernisse in den Weg stellen. Sie sind berufen, Schwierigkeiten zu überwinden, statt zu beklagen; sie sollen an nichts verzweifeln, sondern auf alles hoffen. Mit der goldenen Kette seiner unvergleichlichen Liebe hat Christus sie an den Thron Gottes gebunden. Er will, daß der höchste Einfluß im Weltall, der von der Quelle aller Kraft ausgeht, zu ihrer Verfügung steht. Sie sollen Macht haben, dem Bösen zu widerstehen; solche Macht, daß weder die Erde, noch der Tod, noch die Hölle sie überwältigen können; Macht, die sie befähigen wird, zu überwinden, wie Christus überwand.

Jesus wünscht, daß die Gemeinde Gottes die himmlische Ordnung und Harmonie, die himmlische Art der Herrschaft auf Erden darstelle und er auf diese Weise durch seine Kinder verherrlicht werde. Durch sie wird die Sonne der Gerechtigkeit in ungetrübtem Glanz der Welt scheinen. Er hat seinem Volk bedeutende Gaben verliehen, so daß große Herrlichkeit von seinem erlösten und erkauften Eigentum auf ihn zurückstrahlen kann. Er hat seinem Volk Fähigkeiten und Segnungen verliehen, damit es ein Spiegel seiner Vollkommenheit werde. Die Gemeinde, ausgestattet mit der Gerechtigkeit Christi, ist seine Verwahrerin, in der die Fülle seiner Barmherzigkeit, Gnade und Liebe zu letzter und völliger Entfaltung kommen soll. Christus blickt auf sein Volk, das rein und vollkommen vor ihm steht – ein köstlicher Preis seiner Erniedrigung und eine Ergänzung seiner Herrlichkeit, und er selbst der große Mittelpunkt, von dem alle Herrlichkeit ausstrahlt.

Hoffnungsvoll beschloß der Heiland die Unterweisung seiner Jünger. Dann schüttete er die Last seiner Seele im Gebet für seine Jünger aus, und seine Augen zum Himmel emporhebend, sprach er: „Vater, die Stunde ist da: verherrliche deinen Sohn, auf daß dich der Sohn verherrliche, wie du ihm Macht gegeben hast über alles Fleisch, damit er das ewige Leben gebe allen, die du ihm gegeben hast. Das ist aber das ewige Leben, daß sie dich, der du allein wahrer Gott bist, und den du gesandt hast, Jesus Christus, erkennen." [51]

Christus hatte das Werk vollendet, das ihm aufgetragen war. Er hatte Gott auf Erden verklärt, er hatte den Namen des Vaters offenbart und jene erwählt, die sein Werk unter den Menschen fortsetzen sollten. Von ihnen sagte er: „Ich bin in ihnen verherrlicht. Und ich bin nicht mehr in der Welt; sie aber sind in der Welt, und ich komme zu dir. Heiliger Vater, erhalte sie in deinem Namen, den du mir gegeben hast, daß sie eins seien gleichwie wir . . . Ich bitte aber nicht allein für sie, sondern auch für die, die durch ihr Wort an mich glauben werden, auf daß sie alle eins seien, gleichwie du, Vater, in mir und ich in dir; daß auch sie in uns eins seien, damit die Welt glaube, du habest mich gesandt. Und ich habe ihnen gegeben die Herrlichkeit, die du mir gegeben hast, daß sie eins seien, gleichwie wir eins sind, ich in ihnen und du in mir, auf daß sie vollkommen eins seien und die Welt erkenne, daß du mich gesandt hast und liebst sie, gleichwie du mich liebst."[52]

Mit diesen Worten übergab Jesus Christus seine auserwählte Gemeinde in die Obhut des himmlischen Vaters. Er trat für sein Volk wie ein geweihter Hoherpriester ein und sammelte seine Herde wie ein treuer Hirte unter den Schutz des Allmächtigen, einer starken und sicheren Zuflucht. Auf ihn wartete nun der letzte Kampf mit Satan, und er ging hinaus, ihn aufzunehmen.

Gethsemane 56

Langsam wanderte der Heiland mit seinen Jüngern nach dem Garten Gethsemane. Der Passah-Mond stand hell und voll am wolkenlosen Himmel; die Stadt der Pilgerzelte ruhte in tiefem Schweigen.

Jesus hatte sich bis hierher angelegentlich mit seinen Jüngern unterhalten und sie unterwiesen. Je näher sie jedoch dem Garten Gethsemane kamen, desto schweigsamer wurde er. Oft hatte er sich an diesen Ort zurückgezogen, um sich auszuruhen und um neue Kraft und Sammlung im Gebet zu finden; noch nie aber war er mit einem so bekümmerten Herzen hierhergekommen wie in dieser Nacht seines letzten Ringens. Während seines ganzen Erdenlebens war er im Licht der Gegenwart Gottes gewandelt, und selbst im Zwiespalt mit Menschen, die vom Geist Satans besessen waren, konnte er sagen: „Der mich gesandt hat, ist mit mir. Der Vater läßt mich nicht allein; denn ich tue allezeit, was ihm gefällt.“ [1] Jetzt aber schien er von dem bewahrenden Licht der Gegenwart Gottes ausgeschlossen zu sein; er wurde nun zu den Übeltätern gerechnet. Er mußte die Schuld der gefallenen Menschheit tragen; auf ihn, der von keiner Sünde wußte, mußte alle unsere Missetat gelegt werden. So schrecklich erschien ihm die Sünde, so groß war die Last der Schuld, die er zu tragen hatte, daß er befürchtete, auf ewig von der Liebe des Vaters ausgeschlossen zu werden. Als er empfand, wie furchtbar der Zorn Gottes wegen der Übertretung seiner Gebote ist, rief er aus: „Meine Seele ist betrübt bis an den Tod.“ [2]

Als sie den Garten erreichten, bemerkten die Jünger die Veränderung, die mit ihrem Herrn vor sich gegangen war; sie hatten ihn noch nie so über alle Maßen traurig und still gesehen. Je weiter er ging, desto tiefer wurde diese ungewöhnliche Betrübnis; dennoch wagten sie nicht, ihn nach der Ursache seines Kummers zu fragen. Seine Gestalt schwankte, als würde er jeden Augenblick fallen. Nachdem sie den Garten betreten hatten, schauten die Jünger besorgt nach dem Platz, an den sich Jesus gewöhnlich zurückzog, und wünschten, daß ihr Meister dort ruhen möge.

In der Nähe des Eingangs zum Garten ließ Jesus seine Jünger bis auf drei zurück und forderte sie auf, für sich selbst und für ihn zu beten. Mit Petrus, Jakobus und Johannes ging er an jenen Ort der Abgeschiedenheit; diese drei waren seine vertrautesten Gefährten. Sie hatten seine Herrlichkeit auf dem Verklärungsberg erlebt; sie hatten Mose und Elia mit ihm sprechen sehen; sie hatten auch die Stimme vom Himmel gehört – jetzt wollte sie Christus während seines großen Kampfes in seiner Nähe wissen. Oft schon hatten sie eine Nacht mit ihm in dieser Zurückgezogenheit verbracht, waren aber stets nach einer Zeit des Wachens und Betens abseits gegangen, um in einiger Entfernung von ihrem Meister ungestört zu schlafen, bis er sie morgens zu neuem Tagewerk weckte. Doch jetzt sollten sie nach des Meisters Wunsch die ganze Nacht mit ihm wachen und beten, obwohl es ihm unerträglich war, daß sie zu Zeugen seines Seelenkampfes, den er auf sich nehmen mußte, werden sollten.

„Bleibet hier", sagte er ihnen, „und wachet mit mir!" [2]

Er ging einige Schritte abseits, gerade so weit, daß sie ihn noch sehen und hören konnten, und fiel auf die Erde nieder. Die Sünde trennte ihn von seinem Vater, das fühlte er. Der Abgrund war so breit, so dunkel und so tief, daß sein Geist davor zurückschauderte. Er durfte seine göttliche Macht nicht benutzen, um diesem Kampf zu entrinnen. Als Mensch mußte er die Folgen der Sünde der Menschheit erleiden, als Mensch mußte er den Zorn Gottes über die Übertretungen ertragen.

Die Stellung Jesu war jetzt eine andere als je zuvor. Sein Leiden läßt sich am besten mit den Worten des Propheten Sacharja ausdrücken: „Schwert, mach dich auf über meinen Hirten, über den Mann, der mir der nächste ist! spricht der Herr Zebaoth." [3] Als Vertreter und Bürge der sündigen Menschen litt Christus unter der göttlichen Gerechtigkeit, deren ganzen Umfang er nun erkannte. Bisher war er ein Fürsprecher für andere gewesen, jetzt sehnte er sich danach, selbst einen Fürsprecher zu haben.

Als der Heiland fühlte, daß sein Einssein mit dem himmlischen Vater unterbrochen war, fürchtete er, in seiner menschlichen Natur unfähig zu sein, den kommenden Kampf mit den Mächten der Finsternis zu bestehen. Schon in der Wüste der Versuchung hatte das Schicksal des Menschengeschlechts auf dem Spiel gestanden – doch Jesus war Sieger geblieben. Jetzt war der Versucher zum letzten schrecklichen Kampf gekommen, auf den er sich während der dreijährigen Lehrtätigkeit des Herrn vorbereitet hatte. Alles hing von dem Ausgang dieses Kampfes ab. Verlor Satan, dann war seine Hoffnung auf die

Oberherrschaft gebrochen; die Reiche der Welt würden schließlich Christus gehören; er selbst würde überwältigt und ausgestoßen werden. Ließe sich Christus aber überwinden, dann würde die Erde Satans Reich werden und das Menschengeschlecht für immer in seiner Gewalt bleiben. Die Folgen dieses Streites vor Augen, war Christi Seele erfüllt von dem Entsetzen über die Trennung von Gott. Satan sagte dem Herrn, daß er als Bürge für die sündige Welt ewig von Gott getrennt wäre; er würde dann zu Satans Reich gehören und niemals mehr mit Gott verbunden sein.

Was war durch dieses Opfer zu gewinnen? Wie hoffnungslos erschienen die Schuld und die Undankbarkeit der Menschen! In härtesten Zügen schilderte Satan dem Herrn die Lage: Alle jene, die für sich in Anspruch nehmen, ihre Mitmenschen in zeitlichen und geistlichen Dingen zu überragen, haben dich verworfen. Sie suchen dich zu vernichten, dich, der du der Grund, der Mittelpunkt und das Siegel aller Weissagungen bist, die ihnen als einem auserwählten Volk offenbart wurden. Einer deiner eigenen Jünger, der deinen Unterweisungen gelauscht hat, der einer der ersten deiner Mitarbeiter gewesen ist, wird dich verraten; einer deiner eifrigsten Nachfolger wird dich verleugnen, ja, alle werden dich verlassen!

Christi ganzes Sein wehrte sich bei diesen Gedanken. Daß jene, die er retten wollte und die er so sehr liebte, sich an Satans Plänen beteiligten, schnitt ihm ins Herz. Der Widerstreit war schrecklich. Sein Maßstab war die Schuld seines Volkes, seiner Ankläger und seines Verräters; die Schuld einer in Gottlosigkeit darniederliegenden Welt. Die Sünden der Menschen lasteten schwer auf ihm, und das Bewußtsein des Zornes Gottes überwältigte ihn.

Seht ihn über den Preis nachsinnen, der für die menschliche Seele bezahlt werden muß! In seiner Angst krallt er sich fest in die kalte Erde, als ob er verhindern wolle, seinem Vater noch ferner zu rücken. Der frostige Tau der Nacht legt sich auf seine hingestreckte Gestalt, aber er merkt es nicht. Seinen bleichen Lippen entringt sich der qualvolle Schrei: „Mein Vater, ist's möglich, so gehe dieser Kelch an mir vorüber." Und er fügt hinzu: „Doch nicht wie ich will, sondern wie du willst!"[4]

Das menschliche Herz sehnt sich im Schmerz nach Anteilnahme; auch Christus war in seinem Innersten von dieser Sehnsucht erfüllt. In äußerster seelischer Not kam er zu seinen Jüngern mit dem brennenden Verlangen, bei ihnen, die er so oft gesegnet und getröstet sowie in Kummer und Verzweiflung behütet hatte, einige Worte des Trostes zu finden. Er, der für sie stets Worte des Mitgefühls gehabt hatte, litt jetzt selbst übermenschliche Schmerzen und sehnte sich danach, zu wissen, daß sie für sich und für ihn beteten. Wie dunkel erschien die Boshaftigkeit der Sünde! Ungeheuer groß war die Versuchung, dem Menschengeschlecht selbst die Folgen der eigenen Schuld aufzubürden, während er unschuldig vor Gott stünde. Wenn er nur wüßte, daß seine Jünger das erkannten und begriffen; es würde ihn mit neuer Kraft erfüllen.

Nachdem er sich unter quälender Mühe erhoben hatte, wankte er zu dem Platz, an dem er seine Getreuen zurückgelassen hatte; aber er „fand sie schlafend".[5] Wenn er sie betend gefunden hätte, wie würde es ihm geholfen haben! Wenn sie bei Gott Zuflucht gesucht hätten, damit die teuflischen Mächte sie nicht überwältigen könnten, dann wäre er durch ihren standhaften Glauben getröstet worden. Sie hatten aber seine mehrmalige Aufforderung: „Wachet und betet!"[6] schlecht beherzigt. Zuerst waren sie sehr beunruhigt gewesen, ihren Meister, der sonst so ruhig und würdevoll auftrat, mit einem Schmerz ringen zu sehen, der alle Fassungskraft überstieg. Sie hatten gebetet, als sie die laute Qual des Leidenden hörten, und sie wollten keineswegs ihren Herrn im Stich lassen. Doch sie schienen wie gelähmt von einer Erstarrung, die sie hätten abschütteln können, wenn sie beständig im Gebet mit Gott verbunden gewesen wären. So aber erkannten sie nicht die Notwendigkeit des Wachens und Betens, um der Versuchung widerstehen zu können.

Kurz bevor Jesus seine Schritte nach dem Garten lenkte, hatte er seinen Jüngern noch gesagt: „Ihr werdet alle an mir Ärgernis nehmen."[7] Die Jünger aber hatten ihm mit starken Worten versichert, daß sie mit ihm ins Gefängnis und in den Tod gehen wollten. Und der bedauernswerte, selbstbewußte Petrus hatte hinzugefügt: „Und wenn sie alle an dir Ärgernis nähmen, so doch ich nicht."[8] Die Jünger aber bauten auf sich selbst, sie blickten nicht auf den mächtigen Helfer, wie der Herr es ihnen geraten hatte; deshalb fand der Heiland sie schlafend, als er ihrer Anteilnahme und ihrer Gebete am meisten bedurfte. Selbst Petrus schlief.

Und Johannes, der liebevolle Jünger, der an Jesu Brust gelehnt hatte, schlief ebenfalls. Gewiß, die Liebe zu seinem Meister hätte ihn wachhalten sollen, seine aufrichtigen Gebete hätten sich in der Stunde der äußersten Qual mit den Gebeten seines geliebten Heilandes vereinigen sollen. Der Erlöser hatte in langen, einsamen Nächten für seine Jünger gebetet, daß ihr Glaube nicht aufhören möge. Hätte er jetzt an Jakobus und Johannes die Frage gerichtet, die er ihnen einmal gestellt hatte: „Könnt ihr den Kelch trinken, den ich trinken werde und euch taufen lassen mit der Taufe, mit der ich getauft werde?",[9] sie würden nicht gewagt haben, diese noch einmal zu bejahen.

Jesu Stimme ließ die schlafenden Jünger erwachen, aber sie erkannten ihn kaum, so sehr hatte die auszustehende Qual sein Antlitz verändert. Jesus wandte sich an Petrus und fragte ihn: „Simon, schläfst du? Vermochtest du nicht *eine* Stunde zu wachen? Wachet und betet, daß ihr nicht in Versuchung fallet! Der Geist ist willig; aber das Fleisch ist schwach." [10]

Aufs neue wurde der Heiland von übermenschlicher Angst ergriffen. Fast ohnmächtig vor Schwäche und völlig erschöpft, taumelte er an seinen Platz zurück. Seine Qual wurde noch größer als vorher, und in der Todesangst seiner Seele wurde „sein Schweiß wie Blutstropfen, die fielen auf die Erde".[11] Die Zypressen und Palmen waren stille Zeugen seines Ringens; von ihren blätterreichen Zweigen fielen schwere Tautropfen auf seine Gestalt, als ob die Natur über ihren Schöpfer weinte, der mit den Mächten der Finsternis einen einsamen Kampf ausfocht.

Erst kürzlich hatte Jesus gleich einer mächtigen Zeder dem Sturm des Widerstandes, der sich wütend gegen ihn erhob, Trotz geboten. Halsstarrige Köpfe sowie boshafte und verschlagene Herzen hatten vergebens versucht, ihn zu verwirren und zu überwältigen. In göttlicher Majestät hatte er sich als Sohn Gottes unbeugsam gezeigt. Jetzt dagegen glich er einem windgepeitschten Schilfrohr. Er war der Vollendung seiner Aufgabe wie ein Held entgegengegangen; mit jedem Schritt errang er einen Sieg über die Mächte der Finsternis. Als ein schon Verklärter hatte er seine Verbundenheit mit Gott behauptet; mit fester Stimme hatte er seine Lobgesänge ausströmen lassen und seine Jünger aufgemuntert und getröstet. Aber jetzt war die Stunde der Macht der Finsternis über ihn hereingebrochen. Seine Stimme klang wie der Hauch der Abendlüfte, sie hörte sich nicht an wie Triumphgesang, sondern war voller Angst und Sorge, als sie an die Ohren der schlaftrunkenen Jünger drang: „Mein Vater, ist's nicht möglich, daß dieser Kelch an mir vorübergehe, ich trinke ihn denn, so geschehe dein Wille!" [12]

Der erste Gedanke der Jünger war, zu ihm zu gehen; aber der Herr hatte ihnen ja geboten, an ihrem Platz zu bleiben, zu wachen und zu beten. Als der Heiland erneut zu ihnen kam, fand er sie „abermals schlafend". Wieder hatte er sich nach ihrer Gesellschaft gesehnt, nach einigen Worten von ihnen, die ihm hätten Erleichterung bringen und die Zeit der Finsternis brechen können, die ihn fast überwältigte. Aber ihre Augen waren „voll Schlafs, und sie wußten nicht, was sie ihm antworten sollten." [13] Seine Gegenwart machte sie wach; sie schauten sein vom blutigen Schweiß entstelltes Angesicht, und sie fürchteten sich. Sie konnten seine Seelenangst nicht verstehen, dazu war „seine Gestalt häßlicher . . . als die anderer Leute und sein Aussehen als das der Menschenkinder". [14]

Wiederum wandte sich Jesus ab und ging an seinen Zufluchtsort zurück; von den Schrecken einer großen Finsternis überwältigt, fiel er zu Boden. Die menschliche Natur Jesu zitterte in dieser entscheidungsschweren Stunde; er betete jetzt nicht für seine Jünger, daß ihr Glaube nicht wankend werden möge, sondern für seine eigene geprüfte und gemarterte Seele. Der schreckliche Augenblick war gekommen, jene Stunde, die das Schicksal der Welt entscheiden sollte. Das Geschick der Menschenkinder war noch in der Schwebe. Noch konnte sich Christus weigern, den für die sündige Menschheit bestimmten Kelch zu trinken; noch war es nicht zu spät. Jesus konnte sich immer noch den blutigen Schweiß von seiner Stirn wischen und den Menschen in seiner Gottlosigkeit verderben lassen. Er konnte sagen: Laß den Übertreter die Strafe seiner Schuld empfangen; ich will zurückgehen zu meinem Vater im Himmel. Will der Sohn Gottes den bitteren Kelch der Erniedrigung und des Leidens bis zur Neige leeren? Will er, der unschuldig war, die Folgen des Fluches der Sünde erleiden, um die Schuldigen zu retten? Von den bleichen Lippen Jesu fielen – stammelnd – die Worte: „Mein Vater, ist's nicht möglich, daß dieser Kelch an mir vorübergehe, ich trinke ihn denn, so geschehe dein Wille!" [12]

Dreimal hatte Jesus so gebetet; dreimal war das Menschliche in ihm vor dem letzten, krönenden Opfer zurückgeschreckt. Nun zieht im Geiste noch einmal die ganze Geschichte des Menschengeschlechtes an dem Welterlöser vorüber. Er sieht den Gesetzesbrecher untergehen, wenn dieser sich auf sich selbst verläßt; er sieht die Hilflosigkeit der

Menschen und die Macht der Sünde. Das Elend und die Klagen einer verurteilten Welt steigen vor ihm auf, er erkennt deren drohendes Geschick, und – sein Entschluß ist gefaßt. Er will die Menschen retten, koste es, was es wolle. Er nimmt die Bluttaufe an, damit Millionen Verdammter das ewige Leben gewinnen können. Er hatte die himmlischen Höfe, wo Reinheit, Freude und Herrlichkeit herrschten, verlassen, um das *eine* verlorene Schaf – die durch Übertretung gefallene Welt – zu retten. Er will sich seiner Aufgabe nicht entziehen. Er wird dem der Sünde verfallenen Geschlecht die Versöhnung ermöglichen. Sein Gebet nun ist Ergebung in sein Schicksal: „So geschehe dein Wille!"

Nach dieser Entscheidung fiel er wie tot zu Boden, von dem er sich halb aufgerichtet hatte. Wo waren jetzt seine Jünger, um liebevoll ihre Hände unter das Haupt des ohnmächtigen Erlösers zu legen, um jene Stirn zu netzen, die stärker zerfurcht war als bei den Menschen sonst? Der Heiland trat die Kelter allein, und niemand unter den Völkern war bei ihm.[15]

Aber der Vater im Himmel litt mit seinem Sohn, und die Engel waren Zeugen seiner Qualen. Sie sahen ihren Herrn inmitten von Legionen satanischer Kräfte, niedergebeugt von schauderndem, geheimnisvollem Entsetzen. Im Himmel herrschte tiefe Stille; kein Harfenklang ertönte. Hätten Sterbliche die Bestürzung der Engelscharen wahrgenommen, als diese in stillem Schmerz beobachteten, wie der himmlische Vater seinem geliebten Sohn die Strahlen des Lichts, der Liebe und der Herrlichkeit entzog, dann würden sie besser verstehen, wie verhaßt in seinen Augen die Sünde ist.

Die nicht gefallenen Welten und die himmlischen Engel hatten mit größter Anteilnahme zugeschaut, wie der Kampf sich seinem Ende näherte. Auch Satan und seine Verbündeten, Legionen der Abtrünnigen, beobachteten aufmerksam diese Stunde der Entscheidung im ganzen Heilsgeschehen. Die Mächte des Guten und des Bösen hielten sich zurück, um zu sehen, wie die Antwort auf Jesu dreimalige Bitte lautete. Die Engel hatten sich danach gesehnt, dem göttlichen Dulder Hilfe zu bringen, aber das durfte nicht geschehen. Es gab kein Entrinnen für den Sohn Gottes. In dieser furchtbaren Krise, da alles auf dem Spiel stand, da der geheimnisvolle Kelch in den Händen Jesu zitterte, öffnete sich der Himmel, und ein Licht durchbrach das unruhige Dunkel dieser entscheidungsschweren Stunde; der Engelfürst, der anstelle des ausgestoßenen Satans in der Gegenwart Gottes seinen Platz hat, trat an Jesu Seite. Der Engel kam nicht, um Christus den Leidenskelch aus der Hand zu nehmen, sondern um ihn durch die Versicherung der Liebe des Vaters zu stärken, den Kelch zu trinken. Er kam, um dem göttlich-menschlichen Bittsteller Kraft zu spenden. Er zeigte ihm den offenen Himmel und sprach zu ihm von den Seelen, die durch sein Leiden gerettet würden. Er gab ihm die Gewißheit, daß sein Vater im Himmel größer und mächtiger ist als Satan, daß sein Tod die vernichtendste Niederlage Satans bedeutet und daß das Königreich dieser Welt den Heiligen des Allerhöchsten gegeben werden wird. Er erzählte ihm, daß „er das Licht schauen und die Fülle haben" werde, „weil seine Seele sich abgemüht hat";[16] denn eine große Schar auf ewig Erlöster würde für ihn zeugen.

Christi Seelenschmerz hörte nicht auf; aber die Niedergeschlagenheit und Entmutigung verließen ihn. Der Sturm in seiner Seele hatte keineswegs nachgelassen; aber Christus, gegen den sein Wüten gerichtet war, fühlte sich gekräftigt, ihm zu widerstehen. Ruhig und gefaßt ging er aus dem Kampf hervor; himmlischer Friede ruhte auf seinem Angesicht. Er hatte erduldet, was kein menschliches Wesen jemals würde ertragen können; denn er hatte die Leiden des Todes für alle Menschen durchlebt.

Die schlafenden Jünger waren durch das helle Licht, das den Heiland umstrahlte, plötzlich aufgeweckt worden. Sie sahen den Engel sich über ihren hingestreckt liegenden Meister beugen, dessen Haupt gegen seine Brust lehnen und die Hand zum Himmel erheben. Sie hörten den wundersamen Wohllaut seiner Stimme, die Worte des Trostes und der Hoffnung sprach. Sie riefen sich das Geschehen auf dem Verklärungsberge ins Gedächtnis zurück, sie erinnerten sich der Herrlichkeit, die Jesus im Tempel zu Jerusalem umgeben hatte, und der Stimme Gottes, die aus der Wolke an ihr Ohr gedrungen war. Nun offenbarte sich ihnen hier die gleiche Herrlichkeit, und fortan fürchteten sie nichts mehr für ihren Meister. Sie wußten ihn jetzt unter der Fürsorge Gottes, der einen mächtigen Engel zum Schutze des Erlösers gesandt hatte. Doch wieder überlassen sich die Jünger in ihrer Müdigkeit jenem ungewöhnlichen Dämmerzustand, und Jesus findet sie abermals schlafend.

Traurig blickt er auf die Schlafenden und spricht zu ihnen: „Ach, wollt ihr nun schlafen und ruhen? Siehe, die Stunde ist da, daß des Menschen Sohn in der Sünder Hände überantwortet wird."

Noch während er diese Worte sprach, hörte er die Schritte derer, die ihn suchten, und er fügte hinzu: „Stehet auf, laßt uns gehen! Siehe, er ist da, der mich verrät.“ [17]

Jesus zeigte keinerlei Spuren mehr des eben überstandenen inneren Ringens, als er dem Verräter entgegentrat. Allein vor seinen Jüngern stehend, sagte er: „Wen suchet ihr?“ Sie antworteten: „Jesus von Nazareth.“ Da sprach Jesus zu ihnen: „Ich bin's!“ [18] In diesem Augenblick trat der Engel, der Jesus kurz zuvor erst gedient hatte, zwischen ihn und die Schar der Häscher. Göttliches Licht erhellte Jesu Angesicht, und ein taubenähnlicher Schatten fiel auf seine Gestalt. Die Gegenwart dieser himmlischen Herrlichkeit konnten die Mordgesellen nicht ertragen; sie wichen zurück, und Priester, Älteste, Soldaten, selbst Judas, sanken wie tot zu Boden.

Der Engel zog sich zurück, und das Licht verblaßte. Jesus hatte die Möglichkeit zu fliehen, doch er blieb, gelassen und seiner selbst gewiß. Wie ein Verklärter stand er inmitten dieser hartgesottenen Schar, die jetzt niedergestreckt und hilflos zu seinen Füßen lag. Die Jünger blickten schweigend, scheu und verwundert auf das Geschehen vor ihren Augen.

Doch das Bild änderte sich schnell. Die Häscher sprangen auf; die römischen Soldaten, die Priester und Judas umringten Christus. Sie schienen sich ihrer Schwäche zu schämen und fürchteten, er würde ihnen entrinnen. Da wiederholte Jesus nochmals die Frage: „Wen suchet ihr?“ Sie hatten zwar schon einen ausreichenden Beweis dafür erhalten, daß der, der vor ihnen stand, der Sohn Gottes war, aber sie wollten sich nicht überzeugen lassen. Auf die Frage: „Wen suchet ihr?“ antworteten sie wiederum: „Jesus von Narareth.“ [19] Der Heiland sagte darauf: „Ich habe es euch gesagt, daß ich's bin. Suchet ihr denn mich, so lasset diese gehen!“ [20] – und zeigte auf seine Jünger. Er kannte ihren schwachen Glauben und wünschte sie vor Versuchungen und Anfechtungen zu bewahren. Er war bereit, sich für sie zu opfern.

Judas, der Verräter, vergaß seine Absicht nicht. Als die Häscher den Garten betraten, hatte er sie angeführt, dicht gefolgt von dem Hohenpriester. Mit den Verfolgern Jesu hatte er ein Zeichen vereinbart und zu ihnen gesagt: „Welchen ich küssen werde, der ist's; den greifet.“ [21] Jetzt tat er so, als habe er mit ihnen gar keine Verbindung. Er ging auf den Herrn zu, ergriff freundschaftlich seine Hand, küßte ihn wiederholt mit den Worten: „Gegrüßet seist du, Rabbi!“ und gab sich den

Anschein, als weine er aus Mitleid mit ihm in dessen gefahrvoller Lage.

Jesus sprach zu ihm: „Mein Freund, warum bist du gekommen?" Seine Stimme zitterte vor Wehmut, als er hinzufügte: „Judas, verrätst du des Menschen Sohn mit einem Kuß?"[22] Diese Worte hätten das Gewissen des Verräters wachrütteln und sein verstocktes Herz anrühren müssen, aber Ehre, Treue und menschliches Empfinden hatten ihn verlassen. Dreist und herausfordernd stand er da, und er ließ durch nichts erkennen, daß er bereit war, nachzugeben. Er hatte sich Satan verschrieben und war völlig unfähig, ihm zu widerstehen. Jesus aber wies nicht einmal den Kuß des Verräters zurück.

Der Pöbel wurde kühn, als er sah, daß Judas den berührte, der soeben vor ihren Augen verklärt worden war. Sie ergriffen den Heiland und begannen die teuren Hände, die nur Gutes getan hatten, zu fesseln.

Die Jünger hatten nicht gedacht, daß sich ihr Meister gefangennehmen ließe. Die gleiche Macht, die die Verfolger wie tot zu Boden gestreckt hatte, konnte diese doch so lange zur Hilflosigkeit verurteilen, bis sie und ihr Meister gerettet wären. Sie waren enttäuscht und aufgebracht, als sie die Stricke sahen, mit denen die Hände dessen gebunden werden sollten, den sie liebten. Petrus zog in seinem Zorn rasch sein Schwert und wollte seinen Meister verteidigen; er traf den Diener des Hohenpriesters und hieb ihm ein Ohr ab. Als Jesus sah, was geschehen war, befreite er seine Hände aus der Gewalt der römischen Soldaten und sagte: „Haltet ein! Und er rührte sein Ohr an und heilte ihn."[23]

Dann sagte er zu dem heftigen Petrus: „Stecke dein Schwert an seinen Ort! Denn wer das Schwert nimmt, der soll durchs Schwert umkommen. Oder meinst du, daß ich nicht könnte meinen Vater bitten, daß er mir zuschickte alsbald mehr als zwölf Legionen Engel?"[24] – für jeden Jünger eine Legion. Warum, dachten die Jünger, rettet er nicht sich und uns!? Da antwortete ihnen der Herr auf ihre unausgesprochene Frage: „Wie würde dann aber die Schrift erfüllt, daß es muß also geschehen?" – „Soll ich den Kelch nicht trinken, den mir mein Vater gegeben hat?"[25]

Ihre amtliche Würde hatte die jüdischen Obersten nicht davon abhalten können, sich der Verfolgung Jesu anzuschließen. Seine Gefangennahme war eine zu wichtige Angelegenheit, um sie ausschließlich ihren Untergebenen zu überlassen; sie hatten sich der Tempelwache und dem lärmenden Pöbel angeschlossen und waren Judas nach Gethsemane gefolgt. Welch eine Gesellschaft für jene Würdenträger! Eine wilde, ungeordnete Horde, die nach Sensationen hungerte und mit allerlei Werkzeugen bewaffnet war, als wollte sie einem wilden Tier nachstellen.

Christus wandte sich den Priestern und Ältesten zu und blickte sie durchdringend an. Die Worte, die er zu ihnen sprach, würden sie ihr Leben lang nicht vergessen. Sie wirkten wie scharfe Pfeile aus der Hand des Allmächtigen. Er sagte: Ihr seid ausgegangen wie zu einem Mörder mit Schwertern und mit Stangen, mich zu fangen. Ich bin täglich bei euch gewesen und habe im Tempel gelehrt, und ihr habt mich nicht gegriffen. Die Nacht eignet sich besser für euer Werk, jetzt ist eure Stunde und die Macht der Finsternis! [26]

Die Jünger waren sehr erschrocken, als sie sahen, daß Jesus sich seinen Feinden auslieferte. Sie ärgerten sich, daß er diese Demütigung über sich und über sie brachte; sie konnten sein Verhalten nicht verstehen und tadelten ihn, daß er sich dem Mob unterwarf. In ihrer Furcht und Entrüstung schlug Petrus vor, daß sie sich selbst retteten, und auf seine Eingebung hin „verließen ihn alle und flohen". [27] Doch Jesus hatte ihre Flucht vorausgesehen. „Siehe", so hatte er gesagt, „es kommt die Stunde und ist schon gekommen, daß ihr zerstreut werdet, ein jeglicher in das Seine, und mich allein lasset. Aber ich bin nicht allein, denn der Vater ist bei mir." [28]

Jesus vor Hannas und Kaiphas | 57

Über den Bach Kidron, an Gärten und Olivenhainen vorbei, durch die Straßen der schlafenden Stadt trieben sie den Heiland. Mitternacht war vorüber, und das Geschrei des höhnenden Pöbels, der ihm folgte, brach sich schrill an der nächtlichen Stille. Der Heiland war gefesselt und scharf bewacht; er konnte sich nur unter Schmerzen fortbewegen. Dennoch trieben ihn seine Wächter eiligst nach dem Palast des Hohenpriesters Hannas.

Hannas war das Oberhaupt der amtierenden Priesterfamilie. Mit Rücksicht auf sein Alter wurde er vom Volk als Hoherpriester anerkannt; sein Rat war gesucht und als Stimme Gottes geachtet. Darum mußte Jesus als Gefangener der Priester zuerst zu Hannas gebracht werden; dieser mußte bei dem Verhör dabeisein aus der Befürchtung heraus, der noch wenig erfahrene Kaiphas könnte ihre ausgeklügelte Anklagebegründung zum Scheitern bringen. Seine arglistige, schlaue und spitzfindige Art wurde bei diesem Fall gebraucht, um die Verurteilung Jesu unter allen Umständen zu sichern.

Nach der Voruntersuchung durch Hannas sollte Jesus vor dem Hohen Rat verhört werden. Unter der römischen Besatzung durfte der Hohe Rat keine Todesurteile vollstrecken lassen; er durfte nur den Gefangenen verhören und gegebenenfalls verurteilen; das Urteil mußte aber von der römischen Obrigkeit bestätigt werden. Die Priester mußten darum die Anklage auf solche Vergehen stützen, die bei den Römern als Verbrechen galten und die gleichzeitig Jesus in den Augen des jüdischen Volkes verdammten. Nicht wenige Priester und Oberste waren durch Jesus überzeugt worden; nur die Furcht, in den Bann getan zu werden, hinderte sie daran, sich zu ihm zu bekennen. Die Priester erinnerten sich noch gut der Frage des Nikodemus: „Richtet unser Gesetz auch einen Menschen, ehe man ihn verhört hat und erkennt, was er tut?“ [1] Wegen dieser Frage war damals ihre Sitzung abgebrochen worden, so daß ihre Pläne durchkreuzt wurden. Nikodemus und auch Joseph von Arimathia sollten daher jetzt nicht eingeladen werden; doch es könnten andere wagen, für Recht und Gerechtigkeit einzutreten. Das Verhör mußte deshalb so geschickt geleitet werden, daß alle Mitglieder des Hohen Rates Jesus einstimmig verurteilten.

Zwei Anklagen waren es, die die Priester erheben wollten. Wenn man Jesus als Gotteslästerer bezichtigen könnte, dann würde ihn das jüdische Volk verurteilen. Gelänge es ferner, ihn des Aufruhrs für schuldig zu erklären, dann wäre auch seine Verurteilung durch die Römer gewiß.

Christus durchschaute die Absicht der Priester. Als ob er ihre verborgensten Gedanken lesen würde, verneinte er, daß es einen geheimen Bund zwischen ihm und seinen Jüngern gäbe und daß er sie heimlich und bei Dunkelheit versammelte, um seine Absichten zu verbergen. Sein Vorhaben und seine Lehren waren frei von Geheimnissen. „Ich habe frei öffentlich geredet vor der Welt“, sagte er. „Ich habe allezeit gelehrt in der Synagoge und in dem Tempel, wo alle Juden zusammenkommen, und habe nichts im Verborgenen geredet.“ [2]

Darauf wandte er sich an den Fragesteller, den Hohenpriester, und sagte: „Was fragst du mich?“ Hatten nicht die Priester und Obersten Kundschafter ausgesandt, sein Tun und Treiben zu beobachten und jedes seiner Worte mitzuteilen? Hatten diese nicht an jeder Versammlung teilgenommen und dann ihren Auftraggebern über seine Schritte Bericht erstattet? „Frage die, die gehört haben, was ich zu ihnen geredet habe“, erwiderte er dem Hohenpriester. „Siehe, diese wissen, was ich gesagt habe.“ [3]

Hannas wurde durch diese entschiedene Antwort zum Schweigen gebracht. Er befürchtete, daß Christus seine verwerfliche Handlungsweise enthüllen würde, und sagte jetzt nichts mehr zu ihm. Einer seiner Diener, der vor Zorn ergrimmte, als er sah, daß Hannas schwieg, schlug dem Herrn ins Gesicht und sprach: „Antwortest du so dem Hohenpriester?“

Christus entgegnete gelassen: „Habe ich übel geredet, so beweise, daß es böse sei; habe ich aber recht geredet, was schlägst du mich?“ [4] Er sprach keine flammenden Worte der Rache, sondern seine ruhige Antwort kam aus einem sündlosen Herzen voller Geduld und Sanftmut, das sich nicht erzürnen ließ.

Innerlich aber litt der Herr schwer unter den Mißhandlungen und Beleidigungen. Aus den Händen derer, die er selbst geschaffen hatte und für die er sich aufzuopfern bereit war, empfing er jede nur denkbare Schmach. Er litt so sehr, wie es dem Unterschied zwischen seiner Vollkommenheit und dem Ausmaß der menschlichen Sünde entsprach. Sein Verhör durch Menschen, die sich wie Teufel aufführten, war für ihn ein fortwährendes Opfer. Von Menschen umgeben zu sein, die sich unter der Macht Satans befanden, war empörend für ihn. Er wußte, daß er durch ein plötzliches Aufblitzen seiner göttlichen Kraft seine Peiniger auf der Stelle in den Staub werfen konnte. Gerade das machte seine Prüfung noch schwerer erträglich.

Die Juden warteten auf einen Messias, der sich in äußerlichem Glanz offenbaren würde. Sie erwarteten von ihm – durch ein Hervorbrechen seines alles überwältigenden Willens –, die Gedanken der Menschen zu ändern und sie zur Anerkennung seiner Herrschaft zu zwingen. Dadurch, so glaubten sie, sichere er seine eigene Erhöhung und befriedige auch ihre ehrgeizigen Hoffnungen. Als Christus nun Verachtung begegnete, war er versucht, sein göttliches Wesen zu offenbaren. Durch ein Wort, durch einen Blick konnte er seine Verfolger zu dem Bekenntnis zwingen, daß er Herr war über Könige und Fürsten, über Priester und Tempel. Doch es war seine schwere Aufgabe, sich zu der Stellung zu bekennen, die er als ein Mensch „gleichwie wir" erwählt hatte.

Die Engel im Himmel beobachteten jede Tat, die sich gegen ihren Herrn richtete. Sie sehnten sich danach, ihn zu befreien. Unter göttlicher Führung haben sie unbegrenzte Gewalt – sie hatten bei einer Gelegenheit auf Christi Befehl einhundertfünfundachtzigtausend Mann der assyrischen Streitkräfte in einer Nacht geschlagen. Wie leicht hätten die Engel beim Anblick des schmachvollen Verhörs Jesu ihre Empörung beweisen können, indem sie die Feinde Gottes vernichteten! Doch sie hatten dazu keinen Auftrag. Er, der seine Feinde mit dem Tode hätte strafen können, erduldete ihre Grausamkeit. Die Liebe zu seinem Vater und sein von Anbeginn der Welt gegebenes Versprechen, der Welt Sünde auf sich zu nehmen, veranlaßten ihn, ohne Klagen die rohe Behandlung derer zu ertragen, die zu retten er gekommen war. Es war ein Teil seiner Aufgabe, den ganzen Hohn und alle Verachtung, die Menschen auf ihn häufen konnten, zu tragen. Die einzige Hoffnung der Menschheit lag in dieser Unterwerfung Jesu.

Jesus hatte nichts gesagt, woraus seine Ankläger einen Vorteil hätten ziehen können; dennoch wurde er gebunden als Zeichen, daß er verurteilt war. Um aber den Schein der Gerechtigkeit zu wahren, mußte eine gerichtliche Untersuchung erfolgen, und die Obersten waren entschlossen, rasch zu handeln. Sie unterschätzten nicht das Ansehen, das Jesus beim Volk genoß, und sie fürchteten deshalb

Versuche, ihn zu befreien, sobald die Nachricht von seiner Haft erst überall bekannt wäre. Außerdem würden sich Verhör und Urteilsvollstreckung, brächte man das Verfahren nicht sofort zum Abschluß, wegen des Passahfestes eine Woche verzögern, und dies hätte ihre Pläne vereiteln können. Um Jesu Verurteilung zu sichern, ließ man dem Geschrei des Pöbels breitesten Raum. Sollte sich das Ganze um eine Woche verzögern, würde die Erregung abklingen und vermutlich eine Gegenwirkung einsetzen. Der besonnenere Teil des Volkes träte auf die Seite Jesu; viele würden sich melden, um ein Zeugnis zu seiner Rechtfertigung abzulegen, und so die mächtigen Werke offenbar machen, die er getan hatte. Dies riefe allgemeinen Unwillen gegen den Hohen Rat hervor. Dessen Verfahren würde mißbilligt und Jesus wieder in Freiheit gesetzt werden, wo er aufs neue die Huldigung der Menge entgegennähme. Die Priester und Obersten beschlossen deshalb, ehe ihre Absichten mißlingen konnten, Jesus den Römern zu übergeben.

Vor allem aber mußte ein ausreichender Anklagepunkt gefunden werden; bisher hatten sie jedoch nichts erreicht. Hannas befahl kurz entschlossen, den Herrn zu Kaiphas zu bringen. Dieser gehörte zu den Sadduzäern, die mit zu den erbittertsten Feinden Jesu zählten. Er war, obschon ihm jede charakterliche Stärke fehlte, genauso streng, unbarmherzig und gewissenlos wie Hannas; er würde kein Mittel unversucht lassen, um Jesus zu vernichten. Es war früh am Morgen und noch dunkel. Mit Fackeln und Laternen zog der bewaffnete Haufe mit Christus zum Palast des Hohenpriesters. Hier wurde, während sich unterdessen der Hohe Rat versammelte, der Herr wiederum von Hannas und Kaiphas verhört, aber auch jetzt ohne Erfolg.

Als der Rat in der Gerichtshalle versammelt war, nahm Kaiphas seinen Platz als Vorsitzender dieser Versammlung ein. Auf beiden Seiten standen die Richter und alle, die ein sachlich begründetes Interesse an dem Verhör hatten. Die römischen Soldaten standen auf einer Art Tribüne unterhalb des Präsidentenstuhles; vor diesem Stuhl stand Jesus. Alle Blicke waren auf ihn gerichtet; es herrschte ungeheure Aufregung im Saal. Nur Christus war ruhig und gelassen. Die unmittelbare Atmosphäre, die ihn umgab, schien von einer heiligen Kraft durchdrungen.

Kaiphas hatte Jesus als seinen Nebenbuhler betrachtet; denn der Eifer des Volkes, ihn zu hören, und die offensichtliche Bereitschaft, seine Lehren anzunehmen, hatten die erbitterte Eifersucht des Hohenpriesters geweckt. Doch als Kaiphas auf den Gefangenen blickte, konnte er eine in ihm aufsteigende Bewunderung für dessen edles und würdiges Verhalten nicht unterdrücken. Es ging ihm auf, daß dieser Mann göttlicher Herkunft sein mußte. Doch schon im nächsten Augenblick wies er diesen Gedanken verächtlich von sich. Sogleich befahl er dem Herrn mit spöttischer, anmaßender Stimme, vor dieser erwählten Versammlung eines seiner mächtigen Wunder zu tun. Aber seine Worte fanden keinerlei Echo beim Herrn. Das Volk verglich das aufgeregte, bösartige Verhalten der Hohenpriester Hannas und Kaiphas mit der ruhigen, majestätischen Haltung Jesu. Selbst in den Herzen jener gefühllosen Menge erhob sich die Frage, ob dieser Mann von gottähnlichem Auftreten als ein Verbrecher verurteilt werden könne.

Kaiphas bemerkte diesen Einfluß auf die Menge und beschleunigte das Verhör. Es waren genug Beweise vorhanden, daß Jesus die Überlieferungen der Juden mißachtet und über viele ihrer Vorschriften unziemlich gesprochen hatte; doch bezüglich der Auslegung der Tradition standen sich Pharisäer und Sadduzäer feindlich gegenüber. Außerdem hätte eine solche Beweisführung keinerlei Eindruck auf die Römer gemacht. Die Feinde Jesu wagten es nicht, ihn wegen der Übertretung des Sabbatgebotes anzuklagen, weil sie fürchteten, daß eine Untersuchung das göttliche Wesen seines Wirkens offenbaren würde. Wenn nämlich seine Wundertaten alle bekannt würden, dann wäre die Absicht der Priester vereitelt.

Falsche Zeugen waren gedungen worden, um Jesus des Aufruhrs und des versuchten Landesverrats anzuklagen. Ihre Aussagen aber erwiesen sich als unklar und widerspruchsvoll. Im Verhör widerlegten sie ihre eigenen Behauptungen.

Jesus hatte einst, am Beginn seines Dienstes, gesagt: „Brechet diesen Tempel ab, und in drei Tagen will ich ihn aufrichten.“[5] In der bildhaften Sprache der Weissagung hatte er seinen Tod und seine Auferstehung vorhergesagt; „er . . . redete von dem Tempel seines Leibes“.[6] Die Juden hatten diese Worte Jesu buchstäblich aufgefaßt und gemeint, sie bezögen sich auf den Tempel in Jerusalem. Unter allem, was Christus gesagt hatte, konnten die Priester nichts finden, um es gegen ihn zu verwenden, als nur diese Worte. Indem sie sie falsch auslegten, hofften sie, einen Vorteil zu gewinnen. Die Römer hatten zu dem Wiederaufbau und zu der Ausschmückung des Tempels beigetragen und waren stolz auf ihn; ihn zu mißachten, würde gewiß ihren Unwillen hervorrufen. Hier konnten Römer und Juden, Pharisäer und Sadduzäer sich einigen; denn sie alle hielten den Tempel in hohen Ehren. Es wurden zwei „Zeugen" gefunden, deren Aussagen nicht so widerspruchsvoll waren wie die der beiden ersten. Einer von ihnen, der bestochen war, Jesus anzuklagen, sagte nun aus: „Er hat gesagt: Ich kann den Tempel Gottes abbrechen und in drei Tagen aufbauen." [7] So wurden Jesu Worte entstellt, die selbst vor dem Hohen Rat zu einer Verurteilung nicht ausgereicht hätten, wenn sie wahrheitsgemäß wiedergegeben worden wären. Wäre Jesus nur ein einfacher Mann gewesen, wie die Juden behaupteten, so hätte man seine Äußerungen nur als Ausdruck eines unvernünftigen, prahlerischen Geistes werten und sie nicht als Lästerung hinstellen können. Selbst in der mißdeuteten Darstellung der falschen Zeugen enthielten seine Worte nichts, was von den Römern als todeswürdiges Verbrechen angesehen werden konnte.

Geduldig hörte Jesus die sich widersprechenden Aussagen an; kein Wort äußerte er zu seiner Verteidigung. Schließlich verwickelten sich seine Ankläger in Widersprüche, wurden verwirrt und wütend. Das Verhör brachte keinerlei Fortschritte; es schien, als würden die Anschläge der Obersten fehlschlagen. Kaiphas war verzweifelt. Nun blieb nur noch eine letzte Möglichkeit offen: Christus mußte gezwungen werden, sich selbst schuldig zu sprechen. Der Hohepriester sprang von seinem Richterstuhl auf, sein Gesicht war vor Zorn entstellt, seine Stimme und sein Verhalten verrieten deutlich, daß er den vor ihm stehenden Gefangenen niederschlagen würde, wenn er dazu die Macht hätte. „Antwortest du nichts zu dem, was diese wider dich zeugen?" [8] rief er aus.

Jesus schwieg. „Als er gemartert ward, litt er doch willig und tat seinen Mund nicht auf wie ein Lamm, das zur Schlachtbank geführt wird; und wie ein Schaf, das verstummt vor seinem Scherer, tat er seinen Mund nicht auf." [9]

Schließlich erhob Kaiphas seine rechte Hand zum Himmel und drang in Jesus: „Ich beschwöre dich bei dem lebendigen Gott, daß du uns sagest, ob du seist der Christus, der Sohn Gottes." [10]

Auf diese Frage mußte Jesus antworten. Es gibt eine Zeit zu schweigen, aber es gibt auch eine Zeit zu reden. Er hatte nicht gesprochen, bis er direkt gefragt wurde. Er wußte, daß diese Frage zu beantworten seinen Tod besiegeln würde; doch diese Aufforderung wurde von dem Vertreter der höchsten Obrigkeit des jüdischen Volkes und im Namen des Allerhöchsten an ihn gerichtet. Christus wollte nicht versäumen, dem Gesetz den schuldigen Respekt zu erweisen; darüber hinaus war seine ganze Beziehung zu seinem himmlischen Vater in Zweifel gezogen. Er mußte nun unmißverständlich sein Amt und seinen Auftrag bekennen; denn einst hatte er seinen Jüngern erklärt: „Wer nun mich bekennet vor den Menschen, den will ich auch bekennen vor meinem himmlischen Vater.“ [11] Jetzt bekräftigte er diese Lehre durch sein eigenes Beispiel.

Jedes Ohr war gespitzt, jeder Blick unverwandt auf ihn gerichtet, als er antwortete: „Du sagst es.“ Ein himmlisches Licht schien sein bleiches Antlitz zu erleuchten, als er hinzufügte: „Auch sage ich euch: Von nun an wird's geschehen, daß ihr sehen werdet des Menschen Sohn sitzen zur Rechten der Kraft und kommen in den Wolken des Himmels.“ [12]

Mit diesen Worten schilderte Jesus das Gegenteil der gegenwärtigen Lage. Er, der Herr des Lebens und aller Herrlichkeit, wird zur Rechten des Allerhöchsten sitzen und über die Erde richten. Gegen seine Entscheidung kann es keine Berufung geben. Dann werden alle Geheimnisse im Licht der Gegenwart Gottes offenbar, und über jeden Menschen wird das Urteil gesprochen werden nach seinen Werken.

Jesu Worte erschreckten den Hohenpriester. Der Gedanke, daß es eine Auferstehung gebe, nach welcher alle Menschen vor dem Richterstuhl Gottes stehen und sie nach ihren Werken gerichtet würden, bereitete Kaiphas größtes Unbehagen. Er wollte nicht glauben, daß er nach seinem Tode den Urteilsspruch nach seinen Werken empfangen würde. Blitzschnell zogen an seinem geistigen Auge die Szenen des Jüngsten Gerichtes vorüber. Er sah die Gräber sich öffnen und die Toten hervorkommen mit all ihren Geheimnissen, die sie auf ewig verborgen gewähnt hatten. Er fühlte sich in diesem Augenblick selbst vor dem ewigen Richter stehen, der ihn mit einem Blick, dem alle Dinge offenbar sind, durchschaute und all seine Geheimnisse ans Licht brachte, die er mit sich ins Grab genommen hatte.

Der Priester fand aus jenem Geschehen wieder in die Wirklichkeit zurück. Christi Worte hatten ihn, den Sadduzäer, bis ins Innerste getroffen. Er hatte die Lehre von der Auferstehung, dem Gericht und dem zukünftigen Leben geleugnet. Nun wurde er von satanischer Wut befallen. Sollte dieser Mann, ein Gefangener, seine vornehmsten Lehren angreifen? Er zerriß sein Kleid, damit alle Anwesenden seine angebliche Erregung wahrnehmen konnten, und forderte, den Gefangenen ohne weitere Verhandlungen wegen Gotteslästerung zu verurteilen. „Was bedürfen wir weiter Zeugnis?" rief er. „Siehe, jetzt habt ihr seine Gotteslästerung gehört. Was dünkt euch?" [13] Da sprachen sie ihn alle des Todes schuldig.

Ein Hoherpriester durfte nicht sein Gewand zerreißen. Nach dem levitischen Gesetz war das bei Todesstrafe verboten; es durfte unter gar keinen Umständen, bei keiner Gelegenheit geschehen. Dabei gehörte es zum Brauch der Juden, beim Tode eines Freundes das Kleid zu zerreißen; nur die Priester waren davon ausgeschlossen. Christus hatte dazu durch Mose entsprechende Verordnungen gegeben. „Da sprach Mose zu Aaron und seinen Söhnen Eleasar und Ithamar: Ihr sollt euer Haupthaar nicht wirr hängen lassen und eure Kleider nicht zerreißen, daß ihr nicht sterbet und der Zorn über die ganze Gemeinde komme." [14]

Jedes Kleidungsstück, das der Priester trug, mußte ganz und fehlerlos sein. Durch das vollkommene priesterliche Amtskleid sollte das makellose Wesen des großen Vorbildes Jesus Christus dargestellt werden. Allein die Vollkommenheit in Kleidung und Gebaren, in Wort und Geist war Gott angenehm. Gott ist heilig, und seine göttliche Herrlichkeit und Vollkommenheit mußten durch den irdischen Dienst versinnbildet werden; nur etwas Vollkommenes konnte die Heiligkeit des himmlischen Dienstes in geeigneter Weise darstellen. Der sterbliche Mensch mochte sein Herz zerreißen, indem er sich reuevoll und demütig zeigte; das würde Gott erkennen. Aber ein priesterliches Kleid mußte fehlerlos sein, sonst würde das Bild des Himmlischen entstellt werden. Der Hohepriester, der es wagte, mit einem zerrissenen Gewand an sein heiliges Amt zu gehen und den Dienst im Heiligtum auszuüben, wurde angesehen, als hätte er sich von Gott getrennt. Indem er sein Kleid zerriß, entäußerte er sich selbst seiner besonderen priesterlichen Eigenschaft. Eine Handlungsweise wie die des Kaiphas verriet menschlichen Zorn und menschliche Unvollkommenheit.

Kaiphas machte durch das Zerreißen seines Gewandes das Gesetz Gottes wirkungslos, um menschlicher Überlieferung zu folgen. Eine menschliche Satzung gestattete einem Priester im Fall einer Gotteslästerung als Ausdruck des Abscheues vor der Sünde, seine Kleider zu zerreißen und dennoch schuldlos zu sein. So wurde Gottes Gebot durch Menschensatzungen aufgehoben.

Jede Handlung des Hohenpriesters wurde vom Volk mit großer Aufmerksamkeit verfolgt, und Kaiphas wollte offen seine Frömmigkeit zeigen. Doch in seinem Tun, das als Anklage gegen Christus gedacht war, schmähte er den, von dem Gott gesagt hatte, daß sein Name in ihm sei.[15] Er selbst, Kaiphas, beging eine freventliche Lästerung. Und während er unter dem Verdammungsurteil Gottes stand, verurteilte er Christus als Gotteslästerer.

Als Kaiphas sein Gewand zerriß, zeigte diese Handlung an, welche Position die Juden als Volk Gott gegenüber einnehmen würden. Das einst begünstigte Volk Gottes trennte sich von ihm und wurde bald eine Nation, zu der Jahwe sich nicht mehr bekannte. Als Christus am Kreuz ausrief: „Es ist vollbracht!" und der Vorhang im Tempel zerriß, erklärte der heilige Wächter, daß das jüdische Volk den verworfen hatte, der das Vorbild ihres ganzen Gottesdienstes, das Wesen aller ihrer „Schatten" war. Israel war von Gott geschieden.

Der Hohe Rat hatte Jesus die Todesstrafe zuerkannt; nach dem jüdischen Gesetz aber war es strafbar, einen Gefangenen in der Nacht zu verhören. Eine rechtskräftige Verurteilung konnte nur am Tage vor einer vollzähligen Versammlung des Hohen Rates geschehen. Trotzdem wurde der Heiland jetzt wie ein abgeurteilter Verbrecher behandelt und der Willkür niedrigster und gemeinster Knechte überlassen. Der Palast des Hohenpriesters umschloß einen großen Hof, in dem sich Soldaten und viele Neugierige versammelt hatten. Über diesen Hof wurde Jesus in den Wachraum geführt, begleitet von spöttischen Bemerkungen über seinen Anspruch, der Sohn Gottes zu sein. Seine eigenen Worte, daß sie sehen würden „des Menschen Sohn sitzen zur Rechten der Kraft und kommen in den Wolken des Himmels",[12] wurden ihm immer wieder höhnisch entgegengerufen. Niemand schützte ihn, während er im Wachraum auf sein rechtmäßiges Verhör wartete. Der unwissende Pöbel hatte die Roheit gesehen, mit der er vor dem Hohen Rat behandelt worden war; deshalb erlaubten sie sich, alle satanischen Züge ihres Wesens hervorzukehren. Christi würdevolles und gottähnliches Verhalten reizte ihren Zorn. Seine Sanftmut, seine Unschuld und seine göttliche Geduld erfüllten sie mit satanischem Haß. Barmherzigkeit und Gerechtigkeit wurden mit

Füßen getreten. Niemals wurde ein Verbrecher so unmenschlich behandelt wie der Sohn Gottes.

Doch eine tiefere Qual zerriß das Herz des Heilandes: der Schlag, den er hinnehmen mußte, kam nicht von eines Feindes Hand. Während er vor Kaiphas die Niederträchtigkeiten des Verhörs ertrug, verleugnete ihn einer seiner Getreuesten.

Nachdem die Jünger ihren Meister im Garten Gethsemane verlassen hatten, wagten es zwei von ihnen, Petrus und Johannes, der Schar, die Jesus gefangengenommen hatte, in einiger Entfernung zu folgen. Den Priestern war Johannes als Jünger Jesu gut bekannt. Sie gestatteten ihm den Zutritt zum Verhandlungshaus in der Hoffnung, daß er sich als Zeuge der Demütigung Jesu von der Auffassung lossage, daß dieser Gottes Sohn sei. Durch Johannes erhielt auch Petrus die Erlaubnis, das Gebäude zu betreten.

Im Hof hatte man ein Feuer angezündet; denn es war die kälteste Stunde der Nacht, kurz vor Anbruch der Dämmerung. Eine Anzahl Menschen umstand das Feuer, und Petrus drängte sich dreist mitten unter sie. Er wollte nicht als Jünger Jesu erkannt werden. Indem er sich unbekümmert unter die Menge mischte, hoffte er für einen von denen gehalten zu werden, die Jesus zum Gerichtsgebäude gebracht hatten.

Doch als ein Feuerschein auf sein Gesicht fiel, warf die Türhüterin einen prüfenden Blick auf ihn. Sie hatte ihn mit Johannes kommen sehen, hatte ihm auch seine gedrückte Stimmung gleich am Gesicht ablesen können und daher vermutet, daß dieser Mann ein Jünger Jesu sei. Sie gehörte zu den Dienerinnen im Hause des Kaiphas und war sehr neugierig. So sprach sie zu Petrus: „Du warst auch mit dem Jesus aus Galiläa.“ [16] Petrus erschrak und wurde verwirrt; alle schauten ihn an. Da tat er so, als hätte er sie nicht verstanden. Doch die Magd war hartnäckig, und sie sagte zu den Umstehenden, daß dieser Mann mit Jesus zusammen gewesen war. Petrus fühlte sich dadurch zu einer Antwort genötigt und erwiderte ärgerlich: „Ich weiß nicht und verstehe nicht, was du sagst.“ [17] Das war die erste Verleugnung, und unmittelbar darauf krähte der Hahn. O Petrus, so bald schon schämst du dich des Meisters, so bald schon verleugnest du deinen Herrn!

Johannes hatte beim Betreten der Gerichtshalle gar nicht erst zu verbergen gesucht, daß er ein Nachfolger Jesu war. Er mischte sich nicht unter das grobe Volk, das seinen Herrn mit Schmähungen überhäufte. Es fragte ihn auch niemand; denn er verstellte sich nicht und setzte sich so keiner Verdächtigung aus. Er wählte sich eine einsame Ecke, wo er der Aufmerksamkeit des Pöbels verborgen blieb, aber doch Jesus so nahe wie möglich war. Hier konnte er alles sehen und hören, was beim Verhör seines Herrn vor sich ging.

Petrus hatte sich nicht zu erkennen geben wollen. Indem er sich jetzt gleichgültig stellte, begab er sich auf den Boden des Feindes und wurde eine leichte Beute der Versuchung. Wäre er berufen worden, für seinen Meister zu kämpfen, er wäre bestimmt ein tapferer Streiter gewesen. Als man aber mit Verachtung auf ihn schaute, erwies er sich als Feigling. Viele, die den offenen Kampf für ihren Herrn nicht scheuen, werden durch Spott und Hohn dahin gebracht, ihren Glauben zu verleugnen. Durch den Umgang mit Menschen, die sie meiden sollten, lassen sie sich auf den Weg der Versuchung locken. Sie fordern den Feind geradezu heraus, sie zu verführen, und sie sagen und tun schließlich das, woran sie unter anderen Umständen niemals schuldig geworden wären. Der Nachfolger Christi, der in unseren Tagen seinen Glauben aus Furcht vor Leiden und Schmähungen nicht frei bekennt, verleugnet seinen Herrn genauso wie einst Petrus auf dem Hofe des Gerichtshauses.

Petrus versuchte gleichgültig zu scheinen; aber sein Herz litt schwer, als er die grausamen Schmähungen hörte und die Mißhandlungen sah, die Jesus zu ertragen hatte. Mehr als das: er war überrascht und ärgerlich zugleich, daß der Herr sich und seine Jünger derart demütigte, indem er sich solch eine schmachvolle Behandlung gefallen ließ. Um seine wahren Gefühle zu verbergen, bemühte sich Petrus, seine Verbundenheit mit den Verfolgern Jesu und ihren unziemlichen Spötteleien erkennen zu lassen. Doch sein Auftreten war unnatürlich, und er handelte unaufrichtig. Obgleich er versuchte, unbefangen zu reden, gelang es ihm doch nicht, seinen Unwillen über die auf seinen Meister gehäufte Schmach zu unterdrücken.

Zum zweiten Male richtete sich aller Aufmerksamkeit auf ihn, und er wurde abermals beschuldigt, ein Nachfolger Jesu zu sein. Aber Petrus schwor: „Ich kenne den Menschen nicht.“ [18] Noch eine andere Gelegenheit wurde ihm gegeben. Es war etwa eine Stunde später, als ihn ein Diener des Hohenpriesters und naher Verwandter des Mannes, dem er das Ohr abgehauen hatte, fragte: „Sah ich dich nicht im Garten bei ihm?“ – „Wahrlich, du bist einer von ihnen; denn du bist ein

Galiläer." [19] Über diese Worte wurde Petrus zornig. Jesu Jünger waren gerade wegen ihrer einwandfreien Sprache bekannt. Um seine Fragesteller endgültig zu täuschen und um seine angenommene Haltung zu rechtfertigen, verleugnete Petrus seinen Herrn jetzt unter Fluchen und Schwören. Wiederum krähte der Hahn. Diesmal hörte ihn Petrus, und er erinnerte sich der Worte Jesu: „Ehe denn der Hahn zweimal kräht, wirst du mich dreimal verleugnen." [20]

Noch während die herabsetzenden Schwüre aus dem Munde des Petrus kamen und das schrille Krähen des Hahnes in dessen Ohren klang, wandte sich Jesus von den finster blickenden Richtern ab und schaute seinen armen Jünger voll an. Im gleichen Augenblick fühlten sich auch des Petrus Augen zu seinem Meister hingelenkt. Jesu Angesicht drückte tiefes Mitleid und großen Kummer aus; kein Zorn war in ihm zu lesen.

Der Anblick jenes bleichen, gequälten Antlitzes, jener bebenden Lippen und jener erbarmenden und vergebenden Züge drang ihm gleich einem Stachel tief ins Herz. Das Gewissen war erwacht, die Erinnerung wurde lebendig. Petrus dachte an sein vor wenigen Stunden gegebenes Versprechen, seinen Herrn ins Gefängnis, ja sogar in den Tod zu begleiten. Er erinnerte sich seines Kummers, als der Heiland ihm beim Abendmahl erzählte, daß er ihn noch in dieser Nacht dreimal verleugnen würde. Eben erst hatte er erklärt, Jesus nicht zu kennen, doch nun wurde ihm in bitterem Schmerz bewußt, wie gut der Herr ihn kannte und wie genau er in seinem Herzen jene Falschheit gelesen hatte, die ihm selbst unbekannt geblieben war.

Eine Flut von Erinnerungen überströmte Petrus. Die Barmherzigkeit des Heilandes, seine Freundlichkeit und Langmut, seine Güte und Geduld gegen seine irrenden Jünger – all das kam ihm wieder zum Bewußtsein. Ihm fiel auch Jesu Warnung ein: „Simon, Simon, siehe, der Satan hat euer begehrt, daß er euch möchte sichten wie den Weizen. Ich aber habe für dich gebeten, daß dein Glaube nicht aufhöre." [21] Er war entsetzt über seine Undankbarkeit, seine Falschheit und seinen Meineid. Noch einmal schaute er seinen Heiland an, und er sah eine frevelhafte Hand erhoben, bereit, Jesus ins Gesicht zu schlagen. Unfähig, diesen Anblick länger zu ertragen, stürzte er mit bekümmertem Herzen aus dem Haus.

Es trieb ihn vorwärts in Einsamkeit und Dunkelheit; er wußte nicht wohin. Schließlich fand er sich im Garten Gethsemane wieder. Die

Ereignisse der letzten Stunden wurden wieder in ihm lebendig. Das leidende Antlitz seines Herrn, vom Blutschweiß entstellt und vor Angst völlig verkrampft, stand ihm wieder vor Augen. In tiefer Reue dachte er daran, daß Jesus allein geweint und allein im Gebet gerungen hatte, während sie, die in dieser Stunde der Prüfung mit ihm verbunden sein sollten, schliefen. Er erinnerte sich der ernsten Aufforderung Jesu: „Wachet und betet, daß ihr nicht in Anfechtung fallet!“ [22] Noch einmal erlebte er das Geschehen in der Gerichtshalle. Für sein wundes Herz war es eine Marter zu wissen, daß er zu der Erniedrigung und zu dem Schmerz des Heilandes den größten Beitrag geleistet hatte. An demselben Platz, an dem Jesus in Todesangst seine Seele dem himmlischen Vater anvertraut hatte, fiel Petrus auf sein Angesicht nieder und wünschte sich den Tod.

Indem Petrus schlief, obwohl Jesus geboten hatte, zu wachen und zu beten, geriet er auf den Weg der Sünde. Alle Jünger erlitten einen schweren Verlust, weil sie in dieser kritischen Stunde schliefen. Christus kannte die Feuerprobe, durch die sie gehen mußten. Er wußte, wie Satan wirken würde, um ihre Sinne zu lähmen, damit sie der großen Prüfung unvorbereitet gegenüberstünden. Aus diesem Grund hatte er sie gewarnt. Hätten sie diese Stunden im Garten Gethsemane gewacht und gebetet, dann würde sich Petrus nicht auf seine eigene schwache Kraft verlassen haben. Er hätte seinen Herrn nicht verleugnet. Hätten die Jünger mit Christus während seines Ringens im Garten gewacht, wären sie vorbereitet gewesen, Zeugen seines Leidens am Kreuz auf Golgatha zu sein. Sie hätten das Ausmaß seiner unaussprechlichen Qual annähernd verstanden. Sie wären auch fähig gewesen, sich der Worte zu erinnern, mit denen er seine Leiden, seinen Tod und seine Auferstehung vorhergesagt hatte. Inmitten der Düsternis dieser schwersten Stunde hätte mancher Hoffnungsstrahl die Finsternis erhellt und ihren Glauben gestärkt.

Sobald es Tag war, versammelte sich der Hohe Rat aufs neue, und wieder wurde Jesus in den Versammlungsraum gebracht. Er hatte erklärt, der Sohn Gottes zu sein, und seine Verfolger hatten dieses Bekenntnis in eine Anklage gegen ihn selbst umgemünzt. Auf Grund dessen konnten sie ihn aber nicht verurteilen, denn viele der Ratsmitglieder hatten an dem nächtlichen Verhör nicht teilgenommen und deshalb seine Worte nicht gehört. Außerdem wußten sie sehr genau, daß das römische Gericht an diesen Worten nichts finden würde, was eine

Todesstrafe rechtfertigen könnte. Doch wenn sie alle Zeugen seiner eigenen Worte wären, dann könnte ihr Vorhaben noch Erfolg haben. Seinem Anspruch, der Messias zu sein, würden sie ein aufrührerisches, politisches Ziel unterstellen.

„Bist du der Christus, so sage es uns!" fragten sie ihn. Aber Christus schwieg. Mit immer neuen Fragen drangen die Priester in ihn. Schließlich antwortete er ihnen mit trauriger Stimme: „Sage ich's euch, so glaubet ihr's nicht; frage ich aber, so antwortet ihr nicht." Um ihnen aber jeden Rechtfertigungsgrund zu nehmen, fügte er hinzu: „Von nun an wird des Menschen Sohn sitzen zur rechten Hand der Kraft Gottes."

„Bist du denn Gottes Sohn?" fragten sie darauf wie aus einem Munde, und er antwortete ihnen: „Ihr sagt's, ich bin's." Sie aber riefen: „Was bedürfen wir weiter Zeugnis? Wir haben's selbst gehört aus seinem Munde." [23]

So wurde Jesus zum drittenmal von den jüdischen Obersten zum Tode verurteilt. Alles, was sie jetzt noch brauchten, war, so dachten sie, daß die Römer das Urteil bestätigten und ihnen den Herrn auslieferten. Dann kam es zum drittenmal zu Mißhandlungen und Schmähungen, die noch schlimmer waren als jene, die Jesus von dem unwissenden Pöbel hinnehmen mußte. Dies alles geschah in der Gegenwart der Priester und Obersten und mit ihrer Billigung. Jedes Gefühl der Teilnahme oder der Menschlichkeit hatte sie verlassen. Reichten ihre Argumente nicht aus, seine Stimme zum Schweigen zu bringen, sie hatten andere Waffen, solche wie sie zu allen Zeiten angewandt wurden, um Andersgläubige zum Verstummen zu bringen – Leiden, Gewalttat und Tod.

Als das Urteil gegen Jesus von den Richtern verkündet war, bemächtigte sich des Volkes eine satanische Wut. Das Geschrei ihrer Stimmen glich dem Brüllen wilder Tiere. Die Menge stürzte auf den Herrn zu und rief: „Er ist des Todes schuldig." [13] Wären nicht die römischen Soldaten gewesen, Jesus hätte nicht mehr lebendig ans Kreuz geschlagen werden können. Er wäre vor seinen Richtern zerrissen worden, würden nicht die Römer dazwischengetreten sein und mit Waffengewalt die Ausschreitungen des Pöbels verhindert haben.

Priester und Oberste vergaßen die Würde ihres Amtes und beleidigten den Sohn Gottes durch gemeine Redensarten. Sie verhöhnten ihn wegen seiner Geburt, und sie erklärten, daß seine Anmaßung, sich selbst als Messias auszugeben, den schimpflichsten Tod verdient hätte. Die wüstesten Gesellen waren dabei, den Heiland auf infame Weise zu mißhandeln. Ein altes Gewand wurde über seinen Kopf geworfen, und seine Verfolger schlugen ihn ins Gesicht und riefen dabei: „Weissage uns, Christe, wer ist's, der dich schlug?“ [24] Als ihm das Tuch wieder abgenommen wurde, spie ein heruntergekommener Bösewicht dem Herrn ins Angesicht.

Die Engel Gottes verzeichneten gewissenhaft jeden beleidigenden Blick, jedes Wort und jede Tat, die gegen ihren Herrn gerichtet waren. Einst werden alle, die das stille, bleiche Antlitz Christi verhöhnten und besudelten, dieses Antlitz in einer Herrlichkeit erblicken, die glanzvoller leuchtet als die Sonne.

Judas | 58

Die Geschichte des Judas zeigt das traurige Ende eines Lebens, das ebensogut bei Gott hätte Annahme finden können. Wäre Judas vor seiner letzten Reise nach Jerusalem gestorben, dann hätte man ihn nicht nur als einen Mann angesehen, würdig eines Platzes unter den Zwölfen, sondern man hätte ihn auch stark vermißt. Der Abscheu, der sich in allen Jahrhunderten mit seinem Namen verband, wäre ohne die Geschehnisse am Ende seines Lebens gar nicht erst aufgekommen. Aber sein wahres Wesen wurde der Welt enthüllt, all denen zur Warnung, die gleich ihm an heiligen Gütern zum Verräter werden sollten.

Kurz vor dem Passahfest hatte Judas seinen Vertrag mit den Priestern erneuert, um ihnen Jesus in die Hände zu spielen. Es war verabredet worden, den Heiland an einem der einsamen Orte, wo er gewöhnlich einige Zeit in tiefem Nachdenken und im Gebet verbrachte, gefangenzunehmen. Seit dem Fest im Hause Simons war Judas Gelegenheit gegeben, über sein Vorhaben nachzudenken, das auszuführen er sich verpflichtet hatte; doch seine Absicht blieb unverändert. Für dreißig Silberlinge – den Preis für einen Sklaven – überantwortete er den Herrn der Herrlichkeit der Schmach und dem Tode.

Judas hatte von Natur aus eine besondere Vorliebe für Geld; aber er war nicht immer so schlecht gewesen, um einer solchen Tat wie dieser fähig zu sein. Er hatte den bösen Geist der Habsucht so lange genährt, bis dieser die beherrschende Antriebskraft seines Lebens wurde. Die Liebe zum Mammon gewann die Oberhand über die Liebe zu Christus. Indem er zum Sklaven eines Lasters wurde, gab er sich selbst in die Hände Satans, um in allen Sünden versucht zu werden.

Judas hatte sich den Jüngern angeschlossen, als Jesus eine große Menge nachfolgte. Die Lehren des Meisters bewegten die Herzen der Menschen, als sie im Innersten überwältigt seinen Worten lauschten, die er in der Synagoge, am Meeresufer und am Bergeshang zu ihnen sprach. Judas erlebte, wie Kranke, Lahme und Blinde aus den Städten zu Jesus strömten. Er sah, wie Sterbende ihm zu Füßen gelegt wurden. Er war Zeuge der machtvollen Bekundungen des Heilandes, wenn er die Kranken heilte, die Teufel austrieb und die Toten auferweckte. Er spürte an sich selbst die Macht Jesu und war sich bewußt, daß

Jesu Lehren alles überragten, was er bisher gehört hatte. Er liebte den großen Lehrer und sehnte sich danach, bei ihm zu sein. Er hatte das Verlangen, daß sein Wesen und sein Leben umgewandelt würden, und er hoffte dies durch seine Verbindung mit Jesus zu erleben. Der Heiland wies Judas nicht zurück. Er gab ihm einen Platz unter den Zwölfen, vertraute ihm das Amt eines Evangelisten an und stattete ihn aus mit der Kraft, Kranke zu heilen und Teufel auszutreiben. Dennoch konnte sich Judas nicht überwinden, völlig in Christus aufzugehen. Weder gab er seinen weltlichen Ehrgeiz auf noch seine Liebe zum Geld. Obgleich er das Amt eines Dieners Christi annahm, überließ er sich nicht dem göttlichen Einfluß. Er war der Ansicht, sich ein eigenes Urteil und eine eigene Meinung bewahren zu können, und hegte damit die Neigung, andere zu kritisieren und anzuklagen.

Unter den Jüngern war Judas hoch geachtet, und er übte großen Einfluß auf sie aus. Er hatte eine hohe Meinung von seinen Fähigkeiten und glaubte sich seinen Brüdern an Urteilskraft und Talent stark überlegen. Er meinte, sie würden die sich ihnen bietenden Gelegenheiten nicht erkennen und keinen Vorteil daraus ziehen. Die christliche Gemeinde könne mit solch kurzsichtigen Männern an der Spitze nicht gedeihen. Petrus war ungestüm; er würde oft ohne Überlegung handeln. Johannes, der Christi Lehre in sich aufnahm und bewahrte, war in Judas' Augen ein schlechter Haushalter. Matthäus, dessen Erziehung ihn gelehrt hatte, in allen Dingen peinlich genau zu sein, legte größten Wert auf Rechtschaffenheit. Er dachte stets über alle Worte Christi gründlich nach und vertiefte sich derart darein, daß ihm nach Meinung des Judas keine Aufträge anvertraut werden konnten, die Scharfsinn und Weitblick verlangten. In dieser Weise nahm sich Judas alle Jünger vor, und er schmeichelte sich, daß der Jüngerkreis oft in Verwirrung und Verlegenheit geraten wäre, wenn es ihn mit seiner Fähigkeit als guten Haushalter nicht gegeben hätte. Er war der Überzeugung, daß niemand ihm das Wasser reichen konnte. Nach seinem eigenen Urteil hielt er sich für eine Zierde dieses Kreises; dementsprechend war seine Haltung.

Judas war blind gegenüber seinen Charakterschwächen, und Jesus wies ihm einen Platz an, wo es ihm möglich gewesen wäre, seine Mängel zu erkennen und zu bekämpfen. Als Schatzmeister der Jünger mußte er für die leiblichen Bedürfnisse dieser kleinen Gemeinschaft sorgen und auch die Not der Armen lindern. Als Jesus in dem Raum, wo sie das Passahmahl einnahmen, zu ihm sagte: „Was du tust, das tue bald!“,[1] glaubten die Jünger, Jesus hätte ihm geboten, etwas für das Fest einzukaufen oder aber den Armen eine Gabe zukommen zu lassen. Durch den Dienst für andere hätte Judas einen selbstlosen Geist entwickeln können; doch während er täglich den Lehren Jesu zuhörte und Zeuge dessen uneigennützigen Wandels war, nährte er seine habgierigen Neigungen. Die kleinen Beträge, die durch seine Hände gingen, waren für ihn eine ständige Versuchung. Oft, wenn er dem Herrn einen kleinen Dienst erwiesen oder seine Zeit auf religiöse Dinge verwandt hatte, nahm er sich selbst seinen Lohn aus der bescheidenen Kasse. Ihm dienten solche Gelegenheiten als Vorwand, seine Handlungsweise zu entschuldigen; in Gottes Augen aber war er ein Dieb.

Christi oft wiederholte Feststellung, daß sein Reich nicht von dieser Welt sei, ärgerte Judas. So hatte er bereits einen Plan entworfen, nach dem zu handeln er von Jesus erwartete. Ein Teil dieses Planes bestand darin, Johannes den Täufer aus dem Gefängnis zu befreien; aber siehe, Johannes blieb eingekerkert und wurde enthauptet. Und Jesus, statt sein königliches Recht zu wahren und den Tod des Täufers zu rächen, zog sich mit den Jüngern an einen ländlichen Ort zurück. Judas wünschte ein schneidigeres Vorgehen. Er glaubte, daß sie ihre Aufgabe bedeutend erfolgreicher lösen könnten, wenn Jesus sie nicht immer davon abhielte, ihre Pläne durchzuführen. Er bemerkte die zunehmende Feindseligkeit der jüdischen Oberen und mußte erleben, daß ihr Verlangen, von Christus ein göttliches Zeichen zu sehen, unbeachtet blieb. Sein Herz öffnete sich dem Unglauben, und Satan säte Gedanken des Zweifels und der Auflehnung. Warum hielt sich Jesus so lange mit den Dingen auf, die entmutigend waren? Warum weissagte er von Prüfungen und Verfolgungen, die ihn und seine Jünger treffen sollten? Ihn, Judas, hatte doch hauptsächlich die Aussicht auf eine einflußreiche Stellung in dem neuen Königreich bewogen, für die Sache Christi einzutreten. Sollten seine Hoffnungen enttäuscht werden? Judas hatte keineswegs entschieden, daß Jesus nicht Gottes Sohn sei, aber er zweifelte und suchte nach einer Erklärung für des Herrn mächtige Taten.

Ungeachtet der Äußerungen Jesu verbreitete Judas fortgesetzt die Idee, daß Jesus als König in Jerusalem herrschen werde. Bei der Speisung der Fünftausend versuchte er sie sogar zu verwirklichen.

Er half bei der Verteilung der Speise an die hungrige Menge und konnte dabei wahrnehmen, welche Wohltat darin liegt, anderen zu geben. Er fühlte die Befriedigung, die einen stets im Dienst für Gott überkommt. Auch half er mit, die Kranken und Leidenden, die sich in der Menge befanden, zu Christus zu führen. Hierbei erkannte er, welche Erleichterung und wieviel Freude und Frohsinn durch die heilende Kraft des Erlösers in Menschenherzen einziehen können. Hier hätte er die Handlungsweise Jesu verstehen lernen können; aber durch seine selbstsüchtigen Wünsche war er völlig verblendet. Judas war der erste, der die Begeisterung der Menge über das Wunder der Speisung ausnutzen wollte; er war es, der den Plan aufbrachte, Christus mit Gewalt zum König zu machen. Seine Hoffnungen waren hochgespannt – seine Enttäuschung mußte um so bitterer sein.

Als Jesus in der Schule zu Kapernaum vom Brot des Lebens sprach, ging in Judas eine entscheidende Wandlung vor sich. Er hörte die Worte: „Werdet ihr nicht essen das Fleisch des Menschensohnes und trinken sein Blut, so habt ihr kein Leben in euch.“ [2] Judas begriff hier, daß Jesus mehr geistliche als weltliche Güter vermittelte. Er hielt sich für äußerst weitblickend und glaubte zu erkennen, daß der Herr keine weltlichen Ehren annehmen werde und den Jüngern keine angesehene Stellung verschaffen könne. Deshalb beschloß er, sich nur so weit an Christus anzuschließen, daß er sich jederzeit wieder von ihm lossagen konnte. Er nahm sich vor, wachsam zu sein, und das war er auch!

Von nun an ließ Judas Zweifel laut werden, die die Jünger verwirrten. Er warf Streitfragen auf und erweckte zwiespältige Empfindungen, indem er die von den Schriftgelehrten und Pharisäern gebrauchten Argumente gegen den Anspruch Jesu wiederholte. Alle kleinen und größeren Unannehmlichkeiten, Nöte und Schwierigkeiten sowie offensichtliche Hindernisse bei der Ausbreitung des Evangeliums deutete Judas als Beweise gegen die Wahrhaftigkeit der göttlichen Botschaft. Er führte Schriftstellen an, die mit den von Christus verkündigten Wahrheiten in gar keiner Verbindung standen. Diese Schriftworte, aus dem Zusammenhang gerissen, beunruhigten die Jünger und vergrößerten die Entmutigung, unter der sie in wachsendem Maße litten. Dieses Vorgehen des Judas geschah dennoch in einer Weise, daß er als äußerst gewissenhaft erschien. Während die Jünger nach Zeugnissen suchten, um die Worte des großen Lehrers zu bestätigen, führte sie Judas unmerklich auf eine andere Bahn. In dieser frommen und scheinbar klugen Weise stellte er viele Dinge anders dar als Jesus und unterlegte dessen Worten eine Bedeutung, die dieser nie gemeint hatte. Seine Einflüsterungen weckten bei den Jüngern ehrgeizige Wünsche nach weltlicher Größe und lenkten sie dadurch von den wichtigen Dingen ab, denen sie sich hätten widmen sollen. Der Streit, wer der Größte unter ihnen sein sollte, wurde gewöhnlich von Judas hervorgerufen.

Als der Heiland den reichen Jüngling mit den Bedingungen der Jüngerschaft bekannt machte, war Judas unzufrieden und glaubte, daß hier ein Fehler gemacht worden sei. Wenn sich nämlich solche Männer wie dieser Oberste mit den Gläubigen verbänden, dann würden sie dazu beitragen, das Werk Christi zu fördern. Würde man ihn, Judas, nur einmal als Ratgeber anhören, er könnte manch einen Vorschlag machen zum Wohl der kleinen Gemeinde. Seine Grundsätze und Methoden würden wohl etwas von den Grundsätzen Jesu abweichen; dafür glaubte er aber auch, in diesen Angelegenheiten klüger zu sein als der Herr.

An allem, was Jesus seinen Jüngern sagte, war etwas, womit Judas innerlich nicht übereinstimmte. Unter seinem Einfluß begann der Sauerteig der Unzufriedenheit schnell zu wirken. Die Jünger erkannten nicht den wahren Urheber alles dessen; aber Jesus wußte, daß Satan den Judas stark beeinflußte und dadurch einen Weg fand, auch die anderen Jünger in seinen Bann zu ziehen. Schon ein Jahr vor dem Verrat des Judas hatte Christus erklärt: „Habe ich nicht euch Zwölf erwählt? Und euer einer ist ein Teufel.“ [3]

Doch Judas wandte sich nicht offen gegen den Heiland; auch schien er dessen Lehren nicht anzuzweifeln. Er trat mit seiner Unzufriedenheit erst bei dem Fest in Simons Haus offen hervor. Als Maria die Füße des Heilandes salbte, zeigte sich seine habsüchtige Gesinnung. Der Tadel, den ihm Jesus daraufhin aussprach, ärgerte ihn sehr. Verletzter Stolz und das Verlangen nach Rache rissen alle Schranken nieder. Die Habgier, der er bisher nachgegeben hatte, beherrschte ihn jetzt völlig. Die gleiche Erfahrung wird jeder machen, der sich beharrlich mit der Sünde abgibt. Üble Neigungen, denen wir nicht widerstehen und die wir nicht überwinden, verleiten dazu, den Versuchungen des Bösen nachzugeben. Der Mensch wird so Satans Gefangener.

Judas aber war für den Geist Christi noch nicht völlig unempfänglich geworden. Selbst nachdem er sich schon zweimal vorgenommen hatte, den Heiland zu verraten, hätte er noch Gelegenheit zur Umkehr gehabt. Beim Abendmahl bewies der Heiland seine Göttlichkeit, indem er die Absicht des Verräters offenbarte. In warmherziger Liebe schloß er dennoch Judas in den Dienst ein, den er seinen Jüngern erwies. Aber auch dieses letzte Liebeswerben beachtete Judas nicht. Daraufhin war sein Fall entschieden: die Füße, die der Heiland gewaschen hatte, eilten hinaus, um den Verrat zu vollenden.

Wenn Jesus bestimmt war, gekreuzigt zu werden, redete Judas sich ein, dann mußte es auch so kommen. Ob er da den Herrn verriete oder nicht, würde daran nichts ändern. Lag der Tod Jesu nicht im Plan der Vorsehung, so wäre er wenigstens gezwungen, sich zu befreien. Auf jeden Fall aber würde Judas Gewinn aus seinem Verrat ziehen. Er rechnete, daß er ein gutes Geschäft gemacht habe, indem er den Herrn verriet.

Judas war allerdings nicht der Meinung, daß sich Jesus gefangennehmen ließe. Durch seinen Verrat wollte er Jesus eine Lehre geben und ihn veranlassen, ihn, Judas, in Zukunft mit gebührender Achtung zu behandeln. Judas wußte nicht, daß er Jesus tatsächlich dem Tode überantwortete. Wie oft waren, als Jesus in Gleichnissen redete, die Schriftgelehrten und Pharisäer von seinen treffenden Bildern gepackt worden! Wie oft hatten sie sich ihr eigenes Urteil sprechen müssen! Häufig, wenn die Wahrheit ihnen durchs Herz ging, waren sie von Zorn erfüllt gewesen und hatten Steine aufgehoben, um nach dem Herrn zu werfen. Doch immer wieder war Jesus ungehindert von ihnen gegangen. Da er schon so vielen Nachstellungen entkommen war, nahm Judas an, daß er sich gewiß auch diesmal nicht festnehmen lassen würde.

Judas beschloß, es darauf ankommen zu lassen. War Jesus wirklich der Messias, dann würde das Volk, für das er so viel getan hatte, sich um ihn scharen und ihn zum König ausrufen. Das würde manches Gemüt, das jetzt noch unsicher war, für immer im Glauben festigen. Und er, Judas, hätte dann den Ruhm, Jesus auf den Thron Davids gehoben zu haben. Diese Handlung würde ihm auch den höchsten Platz nach Christus in dem neuen Königreich sichern.

So ging der falsche Jünger hin und verriet seinen Herrn. Als er den Anführern des Pöbels im Garten sagte: „Welchen ich küssen werde, der ist's, den greifet",[4] war er noch fest davon überzeugt, daß Christus ihren Händen entkommen werde. Sollte man ihm später Vorwürfe machen, dann würde er erklären: Sagte ich euch nicht, ihr solltet ihn greifen?

Judas blickte die Knechte an, wie sie den Herrn auf sein Wort hin fest banden. Zu seiner Bestürzung sah er, daß der Heiland sich fortführen ließ. Beunruhigt folgte er ihm vom Garten aus zum Verhör vor den jüdischen Obersten. Bei jeder Bewegung schaute er erwartungsvoll zu ihm hin, ob Jesus wohl seine Feinde überraschen werde, indem er vor ihnen als der Sohn Gottes erschiene und ihre Anschläge wie ihre ganze Gewalt zunichte machte. Als jedoch Stunde um Stunde verrann und Jesus alle auf ihn gehäuften Schmähungen ertrug, überkam den Verräter schreckliche Angst, und er fragte sich, ob er seinen Herrn in den Tod verkauft habe.

Kurz vor Beendigung des Verhörs konnte Judas die Qual seines schuldbeladenen Gewissens nicht länger ertragen. Plötzlich gellte ein heiserer Schrei, der alle Herzen mit Furcht erfüllte, durch das Haus: Er ist unschuldig! Gib ihn frei, Kaiphas!

Alles blickte auf die hochgewachsene Gestalt des Judas, der sich durch die aufgeregte Menge drängte. Sein Gesicht war kalkweiß und wirkte verfallen, große Schweißtropfen standen auf seiner Stirn. Er stürzte auf den Richterstuhl zu, warf die dreißig Silberlinge, den Preis für seinen Verrat, dem Hohenpriester vor die Füße, ergriff in ungeduldiger Hast das Gewand des Kaiphas und flehte ihn an, Jesus freizugeben. Er erklärte, daß dieser nichts getan hätte, was den Tod rechtfertigte. Erbost schüttelte ihn Kaiphas ab. Doch er war verwirrt und wußte nicht, was er sagen sollte. Die Hinterlist der Priester trat klar zutage. Es war augenscheinlich, daß sie den Jünger bestochen hatten, Jesus zu verraten.

„Ich habe übel getan", schrie Judas, „daß ich unschuldig Blut verraten habe." Aber der Hohepriester, der sich schnell gefaßt hatte, erwiderte verächtlich: „Was geht uns das an? Da siehe du zu!"[5] Die Priester waren bereit gewesen, Judas als Werkzeug zu benutzen; gleichzeitig verachteten sie aber seine niedrige Gesinnung. Als er sich mit seinem Geständnis an sie wandte, wiesen sie ihn ab.

Judas warf sich nun Jesus zu Füßen, anerkannte ihn als den Sohn Gottes und bat ihn inständig, sich zu befreien. Der Heiland machte seinem Verräter keine Vorwürfe. Er wußte, daß Judas nicht bereute. Das Geständnis, das sich dessen schuldbeladener Seele entrang, war nur durch die schreckliche Angst vor der Verdammnis und dem kommenden Gericht erzwungen worden. Er fühlte jedoch keinen tiefen, herzzerreißenden Kummer darüber, daß er den Sohn Gottes, der ohne jede Schuld war, verraten und den Heiligen in Israel verleugnet hatte. Dennoch verdammte ihn Jesus mit keinem Wort, sondern mitleidig schaute er Judas an und sagte: Wegen dieser Stunde bin ich in die Welt gekommen.

Ein Räuspern der Überraschung ging durch die Versammlung. Sie wunderten sich, als sie die Langmut Jesu mit dem Verräter erlebten. Dieses Geschehen ließ aufs neue die Überzeugung in ihnen aufklingen, daß dieser Mensch mehr als ein Sterblicher sei. Doch wenn er Gottes Sohn sei, so fragten sie sich weiter, warum befreite er sich dann nicht von seinen Banden und triumphierte über seine Ankläger?

Als Judas erkannte, daß sein Bitten erfolglos blieb, rannte er aus dem Richthause und rief laut: Es ist zu spät! Es ist zu spät! Er fühlte, daß er es nicht ertragen konnte, den gekreuzigten Jesus ein Leben lang vor sich zu sehen. Verzweifelt ging er hin und erhängte sich.

Bei Pilatus | 59

In der Gerichtshalle des römischen Landpflegers Pilatus stand Christus als Gefangener, um ihn herum die Wächter. Die Halle füllte sich schnell mit Schaulustigen. Vor dem Eingang fanden sich die Richter des Hohen Rates, Priester, Oberste, Älteste und der Pöbel ein.

Nach Jesu Verurteilung hatten sich die Mitglieder des Hohen Rates zu Pilatus begeben, damit dieser das Urteil bestätigte und es vollstrecken ließe. Die jüdischen Beamten wollten jedoch die römische Gerichtshalle nicht betreten, da sie nach ihrem Zeremonialgesetz dadurch verunreinigt würden und dann am Passahfest nicht teilnehmen könnten. In ihrer Verblendung erkannten sie nicht, daß mordsüchtiger Haß ihre Herzen schon verunreinigt hatte. Sie begriffen nicht, daß Jesus das wahre Passahlamm war und daß das große Fest, seit sie ihn verworfen hatten, für sie längst bedeutungslos geworden war.

Als Jesus in das Richthaus geführt wurde, blickte ihn Pilatus unfreundlich an. Man hatte ihn in aller Eile aus seinem Schlafgemach gerufen, und er wollte sich nun dieses Falles so rasch wie möglich entledigen. Er war gewillt, den Gefangenen mit gebieterischer Strenge zu behandeln. Er nahm einen ernsten Gesichtsausdruck an und wandte sich um, den Mann zu mustern, den er verhören sollte und um dessentwillen er zu so früher Morgenstunde aus dem Schlaf geholt worden war. Ihm war bewußt, daß es sich um jemand handeln mußte, den die jüdischen Obersten unverzüglich verhört und bestraft sehen wollten.

Pilatus schaute zu den Männern hin, die Jesus bewachten; dann ruhte sein Blick forschend auf Jesus. Er hatte schon mit Verbrechern aller Art zu tun gehabt; aber noch nie war ein Mensch zu ihm gebracht worden, der so viel Güte und natürlichen Adel ausstrahlte. Kein Anzeichen einer Schuld, keinen Ausdruck von Furcht oder Dreistigkeit erkannte er auf dessen Antlitz. Er sah einen Mann von ruhiger Wesensart und Würde vor sich, dessen Gesichtszüge nicht die Kennzeichen eines Verbrechers trugen, sondern die eines mit dem Himmel verbundenen Menschen.

Christi Erscheinung machte einen guten Eindruck auf Pilatus, dessen bessere Natur sich angesprochen fühlte. Er hatte von Jesus und seinem Wirken gehört; auch seine Frau hatte ihm manches über die wunderbaren Taten des galiläischen Propheten mitgeteilt, der die Kranken heilte und Tote auferweckte. Das alles kam ihm jetzt wieder – gleich einem vergessenen Traum – zum Bewußtsein. Er entsann sich gewisser Gerüchte, die ihm von verschiedenen Seiten zugegangen waren, und er beschloß, die Juden zu fragen, welche Anklage sie gegen diesen Mann vorzubringen hätten.

Wer ist dieser Mann, und weshalb habt ihr ihn hergebracht? fragte er sie. Wessen beschuldigt ihr ihn? Die Juden wurden verwirrt. Da sie sehr wohl wußten, daß sie ihre gegen Jesus gerichteten Anklagen nicht beweisen konnten, wünschten sie keine öffentliche Untersuchung. Sie antworteten deshalb, er sei ein Betrüger und werde Jesus von Nazareth genannt.

Pilatus fragte noch einmal: „Was bringet ihr für Klage wider diesen Menschen?" Die Priester beantworteten seine Frage nicht, aber mit dem, was sie sagten, verrieten sie ihre große Erregung: „Wäre dieser nicht ein Übeltäter, wir hätten dir ihn nicht überantwortet."[1] Wenn die Mitglieder des Hohen Rates, die angesehensten Männer des Volkes, dir einen Mann bringen, den sie des Todes für würdig halten, ist es dann noch nötig, nach einer Anklage gegen ihn zu fragen? Auf diese Weise hofften sie Pilatus von ihrer eigenen Wichtigkeit überzeugen zu können und ihn dadurch zu veranlassen, ihren Wunsch ohne weitere Förmlichkeit zu erfüllen. Sie waren um eine schnelle Bestätigung ihres Urteilsspruches bemüht; denn sie wußten, daß das Volk, das Christi Wundertaten erlebt hatte, eine Geschichte erzählen konnte, die sich wesentlich von den Erdichtungen unterscheiden würde, die sie selbst jetzt vorbrachten.

Die Priester waren der Annahme, bei dem schwachen, unschlüssigen Pilatus ihre Absichten ohne Schwierigkeit durchführen zu können; hatte er doch bis dahin Todesurteile unbedenklich unterzeichnet und dadurch Menschen dem Tode überantwortet, die, wie sie wußten, eine solche Strafe nie verdient hatten. Das Leben eines Gefangenen zählte bei ihm nicht viel; ob jemand schuldig oder unschuldig war, spielte keine besondere Rolle. So hofften die Priester, er werde auch jetzt das Todesurteil über Jesus verhängen, ohne ihm noch Gehör zu schenken. Das erbaten sie sich als eine besondere Gunst anläßlich ihres großen nationalen Festes.

Aber Pilatus sah etwas in dem Gefangenen, das ihn von allzu schnellem Handeln zurückhielt. Er wagte nicht, ihn zu verurteilen.

Auch erkannte er die Absicht der Priester. Er erinnerte sich, daß dieser Jesus erst kürzlich einen Mann namens Lazarus, der schon vier Tage tot gewesen war, wieder auferweckt hatte; darum beschloß er, erst in Erfahrung zu bringen, worin die Anklagen gegen ihn beständen und ob sie bewiesen werden könnten, ehe er das Urteil unterschriebe.

Wenn euer Urteil berechtigt ist, sagte er, warum bringt ihr diesen Mann dann noch zu mir? „So nehmet ihr ihn hin und richtet ihn nach eurem Gesetz." [2] Auf diese Weise in die Enge getrieben, konnten die Priester nur antworten, daß sie Jesus bereits verurteilt hätten, daß der Spruch aber noch seiner Bestätigung bedürfte, damit er rechtskräftig würde. Wie lautet euer Richterspruch? fragte Pilatus. Wir haben ihn zum Tode verurteilt, antworteten sie darauf, doch es ist uns nach dem Gesetz nicht erlaubt, die Todesstrafe zu vollstrecken. Sie baten ihn, auf ihr Wort hin Christi Schuld anzuerkennen und ihr Urteil zu bestätigen; sie würden die Verantwortung dafür auf sich nehmen.

Pilatus war weder ein gerechter noch ein gewissenhafter Richter. Obwohl in seiner inneren Haltung schwankend, weigerte er sich dennoch, diese Bitte zu gewähren. Er wollte Jesus nicht verurteilen, bis eine Anklage gegen ihn erhoben worden wäre.

Die Priester gerieten in große Verlegenheit. Sie mußten ihre Heuchelei unter einem undurchdringlichen Deckmantel verbergen und durften keinesfalls den Anschein erwecken, als sei Jesus aus religiösen Gründen festgenommen worden. Eine solche Beweisführung würde der Römer nicht anerkennen. Sie mußten vielmehr glaubhaft machen, daß sich Jesus gegen die Staatsgesetze vergangen habe; dann erst konnte er als politischer Verbrecher bestraft werden. Aufruhr und Widerstand gegen die römische Staatsgewalt waren bei den Juden an der Tagesordnung. Die Römer griffen in solchen Fällen hart durch, und sie waren darauf bedacht, jeden Aufstand im Keime zu ersticken.

Erst wenige Tage zuvor hatten die Pharisäer versucht, dem Herrn eine Falle zu stellen, indem sie ihn fragten: „Ist's recht, daß wir dem Kaiser Steuer geben, oder nicht?" [3] Jesus aber hatte ihre Heuchelei durchschaut. Einigen Römern, die dabeistanden, war der deutliche Fehlschlag in den Bemühungen der Verschwörer und deren Unbehagen bei Jesu Antwort nicht entgangen; denn Jesus hatte ihnen gesagt: „Gebet dem Kaiser, was des Kaisers ist, und Gott, was Gottes ist!" [4]

Jetzt wollten die Priester es so darstellen, als hätte Jesus bei dieser Gelegenheit das gelehrt, was sie zu hören gehofft hatten. In höchster

Verlegenheit riefen sie falsche Zeugen zu Hilfe und „fingen an, ihn zu verklagen, und sprachen: Diesen haben wir gefunden, wie er unser Volk abwendig macht und verbietet, dem Kaiser Steuern zu geben, und spricht, er sei Christus, ein König".[5] Das waren drei Anklagen, alle drei ohne jede Grundlage. Die Priester waren sich darüber durchaus im klaren, doch sie waren sogar bereit, einen Meineid zu leisten, wenn sie damit ihr Ziel erreichen konnten.

Pilatus aber durchschaute ihre Absichten. Er glaubte nicht, daß der Gefangene sich gegen den Staat aufgelehnt hatte. Dessen ruhiges und bescheidenes Wesen stimmte ganz und gar nicht mit den Anklagepunkten überein. Pilatus war davon überzeugt, daß es sich hier um eine niederträchtige Verschwörung handelte, um einen unschuldigen Menschen zu vernichten, der den jüdischen Würdenträgern im Wege stand. Er wandte sich an Jesus und fragte: „Bist du der Juden König?" Der Heiland aber antwortete: „Du sagst es."[6] Bei diesen Worten hellte sich sein Angesicht auf, als ob ein Sonnenstrahl darauf schiene.

Als Kaiphas und seine Begleiter diese Antwort vernahmen, riefen sie Pilatus zum Zeugen dafür auf, daß Jesus das Verbrechen bekannt hätte, dessen er angeklagt wurde. Unter lärmenden Zurufen forderten Priester, Schriftgelehrte und Oberste das Todesurteil. Diese Rufe wurden vom Volk aufgenommen, und es entstand ein ohrenbetäubendes Geschrei. Das alles verwirrte Pilatus. Als er sah, daß Jesus seinen Anklägern nicht erwiderte, sagte er zu ihm: „Antwortest du nichts? Siehe, wie hart sie dich verklagen!" – „Jesus aber antwortete nichts mehr."[7]

Christus, der hinter Pilatus stand und von allen in der Gerichtshalle gesehen werden konnte, vernahm die Schmähungen, doch antwortete er mit keinem Wort auf alle diese falschen Anschuldigungen. Seine ganze Haltung zeugte davon, daß er sich seiner Schuldlosigkeit bewußt war. Er stand unbewegt angesichts der Wellen entfesselter Wut, die gegen ihn anbrandeten. Es war, als wenn die Wogen des Zorns, höher und höher steigend, den ungestümen Sturzseen des Ozeans gleich, über ihm zusammenschlugen, ohne ihn überhaupt zu berühren. Jesus stand schweigend; aber sein Schweigen war voller Beredsamkeit, als ob ein Licht von dem inneren auf den äußeren Menschen fiel.

Pilatus war über das Verhalten Jesu erstaunt. Mißachtet dieser Mann den Gang der Untersuchung, weil er sein Leben nicht retten will? fragte er sich. Er schaute Jesus an, der Spott und Mißhandlungen ertrug, ohne sich dagegen aufzulehnen, und empfand, daß dieser Mann nicht so ungerecht und gottlos sein konnte wie jene lärmenden Priester. In der Hoffnung, von ihm die Wahrheit zu erfahren und zugleich dem Aufruhr der Menge zu entgehen, nahm Pilatus den Herrn beiseite und fragte ihn noch einmal: „Bist du der Juden König?"

Der Heiland beantwortete diese Frage nicht unmittelbar. Er wußte, daß der Heilige Geist an Pilatus wirkte, und er gab ihm Gelegenheit, seiner Überzeugung Ausdruck zu verleihen. „Redest du das von dir selbst", fragte er ihn, „oder haben's dir andere von mir gesagt?"[8] Mit anderen Worten: Waren es die Anschuldigungen der Priester oder war es das Verlangen, mehr Licht von Christus zu erhalten, die Pilatus diese Frage eingaben? Der römische Landpfleger verstand die Bedeutung der Frage des Herrn; aber Stolz erhob sich in seinem Herzen. Er wollte nicht seine innere Überzeugung offenbaren, die ihn veranlaßt hatte, den Herrn zu befragen. So sagte er denn: „Bin ich ein Jude? Dein Volk und die Hohenpriester haben dich mir überantwortet. Was hast du getan?"[9]

Pilatus hat die gute Gelegenheit, die ihm Gott hiermit gab, ungenutzt vorübergehen lassen; dennoch erhellte ihm Jesus abermals sein Verständnis. Indem er die direkte Beantwortung der Frage des Pilatus umging, erklärte er ihm deutlich seine göttliche Sendung und gab zu verstehen, daß er nicht nach irdischer Macht gestrebt hatte.

Jesus sagte zu Pilatus: „Mein Reich ist nicht von dieser Welt. Wäre mein Reich von dieser Welt, meine Diener würden darum kämpfen, daß ich den Juden nicht überantwortet würde; aber nun ist mein Reich nicht von dieser Welt. Da sprach Pilatus zu ihm: So bist du dennoch ein König? Jesus antwortete: Du sagst es, ich bin ein König. Ich bin dazu geboren und in die Welt gekommen, daß ich für die Wahrheit zeugen soll. Wer aus der Wahrheit ist, der höret meine Stimme."[10]

Christus bestätigte damit, daß sein Wort ein Schlüssel ist, der allen, die bereit sind, es zu empfangen, das Geheimnis Gottes erschließt. Es entfaltet eine in ihm selbst liegende Kraft, und nur so ist es erklärbar, daß sich Jesu Reich der Wahrheit so weit auszudehnen vermochte. Jesus wollte Pilatus verständlich machen, daß sein verpfuschtes Leben nur erneuert werden könne, wenn er die göttliche Wahrheit annehmen und in ihr aufgehen würde.

Pilatus hatte den Wunsch, die Wahrheit kennenzulernen. Er war innerlich beunruhigt und klammerte sich an Jesu Worte. Sein Herz sehnte sich danach, zu erfahren, was es mit der von Jesus verkündigten Wahrheit auf sich habe und wie er sie erlangen könne. „Was ist Wahrheit?“ [11] fragte er den Herrn. Doch wartete er eine Antwort nicht mehr ab. Der Lärm draußen gemahnte ihn an die Bedeutung dieser Stunde; denn die Priester verlangten ungestüm eine sofortige Entscheidung. Er ging zu den Juden hinaus und erklärte ihnen mit Nachdruck: „Ich finde keine Schuld an ihm.“

Diese Worte eines heidnischen Richters waren eine vernichtende Anklage gegen die Hinterlist und Falschheit der Obersten in Israel, die den Heiland verklagten. Als die Priester und Ältesten die Worte des Pilatus hörten, kannten ihre Wut und Enttäuschung keine Grenzen. Lange hatten sie Pläne geschmiedet und auf eine solche Gelegenheit gewartet! Als sie jetzt die Möglichkeit der Freilassung erkannten, hätten sie Jesus am liebsten in Stücke gerissen. Mit lauter Stimme klagten sie Pilatus an und drohten ihm mit einem Verweis der römischen Verwaltung. Sie warfen ihm vor, er habe sich geweigert, diesen Jesus, der sich, so erklärten sie, gegen den Kaiser erhoben hätte, zu verurteilen.

Erregte Stimmen wurden laut, die behaupteten, daß der aufrührerische Einfluß Jesu doch im ganzen Land bekannt sei. Die Priester riefen: „Er wiegelt das Volk auf damit, daß er lehrt hin und her im ganzen jüdischen Lande und hat in Galiläa angefangen bis hierher.“ [12]

Pilatus hatte bis dahin nicht die Absicht gehabt, Jesus zu verurteilen; denn er wußte, daß die Klage der Juden nur aus Haß und Vorurteil erfolgt war. Auch kannte er seine Pflicht genau. Die Gerechtigkeit verlangte, Jesus sofort wieder freizulassen; doch fürchtete Pilatus den Unwillen des Volkes. Weigerte er sich, ihnen Jesus zu überantworten, würde sich ein Tumult erheben, und diesen scheute er. Als er hörte, daß Jesus aus Galiläa stammte, beschloß er, ihn zu Herodes zu senden, den König über jene Provinz, der sich gerade in Jerusalem aufhielt. Auf diese Weise gedachte er die Verantwortung für die Gerichtsverhandlung von sich auf Herodes zu schieben. Zugleich sah er darin eine gute Gelegenheit, einen alten Streit zwischen ihm und Herodes zu schlichten. Und so geschah es. Die beiden Herrscher schlossen Freundschaft über dem Verhör des Heilandes.

Pilatus übergab Jesus abermals den Soldaten, und unter den Spottrufen und Schmähungen des Volkes wurde er eilends zum Richthause des Herodes gebracht. „Da aber Herodes Jesus sah, ward er sehr froh." Er war noch nie mit dem Heiland zusammengetroffen; deshalb hätte er „ihn längst gerne gesehen; denn er hatte von ihm gehört und hoffte, er würde ein Zeichen von ihm sehen".[13]

Herodes fragte Jesus mancherlei; aber der Heiland bewahrte die ganze Zeit hindurch tiefes Schweigen. Auf Anordnung des Königs brachte man Kranke und Gebrechliche herein, und Jesus wurde aufgefordert, seinen Anspruch durch ein Wunder zu rechtfertigen. Herodes sagte ihm: Man behauptet, du könnest Kranke heilen. Mir ist sehr daran gelegen zu sehen, ob deine weitverbreitete Berühmtheit sich nicht auf Lügen gründet. Jesus erwiderte nichts, und Herodes versuchte noch weiter, Jesus zu nötigen: Wenn du für andere Wunder tun kannst, so wirke sie jetzt zu deinem eigenen Besten; das wird dir dienlich sein. Immer wieder forderte er: Zeige uns durch Zeichen, daß du die Macht hast, die man dir nachsagt. Doch Jesus schien nichts zu hören und zu sehen. Der Sohn Gottes war Mensch geworden, und er mußte sich auch so verhalten wie Menschen in der gleichen Lage. Er wollte kein Wunder wirken, um sich dadurch dem Leid und der Erniedrigung zu entziehen, die Menschen unter ähnlichen Umständen erdulden mußten.

Herodes versprach dem Heiland sogar die Freiheit, wenn er in seiner Gegenwart irgendein Wunder wirken würde. Christi Ankläger hatten mit eigenen Augen die durch göttliche Kraft vollbrachten machtvollen Taten gesehen. Sie hatten gehört, wie er die Toten aus dem Grabe rief und wie sie, seiner Stimme gehorchend, auferstanden. Furcht ergriff sie, daß er jetzt ein Wunder vollbringen sollte; denn nichts fürchteten sie so sehr wie eine Äußerung seiner Macht. Eine derartige Machtbekundung würde ihren Plänen den Todesstoß versetzen und sie vielleicht gar das Leben kosten. In großer Besorgnis schleuderten die Priester und Obersten aufs neue ihre Anklagen gegen Jesus. Mit lauter Stimme schrien sie: Er ist ein Verbrecher, ein Lästerer! Er vollbringt seine Wunder durch die ihm von Beelzebub, dem Fürsten des Bösen, verliehene Macht. Die Halle bot ein Bild der Verwirrung; einer überschrie den andern.

Das Gewissen des Herodes war bei weitem nicht mehr so empfindlich wie zu jener Zeit, da er bei der Bitte der Herodias um das Haupt Johannes des Täufers vor Entsetzen gezittert hatte. Eine Zeitlang war er wegen jener schrecklichen Tat von heftigen Gewissensbissen gequält worden, aber sein ausschweifendes Leben hatte im Laufe der Zeit sein sittliches Empfindungsvermögen immer mehr abstumpfen lassen. Jetzt war sein Herz so verhärtet, daß er sich sogar der Strafe zu rühmen vermochte, die über Johannes verhängt worden war, weil dieser es gewagt hatte, ihn zu tadeln. Er bedrohte Jesus und hielt ihm mehrmals vor, daß er die Macht hätte, ihn freizulassen oder zu verdammen. Doch Jesus gab durch nichts zu erkennen, daß er auch nur ein Wort davon gehört hätte.

Dieses andauernde Schweigen Jesu brachte Herodes auf, da es äußerste Gleichgültigkeit gegenüber seiner Machtstellung anzudeuten schien. Den eingebildeten und prahlerischen König hätte ein offener Tadel weniger beleidigt, als in dieser Weise nicht beachtet zu werden. Wieder bedrohte er ärgerlich den Herrn – doch dieser verharrte still und unbewegt.

Es war nicht die Aufgabe Jesu in dieser Welt, eitle Neugierde zu befriedigen; er war vielmehr gekommen, um die zerbrochenen Herzen zu heilen. Hätte er ein Wort sprechen können, um die Wunden sündenkranker Menschen zu heilen, er würde bestimmt nicht geschwiegen haben. Aber jenen, die die Wahrheit unter ihre unheiligen Füße treten würden, hatte er nichts zu sagen.

Gewiß hätte Christus dem Herodes manches mitteilen können, das dem innerlich verhärteten König durch und durch gegangen wäre. Es hätte den König mit Furcht und mit Zittern erfüllt, würde er ihm seine ganze Sündhaftigkeit und die Schrecken des über ihn hereinbrechenden Gerichts gezeigt haben. Doch Christi Stillschweigen war der härteste Tadel, den er in diesem Falle austeilen konnte. Herodes hatte die Wahrheit verworfen, die ihm von dem größten aller Propheten vermittelt worden war; keine andere Botschaft sollte er mehr empfangen. Nicht ein Wort hatte der Herr des Himmels für ihn. Die Ohren, die dem menschlichen Leid stets geöffnet waren, hörten nicht auf die Aufforderungen des jüdischen Königs. Die Augen, die stets in mitleidsvoller und barmherziger Liebe dem reumütigen Sünder zugewandt waren, hatten keinen Blick für Herodes. Die Lippen, die die eindrucksvollsten Wahrheiten verkündet und die zärtlich bittend mit den Sündigsten und den am tiefsten Gefallenen gebetet hatten, blieben für den hochmütigen König, der nicht das Bedürfnis nach einem Heiland spürte, geschlossen.

Das Gesicht des Herodes wurde dunkelrot vor Zorn. Sich an das Volk wendend, klagte er mit erregter Stimme Jesus als Betrüger an.

Zum Herrn sagte er darauf: Wenn du keinen Beweis für deine Behauptung geben willst, werde ich dich den Soldaten und dem Volk ausliefern; vielleicht werden sie dich zum Sprechen bringen. Bist du ein Betrüger, dann ist der Tod aus ihren Händen nur das Urteil, das du verdienst; bist du aber Gottes Sohn, dann rette dich, indem du ein Wunder wirkst!

Kaum waren diese Worte gefallen, als ein Sturm gegen Jesus losbrach. Gleich wilden Tieren stürzte sich die Menge auf ihre Beute. Jesus wurde hin und her gerissen, und auch Herodes folgte der Menge in der Absicht, den Sohn Gottes zu demütigen. Hätten nicht die römischen Soldaten eingegriffen und die wilde Schar zurückgedrängt, der Heiland wäre in Stücke gerissen worden.

„Herodes mit seinem Hofgesinde verachtete und verspottete ihn, legte ihm ein weißes Kleid an und sandte ihn wieder zu Pilatus."[14] Die römischen Soldaten beteiligten sich an diesen Übergriffen. Alle Mißhandlungen, die sich diese boshaften, verderbten Krieger, von Herodes und den jüdischen Würdenträgern unterstützt, ausdenken konnten, häufte man auf den Heiland. Dennoch verließ ihn nicht einen Augenblick seine göttliche Geduld.

Jesu Verfolger hatten versucht, sein Wesen an ihrem eigenen Charakter zu messen; sie hatten ihn als ebenso niedrig und gemein hingestellt, wie sie selbst waren. Doch abgesehen von dem derzeitigen Schauspiel drängte sich vielen ein anderes Geschehen auf – ein Bild, das ihnen eines Tages in aller Herrlichkeit offenbar werden wird. Einige waren unter ihnen, die in Christi Gegenwart zu zittern begannen. Während sich die rohe Volksmenge spottend vor ihm verbeugte, wandten sich andere erschrocken und wortlos um, ohne ihr Vorhaben ausgeführt zu haben. Selbst Herodes kam seine Schuld zum Bewußtsein. Die letzten Strahlen barmherzigen Lichtes fielen auf sein durch die Sünde verhärtetes Herz. Er fühlte, daß Jesus kein gewöhnlicher Mensch war; denn göttliches Licht hatte seine Menschlichkeit durchleuchtet. Während Jesus von Spöttern, Ehebrechern und Mördern umringt wurde, glaubte Herodes einen Gott auf seinem Thron zu erblicken.

So gefühllos Herodes auch war, er wagte es nicht, das Urteil über Jesus zu bestätigen. Er wollte sich von dieser schrecklichen Verantwortung befreien und sandte Jesus wieder zum römischen Richthaus zurück.

Pilatus war enttäuscht und sehr unwillig. Als die Juden mit ihrem Gefangenen zurückkamen, fragte er sie ungeduldig, was er nach ihrer Meinung noch tun solle. Er erinnerte sie daran, daß er Jesus bereits verhört und keine Schuld an ihm gefunden habe. Auch sagte er ihnen, daß sie ihn zwar verklagt hätten, ohne jedoch in der Lage gewesen zu sein, auch nur einen Anklagepunkt zu beweisen. Er habe Jesus zu Herodes gesandt, dem Vierfürsten in Galiläa – einem Juden wie sie auch –, doch auch dieser hatte nichts Todeswürdiges an ihm finden können. „Ich will ihn also züchtigen lassen und losgeben." [15]

Hier zeigte Pilatus seine Schwäche. Er hatte erklärt, daß Jesus unschuldig sei; dennoch wollte er ihn um seiner Verkläger willen geißeln lassen. Er war bereit, Grundsätze und Gerechtigkeit zu opfern, um mit dem Volke einen Vergleich zu schließen. Er brachte sich aber dadurch selbst in eine ungünstige Lage. Die Menge rechnete jetzt mit seiner Unentschlossenheit und forderte dreister das Leben des Gefangenen. Wäre Pilatus anfangs fest geblieben und hätte er sich geweigert, einen als unschuldig erfundenen Menschen zu verurteilen, dann würde er die unheilvolle Kette zerbrochen haben, die ihn ein Leben lang an Schuld und Gewissensnot binden sollte. Hätte er von Anfang an gemäß seiner Überzeugung gehandelt, wären die Juden nicht so anmaßend geworden, ihm Vorschriften zu machen. Christus wäre getötet worden; aber die Schuld hätte nicht auf Pilatus gelastet. Doch nun hatte er Schritt für Schritt sein Gewissen preisgegeben. Er hatte es unterlassen, gerecht und unparteiisch zu handeln, und fand sich jetzt nahezu hilflos in den Händen der Priester und Obersten. Sein Schwanken und seine Unentschlossenheit gereichten ihm schließlich zum Verderben.

Sogar jetzt noch brauchte Pilatus nicht unbesonnen zu handeln. Eine von Gott gesandte Botschaft warnte ihn vor der Tat, die er im Begriff war zu vollziehen. Auf Christi Gebet hin war die Frau des Pilatus von einem himmlischen Engel aufgesucht worden, und in einem Traum hatte sie Jesus erblickt und mit ihm gesprochen. Die Frau des Pilatus war keine Jüdin. Als sie jedoch in ihrem Traum auf Jesus schaute, zweifelte sie nicht im geringsten an seinem Wesen oder an seiner Sendung. Sie erkannte in ihm den Gesalbten Gottes. Sie sah ihn beim Verhör im Gerichtshaus; sie sah seine Hände gefesselt wie die eines Verbrechers. Sie sah Herodes und seine Soldaten ihr entsetzliches Werk tun; sie hörte die neiderfüllten, heimtückischen Priester und Obersten ihn hartnäckig anklagen und vernahm die Worte: „Wir haben ein Gesetz, und nach dem Gesetz muß er sterben.“ [16] Sie sah auch, wie Pilatus ihn geißeln ließ, nachdem er erklärt hatte: „Ich finde keine Schuld an ihm.“ [11] Sie hörte, wie Pilatus das Todesurteil sprach, und sah, wie er Christus den Mördern übergab. Sie sah das Kreuz auf Golgatha und die Erde in Finsternis gehüllt, und sie hörte den geheimnisvollen Schrei: „Es ist vollbracht!“ [17] Dann schaute sie noch ein anderes Bild. Sie erkannte Jesus auf einer großen, weißen Wolke sitzend, während die Erde im Weltraum hin und her taumelte und seine Mörder vor der Offenbarung seiner Herrlichkeit flohen. Mit einem Schrei des Entsetzens erwachte sie, und unverzüglich schrieb sie Pilatus eine Warnungsbotschaft.

Während Pilatus noch überlegte, was er tun solle, drängte sich ein Bote durch die Menge und übergab ihm das Schreiben seiner Frau, in dem es hieß: „Habe du nichts zu schaffen mit diesem Gerechten; ich habe heute viel gelitten im Traum seinetwegen.“ [18]

Pilatus erbleichte. Einander widerstrebende Empfindungen verwirrten ihn. Doch während er noch entschlußlos zögerte, schürten die Priester und Obersten noch weiter die Erregung des Volkes. Pilatus war gezwungen zu handeln. Da entsann er sich eines Brauches, der Christi Freilassung gewährleisten könnte. Es war üblich, anläßlich des Passahfestes einen Gefangenen, den das Volk sich wählen durfte, freizulassen. Dieser Brauch war heidnischen Ursprungs und mit dem Grundsatz der Gerechtigkeit völlig unvereinbar; dennoch wurde er von den Juden sehr geschätzt.

In römischem Gewahrsam befand sich zu jener Zeit ein Verbrecher namens Barabbas, der zum Tode verurteilt war. Dieser Mann hatte sich als Messias ausgegeben. Er hatte behauptet, die Vollmacht zu besitzen, eine andere Ordnung aufzustellen, um die Welt zu vervollkommnen. Unter teuflischem Einfluß beanspruchte er, daß alles, was er durch Diebstahl und Raub erlangte, ihm gehöre. Mit satanischer Hilfe hatte er große Dinge vollbracht; er besaß unter dem Volk eine große Anhängerschar und hatte auch einen Aufstand gegen die Römer angezettelt. Unter dem Deckmantel religiöser Begeisterung verbarg sich ein hartherziger, verwegener Schurke, ausgerichtet allein auf Aufruhr und Grausamkeit. Indem Pilatus das Volk vor die Entscheidung stellte, zwischen diesem Mann und dem unschuldigen Heiland zu wählen, wollte er sich an das Gerechtigkeitsgefühl des Volkes wenden. Er hoffte, trotz des Widerstandes der Priester und Obersten ihr Mitgefühl für Jesus gewinnen zu können. So fragte er mit besonderem Ernst, als er sich der Menge zuwandte: „Welchen wollt ihr, daß ich euch losgebe, Barabbas oder Jesus, von dem gesagt wird, er sei der Christus?"[19]

Die Antwort des Volkes glich dem Brüllen wilder Tiere: „Gib uns Barabbas los!"[20] Immer stärker schwoll das Schreien an: Barabbas! Barabbas! In der Meinung, das Volk habe seine Frage nicht verstanden, sagte Pilatus nochmals: „Wollt ihr nun, daß ich euch der Juden König losgebe?" Aber sie schrien wieder: „Nicht diesen, sondern Barabbas!"[21] Pilatus aber fragte dagegen: „Was soll ich denn machen mit Jesus, von dem gesagt wird, er sei der Christus?"[22] Wiederum schrie die Menge wie vom Teufel besessen. Tatsächlich befanden sich böse Geister in menschlicher Gestalt unter den Versammelten. Wie hätte daher eine andere Antwort als: „Laß ihn kreuzigen!"[22] erwartet werden können!

Pilatus war bestürzt. Daß es so weit kommen würde, hatte er nicht gedacht. Er schreckte davor zurück, einen unschuldigen Menschen dem schimpflichsten und grausamsten Tod zu überantworten. Als das Stimmengewirr nachgelassen hatte, wandte er sich an das Volk und fragte: „Was hat er denn Übles getan?"[23] Aber Worte konnten hier keinen Umschwung mehr hervorrufen. Die Menge verlangte nicht mehr einen Beweis für die Unschuld Christi, sondern seinen Tod.

Immer noch versuchte Pilatus den Herrn zu retten und wandte sich deshalb zum drittenmal an die Menge: „Was hat denn dieser Übles getan? Ich finde nichts an ihm, was den Tod verdient hätte; darum will ich ihn züchtigen und losgeben."[24] Aber die Erwähnung seiner Freilassung erregte das Volk bis zum Wahnsinn. Unablässig schrie es: „Kreuzige ihn! Kreuzige ihn!"[25] Der Aufruhr, den Pilatus durch seine Unentschlossenheit hervorgerufen hatte, schwoll immer mehr an.

Jesus, ermattet, schwach und mit Wunden bedeckt, wurde gepackt und vor den Augen der Menge gegeißelt. „Die Kriegsknechte aber führten ihn hinein in die Burg, das ist ins Richthaus, und riefen zusammen die ganze Schar, und sie zogen ihm einen Purpur an und flochten eine Dornenkrone und setzten sie ihm auf und fingen an, ihn zu grüßen: Gegrüßet seist du, der Juden König! Und . . . spien ihn an und fielen auf die Knie und huldigten ihm."[26] Von Zeit zu Zeit ergriffen einige Boshafte das Rohr, das man Jesus in die Hand gegeben hatte, und schlugen damit auf die Krone, die seine Stirn drückte, so daß die Dornen in seine Schläfen drangen und das Blut an Wangen und Bart herabtropfte.

Wundere dich, Himmel! Und staune, Erde! Seht die Unterdrücker und den Unterdrückten! Eine wutentbrannte Menschenmenge umringt den Heiland der Welt! Spott und Hohn mischen sich mit groben Flüchen und Lästerungen. Seine einfache Herkunft und sein demütiges Leben werden von dem gefühllosen Pöbel als Anlaß zur Kritik genommen. Sein Anspruch, der Sohn Gottes zu sein, wird ins Lächerliche gezogen, und gemeine Scherze und kränkender Hohn machen die Runde.

Satan führte diese unbarmherzige, den Heiland beschimpfende Schar selbst an. Es war seine Absicht, den Herrn, wenn möglich, zu einem Vergeltungsschlag zu reizen oder ihn dazu zu bewegen, zu seiner Befreiung ein Wunder zu wirken und auf diese Weise den Erlösungsplan zunichte zu machen. Ein einziger Makel auf Jesu Leben, ein einmaliges Versagen seiner menschlichen Natur beim Ertragen dieser furchtbaren Prüfung würde genügen, aus dem Lamm Gottes ein unvollkommenes Opfer zu machen und die Erlösung der Menschheit zu vereiteln. Aber er, der auf einen Befehl hin die himmlischen Heerscharen hätte zu Hilfe rufen können, er, der durch eine Offenbarung seiner göttlichen Majestät die Menge hätte veranlassen können, in panischem Schrecken vor seinem Angesicht zu fliehen – er unterwarf sich in vollkommenem Schweigen den häßlichsten Beschimpfungen und Ausschreitungen.

Jesu Feinde hatten als Beweis seiner Gottheit ein Wunder gefordert. Weitaus größere Beweise, als sie überhaupt verlangt hatten, wurden ihnen zuteil. Wie die Grausamkeit seine Peiniger nicht mehr menschenwürdig erscheinen ließ und sie zum Ebenbilde Satans herabzog, so erhoben seine Sanftmut und Geduld Christus über alles Menschliche hinaus und offenbarten seine Verwandtschaft mit Gott. Seine Erniedrigung war das Unterpfand seiner Erhöhung. Die Blutstropfen seiner Schmerzen, die von seiner verwundeten Schläfe auf Gesicht und Bart niederfielen, waren die Bürgschaft seiner Salbung mit dem „Öl der Freude“ [27] als unser großer Hoherpriester.

Satans Zorn wuchs, als er erkennen mußte, daß alle gegen den Heiland gerichteten Schmähungen auch nicht die geringste Äußerung aus seinem Munde erzwingen konnten. Obwohl Jesus die menschliche

Natur angenommen hatte, wurde er durch eine göttliche Kraft unterstützt und wich in keinem Fall von dem Willen seines Vaters ab.

Pilatus ließ jetzt Barabbas zum Richthaus holen. Dann stellte er die beiden Gefangenen nebeneinander und sagte mit ernster Stimme, indem er auf Jesus deutete: „Sehet, welch ein Mensch!" „Sehet, ich führe ihn heraus zu euch, damit ihr erkennet, daß ich keine Schuld an ihm finde." [28]

Da stand der Sohn Gottes, angetan mit dem Spottgewand und der Dornenkrone. Bis zum Gürtel entblößt, zeigte sein Rücken lange, entsetzliche Striemen, von denen das Blut in Bächen herunterrann. Sein Gesicht war blutbefleckt und trug die Zeichen des Leidens und der Erschöpfung; aber nie erschien es schöner als gerade jetzt. So wie er seinen Feinden gegenüberstand, war sein Aussehen keineswegs entstellt. Jeder Gesichtszug bekundete Sanftmut und Ergebenheit und zärtliches Erbarmen mit seinen grausamen Feinden. In seinem Wesen lag nicht etwa feige Schwäche, sondern die Kraft und die Würde der Langmut. Einen auffälligen Gegensatz zu ihm bot der Gefangene an seiner Seite. Jeder Gesichtszug des Barabbas offenbarte den verstockten Raufbold, der er war. Dieser Unterschied zwischen den beiden Gefangenen wurde allen Zuschauern deutlich. Viele von ihnen weinten. Als sie auf Jesus blickten, waren ihre Herzen voller Mitgefühl. Selbst die Priester und Obersten kamen zu der Überzeugung, daß seine Haltung völlig seinem göttlichen Anspruch entsprach.

Die römischen Soldaten, die Christus umgaben, waren nicht alle rauh und hart; einige von ihnen suchten aufrichtig in dem Antlitz Jesu nach einem Ausdruck, der auf ein verbrecherisches und allgemeingefährliches Wesen schließen ließe. Ab und zu warfen sie auch einen geringschätzigen Blick auf Barabbas. Es bedurfte keines besonders scharfen Blickes, um auf den Grund seiner Seele schauen zu können. Doch dann ruhten ihre Augen wieder auf dem einen, der unter Anklage stand. Der göttliche Dulder besaß ihr ungeteiltes Mitleid. Seine stille Demut prägte sich ihnen ein wie ein Bild, das niemals mehr verlöschen würde, bis sie ihn entweder als Christus angenommen oder, indem sie ihn verwarfen, ihr eigenes Schicksal besiegelt hätten.

Pilatus war äußerst verwundert über die grenzenlose Geduld Jesu. Er hatte nicht daran gezweifelt, daß der Anblick dieses Mannes – im Gegensatz zu Barabbas – die Sympathie der Juden erwecken würde.

Doch er verstand nicht den leidenschaftlichen Haß der Priester gegen den, der als das Licht der Welt ihre Finsternis und ihren Irrtum offenbar gemacht hatte. Sie hatten das Volk zu irrer Wut aufgestachelt, und erneut stimmten Priester, Oberste und das Volk den entsetzlichen Ruf an: „Kreuzige! kreuzige!" Da verlor Pilatus die Geduld mit ihrer vernunftwidrigen Grausamkeit und rief verzweifelt aus: „Nehmt ihr ihn hin und kreuzigt ihn, denn ich finde keine Schuld an ihm." [29]

Der an Grausamkeiten gewöhnte römische Landpfleger hatte Mitleid mit dem leidenden Gefangenen, der – verurteilt und gegeißelt, mit blutender Stirn und mit zerschundenem Rücken – selbst jetzt noch die Haltung eines Königs auf seinem Thron bewahrte. Doch die Priester erklärten: „Wir haben ein Gesetz, und nach dem Gesetz muß er sterben, denn er hat sich selbst zu Gottes Sohn gemacht." [16]

Pilatus erschrak. Er besaß noch keine genaue Vorstellung von Jesus und seiner Aufgabe; aber in ihm regte sich ein unbestimmbarer Glaube an Gott und an Wesen, die mehr als Menschen sind. Ein Gedanke, der ihn schon einmal beschäftigt hatte, nahm jetzt deutliche Gestalt an. Er fragte sich, ob dieser Mensch, der vor ihm stand, bekleidet mit dem Purpur des Spottes und der Krone aus Dornen, nicht ein göttliches Wesen sein könne.

Erneut ging er zurück in das Richthaus und fragte den Herrn: „Woher bist du?" [30] Jesus aber antwortete ihm jetzt nicht. Der Heiland hatte offen mit Pilatus gesprochen und seine Aufgabe als Zeuge für die Wahrheit erläutert; doch Pilatus hatte das Licht verachtet. Er hatte sein hohes Richteramt mißbraucht, indem er seine Grundsätze und seine Autorität den Forderungen der Volksmenge opferte. Jesus konnte ihm keine weitere Erkenntnis vermitteln. Über Jesu Schweigen verärgert, sagte Pilatus hochmütig: „Redest du nicht mit mir? Weißt du nicht, daß ich Macht habe, dich loszugeben, und Macht habe, dich zu kreuzigen?"

Jesus antwortete: „Du hättest keine Macht über mich, wenn sie dir nicht wäre von oben her gegeben. Darum: der mich dir überantwortet hat, der hat größere Sünde." [31]

„Darum: der mich dir überantwortet hat" sagte Jesus, „der hat größere Sünde." Damit meinte Jesus den Kaiphas, der als Hoherpriester das jüdische Volk repräsentierte. Die Priester kannten die Grundsätze, die für die römischen Machthaber galten. Dazu besaßen sie die Erkenntnis aus den Weissagungen, die sich auf den Messias bezogen, sowie aus seinen eigenen Lehren und seinem Wirken. Die jüdischen Richter hatten unmißverständliche Beweise für die Göttlichkeit dessen erhalten, den sie zum Tode verurteilten.

Die größte Schuld und die schwerste Verantwortung lastete auf denen, die die höchsten Stellungen im Volke bekleideten, auf den Hütern der heiligen Wahrheiten, die sie in schimpflicher Weise preisgaben. Pilatus, Herodes und die römischen Soldaten wußten verhältnismäßig wenig von Jesus. Sie gedachten den Priestern und Obersten einen Dienst zu erweisen, indem sie den Heiland mißhandelten; sie hatten nicht die Erkenntnis, die dem jüdischen Volk in so reichem Maße vermittelt worden war.

Noch einmal schlug Pilatus vor, den Heiland freizulassen. Die Juden aber schrien: „Läßt du diesen los, so bist du des Kaisers Freund nicht.“ [32] Auf diese Weise gaben jene Heuchler vor, auf das Ansehen des Kaisers bedacht zu sein; in Wirklichkeit aber waren sie die erbittertsten aller Gegner der römischen Herrschaft. Wo ihnen kein Schaden daraus erwuchs, setzten sie ihre eigenen nationalen und religiösen Belange rücksichtslos durch; wollten sie aber irgendeine schändliche Tat begehen, dann rühmten sie die Macht des Kaisers. Um die Vernichtung Jesu zu vollenden, beteuerten sie ihre Ergebenheit gegenüber der fremden Macht, die sie in Wahrheit verabscheuten.

„Wer sich zum König macht, der ist wider den Kaiser“,[32] fügten sie hinzu. Diese Worte berührten Pilatus an einem wunden Punkt. Er war der römischen Regierung bereits verdächtig und wußte, daß ein derartiger Bericht sein Verderben bedeutete. Auch war er sich darüber im klaren, daß sich der Zorn der Juden gegen ihn richten würde, falls er ihre Absichten durchkreuzte. Sie würden nichts unversucht lassen, um sich zu rächen. Pilatus sah sich einem besonderen Beispiel der Hartnäckigkeit gegenüber, mit der sie dem Einen nach dem Leben trachteten, den sie grundlos haßten.

Pilatus nahm nun seinen Richterplatz wieder ein, stellte Jesus noch einmal vor das Volk und sagte: „Sehet, das ist euer König!“ Wiederum erhob sich ein wütendes Geschrei: „Weg, weg mit dem! Kreuzige ihn!“ Da fragte Pilatus so laut, daß alle ihn verstehen konnten: „Soll ich euren König kreuzigen?“ Aus gottlosem, lästerlichem Munde kam die Antwort: „Wir haben keinen König denn den Kaiser.“ [33]

Indem die Juden sich zu einem heidnischen Herrscher bekannten, hatten sie sich von der Gottesherrschaft losgesagt und Gott als ihren

König verworfen. Seitdem hatten sie keinen Befreier, keinen König außer dem römischen Kaiser. Dahin hatten die Priester und Obersten das Volk geführt; sie trugen dafür sowie für die furchtbaren Folgen die Verantwortung. Die Sünde und das Verderben eines ganzen Volkes waren den religiösen Führern zuzuschreiben.

„Da aber Pilatus sah, daß er nichts ausrichtete, sondern vielmehr ein Getümmel entstand, nahm er Wasser und wusch die Hände vor dem Volk und sprach: Ich bin unschuldig an seinem Blut; sehet ihr zu!" [34] Scheu und voller Vorwürfe gegen sich selbst schaute er auf den Heiland. Von den zahllosen Gesichtern, die auf ihn gerichtet waren, zeigte allein das Antlitz Jesu inneren Frieden.

Pilatus hätte Jesus gern freigegeben. Anderseits erkannte er, daß er seine Freilassung nicht durchsetzen durfte, wenn er seine Stellung und sein Ansehen behalten wollte. Lieber opferte er ein unschuldiges Leben, als daß er seine irdische Machtstellung verlöre. Wie viele opfern in gleicher Weise ihre Grundsätze, nur um Leid und Verlust zu entgehen! Das Gewissen und die Pflicht weisen einen anderen Weg als die eigensüchtigen Wünsche. Der Gang der Ereignisse treibt in die falsche Bahn, doch wer sich mit dem Bösen einläßt, wird in den Strudel der Schuld gerissen.

Pilatus gab den Forderungen des Volkes nach. Er übergab den Heiland lieber dem Kreuzestode, als Gefahr zu laufen, seine Stellung zu verlieren. Ungeachtet seiner Vorsichtsmaßnahmen kam das Unglück, das er befürchtete, später dennoch über ihn. Er wurde seiner Ehre beraubt und seines hohen Amtes enthoben. Bald nach der Kreuzigung Jesu machte er, von Gewissensbissen gequält und von verletztem Stolz gedemütigt, seinem Leben ein Ende. So werden alle, die mit der Sünde Kompromisse schließen, nur Sorgen und Verderben ernten. „Manchem scheint ein Weg recht, aber zuletzt bringt er ihn zum Tode." [35]

Als Pilatus erklärte, daß er unschuldig sei am Blute Jesu, antwortete Kaiphas herausfordernd: „Sein Blut komme über uns und unsre Kinder!" Diese schrecklichen Worte wurden von den Priestern und Obersten aufgenommen und fanden lauten Widerhall bei der großen Volksmenge in einem unmenschlichen Gebrüll. Alle riefen sie: „Sein Blut komme über uns und unsre Kinder!" [37]

Das Volk Israel hatte seine Wahl getroffen. Es hatte auf Jesus hingewiesen und geschrien: „Hinweg mit diesem und gib uns Barabbas los!" [21] Barabbas, ein Räuber und Mörder, war der Vertreter Satans.

Christus war der Vertreter Gottes. Barabbas wurde erwählt, Christus verworfen. Sie sollten Barabbas haben. Mit dieser Wahl nahmen sie jenen an, der von Anbeginn ein Lügner und Mörder war. Satan war ihr Führer. Als Nation würden sie nach seiner Weisung handeln. Seine Werke würden sie tun. Seine Herrschaft mußten sie ertragen. Jene Menschen, die Barabbas statt Christus wählten, sollten bis zum Ende der Zeit die Grausamkeit des Barabbas zu spüren bekommen.

Angesichts des gemarterten Lammes Gottes riefen die Juden aus: „Sein Blut komme über uns und unsre Kinder!“ [36] Dieser furchtbare Ruf stieg zum Thron Gottes empor; dieses selbstgesprochene Urteil wurde im Himmel festgehalten; dieser Wunsch wurde erhört. Das Blut des Sohnes Gottes kam über ihre Kinder und Kindeskinder als ein ewiger Fluch.

Auf schreckliche Weise erfüllte sich dieser Fluch bei der Zerstörung Jerusalems. Nicht weniger furchtbar bekundete er sich in dem Zustand des jüdischen Volkes während mehr als achtzehnhundert Jahren: eine vom Weinstock getrennte Rebe, ein abgestorbener, dürrer Zweig, dazu da, aufgelesen und verbrannt zu werden.

Ebenso entsetzlich wird die Erfüllung jenes Ausrufes am Jüngsten Tage sein. Wenn Christus wieder zur Erde herniederfahren wird, dann wird die Menschheit ihn nicht mehr als einen von einem Pöbelhaufen umgebenen Gefangenen sehen. Sie wird ihn dann als den Himmelskönig erkennen. Christus wird in seiner, in seines Vaters und der heiligen Engel Herrlichkeit erscheinen. Zehntausendmal zehntausend und tausendmal tausend Engel, die schönen und siegreichen Söhne Gottes, die eine alles übertreffende Lieblichkeit und Pracht besitzen, werden ihn auf seinem Weg begleiten. Dann wird er auf dem Thron seiner Herrlichkeit sitzen, und alle Völker werden um ihn versammelt sein. Jedes Auge wird ihn sehen; auch die, „die ihn durchbohrt haben“.[37] Statt der Dornenkrone wird er die Krone der Herrlichkeit tragen. Statt des verblichenen purpurnen Königsmantels wird er angetan sein mit Kleidern aus reinstem Weiß, wie „sie kein Bleicher auf Erden so weiß machen kann“.[38] Auf seinem Gewand wird ein Name geschrieben sein: „König aller Könige und Herr aller Herren.“ [39] Die ihn verhöhnt und mißhandelt haben, werden dabeisein. Die Priester und Obersten werden nochmals jenes Schauspiel im Gerichtshaus an sich vorüberziehen sehen. Alle Einzelheiten werden vor ihnen erscheinen wie mit feurigen Lettern geschrieben. Schließlich werden jene, die ausriefen: „Sein Blut komme über uns und unsre Kinder",[36] die Antwort auf ihr Begehren erhalten. Die ganze Welt wird dann wissen, verstehen und erkennen, gegen wen sie als arme, schwache und sterbliche Wesen gekämpft haben. In Todesangst und Schrecken werden sie zu den Bergen und Felsen rufen: „Fallet über uns und verberget uns vor dem Angesichte des, der auf dem Thron sitzt, und vor dem Zorn des Lammes! Denn es ist gekommen der große Tag seines Zorns, und wer kann bestehen?"[40]

Golgatha | 60

Eine ungeheure Menschenmenge folgte Jesus vom Gerichtshaus nach Golgatha. Die Nachricht von seiner Verurteilung hatte sich in ganz Jerusalem verbreitet, und Menschen aller Klassen und jeden Standes strömten nach der Richtstätte. Die Priester und Obersten hatten versprechen müssen, Jesu Anhänger nicht zu belästigen, wenn er selbst ihnen ausgeliefert würde. So schlossen sich auch die Jünger und die Gläubigen aus der Stadt und der Umgebung der Menge an, die dem Heiland folgte.

Als Jesus das Tor des Gerichtshauses durchschritten hatte, wurde das für Barabbas vorbereitete Kreuz auf seine wunden und blutenden Schultern gelegt. Zwei Gefährten des Barabbas sollten zur selben Zeit mit Jesus den Tod erleiden, und auch ihnen wurden Kreuze aufgelegt. Dem Heiland war diese Last infolge seines geschwächten und leidenden Zustandes zu schwer; denn er hatte seit dem Passahmahl mit seinen Jüngern weder Speise noch Trank zu sich genommen. Er hatte im Garten von Gethsemane mit den Mächten der Finsternis gerungen; er hatte die Schmach des Verrats ertragen und sehen müssen, wie ihn seine Jünger verließen und flohen. Er war von Hannas zu Kaiphas, von diesem zu Pilatus, dann zu Herodes und wieder zu Pilatus geführt worden. Beleidigungen und Mißhandlungen, Spott und Hohn und die Qualen der zweimaligen Geißelung – die ganze Nacht hindurch hatten sich die Ereignisse überstürzt, die dazu angetan waren, einen Menschen bis zum äußersten auf die Probe zu stellen. Christus war nicht unterlegen. Er hatte kein Wort gesprochen, außer es diente zu Gottes Ehre. Während des ganzen Verhörs, das nur eine schändliche Posse darstellte, hatte er eine feste, würdige Haltung bewahrt. Als ihm aber nach der zweiten Geißelung das schwere Kreuz aufgelegt wurde, vermochte die menschliche Natur diese Last nicht mehr zu tragen. Ohnmächtig brach er zusammen.

Die Menge, die dem Heiland folgte, sah seine kraftlosen, taumelnden Schritte, aber sie half ihm nicht, sondern sie verhöhnte und verspottete ihn, weil er das schwere Kreuz nicht tragen konnte. Aufs neue legte man die Bürde auf ihn, und wieder fiel er entkräftet zu Boden. Da erkannten seine Peiniger, daß es für ihn unmöglich war, die Last noch weiter zu tragen. Sie waren darum verlegen, wer die unwürdige Last tragen sollte. Ein Jude durfte es nicht tun; denn die damit verbundene Verunreinigung hätte ihn vom Passahmahl ausgeschlossen. Selbst von der nachfolgenden Menge würde sich niemand so weit erniedrigen, das Kreuz zu tragen.

Da begegnete ein Fremder, Simon von Kyrene, der vom Lande hereinkam, jener großen Schar. Er vernahm die spöttischen und lästerlichen Reden der Menge; er hörte, wie immerzu verächtlich gerufen wurde: Platz für den König der Juden! Bestürzt betrachtete er dieses Geschehen, und als er sein Mitgefühl mit Christus äußerte, ergriff man ihn und legte das Kreuz des Herrn auf seine Schultern.

Simon hatte schon von Jesus gehört. Seine Söhne glaubten an den Heiland; aber er selbst gehörte nicht zu den Jüngern. Das Tragen des Kreuzes nach Golgatha jedoch wurde ihm zum Segen, und er ist später immer für diese Fügung dankbar gewesen. Sie war der Anlaß, daß er das Kreuz Christi freiwillig auf sich nahm und es stets freudig trug.

Nicht wenige Frauen befinden sich unter der Menge, die dem unschuldig Verurteilten zur Kreuzigungsstätte folgt. Ihre Aufmerksamkeit ist ganz auf Jesus gerichtet. Einige von ihnen haben ihn schon früher gesehen; manche haben ihre Kranken und Leidenden zu ihm gebracht oder sind selbst geheilt worden. Diese Frauen wundern sich über den Haß, den die Menge des Volkes dem entgegenbringt, dem sie zugetan sind und für den sie sich opfern würden. Ungeachtet der Haltung jener rasenden Menschenmenge und der zornigen Worte der Priester und Obersten geben sie ihrer Zuneigung offen Ausdruck, und sie wehklagen laut, als Jesus unter der Last des Kreuzes zusammenbricht.

Diese Anteilnahme war das einzige, was Christi Aufmerksamkeit erregte. Obwohl er selbst tiefstes Leid erduldete, während er die Sündenlast dieser Welt trug, ließ ihn der Ausdruck des Kummers dieser Frauen nicht gleichgültig. Er blickte sie mit herzlichem Erbarmen an. Diese glaubten nicht an ihn, und er wußte, daß sie ihn nicht als den von Gott Gesandten beweinten, sondern daß es nur menschliches Mitgefühl war, das sie bekundeten. Er wies ihr Mitgefühl nicht zurück; es erweckte vielmehr in ihm eine noch größere Anteilnahme für sie. „Ihr Töchter von Jerusalem", rief er ihnen zu, „weinet nicht über mich, sondern weinet über euch selbst und über eure Kinder." [1] Von den vor seinen Augen sich abspielenden Geschehnissen ausgehend, dachte Christus an die Zerstörung Jerusalems. Während jener schrecklichen Zeit würden auch von diesen Frauen, die jetzt über ihn weinten, viele mit ihren Kindern umkommen.

Von der Zerstörung Jerusalems wanderten seine Gedanken weiter zu einem noch umfassenderen Gericht. In der Zerstörung der unbußfertigen Stadt sah er ein Gleichnis für die endgültige Vernichtung, die über die ganze Welt kommen wird. So fuhr er fort: „Dann werden sie anfangen, zu sagen zu den Bergen: Fallet über uns! und zu den Hügeln: Decket uns! Denn so man das tut am grünen Holz, was will am dürren werden?" [2] Mit dem grünen Holz meinte er sich selbst, den unschuldigen Erlöser. Gott ließ seinen Zorn über die Sünde der Menschheit auf seinen geliebten Sohn kommen, der dafür gekreuzigt werden mußte. Wieviel Leid müßten dann die Sünder ertragen, die in der Sünde verharren? Die Unbußfertigen und Ungläubigen würden einen Schmerz und eine Trübsal erleiden, die sich nicht mit Worten beschreiben lassen.

Eine große Anzahl derer, die dem Heiland auf seinem Weg nach Golgatha folgten, hatte ihn bei seinem glorreichen Einzug in Jerusalem mit jubelnden Hosiannarufen begrüßt und Palmzweige geschwungen. Nicht wenige, die ihn damals laut gepriesen hatten, weil alle es taten, stimmten jetzt leidenschaftlich mit ein in den Ruf: „Kreuzige, kreuzige ihn!" [3] An jenem Tage des Einzugs in die Stadt waren die Hoffnungen der Jünger aufs äußerste gestiegen. Sie selbst hatten sich in Jesu nächster Nähe aufgehalten und ihre Verbundenheit mit dem Herrn als hohe Ehre empfunden. Nun folgten sie dem gedemütigten Herrn in einiger Entfernung. Sie waren von Kummer erfüllt und fühlten sich vor Enttäuschung niedergeschlagen. Wie hatten sich doch Jesu Worte bewahrheitet: „In dieser Nacht werdet ihr alle Ärgernis nehmen an mir. Denn es steht geschrieben: ‚Ich werde den Hirten schlagen, und die Schafe der Herde werden sich zerstreuen.'" [4]

Nachdem die Kreuzigungsstätte erreicht war, wurden die Gefangenen an das Marterholz gebunden. Die zwei Übeltäter wanden sich in den Händen derer, die sie ans Kreuz heften sollten; Jesus leistete keinen Widerstand. Seine Mutter war ihm, gestützt von Johannes, dem Lieblingsjünger, bis zum Kreuz gefolgt. Sie hatte ihn unter der schweren Last zusammenbrechen sehen und sehnte sich danach, sein verwundetes Haupt mit ihren Händen zu stützen und das Antlitz zu waschen, das einmal an ihrer Brust geruht hatte. Aber selbst solch trauriger Liebesdienst war ihr nicht gestattet worden. Mit den Jüngern hoffte sie immer noch, daß Jesus seine Macht offenbaren und sich von seinen Feinden befreien würde; anderseits wollte ihr Herz verzagen, als sie sich seiner Worte erinnerte, in denen er die gerade stattfindenden Ereignisse vorausgesagt hatte. Als die Übeltäter ans Kreuz gebunden wurden, sah sie in qualvoller Erwartung zu. Würde er, der Toten das Leben wiedergegeben hatte, sich selbst kreuzigen lassen? Würde der Sohn Gottes sich auf solch grauenvolle Weise umbringen lassen? Mußte sie ihren Glauben aufgeben, daß Jesus der Messias ist? Mußte sie Zeuge seiner Schmach und seines Schmerzes sein, ohne ihm in seiner schwersten Stunde beistehen zu können? Sie sah die ausgestreckten Hände am Kreuz; Hammer und Nägel wurden gebracht, und als die Stifte in den Körper des Heilandes drangen, mußten die zutiefst erschütterten Jünger die ohnmächtig gewordene Mutter Jesu von dem grausamen Schauplatz hinwegtragen.

Kein Laut der Klage kam über die Lippen des Heilandes. Sein Gesicht blieb ruhig und gelassen, wenn auch große Schweißtropfen auf seiner Stirn standen. Weder regte sich eine mitleidsvolle Hand, den Todesschweiß von seinem Angesicht zu wischen, noch erquickten Worte der Teilnahme und der unveränderten Treue sein menschliches Herz. Während die Kriegsknechte ihr schreckliches Werk beendeten, betete Jesus für seine Feinde: „Vater, vergib ihnen; denn sie wissen nicht, was sie tun!“ [5] Trotz seiner Schmerzen beschäftigten sich seine Gedanken mit den Sünden seiner Peiniger und der schrecklichen Vergeltung, die ihrer wartete. Er fluchte nicht den Soldaten, die ihn so roh behandelten; er verwünschte auch nicht die Priester und Obersten, die sich über das Gelingen ihres Planes hämisch freuten. Der Herr vielmehr bemitleidete sie in ihrer Unwissenheit und Schuld. Flüsternd nur bat er für sie, daß ihnen vergeben würde, „denn sie wissen nicht, was sie tun“.

Wäre ihnen bewußt gewesen, daß sie denjenigen Folterqualen aussetzten, der gekommen war, die sündige Menschheit vor dem ewigen Verderben zu retten, dann hätten Gewissensnot und Schrecken sie erfaßt. Doch ihre Unwissenheit hob ihre Schuld nicht auf; denn es war ihr Vorrecht gewesen, Jesus als ihren Heiland zu erkennen und anzunehmen. Einige von ihnen würden vielleicht noch ihre Sünde einsehen und bereuen und sich bekehren; andere aber würden verstockt bleiben und es dadurch unmöglich machen, daß sich Jesu Bitte an ihnen erfüllte. Aber gerade auf diese Weise ging Gottes Plan seiner Vollendung entgegen. Jesus erhielt das Recht, jeden Aufrichtigen vor seinem Vater im Himmel fürbittend zu vertreten.

Jenes Gebet Christi für seine Feinde umspannte die ganze Welt; jeder einzelne Sünder, ob er schon gelebt hatte oder noch leben würde, von Anbeginn der Welt bis ans Ende der Zeiten, war in diese Bitte eingeschlossen. Denn auf jedem einzelnen ruht auch die Schuld der Kreuzigung des Sohnes Gottes, und jedem einzelnen wird Vergebung bereitwillig angeboten. „Wer da will", kann Frieden mit Gott haben und das ewige Leben erlangen.

Sobald man Jesus ans Kreuz genagelt hatte, wurde dieses von kräftigen Männern angehoben und mit aller Gewalt in das dafür vorbereitete Loch gestoßen. Dieses Aufrichten des Kreuzes verursachte dem Sohn Gottes die heftigsten Schmerzen. Pilatus ließ über dem Haupt Jesu eine Inschrift in Hebräisch, Griechisch und Lateinisch ans Kreuz heften, auf der zu lesen stand: „Jesus von Nazareth, der Juden König."[6] Diese Worte ärgerten die Juden. Im Gerichtssaal hatten sie gerufen: „Kreuzige ihn!. . . Wir haben keinen König denn den Kaiser."[7] Sie hatten jeden als Verräter bezeichnet, der sich zu einem andern König bekannte. Pilatus faßte also in der Inschrift über dem Kreuz nur zusammen, was die Juden als ihre Meinung zum Ausdruck gebracht hatten. Es bestand keine andere Anklage gegen Jesus als die, der König der Juden zu sein. Jene Inschrift war eigentlich eine Bestätigung der Untertanenpflicht der Juden gegenüber der römischen Macht. Sie besagte nämlich, daß jeder, der den Anspruch erhebe, König von Israel zu sein, des Todes würdig sei. Die Priester waren zu weit gegangen. Als sie über Jesu Tod berieten, hatte Kaiphas es für nützlicher gehalten, daß einer stürbe, denn daß das ganze Volk unterginge. Jetzt wurde ihre Heuchelei offenbar: um Jesus Christus zu vernichten, waren sie sogar bereit gewesen, ihre nationalen Belange aufs Spiel zu setzen.

Als die Priester erkannten, welche Torheit sie begangen hatten, baten sie Pilatus, die Inschrift über dem Kreuz zu ändern. Sie sagten zu ihm: „Schreibe nicht: Der Juden König, sondern daß er gesagt habe: Ich bin der Juden König." Aber Pilatus, der sich über seine frühere Schwäche ihnen gegenüber ärgerte und dazu die eifersüchtigen und listigen Priester und Obersten gründlich verachtete, erwiderte kalt: „Was ich geschrieben habe, das habe ich geschrieben.“ [8]

Diese Inschrift war unter dem Einfluß einer höheren Macht als der des Pilatus oder der Juden über Jesu Haupt angebracht worden. Nach göttlicher Bestimmung sollten dadurch die Menschen zum Nachdenken und zum Studium der heiligen Schriften angeregt werden. Der Ort der Kreuzigung lag nahe bei der Stadt. Tausende von Menschen aus vielen Nationen befanden sich in Jerusalem, und die Inschrift, die Jesus von Nazareth als den Messias bezeichnete, würde von ihnen gelesen werden. Sie war eine lebendige Wahrheit, niedergeschrieben von einer Hand, die Gott geführt hatte.

Durch die Leiden Jesu am Kreuz wurde die Weissagung erfüllt. Jahrhunderte vor der Kreuzigung hatte der Heiland alles, was ihm widerfahren würde, vorausgesagt mit den Worten: „Hunde haben mich umgeben, und der Bösen Rotte hat mich umringt; sie haben meine Hände und Füße durchgraben. Ich kann alle meine Knochen zählen; sie aber schauen zu und sehen auf mich herab. Sie teilen meine Kleider unter sich und werfen das Los um mein Gewand.“ [9] Die Weissagung, die sich auf seine Kleider bezog, erfüllte sich buchstäblich, ohne daß es dazu eines Anstoßes oder einer Einmischung der Freunde oder Feinde Jesu bedurfte. Die Kriegsknechte, die ihn gekreuzigt hatten, erhielten seine Gewänder. Der Heiland hörte ihren Zank, als sie die Kleider unter sich teilten. Sein Rock war ohne Naht in einem Stück gewebt, und so sagten sie: „Lasset uns den nicht zerteilen, sondern darum losen, wes er sein soll.“ [10]

In einer anderen Prophezeiung hatte der Heiland erklärt: „Die Schmach bricht mir mein Herz und macht mich krank. Ich warte, ob jemand Mitleid habe, aber da ist niemand, und auf Tröster, aber ich finde keine. Sie geben mir Galle zu essen und Essig zu trinken für meinen Durst.“ [11] Es war erlaubt, den am Kreuze Sterbenden einen betäubenden Trank zu reichen, um das Schmerzgefühl zu dämpfen. Ein solcher Trunk wurde auch Jesus angeboten, aber als er ihn schmeckte, wies er das Getränk zurück. Er wollte nichts nehmen, was seinen Geist trüben könnte; sein Glaube mußte seinen festen Halt an Gott bewahren! Das war seine einzige Stärke. Die Sinne betäuben aber hieße Satan einen Vorteil einräumen.

Noch am Kreuz ließen Jesu Feinde ihre Wut an ihm aus. Priester, Oberste und Schriftgelehrte verhöhnten gemeinsam mit dem Pöbel den sterbenden Heiland. Bei der Taufe und bei der Verklärung Jesu war Gottes Stimme gehört worden, die Christus als seinen Sohn verkündete. Auch kurz vor dem Verrat hatte der Vater die Gottheit des Sohnes bezeugt. Doch jetzt am Kreuz schwieg der Himmel. Kein Zeugnis zu Jesu Gunsten erschallte. Allein erlitt er die Mißhandlungen und ertrug er den Spott verderbter Menschen.

„Bist du Gottes Sohn", sagten sie, „so steig herab vom Kreuz!" [12] „Er helfe sich selber, ist er der Christus, der Auserwählte Gottes." [13] In der Wüste der Versuchung hatte einst Satan gesagt: „Bist du Gottes Sohn, so sprich, daß diese Steine Brot werden . . . Bist du Gottes Sohn, so wirf ich hinab" [14] von der Zinne des Tempels. Auch jetzt weilte der Teufel mit seinen Engeln – in Menschengestalt – an der Kreuzigungsstätte. Der Erzfeind und seine Heerscharen arbeiteten mit den Priestern und Obersten zusammen. Die Lehrer hatten das unwissende Volk aufgestachelt, über den ein Urteil zu fällen, den viele nie zuvor gesehen hatten, bis es gezwungen war, gegen ihn Zeugnis abzulegen. Satanische Raserei vereinte die Priester, Obersten, Pharisäer und den gefühllosen Volkshaufen. Die religiösen Führer verbanden sich mit Satan und seinen Engeln. Sie alle führten seine Befehle aus.

Jesus hörte, leidend und sterbend, jedes Wort, als die Priester erklärten: „Andern hat er geholfen und kann sich selber nicht helfen. Ist er der König Israels, so steige er nun vom Kreuz. Dann wollen wir an ihn glauben." [15] Christus hätte vom Kreuz herabsteigen können. Weil er aber sich selbst nicht retten wollte, darf der Sünder auf Vergebung und Gnade vor dem himmlischen Vater hoffen.

Als sie den Heiland verhöhnten, wiederholten die Männer, die vorgaben, Ausleger der prophetischen Schriften zu sein, gerade jene Verse, die sie nach der Vorausschau des göttlichen Wortes bei dieser Gelegenheit sprechen sollten. Doch in ihrer Blindheit erkannten sie nicht, daß sie die Weissagung über Jesus erfüllten. Jene, die höhnend sagten: „Er hat Gott vertraut; der erlöse ihn nun, hat er Lust zu ihm; denn er hat gesagt: Ich bin Gottes Sohn", [16] ahnten nicht, daß ihr Zeugnis durch alle künftigen Zeiten klingen würde. Diese Worte, im Spott gesprochen, veranlaßten viele Menschen, die Schrift zu erforschen, wie sie es nie zuvor getan hatten. Kluge Leute hörten das Wort Gottes, suchten in der Schrift, überdachten alles und beteten. Es waren jene, die nicht eher ruhten, bis sie, indem sie Schriftstelle mit Schriftstelle verglichen, die Bedeutung der Sendung Christi erkannten. Auch war nie zuvor die Erkenntnis über Jesus so verbreitet, als da er am Kreuze hing. Das Licht der Wahrheit schien in die Herzen vieler, die der Kreuzigung beiwohnten und die Worte Jesu hörten.

In seiner Todesnot am Kreuz erhielt der Heiland einen schwachen Trost durch die Bitte des reumütigen Übeltäters. Die beiden Verbrecher, die mit ihm gekreuzigt wurden, hatten ihn zuerst gelästert; besonders der eine wurde durch seine Schmerzen immer herausfordernder und trotziger. Nicht handelte so sein Gefährte, den man nicht als einen verstockten Verbrecher ansehen konnte, sondern der lediglich durch schlechte Gesellschaft verführt worden war und weniger Schuld auf sich geladen hatte als viele der Umstehenden, die den Heiland schmähten. Er hatte Jesus gesehen und gehört und war von seiner Lehre überzeugt worden, aber die Priester und Obersten hatten ihn vom Herrn abgewendet. Indem er seine gewonnene Überzeugung zu unterdrücken suchte, war er immer tiefer in die Sünde eingetaucht, bis man ihn endlich festnahm, als Verbrecher überführte und zum Kreuzestod verurteilte. Im Gerichtssaal und auf dem Wege nach Golgatha war er in Jesu Nähe gewesen und hatte auch die Worte des Pilatus gehört: „Ich finde keine Schuld an ihm.“ [17] Er hatte Jesu göttliches Verhalten beobachtet und erlebt, wie er seinen Peinigern mitleidsvoll vergab. Vom Kreuze herab sieht er zahlreiche religiöse Eiferer vor Jesus verächtlich die Zunge herausstrecken und ihn lächerlich machen. Er sieht sie die Köpfe über den Heiland schütteln, und er hört das Schimpfen seines Gefährten: „Bist du nicht der Christus? Hilf dir selbst und uns!“ [18] Aber er vernimmt auch, wie mancher der Vorübergehenden Jesus verteidigt, seine Worte wiederholt und von seinem Wirken erzählt. So gewinnt die Überzeugung wieder Raum in seinem Herzen, daß es Christus ist, der neben ihm am Kreuz hängt. Er wendet sich an den anderen Schächer und ruft ihm zu: „Fürchtest du dich auch nicht vor Gott, der du doch in gleicher Verdammnis bist?“ Die sterbenden Übeltäter haben nichts mehr von den Menschen zu fürchten; dem einen aber wird immer gewisser, daß es einen Gott gibt, der zu fürchten ist, und eine Zukunft, die ihn zittern macht. Nun steht er am Ende seines sündenbefleckten Lebens, und er stöhnt: „Wir zwar sind mit Recht darin, denn wir empfangen, was unsre Taten wert sind; dieser aber hat nichts Unrechtes getan.“ [19]

Das ist für ihn keine Frage. Er hat keine Zweifel und Vorwürfe. Als er für sein Verbrechen verurteilt wurde, versank der Dieb in Hoffnungslosigkeit und Verzweiflung. Aber seltsam, vage Gedanken tauchen nun in ihm auf. Er ruft sich all das in Erinnerung, was er von Jesus gehört hatte, wie dieser Kranke heilte und Sünden vergab. Er hatte die Worte derer gehört, die an Jesus glaubten und ihm weinend gefolgt waren. Er hatte die Schrift über dem Kopf des Heilands gesehen und gelesen und hatte die Vorbeigehenden diese Worte murmeln hören, manche mit bebenden, zitternden Lippen, andere voller Spott und Hohn. Der Heilige Geist erleuchtet das Verständnis dieses reumütigen Sünders und hilft ihm nach und nach zur Erkenntnis der Wahrheit. Seine Augen sehen in dem zerschlagenen, verspotteten und gekreuzigten Jesus das Lamm Gottes, das der Welt Sünde trägt. Seine Stimme drückt Hoffnung und Furcht zugleich aus, als sich die hilflose, sterbende Seele dem mit dem Tode ringenden Heiland ausliefert: „Herr, gedenke an mich", so ruft er, „wenn du in dein Reich kommst!" [20]

Die Antwort kommt rasch. Mit weicher und melodischer Stimme, voller Liebe, Mitgefühl und Kraft, versichert ihm Jesus: „Wahrlich, ich sage dir heute: Mit mir wirst du im Paradiese sein." [21]

Lange, qualvolle Stunden hindurch hat Jesus den Hohn und Spott hören müssen. Während er am Kreuze hängt, dringen immer noch Flüche und Spottreden an sein Ohr. Mit sehnsüchtigem Herzen hat es ihn danach verlangt, von seinen Jüngern ein Wort des Vertrauens zu hören. Doch er vernahm lediglich ihre verzagten Worte: „Wir aber hofften, er sei es, der Israel erlösen würde." [22] Wie wohltuend war deshalb das gläubige Vertrauen und die Liebe, die ihm der sterbende Schächer entgegenbrachte! Während die Obersten der Juden ihn verleugnen und selbst die Jünger an seiner Gottheit zweifeln, nennt diese arme, an der Schwelle der Ewigkeit stehende Seele ihn „Herr". Viele waren bereit gewesen, ihn so anzureden, als er noch Wunder wirkte, und sie waren es wieder, nachdem er aus dem Grabe auferstanden war; aber niemand beugte sich vor ihm, als er sterbend am Kreuz hing und in letzter Stunde dem bußfertigen Übeltäter das ewige Leben verhieß.

Die Umstehenden hörten, wie der Übeltäter den Gekreuzigten „Herr" nannte. Die Stimme des reuigen Sünders ließ sie aufmerksam werden. Selbst die Kriegsknechte, die sich am Fuße des Kreuzes um den Rock Christi gestritten hatten und nun dabei waren, um ihn zu losen, horchten auf. Ihre zornigen Stimmen waren verstummt; mit angehaltenem Atem blickten sie auf Jesus und warteten, daß seine verlöschende Stimme Antwort gab.

Bei Jesu Verheißung fiel ein helles Licht vom Himmel auf Golgatha und durchbrach die dunkle Wolke, die das Kreuz Christi zu verhüllen schien. Der bußfertige Schächer wurde mit jenem vollkommenen Frieden erfüllt, der dem Bewußtsein der Versöhnung mit Gott entspringt.

„Wahrlich, ich sage dir heute: Mit mir wirst du im Paradiese sein.“ [21] Jesus versprach nicht, noch am Tage der Kreuzigung mit dem Schächer im Paradiese zu sein. Er selbst ging an jenem Tage nicht zum Paradies ein. Bis zum Auferstehungsmorgen ruhte er im Grabe. An diesem Morgen sprach er dann zu Maria: „Rühre mich nicht an! denn ich bin noch nicht aufgefahren zum Vater.“ [23] Am Tage der Kreuzigung aber, dem Tage der scheinbaren Niederlage und Finsternis, wurde das erlösende Versprechen gegeben. „Heute“, während er selbst als Übeltäter am Kreuz stirbt, versichert Christus dem armen Sünder: „Mit mir wirst du im Paradiese sein.“

Die Übeltäter, die mit Jesus gekreuzigt waren, hatten ihren Platz ihm zur Rechten und zur Linken.[24] Dies geschah auf Veranlassung der Priester und Obersten. Jesu Stellung zwischen den Übeltätern sollte andeuten, daß er von ihnen der größte Verbrecher sei. Dadurch erfüllte sich wiederum die Schrift: Er ist „den Übeltätern gleichgerechnet“.[25] Doch diese wahre Bedeutung ihrer Handlung erkannten die Juden nicht. Wie Jesus mitten unter den Übeltätern gekreuzigt wurde, so ragt sein Kreuz auch mitten aus einer in Sünde liegenden Welt. Die Worte der Vergebung, die er zu dem reumütigen Verbrecher sprach, ließen ein Licht aufleuchten, das in die entlegensten Teile der Erde scheinen wird.

Mit Verwunderung sahen die Engel im Himmel die grenzenlose Liebe des Heilandes, der während der schwersten leiblichen und seelischen Qualen nur an andere dachte und die reumütige Seele zum Glauben ermutigte. In seiner tiefsten Erniedrigung hatte er als Prophet die weinenden Frauen auf dem Kreuzesweg angesprochen; er hatte als Priester und Fürsprecher selbst für seine Mörder beim Vater um Vergebung ihrer Sünden gebeten, und als liebender Heiland hatte er dem reuigen Schächer vergeben.

Als Christus seine Augen über die Menge gleiten ließ, die das Kreuz umstand, erregte eine Person seine besondere Aufmerksamkeit. Am Fuße des Kreuzes stand, von Johannes gestützt, seine Muttter. Ihr wäre es unerträglich gewesen, würde sie ihrem Sohn ferngeblieben sein. Als

Johannes sah, daß das Ende Jesu nahe war, hatte er Maria wieder zum Kreuz gebracht. Der Heiland gedachte in seiner Sterbestunde der leidenden Mutter. Als er in ihr kummervolles Angesicht blickte und dann seine Augen auf Johannes richtete, sagte er zu ihr: „Weib, siehe, das ist dein Sohn!" Und zu Johannes gewandt, sprach er: „Siehe, das ist deine Mutter!"[26]

Johannes verstand diese Worte seines Herrn und übernahm die ihm aufgetragene Pflicht. Er führte Maria sogleich in sein Haus und sorgte von Stund an mit rührender Liebe für sie. Welch ein mitleidsvoller, liebender Heiland! In seiner unbeschreiblichen körperlichen Qual und in seinem seelischen Schmerz dachte er fürsorglich an seine Mutter. Er hatte keinerlei Mittel, die ihr Wohlergehen sichergestellt hätten; aber er hatte einen Platz im Herzen seines Jüngers, und diesem vertraute er seine Mutter als kostbares Vermächtnis an. Damit gab er seiner Mutter das, was sie am dringendsten brauchte – die zärtliche Liebe eines Menschen, der ihr zugetan war, weil sie Jesus liebte. Und indem er sie als anvertrautes kostbares Gut aufnahm, empfing Johannes selbst großen Segen; denn Maria erinnerte ihn beständig an seinen geliebten Meister.

Jesu vorbildliche Kindesliebe leuchtet in ungetrübtem Glanz durch das Dunkel aller Zeiten. Fast dreißig Jahre lang hatte Christus durch seine tägliche Arbeit geholfen, die Lasten der Familie zu tragen. Jetzt, in seiner Todesstunde noch, sorgte er für seine trauernde, verwitwete Mutter. Die gleiche Einstellung werden alle wahren Nachfolger des Herrn offenbaren. Wer Christus nachfolgt, wird es als eine Verpflichtung seines Glaubens ansehen, die Eltern zu achten und für sie zu sorgen. Wer Jesu Liebe im Herzen bewahrt, der wird es nicht versäumen, seinen Eltern aufmerksame Pflege zu gewähren und liebevolle Anteilnahme entgegenzubringen.

Der Herr der Herrlichkeit starb zur Erlösung des Menschengeschlechtes. Während er sein teures Leben dahingab, hielt ihn keine triumphierende Freude aufrecht. Über allem lag eine bedrückende Düsternis. Doch nicht der Schrecken des Todes war es, der auf ihm lastete. Es waren nicht die Pein und die Schmach des Kreuzes, die seine unnennbaren seelischen Qualen verursachten. Christus war der Fürst der Leidenden; aber sein Schmerz entstand aus dem Bewußtsein von der Bösartigkeit der Sünde, aus dem Wissen, daß durch den Umgang mit dem Bösen die Menschen blind werden gegen dessen Abscheulichkeit. Christus sah, wie tief das Böse in den Menschenherzen verwurzelt ist und wie wenige bereit sind, sich von dieser teuflischen Macht loszureißen. Er wußte, daß die Menschheit ohne Gottes Hilfe verderben müßte, und er sah zahllose Menschen umkommen, obwohl sie ausreichende Hilfe hätten haben können.

Auf ihn als unsern Stellvertreter und Bürgen wurde unser aller Ungerechtigkeit gelegt. Er wurde den Übertretern gleichgerechnet, damit er uns von der Verdammnis des Gesetzes erlösen konnte. Die Schuld der Menschen seit Adam lastete schwer auf seinem Herzen, und der Zorn Gottes über die Sünde, die furchtbare Bekundung seines Mißfallens an der Gottlosigkeit erfüllte die Seele Christi mit Bestürzung. Sein ganzes Leben hindurch hatte er der gefallenen Welt die frohe Botschaft von der Gnade und der vergebenden Liebe des Vaters verkündigt; das Heil auch für den größten Sünder war stets das Ziel seines Wirkens gewesen. Doch nun, da er die schreckliche Sündenlast trug, konnte er das versöhnliche Angesicht des Vaters nicht sehen! Ein Schmerz, den kein Menschenherz nachempfinden kann, durchdrang sein Herz, da ihm in dieser Stunde der höchsten Not die göttliche Gegenwart entzogen war. Seine Seelenqual war so groß, daß er die körperlichen Schmerzen kaum wahrnahm.

Satan quälte den Heiland mit heftigen Versuchungen. Der Blick Jesu konnte nicht durch die Pforten des Grabes dringen. Keine aufhellende Hoffnung zeigte ihm sein Hervorkommen aus dem Grabe als Sieger oder bestätigte ihm die Annahme seines Opfers beim Vater. Er befürchtete, das Maß der Sünde würde in den Augen Gottes so schwer wiegen, daß er auf ewig von seinem Vater getrennt wäre. Er fühlte die Seelenangst, die den Sünder befallen wird, wenn die erlösende Gnade nicht länger mehr für das schuldige Geschlecht Fürbitte einlegt. Es war das Gefühl für die auf ihm ruhende Sündenlast, die den Zorn des Vaters auf ihn als den Stellvertreter der Menschen fallen ließ und die den Leidenskelch so bitter machte, daß sein Herz brach.

Die Engel verfolgten mit höchster Bestürzung den Verzweiflungskampf Jesu; die Heerscharen des Himmels verhüllten ihr Angesicht vor diesem schrecklichen Anblick. Die unbelebte Natur trauerte um ihren geschmähten, sterbenden Schöpfer; die Sonne verhielt ihren Schein, um nicht Zeuge dieses grausamen Geschehens zu sein. Noch um die Mittagsstunde fielen ihre hellen, vollen Strahlen auf das Land; doch urplötzlich schien die Sonne erloschen zu sein. Vollständige

Dunkelheit umhüllte das Kreuz wie ein Leichentuch. „Von der sechsten Stunde an ward eine Finsternis über das ganze Land bis zur neunten Stunde."[27] Es war keine Sonnenfinsternis oder irgendeine andere Naturerscheinung, welche diese Dunkelheit bewirkte, die so tief war wie eine Nacht ohne Mond oder Sternenschimmer. Es war ein wunderbares Zeugnis, das Gott gegeben hatte, um den Glauben späterer Geschlechter zu stärken.

In dieser dichten Finsternis war Gottes Gegenwart verborgen; denn er macht die Dunkelheit zu seinem Gezelt und verbirgt seine Herrlichkeit vor den Augen der Menschen. Gott und seine heiligen Engel waren neben dem Kreuz; der Vater stand bei seinem Sohn. Doch seine Gegenwart wurde nicht offenbar. Hätte seine Herrlichkeit aus der Wolke hervorgeleuchtet, so wären alle menschlichen Augenzeugen ringsumher vernichtet worden. Auch sollte Jesus in dieser erhabenen Stunde nicht durch die Gegenwart des Vaters gestärkt werden. Er trat die Kelter allein – niemand unter den Völkern war mit ihm.[28]

Gott verhüllte die letzte Seelenqual seines Sohnes in dichter Dunkelheit. Alle, die Jesu Leiden gesehen hatten, waren von seiner Göttlichkeit überzeugt worden. Wer sein Angesicht einmal gesehen hatte, konnte es niemals mehr vergessen. Wie das Gesicht Kains seine Schuld als Mörder ausdrückte, so offenbarte Jesu Angesicht die Unschuld, Lauterkeit und Güte seines Wesens – das Ebenbild Gottes. Doch seine Ankläger achteten nicht auf dieses Zeugnis des Himmels. Während langer, schmerzensreicher Stunden hatte die höhnende Menge auf Jesus gestarrt. Nun verhüllte Gott ihn gnädig wie unter einem Mantel.

Grabesstille schien über Golgatha zu liegen. Ungeheurer Schrecken bemächtigte sich der das Kreuz umstehenden Menge. Das Fluchen und Schmähen brach mitten im Satz ab. Männer, Frauen und Kinder stürzten zu Boden. Grelle Blitze zuckten hin und wieder aus den Wolken und beleuchteten für Bruchteile von Sekunden das Kreuz mit dem sterbenden Erlöser. Priester, Oberste, Schriftgelehrte, Kriegsknechte und das Volk glaubten, die Stunde der Vergeltung sei gekommen. Nach kurzer Zeit flüsterten einige, daß Jesus jetzt vom Kreuz herabsteigen würde. Andere versuchten, sich an die Brust schlagend und zitternd vor Furcht, nach der Stadt zurückzutappen.

Um die neunte Stunde wich die Finsternis von den Versammelten; sie hüllte nur noch das Kreuz ein – ein Sinnbild der Angst und des Grauens, die auf Jesu Herzen lasteten. Kein Auge konnte durch diese

Dunkelheit schauen; niemand vermochte die Finsternis zu durchdringen, die die leidende Seele des Herrn vor den Blicken verbarg. Die zornigen Blitze schienen auf ihn, der am Kreuz hing, geschleudert zu werden. Dann „schrie Jesus laut und sprach: Eli, Eli, lama asabthani? das ist: Mein Gott, mein Gott, warum hast du mich verlassen?“ [29] Als die Dunkelheit sich um den Heiland verdichtete, riefen verschiedene Stimmen: Die Rache des Himmels lastet auf ihm! Die Pfeile des göttlichen Zorns treffen ihn, weil er den Anspruch erhob, Gottes Sohn zu sein. Viele, die an ihn glaubten, hörten ebenfalls seinen Verzweiflungsschrei, und alle Hoffnung verließ sie. Wenn Gott selbst Jesus verlassen hatte, auf wen sollten sie dann noch ihr Vertrauen setzen?

Als die Finsternis von dem niedergebeugten Geist Christi gewichen war, stellte sich bei ihm erneut das Gefühl der körperlichen Schmerzen ein, und er rief: „Mich dürstet!“ [30] Einer der römischen Soldaten, vom Anblick der trockenen Lippen Jesu gerührt, nahm einen Schwamm, steckte ihn auf ein langes Ysoprohr, tauchte ihn in Essig und reichte ihn Christus. Aber die Priester spotteten der Qualen Jesu. Als Finsternis noch die Erde bedeckte, hatten sie sich gefürchtet; doch sobald ihr Schrecken nachließ, begannen sie zu argwöhnen, daß er ihnen immer noch entkommen könne. Seine Worte: „Eli, Eli, lama asabthani?“ hatten sie falsch verstanden. Mit beißender Verachtung sagten sie: „Der ruft den Elia.“ Die letzte Gelegenheit, Jesu Leiden zu vermindern, ließen sie ungenutzt vorübergehen. Kaltherzig sagten sie: „Halt, laß sehen, ob Elia komme und ihm helfe!“ [31]

Der Sohn Gottes, fleckenlos und ohne Makel, hing am Kreuz. Sein Fleisch war von den Mißhandlungen zerrissen; die Hände, die er so oft segnend ausgestreckt hatte, waren an das Holz genagelt; die Füße, die unermüdlich Wege der Liebe gegangen waren, hatte man ans Kreuz geheftet; das königliche Haupt war von der Dornenkrone verwundet; die bebenden Lippen waren im Schmerz verzogen! Alles, was der Heiland erduldete – die von seinem Kopfe, seinen Händen und Füßen fallenden Blutstropfen, die seinen Körper quälenden Schmerzen und die unaussprechliche Seelenqual, als der Vater sein Antlitz verbarg –: es ist deinetwegen geschehen! Für dich hat er sich bereitgefunden, jene Schuldenlast zu tragen; für dich hat er die Macht des Todes gebrochen und die Pforten des Paradieses wieder geöffnet. Er, der das stürmische Meer stillte und auf den schäumenden Wogen wandelte, der die Teufel erzittern machte und Krankheiten verbannte, der den Blinden die

Augen öffnete und den Toten neues Leben gab, er brachte sich selbst am Kreuz zum Opfer, weil er dich liebt. Er, der Sündenträger, erduldete den Zorn der göttlichen Gerechtigkeit und wurde um deinetwillen selbst „zur Sünde gemacht". [32]

Schweigend wartete das Volk auf das Ende dieses furchtbaren Geschehens. Die Sonne schien wieder; nur um das Kreuz Jesu war es noch dunkel. Priester und Oberste schauten nach Jerusalem hin. Da gewahrten sie, daß sich die dunkle Wolke über der Stadt und über der Ebene von Judäa festgesetzt hatte. Die Sonne der Gerechtigkeit, das Licht der Welt, hatte seine segnenden Strahlen dem einst begünstigten Jerusalem entzogen. Die zuckenden Blitze des Zornes Gottes waren nun gegen die dem Verderben geweihte Stadt gerichtet.

Plötzlich lichtete sich das Dunkel um das Kreuz, und mit heller, lauter Stimme, die durch die ganze Schöpfung zu hallen schien, rief der Herr: „Es ist vollbracht!" – „Vater, ich befehle meinen Geist in deine Hände!" [33] Ein blendender Lichtschein umgab jetzt das Kreuz, und das Angesicht des Heilandes leuchtete wie der Glanz der Sonne. Dann neigte Jesus sein Haupt auf die Brust und verschied.

Inmitten der schrecklichen Finsternis, scheinbar von Gott verlassen, hatte Jesus den Leidenskelch bis zur Neige geleert. In diesen furchtbaren Stunden hatte er sich auf die ihm vorher gegebene Zusicherung verlassen, daß ihn der Vater annehmen werde. Er kannte das Wesen seines Vaters, und er verstand auch dessen Gerechtigkeit, Erbarmen und große Liebe. In festem Glauben verließ er sich auf Gott, dem er stets freudig gehorcht hatte. Als er sein Leben nun demütig Gott anvertraute, wurde das Gefühl, der Vater habe ihn verlassen, langsam zurückgedrängt. Durch den Glauben wurde Christus Sieger.

Noch nie hatte die Welt ein derartiges Geschehen erlebt. Die Menge stand wie gelähmt und starrte mit angehaltenem Atem auf den Heiland. Da ballte sich noch einmal dichtes Dunkel über ihnen zusammen, und ein lautes Rollen, gleich einem heftigen Gewitter, drang an ihr Ohr. Es war ein starkes Erdbeben, das die Gegend erschütterte. Die Menschen wurden umhergeworfen; ein wildes Durcheinander entstand. In den umliegenden Bergen zerbarsten die Felsen und stürzten donnernd in die Tiefe; Gräber taten sich auf, und die Toten wurden herausgeworfen. Es schien, als zerfiele die ganze Schöpfung in kleinste Teile. Priester, Oberste, Soldaten, das Kreuzigungskommando und alle andern lagen stumm vor Schreck am Boden.

Als der Ruf: „Es ist vollbracht!" über die Lippen Jesu kam, wurde im Tempel gerade das Abendopfer dargebracht. Das Christus versinnbildende Opferlamm hatte man hereingeführt, damit es geschlachtet würde. Mit seinem symbolträchtigen, prachtvollen Gewand angetan, erhob der Priester gerade das Messer – ähnlich wie Abraham, als er im Begriff war, seinen Sohn zu töten. Gebannt verfolgt das Volk diese Handlung. Doch da zittert und bebt plötzlich die Erde unter ihren Füßen, denn der Herr selbst nähert sich. Mit durchdringendem Geräusch wird der innere Vorhang des Tempels von einer unsichtbaren Hand von oben bis unten durchgerissen, und das Allerheiligste, in dem Gott sich einst offenbart hatte, liegt den Blicken des Volkes offen. Hier hatte die Herrlichkeit (Schechina) Gottes geweilt, hier hatte Gott seine Macht über dem Gnadenstuhl offenbart. Allein der Hohepriester durfte den Vorhang zurückschieben, der den dahinterliegenden Raum vom übrigen Tempel trennte. Einmal im Jahr ging er dort hinein, um die Sünden des Volkes zu versöhnen. Doch dieser Vorhang ist nun in zwei Teile zerrissen. Der heiligste Ort des irdischen Heiligtums war nicht länger mehr eine geweihte Stätte.

Überall herrschen Schrecken und Verwirrung. Der Priester wollte gerade das Opfertier töten, doch seiner kraftlosen Hand entfällt das Schlachtmesser, und das Opferlamm entschlüpft. Vorbild und Symbol begegnen sich im Tode Jesu Christi. Das große Opfer war gebracht worden – der Weg zum Allerheiligsten ist geöffnet: ein neuer, lebendiger Weg, der allen offensteht. Die sich ängstigende, sündige Menschheit braucht nicht länger auf den Hohenpriester zu warten; hinfort wird der Heiland selbst als Priester und Fürsprecher der Menschen im Himmel dienen. Es war, als hätte eine lebendige Stimme den Anbetenden gesagt: Es hat ein Ende mit allen Opfern und Gaben für die Sünde. Der Sohn Gottes ist gekommen nach seiner Verheißung: „Siehe, ich komme – im Buch steht von mir geschrieben –, daß ich tue, Gott, deinen Willen." [34] Er ist „durch sein eigen Blut ein für allemal in das Heilige eingegangen und hat eine ewige Erlösung erworben". [35]

„Es ist vollbracht!" | 61

Jesu Leben auf Erden fand nicht eher seinen Abschluß, als bis er das Werk vollendet hatte, das auszuführen er gekommen war. Erst mit dem letzten Atemzug am Kreuz rief er aus: „Es ist vollbracht!"[1] Der Kampf war gewonnen! Seine Rechte und sein heiliger Arm hatten ihm den Sieg erstritten.[2] Als Sieger hatte er sein Banner auf den ewigen Höhen errichtet. Herrschte darüber nicht Freude unter den Engeln? Der ganze Himmel nahm jubelnd Anteil an dem Sieg des Erlösers. Satan war geschlagen, und er wußte, daß ihm sein Reich verloren war.

Für die Engel und die nicht gefallenen Welten war Jesu Ruf: „Es ist vollbracht!" von tiefer Bedeutung. Es war für sie wie auch für uns das Zeichen, daß das große Erlösungswerk vollendet worden war. Uns allen kommen die Früchte des Sieges Christi zugute.

Erst beim Tode Christi wurde den Engeln und allen nicht gefallenen Welten der wahre Charakter Satans völlig offenbar. Der Erzfeind hatte sich so geschickt verstellt, daß selbst heilige Wesen weder seine Grundsätze verstanden noch die Natur seiner Empörung klar erkannt hatten.

Als Wesen von wunderbarer Kraft und Herrlichkeit hatte er sich gegen Gott erhoben, der von ihm sagte: „Du warst das Abbild der Vollkommenheit, voller Weisheit und über die Maßen schön."[3] Luzifer hatte als schirmender Cherub in der Gegenwart Gottes gestanden. Er war das höchste aller Geschöpfe gewesen und hatte besonderen Anteil daran gehabt, Gottes Absichten dem Universum zu offenbaren. Nachdem er gesündigt hatte, war seine betrügerische Macht um so größer und die Enthüllung seines wahren Charakters um so schwieriger, weil er eine bevorzugte Stellung bei Gott eingenommen hatte.

Gott hätte Satan und seine Anhänger so leicht vernichten können, wie man einen Kieselstein zur Erde fallen lassen kann; aber er tat es nicht. Die Empörung sollte nicht mit Gewalt überwunden werden. Zwangsmaßnahmen werden nur unter Satans Herrschaft angewandt; Gottes Grundsätze sind andere. Seine Macht stützt sich auf Güte, Gnade und Liebe. Diese Eigenschaften sollen nach seinem Willen zur Anwendung kommen. Gottes Regierung ist vorbildlich; Wahrheit und Liebe sollen die vorherrschenden Kräfte sein.

Es lag in Gottes Absicht, alle Dinge auf eine ewige, sichere Grundlage zu stellen. Im Ratschluß des Himmels wurde entschieden, Satan Zeit zu geben, seine Grundsätze zu entwickeln, auf denen seine Herrschaft beruhen sollte. Er hatte behauptet, daß diese Grundsätze erfolgreicher seien als die göttlichen. Der Entfaltung satanischer Regeln wurde Zeit gewährt, damit deren Auswirkungen von den himmlischen Welten beobachtet werden könnten.

Satan verführte den Menschen zur Sünde, und daraufhin wurde der Erlösungsplan eingesetzt. Viertausend Jahre lang wirkte Christus für eine Besserung der Menschheit, während sich Satan um deren Herabsetzung und Vernichtung bemühte. Und der Himmel war Zeuge dieses Ringens.

Als Jesus in die Welt kam, wandte sich Satans Macht gegen ihn. Von der Zeit an, da Jesus als Kindlein in Bethlehem erschien, kämpfte der Thronräuber darum, ihn zu vernichten. Er versuchte mit allen Mitteln, Jesus daran zu hindern, sich zu einem vollkommenen Kinde, zu einem untadeligen Mann, zu einem heiligen Diener und zu einem fleckenlosen Opfer zu entwickeln. Doch es gelang ihm nicht. Er konnte den Erlöser nicht zur Sünde verleiten; er konnte ihn weder entmutigen noch von der Aufgabe fernhalten, um derentwillen er auf diese Erde gekommen war. Von der Wüste bis nach Golgatha stürmte der Zorn Satans auf ihn ein; aber je erbarmungsloser der Böse ihn angriff, desto fester hielt Jesus die Hand des Vaters. Alle Anstrengungen Satans, Christus zu unterdrücken und zu überwinden, ließen dessen makelloses Wesen nur um so heller erstrahlen.

Der ganze Himmel und die nicht gefallenen Welten waren Zeugen jenes Konfliktes. Mit wachsender, inniger Anteilnahme verfolgten sie den zu Ende gehenden Kampf. Sie sahen den Heiland den Garten Gethsemane betreten, seine Seele gebeugt unter dem Schrecken einer großen Finsternis. Sie hörten seinen schmerzbewegten Ruf: „Mein Vater, ist's möglich, so gehe dieser Kelch an mir vorüber."[4] Als sich ihm die Gegenwart des Vaters versagte, sahen sie den Herrn in noch größerer Seelennot als bei seinem letzten großen Todeskampf. Blutiger Schweiß drang aus seinen Poren und fiel in schweren Tropfen auf die Erde. Dreimal entrang sich seinen Lippen ein Gebet um Errettung. Der Himmel konnte diesen furchtbaren Anblick nicht länger ertragen, und Gott sandte einen Boten, um den Sohn zu trösten und zu stärken.

Der Himmel sah das Opfer verraten in der Hand des mörderischen Volkes und mit Spott und Gewalt von einer Gerichtsverhandlung zur anderen gehetzt. Er hörte das Hohngelächter der Verfolger Jesu, die sich über seine niedere Herkunft lustig machten, und bis zu ihm drang die mit Fluchen und Schwören bekräftigte Verleugnung Jesu durch einen seiner Lieblingsjünger. Engel sahen das rasende Wirken Satans und seine Macht, die er über die Herzen der Menschen hatte. Welch ein schreckliches Schauspiel! Der Heiland wurde um Mitternacht in Gethsemane ergriffen, hin- und hergeschleppt zwischen Palast und Gerichtshaus, zweimal vor die Priester gestellt, zweimal vor den Hohen Rat, zweimal vor Pilatus und einmal vor Herodes; er wurde verhöhnt, gegeißelt, verurteilt und dann, mit der Bürde des Kreuzes belastet, unter dem Wehklagen der Töchter Jerusalems und dem Johlen des Volkshaufens zur Kreuzigungsstätte geführt.

Schmerzlich bewegt und voller Bestürzung sah der Himmel den Heiland am Kreuz hängen. Blut strömte von seinen verwundeten Schläfen herab, und blutig gefärbter Schweiß stand auf seiner Stirn. Von seinen Händen und Füßen fiel das Blut tropfenweise auf den Felsen, in den das Kreuz eingelassen war. Die von den Nägeln gerissenen Wunden wurden durch das Gewicht des Körpers immer größer. Sein Atem ging tief und stoßweise, als seine Seele unter der Sündenlast der ganzen Welt ächzte. Der ganze Himmel war von Verwunderung erfüllt, als Jesus inmitten dieser furchtbaren Not betete: „Vater, vergib ihnen; denn sie wissen nicht, was sie tun!“[5] Doch das Kreuz umstanden nach dem Bilde Gottes gestaltete Menschen, die sich zusammengetan hatten, das Leben des eingeborenen Gottessohnes zu vernichten. Welch ein Anblick für die himmlischen Welten!

Alle Mächte und Gewalten der Finsternis waren um das Kreuz versammelt und warfen den höllischen Schatten des Unglaubens in die Herzen der Menschen. Als Gott diese Wesen schuf, damit sie vor seinem Thron stünden, waren sie schön und herrlich. Ihre Schönheit und Heiligkeit entsprach ihrer hohen Stellung. Sie waren reich an Weisheit Gottes und umgürtet mit der Rüstung des Himmels; sie waren Diener Jahwes. Wer konnte jedoch jetzt noch in diesen gefallenen Engeln die herrlichen Seraphim erkennen, die einst im Himmel dienten?!

Satanische Kräfte verbanden sich mit bösen Menschen und veranlaßten das Volk zu glauben, daß Christus der Größte unter den Sündern und verachtenswert sei. Jene, die den Herrn am Kreuz verspotteten, wurden vom Geiste des ersten großen Rebellen beeinflußt. Er ließ sie gemeine und widerliche Reden führen und bestärkte sie in ihren Hohnreden. Doch bei alledem erreichte Satan nichts.

Hätte an Christus ein Unrecht gefunden werden können, hätte er auch nur im geringsten dem Versucher nachgegeben, um den schrecklichen Qualen zu entgehen, dann würde der Feind Gottes und der Menschen triumphiert haben. Jesus neigte sein Haupt und starb, aber er hatte seinen Glauben bewahrt und war seinem Vater gehorsam geblieben. „Ich hörte eine große Stimme, die sprach im Himmel: Nun ist das Heil und die Kraft und das Reich unsres Gottes geworden und die Macht seines Christus, weil der Verkläger unsrer Brüder verworfen ist, der sie verklagte Tag und Nacht vor unsrem Gott.“ [6]

Satan erkannte, daß ihm seine Maske abgerissen war. Seine Handlungsweise wurde vor den nicht gefallenen Engeln und dem ganzen Himmel offenbar. Er hatte sich selbst als Mörder zu erkennen gegeben. Indem er das Blut des Sohnes Gottes vergoß, begab er sich aller Sympathien der himmlischen Wesen. Fortan war sein Wirken beschränkt. Welche Haltung er auch immer einnehmen würde, er konnte nicht mehr auf die Engel warten, wenn sie von den himmlischen Höfen kamen, und vor ihnen Christi Brüder verklagen, daß sie mit unreinen, sündenbefleckten Kleidern angetan seien. Das letzte Band der Zuneigung zwischen der himmlischen Welt und Satan war zerrissen.

Dennoch wurde Satan damals nicht vernichtet. Die Engel verstanden selbst jetzt noch nicht, was der große Kampf alles in sich vereinte. Die auf dem Spiel stehenden Grundsätze mußten erst völlig offenbart werden, und um der Menschen willen mußte Satans Existenz erhalten bleiben. Menschen wie Engel mußten den großen Gegensatz zwischen dem Fürsten des Lichts und dem Fürsten der Finsternis erkennen und sich entscheiden, wem sie dienen wollten.

Zu Beginn des großen Kampfes hatte Satan erklärt, daß Gottes Gesetz nicht gehalten werden könne, daß Gerechtigkeit und Barmherzigkeit unvereinbar seien und daß es, sollte das Gesetz übertreten werden, für den Sünder unmöglich sei, Vergebung zu erlangen. Jede Sünde müsse bestraft werden, sagte Satan, und wenn Gott die Strafe erlassen würde, wäre er kein Gott der Wahrheit und Gerechtigkeit. So oft die Menschen Gottes Gebote verletzten und dem göttlichen Willen trotzten, triumphierte Satan. Er behauptete jedesmal, es sei nun erwiesen, daß man das Gesetz nicht halten und daß den Menschen nicht vergeben werden könne. Weil er nach seiner Empörung aus dem Himmel ausgestoßen worden war, forderte er, daß auch das Menschengeschlecht von der Gunst Gottes ausgeschlossen sein sollte. Gott könne nicht gerecht sein und zugleich einem Sünder Gnade erweisen.

Der Mensch war aber – selbst als Sünder – in einer anderen Lage als Satan. Luzifer hatte im Himmel im Lichte der Herrlichkeit Gottes gesündigt. Ihm war die Liebe Gottes offenbart worden wie keinem anderen Geschöpf. Er kannte das Wesen Gottes und seine Güte und wählte sich dennoch seinen eigenen selbstsüchtigen, unabhängigen Weg. Seine Wahl war endgültig. Gott konnte nichts mehr tun, um ihn zu retten. Der Mensch aber wurde getäuscht, sein Geist wurde durch die ausgeklügelten Spitzfindigkeiten Satans verdunkelt; er kannte nicht die Höhe und Tiefe der Liebe Gottes. Für ihn bestand Hoffnung, wenn er Gottes Liebe kennenlernen würde. Durch die Betrachtung des Wesens Gottes konnte er wieder zu ihm gezogen werden.

Durch Jesus wurde den Menschen Gottes Barmherzigkeit offenbart; doch Barmherzigkeit hebt die Gerechtigkeit nicht auf. Das Gesetz ist ein Spiegel des Wesens Gottes; nicht ein Jota davon kann geändert werden, um dem Menschen in seinem gefallenen Zustand entgegenzukommen. Gott änderte sein Gesetz nicht, aber er opferte sich selbst in Jesus Christus zur Erlösung der Menschen. „Gott versöhnte in Christus die Welt mit ihm selber.“ [7]

Das Gesetz fordert Gerechtigkeit – ein gerechtes Leben, einen vollkommenen Charakter. Der Mensch kann dies nicht erfüllen; er kann den Anforderungen des göttlichen Willens nicht genügen. Aber Christus, der als Mensch auf die Erde kam, führte ein heiliges Leben und entwickelte einen vollkommenen Charakter. Er bietet diese Möglichkeiten jedem an, der sie für sich in Anspruch nehmen will; sein Leben bürgt für das Leben der Menschen. So erfahren sie durch die Langmut Gottes Vergebung ihrer in der Vergangenheit liegenden Sünden. Mehr noch: Christus durchdringt die Menschen mit den Eigenschaften Gottes. Er formt den menschlichen Charakter nach dem himmlischen Vorbild und verleiht ihm geistliche Kraft und Schönheit. Dadurch wird gerade die Gerechtigkeit des Gesetzes in Christi Nachfolgern erfüllt. Es gilt, daß Gott „allein gerecht sei und gerecht mache den, der da ist des Glaubens an Jesus“. [8]

Gottes Liebe hat sich in seiner Gerechtigkeit nicht weniger bekundet als in seiner Gnade. Gerechtigkeit ist die Grundlage seiner Herrschaft und die Frucht seiner Liebe. Satan wollte die Gnade von der Wahrheit und Gerechtigkeit trennen; er versuchte zu beweisen, daß die Gerechtigkeit des göttlichen Gesetzes seinem Frieden widerspreche. Christus aber zeigte, daß nach dem Plane Gottes beides unlösbar miteinander verbunden ist und daß das eine nicht ohne das andere bestehen kann. Er will, „daß Güte und Treue einander begegnen, Gerechtigkeit und Friede sich küssen".[9]

Durch sein Leben und durch seinen Tod bewies Christus, daß die Gerechtigkeit Gottes nicht seine Barmherzigkeit zunichte macht, sondern daß die Sünde vergeben wird, daß das Gesetz gerecht ist und gänzlich gehalten werden kann. Satans Anklagen waren widerlegt. Gott hatte den Menschen einen eindeutigen Beweis seiner Liebe gegeben.

Nun versuchte Satan eine andere Täuschung. Er erklärte, daß Gnade die Gerechtigkeit zunichte gemacht und Christi Tod das Gesetz des Vaters aufgehoben habe. Wäre es möglich gewesen, Gottes Gesetz zu verändern oder abzuschaffen, dann hätte Christus nicht zu sterben brauchen. Aber das Gesetz aufheben, hieße die Übertretungen verewigen und die Welt der Herrschaft Satans unterstellen. Weil das Gesetz unveränderlich war, weil der Mensch aber nur durch den Gehorsam gegen seine Vorschriften gerettet werden konnte, wurde Christus am Kreuz erhöht. Und doch stellte Satan die Mittel, durch die Jesus das Gesetz aufrichtete, so dar, als ob sie das Gesetz zunichte machten. Hierüber wird der letzte Streit des großen Kampfes zwischen Christus und Satan entbrennen.

Satan behauptet jetzt, das von Gott selbst verkündete Gesetz sei fehlerhaft und einige seiner Vorschriften seien aufgehoben worden. Dies ist der letzte große Betrug, den er der Welt bringen wird. Er braucht nicht das ganze Gesetz anzugreifen; wenn er nur die Menschen dazu verleiten kann, *eine* Vorschrift zu verachten, ist seine Absicht schon erreicht; „denn so jemand das ganze Gesetz hält und sündiget an *einem,* der ist's ganz schuldig".[10] Lassen sich die Menschen darauf ein, auch nur ein Gebot zu übertreten, so begeben sie sich unter Satans Gewalt. Der Teufel versucht die Welt dadurch zu beherrschen, daß er Menschengebote an die Stelle der göttlichen Verordnungen setzt. Dieses Vorhaben ist bereits durch das prophetische Wort verkündigt worden; denn es heißt von der großen abtrünnigen Macht, die der Stellvertreter Satans ist, daß sie „wird den Höchsten lästern und die Heiligen des Höchsten vernichten und wird sich unterstehen, Festzeiten und Gesetz zu ändern. Sie werden in seine Hand gegeben werden".[11]

Der Kampf gegen Gottes Gesetz, der im Himmel seinen Anfang nahm, wird bis zum Ende der Zeit fortgesetzt. Jeder Mensch wird geprüft werden. Gehorsam oder Ungehorsam, das ist die Frage, die von der ganzen Welt entschieden werden muß. Alle werden ihre Wahl treffen müssen zwischen dem Gesetz Gottes und den Geboten der Menschen; hier wird die große Scheidelinie gezogen werden. Es wird dann nur zwei Klassen geben. Der Charakter eines jeden Menschen wird vollständig entwickelt sein, und alle werden zeigen, ob sie Treue oder Empörung gewählt haben.

Dann wird das Ende kommen. Gott wird sein Gesetz rechtfertigen und sein Volk erlösen. Satan und alle, die sich mit ihm in der Empörung verbunden haben, werden umkommen. Sünde und Sünder werden untergehen, und es werden „ihnen weder Wurzel noch Zweig"[12] gelassen werden. Des Herrn Wort wird sich an dem Fürsten des Bösen erfüllen: „Weil sich dein Herz überhebt, als wäre es eines Gottes Herz . . . verstieß ich dich vom Berge Gottes und tilgte dich, du schirmender Cherub, hinweg aus der Mitte der feurigen Steine . . . Alle, die dich kannten unter den Völkern, haben sich über dich entsetzt, daß du so plötzlich untergegangen bist und nicht mehr aufkommen kannst."[13] Dann wird der Gottlose nicht mehr sein, „und wenn du nach seiner Stätte siehst, ist er weg".[14]

Dies ist keine willkürliche Handlung Gottes; vielmehr ernten die Verächter seiner Gnade, was sie gesät haben. Gott ist der Ursprung des Lebens, und wer den Dienst der Sünde wählt, trennt sich von Gott und verscherzt sich selbst das Leben. Er ist dann „fremd geworden dem Leben, das aus Gott ist".[15] Der Herr sagt: „Alle, die mich hassen, lieben den Tod."[16] Gott läßt sie eine Zeitlang gewähren, damit sie ihren Charakter entwickeln und ihre Grundsätze offenbaren können. Wenn dies geschehen ist, empfangen sie die Früchte ihrer Wahl. Durch ein Leben der Empörung stellten sich Satan und seine Verbündeten so völlig außerhalb der Übereinstimmung mit Gott, daß allein dessen heilige Gegenwart für sie ein verzehrend Feuer ist.

Zu Beginn des großen Kampfes verstanden die Engel dies nicht. Hätten Satan und seine Scharen zu jener Zeit schon alle Folgen ihrer

Übertretung ernten müssen, wären sie umgekommen; aber die himmlischen Wesen würden dann nicht klar erkannt haben, daß die Vernichtung das unvermeidliche Ergebnis der Sünde gewesen wäre. In ihren Herzen wäre ein Zweifel an Gottes Güte als böses Samenkorn zurückgeblieben, und eine todbringende Frucht der Sünde und des Elends hätte reifen können.

So wird es nun nicht mehr sein, wenn der große Kampf beendet ist. Wenn der große Erlösungsplan vollendet ist, wird das Wesen Gottes allen vernunftbegabten Geschöpfen offenbar sein. Die Vorschriften seines Gesetzes werden sich als vollkommen und unveränderlich erweisen. Die Sünde hat ihre Natur, Satan seinen Charakter bekundet. Dann wird die Ausrottung der Sünde Gottes Liebe rechtfertigen und seine Ehre in einem Weltall wiederherstellen, dessen Bewohner mit Freuden seinen Willen tun und sein Gesetz in ihrem Herzen tragen.

So mögen sich die Engel denn gefreut haben, als sie auf den am Kreuz hängenden Heiland schauten. Wenn sie auch noch nicht alles begriffen, wußten sie doch, daß die Vernichtung der Sünde und des Teufels für alle Zeiten gewiß, daß die Erlösung der Menschen gesichert und das Weltall auf ewig gerettet war. Der Heiland selbst kannte genau die Folgen seines Opfers auf Golgatha. Diese sah er vor sich, als er am Kreuz ausrief: „Es ist vollbracht!“ [1]

Jesus Christus –
heute, morgen und in Ewigkeit

Nun ruhte Jesus endlich. Der lange Tag der Schmach und Qual war vorüber. Als die letzten Strahlen der untergehenden Sonne den Sabbat ankündigten, lag der Heiland still in Josephs Grab. Seine Aufgabe vollbracht, seine Hände friedlich ineinandergefaltet, so ruhte er während der heiligen Stunden des Sabbats.

Bei der Schöpfung hatten Vater und Sohn am Sabbat von ihren Werken ausgeruht. Als „Himmel und Erde mit ihrem ganzen Heer“ [1] vollendet waren, freute sich der Schöpfer mit allen himmlischen Wesen beim Anblick jenes herrlichen Bildes, „als mich die Morgensterne miteinander lobten und jauchzten alle Gottessöhne“.[2] Jetzt ruhte Jesus aus von dem Erlösungsgeschehen, und trotz der Trauer derer, die ihn auf Erden liebten, herrschte Freude im Himmel. In den Augen der himmlischen Wesen erschien die Verheißung der Zukunft in strahlendem Glanz. Eine wiederhergestellte Schöpfung, ein erlöstes Menschengeschlecht, das niemals wieder fallen konnte, weil es die Sünde überwunden hatte – so sahen Gott und die Engel die Früchte des von Christus vollbrachten Erlösungswerkes. Mit dieser frohen Aussicht ist Jesu Sterbetag auf Golgatha für immer verknüpft, denn „seine Werke sind vollkommen“,[3] und „alles, was Gott tut, das besteht für ewig“.[4] Auch noch zu der Zeit, da „wiedergebracht wird, wovon Gott geredet hat durch den Mund seiner heiligen Propheten von Anbeginn“,[5] wird der Schöpfungssabbat, der Tag, an dem Jesus in Josephs Grab ruhte, ein Tag des Friedens und der Freude sein. Himmel und Erde werden vereint Gott loben, während die Völker der Geretteten „einen Sabbat nach dem andern“ [6] Gott und das Lamm anbeten werden.

Während der Schlußereignisse des Kreuzigungstages wurde ein neuer Beweis für die Erfüllung der Weissagung erbracht und ein neues Zeugnis für die Gottheit Jesu gegeben. Als die Dunkelheit das Kreuz wieder freigab und der Sterberuf Jesu verklungen war, hörte man unmittelbar darauf eine Stimme sagen: „Wahrlich, dieser ist Gottes Sohn gewesen!“ [7]

Diese Worte wurden keineswegs im Flüsterton gesprochen. Aller Augen wandten sich um und versuchten zu erkennen, woher sie kamen. Wer hatte das gesagt? Kein anderer als der Hauptmann, der römische

Soldat. Die göttliche Geduld des Heilandes, sein plötzlicher Tod, den Siegesruf noch auf den Lippen, hatte den Heiden sehr beeindruckt; er erkannte in dem verwundeten, zerschlagenen Körper am Kreuz die Gestalt des Sohnes Gottes. Er konnte nicht anders, er mußte seinen Glauben bekennen! So wurde aufs neue ein Beweis dafür gegeben, daß das Ringen des Erlösers nicht erfolglos war. An seinem Todestage bekannten sich drei Männer von sehr unterschiedlicher Art und Stellung zu ihrem Heiland: der Befehlshaber der römischen Wache; Simon, der Träger des Kreuzes Jesu, und der Übeltäter am Kreuz.

Als der Abend hereinbrach, lag eine unnatürliche Stille über Golgatha. Die Menschen zerstreuten sich, und viele kehrten nach Jerusalem ganz anderen Sinnes zurück, als sie es am Morgen verlassen hatten. Viele waren aus Neugierde zur Kreuzigung gekommen und nicht aus Haß gegen Christus; doch sie glaubten den Anschuldigungen der Priester und sahen in Christus einen Übeltäter. Von der Erregung der Masse angestachelt, hatten sie in die Schmährufe gegen Jesus mit eingestimmt. Als sich aber die Erde plötzlich in dichte Finsternis hüllte und ihr Gewissen sie hart anklagte, fühlten sie ihr Unrecht. Während dieser schrecklichen Finsternis hörte man keinerlei Scherze oder spöttisches Gelächter mehr, und als sich das Dunkel lichtete, gingen sie in ernstem Schweigen wieder nach Hause. Sie hatten erkannt, daß die Beschuldigungen der Priester falsch waren, daß Jesus kein Betrüger war. Als Petrus einige Wochen danach am Pfingsttage predigte, befanden auch sie sich unter den Tausenden, die an Jesus Christus gläubig wurden.

Die Obersten der Juden aber blieben von dem Erlebten unberührt. Ihr Haß auf Jesus hatte nicht nachgelassen. Die Dunkelheit, die während der Kreuzigung die Erde überzogen hatte, war nicht dichter gewesen als die geistliche Finsternis, die noch immer die Sinne der Priester und Obersten umgab. Ein Stern hatte Christi Geburt verkündet und die Weisen zum Stall geführt, in dem Jesus lag. Die himmlischen Heerscharen hatten den Heiland verkündet und ihm über den Feldern von Bethlehem Lob und Preis gesungen. Dem Meer war seine Stimme vertraut gewesen, und es hatte seinem Gebot gehorcht. Krankheit und Tod hatten seine Vollmacht anerkannt und ihm ihre Opfer ausgeliefert. Die Sonne hatte beim Anblick seines Todeskampfes ihre Strahlen verborgen; die Felsen hatten ihn gekannt und waren bei seinem Todeskampf zersplittert. Die unbelebte Natur hatte Christi Göttlichkeit deutlich bezeugt. Nur die Priester und Obersten in Israel verschlossen sich dem Sohne Gottes.

Doch Ruhe fanden sie nicht. Sie hatten ihre Absicht erreicht und Jesus getötet, aber sie konnten ihres Sieges nicht froh werden. Selbst in der Stunde ihres augenscheinlichen Triumphes wurden sie von Zweifeln beunruhigt, was als nächstes geschehen werde. Sie hatten Jesu Ruf „Es ist vollbracht!“ [8] sowie seine Worte: „Vater, ich befehle meinen Geist in deine Hände!“ [9] gehört. Zudem hatten sie gesehen, wie die Felsen zersprangen, und gespürt, wie die Erde bebte. Dies alles machte sie ruhelos und ängstlich.

Sie waren auf den Einfluß des Herrn eifersüchtig gewesen, den er auf das Volk ausübte, als er noch lebte; nun waren sie sogar auf den Toten eifersüchtig. Sie fürchteten den toten Christus noch weit mehr, als sie den lebenden je gefürchtet hatten. Sie waren besorgt, daß sich die Aufmerksamkeit des Volkes weiterhin auf die Ereignisse richten würde, die während der Kreuzigung geschahen. Sie hatten Angst vor den Folgen ihres Handelns an jenem Tage. Auf keinen Fall sollte darum Jesu Körper während des Sabbats am Kreuze hängen bleiben. Der Sabbat stand bevor, und die Heiligkeit dieses Tages würde durch die am Kreuz verbleibenden Körper verletzt werden. Dies als Vorwand benutzend, baten die jüdischen Obersten Pilatus, daß der Todeskampf der Verurteilten abgekürzt und ihre Leiber noch vor Sonnenuntergang vom Kreuz genommen würden.

Pilatus wollte ebensowenig wie sie Jesus am Kreuz hängen lassen. Mit seiner Zustimmung wurden den beiden Übeltätern die Beine gebrochen, um ihren Tod zu beschleunigen; doch Jesus war bereits gestorben. Die rohen Soldaten waren durch alles, was sie von Jesus gesehen und gehört hatten, milde gestimmt worden, und sie verzichteten darauf, ihm die Beine zu brechen. So erfüllte sich in der Opferung des Gotteslammes das Passahgesetz: „Sie sollen nichts davon übriglassen bis zum Morgen, auch keinen Knochen davon zerbrechen und sollen's ganz nach der Ordnung des Passa halten.“ [10]

Die Priester und Obersten waren überrascht, daß Jesus schon gestorben war. Der Kreuzestod bedeutete ein sehr langsames Sterben, und es war schwer festzustellen, wann das Herz des Gekreuzigten aufgehört hatte zu schlagen. Es war außergewöhnlich, wenn jemand innerhalb sechs Stunden nach der Kreuzigung starb. Die Priester aber wollten Gewißheit über den Tod Jesu haben, und auf ihre Veranlassung stieß ein Kriegsknecht einen Speer in die Seite des Heilandes. Aus der auf diese Weise entstandenen Wunde flossen Wasser und Blut. Das wurde von allen festgestellt, die das Kreuz umstanden, und Johannes vermittelt dieses Geschehen sehr genau: „Der Kriegsknechte einer öffnete seine Seite mit einem Speer, und alsbald ging Blut und Wasser heraus. Und der das gesehen hat, der hat es bezeugt, und sein Zeugnis ist wahr, und er weiß, daß er die Wahrheit sagt, damit auch ihr glaubet. Denn solches ist geschehen, daß die Schrift erfüllt würde: ‚Ihr sollt ihm kein Bein zerbrechen.' Und abermals spricht die Schrift: ‚Sie werden sehen auf den, in welchen sie gestochen haben.' " [11]

Nach der Auferstehung verbreiteten die Priester und Obersten das Gerücht, Christus sei nicht am Kreuz gestorben, sondern nur ohnmächtig geworden, und man habe ihn später wiederbelebt. Auch wurde behauptet, daß nicht ein wirklicher Leib aus Fleisch und Knochen, sondern ein nachgeahmter Körper ins Grab gelegt worden sei. Die Tat der römischen Kriegsknechte aber widerlegte diese Lügen. Sie brachen seine Beine nicht, weil er bereits gestorben war. Nur um die Priester zufriedenzustellen, stießen sie in seine Seite. Wäre Jesu Leben nicht schon erloschen gewesen, so hätte diese Wunde seinen Tod herbeigeführt.

Mit dem Tode Jesu schwanden die Hoffnungen der Jünger. Sie schauten auf seine geschlossenen Augenlider und auf das geneigte Haupt, auf sein mit Blut getränktes Haar, seine durchbohrten Hände und Füße, und ihr Schmerz war unbeschreiblich. Bis zum letzten Augenblick hatten sie sich gegen den Gedanken seines Todes gewehrt; sie konnten es nicht fassen, daß ihr Heiland wirklich gestorben war. In ihrem Kummer dachten sie nicht an seine Worte, die gerade dieses Geschehen vorhergesagt hatten. Nichts von alledem, was er ihnen mitgeteilt hatte, konnte sie trösten. Sie sahen nur das Kreuz und das blutende Opfer. Die Zukunft schien ihnen von Hoffnungslosigkeit verdunkelt. Ihr Glaube an Jesus war verlorengegangen, und doch hatten sie den Herrn nie mehr geliebt als jetzt. Nie zuvor hatten sie seine Bedeutung und die Notwendigkeit seiner Gegenwart stärker empfunden als in diesen Stunden.

Sogar der tote Leib Christi war den Jüngern überaus teuer. Sie wollten ihm gern ein würdiges Begräbnis geben; nur wußten sie nicht, wie sie dies bewerkstelligen sollten. Jesus war wegen Verrats an der römischen Macht verurteilt worden. Wer auf Grund einer solchen Anklage hingerichtet worden war, den schaffte man auf einen eigens für diese Verbrecher angelegten Begräbnisplatz. Der Jünger Johannes war mit den Frauen aus Galiläa an der Kreuzigungsstätte geblieben. Sie wollten den Leib ihres Herrn nicht in den Händen gefühlloser Soldaten und in einem unehrenhaften Grab wissen. Doch sie konnten es nicht verhindern, da sie kein Verständnis von den jüdischen Obersten erwarten durften und auch keinen Einfluß auf Pilatus hatten.

In dieser Notlage kamen Joseph von Arimathia und Nikodemus den Jüngern zu Hilfe. Beide waren Mitglieder des Hohen Rates und mit Pilatus gut bekannt; dazu waren sie reich und besaßen großen Einfluß. Diese Männer waren entschlossen, dem Leib des Herrn ein ehrenhaftes Begräbnis zu geben.

Joseph ging kurzentschlossen zu Pilatus und bat ihn um den Leichnam Jesu. Jetzt erst erfuhr Pilatus, daß Jesus gestorben war. Widerspruchsvolle Berichte über die Begleiterscheinungen während der Kreuzigung hatte er schon gehört, doch die Kunde vom Tode Jesu war ihm vorsätzlich verheimlicht worden. Die Priester und Obersten hatten ihn in bezug auf den Leichnam Jesu bereits vor einem Betrugsversuch der Anhänger Jesu gewarnt. Als er von Josephs Bitte hörte, sandte er deshalb nach dem Hauptmann, der die Wache am Kreuz hatte, und erhielt von ihm die Gewißheit des Todes Jesu. Er ließ sich von ihm auch einen Bericht über die Geschehnisse auf Golgatha geben, der Josephs Darstellung bestätigte.

Die Bitte Josephs wurde gewährt. Während sich Johannes noch um das Begräbnis seines Meisters sorgte, kehrte Joseph mit der von Pilatus getroffenen Anordnung zurück, den Leichnam Jesu vom Kreuz zu nehmen. Nikodemus beschaffte darauf eine wertvolle, hundert Pfund schwere Mischung von Myrrhe und Aloe zum Einbalsamieren. Dem Angesehensten in ganz Jerusalem hätte zu seinem Tode keine größere Ehre erwiesen werden können. Die Jünger waren erstaunt, daß jene begüterten Obersten dem Begräbnis ihres Herrn die gleiche Anteilnahme entgegenbrachten wie sie selbst.

Weder Joseph von Arimathia noch Nikodemus hatten sich öffentlich zum Heiland bekannt, als er noch lebte. Sie wußten, ein solcher Schritt würde sie vom Hohen Rat ausschließen; außerdem hofften sie, ihn durch ihren Einfluß in den Beratungen schützen zu können. Eine Zeitlang schienen sie auch Erfolg gehabt zu haben, aber die verschlagenen Priester hatten bald die Schutzmaßnahmen der beiden Ratsmitglieder vereitelt, als sie deren Bewunderung für Christus erkannten. In ihrer Abwesenheit wurde Jesus verurteilt und dem Kreuzestod übergeben. Jetzt, da Jesus gestorben war, verbargen sie nicht länger ihre Zuneigung zu ihm. Während die Jünger zu furchtsam waren, um sich öffentlich als seine Nachfolger zu bekennen, traten Joseph und Nikodemus mutig hervor, um ihnen zu helfen. Die Hilfe dieser beiden wohlhabenden und hochgeachteten Männer war in dieser Stunde äußerst wertvoll. Sie konnten für den toten Meister tun, was den armen Jüngern unmöglich gewesen wäre. Ihr Reichtum und Einfluß schützte die Jünger auch weitgehend vor der Niedertracht der Priester und Obersten.

Vorsichtig und ehrerbietig nahmen sie Jesu Leichnam eigenhändig vom Kreuz ab. Tränen des Mitleids schossen ihnen in die Augen, als sie seinen geschlagenen und verwundeten Körper betrachteten. Joseph besaß ein neues, in einen Felsen gehauenes Grab. Er hatte es für sich selbst bestimmt; da es aber nahe bei Golgatha gelegen war, bereitete er es nun für die Aufnahme des Leichnams Jesu vor. Dann wurde Jesu Leib zusammen mit den Spezereien, die Nikodemus mitgebracht hatte, sorgfältig in ein Leinentuch eingeschlagen und zum Grabe getragen. Dort streckten die drei Jünger seine verkrümmten Glieder und falteten die zerstochenen Hände auf seiner Brust. Die Frauen aus Galiläa kamen, um sich davon zu überzeugen, daß alles getan worden war, was für den Leichnam ihres geliebten Lehrers getan werden konnte. Dann sahen sie, wie ein schwerer Stein vor den Eingang des Grabgewölbes gewälzt und der Heiland der Ruhe überlassen wurde. Die Frauen waren die letzten am Kreuz gewesen, sie waren auch die letzten am Grabe Christi. Die Abendschatten hatten sich schon auf das Land gesenkt, da weilten sie immer noch an der Ruhestätte ihres Herrn und beweinten in bitteren Tränen das Schicksal dessen, den sie liebten. „Sie kehrten aber um . . . Und den Sabbat über waren sie still nach dem Gesetz.“ [12]

Diesen Sabbat konnten weder die trauernden Jünger noch die Priester, Obersten, Schriftgelehrten und das Volk jemals wieder vergessen. Bei Sonnenuntergang erschallten am Rüsttag die Trompeten, die den Beginn des Sabbats ankündeten. Das Passah wurde gefeiert wie seit Jahrhunderten, während der, auf den es hinwies, von ruchlosen Händen getötet worden war und in Josephs Grab lag. Am Sabbat war der Tempelhof mit Gläubigen gefüllt; der Hohepriester, der auf Golgatha Christus verspottet hatte, war prächtig geschmückt in seinen priesterlichen Gewändern. Priester mit weißen Turbanen gingen eifrig ihren Aufgaben nach. Doch manche der Anwesenden fühlten sich beunruhigt, als die Ochsen und Ziegen als Sündopfer dargebracht wurden. Sie erkannten zwar nicht, daß das Wesen bereits den Schatten aufgehoben hatte, daß ein ewiges Opfer für die Sünden der Welt dargebracht worden war. Auch wußten sie nicht, daß ihr sinnbildlicher Gottesdienst allen weiteren Wert verloren hatte. Doch nie zuvor hatten die Menschen einem solchen Gottesdienst mit derartig widerstreitenden Gefühlen beigewohnt. Die Posaunen, die Musikinstrumente und die Stimmen der Sänger klangen so laut und klar wie immer. Jedoch lag ein Hauch der Fremdheit über allem. Einer nach dem andern fragte, welches sonderbare Ereignis stattgefunden habe. Das Allerheiligste, das bisher geschützt war, lag offen vor aller Augen; der schwere Vorhang, aus reinem Leinen gewebt und mit Gold, Purpur und Scharlach prächtig durchwirkt, war von oben bis unten zerrissen. Der Platz, an dem Gott dem Hohenpriester gegenübertrat, um seine Herrlichkeit mitzuteilen, der Ort, der bisher Gottes heiliger Audienzraum gewesen war, lag vor aller Augen offen da – er war eine Stätte, die der Herr nicht länger anerkannte. Mit dunklen Vorahnungen dienten die Priester am Altar; die Entschleierung des göttlichen Geheimnisses im Allerheiligsten erfüllte sie mit Furcht vor einem kommenden Unheil.

Die Gedanken vieler waren noch mit den Vorgängen auf Golgatha beschäftigt. Von der Kreuzigung bis zur Auferstehung durchforschten viele schlaflose Augen beständig die Weissagungen der heiligen Schriften. Einige wollten sich der vollen Bedeutung des Passahfestes vergewissern; andere wollten feststellen, daß Jesus nicht der war, für den er sich ausgegeben hatte; wieder andere suchten mit trauerndem Herzen nach Beweisen, daß Jesus der wahre Messias war. Obgleich sie mit verschiedenen Zielsetzungen die heiligen Schriften durchforschten, wurden sie doch alle von einer Wahrheit überzeugt: daß sich die Prophezeiung in den Ereignissen der letzten Tage erfüllt hatte und daß der Gekreuzigte der Erlöser der Welt war. Viele, die diesem Gottesdienst beiwohnten, haben niemals wieder am Passahfest teilgenommen. Sogar viele Priester wurden von dem edlen Charakter Jesu überzeugt. Ihr Suchen in den Schriften war nicht vergebens gewesen; und nach Jesu Auferstehung anerkannten sie ihn als den Sohn Gottes.

Als Nikodemus Jesus am Kreuz erhöht sah, erinnerte er sich der Worte, die Jesus in jener Nacht am Ölberg gesprochen hatte: „Wie

Mose in der Wüste die Schlange erhöht hat, so muß des Menschen Sohn erhöht werden, auf daß alle, die an ihn glauben, das ewige Leben haben." [13] An jenem Sabbat, als Jesus im Grabe ruhte, hatte Nikodemus Gelegenheit, über diese Worte nachzudenken. Ein helleres Licht erleuchtete jetzt seinen Verstand, und Jesu Worte blieben ihm nicht mehr länger geheimnisvoll. Er fühlte, daß er vieles versäumt hatte, weil er nicht schon zu dessen Lebzeiten mit Jesus in Verbindung getreten war. Jetzt kamen ihm die Ereignisse auf Golgatha in den Sinn. Jesu Gebet für seine Mörder und seine Antwort auf die Bitte des sterbenden Übeltäters gingen dem gelehrten Ratsmitglied zu Herzen. Vor seinem inneren Auge erblickte er noch einmal den sterbenden Heiland, und wieder hörte er jenen letzten Aufschrei, wie aus dem Munde eines siegreichen Eroberers: „Es ist vollbracht!" [8] Erneut sah er die taumelnde Erde, den verfinsterten Himmel, den zerrissenen Vorhang, die erbebenden Felsen – und sein Glaube war für immer gegründet. Gerade das Geschehen, das die Hoffnungen der Jünger vernichtete, überzeugte Joseph und Nikodemus von der Gottheit Jesu. Ihre Befürchtungen wurden durch den Mut eines festen, unerschütterlichen Glaubens überwunden.

Nie hatte Christus so sehr die Aufmerksamkeit der Menge erregt wie jetzt, da er im Grabe ruhte. Gewohnheitsgemäß brachte das Volk seine Kranken und Leidenden in die Höfe des Tempels und fragte: Wer kann uns sagen, wo Jesus von Nazareth ist? Viele waren von weit her gekommen, um den zu sehen, der Kranke geheilt und Tote auferweckt hatte. Von allen Seiten erscholl der Ruf: Wir wollen zu Christus, dem großen Arzt!

Die Kranken, die gekommen waren, um vom Heiland geheilt zu werden, wurden bitter enttäuscht. Die Straßen füllten sich mit Klagenden. Leidende starben, weil sie von Jesu heilender Hand nicht berührt werden konnten. Ärzte fragte man vergeblich um Rat. Keiner besaß die Fähigkeit des Mannes, der nun in Josephs Grab lag.

Als bekannt wurde, daß Jesus auf Anstiften der Priester getötet worden war, erfragte man Näheres über sein Sterben. Die Einzelheiten über sein Verhör hielt man so geheim wie möglich; doch während er im Grabe ruhte, war sein Name auf Tausenden von Lippen, und Berichte von dem Scheinverhör Jesu und von der unmenschlichen Haltung der Priester und Obersten machten überall die Runde. Menschen von Verstand und Urteilskraft forderten von den Priestern und Obersten eine klare Auslegung der Messiasweissagungen im Alten Testament. Während diese als Antwort Lügen zu ersinnen versuchten, gebärdeten sie sich wie Geistesgestörte. Sie konnten die Weissagungen, die sich auf Christi Leiden und Sterben beziehen, nicht erklären, und viele Fragesteller wurden davon überzeugt, daß sich die Schrift erfüllt habe.

Die Rache, die die Priester sich so süß gedacht hatten, wurde ihnen immer mehr zur Bitterkeit. Sie wußten, daß sie schweren Vorwürfen des Volkes ausgesetzt sein würden und daß jetzt gerade diejenigen, die sie gegen Jesus beeinflußt hatten, über ihr schandbares Werk entsetzt waren. Die Priester hatten glauben machen wollen, daß Jesus ein Betrüger sei; aber es war vergebens gewesen. Einige von ihnen hatten am Grabe des Lazarus gestanden und den Toten ins Leben zurückkehren sehen. Sie zitterten vor Furcht, daß Jesus sich selbst ins Leben zurückrufen könnte und wieder vor ihnen erscheinen würde, hatten sie ihn doch sagen hören, daß er Macht habe, sein Leben zu lassen und es wiederzunehmen. Sie dachten ferner daran, daß er gesagt hatte: „Brechet diesen Tempel ab, und in drei Tagen will ich ihn aufrichten.“ [14] Von Judas waren ihnen Jesu Worte wiederholt worden, die er auf der letzten Reise nach Jerusalem zu seinen Jüngern gesprochen hatte: „Siehe, wir ziehen hinauf nach Jerusalem, und des Menschen Sohn wird den Hohenpriestern und Schriftgelehrten überantwortet werden; und sie werden ihn verdammen zum Tode und werden ihn überantworten den Heiden, ihn zu verspotten und zu geißeln und zu kreuzigen, und am dritten Tage wird er auferstehen.“ [15] Über diese Worte hatten sie damals gespottet und gelacht. Doch jetzt fiel ihnen auf, daß sich Jesu Vorhersagen bisher stets erfüllt hatten. Er hatte gesagt, er würde am dritten Tage auferstehen, und wer wollte behaupten, daß sich das nicht auch erfüllte? Sie bemühten sich zwar, diese Gedanken zu verbannen, aber es ging nicht. Gleich ihrem Vater, dem Teufel, glaubten sie und zitterten.

Nachdem nun die heftige Erregung gewichen war, drängte sich Jesu Bild den Priestern immer stärker auf. Sie sahen ihn, wie er gelassen und ohne zu klagen vor seinen Feinden stand und den Beschimpfungen und Mißhandlungen wortlos standhielt. Alle Phasen des Verhörs und der Kreuzigung zogen in Gedanken noch einmal an ihnen vorüber und brachten sie unwiderstehlich zu der Überzeugung, daß Jesus der Sohn Gottes war. Sie fühlten, daß er zu irgendeiner Zeit wieder vor ihnen stehen könne, nicht mehr als Angeklagter, sondern als Ankläger, als Richter und nicht mehr als Gerichteter; der Ermordete würde Gerechtigkeit durch die Vernichtung seiner Mörder fordern.

Die Priester konnten an diesem Sabbat nur wenig Ruhe finden. Obwohl sie sonst die Schwelle eines heidnischen Hauses nicht überschritten, weil sie fürchteten, sich dabei zu verunreinigen, kamen sie doch zusammen, um sich über den Leichnam Jesu zu beraten. Tod und Grab durften den nicht wieder hergeben, den sie gekreuzigt hatten. „Des andern Tages . . . kamen die Hohenpriester und Pharisäer sämtlich zu Pilatus und sprachen: Herr, wir haben bedacht, daß dieser Verführer sprach, da er noch lebte: Ich will nach drei Tagen auferstehen. Darum befiehl, daß man das Grab verwahre bis an den dritten Tag, auf daß nicht seine Jünger kommen und stehlen ihn und sagen zum Volk: Er ist auferstanden von den Toten; und werde der letzte Betrug ärger als der erste. Pilatus sprach zu ihnen: Da habt ihr die Hüter; gehet hin und verwahret es, so gut ihr könnt." [16]

Die Priester gaben alle Anweisungen zur Sicherung des Grabes. Ein großer Stein war vor den Eingang gewälzt worden; über diesen zogen sie Schnüre, befestigten die Enden an dem massiven Felsen und versiegelten sie mit dem römischen Siegel. Der Stein konnte also nicht beseitigt werden, ohne das Siegel zu verletzen. Eine Wache von hundert Soldaten wurde dann um das Grab aufgestellt, um es vor Unberufenen zu schützen. Die Priester taten alles ihnen Mögliche, damit Christi Leichnam bliebe, wo er hingelegt worden war. Der Tote wurde so gesichert, als sollte er bis in alle Ewigkeit im Grabe ruhen.

So berieten und planten schwache Menschen. Wie wenig erkannten diese Mörder die Zwecklosigkeit ihrer Bemühungen! Doch durch ihre Tat wurde Gott verherrlicht; denn gerade die Anstrengungen, die gemacht wurden, um Christi Auferstehung zu verhindern, mußten die überzeugendsten Beweise liefern. Je größer die Zahl der das Grab bewachenden Soldaten, desto stärker würde das Zeugnis seiner Auferstehung sein. Jahrhunderte vor Christi Tod hatte die Heilige Schrift durch den Psalmisten erklärt: „Warum toben die Heiden und murren die Völker so vergeblich? Die Könige der Erde lehnen sich auf, und die Herren halten Rat miteinander wider den Herrn und seinen Gesalbten . . . Aber der im Himmel wohnt, lachet ihrer, und der Herr spottet ihrer." [17] Römische Soldaten und römische Waffen waren machtlos, um den Herrn des Lebens im Grabe festzuhalten. Die Stunde seiner Befreiung stand nahe bevor.

Der Herr ist auferstanden! | 63

Der Sabbat war vergangen und der erste Wochentag angebrochen. Es war die Zeit der dunkelsten Stunde, kurz vor Tagesanbruch. Christus lag noch als Gefangener in dem engen Grab; der große Stein war noch davor, das Siegel war ungebrochen, und die römischen Soldaten hielten ihre Wache. Auch unsichtbare Wächter, Scharen böser Engel, hatten sich um den Platz gelagert. Wäre es möglich gewesen, dann hätte der Fürst der Finsternis mit seinem Heer von Abgefallenen auf ewig das Grab versiegelt gelassen, das den Sohn Gottes gefangenhielt. Aber auch eine himmlische Schar umgab die Grabstätte. Mit besonderer Kraft ausgestattete Engel wachten ebenfalls und warteten darauf, den Fürsten des Lebens zu begrüßen.

„Und siehe, es geschah ein großes Erdbeben. Denn ein Engel des Herrn kam vom Himmel herab." Bekleidet mit der Rüstung Gottes, hatte dieser Engel die himmlischen Höfe verlassen. Die hellen Strahlen der Herrlichkeit Gottes erleuchteten seinen Pfad. „Seine Erscheinung war wie der Blitz und sein Kleid weiß wie Schnee. Die Hüter aber erschraken vor Furcht und wurden, als wären sie tot." [1]

Ihr Priester und Obersten, wo blieb jetzt die Macht eurer Wache? Tapfere Soldaten, die vor keiner menschlichen Gewalt zurückgeschreckt waren, waren ohne Schwert oder Lanze „gefesselt". Was sie vor sich sahen, war nicht der Anblick eines sterblichen Kriegers; sie sahen das Angesicht des Mächtigsten im Heer des Herrn. Dieser Himmelsbote war kein anderer als der, der Luzifers einstige Stellung eingenommen hatte; es war derselbe, der auch auf Bethlehems Fluren die Geburt des Heilandes verkündigte. Die Erde erzitterte bei seinem Herannahen, die Scharen der Finsternis flohen erschreckt, und als er den Stein von Jesu Grab fortwälzte, schien es, als neigte sich der Himmel auf die Erde. Die Soldaten sahen, daß er den Stein wie einen Kiesel zur Seite schob, und hörten ihn mit lauter Stimme rufen: Du Sohn Gottes, komm heraus! Dein Vater ruft dich! Dann wurden sie gewahr, wie Jesus seinem Grabe entstieg und über der leeren Grabeshöhle laut ausrief: „Ich bin die Auferstehung und das Leben." [2] Als er in Majestät und Herrlichkeit herauskam, beugte sich die Engelschar in Anbetung tief vor dem Erlöser und jubelte dem Auferstandenen in Lobliedern zu.

Ein Erdbeben kennzeichnete die Stunde, da Jesus sein Leben ließ; ein Erdbeben wiederum bezeugte den Augenblick, da er es im Triumph wiedernahm. Er, der Tod und Grab überwunden hatte, entstieg unter dem Schwanken der Erde, unter dem Zucken der Blitze und dem Rollen des Donners im Schritt eines Siegers seiner Gruft. Wenn er wiederkommen wird, dann wird er „nicht allein die Erde, sondern auch den Himmel“ [3] bewegen. „Die Erde wird taumeln wie ein Trunkener und wird hin und her geworfen wie eine schwankende Hütte.“ [4] „Der Himmel wird zusammengerollt werden wie eine Buchrolle.“ [5] „Die Elemente aber werden vor Hitze schmelzen, und die Erde und die Werke, die darauf sind, werden verbrennen.“ [6] „Aber seinem Volk wird der Herr eine Zuflucht sein und eine Burg den Kindern Israel.“ [7]

Bei Jesu Tod hatten die Soldaten die Erde am Tage in Finsternis gehüllt gesehen; bei seiner Auferstehung aber sahen sie, wie der Glanz der Engel die Nacht erleuchtete, und sie hörten die große Freude und den Jubel der himmlischen Scharen, als diese sangen: Du hast Satan und die Mächte der Finsternis überwunden; du hast den Tod verschlungen in den Sieg!

Christus kam verherrlicht aus dem Grabe hervor, und die römischen Soldaten sahen ihn. Sie konnten ihre Augen nicht abwenden von dem Antlitz dessen, den sie vor kurzem noch so verspottet und verhöhnt hatten.

Beim Anblick der Engel und des verklärten Heilandes waren die römischen Wächter ohnmächtig geworden und lagen wie tot am Boden. Als dann das himmlische Gefolge vor ihren Augen verborgen wurde, erhoben sie sich und rannten, so schnell ihre zitternden Glieder sie tragen konnten, zum Ausgang des Gartens. Wie Trunkene taumelten sie in die Stadt und erzählten allen, denen sie begegneten, diese wunderbare Neuigkeit. Sie waren auf dem Wege zu Pilatus; aber ihr Bericht war bereits der jüdischen Obrigkeit überbracht worden, und die Hohenpriester und Obersten verlangten sie zuerst zu sehen. Die Soldaten boten einen seltsamen Anblick. Zitternd vor Furcht, mit farblosen Gesichtern, berichteten sie von der Auferstehung Jesu. Sie erzählten alles genauso, wie sie es erlebt hatten; es war ihnen keine Zeit geblieben, etwas anderes zu denken oder zu sagen als die Wahrheit. Schmerzlich bewegt sagten sie: Es war der Sohn Gottes, der gekreuzigt worden ist. Wir haben gehört, daß ihn ein Engel als Majestät des Himmels, als König der Herrlichkeit ankündigte.

Totenblässe legte sich auf die Gesichter der Priester. Kaiphas versuchte zu sprechen; seine Lippen bewegten sich, aber er brachte keinen Laut heraus. Die Soldaten waren schon im Begriff, den Raum wieder zu verlassen, als eine Stimme sie zurückhielt. Kaiphas hatte endlich seine Sprache wiedergefunden. Wartet, wartet! beschwor er sie. Erzählt niemandem, was ihr gesehen habt.

Sie wurden beauftragt, unwahre Mitteilungen zu machen. „Saget", so bedeuteten ihnen die Priester, „seine Jünger kamen des Nachts und stahlen ihn, während wir schliefen." [8] Damit betrogen die Priester sich selbst; denn wie konnten die Soldaten aussagen, daß die Jünger Jesu Leichnam gestohlen hätten, während sie schliefen? Wie konnten sie wissen, was sich während ihres Schlafes ereignet hatte? Und wenn die Jünger nachweislich den Leichnam Jesu gestohlen hätten, wären die Priester nicht die ersten gewesen, sie zu verurteilen? Oder wenn die Hüter wirklich am Grabe geschlafen hätten, wären die Priester nicht zuerst bei Pilatus vorstellig geworden, um diese anzuklagen?

Die Soldaten erschraken bei dem Gedanken, daß sie gewissermaßen sich selbst beschuldigen sollten, auf ihrem Posten geschlafen zu haben. Auf dieses Vergehen stand die Todesstrafe. Sollten sie falsches Zeugnis ablegen, das Volk betrügen und ihr eigenes Leben in Gefahr bringen? Hatten sie ihren ermüdenden Dienst nicht mit größter Aufmerksamkeit versehen? Wie könnten sie selbst um Geldes willen das kommende Verhör bestehen, wenn sie einen Meineid leisteten?

Damit das Geschehen, dessen Bekanntwerden sie fürchteten, verschwiegen würde, versprachen die Priester, für die Sicherheit der Wächter sorgen zu wollen, indem sie sich darauf beriefen, daß Pilatus ebensowenig die Verbreitung ihrer Berichte wünsche wie sie. Da verkauften die römischen Soldaten ihre Redlichkeit an die jüdischen Obersten. Mit einer höchst aufregenden, aber wahren Botschaft waren sie zu den Priestern gekommen; sie verließen die Priester nun mit Geld in den Händen und einem lügnerischen Bericht auf der Zunge, den diese für sie erfunden hatten.

Inzwischen war die Kunde von der Auferstehung Jesu zu Pilatus gedrungen. Obwohl Pilatus die Verantwortung dafür trug, Jesus dem Tode übergeben zu haben, fühlte er sich verhältnismäßig wenig beunruhigt. Wenn er auch den Heiland nur widerwillig und mit einem Gefühl des Mitleids im Herzen verurteilt hatte, so waren ihm bis jetzt noch keine ernstlichen Bedenken gekommen. Doch nach diesem

Bericht schloß er sich entsetzt in seinem Hause ein und ließ niemand zu sich. Die Priester verschafften sich trotzdem Eingang, erzählten ihm die von ihnen erfundene Lügengeschichte und baten ihn, den Soldaten das Pflichtversäumnis nachzusehen. Doch ehe Pilatus einwilligte, befragte er heimlich die Hüter, die, um ihr Leben bangend, nichts zu verbergen wagten. Von ihnen erhielt Pilatus einen Bericht über alles, was geschehen war. Er aber ließ die ganze Angelegenheit auf sich beruhen; doch konnte er seit jener Zeit nicht mehr zu innerem Frieden gelangen.

Als Jesus ins Grab gelegt wurde, triumphierte Satan; er gab sich der Hoffnung hin, daß der Heiland sein Leben nicht wieder erlangen würde. Er beanspruchte Jesu Leib für sich, setzte Hüter um das Grab und versuchte Christus als Gefangenen festzuhalten. Er war sehr erzürnt, als seine Engel beim Nahen der himmlischen Boten flohen. Und als er Jesus siegreich aus dem Grabe kommen sah, wußte er, daß sein Reich ein Ende haben würde und er schließlich untergehen müsse.

Die Priester hatten sich durch die Ermordung Jesu zu Werkzeugen Satans gemacht. Nun standen sie völlig unter seiner Herrschaft. Sie waren in eine Schlinge verstrickt, aus der sie kein Entweichen sahen, außer sie setzten ihren Kampf gegen Jesus fort. Als ihnen von Christi Auferstehung berichtet wurde, fürchteten sie den Zorn des Volkes. Sie fühlten, daß ihr eigenes Leben in Gefahr war. Ihre einzige Hoffnung bestand darin, Jesus als Betrüger hinzustellen, indem sie seine Auferstehung leugneten. Sie bestachen die Soldaten, nahmen Pilatus das Versprechen ab, zu schweigen, und verbreiteten ihre Lügenberichte über das ganze Land. Aber es gab Zeugen, die sie nicht zum Schweigen bringen konnten. Viele hatten von den Soldaten die Kunde über Jesu Auferstehung gehört. Dazu waren einige von denen, die mit Christus auferstanden waren, einer Reihe von Menschen erschienen und hatten erzählt, daß er auferstanden war. Den Priestern wurden Mitteilungen von denen überbracht, die diese Auferstandenen gesehen und ihre Aussagen gehört hatten. Sie und die Obersten befürchteten ständig, auf den Gassen oder in der Abgeschlossenheit ihrer Wohnungen plötzlich dem Herrn gegenüberzustehen. Nirgends fühlten sie sich in Sicherheit. Schlösser und Riegel waren nur ein äußerst unvollkommener Schutz gegen den Sohn Gottes. Tag und Nacht verfolgte sie jenes schreckliche Geschehen in der Gerichtshalle, wo sie gerufen hatten: „Sein Blut komme über uns und unsre Kinder!“[9] Niemals mehr würde sie die Erinnerung an diese Szene verlassen; niemals mehr würden sie friedlich schlafen können.

Als die Stimme jenes mächtigen Engels vor Jesu Grab erscholl: Dein Vater ruft dich!, da erschien der Heiland aus seiner Gruft durch das ihm innewohnende Leben. Es erfüllte sich, was er einst gesagt hatte: Ich lasse mein Leben, „auf daß ich's wieder nehme . . . Ich habe Macht, es zu lassen, und habe Macht, es wiederzunehmen".[10] Ebenso erfüllte sich die Weissagung, die er den Priestern und Obersten gegeben hatte: „Brechet diesen Tempel ab, und in drei Tagen will ich ihn aufrichten."[11]

Über dem aufgebrochenen Grabe hatte Jesus sieghaft erklärt: „Ich bin die Auferstehung und das Leben."[2] Diese Worte konnten nur von der Gottheit selbst gesprochen sein. Alle erschaffenen Wesen leben durch den Willen und durch die Macht Gottes; sie sind abhängige Empfänger des Lebens Gottes. Von dem höchsten Seraph bis zum niedrigsten Lebewesen werden alle von der Quelle des Lebens gespeist. Nur der mit Gott eins ist, konnte sagen: Ich habe Macht, mein Leben zu lassen, und „habe Macht, es wiederzunehmen". Christus besaß in seiner Gottheit die Kraft, die Fesseln des Todes zu brechen.

Christus stand von den Toten auf als der Erstling unter denen, die da schlafen. Er war das Gegenbild der Webegarbe; seine Auferstehung erfolgte am gleichen Tag, an dem die Webegarbe dem Herrn dargebracht werden sollte. Über einen Zeitraum von mehr als tausend Jahren war diese sinnbildliche Handlung ausgeführt worden. Die ersten reifen Kornähren wurden auf dem Erntefeld geschnitten, und wenn das Volk zum Passahfest nach Jerusalem hinaufzog, wurde diese Erstlingsgarbe als ein Dankopfer vor dem Herrn „gewebt". Nicht eher, als bis sie dem Herrn dargebracht war, durfte die Sichel an das Korn gelegt und dieses in Garben gebunden werden. Die dem Herrn geweihte Garbe war ein Symbol für die Ernte. Ebenso vertrat Jesus als Erstlingsfrucht die große geistliche Ernte, die für das Reich Gottes gesammelt werden wird. Seine Auferstehung ist das Vorbild und das Unterpfand der Auferstehung aller gerechten Toten. „Denn wenn wir glauben, daß Jesus gestorben und auferstanden ist, so wird Gott auch, die da entschlafen sind, durch Jesus mit ihm einherführen."[12]

Als Christus auferstand, brachte er eine große Anzahl von denen, die in Gräbern gefangen waren, ins Leben zurück. Das Erdbeben bei seinem Tode hatte ihre Gräber geöffnet, und als er auferstand, kamen sie mit ihm hervor. Sie gehörten zu Gottes Mitarbeitern, die unter Einsatz ihres Lebens für die Wahrheit Zeugnis abgelegt hatten. Jetzt sollten sie auch Zeugen sein für den, der sie von den Toten auferweckt hatte.

Während seines irdischen Dienstes hatte Jesus Tote wieder ins Leben zurückgerufen: den Jüngling der Witwe zu Nain, die Tochter des Obersten Jairus und Lazarus. Diese waren aber nicht mit Unsterblichkeit bekleidet worden, sondern verfielen, nachdem sie auferweckt worden waren, wiederum dem Tode. Die jedoch bei Jesu Auferstehung aus ihren Gräbern hervorgingen, wurden auferweckt zum ewigen Leben. Sie fuhren mit dem Herrn gen Himmel als Zeichen seines Sieges über Tod und Grab. Diese, sagte Jesus, sind nicht länger Gefangene Satans; ich habe sie erlöst. Ich habe sie als Erstlingsfrüchte meiner Macht aus dem Grab hervorgebracht, damit sie seien, wo ich bin, um nie wieder den Tod zu sehen und den Kummer zu schmecken.

Diese Auferstandenen gingen in die Stadt, erschienen vielen und verkündigten, daß Christus von den Toten auferstanden sei und sie mit ihm. Auf diese Weise wurde die heilige Wahrheit der Auferstehung Jesu verewigt. Die auferstandenen Heiligen bezeugten die Wahrheit der Worte: „Deine Toten werden leben, deine Leichname werden auferstehen.“ [13] Ihre Auferstehung veranschaulichte die Erfüllung jener prophetischen Worte: „Wachet auf und rühmet, die ihr liegt unter der Erde! Denn ein Tau der Lichter ist dein Tau, und die Erde wird die Toten herausgeben.“ [13]

Den Gläubigen ist Christus die Auferstehung und das Leben. In unserem Heiland ist das Leben, das durch die Sünde verlorenging, wiedergebracht worden; denn er hat das Leben in sich selbst und kann beleben, wen er will. Ihm ist das Recht übertragen, Unsterblichkeit zu verleihen. Das Leben, das er als Mensch ließ, nahm er wieder zurück, um es der Menschheit zu geben. „Ich bin gekommen“, sagte er, „daß sie das Leben und volle Genüge haben sollen.“ [14] „Wer aber von dem Wasser trinken wird, das ich ihm gebe, den wird ewiglich nicht dürsten, sondern das Wasser, das ich ihm geben werde, das wird in ihm ein Brunnen des Wassers werden, das in das ewige Leben quillt.“ [15] „Wer mein Fleisch isset und trinket mein Blut, der hat das ewige Leben, und ich werde ihn am Jüngsten Tage auferwecken.“ [16]

Der Tod ist dem Gläubigen keine sehr wichtige Angelegenheit. Jesus spricht von ihm, als sei er von geringer Bedeutung. „Wahrlich, wahrlich, ich sage euch: So jemand mein Wort wird halten, der wird den Tod nicht sehen ewiglich . . . der wird den Tod nicht schmecken ewiglich." [17] Für die Nachfolger Christi ist der Tod nur ein Schlaf, ein Augenblick der Stille und der Dunkelheit. Ihr Leben ist verborgen mit Christus in Gott, und wenn „Christus, unser Leben, sich offenbaren wird, dann werdet ihr auch offenbar werden mit ihm in Herrlichkeit". [18]

Die Stimme, die vom Kreuze rief: „Es ist vollbracht!", [19] wurde von den Toten gehört; sie durchdrang die Mauern der Gräber und gebot den Schläfern aufzustehen. So wird es auch sein, wenn Christi Stimme vom Himmel erschallen wird. Diese Stimme wird in die Tiefe der Gräber dringen, und die Toten in Christus werden auferstehen. Bei der Auferstehung des Heilandes wurden nur einige Gräber aufgetan; aber bei seiner Wiederkunft werden all die teuren Toten seine Stimme hören und zu herrlichem, unvergänglichem Leben aus den Gräbern hervorgehen. Dieselbe göttliche Kraft, die Jesus aus dem Grabe rief, wird auch seine Gemeinde erwecken und sie mit ihm verherrlichen über alle Fürstentümer, über alle Mächte und über jeden Namen, der genannt ist – nicht nur in dieser Welt, sondern auch in der zukünftigen.

„Was weinest du?“ | 64

Die Frauen, die unter dem Kreuz Jesu gestanden hatten, warteten darauf, daß die Sabbatstunden vergingen. Am ersten Tag der Woche machten sie sich schon sehr früh auf den Weg zum Grab und nahmen kostbare Spezereien mit, um den Körper des Heilandes zu salben. Sie dachten nicht im geringsten daran, daß Jesus von den Toten auferstanden sein könnte. Die Sonne ihrer Hoffnung war untergegangen, Nacht hatte sich auf ihre Herzen gesenkt. Auf dem Wege zum Grabe dachten sie wohl an Jesu Werke der Liebe und an seine trostreichen Worte, doch sie erinnerten sich nicht seiner Verheißung: „Ich will euch wiedersehen.“ [1]

Sie hatten keine Ahnung, was gerade geschah, als sie sich dem Garten näherten; sie überlegten nur: „Wer wälzt uns den Stein von des Grabes Tür?“ [2] Sie wußten, daß sie den schweren Stein nicht bewegen konnten; dennoch setzten sie ihren Weg fort. Da erhellte den Himmel plötzlich ein Glanz, der nicht von der aufgehenden Sonne kam. Die Erde zitterte und bebte. Die Frauen sahen, daß der große Stein zur Seite gewälzt und die Gruft selbst leer war.

Sie waren nicht alle aus derselben Richtung zum Grabe gekommen. Maria Magdalena hatte als erste die Stätte erreicht. Als sie nun sah, daß das Grab offen war, eilte sie hinweg, um es den Jüngern mitzuteilen. Inzwischen hatten auch die anderen Frauen den Garten erreicht. Sie sahen Jesu Grab von einem hellen Licht umleuchtet, aber den Leichnam des Herrn fanden sie nicht. Als sie noch etwas verweilten, bemerkten sie plötzlich, daß sie nicht allein waren. Ein Jüngling in weißem Gewand saß im Innenraum des Grabes. Es war der Engel, der den schweren Stein von der Tür gewälzt hatte. Er hatte Menschengestalt angenommen, um die Freunde Jesu nicht zu beunruhigen. Dennoch umleuchtete ihn das Licht der himmlischen Herrlichkeit, und die Frauen fürchteten sich. Sie wollten schon fliehen, als die Worte des Engels sie zurückhielten: „Entsetzet euch nicht!“ sprach er zu ihnen. „Ihr suchet Jesus von Nazareth, den Gekreuzigten. Er ist auferstanden, er ist nicht hier. Siehe da die Stätte, wo sie ihn hinlegten! Gehet aber hin und saget seinen Jüngern und Petrus, daß er vor euch hingehen wird nach Galiläa.“ [3] Die Frauen schauten erneut in die Gruft hinein, und abermals hörten sie die wunderbare Botschaft. Noch ein anderer Engel in Menschengestalt war dort, und dieser sagte jetzt: „Was suchet ihr den Lebendigen bei den Toten? Er ist nicht hier; er ist auferstanden. Gedenket daran, wie er euch sagte, da er noch in Galiläa war und sprach: Des Menschen Sohn muß überantwortet werden in die Hände der Sünder und gekreuzigt werden und am dritten Tage auferstehen."[4]

Er ist auferstanden! Er ist auferstanden! Die Frauen wiederholen immer wieder diese Worte. Nun brauchen sie ihre Salben und Spezereien nicht mehr; der Heiland lebt und weilt nicht mehr unter den Toten. Jetzt erinnern sie sich auch daran, daß Jesus, als er von seinem Tode sprach, ihnen gesagt hat, er würde auferstehen. Welch ein Tag ist dies für die ganze Welt! Die Frauen eilten vom Grabe hinweg „mit Furcht und großer Freude und liefen, daß sie es seinen Jüngern verkündigten".[5]

Maria hatte die Freudenbotschaft noch nicht erfahren. Sie befand sich auf dem Weg zu Petrus und Johannes und brachte ihnen die erschütternde Nachricht: „Sie haben den Herrn weggenommen aus dem Grabe, und wir wissen nicht, wo sie ihn hingelegt haben."[6] Die Jünger liefen sofort zum Grabe und sahen die Worte Marias bestätigt. Sie erkannten die Leichentücher; aber ihren Herrn selbst fanden sie nicht. Trotzdem gab es Beweise von der Auferstehung des Herrn. Die Grabtücher waren nicht etwa achtlos beiseite geworfen, sondern sie lagen sorgfältig zusammengelegt jedes an seinem Platz. Johannes „sah und glaubte".[7] Er hatte zwar noch nicht verstanden, daß Jesus nach der Schrift von den Toten auferstehen müsse; aber er erinnerte sich jetzt aller Worte, die der Heiland von seiner Auferstehung jemals gesagt hatte.

Der Heiland selbst hatte die Leinentücher sorgfältig an ihren Platz gelegt. Als der Engelfürst zum Grab herniederkam, wurde er von einem Engel begleitet, der gemeinsam mit anderen den Leichnam Jesu bewacht hatte. Während der Engelfürst den schweren Stein hinwegwälzte, betrat der andere Engel das Grab und befreite den Leib des Herrn aus der festen Umhüllung. Aber es war Jesu Hand, die die Tücher faltete und sie an ihren Platz legte. In den Augen dessen, der die Sterne genauso lenkt wie die winzigsten Atome, ist nichts unwichtig. Ordnung und Vollkommenheit sind das Kennzeichen aller seiner Werke.

Maria war den Jüngern wieder zum Grabe gefolgt. Als diese aber nach Jerusalem zurückkehrten, blieb sie zurück. Sie schaute wieder in das leere Grab, und ihr Kummer wuchs. Da sah sie die zwei Engel im Grabe stehen – zu Häupten und zu Füßen der Stelle, wo Jesus gelegen hatte. „Und dieselben sprachen zu ihr: Weib, was weinest du? Sie spricht zu ihnen: Sie haben meinen Herrn weggenommen, und ich weiß nicht, wo sie ihn hingelegt haben." [8]

Darauf wandte sie sich von den Engeln ab. Sie meinte, sie müsse jemanden finden, der ihr Auskunft geben könnte, was mit Jesu Leichnam geschehen sei. Da wurde sie von einer anderen Stimme angesprochen: „Weib, was weinest du? Wen suchest du?" Mit durch Tränen verdunkeltem Blick erkannte Maria die Gestalt eines Mannes. Sie glaubte, es sei der Gärtner, und fragte ihn: „Herr, hast du ihn weggetragen, so sage mir, wo hast du ihn hingelegt, so will ich ihn holen." [9] Sollte des reichen Mannes Grabstätte zu ehrenvoll gewesen sein für Jesus, dann würde sie selbst einen Platz für ihn zu finden wissen. Sie dachte an die Gruft, aus der Jesu eigene Stimme einen Toten herausgerufen hatte; es war das Grab des Lazarus. Könnte sie dort nicht einen guten Ruheort für ihren Herrn finden? Sie fühlte, daß es für sie in ihrem Kummer sehr tröstlich wäre, wenn sie sich um den Leichnam des Gekreuzigten kümmerte.

Doch plötzlich sagte Jesus in der ihr so wohlbekannten Stimme zu ihr: „Maria!" Auf einmal wußte sie, daß es kein Fremder war, der sie auf diese Weise anredete, und als sie sich umdrehte, sah sie Christus lebendig vor sich stehen. In ihrer Freude vergaß sie, daß er inzwischen gekreuzigt worden war. Sie stürzte auf ihn zu, als wollte sie seine Füße umschlingen, und rief: „Rabbuni! das heißt: Meister!" Da erhob Jesus seine Hand und sagte ihr: „Rühre mich nicht an! denn ich bin noch nicht aufgefahren zum Vater. Gehe aber hin zu meinen Brüdern und sage ihnen: Ich fahre auf zu meinem Vater und zu eurem Vater, zu meinem Gott und zu eurem Gott." [10] Und Maria eilte zu den Jüngern, um ihnen die frohe Botschaft zu bringen.

Jesus wollte nicht eher die Huldigung der Seinen entgegennehmen, bis er die Gewißheit hatte, daß sein Opfer vom Vater angenommen war. Er stieg zum Himmel empor und empfing von Gott selbst die Versicherung, daß seine für die Sünden der Menschheit vollbrachte Versöhnung ausreichend gewesen war, so daß durch sein Blut alle Menschen das ewige Leben erlangen könnten. Der Vater bestätigte das mit

Christus getroffene Übereinkommen, daß er bußfertige und gehorsame Menschen aufnehmen und sie so lieben würde wie seinen Sohn auch. Christus hatte dafür sein Werk zu vollenden und sein Versprechen zu erfüllen, „daß ein Mann kostbarer sein soll als Feingold und ein Mensch wertvoller als Goldstücke aus Ophir".[11] Alle Macht im Himmel und auf Erden wurde dem Lebensfürsten gegeben. Er kehrte zurück zu seinen Nachfolgern in einer sündigen Welt, um ihnen von seiner Macht und Herrlichkeit mitzuteilen.

Während Jesus in Gottes Gegenwart köstliche Gaben für seine Gemeinde empfing, dachten die Jünger an sein leeres Grab, trauerten und weinten. Der Tag, den der ganze Himmel als Freudentag feierte, war den Jüngern ein Tag der Ungewißheit, der Verwirrung und Unruhe. Ihr Unglaube gegenüber dem Zeugnis der Frauen bewies, wie tief ihr Glaube gesunken war. Die Kunde von der Auferstehung Christi unterschied sich so sehr von dem, was sie erwartet hatten, daß sie daran nicht zu glauben vermochten. Sie dachten, es sei zu schön, um wahr zu sein. Sie hatten so viel über die Lehren und die sogenannten wissenschaftlichen Theorien der Sadduzäer gehört, daß sie sich von der Auferstehung kein klares Bild mehr machen konnten. Sie wußten kaum noch, was die Auferstehung von den Toten bedeutete, und waren unfähig, das große Ereignis zu fassen.

„Gehet aber hin", so hatten die Engel den Frauen aufgetragen, „und saget seinen Jüngern und Petrus, daß er vor euch hingehen wird nach Galiläa; da werdet ihr ihn sehen, wie er euch gesagt hat."[12] Die Engel waren während seines Erdenlebens die Beschützer Jesu gewesen; sie hatten dem Verhör und der Kreuzigung beigewohnt und Christi Worte an seine Jünger gehört. Das war auch aus der Botschaft zu ersehen, die sie an die Jünger richteten, und hätte sie von deren Wahrheit überzeugen müssen. Solche Worte hatten doch nur von den Boten des auferstandenen Herrn stammen können.

„Saget [es] seinen Jüngern und Petrus", hatten die Engel geboten. Seit dem Tode Christi war Petrus, von Gewissensbissen geplagt, sehr niedergeschlagen. Sein schmählicher Verrat am Herrn und der liebevolle und zugleich schmerzbewegte Blick des Heilandes standen ihm Tag und Nacht vor Augen. Von allen Jüngern hatte er am meisten gelitten; nun wurde ihm die Versicherung zuteil, daß seine ernste Reue angenommen und seine Sünde vergeben war. Er wurde mit Namen genannt.

„Saget seinen Jüngern und Petrus, daß er vor euch hingehen wird nach Galiläa; da werdet ihr ihn sehen.“ Alle Jünger hatten den Herrn im Stich gelassen, und die Aufforderung, ihn wiederzutreffen, schloß sie alle ein; er hatte sie nicht verstoßen. Als Maria Magdalena ihnen verkündigte, daß sie den Herrn gesehen hatte, wiederholte sie die Aufforderung, ihn in Galiläa zu treffen. Zum dritten Mal gelangte die Botschaft zu ihnen durch die anderen Frauen, denen Jesus erschien, nachdem er zum Vater aufgefahren war. „Seid gegrüßt!“ sagte er zu ihnen. „Und sie traten zu ihm und umfaßten seine Füße und fielen vor ihm nieder. Da sprach Jesus zu ihnen: Fürchtet euch nicht! Gehet hin und verkündigt es meinen Brüdern, daß sie gehen nach Galiläa; daselbst werden sie mich sehen.“ [13]

Als die Jünger diese so bestimmt gegebene Anordnung hörten, fielen ihnen Jesu Worte ein, die seine Auferstehung vorhersagten. Doch auch jetzt freuten sie sich nicht; sie konnten sich von Zweifel und Verwirrung noch nicht frei machen. Selbst als die Frauen mitteilten, daß sie Jesus gesehen hatten, wollten die Jünger es nicht glauben; sie meinten, daß jene einer Sinnestäuschung zum Opfer gefallen wären.

Eine Not schien der andern zu folgen. Am sechsten Tage der Woche hatten sie ihren Meister sterben sehen; am ersten Tag der neuen Woche glaubten sie sich seines Leichnams beraubt und wurden selbst beschuldigt, ihn gestohlen zu haben, um auf diese Weise das Volk zu täuschen. Sie zweifelten daran, sich jemals von diesem Verdacht reinigen zu können, der sich immer mehr verstärkte. Dazu fürchteten sie die Feindschaft der Priester und den Zorn des Volkes. Sie sehnten sich nach Jesu Gegenwart, der ihnen aus jeder Verlegenheit geholfen hatte.

Oft wiederholten sie die Worte: „Wir aber hofften, er sei es, der Israel erlösen würde.“ [14] Allein gelassen und verzagten Herzens dachten sie auch an Jesu Worte: „Denn so man das tut am grünen Holz, was will am dürren werden?“ [15] Sie fanden sich im oberen Stockwerk zusammen und verriegelten die Türen, wußten sie doch, daß sie jederzeit das Schicksal ihres geliebten Meisters teilen konnten.

Wie groß aber hätte zur gleichen Zeit die Freude sein können, da der Heiland ja auferstanden war! Maria hatte weinend im Garten gestanden, als der Heiland sich bereits hinter ihr befand. Ihre Augen waren so voller Tränen, daß sie ihn nicht erkannte. Und das Herz der Jünger war so grambeschwert, daß sie weder der Botschaft der Engel noch Christi eigenen Worten zu glauben vermochten.

Wie viele Christen handeln so wie die Jünger damals! Wie viele klagen mit Maria: „Sie haben meinen Herrn weggenommen, und ich weiß nicht, wo sie ihn hingelegt haben"![8] An wie viele Menschen könnten Jesu Worte gerichtet sein: „Was weinest du? Wen suchest du?"[9] Er steht dicht hinter ihnen, aber ihre tränenverhangenen Augen bemerken ihn nicht; er spricht zu ihnen, aber sie verstehen ihn nicht.

Daß sich doch diese gebeugten Häupter aufrichten, die verweinten Augen ihn sehen und die Ohren seine Stimme hören möchten! „Gehet eilend hin und sagt es seinen Jüngern, daß er auferstanden sei von den Toten."[16] Bittet sie, ihren Blick nicht auf Josephs neues Grab zu richten, das mit einem schweren Stein verschlossen und mit dem römischen Siegel verwahrt war. Christus ist nicht dort! Schaut auch nicht nach dem leeren Grab! Trauert nicht wie solche, die ohne Hoffnung und Hilfe sind. Jesus lebt! Und weil er lebt, werden auch wir leben. Aus frohem Herzen und von Lippen, die von göttlichem Feuer brennen, soll der Jubelgesang erschallen: Christus lebt! Er lebt, um unser Fürsprecher zu sein. Ergreift diese Hoffnung, und sie wird eure Seele wie ein sicherer und bewährter Anker festhalten! Glaube, und du wirst die Herrlichkeit Gottes sehen!

Der Gang nach Emmaus | 65

Am späten Nachmittag des Auferstehungstages gingen zwei Jünger nach Emmaus, einer etwa zwölf Kilometer von Jerusalem entfernt liegenden Kleinstadt. Diese Jünger waren im Dienste Jesu nicht weiter in Erscheinung getreten; dennoch konnten sie als ernste Gläubige gelten. Nach Jerusalem gekommen, um das Passahfest zu feiern, waren sie bestürzt wegen der Ereignisse, die kürzlich geschehen waren. Sie hatten am Morgen die Kunde gehört, daß Jesu Leib aus dem Grabe verschwunden war, und hatten auch den Bericht der Frauen vernommen, die die Engel gesehen und Jesus getroffen haben wollten. Jetzt kehrten sie wieder nach Hause zurück, um über alles nachzusinnen und zu beten. Mit traurigen Gedanken gingen sie ihren abendlichen Weg dahin und unterhielten sich über das Verhör und die Kreuzigung. Noch nie waren sie so völlig entmutigt gewesen. Verzweifelt und verzagt wanderten sie im Schatten des Kreuzes.

Sie waren noch nicht weit gekommen, da gesellte sich ein Fremder zu ihnen. Sie waren aber so sehr in ihrer Schwermut und ihrer Enttäuschung gefangen, daß sie diesen Fremden nicht näher betrachteten. Sie setzten ihre Unterhaltung fort und tauschten ihre Gedanken aus. Sie besprachen die Lehren, die ihnen Jesus erteilt hatte und die sie nicht zu verstehen schienen. Als ihre Unterhaltung wieder auf die jüngsten Ereignisse zurückkam, sehnte sich Jesus danach, sie zu trösten. Er hatte ihren tiefen Kummer gesehen und verstand die widerstreitenden, wirren Gedanken, die in ihnen die Frage aufkommen ließen: Konnte dieser Mann, der sich so sehr erniedrigen ließ, der Christus sein? Sie konnten ihren Kummer nicht mehr zurückhalten und weinten. Jesus wußte, daß sie ihn sehr liebten, und es verlangte ihn danach, ihre Tränen abzuwischen und sie mit Fröhlichkeit und Jubel zu erfüllen. Aber zuerst mußte er ihnen einige Lehren mitteilen, die sie nicht mehr vergessen würden.

„Er sprach aber zu ihnen: Was sind das für Reden, die ihr zwischen euch handelt unterwegs? Da blieben sie traurig stehen. Und der eine, mit Namen Kleopas, antwortete und sprach zu ihm: Bist du allein unter den Fremdlingen zu Jerusalem, der nicht wisse, was in diesen Tagen darin geschehen ist?" Sie berichteten ihm nun von ihrer Enttäuschung mit dem Meister, „welcher war ein Prophet, mächtig von Taten und Worten vor Gott und allem Volk; wie ihn unsre Hohenpriester und Obersten überantwortet haben zur Verdammnis des Todes und gekreuzigt". Mit vor Enttäuschung wundem Herzen und mit zitternden Lippen fügten sie hinzu: „Wir aber hofften, er sei es, der Israel erlösen würde. Und über das alles ist heute der dritte Tag, daß solches geschehen ist."[1]

Wie eigenartig war es doch, daß sich die Jünger nicht an Jesu Worte erinnerten und auch nicht daran dachten, daß er die Ereignisse der letzten Tage vorhergesagt hatte! Sie vergegenwärtigten sich nicht, daß sich der letzte Teil seiner Weissagung genauso erfüllen würde wie der erste und daß er schließlich am dritten Tage auferstünde. Daran hätten sie denken müssen. Sogar die Priester und Obersten hatten es nicht vergessen. Am Tage, „der da folgt nach dem Rüsttag, kamen die Hohenpriester und Pharisäer sämtlich zu Pilatus und sprachen: Herr, wir haben bedacht, daß dieser Verführer sprach, da er noch lebte: Ich will nach drei Tagen auferstehen."[2] Die Jünger aber hatten sich dieser Worte nicht erinnert.

„Und er sprach zu ihnen: O ihr Toren und trägen Herzens, zu glauben alle dem, was die Propheten geredet haben! Mußte nicht Christus solches leiden und zu seiner Herrlichkeit eingehen?"[3] Die Jünger fragten sich mit Erstaunen, wer dieser Fremdling sein mochte, daß er das Innere ihres Wesens ergründen konnte und daß er mit solchem Ernst, mit solcher Zärtlichkeit und Teilnahme und dabei doch so hoffnungsvoll zu ihnen sprach. Zum erstenmal seit dem Verrat Jesu faßten sie wieder etwas Mut. Oft blickten sie ihren Begleiter mit ernstem Gesicht an und dachten, daß seine Aussagen genau den Worten entsprachen, die Jesus gesprochen hätte. Höchstes Erstaunen erfaßte sie, und ihre Herzen begannen in freudiger Erwartung schneller zu schlagen.

Beim Buch Mose, dem Anfang der biblischen Geschichte, beginnend, erklärte ihnen Christus alle Schriftstellen, die sich auf ihn bezogen. Hätte er sich ihnen sofort zu erkennen gegeben, so wären sie zufrieden gewesen, und in der Fülle ihrer Freude würden sie nichts weiter verlangt haben. Und doch war es für sie notwendig, die Sinnbilder und Weissagungen des Alten Testamentes, die auf Jesus hindeuteten, zu verstehen; denn darauf sollte ihr Glaube ja gegründet sein. Christus tat kein Wunder, um sie zu überzeugen, sondern er sah es als seine erste Aufgabe an, ihnen die heiligen Schriften zu erklären. Sie hatten seinen Tod als Vernichtung all ihrer Hoffnungen angesehen, und nun zeigte Jesus ihnen aus den Propheten, daß gerade sein Kreuzestod der stärkste Beweis für ihren Glauben sei.

Indem Jesus jene Jünger lehrte, wies er auf die Wichtigkeit des Alten Testamentes hin als ein Zeugnis seiner Sendung. Viele vorgebliche Christen legen heute das Alte Testament beiseite und behaupten, daß es nicht mehr länger von Bedeutung sei. Doch dies lehrte Christus keineswegs. Er selbst schätzte es so hoch, daß er einmal sagte: „Hören sie Mose und die Propheten nicht, so werden sie auch nicht glauben, wenn jemand von den Toten aufstünde.“ [4]

Es ist Christi Stimme, die durch den Mund der Patriarchen und Propheten von Adam an bis zur Endzeit hin spricht. Der Heiland wird im Alten Testament genauso klar offenbart wie im Neuen Testament. Gerade das Licht der prophetischen Vergangenheit läßt das Leben Jesu und die Lehren des Neuen Testaments in aller Wahrheit und Schönheit hervortreten. Wohl ist Christi Wunderwirken ein Beweis seiner Gottheit; aber ein bedeutend stärkerer Beweis, daß er der Erlöser der Welt ist, wird durch den Vergleich der alttestamentlichen Weissagungen mit der Geschichte des Neuen Testamentes erbracht.

An Hand der alttestamentlichen Weissagungen gab Jesus den Jüngern ein genaues Bild davon, was er in menschlicher Gestalt darstellen sollte. Ihre Erwartung eines Messias, der seinen Thron und seine Herrschermacht in Übereinstimmung mit menschlichen Wünschen aufrichten müßte, war irreführend gewesen. Diese Auffassung wirkte sich störend darauf aus, sein Herabsteigen von der höchsten bis zur niedrigsten Stellung, die überhaupt eingenommen werden konnte, recht zu begreifen. Christus wünschte, daß die Vorstellungen seiner Jünger in jeder Hinsicht klar und wahr wären. Sie mußten soweit wie irgend möglich alles, was mit dem Leidenskelch zusammenhing, der ihm bestimmt worden war, verstehen lernen. Er zeigte ihnen, daß der schreckliche Kampf, den sie jetzt noch nicht zu begreifen vermochten, die Erfüllung des Bundes bedeutete, der vor Grundlegung der Welt beschlossen worden war. Christus mußte sterben, wie jeder Gesetzesübertreter sterben muß, wenn er in seiner Sünde beharrt. Dies war also notwendig; aber das Ende soll keine Niederlage, sondern ein herrlicher, ewiger Sieg sein. Alle Anstrengungen müßten gemacht werden, um die Welt von der Sünde zu befreien. Seine Nachfolger müßten leben und wirken wie er, mit ernstem, beharrlichem Eifer.

So sprach der Herr mit den Jüngern und öffnete ihre geistigen Augen, damit sie die heiligen Schriften verstünden. Wohl waren die Jünger müde; dennoch erlahmte die Unterhaltung nicht. Worte des Lebens und der Zuversicht flossen von den Lippen des Heilandes. Aber ihre leiblichen Augen wurden noch gehalten. Als er ihnen von der Zerstörung Jerusalems erzählte, blickten sie auf die verurteilte Stadt und weinten. Auch jetzt noch ahnten sie kaum, wer ihr Weggefährte war. Sie dachten nicht, daß der Herr, von dem sie gesprochen hatten, an ihrer Seite ging; denn Jesus sprach von sich selbst, als wäre er ein anderer. Sie hielten ihn für einen der Besucher, die zum Passahfest gekommen waren und nun wieder heimwärts zogen. Er ging ebenso vorsichtig wie sie über die spitzen Steine und hielt ab und zu mit ihnen an, um von der Mühe des Weges auszuruhen.

So schritten sie auf dem bergigen Wege voran, während der eine, der bald seine Stellung zur Rechten Gottes einnehmen würde und der von sich sagen konnte: „Mir ist gegeben alle Gewalt im Himmel und auf Erden",[5] neben ihnen herging.

Währenddessen war die Sonne untergegangen, und bevor die Reisenden ihr Heim erreichten, hatten die Bauern auf dem Feld ihre Arbeit verlassen. Als die Jünger ihr Haus betreten wollten, schien es, als wolle der Fremde seine Reise forsetzen. Doch die Jünger fühlten sich zu ihm hingezogen, und ihre Seele dürstete danach, mehr von ihm zu hören. Sie baten ihn: „Bleibe bei uns." Der Herr aber schien die Einladung nicht beachten zu wollen; darum nötigten sie ihn dringender: „Es will Abend werden, und der Tag hat sich geneigt." Da gab Jesus ihrer Bitte nach und „ging hinein, bei ihnen zu bleiben".[6]

Hätten die Jünger den Herrn nicht so dringend genötigt, so würden sie nicht erfahren haben, daß ihr Reisegefährte der auferstandene Herr gewesen war. Christus drängt seine Gemeinschaft niemandem auf; er nimmt sich aber aller an, die ihn brauchen. Gern tritt er in die bescheidenste Hütte und erfreut das Herz des Allergeringsten. Sind die Menschen aber zu gleichgültig, um an den himmlischen Gast zu denken oder ihn zu bitten, bei ihnen zu bleiben, so geht er weiter. Viele erleiden auf diese Weise einen großen Verlust. Sie kennen dann Christus nicht besser als jene Jünger, die mit ihm nach Emmaus wanderten.

Ein einfaches Abendessen ist bald bereitet und wird dem Gast, der am Kopfende des Tisches Platz genommen hat, vorgesetzt. Da streckt Jesus seine Hand aus und segnet die Speise. Die Jünger stutzen. Ihr

Begleiter breitet die Hände genauso aus, wie es ihr Meister zu tun pflegte. Sie blicken wieder hin – und siehe da, sie erkennen die Nägelmale an seiner Hand. Beide rufen zugleich aus: Es ist der Herr Jesus! Er ist von den Toten auferstanden!

Sie erheben sich, um ihm zu Füßen zu fallen und ihn anzubeten, aber er ist ihren Blicken entschwunden. Sie schauen auf den Platz, auf dem der gesessen hat, dessen Körper vor kurzem noch im Grabe ruhte, und sagen zueinander: „Brannte nicht unser Herz in uns, da er mit uns redete auf dem Wege, als er uns die Schrift öffnete?“ [7]

Diese große Neuigkeit, die sie verkündigen müssen, erlaubt es ihnen nicht, einfach sitzen zu bleiben und zu erzählen. Müdigkeit und Hunger sind vergessen. Sie lassen ihre Mahlzeit unberührt, und voller Freude brechen sie sofort auf und eilen den gleichen Weg, den sie kamen, wieder in die Stadt zurück, um den Jüngern diese Botschaft zu bringen. An einigen Stellen ist der Weg unsicher, aber sie klettern über schroffe Steine und eilen auf glattem Fels dahin. Sie sehen und wissen nicht, daß sie unter dem Schutz dessen stehen, der vorher mit ihnen diesen Weg gegangen ist. Den Stab in der Hand, drängen sie vorwärts und möchten gern noch schneller gehen, als sie es jetzt schon wagen. Sie verlieren ihren Pfad und finden ihn wieder. Manchmal rennend, manchmal stolpernd, eilen sie weiter, ihren unsichtbaren Begleiter während der ganzen Wegstrecke immer neben sich.

Die Nacht ist dunkel, aber die Sonne der Gerechtigkeit scheint auf die eilenden Jünger. Ihr Herz droht vor Freude zu zerspringen. Sie fühlen sich wie in einer neuen Welt, haben sie doch erfahren: Christus ist ein lebendiger Heiland! Sie brauchen ihn nicht länger als Toten zu betrauern. Er ist auferstanden – immer und immer wieder sagen sie es vor sich hin. Diese Botschaft dürfen sie den Trauernden bringen. Sie müssen ihnen die wunderbare Geschichte von ihrem Gang nach Emmaus erzählen; sie müssen berichten, wer sich ihnen auf dem Wege angeschlossen hat. So tragen sie die größte Botschaft, die je der Welt gegeben wurde – eine frohe Botschaft, auf der alle Hoffnung der menschlichen Familie für Zeit und Ewigkeit ruht.

Endlich haben die beiden Jünger Jerusalem erreicht. Sie gehen durch das östliche Tor, das bei festlichen Gelegenheiten nachts geöffnet ist. In den Häusern ist alles dunkel und still, aber die beiden Wanderer finden ihren Weg durch die engen Gassen beim Schein des aufgehenden Mondes. Sie gehen zu dem Obergemach, in dem Jesus den letzten Abend vor seinem Tode verbrachte. Sie wissen, daß sie hier ihre Brüder finden werden. So spät es auch ist, die Jünger würden doch nicht eher zur Ruhe gehen, bis sie Genaues über den Verbleib des Leichnams ihres Herrn wußten. Die Tür zum Gemach ist fest verschlossen; sie klopfen an, aber keine Antwort erfolgt – alles bleibt still. Dann nennen sie ihre Namen, und endlich wird vorsichtig die Tür entriegelt. Sie treten ein und mit ihnen noch ein anderer, unsichtbarer Gast. Dann wird die Tür sogleich wieder verriegelt, um unliebsame Späher von diesem Ort fernzuhalten.

Die Wanderer finden alle in höchster Erregung. Die im Raum Versammelten brechen immer wieder in Lobpreis und Dank aus und rufen: „Der Herr ist wahrhaftig auferstanden und Simon erschienen." [1] Die Männer von Emmaus, von ihrem eiligen Marsch noch ganz außer Atem, erzählen darauf die wunderbare Geschichte, wie Jesus ihnen erschienen ist. Sie haben gerade ihren Bericht beendet, und einige meinen noch, sie könnten das alles nicht glauben, da es zu schön sei, um wahr zu sein, als auf einmal noch eine andere Gestalt vor ihnen steht. Aller Augen richten sich auf den Fremden. Niemand hat um Einlaß gebeten; niemand hat Schritte vernommen. Die Jünger sind bestürzt und fragen sich, was das bedeuten solle. Doch da hören sie eine Stimme, die keinem anderen gehört als ihrem Meister Jesus Christus. Klar und deutlich kommen die Worte von seinen Lippen: „Friede sei mit euch!"

„Sie erschraken aber und fürchteten sich, meinten, sie sähen einen Geist. Und er sprach zu ihnen: Was seid ihr so erschrocken, und warum kommen solche Gedanken in euer Herz? Sehet meine Hände und meine Füße, ich bin's selber. Fühlet mich an und sehet; denn ein Geist hat nicht Fleisch und Bein, wie ihr sehet, daß ich habe. Und als er das gesagt hatte, zeigte er ihnen die Hände und die Füße." [2]

Die Jünger blickten auf seine grausam durchbohrten Hände und Füße. Sie erkannten auch seine Stimme, die ihnen wie keine andere in Erinnerung geblieben war. „Da sie aber noch nicht glaubten vor Freuden und sich verwunderten, sprach er zu ihnen: Habt ihr hier etwas zu essen? Und sie legten ihm vor ein Stück von gebratenem Fisch und Honigseim. Und er nahm's und aß vor ihnen." „Da wurden die Jünger froh, daß sie den Herrn sahen." [3] An die Stelle ihres Zweifels traten Freude und Glauben. Mit Empfindungen, die nicht mehr in Worte zu kleiden waren, bekannten sie sich zu ihrem auferstandenen Heiland.

Bei Jesu Geburt hatte der Engel den Menschen Frieden und Wohlgefallen verkündigt. Nun, da Jesus zum erstenmal nach seiner Auferstehung den Jüngern erschien, begrüßte er sie mit dem Segenswort: „Friede sei mit euch!" Jesus ist stets bereit, denen inneren Frieden zu schenken, deren Seelen mit Zweifeln und Ängsten erfüllt sind. Er wartet darauf, daß wir ihm unsere Herzenstür öffnen und zu ihm sagen: Bleibe bei uns! Er spricht: „Siehe, ich stehe vor der Tür und klopfe an. So jemand meine Stimme hören wird und die Tür auftun, zu dem werde ich eingehen und das Abendmahl mit ihm halten und er mit mir." [4]

Die Auferstehung Jesu war ein Sinnbild der Auferstehung aller, die in ihm schlafen. Das Aussehen des auferstandenen Heilandes, sein Wesen und seine Art zu sprechen waren seinen Jüngern vertraut. Wie Jesus von den Toten auferstand, so sollen alle, die in ihm ruhen, auch auferstehen. Wir werden unsere Freunde erkennen, wie die Jünger Jesus erkannten. Mögen sie im irdischen Leben mißgestaltet, krank und verkrüppelt gewesen sein – sie werden ebenmäßig und in vollkommener Gesundheit auferstehen. Und doch wird in dem verklärten Leib ihre Identität vollständig gewahrt sein. Dann werden wir erkennen, wie auch wir erkannt sind.[5] In Angesichtern, die in dem von Jesu Antlitz ausgehenden Licht hell erglänzen, werden wir die Züge unserer Lieben wiedererkennen.

Als Jesus seinen Jüngern erschien, erinnerte er sie an die Worte, die er vor seinem Tode zu ihnen gesprochen hatte, daß sich nämlich alles erfüllen müsse, was im Gesetz Moses, in den Propheten und in den Psalmen über ihn geschrieben stehe. „Da öffnete er ihnen das Verständnis, daß sie die Schrift verstanden, und sprach zu ihnen: Also ist's geschrieben, daß Christus mußte leiden und auferstehen von den

Toten am dritten Tage; und daß gepredigt werden muß in seinem Namen Buße zur Vergebung der Sünden unter allen Völkern. Hebt an zu Jerusalem und seid des alles Zeugen." [6]

Die Jünger begannen jetzt das Wesen und den Umfang ihrer Aufgabe zu begreifen. Sie sollten der Welt die herrlichen Wahrheiten verkündigen, die Jesus ihnen anvertraut hatte. Die Ereignisse seines Lebens, sein Tod, seine Auferstehung, die Weissagungen, die auf diese Geschehnisse hinwiesen, die Heiligkeit des Gesetzes Gottes, das Geheimnis des Erlösungsplanes, die Macht Christi zur Vergebung der Sünden – alles dies konnten sie aus eigener Erfahrung und Anschauung bezeugen, und sie sollten es der Welt mitteilen. Sie sollten das Evangelium des Friedens und der Erlösung durch Buße und die Kraft des Heilandes verkündigen.

„Da er das gesagt hatte, blies er sie an und spricht zu ihnen: Nehmet hin den heiligen Geist! Welchen ihr die Sünden erlasset, denen sind sie erlassen; und welchen ihr sie behaltet, denen sind sie behalten." [7] Der Heilige Geist war noch nicht völlig offenbart; denn Christus war noch nicht verherrlicht worden. Die umfassende Gabe des Heiligen Geistes wurde ihnen nicht vor der Himmelfahrt des Herrn zuteil. Ehe dies nicht geschehen war, konnten sie ihren Auftrag, der Welt das Evangelium zu verkündigen, nicht ausführen. Jetzt erhielten sie den Heiligen Geist aus einem besonderen Grunde. Ehe die Jünger ihr Amt in der Gemeinde ausüben konnten, mußte Jesus ihnen erst seinen Geist eingeben. Er vertraute ihnen damit eine besonders heilige Gabe an. So wollte er ihnen die Tatsache einprägen, daß sie ohne diesen Geist ihren Dienst nicht ausführen konnten.

Der Heilige Geist ist der Atem des geistlichen Lebens in der Seele. Jemanden mit dem göttlichen Geist auszurüsten, bedeutet, ihn mit dem Leben Christi zu erfüllen. Der Geist durchdringt den Empfänger mit den Eigenschaften Christi. Nur wer auf diese Weise von Gott unterwiesen ist, wer die nach innen gerichtete Wirksamkeit des Geistes spürt und in wem sich das christusähnliche Leben offenbart, der kann als Bevollmächtigter der Gemeinde dienen.

„Welchen ihr die Sünden erlasset", sagte Christus, „denen sind sie erlassen; und welchen ihr sie behaltet, denen sind sie behalten." [7] Der Herr gibt damit niemandem die Freiheit, über andere ein Urteil zu fällen. Schon in der Bergpredigt forderte Jesus seine Zuhörer auf, diese Angewohnheit zu lassen; denn das Richten steht allein Gott zu. Der

Gemeinde aber als Organisation ist vom Herrn eine Verantwortung für jedes einzelne Glied auferlegt. Gegenüber denen, die in Sünde fallen, hat die Gemeinde die Pflicht, zu warnen, zu belehren und, falls es möglich ist, zu bessern. „Weise zurecht, drohe, ermahne mit aller Geduld und Lehre",[8] so sagt der Herr. Bleibe ehrlich gegenüber jedem Unrecht; warne jede Seele, die in Gefahr ist; überlasse niemand dem Selbstbetrug; nenne die Sünde bei ihrem richtigen Namen; verkündige, was Gott über die Lüge, über das Brechen des Sabbats, über Stehlen, Abgötterei und jede andere Sünde gesagt hat. „Die solches tun, werden das Reich Gottes nicht erben."[9] Wenn sie aber in ihrer Sünde beharren, wird das Gericht, das du ihnen aus der Heiligen Schrift angekündigt hast, im Himmel über sie ausgesprochen werden. Indem sie die Sünde wählen, verstoßen sie Christus. Die Gemeinde muß zeigen, daß sie deren Taten nicht gutheißt, oder sie selbst entehrt ihren Herrn. Sie muß über die Sünde ebenso urteilen wie Gott; sie muß die Übertretungen genauso behandeln, wie Gott es vorgeschrieben hat, dann wird ihre Handlungsweise im Himmel bestätigt werden. Wer die Vollmacht der Gemeinde verachtet, der verachtet damit die Autorität Christi.

Doch diese Darstellung hat noch eine angenehmere Seite. „Welchen ihr die Sünden erlasset, denen sind sie erlassen."[7] Dieser Gedanke soll vorherrschend sein. Blickt bei der Arbeit für die Irrenden mit beiden Augen auf den Heiland! Die Hirten sollten die Herde von des Herrn Weide mit liebevoller Fürsorge leiten. Den Irrenden sollten sie von der vergebenden Gnade des Herrn erzählen und den Sünder ermutigen, seine Taten zu bereuen und an den zu glauben, der vergeben kann. Laßt die Diener Gottes im Namen des göttlichen Wortes verkünden: „Wenn wir aber unsre Sünden bekennen, so ist er treu und gerecht, daß er uns die Sünden vergibt und reinigt uns von aller Untugend."[10] Alle Reumütigen haben die Versicherung: „Er wird sich unser wieder erbarmen, unsere Schuld unter die Füße treten und alle unsere Sünden in die Tiefen des Meeres werfen."[11]

Mit dankbarem Herzen sollte die Reue des Sünders von der Gemeinde angenommen, der Bußfertige aus der Finsternis des Unglaubens in das Licht des Glaubens und der Gerechtigkeit geführt werden. Seine zitternde Hand sollte in die ihm liebevoll dargebotene Hand Jesu gelegt werden. Eine solcherart geübte Vergebung wird der Himmel gutheißen.

Nur in diesem Sinne besitzt die Gemeinde die Macht, dem Sünder zu vergeben; denn das Lösen von der Sünde kann nur durch das Verdienst Christi erreicht werden. Weder einem Menschen noch einer Vereinigung von Menschen ist die Macht gegeben, die Seele von Schuld zu befreien. Christus beauftragte seine Jünger, die Vergebung der Sünden in seinem Namen allen Völkern zu predigen; aber sie selbst waren nicht ermächtigt worden, auch nur die geringste Sünde hinwegzunehmen. In Jesu Namen ist Heil, „ist auch kein andrer Name unter dem Himmel den Menschen gegeben, darin wir sollen selig werden“.[12]

Als Jesus zum ersten Mal seinen Jüngern im Obergemach erschienen war, hatte Thomas gefehlt. Er hörte wohl die Berichte der anderen und erhielt genügend Beweise für die Auferstehung des Herrn; dennoch erfüllten Schwermut und Unglaube sein Herz. Als er die Jünger von den wunderbaren Bekundungen des auferstandenen Heilandes erzählen hörte, stürzte ihn das nur noch in tiefere Verzweiflung. Wenn Jesus wirklich von den Toten auferstanden wäre, dann bestünde fortan keine Hoffnung mehr auf ein irdisches Königreich im engeren Sinne des Wortes. Auch verletzte es seine Eitelkeit, wenn er daran dachte, daß sein Meister sich allen Jüngern außer ihm offenbart haben sollte. Er war daher entschlossen, das Gehörte nicht zu glauben, und brütete eine ganze Woche lang über seinem Elend, das ihm im Gegensatz zu der Hoffnung und dem Glauben seiner Brüder um so dunkler erschien.

Während dieser Zeit hatte Thomas wiederholt erklärt: „Wenn ich nicht in seinen Händen sehe die Nägelmale und lege meinen Finger in die Nägelmale und lege meine Hand in seine Seite, kann ich's nicht glauben.“[13] Er wollte nicht durch die Augen seiner Brüder sehen oder einen Glauben üben, der sich auf ihr Zeugnis stützte. Er liebte seinen Herrn von ganzem Herzen; aber er hatte Eifersucht und Unglauben in sein Herz und in seine Gedankenwelt eindringen lassen.

Einem Teil der Jünger diente das vertraute obere Gemach als vorläufige Unterkunft, und abends versammelten sich dort alle außer Thomas. Eines Abends entschied sich auch Thomas, mit den anderen Jüngern zusammenzukommen. Trotz seines Unglaubens hegte er die schwache Hoffnung, daß jene gute Nachricht doch wahr sein könnte. Während des Abendessens sprachen die Jünger über die Beweise, die Jesus ihnen in den Weissagungen gegeben hatte. Plötzlich „kommt Jesus, da die Türen verschlossen waren, und tritt mitten ein und spricht: Friede sei mit euch“![14]

Dann wandte er sich an Thomas und sagte: „Reiche deinen Finger her und siehe meine Hände und reiche deine Hand her und lege sie in meine Seite und sei nicht ungläubig, sondern gläubig!“ [15] Diese Worte zeigten, daß dem Herrn die Gedanken und Worte des Thomas gut bekannt waren. Der zweifelnde Jünger wußte, daß niemand seiner Mitjünger den Herrn in der vergangenen Woche gesehen hatte. Sie konnten Jesus nichts von seinem Unglauben erzählt haben. Da erkannte er seinen Herrn, und er wollte keinen weiteren Beweis. In überströmender Freude warf er sich Jesus zu Füßen und rief: „Mein Herr und mein Gott!“ [16]

Jesus nahm sein Bekenntnis an, tadelte ihn aber mit freundlicher Milde wegen seines Unglaubens: „Weil du mich gesehen hast, Thomas, so glaubst du. Selig sind, die nicht sehen und doch glauben!“ [17] Der Glaube des Thomas hätte den Heiland mehr gefreut, würde er dem Zeugnis seiner Brüder geglaubt haben. Folgte die Welt heute dem Beispiel des Thomas, dann glaubte niemand an die Erlösung; denn alle, die Christus annehmen, müssen sich auf das Zeugnis anderer stützen.

Viele, die zum Zweifel neigen, entschuldigen sich damit, daß sie behaupten, sie würden gewiß glauben, wenn sie den Beweis bekämen, den Thomas von seinen Gefährten bekommen hatte. Sie erkennen aber nicht, daß sie nicht nur diesen Beweis, sondern noch weitaus mehr Zeugnisse haben. Viele, die ähnlich wie Thomas darauf warten, daß ihnen jeder Anlaß zum Zweifel aus dem Wege geräumt wird, werden nie ihre Wünsche verwirklicht sehen. Allmählich werden sie immer tiefer in den Unglauben verstrickt. Wer sich dazu erzieht, nur auf die schwierige Seite zu schauen, zu murren und zu klagen, erkennt nicht, was er tut. Er sät den Samen des Zweifels und wird auch eine Ernte des Zweifels einbringen. In einer Zeit, in der Glaube und Vertrauen besonders wichtig sind, werden sich auf diese Weise viele außerstande sehen, zu hoffen und zu glauben.

Durch sein Verhalten gegenüber Thomas gab Jesus seinen Nachfolgern eine gute Lehre. Sein Beispiel zeigt uns, wie wir die Glaubensschwachen und die Zweifler behandeln sollen. Jesus überhäufte Thomas nicht mit Vorwürfen, noch ließ er sich mit ihm in Streitfragen ein. Er offenbarte sich dem Zweifelnden. Thomas hatte äußerst unvernünftig gehandelt, als er vorschrieb, unter welchen Bedingungen er glauben wolle; Jesus aber brach durch seine großmütige Liebe und Rücksicht alle Schranken nieder. Der Unglaube wird selten durch Wortgefechte überwunden. Er greift gewöhnlich zur Selbstverteidigung und findet immer neue Unterstützung und Entschuldigungsgründe. Doch laßt Jesus in seiner Liebe und Barmherzigkeit als den gekreuzigten Heiland offenbart werden, und viele einst unwillige Lippen werden das Bekenntnis des Thomas nachsprechen: „Mein Herr und mein Gott!"

Noch einmal am See Genezareth | 67

Jesus hatte die Absicht, seine Jünger in Galiläa zu treffen. Bald nach dem Ende der Passahwoche lenkten sie ihre Schritte dorthin. Ihre Abwesenheit von Jerusalem während des Passahfestes wäre ihnen als Abneigung und Abfall ausgelegt worden. Deshalb blieben sie bis zum Schluß der Festwoche und eilten dann erst freudig heimwärts, um ihren Herrn zu treffen, wie er es geboten hatte.

Sieben der Jünger wanderten zusammen. Sie waren in das schlichte Gewand der Fischer gekleidet. Wohl waren sie arm an irdischen Gütern, doch reich in der Erkenntnis und im Ausleben der Wahrheit, was ihnen in himmlischer Sicht den höchsten Rang als Lehrer eintrug. Sie hatten zwar keine Prophetenschulen besucht, waren aber drei Jahre lang von dem besten Erzieher, den die Welt je gekannt hat, unterrichtet worden. Unter seinem Einfluß waren sie edler, verständiger und vollkommener geworden – Werkzeuge, durch die andere Menschen zur Erkenntnis der Wahrheit geführt werden konnten.

Ein Großteil der Zeit, die Jesu Lehrtätigkeit einnahm, hatten sie in der Nähe des Galiläischen Meeres verbracht. Als die Jünger sich an einem Ort versammelten, wo sie kaum gestört werden konnten, sahen sie sich immer wieder durch die Umgebung an Jesus und seine mächtigen Taten erinnert. Auf diesem See war er ihnen, auf den Wellen schreitend, zu Hilfe gekommen, als ihre Herzen sich fürchteten und der wilde Sturm sie dem Untergang entgegentrieb. Hier war der Sturm durch sein Wort gestillt worden. Sie konnten den Strand überschauen, wo mehr als zehntausend Menschen mit wenigen kleinen Broten und Fischen gespeist worden waren. Nicht weit davon entfernt lag Kapernaum, der Schauplatz so vieler Wunder. Wie die Jünger so die Landschaft betrachteten, waren sie in Gedanken ganz bei ihrem Heiland.

Es war ein angenehmer Abend, und Petrus, der sich noch viel von seiner einstigen Begeisterung für Boote und Fischfang bewahrt hatte, machte den Vorschlag, auf den See hinauszufahren und die Netze auszuwerfen. Alle waren sie mit seinem Plan einverstanden; denn sie brauchten Nahrung und Kleidung, und der Erlös aus einem erfolgreichen nächtlichen Fischzug würde ihnen dazu verhelfen. So fuhren sie in ihrem Boot hinaus, doch sie fingen nichts. Sie arbeiteten die ganze Nacht – ohne Erfolg. Während jener langen Nachtstunden unterhielten sie sich über ihren abwesenden Herrn und riefen sich die wunderbaren Ereignisse ins Gedächtnis zurück, die sie in der Zeit seines öffentlichen Dienstes am See erlebt hatten. Sie fragten sich, was die Zukunft ihnen bringen würde, und der Ausblick auf die kommende Zeit machte sie traurig.

Die ganze Zeit über folgte ihnen vom Ufer aus ein einsamer Beobachter mit seinen Blicken, während er selbst unsichtbar blieb. Endlich dämmerte der Morgen. Das Boot war dem Ufer schon sehr nahe gekommen, und jetzt sahen die Jünger einen Fremden am Strand stehen, der sie mit den Worten ansprach: „Kinder, habt ihr nichts zu essen?" Als sie die Frage verneinten, sagte der Fremde zu ihnen: „Werfet das Netz zur Rechten des Schiffs, so werdet ihr finden. Da warfen sie und konnten's nicht mehr ziehen vor der Menge der Fische." [1]

Johannes aber erkannte den Fremden und rief Petrus zu: „Es ist der Herr!" Petrus war so übermütig und so voller Freude, daß er sich ungeduldig gleich vom Boot aus ins Wasser warf und bald neben seinem Herrn stand. Die anderen Jünger fuhren im Boot heran und zogen das mit Fischen gefüllte Netz hinter sich her. „Als sie nun ausstiegen auf das Land, sahen sie Kohlen gelegt und Fische darauf und Brot." [2]

Sie waren zu überrascht, um zu fragen, woher das Feuer und die Speise stammten. Jesus sagte zu ihnen: „Bringet her von den Fischen, die ihr jetzt gefangen habt!" [3] Da stürzte Petrus zu dem Netz, das er hatte fallen lassen, und half seinen Brüdern, es an Land zu ziehen. Nachdem sie diese Arbeit erledigt hatten und alle Vorbereitungen getroffen waren, bat Jesus seine Jünger, mit ihm zu speisen. Er brach das Brot und verteilte es unter sie und wurde nunmehr von allen sieben erkannt und anerkannt. Das Wunder von der Speisung der Fünftausend am Berghang kam ihnen auf einmal wieder ins Gedächtnis; doch zeigten sie eine merkwürdige Scheu, und schweigend schauten sie den auferstandenen Heiland an.

Lebhaft erinnerten sie sich des Geschehens am See, als Jesus ihnen geboten hatte, ihm zu folgen. Sie dachten daran, wie sie auf sein Geheiß hinausgefahren waren und ihre Netze ausgeworfen hatten und wie der Fischzug eine so reiche Beute erbracht hatte, daß die Netze zu zerreißen drohten. Dann waren sie von Jesus aufgefordert worden, ihre Fischerboote zu verlassen, und er hatte ihnen verheißen, aus ihnen

Menschenfischer zu machen. Um ihnen dieses Erlebnis wieder lebendig werden zu lassen und dessen Eindruck zu vertiefen, hatte er abermals das Wunder des Fischzuges vollbracht. Dieses Wunder stellte eine Erneuerung des göttlichen Auftrages an die Jünger dar. Es führte ihnen vor Augen, daß der Tod ihres Meisters ihre Verpflichtung nicht verringert hatte, die ihnen vom Herrn zugewiesene Aufgabe zu erfüllen. Obwohl sie auf den persönlichen Umgang mit dem Herrn und auf das Bestreiten ihres Lebensunterhaltes aus ihrem früheren Beruf würden verzichten müssen, würde sich der auferstandene Heiland dennoch um sie kümmern. Solange sie seinen Auftrag ausführten, würde er für ihre Bedürfnisse sorgen. Mit der Anweisung, ihr Netz rechts vom Schiff auszuwerfen, hatte der Heiland eine bestimmte Absicht verfolgt. An jener Seite stand er am Ufer; das war die Seite des Glaubens. Arbeiteten sie mit ihm zusammen, indem sie ihre menschlichen Bemühungen mit seiner göttlichen Macht verbänden, dann konnte der Erfolg nicht ausbleiben.

Noch eine weitere Lehre, die besonders Petrus anging, mußte Jesus ihnen erteilen. Daß Petrus den Herrn verleugnet hatte, war ein schändlicher Gegensatz zu seinen früheren Treuegelöbnissen gewesen. Er hatte den Herrn entehrt und sich das Mißtrauen seiner Brüder zugezogen. Diese glaubten, daß er seine frühere Stellung unter ihnen nicht mehr einnehmen dürfe, und auch er selbst fühlte, daß er das Vertrauen in seinen guten Namen verscherzt hatte. Ehe er nun berufen wurde, sein Apostelamt wiederaufzunehmen, mußte er vor ihnen allen den Beweis für seine Reue erbringen. Andernfalls hätte seine Schuld, obgleich er sie bereute, seinen Einfluß als Diener Christi untergraben können. Der Heiland schenkte ihm Gelegenheit, das Vertrauen seiner Brüder wiederzugewinnen und soweit wie möglich die Schmach zu beseitigen, die sein schändliches Verhalten dem Evangelium von der Herrlichkeit Jesu Christi gebracht hatte.

Hierdurch wurde allen Nachfolgern Christi eine Lehre gegeben. Das Evangelium schließt keinen Vergleich mit der Sünde; es kann kein Unrecht entschuldigen. Geheime Sünden sollten Gott im Verborgenen bekannt werden, offenkundige Sünden aber erfordern ein öffentliches Bekenntnis. Wenn die Jünger sündigen, trifft der Vorwurf Christus. Das veranlaßt Satan zum Triumph und läßt schwache Seelen straucheln. Indem der Jünger Reue beweist, soll er, soweit es in seiner Macht steht, diese Schmach beseitigen.

Während Jesus gemeinsam mit seinen Jüngern am Ufer speiste, fragte er Petrus: „Simon, des Johannes Sohn, hast du mich lieber, als mich diese haben?“ [4] Dabei wies er auf die Gefährten des Petrus, der einst erklärt hatte: „Wenn sie auch alle Ärgernis nähmen an dir, so will ich's doch nimmermehr tun.“ [5] Doch jetzt konnte er sich besser beurteilen. „Ja, Herr“, antwortete er, „du weißt, daß ich dich liebhabe.“ [4] Das ist keine leidenschaftliche Versicherung, daß seine Liebe die seiner Brüder übersteige. Er gibt nicht einmal seiner eigenen Meinung über den Wert seiner Hingabe Ausdruck. Vielmehr bittet er den, der alle Beweggründe des Herzens kennt, seine Aufrichtigkeit zu beurteilen: „Herr, du weißt, daß ich dich liebhabe.“ Und Jesus fordert ihn auf: „Weide meine Lämmer!“ [4]

Abermals prüfte der Herr Petrus, indem er seine Frage wiederholte: „Simon, des Johannes Sohn, hast du mich lieb?“ Diesmal fragte er Petrus nicht, ob dieser ihn mehr liebe als seine Brüder. Doch auch die zweite Antwort glich der ersten; sie war frei von übertriebenen Beteuerungen: „Ja, Herr, du weißt, daß ich dich liebhabe.“ Jesus sagte ihm darauf: „Weide meine Schafe!“ [6] Aber noch einmal stellte der Heiland die prüfende Frage: „Simon, des Johannes Sohn, hast du mich lieb?“ Da wurde Petrus traurig, glaubte er doch, daß Jesus an seiner Liebe zweifelte. Er wußte, daß sein Herr Ursache hatte, ihm zu mißtrauen. So antwortete er mit wehem Herzen: „Herr, du weißt alle Dinge, du weißt, daß ich dich liebhabe.“ Und wiederum wies Jesus ihn an: „Weide meine Schafe!“ [7]

Dreimal hatte Petrus seinen Herrn öffentlich verleugnet, dreimal verlangte Jesus von ihm nun die Versicherung seiner Liebe und Treue, wobei die wiederholte, gezielte Frage Petrus wie ein spitzer Pfeil ins wunde Herz drang. Vor den versammelten Jüngern enthüllte Jesus, wie tief Petrus seine Tat bereute, und ließ dadurch erkennen, wie gründlich sich der einst so ruhmredige Jünger gedemütigt hatte.

Petrus war von Natur aus vorwitzig und unbeherrscht, und Satan hatte diese Wesenseigenschaften zu seinem Vorteil benutzt, um ihn zu Fall zu bringen. Kurz vor jener schändlichen Tat hatte Jesus zu Petrus gesagt: „Simon, Simon, siehe, der Satan hat euer begehrt, daß er euch möchte sichten wie den Weizen. Ich aber habe für dich gebeten, daß dein Glaube nicht aufhöre. Und wenn du dermaleinst dich bekehrst, so stärke deine Brüder.“ [8] Diese Zeit war jetzt gekommen, die Umwandlung im Wesen des Petrus war allen deutlich. Die eindringlichen, prüfenden Fragen des Herrn hatten keine vorwitzige, Selbstzufriedenheit widerspiegelnde Antwort hervorgerufen. Seine Demütigung und seine Reue hatten Petrus besser als je zuvor darauf vorbereitet, ein Hirte der Herde zu sein.

Die erste Aufgabe, die Jesus dem Petrus anvertraute, als er ihn in den Dienst wiedereinsetzte, war das Hüten der Lämmer. Das war eine Tätigkeit, in der Petrus bisher nur wenige Erfahrungen gesammelt hatte. Sie würde von ihm viel Sorgfalt und Einfühlungsvermögen, viel Geduld und Ausdauer erfordern. Es war ein Ruf, denen zu dienen, die jung im Glauben waren; er sollte die Unwissenden belehren, ihnen die Schrift öffnen und sie zu nützlichen Mitarbeitern im Dienste Christi erziehen. Bisher war Petrus weder für diese Aufgabe tauglich gewesen, noch verstand er deren Wichtigkeit. Aber gerade dazu berief ihn der Herr in jener Stunde. Sein Leid und seine Reue hatten ihn dafür vorbereitet.

Vor seinem Fall hatte Petrus immer wieder unüberlegt aus einem plötzlichen Antrieb heraus gesprochen. Stets war er bereit gewesen, andere zurechtzuweisen und seine eigene Meinung kundzutun, bevor er sich über sich selbst oder über das, was er zu sagen hatte, völlig im klaren war. Der bekehrte Petrus aber handelte ganz anders. Er behielt wohl seine frühere Begeisterung, doch die Gnade Christi leitete seinen Eifer in die richtigen Bahnen. Er war nicht mehr heftig, selbstvertrauend und überheblich, sondern ruhig, beherrscht und gelehrig. Er konnte sowohl die Lämmer als auch die Schafe der Herde Christi weiden.

Jesu Handlungsweise gegenüber Petrus war für diesen wie für seine Brüder sehr lehrreich. Sie führte ihnen die Notwendigkeit vor Augen, dem Übertreter mit Geduld, Mitgefühl und vergebender Liebe zu begegnen. Obwohl Petrus seinen Herrn verleugnet hatte, die Liebe, die Jesus ihm entgegenbrachte, schwankte niemals. Ebensolche Liebe sollte der Unterhirte für seine Schafe und Lämmer aufbringen, die seiner Obhut übergeben sind. Indem er sich seiner eigenen Schwäche und seines Versagens erinnerte, sollte Petrus ebenso feinfühlig mit seiner Herde umgehen, wie Jesus an ihm gehandelt hatte.

Jesu Frage an Petrus war bedeutsam. Nur eine Bedingung zur Jüngerschaft und zum Dienst führte er an: „Hast du mich lieb?“ [7] Das ist die wichtigste Voraussetzung. Würde Petrus alle möglichen Befähigungen besessen haben, er hätte ohne die Liebe Christi kein treuer

Hirte über die Herde des Herrn sein können. Erkenntnis, Mildtätigkeit, Beredsamkeit, Dankbarkeit und Eifer sind gute Hilfsmittel im Werk des Herrn, aber wenn ein Diener Christi nicht Jesu Liebe im Herzen trägt, wird er vergeblich arbeiten.

Jesus ging mit Petrus allein, denn es gab einiges, das er nur mit ihm besprechen wollte. Vor seinem Tode hatte Jesus zu ihm gesagt: „Wo ich hingehe, kannst du mir diesmal nicht folgen; aber du wirst mir nachmals folgen." Darauf hatte Petrus geantwortet: „Herr, warum kann ich dir diesmal nicht folgen? Ich will mein Leben für dich lassen."[9] Als er das sagte, hatte er nur wenig Ahnung davon, über welche Höhen und in welche Tiefen Christus ihm auf dem Weg vorangehen würde. Petrus war gestrauchelt, als die Prüfung kam; aber wieder sollte er Gelegenheit haben, seine Liebe zu Christus zu beweisen. Damit er für die endgültige Glaubensprüfung gestärkt würde, breitete der Heiland seine Zukunft vor ihm aus. Er offenbarte ihm, daß nach einem fruchtbaren Leben, wenn dann das Alter an seinen Kräften zehrte, er tatsächlich seinem Herrn folgen würde. Jesus sagte ihm: „Als du jünger warst, gürtetest du dich selbst und wandeltest, wo du hinwolltest; wenn du aber alt wirst, wirst du deine Hände ausstrecken, und ein anderer wird dich gürten und führen, wo du nicht hinwillst. Das sagte er aber, zu zeigen, mit welchem Tode er Gott preisen würde."[10]

Jesus machte Petrus ganz offen mit der Art und Weise seines Todes vertraut; er sagte ihm sogar das Ausstrecken seiner Hände am Kreuz voraus. Erneut forderte er dann seinen Jünger auf: „Folge mir nach!" Petrus wurde durch diese Offenbarung nicht entmutigt. Er war bereit, für seinen Herrn jeden Tod zu erleiden.

Bisher hatte Petrus den Herrn dem Fleische nach gekannt, wie ihn viele auch heute kennen. Doch er sollte nicht länger eine derartig begrenzte Schau haben. Er hatte ihn jetzt anders kennengelernt als zu der Zeit, da er mit ihm in irdischer Gemeinschaft verbunden war. Er hatte Jesus als Mensch geliebt, als einen vom Himmel gesandten Lehrer; jetzt liebte er ihn als Gott. Nach und nach hatte er erkannt, daß Jesus ihm „alles in allem"[11] war.

Für Petrus waren die Worte „Folge mir nach!" äußerst lehrreich. Diese Unterweisung war ihm nicht nur für sein Sterben, sondern auch für jeden Schritt seines Lebens gegeben worden. Bisher hatte Petrus lieber selbständig gehandelt, hatte versucht, von sich aus für das Werk Gottes Pläne auszuarbeiten, statt geduldig zu warten und dann dem

Plane Gottes zu folgen. Indem er dem Herrn vorauseilte, konnte er jedoch nichts gewinnen. Jesus fordert ihn auf: „Folge mir nach!" Lauf mir nicht voran. Dann brauchst du den Heeren Satans nicht allein gegenüberzustehen. Laß mich vorangehen, und der Feind wird dich nicht überwältigen können.

Als Petrus so neben Jesus schritt, sah er, daß Johannes ihnen folgte. Da begehrte er, auch dessen Zukunft zu erfahren, und so fragte er Jesus: „Herr, was wird aber mit diesem?" Jesus antwortete ihm: „Wenn ich will, daß er bleibe, bis ich komme, was geht es dich an? Folge du mir nach!" [12] Petrus hätte bedenken sollen, daß sein Herr ihm alles das offenbaren würde, was für ihn zu wissen gut wäre. Eines jeden Pflicht ist es, Christus nachzufolgen, ohne dabei eine unangebrachte Besorgnis über die den andern aufgetragene Arbeit zu hegen. Als Jesus von Johannes sagte: „Wenn ich will, daß er bleibe, bis ich komme", gab er damit keineswegs die Versicherung ab, daß dieser Jünger bis zum zweiten Kommen des Herrn leben werde. Er erläuterte mit diesen Worten lediglich seine unumschränkte Macht, zum andern wollte er zeigen, daß es die Aufgabe des Petrus in keiner Weise beeinträchtigen würde, wenn es tatsächlich sein Wille wäre, daß jener Jünger nicht stürbe. Die Zukunft von Johannes wie auch von Petrus lag in den Händen ihres Herrn. Beiden jedoch war die Pflicht auferlegt, ihm im Gehorsam zu folgen.

Wie viele Menschen heute gleichen dem Petrus! Sie kümmern sich um die Angelegenheiten anderer und brennen darauf, deren Pflichten kennenzulernen, während sie Gefahr laufen, ihre eigenen Aufgaben zu vernachlässigen. Es kommt uns zu, auf Jesus zu schauen und ihm nachzufolgen. Im Leben und im Charakter anderer Menschen werden wir Fehler und Mängel entdecken. Die menschliche Natur ist mit Schwachheit behaftet; in Jesus Christus aber werden wir Vollkommenheit finden. Indem wir auf ihn sehen, werden wir verwandelt werden.

Johannes erreichte ein sehr hohes Alter. Er erlebte die Zerstörung Jerusalems und den Untergang des prächtigen Tempels – ein Sinnbild für die endgültige Vernichtung der Welt. Bis zu seinem Tode folgte er treu seinem Herrn. Der wesentliche Inhalt seines Zeugnisses an die Gemeinden lautete: „Ihr Lieben, lasset uns einander liebhaben; denn die Liebe ist von Gott . . . und wer in der Liebe bleibt, der bleibt in Gott und Gott in ihm." [13]

Petrus war wieder in sein Apostelamt eingesetzt worden, doch die ihm von Christus zuteil gewordene Ehre und Vollmacht bedeutete keine Vorrangstellung gegenüber seinen Brüdern. Das hatte Jesus klar herausgestellt, als er auf die Frage des Petrus „Was wird aber mit diesem?“ die Antwort gab: „Was geht es dich an? Folge du mir nach!“ [12] Petrus wurde nicht als Haupt der Gemeinde geehrt. Die Gnade, die ihm Jesus dadurch erwiesen hatte, daß er ihm seinen Abfall vergab und ihm die Sorge für die Herde anvertraute, sowie seine Treue in der Nachfolge Christi hatten Petrus das Vertrauen seiner Brüder wiedergewonnen. Er besaß großen Einfluß in der Gemeinde. Aber die Lehre, die ihm der Herr am Galiläischen Meer erteilt hatte, bewahrte er für sein ganzes Leben. Unter dem Einfluß des Heiligen Geistes schrieb er an die Gemeinden:

„Die Ältesten unter euch ermahne ich, der Mitälteste und Zeuge der Leiden Christi, der ich auch teilhabe an der Herrlichkeit, die offenbart werden soll: Weidet die Herde Gottes, die euch befohlen ist, nach Gottes Willen, nicht gezwungen, sondern willig; nicht um schändlichen Gewinnes willen, sondern von Herzensgrund; nicht als die über die Gemeinden herrschen, sondern werdet Vorbilder der Herde. So werdet ihr, wenn erscheinen wird der Erzhirte, die unverwelkliche Krone der Ehren empfangen.“ [14]

„Gehet hin und lehret alle Völker!" | 68

Kurz vor seiner Himmelfahrt versicherte Jesus den Jüngern: „Mir ist gegeben alle Gewalt im Himmel und auf Erden." Daran schloß sich der Auftrag an: „Darum gehet hin und machet zu Jüngern alle Völker." [1] „Gehet hin in alle Welt und prediget das Evangelium aller Kreatur." [2] Wieder und wieder wurden diese Worte wiederholt, damit die Jünger deren Bedeutung begriffen. Auf alle Bewohner der Erde, ob groß oder klein, reich oder arm, sollte das Licht des Himmels kraftvoll und hell herniederscheinen. Die Jünger sollten mit ihrem Erlöser zur Errettung der Welt zusammenarbeiten.

Der Auftrag war den Zwölfen schon gegeben worden, als Jesus ihnen im Obergemach begegnete; doch nun sollte er einer größeren Anzahl mitgeteilt werden. Alle Gläubigen, die zusammengerufen werden konnten, waren zu dieser Versammlung auf einem Berg in Galiläa vereint.

Zur festgesetzten Zeit hatten sich etwa 500 Gläubige in kleinen Gruppen am Bergeshang eingefunden, die sämtlich danach verlangten, soviel wie irgend möglich von denen zu erfahren, die Christus seit seiner Auferstehung gesehen hatten. Die Jünger gingen von Gruppe zu Gruppe, berichteten über alles, was sie von Jesus gesehen und gehört hatten, und legten die Schrift aus, so wie es Jesus bei ihnen getan hatte. Thomas sprach von seinem Unglauben und erzählte, wie seine Zweifel hinweggefegt worden waren. Plötzlich stand Jesus mitten unter ihnen. Niemand konnte sagen, woher oder wie er zu ihnen gekommen war. Viele der Anwesenden hatten ihn nie zuvor gesehen; aber an seinen Händen und Füßen sahen sie die Nägelmale der Kreuzigung. Sein Angesicht erschien wie das Antlitz Gottes, und als sie ihn erblickten, beteten sie ihn an.

Einige aber zweifelten. So wird es immer sein. Es sind jene, denen es schwerfällt, Glauben zu üben; deshalb begeben sie sich auf die Seite der Zweifelnden. Sie verlieren viel wegen ihres Unglaubens.

Das war die einzige Begegnung, die Jesus mit zahlreichen Gläubigen nach seiner Auferstehung hatte. Er trat zu ihnen und sagte: „Mir ist gegeben alle Gewalt im Himmel und auf Erden." [1] Die Jünger hatten ihn schon angebetet, bevor er zu ihnen sprach, doch diese Worte kamen aus einem Munde, der im Tode verschlossen gewesen war, und das berührte die Anwesenden mit besonderer Kraft. Er war in der Tat der auferstandene Heiland. Viele von ihnen hatten beobachtet, wie er seine Macht anwandte, um Kranke zu heilen und satanische Gewalten unter seine Herrschaft zu bringen. Sie glaubten, daß es in seiner Macht läge, sein Reich in Jerusalem zu errichten, allen Widerstand zu brechen und die Kräfte der Natur zu beherrschen. Er hatte das zornige Meer beruhigt, war auf weißschäumenden Wellen gegangen, hatte Tote zum Leben erweckt. Nun erklärte er, daß ihm „alle Gewalt" gegeben sei. Seine Worte trugen die Gedanken der Zuhörer über irdische und zeitliche Belange hinaus bis zu himmlischen und ewigen Dingen. Sie erhielten eine außerordentliche Vorstellung von seiner Würde und seiner Herrlichkeit.

Christi Worte am Bergeshang gaben zu erkennen, daß sein für den Menschen gebrachtes Opfer vollständig und abgeschlossen war. Die Bedingungen zur Versöhnung waren erfüllt worden; die Aufgabe, derentwillen er in diese Welt gekommen war, hatte er vollendet. Nun war er auf dem Wege zum Throne Gottes, um von Engeln, Fürstentümern und Gewalten geehrt zu werden. Er hatte sein Mittleramt angetreten. Ausgestattet mit unbeschränkter Autorität, erteilte er den Jüngern seinen Auftrag: „Darum gehet hin und machet zu Jüngern alle Völker: taufet sie auf den Namen des Vaters und des Sohnes und des heiligen Geistes und lehret sie halten alles, was ich euch befohlen habe. Und siehe, ich bin bei euch alle Tage bis an der Welt Ende." [3]

Die Juden waren zu Hütern der heiligen Wahrheit bestimmt worden, aber der Pharisäismus hatte sie zu den sich am erhabensten dünkenden und scheinheiligsten Menschen dieser Welt werden lassen. Alles was mit den Priestern und Obersten in Zusammenhang stand – ihre Kleidung und ihre Gebräuche, ihre Zeremonien und ihre Überlieferungen –, machte sie untauglich, das Licht der Welt zu sehen. Sie selbst, die jüdische Nation, das war für sie die Welt. Christus jedoch beauftragte seine Jünger, einen Glauben und eine Anbetung zu verkündigen, die nichts zu tun hatten mit der gesellschaftlichen Stellung oder der Volkszugehörigkeit, einen Glauben, der von allen Völkern, Nationalitäten und Menschenklassen angenommen werden könnte.

Bevor Christus seine Jünger verließ, machte er ihnen den Charakter seines Reiches deutlich. Er erinnerte sie daran, was er ihnen früher darüber mitgeteilt hatte. Er erklärte, daß es nicht seine Absicht gewesen sei, ein zeitliches, sondern vielmehr ein geistliches Reich auf dieser Erde zu gründen. Auch wolle er nicht als irdischer König auf Davids Thron herrschen. Erneut zeigte er ihnen aus der Schrift, daß alles, was er erlitten hatte, schon im Himmel in gemeinsamer Zwiesprache zwischen ihm und dem Vater festgelegt worden war. Und alles sei von Menschen vorausgesagt worden, die vom Heiligen Geist erfaßt waren. Ihr seht, sagte er ihnen, daß alles eingetroffen ist, was ich euch über meine Verwerfung als Messias offenbart habe. Ebenso ist alles in Erfüllung gegangen, was ich euch hinsichtlich meiner Demütigung, die ich ertragen, und meines Todes, den ich erleiden sollte, erklärt habe. Am dritten Tage auferstand ich dann. Forscht noch sorgfältiger in den Schriften, und ihr werdet erkennen, daß sich in allen diesen Dingen die von mir zeugenden Aussagen des prophetischen Wortes erfüllt haben.

Christus gebot seinen Jüngern, die Aufgabe durchzuführen, die er ihnen überlassen hatte, und sie sollten in Jerusalem damit beginnen. Jerusalem war der Schauplatz gewesen, wo er sich um der Menschen willen am tiefsten zu ihnen herabgelassen hatte. Dort hatte er gelitten, dort war er verworfen und verurteilt worden. Judäa war sein Geburtsland. Dort war er, in menschlicher Gestalt, mit Menschen zusammengewesen, und nur wenige hatten erkannt, wie nahe der Himmel der Erde gekommen war, als Jesus unter ihnen weilte. In Jerusalem mußte die Arbeit der Apostel beginnen.

Im Hinblick auf all das, was Christus dort gelitten hatte, und angesichts der Vergeblichkeit seines Wirkens hätten die Jünger wohl ein mehr versprechendes Arbeitsfeld erbitten können; doch sie sprachen kein derartiges Verlangen aus. Gerade der Boden, auf dem Jesus bereits den Samen der göttlichen Wahrheit ausgestreut hatte, sollte von den Jüngern bearbeitet werden; die Saat würde aufgehen und eine reiche Ernte hervorbringen. Bei ihrem Dienst würden sie durch die Eifersucht und den Haß der Juden Verfolgung erleiden müssen; doch Verfolgung hatte auch ihr Meister ertragen, und deshalb wollten sie nicht davor zurückschrecken. Das erste Gnadenangebot sollte den Mördern des Heilandes gelten.

Es gab in Jerusalem viele, die im geheimen an Jesus geglaubt hatten, und es gab nicht wenige, die durch die Priester und Obersten betrogen worden waren. Auch sie sollten mit dem Evangelium bekannt und zur Sinnesänderung aufgerufen werden. Die herrliche Wahrheit, daß durch Christus allein Vergebung der Sünden erlangt werden könne, sollte offen dargelegt werden. Während ganz Jerusalem noch durch die aufregenden Ereignisse der vergangenen Wochen innerlich bewegt war, würde die Predigt des Evangeliums den tiefsten Eindruck hinterlassen.

Aber das Werk durfte hier nicht aufhören. Es sollte bis in die entlegensten Gebiete der Erde getragen werden. Jesus sprach zu seinen Jüngern: Ihr seid Zeugen dafür, daß ich ein Leben der Selbstaufopferung für diese Welt geführt habe. Auch habt ihr meine Bemühungen um Israel gesehen. Obgleich sie nicht zu mir kommen wollten, um das Leben zu empfangen; obgleich die Priester und Obersten an mir handelten, wie es sie gelüstete; obgleich sie mich verworfen haben, wie es die Schriften vorhersagten – sie sollen noch eine weitere Gelegenheit haben, den Sohn Gottes anzunehmen. Ihr habt gesehen, daß ich alle bereitwillig annehme, die zu mir kommen und ihre Sünden bekennen. Wer zu mir kommt, den werde ich auf keinen Fall hinausstoßen. Alle, die danach verlangt, können mit Gott versöhnt werden und das ewige Leben empfangen. Euch, meinen Nachfolgern, übertrage ich diese Gnadenbotschaft. Sie soll zuerst Israel verkündigt werden, danach allen anderen Nationen, Sprachen und Völkern. Juden und Heiden werden sie empfangen, und alle, die daran glauben, sollen in einer Gemeinde gesammelt werden.

Durch die Gabe des Heiligen Geistes sollten die Jünger mit übernatürlicher Kraft ausgerüstet und ihr Zeugnis durch Zeichen und Wunder bekräftigt werden. Wunder würden nicht nur von den Aposteln vollbracht, sondern auch von denen, die ihre Botschaft annähmen. Jesus verhieß: „In meinem Namen werden sie böse Geister austreiben, in neuen Zungen reden, Schlangen vertreiben, und wenn sie etwas Tödliches trinken, wird's ihnen nicht schaden; auf Kranke werden sie die Hände legen, so wird's besser mit ihnen werden." [4]

Damals kamen häufig Giftmorde vor. Gewissenlose Menschen zögerten nicht, durch derartige Mittel jene zu beseitigen, die ihrem Ehrgeiz im Wege standen. Jesus wußte, daß dadurch auch das Leben seiner Jünger gefährdet war. Viele würden glauben, Gott einen Dienst zu erweisen, wenn sie seine Zeugen umbrächten. Deshalb versprach er ihnen Schutz vor dieser Gefahr.

Die Jünger sollten die gleiche Kraft haben, die Jesus besaß, um „alle Krankheit und alle Gebrechen im Volk" [5] zu heilen. Indem sie in seinem Namen die Krankheiten des Körpers heilten, würden sie Jesu Macht zum Heilen der Seele bezeugen. Eine neue Gabe wurde ihnen nun versprochen. Da die Jünger auch in anderen Ländern predigen sollten, würden sie die Macht erhalten, auch in anderen Sprachen zu reden. Die Apostel und ihre Begleiter waren ungelehrte Männer, doch durch die Ausgießung des Geistes zu Pfingsten wurde ihre Rede – sowohl die Wortwahl als auch die Aussprache und ganz gleich, ob in ihrer Muttersprache oder in einer anderen – klar, einfach und fehlerfrei.

So erteilte Jesus den Jüngern ihren Auftrag. Er hatte alle Vorkehrungen für die Durchführung des Werkes getroffen und übernahm selbst die Verantwortung für dessen Erfolg. Solange sie seinem Wort gehorchten und in Verbindung mit ihm arbeiteten, würden sie nicht versagen können. Geht zu allen Völkern, gebot er ihnen. Geht bis zu den entferntesten Teilen der bewohnten Welt und wißt, daß ich auch dort sein werde! Wirkt im Glauben und voller Vertrauen, denn es wird nie geschehen, daß ich euch verlasse.

Jesu Auftrag an seine Jünger schloß alle Gläubigen ein. Bis zum Ende der Zeiten sind alle, die an Christus glauben, davon betroffen. Es ist ein verhängnisvoller Irrtum anzunehmen, die Aufgabe der Seelenrettung beziehe sich allein auf den ordinierten Geistlichen. Vielmehr ist allen, denen die himmlische Erkenntnis zuteil geworden ist, die Frohbotschaft anvertraut. Wer durch Christus neues Leben empfangen hat, ist dazu ausersehen, an der Errettung seiner Mitmenschen mitzuwirken. Zu diesem Zweck wurde die Gemeinde gegründet, und alle, die gelobt haben, zur Gemeinschaft der Gläubigen gehören zu wollen, sind damit als Mitarbeiter Christi verpflichtet.

„Der Geist und die Braut sprechen: Komm! Und wer es hört, der spreche: Komm!“[6] Jeder, der Ohren hat zu hören, sollte die Einladung wiederholen. Ungeachtet seiner beruflichen Pflichten sollte es sein erstes Anliegen sein, Menschen für Christus zu gewinnen. Er mag nicht in der Lage sein, vor großen Versammlungen zu sprechen, doch kann er gut für einzelne Seelen arbeiten. Ihnen kann er die Belehrung weitergeben, die er von Gott erhalten hat. Der Dienst für den Herrn besteht nicht nur im Predigen. Es dienen auch solche, die die Kranken und Leidenden trösten, die den in Not Geratenen helfen und die den Verzagten und Schwachen im Glauben Trost und Stärkung zusprechen. Überall gibt es Seelen, die durch das Bewußtsein ihrer Schuld niedergedrückt sind. Nicht Bedrängnis, schwere Arbeit oder Armut entwürdigen die Menschheit, sondern Schuld und sündiges Tun. Das hat

Unruhe und Unzufriedenheit zur Folge. Christus erwartet von seinen Dienern, daß sie sündenkranken Seelen helfen.

Die Jünger sollten ihre Aufgabe dort beginnen, wo sie sich befanden. Das schwierigste und am wenigsten versprechende Feld durfte nicht übergangen werden. So soll jeder Mitarbeiter Christi dort beginnen, wo er sich aufhält. In unserer eigenen Familie mögen Seelen nach Mitgefühl verlangen, gar nach dem Brot des Lebens hungern. Kinder mögen für Christus zu erziehen sein. Schon in unserer nächsten Umgebung finden wir Ungläubige. Deshalb wollen wir gewissenhaft die uns am nächsten liegende Aufgabe erfüllen. Dann erst wollen wir unsere Bemühungen so weit ausdehnen, wie Gottes Hand uns leiten wird. Das Wirken vieler Menschen mag durch bestimmte Umstände räumlich begrenzt erscheinen; doch wo immer es auch geschieht, erfolgt es im Glauben und mit ganzem Einsatz, so wird es bis an die äußersten Enden der Erde zu spüren sein. Als Christus auf dieser Erde weilte, schien sein Aufgabenbereich nur auf ein kleines Feld beschränkt, und doch vernahmen zahllose Menschen aus allen damals bekannten Ländern seine Botschaft. Gott gebraucht oft die einfachsten Mittel, um die größten Ergebnisse zu erzielen. Es liegt in seiner Absicht, daß jeder Teil seines Werkes sich harmonisch auf den andern stützen soll, so wie ein Rädchen in das andere greift. Der geringste Arbeiter wird, vom Heiligen Geist erfaßt, gleichsam unsichtbare Saiten berühren, deren Schwingungen sich bis an die Enden der Erde fortsetzen und durch alle Zeitalter hindurch erklingen werden.

Der Befehl: „Gehet hin in alle Welt!" darf nie aus den Augen verloren werden. Wir sind aufgerufen, unsere Blicke auf entfernte Gebiete zu richten. Christus reißt die Scheidewand, das trennende Vorurteil der Volkszugehörigkeit, hinweg und lehrt die Liebe zu allen Angehörigen der menschlichen Familie. Er hebt die Menschen über den engen Kreis hinaus, den die Selbstsucht ihnen vorschreibt; er hebt alle nationalen Grenzen und alle künstlich errichteten gesellschaftlichen Unterschiede auf. Christus macht keinen Unterschied zwischen Nachbar und Fremdling, Freund und Feind. Er lehrt uns, jede bedürftige Seele als unseren Bruder und die Welt als unser Arbeitsgebiet zu betrachten.

Als Jesus gebot: „Gehet hin und machet zu Jüngern alle Völker",[1] da sagte er auch: „Die Zeichen aber, die da folgen werden denen, die da glauben, sind die: in meinem Namen werden sie böse

Geister austreiben, in neuen Zungen reden, Schlangen vertreiben, und wenn sie etwas Tödliches trinken, wird's ihnen nicht schaden; auf Kranke werden sie die Hände legen, so wird's besser mit ihnen werden."[4] Diese Verheißung ist so weitreichend wie der Auftrag. Natürlich werden nicht jedem Gläubigen alle Gaben zuteil; denn der Geist „teilt einem jeglichen das Seine zu, wie er will".[7] Doch sind die Gaben des Geistes jedem Gläubigen in dem Maße verheißen, wie er sie im Dienste für das Werk Gottes benötigt. Diese Verheißung ist heute noch genauso wirksam und vertrauenswürdig wie in den Tagen der Apostel. Die Zeichen werden sich an denen erweisen, „die da glauben". Darin besteht der Vorzug der Kinder Gottes, und im Vertrauen sollten sie an all dem festhalten, damit es als Bekräftigung des Glaubens dienen kann.

„Auf Kranke werden sie die Hände legen, so wird's besser mit ihnen werden." Diese Welt ist ein großes Krankenhaus; doch Christus erschien, um die Kranken zu heilen und den Gefangenen Satans die Befreiung zu verkünden. Er verkörperte selbst Gesundheit und Stärke. So gab er von seiner Lebenskraft den Kranken, den Betrübten und den Besessenen. Keinen wies er ab, der kam, um seine heilende Kraft zu empfangen. Wohl wußte er, daß jene, die ihn um Hilfe baten, durch eigenes Verschulden krank geworden waren; dennoch weigerte er sich nicht, sie zu heilen. Und wenn die in Christus wirkende Kraft in diese armen Menschen eindrang, wurden sie von ihrer Sündhaftigkeit überzeugt, und viele erfuhren Heilung von ihrer geistlichen und leiblichen Krankheit zugleich. Das Evangelium besitzt heute noch die gleiche Kraft. Warum sollten wir dann heute nicht auch die gleichen Ergebnisse erwarten?

Christus spürt den Schmerz eines jeden, der leidet. Wenn böse Geister den menschlichen Leib peinigen, dann fühlt Jesus den Fluch; wenn Fieber die Lebenskraft aufzehrt, empfindet er die Qual. Er ist heute genauso gern bereit, die Kranken zu heilen, wie damals, als er persönlich auf Erden weilte. Christi Diener sind seine Bevollmächtigten, die Vermittler seines Wirkens. Durch sie möchte er seine heilende Kraft ausüben.

In der Heilweise des Heilandes offenbarten sich den Jüngern viele Lehren. Bei einer Gelegenheit bestrich er die Augen eines Blinden mit Lehm und gebot ihm: „Gehe hin zu dem Teich Siloah . . . und wasche dich! Da ging er hin und wusch sich und kam sehend."[8] Die Heilung konnte nur durch die Kraft des großen Arztes vollbracht werden, und doch benutzte Christus die einfachen Mittel der Natur.

Zu manchem ehemals Verzweifelten, der geheilt worden war, sagte Jesus: „Sündige hinfort nicht mehr, daß dir nicht etwas Ärgeres widerfahre.“ [9] Auf diese Weise lehrte er, daß Krankheit die Folge der Übertretung des göttlichen Gesetzes ist, und zwar sowohl des für die Natur als auch des für das geistliche Leben geltenden Gesetzes. Das große Elend in der Welt bestünde nicht, wenn die Menschen nur in Übereinstimmung mit den Bestimmungen des Schöpfers lebten.

Christus war der Führer und Lehrer des alten Israel gewesen und hatte das Volk unterwiesen, daß Gesundheit die Belohnung für den Gehorsam gegen Gottes Gesetz ist. Der große Arzt, der die Kranken in Palästina heilte, hatte einst aus der Wolkensäule zu seinem Volk gesprochen und ihm erklärt, was es selbst tun müßte und was Gott vollbringen würde. So sagte er: „Wirst du der Stimme des Herrn, deines Gottes, gehorchen und tun, was recht ist vor ihm, und merken auf seine Gebote und halten alle seine Gesetze, so will ich dir keine der Krankheiten auferlegen, die ich den Ägyptern auferlegt habe; denn ich bin der Herr, dein Arzt.“ [10] Der Herr gab den Israeliten bestimmte Anweisungen für ihre Lebensgewohnheiten und versicherte ihnen: „Der Herr wird von dir nehmen alle Krankheit.“ [11] Solange sie die Bedingungen erfüllten, bewahrheitete sich an ihnen die Verheißung: „Es war kein Gebrechlicher unter ihren Stämmen.“ [12]

Diese Lehren sind uns gegeben. Wer seine Gesundheit bewahren will, muß bestimmte Bedingungen erfüllen; alle sollten diese Voraussetzungen kennenlernen. Keiner erweckt das Wohlgefallen Gottes, der seinem Gesetz unwissend gegenübersteht. In dem Bemühen, die Gesundheit des Leibes und der Seele wiederherzustellen, sollten wir mit Gott zusammenarbeiten.

Wir sind dazu berufen, andere zu lehren, wie sie ihre Gesundheit bewahren und wiedergewinnen können. Bei den Kranken sollten wir die Heilmittel anwenden, die Gott in der Natur bereitgestellt hat, und wir sollten auf den hinweisen, der allein Genesung schenken kann. Es obliegt uns, die Kranken und Leidenden auf den Armen des Glaubens zu Christus zu bringen und sie zu lehren, an den großen Arzt zu glauben. Dazu müssen wir seinen Verheißungen vertrauen und um die Offenbarung seiner Macht beten. Der eigentliche Inhalt des Evangeliums ist die Wiederherstellung unserer leiblichen und seelischen

Gesundheit. Gott erwartet von uns, daß wir die Kranken, die Hoffnungslosen und die Betrübten auffordern, seine Stärke in Anspruch zu nehmen.

Die Macht der Liebe bekundete sich in jeder von Christus vollbrachten Heilung, und nur wenn wir durch den Glauben an dieser Liebe teilhaben, können wir Werkzeuge seines Dienstes sein. Versäumen wir es, uns in göttlicher Verbindung mit Christus zusammenzuschließen, kann der Strom lebenspendender Kraft nicht in reichem Maße durch uns auf andere überfließen. Es gab Orte, in denen selbst der Heiland nicht viele machtvolle Taten vollbringen konnte, da deren Bewohner ungläubig waren. So trennt der Unglaube auch heute die Gemeinde von ihrem göttlichen Helfer. Ihr Vertrauen auf ewige Werte ist schwach. Durch einen solchen Glaubensmangel wird Gott enttäuscht und seiner Herrlichkeit beraubt.

Wenn die Gemeinde das Werk Christi ausführt, besitzt sie die Verheißung seiner Gegenwart. „Gehet hin und machet zu Jüngern alle Völker", sagte Jesus. „Und siehe, ich bin bei euch alle Tage bis an der Welt Ende." [3] Um seine Kraft zu erlangen, ist es eine der ersten Bedingungen, daß wir sein Joch auf uns nehmen. Tatsächlich hängt das Leben der Gemeinde davon ab, mit welcher Hingabe sie den Auftrag des Herrn erfüllt. Wenn dieser Auftrag vernachlässigt wird, so sind mit Sicherheit geistlicher Niedergang und Verfall die Folge. Wo nicht tatkräftig für andere gearbeitet wird, dort schwindet die Liebe, und der Glaube wird schwach.

Christus erwartet von seinen Dienern, daß sie die Gemeinde in der Evangeliumsarbeit anleiten. Sie sollen die Glieder unterweisen, wie sie die Verlorenen suchen und retten können. Aber sind sie auch mit dieser Aufgabe beschäftigt? Leider nicht! Wie viele setzen alles daran, den Lebensfunken in einer Gemeinde zu entfachen, die im Sterben liegt! Wie viele Gemeinden werden wie kranke Lämmer gehütet von denen, die eigentlich die verlorenen Schafe suchen sollten! Und zur gleichen Zeit gehen Millionen und aber Millionen ohne Christus zugrunde.

Gottes Liebe hat sich um der Menschen willen über alles Verstehen hinaus offenbart, und die Engel sind verwundert, daß die Empfänger dieser Liebesbeweise nur eine oberflächliche Dankbarkeit erkennen lassen. Ebenso sind sie erstaunt, wie wenig die Liebe Gottes von den Menschen gewürdigt wird. Der Himmel ist über die Vernachlässigung von Menschenseelen empört. Wollen wir etwa wissen, was Christus darüber empfindet? Wie würden wohl ein Vater und eine Mutter empfinden, wenn sie erführen, daß ihr in Kälte und Schnee verlorengegangenes Kind von denen übersehen und dem Untergang preisgegeben wurde, die es hätten retten können? Wären sie nicht furchtbar traurig und zugleich äußerst erregt? Würden sie nicht diese Mörder mit einem Zorn anklagen, heiß wie ihre Tränen und stark wie ihre Liebe? Wenn irgendein Mensch leidet, dann leidet damit ein Kind Gottes, und wer seinen zugrunde gehenden Mitmenschen keine helfende Hand bietet, der fordert Gottes und des Lammes gerechten Zorn heraus. Allen denen, die angeblich Gemeinschaft mit Christus haben und sich doch nicht um die Nöte ihrer Mitmenschen kümmern, wird er am Tage des letzten großen Gerichtes erklären: „Ich weiß nicht, wo ihr her seid; weichet alle von mir, ihr Übeltäter!“ [13]

In seinem Missionsauftrag zeigte Jesus seinen Jüngern nicht nur das Ausmaß, sondern auch den Inhalt ihrer Aufgabe: „Lehret sie halten alles, was ich euch befohlen habe.“ [3] Die Jünger sollten das lehren, worin Jesus sie unterwiesen hatte. Das umfaßte alles, was er nicht nur persönlich, sondern auch durch die Propheten und Lehrer des alten Bundes verkündigt hatte. Der Menschen Lehren sind davon ausgenommen. In diesem Auftrag finden sich keine Überlieferungen, keine menschlichen Theorien und Beschlüsse oder etwa Gemeindebestimmungen. Auch von kirchlichen Würdenträgern beschlossene Gesetze haben keinen Platz darin. Christi Diener sollen nichts davon verkündigen. Das „Gesetz und die Propheten“, dazu die Berichte über die Worte und Taten Jesu sind der den Jüngern anvertraute Schatz, den sie der Welt weitergeben sollen. Christi Name ist ihre Losung und das Zeichen ihrer Bestimmung; er ist das Band ihrer Einigkeit, die Autorität hinter ihren Handlungen und die Quelle ihres Erfolges. Was nicht seinen Namen trägt, wird in seinem Reich nicht anerkannt werden.

Das Evangelium soll nicht als leblose Lehre, sondern als eine lebendige Kraft dargestellt werden, die das Leben verändert. Gott wünscht, daß die Empfänger seiner Gnade zu Zeugen seiner Macht werden. Alle, deren bisheriger Lebensweg dem Herrn ein Greuel war, nimmt er bereitwillig auf. Wenn sie ihre Sünden bekennen, so schenkt er ihnen seinen göttlichen Geist, setzt sie in die höchsten Vertrauensstellungen ein und sendet sie in das Lager der Ungetreuen, damit sie seine grenzenlose Barmherzigkeit verkündigen. Nach Gottes Willen sollen seine Diener bezeugen, daß wir als Menschen durch die göttliche Gnade einen christusähnlichen Charakter besitzen können und uns der Gewißheit seiner großen Liebe erfreuen dürfen. Wir sind aufgerufen zu verkündigen, daß Gott erst dann zufrieden ist, wenn alle Menschen bekehrt und erneut in ihre heiligen Befugnisse als Söhne und Töchter des Herrn eingesetzt sind.

In Christus sind die Fürsorge des Hirten, die Zuneigung der Eltern und die unvergleichliche Gnade des barmherzigen Erlösers vereint. Seine Segnungen spendet er in der angenehmsten Form; und er begnügt sich nicht, uns diese Segnungen nur anzukündigen, nein, er stellt sie uns so begehrenswert dar, daß wir sie gern besitzen wollen. So sind seine Diener angewiesen, die Herrlichkeit dieser unsagbar gnadenreichen Gabe zu verkündigen. Die wunderbare Liebe Christi wird dort die Herzen auftauen und bezwingen, wo man mit ständiger Wiederholung von Lehrpunkten nichts erreicht. „Tröstet, tröstet mein Volk! spricht euer Gott . . . Zion, du Freudenbotin, steig auf einen hohen Berg; Jerusalem, du Freudenbotin, erhebe deine Stimme mit Macht; erhebe sie und fürchte dich nicht! Sage den Städten Judas: Siehe, da ist euer Gott, siehe, da ist Gott der Herr! Er kommt gewaltig, und sein Arm wird herrschen. Siehe, was er gewann, ist bei ihm, und was er sich erwarb, geht vor ihm her. Er wird seine Herde weiden wie ein Hirte. Er wird die Lämmer in seinen Arm sammeln und im Bausch seines Gewandes tragen und die Mutterschafe führen." [14] Erzählt den Menschen von dem, der „auserkoren unter vielen Tausenden" und an dem alles lieblich ist.[15] Worte allein aber können diese Gedanken nicht ausdrücken; sie müssen sich im Wesen widerspiegeln und in der Lebensführung zutage treten. Christus läßt sein Bild in jedem Nachfolger erstehen. Alle hat Gott dazu bestimmt, „daß sie gleich sein sollten dem Ebenbilde seines Sohnes".[16] In jedem einzelnen soll sich der Welt Gottes geduldige Liebe, seine Heiligkeit, Sanftmut, Barmherzigkeit und Wahrheit offenbaren.

Die ersten Jünger gingen hinaus und predigten das Wort. Sie offenbarten Christus durch ihren Lebenswandel, „und der Herr wirkte mit ihnen und bekräftigte das Wort durch die mitfolgenden Zeichen".[17] Diese Jünger bereiteten sich auf ihre Aufgabe vor. Noch vor dem Pfingstfest kamen sie zusammen und beseitigten alle Meinungsverschiedenheiten. Sie waren einmütig beieinander und vertrauten Jesu Versprechen, daß sie seinen Segen erhalten würden, und beteten im

Glauben. Sie baten jedoch nicht allein für sich, spürten sie doch die Schwere der Last, für die Errettung von Menschen zu wirken. Das Evangelium sollte bis an die äußersten Enden der Erde getragen werden, und so verlangten sie danach, mit der Kraft ausgerüstet zu werden, die Christus verheißen hatte. Da wurde der Heilige Geist ausgegossen, und Tausende bekehrten sich an einem Tage.

So kann es auch heute sein. Es braucht nur statt menschlicher Spekulationen das Wort Gottes gepredigt zu werden. Die Christen sollten ihre Zwistigkeiten beiseite schieben und sich Gott ergeben, um dadurch für die Rettung der Verlorenen wirken zu können. Laßt sie im Glauben um den Segen Gottes bitten, und er wird ihnen zuteil werden. Die Ausgießung des Geistes in den Tagen der Apostel war der „Frühregen", und seine Wirkung war machtvoll. Doch der „Spätregen" [18] wird in noch reicherem Maße ausgegossen werden.

Alle, die Leib, Seele und Geist dem Herrn weihen, erhalten ständig neue geistige und körperliche Kraft. Die unerschöpflichen Reichtümer des Himmels stehen ihnen zur Verfügung. Christus gibt ihnen den Odem seines Geistes und Leben von seinem Leben. Mit äußerster Kraftentfaltung wirkt der Heilige Geist an Herz und Sinn. Die Gnade Gottes vergrößert und vervielfältigt ihre Fähigkeiten, und die göttliche Vollkommenheit hilft ihnen bei der Rettung von Seelen. Indem sie gemeinsam mit Christus wirken, haben sie auch Anteil an seiner Vollkommenheit. Trotz ihrer menschlichen Schwäche sind sie fähig, die Taten des Allmächtigen zu vollbringen.

Der Heiland wartet sehnlichst darauf, seine Gnade zu offenbaren und sein Wesen der ganzen Welt einzuprägen. Sie ist sein erkauftes Eigentum, und er will die Menschen frei, rein und heilig machen. Wenn auch Satan bemüht ist, Jesu Absicht zu verhindern, so sind doch durch das für die Welt vergossene Blut Siege zu erringen, die Gott und dem Lamm zur Ehre gereichen werden. Christus wird nicht eher ruhen, bis der Sieg vollkommen ist. „Weil seine Seele sich abgemüht hat, wird er das Licht schauen und die Fülle haben." [19] Alle Völker der Erde sollen die frohe Botschaft von seiner Gnade hören. Zwar werden nicht alle seine Gnade empfangen, doch „er wird Nachkommen haben, die ihm dienen; vom Herrn wird man verkündigen Kind und Kindeskind". [20] „Das Reich und die Macht und die Gewalt über die Königreiche unter dem ganzen Himmel wird dem Volk der Heiligen des Höchsten gegeben werden", [21] und „das Land wird voll Erkenntnis des Herrn sein, wie Wasser das Meer bedeckt".[22] „Daß der Name des Herrn gefürchtet werde bei denen vom Niedergang der Sonne und seine Herrlichkeit bei denen von ihrem Aufgang."[23]

„Wie lieblich sind auf den Bergen die Füße der Freudenboten, die da Frieden verkündigen, Gutes predigen, Heil verkündigen, die da sagen zu Zion: Dein Gott ist König! . . . Seid fröhlich und rühmt miteinander, ihr Trümmer Jerusalems; denn der Herr hat sein Volk getröstet . . . Der Herr hat offenbart seinen heiligen Arm vor den Augen aller Völker, daß aller Welt Enden sehen das Heil unsres Gottes."[24]

69 „Zu meinem Vater und zu eurem Vater“

Für Jesus war die Stunde gekommen, zu seines Vaters Thron aufzusteigen. Als göttlicher Überwinder würde er mit dem Zeichen des Sieges zu den himmlischen Höfen zurückkehren. Vor seinem Tode hatte er seinem Vater erklärt: „Ich habe . . . vollendet das Werk, das du mir gegeben hast, daß ich es tun sollte.“ [1] Nach seiner Auferstehung blieb er noch für kurze Zeit auf Erden, damit seine Jünger ihn in seinem auferstandenen und verklärten Leib kennenlernen konnten. Jetzt wollte er Abschied nehmen. Er hatte unumstößlich bewiesen, daß er ein lebendiger Heiland ist. Seine Nachfolger brauchten nun nicht länger an das Grab zu denken, wenn sie an ihn dachten. Sie konnten ihren Meister als *den* in Erinnerung behalten, der vor himmlischen Welten verklärt worden war.

Zum Schauplatz der Himmelfahrt wählte Jesus jenen Ort, der so oft durch seine Gegenwart geheiligt worden war, als er noch unter den Menschen weilte. Weder der Berg Zion, auf dem die Stadt Davids lag, noch der Berg Morija, auf dem der Tempel stand, sollten durch dieses Ereignis ausgezeichnet werden. Dort war Jesus gelästert und verworfen worden; dort waren die Wellen der göttlichen Barmherzigkeit an Herzen abgeprallt, die so hart wie Stein waren; von dort war Jesus müde und mit schwerem Herzen fortgegangen, um am Ölberg Ruhe zu finden.

Als damals die Herrlichkeit Gottes vom ersten Tempel gewichen war, hatte sie auf dem östlichen Berge verweilt, als wollte sie die auserwählte Stadt nicht verlassen. Ebenso stand Christus auf dem Ölberg und schaute wehmütigen Herzens auf Jerusalem. Die Haine und Talmulden des Ölberges waren durch seine Gebete und Tränen geheiligt worden. An den steilen Hängen hatten sich die begeisterten Schreie der Menge gebrochen, die ihn zum König ausrief. Auf der abfallenden Seite des Berges war ihm bei Lazarus in Bethanien ein gastliches Heim geworden, und im Garten Gethsemane am Fuße des Berges hatte er allein gebetet und gerungen. Und von diesem Berge wollte er nun gen Himmel fahren. Auf seinem Gipfel wird er auch verweilen, wenn er wieder erscheinen wird. Nicht als ein Mann der Schmerzen, sondern als siegreicher und triumphierender König wird er dann auf dem Ölberg stehen, während die große Schar der Erlösten ihren Lobgesang anhebt: Krönt ihn, den Herrn aller Herren!

Jetzt schritt Jesus mit den elf Jüngern dem Berge zu. Als sie das Jerusalemer Tor passierten, schauten viele der kleinen Gruppe nach, die von einem angeführt wurde, den die Obersten erst vor einigen Wochen verurteilt und ans Kreuz geschlagen hatten. Die Jünger wußten nicht, daß dies ihr letztes Beisammensein mit dem Meister sein würde. Jesus unterhielt sich die ganze Zeit über mit ihnen und wiederholte dabei, was er ihnen früher schon mitgeteilt hatte. Als sie sich dann Gethsemane näherten, blieb Jesus stehen, damit sich die Jünger der Lehren erinnern sollten, die er ihnen in der Nacht seines großen Seelenkampfes gegeben hatte. Erneut betrachtete er den Weinstock, der ihm damals dazu gedient hatte, die Gemeinschaft der Gläubigen mit ihm selbst und mit seinem Vater zu versinnbilden, und er sprach abermals von den Wahrheiten, die er seinerzeit enthüllt hatte. Alles um ihn herum barg Erinnerungen an seine unerwidert gebliebene Liebe. Selbst die Jünger, die ihm so nahestanden, hatten ihm in der Stunde seiner Erniedrigung Vorwürfe gemacht und ihn verlassen.

Christus war dreiunddreißig Jahre lang auf dieser Erde gewesen. Während dieser Zeit hatte er Verachtung, Beschimpfung und Spott ertragen; er war verworfen und gekreuzigt worden. Nun, da er im Begriff ist, zum Thron seiner Herrlichkeit emporzusteigen – und er noch einmal die Undankbarkeit derer überdenkt, die zu retten er gekommen war –, wird er ihnen da nicht seine Teilnahme und Liebe entziehen? Wird sich seine Zuneigung nicht dorthin wenden, wo er recht gewürdigt wird und wo sündlose Engel auf seine Befehle warten? O nein; denen, die er liebt und auf Erden zurücklassen muß, hat er versprochen: „Ich bin bei euch alle Tage bis an der Welt Ende.“ [2]

Als sie den Ölberg erreicht hatten, führte sie Jesus quer über den Gipfel auf die nach Bethanien weisende Seite. Hier verweilte er, und seine Jünger scharten sich um ihn. Von seinem Antlitz schienen Lichtstrahlen auszugehen, als er sie liebevoll anschaute. Er tadelte sie nicht für ihre Fehler und ihr Versagen. Die letzten Worte, die aus seinem Munde kamen und die Ohren seiner Zuhörer erreichten, waren von tiefer Innigkeit getragen. Mit segnend ausgebreiteten Händen, damit gleichsam die Gewißheit seiner schützenden Gegenwart verbürgend, stieg er langsam aus ihrer Mitte auf – von einer Gewalt gen Himmel gezogen, die alle irdische Anziehungskraft übertraf. Als er sich himmelwärts entfernte, schauten ihm die Jünger, von Ehrfurcht ergriffen, gespannt nach, um noch einen letzten Blick ihres entschwindenden Herrn zu erhaschen. Dann verbarg ihn eine herrliche Wolke vor ihren Augen. Und als der aus Engeln bestehende Wolkenwagen den Herrn aufnahm, vernahmen sie erneut die Worte: „Und siehe, ich bin bei euch alle Tage bis an der Welt Ende.“ [2] Zugleich hörten sie aus der Höhe die lieblichen, von großer Freude erfüllten Gesänge des Engelchores.

Während die Jünger immer noch nach oben starrten, wurden sie von einer Stimme angesprochen, die ihnen wie klangvolle Musik ans Ohr drang. Sie wandten sich um und sahen zwei Engel in menschlicher Gestalt, die zu ihnen sagten: „Ihr Männer von Galiläa, was stehet ihr und sehet gen Himmel? Dieser Jesus, welcher von euch ist aufgenommen gen Himmel, wird so kommen, wie ihr ihn habt gen Himmel fahren sehen.“ [3]

Diese Engel gehörten zu der Schar, die in einer leuchtenden Wolke auf den Heiland gewartet hatte, um ihn in seine himmlische Heimat zu begleiten. Als besonders ausgezeichnete Engel hatten diese beiden zur Zeit der Auferstehung Jesu an seinem Grabe gestanden; auch waren sie während seines Erdenlebens immer um ihn gewesen. Mit ungeduldigem Verlangen hatte der ganze Himmel auf das Ende des Aufenthaltes Jesu in einer durch den Fluch der Sünde verderbten Welt gewartet. Endlich war für die himmlische Welt die Stunde gekommen, ihren König zu empfangen. Sehnten sich nicht auch die beiden Engel danach, bei der Schar zu sein, die Jesus begrüßte? Sie jedoch blieben in liebevoller Anteilnahme zurück, um denen tröstend beizustehen, die er verlassen hatte. „Sind sie nicht allzumal dienstbare Geister, ausgesandt zum Dienst um derer willen, die das Heil ererben sollen?“ [4]

Christus war in menschlicher Gestalt gen Himmel gefahren. Die Jünger hatten eine Wolke ihn aufnehmen sehen. Derselbe Jesus, der neben ihnen geschritten war, der mit ihnen geredet und gebetet hatte, der vor ihnen das Brot gebrochen hatte, der mit ihnen zusammen in ihren Booten auf dem See gewesen war und noch am selben Tage mit ihnen mühsam den Ölberg erstiegen hatte – derselbe Jesus war nun hinweggegangen, um den himmlischen Thron mit seinem Vater zu teilen. Und die Engel hatten ihnen versichert, daß derselbe Jesus, den sie gen Himmel hatten fahren sehen, so wiederkommen würde, wie er aufgestiegen war. Er wird kommen „mit den Wolken, und es werden ihn sehen alle Augen".[5] „Denn er selbst, der Herr, wird mit befehlendem Wort, mit der Stimme des Erzengels und mit der Posaune Gottes herniederkommen vom Himmel, und die Toten in Christus werden auferstehen zuerst."[6] „Wenn aber des Menschen Sohn kommen wird in seiner Herrlichkeit und alle Engel mit ihm, dann wird er sitzen auf dem Thron seiner Herrlichkeit."[7] Dann wird sich auch des Herrn Verheißung erfüllen, die er seinen Jüngern gegeben hatte: „Wenn ich hingehe, euch die Stätte zu bereiten, so will ich wieder kommen und euch zu mir nehmen, damit ihr seid, wo ich bin."[8] So durften die Jünger sich freuen in der Hoffnung auf die Wiederkunft ihres Herrn Jesus Christus.

Als die Jünger nach Jerusalem zurückkehrten, wurden sie von den Leuten mit Verwunderung betrachtet. Man hatte gedacht, sie nach dem Verhör und der Kreuzigung Christi niedergeschlagen und beschämt zu sehen. Ihre Feinde erwarteten, auf ihren Angesichtern Trauer und Enttäuschung zu erkennen. Statt dessen strahlten sie nur Freude und Siegesgewißheit aus. Auf ihren Gesichtern leuchtete eine geradezu überirdische Glückseligkeit. Sie betrauerten keine enttäuschten Hoffnungen mehr, sondern waren voll Lob und Dank gegen Gott. Mit großer Freude berichteten sie das wunderbare Geschehen von der Auferstehung und Himmelfahrt Christi, und ihr Zeugnis wurde von vielen angenommen.

Die Jünger hegten auch keine Bedenken mehr wegen der Zukunft. Sie wußten, daß Jesus zwar im Himmel war, daß ihnen aber dennoch seine innigste Anteilnahme galt. Ihnen war bewußt, daß sie einen Freund am Throne Gottes hatten; deshalb brachten sie Gott mit allem Eifer im Namen Jesu ihre Bitten dar. In heiliger Ehrfurcht beugten sie sich im Gebet und wiederholten die Verheißung: „Wenn ihr den Vater etwas bitten werdet, so wird er's euch geben in meinem Namen. Bisher habt ihr nichts gebeten in meinem Namen. Bittet, so werdet ihr nehmen, daß eure Freude vollkommen sei."[9] Ihr Glaube nahm immer mehr zu, hatten sie doch das machtvolle Bewußtsein: „Christus ist hier, der gestorben ist, ja vielmehr, der auch auferweckt ist, welcher ist zur Rechten Gottes und vertritt uns."[10] Das Pfingstfest brachte ihnen dann die Fülle der Freude durch die Gegenwart des Trösters, wie es Christus versprochen hatte.

Der ganze Himmel wartete darauf, den Heiland in den himmlischen Höfen willkommen zu heißen. Als er auffuhr, führte er den großen Zug derer an, die in den Gräbern gefangen gewesen und nach seiner Auferstehung befreit worden waren. Das himmlische Heer begleitete diesen Freudenzug mit lauten Lobrufen und Gesängen.

Als sie sich der Stadt Gottes nähern, rufen die begleitenden Engel laut: „Machet die Tore weit und die Türen in der Welt hoch, daß der König der Ehre einziehe!"

Freudig erwidern die Wächter: „Wer ist der König der Ehre?"

Die Engel stellen diese Frage nicht etwa, weil sie nicht wüßten, wer dieser König ist, sondern um als Antwort ein begeistertes Lob zu vernehmen: „Es ist der Herr, stark und mächtig, der Herr, mächtig im Streit. Machet die Tore weit und die Türen in der Welt hoch, daß der König der Ehre einziehe!"

Wiederum ist der Ruf zu hören: „Wer ist der König der Ehre?" Denn die Engel werden niemals müde, wenn es darum geht, Christi Namen zu verherrlichen. So antworten die begleitenden Engel wiederum: „Es ist der Herr Zebaoth; er ist der König der Ehre." [11]

Dann werden die Tore der Gottesstadt weit geöffnet, und die Engelschar zieht unter lauten Klängen in die Stadt ein.

Dort steht der Thron, umgeben vom Regenbogen der Verheißung. Da weilen Cherubim und Seraphim. Die Anführer der Engelheere, die Söhne Gottes, die Vertreter der nicht gefallenen Welten sind versammelt. Der himmlische Rat, vor dem Luzifer Gott und seinen Sohn beschuldigt hatte; die Angehörigen jener sündlosen Reiche, über die Satan seine Herrschaft ausdehnen wollte – sie alle stehen bereit, den Erlöser zu grüßen. Sie haben nur den einen Wunsch, Christi Sieg zu verkünden und ihren König zu verherrlichen.

Doch Jesus wehrt dem Jubel. Nicht jetzt ist Zeit dafür vorhanden. Er kann in diesem Augenblick nicht die Ehrenkrone und das königliche Gewand empfangen. Er begibt sich vielmehr in die Gegenwart seines Vaters. Er weist auf sein verwundetes Haupt, auf die zerstochene Seite und die entstellten Füße; er hebt seine Hände empor, die noch die Nägelmale tragen. Er weist auf die Zeichen seines Sieges; dazu bringt er Gott die Webegarbe dar: jene, die mit ihm auferweckt wurden als Vertreter der großen Schar, die bei seiner Wiederkunft aus ihren Gräbern hervorgehen wird. Dann nähert er sich dem Vater, bei dem Freude ist über jeden Sünder, der bereut. Ehe der Welt Grund gelegt wurde, hatten der Vater und der Sohn gemeinsam beschlossen, den Menschen zu erlösen, falls er von der Macht Satans überwunden werden sollte.

Sie hatten feierlich gelobt, daß Christus der Bürge für das Menschengeschlecht werden sollte. Dieses Gelübde hat Christus nun erfüllt. Als er am Kreuz ausrief: „Es ist vollbracht!",[12] wandte er sich damit an den Vater. Die vor der Erschaffung der Welt getroffene Übereinkunft war vollständig erfüllt worden. Nun erklärt er dem Vater: Es ist vollbracht! Deinen Willen, mein Gott, habe ich getan. Ich habe das Erlösungswerk vollendet. Wenn deiner Gerechtigkeit Genüge geschehen ist, dann will ich, „daß, wo ich bin, auch die bei mir seien, die du mir gegeben hast".[13]

Da erklärt die Stimme Gottes, daß der Gerechtigkeit Genüge getan und daß Satan besiegt ist; Christi arbeitende und kämpfende Nachfolger seien „begnadet . . . in dem Geliebten".[14] Vor den himmlischen Engeln und den Vertretern der ungefallenen Welten sind sie als gerecht erklärt worden. Wo der Herr ist, da soll seine Gemeinde auch sein: nämlich dort, wo „Güte und Treue einander begegnen, Gerechtigkeit und Friede sich küssen".[15] Der Vater schließt die Arme um den Sohn und befiehlt: „Es sollen ihn alle Engel Gottes anbeten."[16]

Mit unaussprechlicher Freude anerkennen alle Obersten, Fürsten und Gewaltigen die Oberhoheit des Lebensfürsten. Das Engelheer wirft sich vor ihm nieder, während der frohe Ruf die himmlischen Höfe erfüllt: „Das Lamm, das erwürget ist, ist würdig, zu nehmen Kraft und Reichtum und Weisheit und Stärke und Ehre und Preis und Lob."[17]

Jubellieder mischen sich mit den Klängen von Engelsharfen, bis der Himmel vor Freude und Lob überzufließen scheint. Die Liebe hat gesiegt. Das Verlorene ist wiedergefunden. Der Himmel klingt wider von hellen, melodischen Stimmen, die verkündigen: „Dem, der auf dem Thron sitzt, und dem Lamm sei Lob und Ehre und Preis und Gewalt von Ewigkeit zu Ewigkeit!"[18]

Von diesem Geschehen himmlischer Freude erreicht uns auf Erden das Echo der wunderbaren Worte Christi: „Ich fahre auf zu meinem Vater und zu eurem Vater, zu meinem Gott und zu eurem Gott."[19] Die himmlische und die irdische Familie sind eins. Der Herr ist um unsertwillen gen Himmel gefahren, und für uns lebt er. „Daher kann er auch auf ewig selig machen, die durch ihn zu Gott kommen; denn er lebt immerdar und bittet für sie."[20]

Schriftstellenverzeichnis

Jesu Geburt und Jugendzeit

1 *„Als aber die Zeit erfüllet ward..."*

1 1. Mose 15, 14
2 2. Mose 12, 41
3 Galater 4, 4
4 Matthäus 2, 17. 18
5 Matthäus 4, 16
6 Apostelgeschichte 3, 22
7 Jesaja 61, 1. 2
8 Jesaja 42, 4; 60, 3
9 1. Mose 49, 10
10 Daniel 2, 44

2 *„Euch ist heute der Heiland geboren"*

1 Micha 5, 1
2 Jesaja 44, 3
3 Psalm 112, 4
4 Lukas 2, 9–11
5 Lukas 2, 12
6 Lukas 2, 14
7 Offenbarung 19, 6
8 Lukas 2, 15. 16
9 Lukas 2, 18–20
10 Römer 11, 33
11 1. Johannes 4, 10

3 *Jesu Darstellung*

1 1. Petrus 1, 19
2 2. Mose 4, 22. 23
3 2. Mose 5, 2
4 2. Mose 13, 2
5 4. Mose 3, 13
6 Apostelgeschichte 3, 22
7 Hebräer 10, 21
8 Hebräer 7, 24
9 Hebräer 1, 3
10 Lukas 2, 25. 26
11 Lukas 2, 29–31
12 Lukas 2, 34. 35
13 Jesaja 11, 1. 2. 5
14 Jesaja 9, 1. 5
15 Jeremia 29, 11
16 Offenbarung 15, 3. 4

4 *„Wir haben seinen Stern gesehen"*

1 Matthäus 2, 1. 2
2 4. Mose 24, 17
3 Hebräer 11, 8
4 Matthäus 2, 5. 6
5 Matthäus 2, 8
6 Matthäus 2, 2
7 Jesaja 49, 6
8 Matthäus 2, 11
9 Matthäus 8, 10
10 Matthäus 2, 13
11 Matthäus 2, 18
12 Matthäus 2, 23

5 *Jesu Kindheit*

1 Lukas 2, 40
2 Lukas 2, 52
3 Apostelgeschichte 17, 27
4 Johannes 7, 15
5 Johannes 1, 46
6 Johannes 9, 4
7 Jesaja 42, 1

6 *Auf dem Passahfest*

1 Psalm 122, 2. 7
2 2. Mose 12, 11
3 2. Mose 12, 31
4 2. Mose 12, 26. 27
5 Johannes 1, 5
6 Lukas 2, 48
7 Lukas 2, 49

Jesu Wirken in den Tagen der Verheißung

7 *Die Stimme in der Wüste*

1 Lukas 1, 6
2 Lukas 1, 13. 14
3 Lukas 1, 76–79
4 Lukas 1, 80
5 Lukas 1, 15
6 Matthäus 3, 4
7 2. Samuel 23, 4
8 Jesaja 40, 5
9 Jesaja 11, 4
10 Jesaja 32, 2
11 Jesaja 62, 4
12 Matthäus 3, 2

8 *Die Taufe*

1 Matthäus 3, 14–16
2 Matthäus 3, 17
3 Johannes 1, 29
4 1. Mose 22, 7. 8
5 Jesaja 53, 7. 6
6 Epheser 1, 6
7 1. Johannes 3, 2
8 Offenbarung 3, 7. 8

9 *Die Versuchung*

1 Lukas 4, 1
2 Markus 1, 12. 13; Lukas 4, 2
3 1. Mose 3, 15
4 Römer 8, 3
5 Matthäus 4, 2–4
6 Jesaja 52, 14
7 Matthäus 4, 3
8 1. Mose 3, 1
9 Matthäus 3, 17
10 Matthäus 4, 4
11 5. Mose 8, 2. 3
12 Matthäus 6, 33
13 Jesaja 50, 7–9
14 Jesaja 50, 10
15 Johannes 14, 30
16 2. Petrus 1, 4
17 Psalm 119, 11–16
18 Psalm 17, 4

10 *Der Sieg*

1 Matthäus 4, 5. 6
2 Matthäus 4, 6
3 Matthäus 4, 7
4 2. Mose 17, 7
5 Hebräer 11, 6
6 Markus 14, 38
7 1. Korinther 10, 13
8 Psalm 50, 14. 15
9 Lukas 4, 6. 7
10 Daniel 4, 14
11 Matthäus 4, 10
12 Jakobus 4, 7. 8
13 Sprüche 18, 10
14 Offenbarung 12, 10. 11

11 *„Wir haben den Messias gefunden"*

1 Johannes 1, 19–23
2 Jesaja 40, 1–5
3 2. Korinther 10, 5
4 Johannes 1, 26. 27
5 Johannes 1, 29–34
6 Johannes 1, 38. 39
7 Johannes 1, 14, Zürcher
8 Johannes 1, 41
9 Johannes 1, 42
10 Johannes 1, 43
11 Johannes 1, 45. 46
12 Johannes 1, 47–49
13 Hesekiel 34, 26
14 Johannes 1, 50
15 Johannes 1, 51

12 *Auf der Hochzeit zu Kana*

1 Lukas 2, 35
2 Johannes 1, 45
3 Johannes 2, 3. 4
4 Lukas 2, 49
5 Johannes 2, 8
6 Johannes 2, 10
7 Matthäus 26, 29
8 Jesaja 65, 8

13 *In seinem Tempel*

1 Johannes 2, 12. 13
2 2. Mose 19, 12. 13
3 Johannes 2, 16
4 Johannes 2, 17
5 Maleachi 3, 1–3
6 1. Korinther 3, 16. 17
7 Offenbarung 3, 20
8 2. Korinther 6, 16
9 Micha 7, 19
10 Epheser 2, 22

14 *Nikodemus*

1 Johannes 3, 2
2 Johannes 3, 3
3 Johannes 3, 4
4 Johannes 3, 5
5 Hiob 14, 4
6 Römer 8, 7
7 Matthäus 15, 19
8 Johannes 3, 8
9 Johannes 3, 10
10 Johannes 3, 12
11 Johannes 3, 14. 15
12 Römer 8, 3

15 *Am Jakobsbrunnen*

1 Johannes 4, 9. 10
2 Johannes 4, 11. 12
3 Johannes 4, 13. 14
4 Johannes 4, 15–18
5 Johannes 4, 19
6 Johannes 4, 21. 22
7 Johannes 4, 23. 24
8 Johannes 4, 25. 26
9 5. Mose 18, 15
10 Johannes 4, 34
11 Johannes 4, 29. 30
12 Johannes 4, 35
13 Johannes 4, 36. 37
14 Johannes 4, 42

16 *„Wenn ihr nicht Zeichen und Wunder seht . . ."*

1 Johannes 4, 48
2 Johannes 4, 49
3 1. Mose 32, 27
4 Johannes 4, 52
5 Epheser 3, 20. 16; 1, 19

17 *Die Berufung am See*

1 Lukas 5, 5
2 Lukas 5, 8
3 Lukas 5, 10
4 Römer 10, 12
5 Lukas 6, 38
6 Epheser 2, 7

7 1. Johannes 1, 2
8 Johannes 1, 16

18 *In Kapernaum*

1 Lukas 4, 34
2 Lukas 4, 35
3 Lukas 4, 36
4 1. Timotheus 4, 1
5 Johannes 8, 32
6 Johannes 7, 17
7 Jesaja 27, 5
8 Jesaja 49, 24. 25
9 Lukas 4, 38
10 Markus 1, 35
11 Lukas 4, 43
12 Jesaja 42, 2–4
13 Hosea 6, 3
14 Maleachi 3, 20

19 *„So du willst, kannst du mich wohl reinigen ..."*

1 Matthäus 8, 2. 3
2 Markus 1, 43. 44
3 Apostelgeschichte 6, 7
4 Jesaja 1, 5. 6
5 Galater 1, 4
6 1. Johannes 5, 14. 15
7 1. Johannes 1, 9
8 Lukas 5, 17
9 Lukas 1, 53
10 Matthäus 9, 2
11 Matthäus 9, 4–6
12 Markus 2, 12
13 Psalm 33, 9, Bruns
14 1. Johannes 3, 8
15 Johannes 1, 4
16 Johannes 10, 10
17 1. Korinther 15, 45
18 Psalm 103, 3
19 Lukas 5, 26

20 *Der Sabbat*

1 Hiob 38, 7
2 1. Mose 1, 31
3 1. Mose 2, 3
4 1. Mose 2, 3
5 Psalm 111, 4
6 Römer 1, 20
7 Johannes 1, 1–3
8 2. Korinther 4, 6
9 Psalm 92, 5. 6
10 Jesaja 40, 18–29
11 Jesaja 41, 10
12 Jesaja 45, 22
13 Hesekiel 20, 20
14 2. Mose 16, 28
15 Matthäus 5, 18
16 Jesaja 66, 23
17 2. Mose 20, 8; 22, 30
18 Matthäus 12, 2
19 Matthäus 12, 3. 4
20 Markus 2, 27
21 Matthäus 12, 5. 6. 8
22 Matthäus 12, 7
23 Markus 3, 4
24 Markus 3, 4. 5
25 Matthäus 12, 10–12
26 Jesaja 13, 12
27 Johannes 15, 10
28 Johannes 8, 46
29 2. Korinther 4, 15
30 1. Korinther 3, 22. 23
31 5. Mose 6, 24
32 Psalm 100, 2–4
33 Jesaja 56, 6
34 Jesaja 56, 7
35 Johannes 1, 3
36 Hesekiel 20, 12
37 Jesaja 58, 13. 14
38 Matthäus 11, 28

21 *Die Erwählung der Zwölf*

1 Markus 3, 13. 14
2 Matthäus 8, 19
3 Matthäus 8, 20
4 Markus 3, 17
5 Philipper 2, 7
6 2. Korinther 4, 7
7 Hebräer 5, 2

22 *Die Bergpredigt*

1 Markus 3, 8
2 Lukas 6, 19
3 Jesaja 57, 15
4 Matthäus 5, 4
5 Jeremia 3, 13
6 Jeremia 3, 12
7 Jesaja 61, 3
8 Jesaja 57, 18
9 Jeremia 31, 13
10 Matthäus 5, 5
11 Psalm 138, 6
12 Offenbarung 7, 15
13 Matthäus 5, 6
14 Jeremia 31, 14
15 2. Mose 34, 6
16 Matthäus 5, 9
17 Psalm 119, 165
18 Jesaja 55, 13
19 Jesaja 35, 1
20 Matthäus 5, 10–12
21 Matthäus 5, 13
22 Matthäus 5, 14
23 Matthäus 5, 17
24 Lukas 2, 14
25 Psalm 19, 8
26 Matthäus 5, 18
27 Lukas 16, 17
28 Matthäus 5, 23. 24
29 Matthäus 5, 45
30 Lukas 6, 35
31 Matthäus 5, 44. 45
32 Matthäus 5, 48
33 Matthäus 6, 4
34 Matthäus 6, 24
35 Matthäus 6, 22. 23
36 Matthäus 6, 26
37 Matthäus 6, 34
38 Jakobus 1, 5
39 Matthäus 7, 1
40 2. Korinther 13, 5
41 1. Korinther 11, 31
42 Matthäus 7, 24. 25

23 *Der Hauptmann*

1 Johannes 4, 48

2 Matthäus 8, 8
3 Lukas 7, 5
4 Lukas 7, 6–8
5 Lukas 7, 9
6 Matthäus 8, 13
7 Titus 3, 5
8 Johannes 1, 9
9 Matthäus 8, 11. 12
10 Lukas 7, 13
11 Lukas 7, 14–17
12 Matthäus 28, 18
13 Offenbarung 1, 18
14 Hebräer 2, 14. 15
15 Epheser 5, 14
16 Kolosser 1, 13
17 Römer 8, 11
18 1. Thessalonicher 4, 16. 17

24 *„Schweig und verstumme!"*

1 Lukas 8, 24
2 Markus 4, 38
3 Markus 4, 40
4 Matthäus 8, 27
5 Johannes 5, 30
6 Matthäus 8, 29
7 Markus 5, 9
8 2. Timotheus 1, 7
9 2. Thessalonicher 2, 14; Römer 8, 29
10 Markus 5, 19

25 *Ein lebendiger Glaube*

1 Markus 5, 23
2 Lukas 8, 50
3 Markus 5, 39
4 Markus 5, 41
5 Markus 5, 28
6 Lukas 8, 45
7 Lukas 8, 46
8 Lukas 8, 48
9 Jesaja 43, 12
10 Psalm 91, 6
11 Jeremia 17, 6
12 Psalm 116, 12–14

26 *Die ersten Evangelisten*

1 Matthäus 3, 2
2 Matthäus 10, 8
3 Jesaja 58, 8, Schlachter
4 Matthäus 10, 6
5 Lukas 10, 5
6 Matthäus 10, 14. 15
7 Epheser 6, 12
8 Hebräer 1, 4, Menge
9 Matthäus 10, 16
10 Lukas 10, 3
11 Matthäus 10, 17. 18
12 Matthäus 10, 19. 20
13 Apostelgeschichte 4, 13
14 Apostelgeschichte 6, 15
15 Apostelgeschichte 6, 10
16 2. Timotheus 4, 16. 17
17 Markus 13, 13
18 Lukas 4, 32
19 Matthäus 10, 27
20 Römer 14, 19
21 Matthäus 10, 28
22 Matthäus 10, 32
23 Matthäus 10, 34
24 Matthäus 10, 37. 38
25 Matthäus 10, 40
26 Matthäus 10, 42
27 Lukas 4, 18. 19

27 *„Ruhet ein wenig!"*

1 Markus 6, 30. 31
2 Matthäus 14, 2
3 Matthäus 9, 38
4 Markus 6, 31
5 Markus 1, 35
6 Lukas 5, 15. 16
7 Lukas 6, 12
8 Jesaja 9, 5
9 Jakobus 1, 5, Bruns
10 Psalm 46, 11

28 *„Gebt ihr ihnen zu essen!"*

1 Markus 6, 34
2 Jeremia 46, 11
3 Markus 6, 37
4 Johannes 6, 7
5 Johannes 6, 9
6 Matthäus 14, 19. 20
7 Markus 4, 28
8 Johannes 6, 12
9 Lukas 9, 14
10 Lukas 6, 38
11 2. Korinther 9, 6–11

Licht und Schatten über den Wegen des Heilandes

29 *Eine Nacht auf dem See*

1 Johannes 6, 14
2 Markus 6, 46
3 Johannes 6, 17
4 Matthäus 14, 27
5 Matthäus 14, 28. 29
6 Matthäus 14, 30. 31
7 Johannes 6, 21
8 Matthäus 14, 33

30 *Überlieferungen*

1 Matthäus 15, 1
2 Matthäus 15, 2
3 Johannes 3, 36

4 1. Johannes 2, 3
5 Markus 7, 9–12
6 Matthäus 15, 7–9
7 Matthäus 15, 12
8 Matthäus 15, 13
9 Prediger 12, 14
10 Offenbarung 12, 17
11 Psalm 119, 99. 100
12 Matthäus 15, 9

31 *Die Schranken werden niedergerissen*

1 Matthäus 15, 22
2 Matthäus 15, 24
3 Matthäus 15, 25. 26
4 Matthäus 15, 27
5 Matthäus 15, 28
6 Apostelgeschichte 17, 26. 27
7 Römer 9, 33
8 Galater 3, 28
9 Sprüche 22, 2
10 Römer 10, 12. 13

32 *Das wahre Zeichen*

1 Markus 7, 31
2 Markus 7, 32 ff.
3 Matthäus 15, 33
4 Matthäus 16, 3
5 Markus 8, 12
6 Matthäus 12, 39. 40
7 Matthäus 12, 41
8 Hesekiel 36, 26

33 *Im Schatten des Kreuzes*

1 Psalm 40, 8. 9
2 Matthäus 16, 13
3 Matthäus 16, 15. 16
4 Matthäus 16, 17
5 Hiob 11, 8
6 1. Korinther 2, 9
7 1. Korinther 2, 10
8 Psalm 25, 14
9 Matthäus 16, 18
10 Jesaja 28, 16
11 1. Petrus 2, 3–5, Bruns
12 1. Korinther 3, 11
13 Matthäus 16, 19
14 Matthäus 23, 8. 10
15 1. Korinther 11, 3
16 Epheser 1, 22. 23
17 Matthäus 23, 8
18 Jeremia 17, 5
19 5. Mose 32, 4
20 Psalm 2, 12
21 Johannes 3, 14. 15
22 Matthäus 16, 21
23 Matthäus 16, 22
24 Markus 8, 33
25 1. Petrus 4, 12. 13
26 Matthäus 16, 24
27 Matthäus 16, 25
28 Matthäus 16, 26
29 Matthäus 16, 27
30 Matthäus 16, 28

34 *Die Verklärung*

1 Matthäus 17, 2
2 5. Mose 3, 25
3 Epheser 3, 20
4 1. Korinther 15, 51. 52
5 1. Korinther 15, 54
6 Markus 8, 38
7 Matthäus 17, 4
8 2. Mose 32, 32
9 Matthäus 17, 5
10 Matthäus 17, 7

35 *Fähig zum Dienst*

1 Matthäus 17, 9
2 Markus 9, 16
3 Markus 9, 17. 18
4 Markus 9, 19
5 Lukas 4, 18
6 Markus 9, 21. 22
7 Markus 9, 23
8 Markus 9, 24
9 Markus 9, 25
10 Markus 9, 23, G. N.
11 Johannes 6, 37
12 Matthäus 17, 19. 21

36 *Auf dem Laubhüttenfest*

1 Psalm 65, 12, Bruns
2 Psalm 106, 1
3 Psalm 122, 2
4 Jesaja 12, 2. 3
5 Johannes 7, 3. 4, Bruns; 6–9
6 Johannes 7, 11
7 Johannes 7, 15
8 Johannes 7, 37, Jubiläumsbibel
9 Johannes 7, 37. 38
10 Johannes 4, 15
11 Offenbarung 22, 17
12 Johannes 4, 14

37 *In der Schlinge*

1 Johannes 7, 16. 17
2 Johannes 7, 18
3 Johannes 7, 19
4 Johannes 7, 20
5 Johannes 7, 22
6 Johannes 7, 24
7 Johannes 7, 25. 26
8 Johannes 7, 31
9 Johannes 7, 33. 34
10 Johannes 7, 35
11 Johannes 7, 45. 46
12 Johannes 7, 47–49
13 Johannes 7, 51
14 Johannes 7, 52
15 Johannes 7, 53; 8, 1
16 Johannes 8, 2
17 Johannes 8, 4. 5
18 Johannes 8, 7
19 Johannes 8, 10. 11

38 *Der gute Hirte*

1 Johannes 10, 11. 14. 15
2 Jesaja 40, 9–11

3 Psalm 23, 1
4 Hesekiel 34, 23
5 Hesekiel 34, 16
6 Hesekiel 34, 25
7 Hesekiel 34, 28. 31
8 Johannes 10, 1. 2
9 Johannes 10, 9. 10
10 Johannes 1, 29
11 Hesekiel 34, 4
12 Johannes 10, 3. 4
13 1. Mose 31, 40
14 Hesekiel 34, 31
15 Jesaja 43, 1
16 Jesaja 49, 16
17 Johannes 10, 27
18 Psalm 77, 21
19 Jeremia 31, 3
20 Hosea 11, 4
21 Johannes 10, 28
22 Offenbarung 1, 17. 18
23 Jesaja 54, 10
24 Johannes 10, 14. 15
25 Johannes 1, 18, Bruns
26 Sacharja 13, 7
27 Johannes 10, 16. 17
28 Johannes 10, 17. 18
29 Jesaja 53, 4–6

39 *Die letzte Reise von Galiläa*

1 Johannes 7, 6
2 Johannes 3, 14
3 Lukas 9, 51
4 Lukas 2, 49
5 Johannes 2, 4
6 Lukas 9, 52
7 Lukas 9, 54
8 Lukas 9, 55. 56
9 Markus 10, 1
10 Lukas 10, 1
11 Jesaja 42, 3
12 Matthäus 12, 21
13 Lukas 10, 10. 11
14 Lukas 10, 12–15
15 Lukas 10, 17. 18
16 Lukas 10, 19
17 Johannes 3, 16
18 Lukas 10, 20
19 Kolosser 3, 11
20 2. Korinther 12, 10
21 Lukas 10, 21. 22
22 Lukas 18, 11. 13
23 Lukas 14, 24
24 Lukas 11, 9
25 Lukas 18, 7. 8
26 Lukas 15, 32
27 Lukas 12, 32–34

40 *Der barmherzige Samariter*

1 Lukas 10, 25
2 Lukas 10, 27. 28
3 Lukas 10, 29
4 Lukas 10, 30. 31
5 Hebräer 5, 2
6 Lukas 4, 18. 19
7 2. Mose 23, 4. 5
8 Lukas 10, 33–36
9 Lukas 10, 37
10 Johannes 15, 17
11 Johannes 13, 34
12 1. Johannes 2, 6
13 Matthäus 10, 8

41 *Jesus segnet die Kinder*

1 Lukas 18, 16

42 *„Eines fehlt dir"*

1 Markus 10, 17
2 Markus 10, 18
3 Matthäus 19, 20
4 Markus 10, 21
5 Markus 10, 20
6 Matthäus 19, 21
7 Josua 24, 15
8 Markus 10, 22
9 Matthäus 25, 23
10 Hebräer 12, 1. 2

43 *„Lazarus, komm heraus!"*

1 Lukas 10, 40
2 Lukas 10, 41. 42
3 Johannes 11, 3
4 Johannes 11, 4
5 Johannes 11, 7
6 Johannes 11, 8. 9
7 Johannes 11, 10
8 Johannes 11, 11
9 Johannes 11, 12. 13
10 Johannes 11, 14. 15
11 Johannes 11, 16
12 2. Petrus 2, 9
13 Johannes 11, 21
14 Johannes 11, 22
15 Johannes 11, 24
16 Johannes 11, 25
17 1. Johannes 5, 12
18 Johannes 11, 25. 26
19 1. Korinther 15, 42
20 Johannes 11, 27
21 Johannes 11, 28
22 Johannes 11, 32
23 Johannes 11, 33
24 Johannes 11, 34
25 Johannes 11, 36. 37
26 Johannes 11, 38. 39
27 Markus 5, 39
28 Johannes 11, 40
29 Johannes 11, 41
30 Johannes 11, 41. 42
31 Johannes 11, 43
32 Johannes 11, 44

44 *Die Anschläge der Priester*

1 Matthäus 5, 4
2 Johannes 11, 47
3 Johannes 11, 49. 50
4 Johannes 11, 52
5 Matthäus 10, 23

Die Verwerfung und Kreuzigung des Messias

45 *Zachäus*

1 Markus 10, 32
2 Lukas 18, 31–34
3 Lukas 3, 13
4 Lukas 19, 5
5 Lukas 19, 7
6 Lukas 19, 8. 9
7 3. Mose 25, 35–37
8 3. Mose 25, 17
9 Hesekiel 33, 14–16
10 Galater 3, 7

46 *Das Fest im Hause Simons*

1 Prediger 9, 5. 6
2 Johannes 11, 56
3 Johannes 12, 3
4 Johannes 12, 5. 6
5 Matthäus 26, 8. 9
6 Markus 14, 6–8
7 Matthäus 26, 12
8 Epheser 5, 2
9 Matthäus 26, 13
10 Psalm 139, 2
11 1. Timotheus 5, 10
12 Lukas 7, 39
13 Lukas 7, 40–43
14 Lukas 7, 44. 45
15 Lukas 7, 47
16 Offenbarung 18, 2, Schlachter
17 Römer 8, 33. 34

47 *Dein König kommt!*

1 Sacharja 9, 9
2 Matthäus 21, 3
3 Matthäus 21, 10
4 Johannes 12, 19
5 Matthäus 21, 9
6 Lukas 19, 39
7 Lukas 19, 40
8 Psalm 48, 3
9 Lukas 19, 42–44
10 1. Mose 14, 18
11 Jesaja 7, 14; 9, 5
12 Jeremia 23, 6
13 Hosea 12, 6
14 Johannes 1, 29
15 Matthäus 3, 17
16 Markus 1, 24

48 *Ein verurteiltes Volk*

1 Matthäus 23, 39
2 Sacharja 12, 10
3 Markus 11, 13
4 Markus 11, 14
5 Markus 11, 21
6 Lukas 9, 56
7 Hesekiel 33, 11
8 Jesaja 28, 21, Zürcher Bibel
9 Hosea 13, 9
10 Lukas 19, 42
11 Jeremia 6, 19

49 *Der Tempel wird wieder gereinigt*

1 1. Samuel 15, 22
2 Jesaja 1, 10–12. 16. 17
3 Matthäus 21, 13
4 Johannes 2, 16
5 Matthäus 21, 9
6 Sacharja 9, 9
7 Matthäus 21, 16
8 Markus 11, 28
9 Markus 11, 30
10 Johannes 1, 29
11 Markus 11, 33

50 *„Weh euch, Schriftgelehrte und Pharisäer …"*

1 Matthäus 23, 2. 3
2 Matthäus 23, 4
3 Matthäus 23, 13
4 Matthäus 23, 14
5 Markus 12, 43. 44
6 Lukas 21, 3
7 Matthäus 23, 23
8 Matthäus 23, 24
9 Matthäus 23, 27
10 Matthäus 23, 29–31
11 Matthäus 23, 35. 36
12 Matthäus 23, 34
13 Matthäus 23, 37
14 Matthäus 23, 38. 39

51 *Im Vorhof des Tempels*

1 Johannes 12, 20–22
2 Johannes 12, 23
3 Matthäus 8, 11
4 Matthäus 27, 22
5 Johannes 1, 29
6 Johannes 12, 24
7 Johannes 12, 25
8 Johannes 12, 26
9 Johannes 12, 27
10 Johannes 12, 28
11 Johannes 12, 29
12 Johannes 12, 30
13 Johannes 12, 31–33
14 Johannes 12, 34. 37
15 Johannes 6, 30
16 Johannes 12, 42

52 *Auf dem Ölberg*

1 Matthäus 23, 38
2 Matthäus 24, 2
3 Matthäus 24, 3
4 Markus 13, 5. 6
5 Matthäus 24, 6–8
6 Matthäus 24, 9. 10
7 Lukas 21, 20–22
8 Matthäus 24, 20
9 Matthäus 24, 21. 22

10 Matthäus 24, 23–27
11 Matthäus 24, 11
12 Matthäus 24, 29–31
13 Matthäus 24, 35
14 1. Korinther 15, 52
15 Judas 24
16 Lukas 21, 28
17 Matthäus 24, 36
18 Matthäus 24, 37–39
19 1. Mose 6, 5
20 Matthäus 24, 12–14
21 Kolosser 1, 23
22 Offenbarung 14, 6
23 Apostelgeschichte 17, 31
24 2. Petrus 3, 12
25 Lukas 21, 31; Markus 13, 33
26 1. Mose 7, 1
27 1. Mose 19, 14
28 Lukas 12, 37
29 Lukas 12, 42
30 Lukas 12, 45. 46
31 Matthäus 24, 48
32 Lukas 12, 46
33 Offenbarung 3, 3
34 1. Thessalonicher 5, 3
35 2. Petrus 3, 4; Jesaja 56, 12
36 Offenbarung 16, 15
37 Lukas 21, 34. 36

53 *Aller Diener*

1 Matthäus 20, 28
2 Lukas 22, 15–18
3 Lukas 22, 24
4 Johannes 13, 5
5 Johannes 13, 3
6 Johannes 13, 7
7 Johannes 13, 8
8 Johannes 13, 9. 10
9 Johannes 13, 12–16
10 Matthäus 5, 45
11 Matthäus 20, 26
12 Johannes 13, 12–17
13 Johannes 1, 29
14 Galater 5, 13

54 *„Zu meinem Gedächtnis“*

1 1. Korinther 11, 23–26
2 Matthäus 26, 26–29
3 Johannes 13, 11
4 Johannes 13, 18
5 Matthäus 26, 21
6 Matthäus 26, 22; Johannes 13, 25
7 Matthäus 26, 23. 24
8 Matthäus 26, 25
9 Johannes 13, 27. 30
10 Johannes 13, 19
11 1. Korinther 11, 28. 27. 29
12 Johannes 14, 27
13 Matthäus 26, 27–29
14 Johannes 3, 14. 15
15 Johannes 6, 53. 55
16 Johannes 6, 54
17 Johannes 6, 56. 57
18 Galater 6, 14

55 *„Euer Herz erschrecke nicht“*

1 Johannes 13, 31
2 Johannes 13, 33
3 Johannes 14, 1–4
4 Johannes 14, 5–7
5 Johannes 14, 8
6 Johannes 14, 9
7 Johannes 14, 11
8 Johannes 14, 12
9 Johannes 16, 24
10 Johannes 14, 13. 14
11 Johannes 14, 15
12 1. Johannes 3, 22
13 Johannes 14, 16–18
14 Johannes 14, 21
15 Offenbarung 1, 18
16 Johannes 14, 26
17 1. Korinther 13, 12
18 Epheser 3, 18. 19
19 Johannes 16, 12–15
20 Johannes 16, 8
21 Lukas 20, 17. 18
22 Apostelgeschichte 5, 28
23 Philipper 2, 13
24 Johannes 14, 27
25 Psalm 117
26 Matthäus 26, 31
27 Johannes 6, 70
28 Markus 14, 29
29 Johannes 13, 37
30 Markus 14, 30. 31
31 Matthäus 26, 32
32 Johannes 15, 1
33 Johannes 5, 19
34 Epheser 1, 6
35 Johannes 15, 4
36 Johannes 15, 5
37 Johannes 15, 1. 2
38 Johannes 15, 6
39 Johannes 15, 8
40 Johannes 15, 7
41 Matthäus 4, 4
42 Johannes 15, 12
43 Johannes 13, 34
44 Johannes 13, 35
45 Johannes 15, 18–21
46 Jesaja 49, 4. 5. 7–10
47 Johannes 14, 30
48 Johannes 16, 11
49 Johannes 12, 31
50 Johannes 16, 33
51 Johannes 17, 1–3
52 Johannes 17. 10. 11. 20–23

56 *Gethsemane*

1 Johannes 8, 29
2 Matthäus 26, 38
3 Sacharja 13, 7
4 Matthäus 26, 39
5 Matthäus 26, 40
6 Matthäus 26, 41
7 Markus 14, 27
8 Markus 14, 29
9 Matthäus 20, 22
10 Markus 14, 37. 38
11 Lukas 22, 44
12 Matthäus 26, 42
13 Markus 14, 40

14 Jesaja 52, 14
15 Jesaja 63, 3
16 Jesaja 53, 11
17 Matthäus 26, 45. 46
18 Johannes 18, 4. 5
19 Johannes 18, 7
20 Johannes 18, 8
21 Matthäus 26, 48
22 Matthäus 26, 50; Lukas 22, 48
23 Lukas 22, 51
24 Matthäus 26, 52. 53
25 Matthäus 26, 54; Johannes 18, 11
26 Lukas 22, 52. 53; Markus 14, 48. 49
27 Markus 14, 50
28 Johannes 16, 32

57 *Jesus vor Hannas und Kaiphas*

1 Johannes 7, 51
2 Johannes 18, 20
3 Johannes 18, 21
4 Johannes 18, 23
5 Johannes 2, 19
6 Johannes 2, 21
7 Matthäus 26, 61
8 Matthäus 26, 62
9 Jesaja 53, 7
10 Matthäus 26, 63
11 Matthäus 10, 32
12 Matthäus 26, 64
13 Matthäus 26, 65. 66
14 3. Mose 10, 6
15 2. Mose 23, 21
16 Matthäus 26, 69
17 Markus 14, 68
18 Matthäus 26, 72
19 Johannes 18, 26; Markus 14, 70
20 Markus 14, 30
21 Lukas 22, 31. 32
22 Matthäus 26, 41
23 Lukas 22, 67–71
24 Matthäus 26, 68

58 *Judas*

1 Johannes 13, 27
2 Johannes 6, 53
3 Johannes 6, 70
4 Matthäus 26, 48
5 Matthäus 27, 4. 5

59 *Bei Pilatus*

1 Johannes 18, 29. 30
2 Johannes 18, 31
3 Lukas 20, 22
4 Lukas 20, 25
5 Lukas 23, 2
6 Matthäus 27, 11
7 Markus 15, 4. 5
8 Johannes 18, 33. 34
9 Johannes 18, 25
10 Johannes 18, 36. 37
11 Johannes 18, 38
12 Lukas 23, 5
13 Lukas 23, 8
14 Lukas 23, 11
15 Lukas 23, 16
16 Johannes 19, 7
17 Johannes 19, 30
18 Matthäus 27, 19
19 Matthäus 27, 17
20 Lukas 23, 18
21 Johannes 18, 39. 40
22 Matthäus 27, 22
23 Matthäus 27, 23
24 Lukas 23, 22
25 Markus 15, 13. 14
26 Markus 15, 16–19
27 Hebräer 1, 9
28 Johannes 19, 5. 4
29 Johannes 19, 6
30 Johannes 19, 9
31 Johannes 19, 10. 11
32 Johannes 19, 12
33 Johannes 19, 14. 15
34 Matthäus 27, 24
35 Sprüche 14, 12
36 Matthäus 27, 25
37 Offenbarung 1, 7
38 Markus 9, 3
39 Offenbarung 19, 16
40 Offenbarung 6, 16. 17

60 *Golgatha*

1 Lukas 23, 28
2 Lukas 23, 30. 31
3 Lukas 23, 21
4 Matthäus 26, 31
5 Lukas 23, 34
6 Johannes 19, 19
7 Johannes 19, 15
8 Johannes 19, 21. 22
9 Psalm 22, 17–19
10 Johannes 19, 24
11 Psalm 69, 21. 22
12 Matthäus 27, 40
13 Lukas 23, 35
14 Matthäus 4, 3. 6
15 Matthäus 27, 42
16 Matthäus 27, 43
17 Johannes 18, 38
18 Lukas 23, 39
19 Lukas 23, 41
20 Lukas 23, 42
21 Lukas 23, 43, Reinhardt
22 Lukas 24, 21
23 Johannes 20, 17
24 Lukas 23, 33
25 Jesaja 53, 12
26 Johannes 19, 26. 27
27 Matthäus 27, 45
28 Jesaja 63, 3
29 Matthäus 27, 46
30 Johannes 19, 28
31 Matthäus 27, 49
32 2. Korinther 5, 21
33 Johannes 19, 30; Lukas 23, 46
34 Hebräer 10, 7
35 Hebräer 9, 12

61 *„Es ist vollbracht!“*

1 Johannes 19, 30
2 Psalm 98, 1

3 Hesekiel 28, 12
4 Matthäus 26, 39
5 Lukas 23, 34
6 Offenbarung 12, 10
7 2. Korinther 5, 19
8 Römer 3, 26
9 Psalm 85, 11
10 Jakobus 2, 10
11 Daniel 7, 25
12 Maleachi 3, 19
13 Hesekiel 28, 6. 16. 19
14 Psalm 37, 10
15 Epheser 4, 18
16 Sprüche 8, 36

Jesus Christus – heute, morgen und in Ewigkeit

62 *In Josephs Grab*

1 1. Mose 2, 1
2 Hiob 38, 7
3 5. Mose 32, 4
4 Prediger 3, 14
5 Apostelgeschichte 3, 21
6 Jesaja 66, 23
7 Matthäus 27, 54
8 Johannes 19, 30
9 Lukas 23, 46
10 4. Mose 9, 12
11 Johannes 19, 34–37
12 Lukas 23, 56
13 Johannes 3, 14. 15
14 Johannes 2, 19
15 Matthäus 20, 18. 19
16 Matthäus 27, 62–65
17 Psalm 2, 1. 2. 4

63 *Der Herr ist auferstanden!*

1 Matthäus 28, 2–4
2 Johannes 11, 25
3 Hebräer 12, 26
4 Jesaja 24, 20
5 Jesaja 34, 4
6 2. Petrus 3, 10
7 Joel 4, 16
8 Matthäus 28, 13
9 Matthäus 27, 25
10 Johannes 10, 17. 18
11 Johannes 2, 19
12 1. Thessalonicher 4, 14
13 Jesaja 26, 19
14 Johannes 10, 10
15 Johannes 4, 14
16 Johannes 6, 54
17 Johannes 8, 51. 52
18 Kolosser 3, 4
19 Johannes 19, 30

64 *„Was weinest du?“*

1 Johannes 16, 22
2 Markus 16, 3
3 Markus 16, 6. 7
4 Lukas 24, 5–7
5 Matthäus 28, 8
6 Johannes 20, 2
7 Johannes 20, 8
8 Johannes 20, 13
9 Johannes 20, 15
10 Johannes 20, 16. 17
11 Jesaja 13, 12
12 Markus 16, 7
13 Matthäus 28, 9. 10
14 Lukas 24, 21
15 Lukas 23, 31
16 Matthäus 28, 7

65 *Der Gang nach Emmaus*

1 Lukas 24, 17–21
2 Matthäus 27, 62. 63
3 Lukas 24, 25. 26
4 Lukas 16, 31
5 Matthäus 28, 18
6 Lukas 24, 29
7 Lukas 24, 32

66 *„Friede sei mit euch!“*

1 Lukas 24, 34
2 Lukas 24, 36–40
3 Lukas 24, 41–43; Johannes 20, 20
4 Offenbarung 3, 20
5 Vgl. 1. Korinther 13, 12
6 Lukas 24, 45–48
7 Johannes 20, 22. 23
8 2. Timotheus 4, 2
9 Galater 5, 21
10 1. Johannes 1, 9
11 Micha 7, 19
12 Apostelgeschichte 4, 12
13 Johannes 20, 25
14 Johannes 20, 26
15 Johannes 20, 27
16 Johannes 20, 28
17 Johannes 20, 29

67 *Noch einmal am See Genezareth*

1 Johannes 21, 5. 6
2 Johannes 21, 9
3 Johannes 21, 10
4 Johannes 21, 15
5 Matthäus 26, 33
6 Johannes 21, 16
7 Johannes 21, 17
8 Lukas 22, 31. 32
9 Johannes 13, 36. 37
10 Johannes 21, 18. 19
11 1. Kor. 15, 28
12 Johannes 21, 21. 22

13 1. Johannes 4, 7. 16
14 1. Petrus 5, 1–4

68 *„Gehet hin und lehret alle Völker!“*

1 Matthäus 28, 18. 19
2 Markus 16, 15
3 Matthäus 28, 19. 20, Menge
4 Markus 16, 17. 18
5 Matthäus 4, 23
6 Offenbarung 22, 17
7 1. Korinther 12, 11
8 Johannes 9, 7
9 Johannes 5, 14
10 2. Mose 15, 26
11 5. Mose 7, 15
12 Psalm 105, 37
13 Lukas 13, 27
14 Jesaja 40, 1. 9–11
15 Hohelied 5, 10. 16
16 Römer 8, 29
17 Markus 16, 20
18 Joel 2, 23
19 Jesaja 53, 11
20 Psalm 22, 31
21 Daniel 7, 27
22 Jesaja 11, 9
23 Jesaja 59, 19
24 Jesaja 52, 7. 9. 10

69 *„Zu meinem Vater und zu eurem Vater“*

1 Johannes 17, 4
2 Matthäus 28, 20
3 Apostelgeschichte 1, 11
4 Hebräer 1, 14
5 Offenbarung 1, 7
6 1. Thessalonicher 4, 16
7 Matthäus 25, 31
8 Johannes 14, 3
9 Johannes 16, 23. 24
10 Römer 8, 34
11 Psalm 24, 7–10
12 Johannes 19, 30
13 Johannes 17, 24
14 Epheser 1, 6
15 Psalm 85, 11
16 Hebräer 1, 6
17 Offenbarung 5, 12
18 Offenbarung 5, 13
19 Johannes 20, 17
20 Hebräer 7, 25

Zum Taschenbuch die repräsentative Großausgabe

Das Taschenbuch DER EINE ist auch in ungekürzter Fassung unter dem Titel DAS LEBEN JESU als repräsentative Leinenausgabe erschienen. (870 Seiten)

Auch das Taschenbuch DER GROSSE KAMPF steht als Großausgabe zur Verfügung. – Die Welt steht am Rand einer gewaltigen Krise, vielleicht der größten in ihrer Geschichte, vielleicht der letzten überhaupt. Der Mensch sieht sich heute Vorgängen und Entwicklungen gegenüber, die tief in sein persönliches Leben eingreifen. Er steht am Scheideweg und sucht verläßliche Auskunft nach dem Woher und Wohin. DER GROSSE KAMPF gibt Antwort auf viele der brennenden Fragen unserer Zeit. Die Ursachen der politischen, geistigen und religiösen Spannungen werden aufgedeckt und der Weg der Völker und ihrer besonderen religiösen Bewegungen ohne Rücksicht auf ihre Bedeutung, ihren politischen Rang und ihren gesellschaftlichen Einfluß nachgezeichnet. Ein Blick hinter die Kulissen der Weltgeschichte. In über 40 Sprachen übersetzt, ist dieses Buch nach dem Urteil der Leser eines der wichtigsten Bücher, die sie je gelesen haben. (732 Seiten)

Jeder Band mit 16 Schwarzweiß- und 4 Farbtafeln, Sachregister, Schriftstellenverzeichnis. Ganzleinen mit farbigem Schutzumschlag.

Ebenfalls aus der Feder von E. G. White sind in dieser Reihe der großformatigen Ganzleinenausgaben erschienen:

PATRIARCHEN UND PROPHETEN. – Eine Rückschau auf die Anfänge der menschlichen Geschichte nach der Überlieferung der Heiligen Schrift. Die Verfasserin zeigt auf einprägsame Weise das Handeln Gottes mit der Menschheit und das persönliche Verhältnis der religiösen Führer jener Zeit zu Gott. Überzeugend wird das Leben der alten Gottesmänner dargestellt und ihre Aussagen für uns Menschen des zwanzigsten Jahrhunderts verständlich interpretiert. (752 Seiten)

PROPHETEN UND KÖNIGE. – Hier wird der Weg Gottes mit seinem Volk so einleuchtend dargestellt, daß sich Konsequenzen für unser eigenes Leben geradezu aufdrängen. Das Volk Israel wird zum lebendigen Beispiel, wohin Abfall und Götzendienst, ganz gleich in welcher Form, führen. Wir erkennen aber auch die umfassende Liebe, Gerechtigkeit und Weisheit Gottes im Umgang mit den Menschen jener Tage und wie er Treue und Gehorsam segnet. Eine echte Orientierungshilfe für ein verantwortliches Christenleben. (539 Seiten)

DAS WIRKEN DER APOSTEL. – Eine spannende und lebensvolle Darstellung von der Arbeit, den Kämpfen, Anfechtungen, Niederlagen und Siegen der Apostel, Evangelisten und Christusbekenner. Von der frühchristlichen Zeit bis in unsere Tage hat sich die Strahlkraft der Jünger Jesu und der Botschaft, die sie zu verkündigen hatten, erhalten. Dieses Buch zeigt zugleich den Weg, wie die Gemeinde Jesu Christi den Auftrag wahrnehmen kann, das Evangelium von der Liebe Gottes unter den Menschen zu verkündigen. (621 Seiten)

Jeder Band mit 16 Schwarzweiß- und 4 Farbtafeln, Sachregister, Schriftstellenverzeichnis. Ganzleinen mit farbigem Schutzumschlag.